陶行知 著
中国陶行知研究会 组编
总主编 周洪宇

陶行知全集（新编本）

第十一卷 书信（1915–1946）

本卷主编 邢欢
副主编 陈诗

华中师范大学出版社

陶行知全集(第十一卷)

TAOXINGZHI QUANJI

图书在版编目(CIP)数据

陶行知全集:新编本. 第十一卷 / 周洪宇 总主编;陶行知 著;邢欢 本卷主编. — 武汉:华中师范大学出版社,2021. 12

ISBN 978-7-5622-9615-7

Ⅰ. ①陶…　Ⅱ. ①周…　②陶…　③邢…　Ⅲ. ①陶行知(1891—1946)—全集　Ⅳ. ①G4-52

中国版本图书馆 CIP 数据核字(2021)第 266620 号

责任编辑:梅　杰　　封面设计:罗明波

责任校对:肖绪旭　　责任印制:刘　敏

编辑室:学术出版中心　　电话:027－67863280/7792

出版发行:华中师范大学出版社

地址:湖北省武汉市洪山区珞喻路 152 号

电话:027－67863426(发行部)

网址:http://press. ccnu. edu. cn

邮箱:press@mail. ccnu. edu. cn

印刷:湖北恒泰印务有限公司

开本:710mm×1000mm　1/16　　印张:65. 75

字数:1078 千字　　定价:329. 00 元

版次:2022 年 11 月第 1 版　　印次:2022 年 11 月第 1 次印刷

青少年时期

金陵大学时期

1914 年赴美途中与同学合影（前排左一为陶行知，后排右一为陈鹤琴）

1915年秋，转赴纽约哥伦比亚大学师范学院攻读教育学博士学位，在哥伦比亚大学本部校区侧门高台处与同学孙科等合影（中间为陶行知，左二为孙科，背后是哥伦比亚大学师范学院大楼）

与哥伦比亚大学同学合影（前排右一为陶行知，左二为胡适）

与哥伦比亚大学导师斯特雷耶合影

1915年秋，获伊利诺伊大学政治学硕士学位（后排右二为陶行知）

与妻汪纯宜（右）、妹陶文渼（左）合影

1919年5月，杜威应邀来华讲学，由史量才、陶行知等陪同
参观上海申报馆时的合影（前排右一为杜威，后排右二为陶行知）

1921 年，孟禄来华考察，陶行知陪同并任翻译（左三为孟禄，左四为陶行知）

1923 年，与长子陶宏和次子陶晓光合影

南京平民教育动员大会盛况

陶行知的妹妹陶文渼热心乡村教育，创设了晓庄农妇工学处

东南大学任教时期

中华教育改进社第一次董事会议，陶行知任主任干事（右一为陶行知）

陶行知主编的《民主教育》

陶行知亲自设计的晓庄师范校旗

(100 颗星代表征集 100 万位同志，倡导 100 万所学校，改造 100 万个乡村)

陶行知在晓庄师范周年纪念会上讲话，讲话内容可概括为：主张教学合一，改造乡村教育

1928年秋，陶行知创办了第二所乡村师范——浙江湘湖师范，先后委派晓庄学生操震球、程本海、方与严、王琳、李楚材等赴湘湖师范办学

育才办学时期

出席世界和平大会期间与巴黎学生自治会代表合影（左三为陶行知）

1932 年 10 月 1 日，山海工学团在宝山县大场成立，
取名“山海”，志在唤醒民众，收复东北失地，要日寇还我河山

1933 年 4 月，山海工学团各儿童自动工学团联合举行儿童节纪念大会，
陶行知在大会上讲话

1936 年 9 月，出席巴黎全欧华侨抗日救国联合会会议时，与钱俊瑞、陆璀合影
(后排左一为陶行知，左三为钱俊瑞；前排中为陆璀)

1936年11月，在英国伦敦海德公园（海德公园是当时的自由论坛，陶行知曾写有《海德公园》一诗，赞扬这里的言论自由，讽刺、抨击当时国民党政权的独裁与专制）

1936年11月，回访母校哥伦比亚大学，并发表演讲

1937 年，孩子剧团人员合影，陶行知鼓励他们勇敢地为抗日救国而斗争

1937 年，在温哥华与华侨合影（居中者为陶行知）

1938 年 8 月，陶行知回国途经香港，受到香港渔人协会平民学校师生的热烈欢迎，应邀在欢迎会上作《国际形势与中国抗战》的演说

1939 年，与吴树琴在重庆

1945年10月，中国民主同盟举行第一次全国代表大会（三排右四为陶行知；二排右三为史良，右五为鲜特生，右六为张澜，右七为沈钧儒；前排右六为李公朴）

1945年10月11日，毛泽东到重庆谈判后返回延安时，陶行知等到机场欢送（右一为陶行知，右二为陈诚，右四为张治中）

普及教育

社會大學開學

1946 年 1 月初，陶行知创办社会大学，在《普及教育》上刊登了《社会大学开学》一文

1946 年 6 月 23 日，陶行知在上海北站欢送人民代表赴南京请愿的大会上高呼：“八天的和平太短了，我们需要永久的和平！伪装的民主太丑了，我们需要真正的民主！”

编辑说明

一、陶行知（1891—1946）是中国近现代著名的教育家、思想家、政治家和文学家，也是中国近现代原创力最强，真正形成教育学说体系，并具有世界影响的教育思想家。陶行知在国内外有着很高的地位，毛泽东称之为“伟大的人民教育家”，董必武誉之为“当今一圣人”，宋庆龄赞之为“万世师表”。习近平总书记也多次在不同场合提及陶行知，对陶行知思想、事业、人格与精神予以充分肯定。不仅在国内，陶行知在国际上也享有盛誉。日本知名教育史学家、中国研究所前所长、东京专修大学教授斋藤秋男指出：“陶行知不仅是属于中国的，也是属于世界的。”2007 年，美国知名学者、哥伦比亚大学师范学院哲学、教育学教授戴维德·汉森（David T. Hansen）在他主编的《教育的伦理视野——实践中的教育哲学》一书中，介绍了世界最具影响力的十大教育思想家，其中唯一的一位中国教育思想家就是陶行知，他将陶行知与美国的杜威、意大利的蒙台梭利等世界著名教育思想家并列，足见陶行知在国际学术界的巨大影响以及被国际人士的高度认可。学习、研究和借鉴陶行知教育学说和人格精神在新时代仍然有重要的现实意义。

二、陶行知的著作，生前曾以各种形式出版过专辑，在其去世以后，有关方面和人士也多次提出编辑出版全集，但终因条件所限，一直未能实现。党的十一届三中全会以后，陶行知研究走上正轨。1982 年，华中师范学院（后改名华中师范大学）在陶行知家属吴树琴、陶晓光、陶城和张健、戴自俺、楼化蓬、孙传华、苏辛涛等弟子们，以及一批国内陶行知研究专家的支持和指导下，由华中师范学院教育科学研究所所长杨葆焜和副所长董宝良两位教授分别担任正、副主编，与萧宗六、伍文教授一道，带领中青年教师夏德清、喻本伐、周洪宇、熊贤君、蔡靖方、李红梅等人编辑完成《陶行知全集》（8 卷本），并由湖南教育出版社从 1984 年初开始陆续出版（简称湘教版）。湘教版全集出版后，陶行知弟子，时任国务委员的张劲夫在1986年4月24日的《人民日报》上发表书评《中国近代教育史上的一座宝库》，高度赞扬了华中师范大学湘教版《陶行知全集》的编辑出版工作。湘教版《陶行知全集》先后荣获1988年全国首届优秀教育图书特别奖、1994年第一届国家图书奖。这套全集出版后，为弥补遗漏缺失，成立不久的中国陶行知研究会就组成编辑委员会，邀请张劲夫、钱伟长、孙起孟担任顾问，方明担任主任委员，戴自俺任主编，胡晓风任特邀主编，由陶晓光全面协调，在此基础上利用当时收集的一批新资料，在陶行知家属吴树琴、陶晓光、陶城及刘季平、方明、张健、戴自俺、陆静山、楼化蓬、徐明清、吴瀚、苏辛涛、孙传华、金成林等弟子们指导和参与下，组织郭笙、聂大鹏、张邦民、温致义、洪桥、储朝晖、庞曾潄、王超英等同志整理、编辑《陶行知全集》(12卷本)，丁丁、李能寿、龚思雪担任审稿，并由四川教育出版社金成林、伍尧、浦家驹、吴纪真、王屏汉、周良玉、罗智超、文龙、邹青等人组成出版工作班子，于1990年开始陆续出版（简称川教版），2005年之后又出版修订版。川教版全集第一版出版后，时任中顾委常委的张劲夫再次在《人民日报》上发表书评予以肯定：华中师范大学、中国陶行知研究会都为保存中华民族优秀文化遗产，推动教育改革，建设中国特色社会主义教育理论体系作出了积极贡献，得到了社会各界佳评。

这次华中师范大学及出版社之所以要编辑出版《陶行知全集》（新编本），一是为了纪念陶行知先生诞辰130周年和逝世75周年；二是近30年来又陆续发现了一批重要佚文，是时候重新编辑一套内容更为丰富、资料更为齐全、考订更为精准、卷帙更为繁富的《陶行知全集》了。这有助于推动当下和未来中国教育改革、发展与创新，对建设高质量教育体系，打造教育强国具有重要价值和意义。

三、基于陶行知是20世纪集教育家、思想家、政治家和文学家四大家于一身的综合型文化巨人这一新的历史定位，《陶行知全集》（新编本）力图创新原有的编辑整理理念、思路和分类。

《陶行知全集》（新编本）的第一个明显改进是建立了全新的分类体系：第一卷至第五卷为论文演讲，收录陶行知于1913年至1946年发表的论文、演讲等文章以及与正文内容密切相关的附文，新增篇目是论文演讲卷的一大亮点，同时考证、修订了以往两套全集中的部分错误。第六卷为论著，收录陶行知撰写出版的《中国教育改造》《教学做合一讨论集》《普及教育》《普及教育续编》《普及教育三编》《怎样做小先生》《中国大众教育问题》《育才学校手册》八本论著。第七卷为教材，收录陶行知撰写出版的《平民千字课》《儿童天文学活页指导（函授教材）》《老少通千字课》《算术课本编辑手稿》四套教材及《儿童科学读物》。第八卷为英文，该卷特点在于集论著、书信、诗歌等多种体裁于一卷，按照英文著述与翻译作品对篇目初次分类，继而以体裁二次归类，同一体裁内以时间先后编排，同时考虑到学位论文（硕士）的特殊性与重要性，在编排中予以单列。第九卷为小说、杂文、散文、儿童故事、儿童剧，采取全新的分类方式，将陶行知文学著作中的小说、杂文、散文、儿童故事和儿童剧（如《古庙敲钟录》《斋夫自由谈》以及《创造宣言》等）从原来湘教版、川教版教育著作类中独立出来并加以细分，实现了分类理念的创新。第十卷为诗歌，该卷将《知行诗歌集》《知行诗歌续集》《知行诗歌别集》《知行诗歌三集》《知行诗歌集》5 本专集编排在前，然后将此之外的诗歌（包括中诗英译和英诗中译）依照时间先后编进集外诗歌，同时也将歌曲和对联细分，最终形成了由集内诗歌、集外诗歌、歌曲、对联四大类综合而成的诗歌卷。第十一卷为书信，收录陶行知以个人名义、职务名义以及作为集体一员所写的书信及相关来信或复信，同时该卷将呈文、电文等类似书信形式的通信也收录进来。第十二卷为日志，根据陶行知 55 本记事本的复印件整理而成，是陶行知著述的重要组成部分。第十三卷为自述，陶行知生前没有写过自传，只写过一批带有自传性质的自述。为了让读者对陶行知有更加全面的了解，参照目前市面类似自述的编辑方式，编者以陶行知本人所作《早期的经历和打算》《早期的人生信仰》两篇自述性文章为基础和线索，通过综合整理陶行知各种自述性质的资料编成此自述，给人们提供了一种了解他的新途径、新形式，这也是《陶行知全集》（新编本）编辑方式上的新探索。第十四卷为年谱，该卷内容均为原创，条目化呈现了陶行知的生活轨迹，客观公正地呈现了陶行知的人生，简单明了便于查阅。《陶行知全集》（新编本）14 卷重新细分类型，形成了比较科学合理的分类格局。

《陶行知全集》（新编本）的第二个明显改进是新增了一批重要佚文。特别需要指出的是，《陶行知全集》（新编本）新增了陶行知英文硕士学位论文的原文及译文，合 10 余万字，系首次公开发表，它是研究陶行知早期思想发展过程极为珍贵的史料。此外，新增百余篇新发现的佚文，包括演讲、诗歌、书信、日记等，合40余万字，再加上新整理的自述和年谱，使全集新编本总字数将近900万。这说明陶行知本人实际撰译字数远超前述两套全集。

《陶行知全集》（新编本）的第三个明显改进是努力对照原文，考证查实了收文的标题、内容、出处、日期，对以往两套全集中存在的错误进行了修订。例如，经考证修订了文章出处及日期错误60余处、其他各类文字脱漏和标点错误等数百处。

《陶行知全集》（新编本）的第四个明显改进是新增了各卷的本卷说明，介绍了各卷的编辑原则、编辑范围、编辑体例、新增篇目、修订内容以及各卷的特点与风格，做到了全集与各卷之间的兼顾与呼应。

四、《陶行知全集》（新编本）的编辑工作，以“求全”“求新”“求真”为基本原则。（一）求全：将已知的文献尽可能地全部收入，尽量不留遗憾。（二）求新：增补了新收集的资料，并做了认真的校勘和考订。（三）求真：《陶行知全集》新编本收文，尽量保持陶行知著作原貌，所收文稿，均作慎重核查考订。校勘、考订工作主要以手稿或最早的影印本为依据，并参考湘教版、川教版等，对照比较，在出现表述差异的情况下，以“求真”为原则进行选择。

五、《陶行知全集》（新编本）的编辑工作，努力把握和处理好主体与全体的关系、整体与局部的关系、继承与创新的关系。（一）主体与全体的关系：陶行知著述丰富，涉及领域广泛，不仅在教育方面，而且在哲学、政治和文学多方面都有许多论述。教育著述是陶行知著述的主体，但不是它的全体。因此，《陶行知全集》新编本不仅在分类和内容上重点编辑教育著述，还努力将诗歌、小说、杂文、散文、儿童故事、儿童剧、歌曲、对联等文学作品与教材、书信、日志、自述等各类著述分类呈现。（二）整体与局部的关系：体现在两个层面，一是分卷局部与14卷整体的关系，在编辑本卷时努力放在14卷整体中来考虑；二是编辑本卷时，努力把每篇文章放在本卷整体中来考虑，做到统筹兼顾，相互协调。（三）继承与创新的关系：《陶行知全集》（新编本）一方面努力继承湘教版和川教版两套全集的精华与优点，另一方面在分类与编辑过程中大胆创新与突破。

六、在华中师范大学校领导以及中国陶行知研究会新任会长朱永新等人的高度重视和大力支持下，《陶行知全集》（新编本）由华中师范大学陶行知国际研究中心发起组织并协调，中国陶行知研究会组编，华中师范大学出版社出版。编辑机构分为顾问委员会和编辑委员会。顾问委员会名誉主任为张劲夫、钱伟长、孙起孟、吴树琴；主任委员为方明、张健、戴自俺、胡晓风、刘若曾、章开沅、朱永新、杨葆焜、董宝良、赵凌云、韩邦彦，副主任委员为丁丁、丁右涵、王琳、王世杰、王承绪、邓宗琦、吕长春、吕景星、伍文、任钟印、孙传华、苏辛涛、李冰封、李能寿、李楚材、杨应彬、杨明远、肖宗六、吴瀚、余洁生、张一诚、张邦民、张达扬、陆维特、陆静山、陈树新、陈贻鑫、罗明、周正章、庞曾漱、洪桥、祝德顺、聂大朋、夏德清、徐明清、徐春轩、郭笙、陶城、陶晓光、曹先捷、龚思雪、蒋秋芝、温致义、楼化篷、操震球、戴本博；委员包括王仁雷、王旭明、王超英、卢志文、申国昌、吕德雄、刘大康、刘有声、刘贵华、江长风、汤翠英、许森、李冬、李红梅、李祚明、杨东平、杨立义、张颖、张惠元、张德生、陈华、陈思、陈洛、金堤、周国彪、周晓平、赵振铣、胡国枢、姚启安、聂圣哲、夏青峰、徐成钢、陶侃、陶铮、韩忠祥、喻本伐、程红兵、程晋升、程翊德、储朝晖、鲁风、童兆玲、童富勇、窦桂梅、蔡靖方、裴未如、熊贤君。编辑委员会名誉主任是中国陶行知研究会会长朱永新；编辑委员会主任为中国教育学会副会长、中国陶行知研究会原常务副会长、中国陶行知研究会学术委员会主任、华中师范大学陶行知国际研究中心主任周洪宇，华中师范大学校长郝芳华，副主任为华中师范大学副校长彭南生。编辑委员会成员按姓氏笔画排序，包括于洋、王会波、申国昌、申慧宁、冯会平、邢欢、刘大伟、刘从德、刘训华、刘来兵、齐彦磊、杜小双、杜京容、李宇阳、汪亮、张汉敏、陈诗、周娜、周挥辉、赵婧、柯文涛、侯雅蓉、贺鹏丽、夏豪杰、黄国华、覃琳、詹淑兰、操太圣。编辑人员包括陈海霞、郑媛、李楠、王燕、刘明源、操若璠、余江涛、陈港、佀娅琳、赵美君、陈冰、潘亚东、产夏洪、安智诚、邓宇星、杨妮、刘利敏、王亭力、冯雯、唐仁凤、吴梦洁、胡晓涵、郑王怡、徐聪聪、励琳、方楹、金小骞、张好、李佳新、樊竣菲、韩旭帆、曾嘉怡。编辑委员会成员是这次编辑工作的主干，秘书长为周挥辉、刘从德、申国昌，副秘书长为刘来兵、齐彦磊、陈诗。

七、《陶行知全集》（新编本）总主编由周洪宇担任。第一卷分卷主编周洪宇，副主编齐彦磊；第二卷主编周洪宇，副主编王会波；第三卷主编周洪宇，副主编詹淑兰、李宇阳；第四卷主编申国昌，副主编夏豪杰、申慧宁；第五卷主编操太圣；第六卷主编刘来兵，副主编贺鹏丽；第七卷主编刘来兵，副主编贺鹏丽；第八卷主编周娜、杜小双，副主编侯雅蓉、张汉敏；第九卷主编于洋；第十卷主编汪亮、覃琳；第十一卷主编邢欢，副主编陈诗；第十二卷主编刘训华，副主编柯文涛；第十三卷主编周洪宇；第十四卷主编杜京容、刘大伟。

八、《陶行知全集》（新编本）的编辑工作，得到了中国陶行知研究会、湖北省图书馆、华中师范大学图书馆、南京晓庄学院图书馆、南京大学图书馆、南京晓庄学院陶行知纪念馆、伊利诺伊大学档案馆、中国第二历史档案馆以及各相关省市图书馆、博物馆、档案馆、陶行知纪念馆、出版社以及陶行知先生后人、生前友人和学生的热心赞助与大力支持，特别是喻本伐教授、何荣汉博士提供了一批重要佚文及信息，谨此致谢！

九、限于水平和时间，《陶行知全集》（新编本）中错漏之处在所难免，敬希读者教正。

《陶行知全集》（新编本）编辑委员会

2021 年 9 月

编辑凡例

一、《陶行知全集》新编本采取体裁加编年的形式作为编辑体例。按照体裁分类分卷，再于各分卷下以编年的原则编排。《全集》新编本分编为十四卷：第一至五卷为论文演讲；第六卷为论著；第七卷为教材；第八卷为英文；第九卷为小说、杂文、散文、儿童故事和儿童剧等；第十卷为诗歌；第十一卷为书信；第十二卷为日志；第十三卷为自述；第十四卷为年谱。

二、《全集》新编本的编年原则为：（一）文章写作、演讲时间与发表时间皆备者，以写作与演讲时间为据。（二）无写作与演讲时间而有发表时间者，以发表时间为据。（三）报刊上连载的文章，以第一部分的发表时间为据。

三、《全集》新编本的收文原则为：（一）收文以首次发表者为准。（二）专著以陶行知生前出版者为据。（三）未刊发者以底本为据。

四、《全集》新编本的注释原则为：（一）一律采用尾注形式。（二）注释从简。同一条目，在同一卷中，原则上只在首次出现时加注，在后卷出现时酌注。（三）注释序号，原注照旧。今注用①②③④等。（四）人物注释，只做介绍，不做评价，力求客观真实。（五）文章标题尽量使用原文发表时期的标题，对于部分原文没有标题的篇目由编者拟定，并以注释形式说明。原则上从原文中直接摘取代表性文字构成文章标题，必要情况下对原文文字稍加增减。（六）对于作者在原著重新发表时有所增删者，其增删部分用注释加以说明，或将修改文字以附录形式置于原著正文之后，以便对照。（七）注释中须说明写作或发表时间以及原著来源。

五、《全集》新编本的文字处理原则为：（一）按国家公布的《简化字总表》（1986 年 10 月），将原件的繁体字一律改为简化字。（二）按《现代汉语词典》，将原件中的异体字、通假字等一律改为规范字。（三）原稿及印本中有明显的漏字、衍字和错字，由整理者慎重校勘后斟酌订正；无从判断正误者，或发现数据有误者以注释存疑。（四）原著中因直排而出现“如左”字样，均改为“如下”。

《陶行知全集》（新编本）编辑委员会

2021年9月

本卷说明

本卷是《陶行知全集》新编本的第十一卷，所收录的书信范围包括陶行知以个人名义、职务名义及作为集体一员所写的书信及相关来信或复信，同时将呈文、电文等类似书信形式的通信也收录进来。陶行知的英文书信收录于英文卷，本卷只收录英文书信的译文。

本卷采取编年体例，以时间为主要原则排序，将以往版本中散录于不同分卷的书信统一起来，分为正文和附录，其中附录分为文后附录和卷后附录。正文为陶行知所写的书信，附录为他人写给陶行知的书信。全卷按照陶行知写信的时间前后顺序排列。在正文书信之后，如有相关来信或回信，则作为文后附录列于其后。他人寄给陶行知的书信，如无陶行知所写相关书信，则作为卷后附录，列于全卷之后。

每封书信拟定标题。书信标题的拟定原则如下：

（1）对陶行知自拟的书信标题原样沿用。陶行知1929年在亚东图书馆出版《知行书信》一书，书中所录书信都由陶行知自拟了标题。这类标题在文中以注释形式说明。

（2）除陶行知自拟标题外，其他书信标题皆系编者拟定，并以注释形式说明。书信标题原则上从书信原文中直接摘取代表性文字，必要情况下对原文文字稍加增减，以确保尽量忠于书信原意。

（3）书信副标题中标明收信人，一律使用收信人全名，不使用其字、号、绰号、昵称等。

新增书信是本卷的一大亮点。本卷新增书信六十二封（不包括附录新增），其中陶行知与王云五、张一渠、江振华等人的数封通信，系首次发表，是研究陶行知交往活动的珍贵史料。此外，一些已经出版过的书信，但此前尚未被湘教版、川教版两套全集收录的，此次也收录到本卷中。

本卷还修正了部分以往版本所录书信的错误。近年来，随着陶行知研究的深入，陆续有学者发表了对陶行知书信的考订文章，如刘大伟曾订正了已有《陶行知全集》（湘教版及川教版）中五封书信的日期，本卷按照最新考订成果进行修正。

参与本卷工作者有主编邢欢，副主编陈诗，编辑王亭力、冯雯、唐仁凤，编辑助理吴梦洁、胡晓涵。

编者

2021年9月

目　　录

一九一五年

得知毕业证将寄给我[①]

——致迪芬德弗

敬爱的先生[②]：

很高兴确认收到您3月29日的来信。在我将向中国的教育机构申请奖学金时得知毕业证将寄给我，我感到非常开心。特此，我按照规定寄上5美元。

斯皮尔博士的小书《如何胜任脱稿演讲》对我甚有帮助，非常实用。您能代我向他致以最真诚的祝愿吗?

您真诚的

陶文濬[③]

1915年4月2日

原件存南京晓庄学院陶行知纪念馆

【注释】

①标题为编者拟。此信为译文，由陈诗翻译，邢欢校对。英文原信收录于英文卷。

②即拉尔夫·迪芬德弗（Ralph E. Diffenderfer），金陵大学董事会办公室秘书。此前为寄给陶行知在金陵大学的毕业证书写信给陶行知索要具体地址，此时陶行知已就读于美国伊利诺伊大学。

③陶行知原名陶文濬。

尚未收到毕业证书[①]

——致迪芬德弗

亲爱的迪芬德弗先生：

4月4日我寄给您的信中附有5美元，不知您是否已经收到。我尚未收到毕业证书，按照我的理解，您一收到我的正确地址便会寄给我，毕业证书早应到达。劳烦您告诉我毕业证书是否已经寄出。去年从中国寄出的一些证件就被邮局遗失了，我真担心会发生同样的事情。

顺致以良好祝愿。

您最诚挚的

陶文濬

1915 年 4 月 18 日

原件存南京晓庄学院陶行知纪念馆

【注释】

①标题为编者拟。此信为译文，由陈诗翻译，邢欢校对。英文原信收录于英文卷。

望母亲到山上游游①

——致母亲

母亲膝下：

敬禀者，濬自到基尼法湖，身体又强壮了许多。后日回校进夏季馆。务望母亲每日下午偕纯妻②、渼妹③到山上游游。山上空气清洁、益肺、通血脉，常游必壮。务请垂听为要。肃此，敬请

金安！

儿 文濬敬上

后影摄于基尼法湖滨支加哥大学所设之天文台上。

原件存陶晓光处

【注释】

①此信是陶行知在美国伊利诺大学研究院学习时写给母亲曹翠仂的信。约写于1915 年夏季。标题为编者拟。

②纯妻，即陶行知第一任夫人汪纯宜，1936 年病逝。和陶行知育有四子：陶宏、陶晓光、陶刚、陶诚。

③渼妹，即陶文渼（1895—1929），陶行知胞妹，曾任晓庄师范学校农暇妇女工学处指导员。

一九一六年

我的学历及终身志愿[①]

——致罗素

亲爱的罗素[②]院长：

二月十一日大札敬悉，甚为高兴。信中嘱我向利文斯顿奖学金[③]捐赠人提交一份有关本人生活经历和今后打算的简要说明，我很乐意写此材料。

我现年二十二岁，出生在与外界几乎完全隔绝的徽州。幼年从父亲以及别的老师那里接受中国式的启蒙教育，直到十四岁才进了一所内地会在华开办的学校[④]，就学于吉布斯[⑤]先生门下，他是当时学校里唯一教西学的教师[⑥]。两年后该校停办，吉布斯先生返回英国。我只好怀着学医的念头冒险去了杭州，然而，由于进的那所学校[⑦]对非基督教徒有明显歧视，甚至反映在学习课程等问题上。三天之后我就退了学，失望地回到徽州，专心于英语学习，直至次年。接着我考入了南京金陵大学。令人高兴的是，金大对基督徒学生和非基督徒学生均一视同仁。三年后第一次革命[⑧]爆发了，我回到徽州，任县议会的秘书，干了半年[⑨]，又返校继续完成学业。在校方的信任和同学们的协助下，我开始编辑大学学报的中文版[⑩]。在包文博士和亨克博士[⑪]的指导下，又深受詹克教授的《基督教的社会意义》[⑫]一书观点的影响，我于一九一三年成为一个基督徒。一九一四年六月，即入金大的第五年末，我获得了第一个学位。当年八月，在父母和友人的资助下，我赴美就读于伊利诺斯大学，在那里学习了一年，除了学到许多宝贵的知识，还获得了一个副产品——文科硕士学位。在伊大的后半年期间，我担任学生俱乐部干事。

三年前，我就选择哥伦比亚大学作为自己在美国的最终目标，但此计划因经费不足而被暂搁下来。我的毕业志愿是通过教育而非武力来创建一个民主国家。在目睹了我们突然诞生的共和国的种种弊端之后，我坚信没有真正的公共教育就不可能有真正的共和国。去年夏天，在日内瓦湖举行了基督教青年会[13]夏季会议上，我受到了极大的鼓舞。我毕生献身于教育行政的想法更为具体化了。遍览所有的大学，再次确认还是哥伦比亚大学师范学院对我最合适。但选择学校是一回事，有无足够财力入学是另一回事。自从我父亲一九一五年一月去世以后，整个家庭负担全都压在我肩上，经济状况窘迫至极。幸亏在我决定进入哥伦比亚大学师范学院不久，我国政府便授予我部分奖学金，再加上其他资助，我才有足够勇气起步。然而，纽约的生活费用比我预想的要贵得多。住了半年后，我便发觉囊中所有远不足以应付深造。因此，经孟禄[14]博士惠意介绍，我得以申请利文斯顿奖学金，您又慷慨地授予了我。在此，除了表示本人衷心感谢外，我愿向您以及利文斯顿奖学金捐赠人保证：在斯特雷耶[15]教授的指导下，经过两年多的深造，我回国后将与其他教育工作者合作，为我国人民建立一套有效的公共教育体制，使之紧跟美国人民的步伐，保持和发展一种真正的民主制度。它将是唯一正义与自由的现实的理想国。

如果您能提供一些住在本市附近的捐赠人的姓名，以便我登门拜访，本人将极感兴趣。

谨致以良好的祝愿！

尊敬您的

陶文濬[16]

一九一六年二月十六日

于哥伦比亚大学哈特莱大楼[17]一〇一〇号

出自周洪宇、杜小双、周文鼎编译《生活教育——陶行知英文著作精选》，湖北教育出版社2016年版

【注释】

①标题为编者拟。此信为译文，由周洪宇翻译，英文原信收录于英文卷。

②罗素（J. E. Russell），当时的哥伦比亚大学师范学院院长。

③美国大学里多设有各类名目繁多的奖学金，以资助学生学习和研究。经费来源不一，或公或私，利文斯顿奖学金属于后一类。

④即崇一学堂，全名为“安徽省徽州府崇一私立中学堂”，由基督教内地会开办。

⑤吉布斯（Gibbs），汉名唐进贤，早年来华传授，当时为内地会教堂牧师兼崇一学堂校长。曾慧眼识珠，免费收陶行知入崇一学堂。后又介绍陶行知考入汇文书院。

1919—1921年期间，任内地会中国理事会副主席。

⑥崇一学堂开设的课程有：德行、修身、经学、国文、英文、中西历史、算学、代数、格致、地理、音乐和体操等。唐进贤一人兼授英文等七门西学课程。

⑦“那所学校”，指“杭州广济易学堂”。

⑧“第一次革命”，指1911年的辛亥革命。

⑨1911年10月武昌起义爆发后，陶行知赶回故乡徽州参加了地方开明绅士余德民领导的屯溪阳湖余家庄起义，担任县议会秘书有半年之久，后返校继续学习。

⑩金陵大学学生办的学报《金陵光》，于1909年12月创刊，始为英文报，从第4卷第1期起增设中文报。

⑪包文（Bowen）和亨克（Henke）分别为时任金陵大学校长和教师。

⑫詹克（Jenk）教授此书的原名为《耶稣生活与教导的政治与社会意义》，纽约基督教青年委员会国际委员会1906年版。

⑬基督教青年会，基督教新教社会活动机构之一。

⑭孟禄（Paul Monroe，1869—1947），美国教育家，曾任哥伦比亚大学教授、师范学院院长。1921年来华进行教育调查，曾任中华教育改进社名誉董事、中华教育文化基金会董事。

⑮斯特雷耶（Strayer），哥伦比亚大学教授，教育行政学专家，陶行知的论文指导教师。

⑯陶行知1912年另取名“陶知行”，次年用作笔名。1917年留美回国后，正式改名“陶知行”。1934年7月16日发表《行知行》一文，又改名为“陶行知”。世人后多以“陶知行”或“陶行知”称之。

⑰当时哥伦比亚大学男生宿舍共三座：哈特莱（Hartley Hall）、利文斯顿（Livingston Hall）和佛纳大楼（Furnald Hall）。前两座为老建筑，后一座为新建筑。许多后来中国政界和文教界的知名人物都曾居住在这三座大楼里。陶行知、孙科、蒋梦麟等人住在前两座旧宿舍里，胡适、宋子文、张耘（后改名张奚若）等人则住在后一座新建筑里。

无法参加演讲[①]

——致迪芬德弗

尊敬的迪芬德弗先生：

我已收到了您3月15日的来信，十分开心。本来我与胡先生没有4月9日的安排，十分乐意接受您真诚的邀约，然而，目前我们正忙于准备5月1日的预备考试，无暇准备演讲材料，很遗憾无法参加演讲。如果方便的话，我想在其它的时间完成此演讲。故希望您能告知我是否可以免除我此次的演讲。

谨向您和迪芬德弗夫人致以衷心的感谢和良好的祝愿。

您恭敬的

陶文濬

1916年3月16日

原件存南京晓庄学院陶行知纪念馆

【注释】

①标题为编者拟。此信为译文，由陈诗翻译，邢欢校对。英文原信收录于英文卷。

一九一七年

请您询问迪芬德弗先生[①]

——致威特曼

尊敬的威特曼先生：

如果我提到的诸位有任何捐赠，可否劳烦您请迪芬德弗先生将其交给第五大道156号金陵大学司库卡特尔先生，而非贝利先生信中所言的戴先生。

另外，还请您询问一下迪芬德弗先生，是他直接写信募捐，还是先写信为我打开个人接洽的通道更合宜。

您真诚的

陶文濬

1917年初

原件存南京晓庄学院陶行知纪念馆

【注释】

①标题为编者拟。此信为译文，由陈诗翻译，邢欢校对。英文原信收录于英文卷。

一九一九年

闻杜威到日本讲学[①]

——致胡适

适之[②]吾兄请看：

三个礼拜前听说杜威[③]先生到了日本，要在东京帝国大学[④]充当交换教员，当头一棒，叫我觉得又惊又喜。为何惊呢？因为我两三年后所要做的事体，倒日本先做去了。既而又想到杜威先生既到东方，必定能帮助东方的人建设新教育，而他的学说也必定从此传得广些。且日本和中国相隔很近，或者暑假的时候可以请先生到中国来玩玩，否则就到日本去看看他也是好的。想到这里，又觉得大喜了。所以即刻就把这事和郭先生[⑤]谈了一下，当时就决定由他经过日本的时候当面去请。现在又有你欢迎的信去，我看杜威先生十分有六七分能够来了。我不久也要写一封信去。总而言之，这件事我们南北统一起来打个公司合办，你看如何？上海一方面等写信和省教育会商量之后再看下文。

《新中国杂志》[⑥]发现很是件好事，看来信的笔气似乎是由老兄主持的，若是果然如此，那我就勉力去做一篇《杜威的教育学说》以副厚意。不过四月一号以前就要交卷，却没有十分把握，万一第一期赶不上，第二期一定寄来。

前几天报上有个谣言，说你什么要出北京大学，我们正在预备写信欢迎你到南方来，哪晓得报上又有更正的新闻了，可惜可惜。

陶知行写

三月十二日

出自《胡适来往书信选》，社会科学文献出版社 2013 年版

【注释】

①标题为编者拟。

②适之，即胡适（1891—1962），现代学者，字适之，安徽绩溪人。1910 年赴美国留学。为美国教育家、哲学家杜威的学生。1917 年回国，任北京大学教授。提倡文学改革，为当时新文化运动的著名人物之一。1946 年任北京大学校长。1948 年去美国，后回中国台湾。

③杜威（John Dewey，1859—1952），美国实用主义哲学家、教育家。1919—1921 年间曾来华讲学。

④ 东京帝国大学，1877 年成立于东京，1886 年改称帝国大学，1897 年改称东京帝国大学，1947 年改称东京大学。

⑤郭先生，指郭秉文，江苏江浦人，美国哥伦比亚大学师范科硕士、博士，曾任南京高等师范学校和东南大学校长、中华教育改进社董事、世界教育联合会副会长。

⑥《新中国杂志》，创刊于 1919 年 5 月，至 1920 年 8 月停刊，共出 2 卷，每卷 8 期。

《新教育》杂志屡承惠赐鸿篇[1]

——致胡适

适之先生大鉴：

《新教育》杂志[2]屡承惠赐鸿篇，至深感激。第六期兹定六月一日出版，拟于四月二十五日以前集稿。

先生热心教育，学识宏通。凡定阅本杂志者，莫不欲继续获睹先生之文以为快。幸用特专函奉恳，务请将本期所愿担任题目先期寄下，并希早日惠寄全文，俾得如期出版以惠国人，不胜欢迎感盼之至。专此即请

著安

陶知行启

三月二十日

原载耿云志编《胡适遗稿及秘藏书信·陶知行（行知）信三十通》第 36 卷，黄山书社 1994 年版

【注释】

①标题为编者拟。

②《新教育》杂志，1919 年 2 月创刊于上海，1925 年 10 月停刊。1919 年 3 月 20 日陶为《新教育》杂志第六期约胡适撰稿。自第四卷第二期起，陶接替蒋梦麟担任该杂志主编，编辑部设在南京东南大学教育科。

杜威将来华讲学[1]

——致胡适

适之吾兄：

现在有一件可喜的事，一件可悲的事报告：

今日接到郭秉文先生的信，他说到日本已经见过杜威先生，杜威先生并不是帝国大学交换教授，不过游历的时候带着演讲就是了。郭先生请他到中国来，他就一口答应，说四月中就可到中国，打算游历上海、南京、扬子江流域，一直到北京。杜威先生曾发表他的意思说，除今年之外，还愿留中国一年。既然有此很好的机会，这一年光阴自然不能轻轻放过。怎么办法，要等郭先生和哥仑比亚大学[2]商量后才可定当。杜威先生到华接洽事宜应由北京大学、江苏省教育会、南京高师[3]三个机关各举代表一人担任。敝校昨日已推定兄弟担任此事，请老兄和蔡孑民[4]先生商量推举一人，以便接洽。附上敝校所拟办法数条，请与蔡孑民、蒋梦麟[5]、沈信卿[6]三先生（蒋、沈二君现在北京）磋商，并请赐教。杜威先生来期已迫，请从速进行为要。杜威先生通信地址一纸，请留存尊处。

可悲的事就是许君怡生[7]已于二十二日下午逝世，病是 Influenza（流行性感冒）转为 Pneumonia（肺炎）。自去年此病发现以来，朋友中因此逝世的，中外共计已有七人了，真是可惜得很。上上星期六、日河海工程学校开四周纪念会的时候，还见过一面，当时面容并无病状，弟于二十二日下午从上海回来始而闻他病重，不到一刻，电话就报他的死信，真是当头一棒，叫人吃惊，丧事已由孟邹[8]先生来宁主持，老兄得此不幸的消息，也免不了伤感一番。

陶知行谨启

三月卅一日

出自《胡适来往书信选》，社会科学文献出版社 2013 年版

【注释】

①标题为编者拟。

②哥仑比亚大学（Columbia University），通译“哥伦比亚大学”，陶行知于 1915 年秋至 1917 年夏曾在该校学习。

③南京高师，即南京高等师范学校。

④蔡孑民（1868—1940），即蔡元培。1902 年与章炳麟等发起组织中国教育会。

1912年1月任南京临时政府教育总长，任内实施了一系列教育改革措施。

⑤蒋梦麟，曾任北京大学代理校长、南京国民政府教育部部长等职。

⑥沈信卿，即沈恩孚，中国民族资产阶级领袖之一，提倡职业教育。

⑦怡生，应为怡荪。

⑧孟邹，即汪孟邹，安徽徽州人，上海亚东图书馆创办人。

学界联合会组织办法[①]

——致记者

记者足下：

宁垣[②]组织学界联合会[③]，昨将章程通过，鄙意必将[④]教职员加入者。其要点有三：

（一）学生应爱国，教职员亦应爱国；学生应为社会服务，教职员亦应为社会服务。

（二）教育贵自动，但自动云者，非学生自动，教员不动，乃是要大家自动。

（三）团体最忌之事为彼此猜疑。若教职员忌学生之风潮，学生忌教员之摧残，一校之中，已成敌国。学校不统一，安望国家统一？教职员学生合办之后，其利有三：（甲）吾国学生与教职员分离甚远，多由于缺少合办的动作，吾人应乘此机会，力谋联络，以达真正教育之目的。（乙）教员所经历之世故人情，足以补学生之不足，而学生之无量热忱，足以补教员之不足。分则两失，合则两得。（丙）教职员学生合办，可免许多意外危险，且鄙意以为合办之意，不仅仅顾问指导而已，且当共图实施之方法。联袂进行，其裨益之多，吾南京学界联合会可作证据。昨日通过章程时，一团共和精神，为归国后所未见，兹将章程另封寄奉。黄、徐、沈、蔡[⑤]诸公处，烦为转致，并将此信便于诸公一阅，务乞指导提倡，至为感荷。此颂

公绥

陶知行

五月十四日

原载《时报·教育周刊·世界教育新思潮》第13号，1919年5月19日

【注释】

①标题为编者拟。

②宁垣，即南京城。

③五四运动爆发后，陶行知与刘伯明即筹组南京各界的国耻纪念大会。5 月 13 日南京学界联合会正式成立，成立大会上通过会章，确定了“服务社会、发挥爱国主义”的宗旨，15 日推定应尚德、陶知行任正、副会长。

④将，即请。

⑤黄为黄炎培，时任江苏省教育会副会长，中华职业教育社理事长；徐为徐世昌，1918—1922 年任大总统；沈为沈恩孚，时任江苏学务总会会长，中华职业教育社发起人之一；蔡为蔡元培，时任北京大学校长。

南京 21 校职教员之不平鸣[①]

——致李纯、齐耀琳

秀山[②]督军、震岩[③]省长钧鉴：

天祸中国，党争迭起，内政不修，外交日棘。自青岛问题提出，欧洲和会失败后，以致演成此次罢学罢市之风潮，飚举急驰，几及全国。宁垣为东南重镇，民智开通较先，遂受津沪之影响，一致罢课罢市表示爱国热忱。我军民两长默察大势之阽危，民心之愤激，不忍为武汉浙杭之残民政策。盖处于共和政体之下，断不容以强暴之武力斩绝民气也。乃见报载钧座灰日会衔通电，有学生持棍站立岗位逼迫警察，或书“改良政府，推翻政府，誓斩日奴，实行公产及下关墙垣挤倒受伤者数人”等语。又载督军《复华侨联合会书》，有“军警蹂躏学生一事本督军并无所闻及苏省军警程度高尚，决不致发生此事，即本督军亦不容发生蹂躏学生之事”等语。职教员等伏读之下，不胜惶骇。按诸当日实在情形，实有不符之处。此必警察厅长报告有朦清听故也。查此次罢课罢市，本为曹、章、陆[④]三人卖国之问题而起，学生罢课、商民罢市皆纯出于爱国之热忱，学生既非他人所能指使，商民亦非学生所能威逼。在杭州、芜湖，则学校放假以后商民始行罢市。在南京，则学生已停止游行两日，商民尚不开市是其明证也。且宁垣罢课在北京、上海之后，学生类皆知秩序之宜守，激烈之为非，故整队游行肃穆有法，以职教员等所知，并无“推翻政府，誓斩日奴，实行公产”等语。警察厅长所据为学生罪案者即政府改良一旗（据学生陈昌胜言政府改良而警厅长诬为改良政府)。夫政府改良，本共和国民人人所应有之希望，报章书籍数见不鲜。警察据此以拘押学生已属不合。乃警厅长仇视学生，故入人罪，昭昭在人耳目。又惟恐不足以为拘捕学生之口实，故特加重其辞，以推翻政府、实行公产等字样之旗帜，为罗织地步。然试问当日果有此等字样之旗帜，曷不直即拘捕，而仅捕一陈生，其为捏辞朦耸显然。至持棍站立岗位，逼迫警察更系捏报。查学生列队游行其间，有自为维持秩序者，站立道旁并无侵迫警察之情形，在警察一面或误会以为侵权。然在欧美文明诸邦，学生组织童子军以维持公安者实属非鲜，政府且极意奖励之。而警厅长乃深为恨，任意加以诬辞，是岂实事。又如殴辱学生，则万目共睹，而下关墙垣挤倒伤人之遁词，不难按地而稽其谬是。钧座灰电所云均系警厅长一面之词，该厅长既滥用职权，纵容巡警殴学生，又复欺蒙长官，渎职之咎实所难辞。兹再将当日学生被殴情形除附呈巡警殴伤学生影片及殴伤事实三件外，谨节要条述如下，以明真相。

(一)(略)

(二)(略)

(三)(略)

以上缕陈此次罢课罢市期内，警察厅长王桂林及少数署长警察所行种种不法事实，职教员等皆查有实据，毫无虚饰。伏以我军民两长本爱护学生之至意，旦夕彷徨，隐忧无极，现在佥任虽去，学校之原状正在逐渐回复，而人心经此波激，尚未宁静，正宜有至诚之意表明事实，以期上下相孚，更新图治，断不可摭拾浮言，致使外人借口，预伏未来之隐忧。职教员等用敢据事直陈，借表公论。再查现在警械使用条例，第一条警察官吏执行职务，非至于穷于和平应付，不得使用警械，则此次警察有公然对于手无寸铁并未扰乱秩序之学生，动辄使用警械，显为不合。至警厅长王桂林暨下关区警署长王固磐、中区署长王文贵以及殴辱学生之巡警等，滥用职权，蒙蔽长官，是否须负刑事及惩戒处分，自属监督长官及司法官厅职权，只候钧裁。专布诚悃，顺请勋安。

南京 21 学校职教员
刘经庶、陶知行、姜琦、吴翔庆
等 95 人公启
原载上海《申报》，1919 年 6 月 19 日、20 日

(附呈四件略)

【注释】

①标题为编者拟。

②秀山，即李纯（1867—1920），直隶省天津府天津县（今天津市）人，1917 年任江苏督军。

③震岩，即齐耀琳（1862—1949），1916 年任江苏省省长。

④曹、章、陆，即曹汝霖、章宗祥、陆宗舆，三人均参与北洋政府的丧权辱国外交活动，五四运动时遭到人民群众的强烈谴责。

徒威留一年甚好[①]

——致胡适

适之：

麟今晨自杭归，你的信都收到。知行亦自宁来沪。今先将徒威[②]的办法回答你，他事另函详。徒威留一年，甚好。南京、上海方面准合筹四千元。来信所谈计划，我们极赞成，照办就是了。

知行
梦麟 同启

六月二十四日

出自《胡适来往书信选》，社会科学文献出版社 2013 年版

【注释】

①杜威于 1919 年 4 月 30 日抵沪，此时正由胡适陪同在北京讲学。杜威在中国逗留达两年零两个月。标题为编者拟。

②徒威，通译杜威（Dewey，1859—1952），美国教育家。

一九二〇年

乞将皖款定作欧美留学基金[①]

——致安徽省长、教育厅长

安徽省长、教育厅长钧鉴：

南京贡院之款，苏六皖四，闻已分配定妥。乞将皖款，定作欧美留学基金，无任祷切。另呈详。安徽旅宁同学会陶知行等五百人[②]公叩。号[③]。

原载《申报》，1920年1月29日

【注释】

①标题为编者拟。

②人名略。

③号，即20日。

文郎之事当望再思

——致柯临久[①]

日昌[②]先生大鉴：

启者顷得二次手书敬悉。一是所陈愚兄对于文郎[③]求学事已蒙嘉许，至以为感。惟同人虽怀极力赞助志愿，及察先生之意，不免有所惑者。文郎之欲出外求学，先事来函，挽同人代商之先生，同人见其抱负不凡，自是赞成。而求学之举，费用不赀。今先生对于经济一层，无明白表示确定之担负，同人自惭力弱，嗣后文郎之事，除以乡谊招待照料外，恐无力过问其他事项。至于南京之有学界机关辅助寒士求学之举云云，同人见闻狭陋，未之前知歙县试馆之费。此地歙县同乡公决，只作补助高等专门或大学学生些微零用，盖除修理等开销外，所入极少，中等学生概不补助。文郎之事当望再思，同人在此除经济外，其他照料引导事宜自当勉力。专此奉复。即颂。

台安！

歙县旅宁同乡会公启

三月二十一日

复印件存华中师范大学教育学院

【附录】柯临久致陶行知函三封

附一

知行、文采、家治乡台先生大鉴：

久仰斗山，缘悭一面，昨奉手翰，如睹光仪，即维新祉呈祥，春祺迪吉，至以为颂。弟藏拙家居，毫无善述，因睹世界潮流，舍身为地方谋公益，创办小学十载于兹，成绩甚微，殊多抱歉耳。小儿尚惠在敝校毕业后，送至省立第二师校肄业，去年入本科第二年级，平素羡慕外省文明，久有出外求学之心，徽校非真所志，去冬因事假归至运漕，想系又动往昔之念，通函请求，乃蒙诸位先生关怀桑梓，提拔后生，复荷赐函询问，垂念殷殷，厚意浓情溢于言表。热忱挚爱，世所罕逢，此种高谊，感深入骨，小儿何幸修此，快何如之。惟是在外求学，学费固非家乡可比，奈弟家素清寒，苦乏担负之力，况敝校经费短绌，赔累频仍，以致力与愿违，无以仰副先生厚望。倘蒙设法相助，俾小儿如愿以偿，将来能得成才，是皆先生所赐，则感玉成大德实无涯涘矣。谨此奉恳，并鸣谢忱，敬请

公安　并颂春祺，百益　爱照不备

乡教弟柯　谨上

正月十五日

附二

知行、文采、家治诸位乡台先生大鉴：

正月元宵日，由邮挂号奉复一函，当可送呈台览矣。日昨又奉三月二日惠书，敬悉一切。小儿尚惠求学事，因弟复函未到，乃蒙关切注念，一再赐教，至理名言，字字珠玉，提拔后生无微不至，又承捐廉辅助，愧感尤深。方知学膳费每年有一百五十元至二百元当可济用。但不知小儿资格

可进何种相当学校及年级，尚望赐知。去年报载，南京有学界机关，辅助寒士求学之举（垫款毕业后得事缴还），又南京歙县试馆为学界公业，前清光绪末年受业家先叔，在水师学堂口时经受数年，每年房租颇有盈余，此款近来不知何人经理，亦能津贴寒士学生一二否？总之，此事弟意已详前函，切望乡台先生致力设法，则感玉成大德实非浅显。弟亦正在勉力张罗也，谨此再恳，敬请

公安并盼

赐福为荷

乡教弟柯　谨上

三月十五日

附三

知行乡台先生大鉴：

久疏函候，抱歉殊深，近维潭祉增绥，交祺畅适，至以为颂。小儿尚惠屡有书来，云到金陵进校各事，极承先生及诸位乡台热心指导，实力维持，既感且惭，铭心镂骨。弟前以家寒，未能多筹学费，为儿辈培学问之资，甚以为歉。嗣后只筹得每年百元，分两三次邮寄，恐尚不敷，随后设法多筹多寄，量力进行，知关注念，敬以奉闻。但小儿赋性粗疏，好高骛远，切近细事漠不关心，在校一切，伏乞先生垂青照拂，启迪愚蒙。将来小儿能得成才，是皆先生及诸位乡台所赐也。谨此布恳，并鸣谢忱。顺请铎安，诸惟心照不备，附寄小儿一信，乞掷交收

乡教弟柯　谨上

夏历六月十三日

【注释】

①标题为编者拟。此信为陶行知以歙县旅宁同乡会名义所写。

②日昌，柯临久之字。

③文郎，即柯庆施。

望你来南京演讲[①]

——致胡适

适之吾兄：

前天寄上一信，想已经收到了。

暑期学校章程，已经付印。广告今天登报。南方学界都晓得你已经允许在暑期学校讲演。大家都希望你来。如果变更，一定要使大家失望。

吾兄要在暑期休息，也是一件好事，我很赞成。但是在南京演讲，也如同休息一样。如果精力不足，就照前议演讲《中国古代哲学史》和《白话文法》。至于《西洋近代哲学史》可以取消。我并且要为你找一个适意的地方居住；包你可以读书休息，包你可以免除一切无谓的应酬。总之，我希望你休息，希望你在南京休息；更希望你寓休息于有限制的演讲。暑期学校好像是新明大戏院；梅畹华[②]来，才能开台，请你不要拆台罢！

孟和先生处希望你劝驾。

陶知行写

九、五、十四

出自耿云志编《胡适遗稿及秘藏书信·陶知行（行知）信三十通》第36卷，黄山书社1994年版

【注释】

①标题为编者拟。

②梅畹华，即梅兰芳。

运动会经费办法摘录[①]

——致刘伯明[②]

奉函敬悉。兹将关于运动会经费办法摘录如下。此上刘伯明先生

陶知行启

五月廿一日

细则第三项

三、经费　会计据条发款，条上须队干事会长及运动会主任指导签名或评议部盖章

会员每人每年纳会费一元

本会款项与校中款项独立，另行登录，所有账目每年稽查一次，评议部可随时检视

原件存中国第二历史档案馆

【注释】

①标题为编者拟。

②刘伯明，时任南京金陵大学行政委员会副主任，文、史、地部主任，哲学社会学教员。

暑期学校安排[①]

——致胡适

适之吾兄：

接到你五月廿四的信非常感激。我仔细思量，并与张子高[②]、郭鸿声[③]二兄讨论，大家都说这次暑期学校，事属创举，关系很大。吾兄担任的功课，都是多数学子所注目的，所以大家都希望你能够多留几天，使得学生不致失望。我们计划了一下，如果有四个星期，七月十二至八月七日，大概可以说得去。如此你每星期所任的功课分量也可以减少些，于休息一层，也可多些机会。至于著书一层，我们很希望你不致因此间断，应用的书籍，尽可搬来；一切运费，由我们开支。现在我所最虑的，就是夫人生产一事。万一上头所说的计划与产期太逼近，那也不应该过于勉强。但至少希望你能在南京留三个星期。请你自己斟酌。

论到讲题一层，我想你的《古文文法与白话文法之比较》比纯粹讲白话文法，还更加有用，就遵命变更。但是《中国哲学方法的变迁》一题，似乎太过于专门。此地大家觉得还是你从前所拟的《中国古代哲学史》好些。这个题目一来普通些，二来你已有成书，可以参考。这不过是我们的意见，供你采择；究竟改与不改，还请你快信通知。

这次敝校为谋暑期学校经济独立起见，所说的报酬，已是小不堪言，希望你不要推辞。

附上教授纲要表两张，请即填就寄下。无论来四个星期，三个星期，或任何星期，无论讲题有无变更，都请将表填来，作为最后之定局。希望

你身体康健。

知 行

五、廿八

孑民、梦麟二先生暑假期内，何时南回？能在南京演讲一两次否？讲题请代约，请代问一问。

原载耿云志编《胡适遗稿及秘藏书信·陶知行（行知）信三十通》第36卷，黄山书社1994年版

【注释】

①标题为编者拟。

②张子高，曾名准、芷皋，湖北枝江人。1911年留学美国，1916年回国后历任金陵大学、浙江大学、清华大学教授。

③郭鸿声，即郭秉文，字鸿声。1908年赴美留学，1914年获哥伦比亚大学教育学博士学位，回国后曾任东南大学校长。

商量上课时间[①]

——致胡适

适之吾兄：

前天回了你一封信，现在大约可以送到了。还有一个问题，要和你商量。此地已经发表的每周教授时间表，将你的功课配在八至十时。因为这个时间最好，所以没有预先和你接洽。不过此刻所加的五小时，如果放在七至十二时，怕影响多数学生的功课。上午六时至七时及下午任何时间都可安排。但是六至七时太早，下午太热，吾兄之意如何？万一两种时间都不合意，我再来想法子。请你将你的意思告诉我，以备安排时间的参考。

陶知行

五、卅一

出自耿云志编《胡适遗稿及秘藏书信·陶知行（行知）信三十通》第36卷，黄山书社1994年版

【注释】

①标题为编者拟。

你若晚至，必令人大大失望①

——致胡适

适之吾兄：

昨天程君保和来信，说你因为北大补课事要到八月三号才能到南京上课。这话确否？我因此非常担忧。这次报名的人几乎无人没有你的功课，还有许多小学教员，特为要学你的白话文法不远千里来到这里，如果开学的时候你不能来，他们必定大大失望，我们暑期学校的信用必定一落千丈，所以我希望这事不确。如果确实，还要请你想个法子，使他不成事实。

万一北大补课要到八月才了，恐怕孟和先生②的功课也要受影响，务必请你和他商量，求个万全的方法，使他能够如期南下。拜托拜托！

陶知行

六月九日

原载耿云志编《胡适遗稿及秘藏书信·陶知行（行知）信三十通》第36卷，黄山书社1994年版

【注释】

①标题为编者拟。

②孟和先生，即陶孟和（1887—1960），原名履恭，1910年赴英国伦敦大学经济政治学院学习社会学和经济学，1913年获经济学博士学位。1914—1927年任北京大学教授、文学院院长、教务长等职。

须做一番明辨功夫①

——致胡适

适之吾兄：

我们现在对于皖事，黑幕固要打开，好人也要顾全。近来各方议论纷纭，不免有颠倒是非、偏于刻薄的危险。北京《安徽旬刊》颇有价值，但近来有人利用，中伤善类。务请转达主持诸公，以后对于各处来信，须做一番明辨功夫。因为善恶不能分明，一切效力都要失去了。譬如三中校长是知行保荐，成了事实之后，再四敦劝，方先生②才允担任。他何尝去运动？我们保荐他，是纯粹为教育的，并不是为私利的。方先生

去后，高师[③]如失左右手，是牺牲的，并不是争权的。我以后当有信来为他更正。

知 行

十一月八日

附上《北京大学沿革》抄写费洋四元，乞检收，请付收条壹纸，以便报销为荷。

出自《胡适来往书信选》，社会科学文献出版社2013年版

【注释】

①胡适收到此信后，即交《旬刊》，并附说明："《旬刊》记者：我接到陶知行先生来信一封，说的很诚恳，故送上请你们看看，不必登出。"标题为编者拟。

②方先生，指三中校长方振民。

③高师，指南京高等师范学校。

请速张厅长到任[①]

——致范源濂

教育部范总长鉴：

皖省当局，乘张厅长未到，以私意先事纷更，措施失当，激成学潮。请速张厅长到任，并电皖当局一切统俟张厅长到任解决。

陶知行 孙洪芬 梅光迪具

原载《时报》，1920年11月13日

【注释】

①标题为编者拟。此信系本次新增。

关于聘任钟心暄问题[①]

——致郭秉文

秉文先生惠鉴：

昨日行政会议时，闻吾兄已决聘请南开[②]教员钟心暄先生。仔细思量，颇有不安于心者，谨专奉于后，以资参考：

一、吾辈为国家造就人才而办高师，伯苓[③]先生亦为国家造就人才而

设南开，同一为国植才，则得于本校而失于南开，故以全国目光观察，此举实属无补。

二、个人应顾全友谊，机关亦应顾全友谊，近而金陵以地方关系，远而北大、南开以宗旨关系，其感情皆当维系，而不容丝毫之损伤。

三、此数校之教员来去，应由自决，而不由一方面学校发动。

四、增加教员，与其攫取人之所有，不如培植己之所无。

知行当此事初发动时，曾已进言，雅不愿以此种言论，屡烦清听而招误会。但逼于爱学校爱知己之心，故敢一再直陈，可挽回则挽回之，不可挽回则作将来之参考可也。邹君[④]办事热心，力图发展，实属不可多得，但总以积极扩张而无损于他校为是。

陶知行启

十一、廿七

原件存中国第二历史档案馆

【注释】

①标题为编者拟。

②南开，即南开大学。

③伯苓，即张伯苓（1876—1951），天津人，南开大学创办者。

④邹君，指南京高等师范学校教员邹秉文。

敬请拨借张端二公祠办学[①]

——致江苏督军署

迳启者：

查后湖地方辽阔，调查学龄儿童约有八十余人。以一城之隔，就近无相当就学之处。民国初元有马君武在张端二公祠设立小学一所，居民称便。二年以军事发生，学校停办。嗣后遂无续办者。现仅有私塾二所，收纳学生三十余人，失学者居其大半。同人等为普及教育起见，并已筹年经费六百元，拟就该地设小学一所。相度地点以张端二公祠最为适宜。敬请

迅赐饬所管机关将该祠拨借，俾得于下月初即行开办招生，实为德便。附呈校章一份，维希鉴察。此致

代理江苏督军齐[②]

昆明学校董事

陶知行 郭秉文 王伯秋 柯成楙 同启

原载《南京高等师范日刊》第419期1920年12月11日

【附录】

准通融借用[③]

——江苏督军署复昆明学校董事部

迳复者：

昨准大函，具悉一是。查张端二公祠系前清端督任内私人捐资建造，嗣经遭变损坏，复由本署发款修理完整，觅人看守，每月发给工食洋六元。是本署负有代为保管之责，并无专管机关。

贵董事等拟任该祠设立小学，事关培植人才，应准通融借用，以资进行而利教育。相应函复，即希查照为荷。顺颂

台祺

齐燮元启

十二月四日

原载《南京高等师范日刊》第419期1920年12月11日

【注释】

①标题为编者拟。原文无标点。此信系本次新增。

②齐，即齐燮元（1885—1946），时任江苏督军。

③标题为编者拟。原文无标点。此信系本次新增。

第三中学风潮之应对[①]

——致胡适

适之吾兄：

昨晚接到屯溪来电，说第三中学已起风潮，振民先生已经提出辞职书。依我看来，此事的发端因为少数教员不能满学生之意，并有几位野心的人要想利用时机谋校长的位置。但是吾徽人才太少，除振民先生之

外，要想得一位靠得住的人，实在无处找。所以我主张仍旧维持方校长，但是教员却要改换好几位。振民先生始志未尝不想请好教员，一来路途远，二来薪水低，照现在的办法好教员是请不到的，这内中的困难我是彻底地明白。说句实在话，如果用现在的方法，就是你我去做校长也是请不到好教员。要解决这个问题，只有一个法子，这法子就是依据去年教育部四月二十五日第七百八十七号所发咨文（见《教育公报》第六年第六期），减少授课时间去减少教员，加增教员薪水。照这法子做去，再加些图书，学生既可自动，又能请好教员，岂不是一举两得么？至于校长之学问道德可称得人，何必去多此一举。吾兄若以为可就，请先电学生挽留校长，再用快信指示改革方针。我也如此做去，省得那些少年去走错路。

吾兄的病好了么？我很挂念。

知行写

九、十二、十二

原载耿云志编《胡适遗稿及秘藏书信·陶知行（行知）信三十通》第36卷，黄山书社1994年版

【注释】

①标题为编者拟。

请兄预约讲员去皖演讲①

——致胡适

适之吾兄：

演讲会是刘载黎等所发起，现因正式省教育会未曾产出，暂由中等以上学校主持。以后希望芜湖与安庆二处同为学术演讲中心，每年举行若干次，遇有学者即开讲，不必拘定日期。北京方面讲员，请兄注意预约。皖省财力艰难，最好是乘便南下时乘便演讲。

此次演讲改在一月一日举行，讲员有伯明、士一、洪芬、默君、伯秋与弟六人。

三中并未解散，学生代表已到南京谈过，对于振民先生亦主张挽留。教育厅已电请振民先生面商改革事宜，日内可到皖。弟到皖时当能晤面。

至教员一层，英文、数、理、化可以物色相当人才，国文请劝许君屈就。许君原有第二学期回徽之说。其余俟振民先生到后，再行奉商。

现在皖省所最缺的即是有能力之教员，务请在北大、北高及其他方面注意，以便需要时可以应济。

知 行

九、十二、廿六

原载耿云志编《胡适遗稿及秘藏书信·陶知行（行知）信三十通》第36卷，黄山书社1994年版

【注释】

①标题为编者拟。

金大学生转入北大旁听①

——致胡适

适之吾兄台鉴：

兹有金陵大学学生陈君源湘、朱君文伟，愿转入北大肄业暂处旁听之列，俟下学年再应入学试验。该生等成绩均当优良，应具转学书及成绩证明书均已备齐，应请格外招呼，俾遂问学之忱。曷胜感祷，专此布恳。即颂

公绥

陶知行启

十二月卅一日

陈生等拟于一月七号北上并以附闻。

原载耿云志编《胡适遗稿及秘藏书信·陶知行（行知）信三十通》第36卷，黄山书社1994年版

【注释】

①标题为编者拟。

请转郭秉文裁夺[①]

——致张企文

企文[②]先生：

奥西亚[③]君之介绍如何，最好将此信转送郭秉文先生裁夺。以知行度之，东南与南高[④]一时不须此项人才，即有需要，财力亦难顾到。此复

知　行

1920年冬写

原件存中国第二历史档案馆

【注释】

①标题为编者拟。

②张企文，时任东南大学文牍部主任。

③奥西亚，亦称威廉士，菲律宾军营学校监督。

④东南与南高，指东南大学和南京高等师范学校。

一九二一年

借材异地亦无不可[①]

——致胡适

适之吾兄鉴:

皖省同乡及当局为改革教育事，屡嘱知行回乡服务，知行以现任职务关系，五年内不能他就之意谢绝。但皖省教育确有彻底改革之必要，当此人才缺乏之际，不必限定用本省人，借材异地亦无不可。伯秋[②]兄办事魄力，皆为同侪素所钦佩，若得王君主持皖省教育，而吾辈用全力以为后盾，则三年之内皖教育行政必大有可观，吾兄卓识以为然否？如蒙与王抚五[③]、高一涵[④]二先生及京中同乡熟商赐复，尤所祷盼。肃此，敬候复音。即请

教安

陶知行启

二月廿八日

原载耿云志编《胡适遗稿及秘藏书信·陶知行（行知）信三十通》第36卷，黄山书社1994年版

【注释】

①标题为编者拟。

②伯秋，即王伯秋，当时在江苏省公立法政专门学校任教。

③王抚五，即王星拱，字抚五，安徽怀宁县人。国立武汉大学的主要创建者之一，曾任武汉大学化学系系主任、校长。

④高一涵，安徽六安人，曾任北京大学教授，为《现代评论》撰稿者。

暑期工作安排[①]

——致郭秉文

秉文先生惠鉴：

知行明早送舍妹到牯岭养病，须一星期始克返校。暑期校事已托孙、李二先生进行，将来能以洪芬先生为主任最佳[②]。就事实上论，舍妹如此情形，知行虽尽力，势有不可。故对此事务，请从速发表为荷。

教育科毕业生已由科中印刊。教学概况不日发给各省。参观定廿日举行。欢迎门罗[③]先生事由陈鹤琴[④]先生主持。小学教育讲习会由王伯秋、俞子夷先生主持。临时如有事发生，请廖茂如先生代决。

东南大学基础已拟有头绪。尚有说明数种，在船上作毕，寄吴夷则先生付印。

门罗先生到时，恐赶不及欢迎，请代致意，并请力留一年。如不能，半年亦可。经济方面，教育科如新预算通过，可以尽力设法，再加以公共之款当无困难。

凌冰[⑤]先生到沪时（十一日），务请极力敦请来宁，以速决为上。法政学校原请其夫人担任英文教员，月薪百元，合附中，共百八十元。现以凌先生不能即定，法政已请他人，但中学仍如前议。凌冰夫人有否他法可设，请竭力谋之。盖其夫妇必同时有事始能屈就也。

门罗先生到沪后，请用下文电陈鹤琴先生，以资准备。南京高师陈鹤琴：门罗　日　午时抵宁。“大”或“尖”。郭。（如可留宁一日，只开会一次，则用“大”。如可留二日，则大小会均可开，则用“尖”。）

模范村事，陈君托请积极进行。

知　行

六月六日夜

原件存中国第二历史档案馆

【注释】

①标题为编者拟。

②指建议由孙洪芬接替陶行知当时担任的南京高师教务主任一职。孙洪芬系南京高师教师。

③门罗，通译孟禄（Paul Monroe，1869—1974），美国教育家，曾任美国哥伦比亚大学教授、师范学院院长，中华教育改进社名誉董事，中华教育文化基金会董事会

董事。

④陈鹤琴（1892—1982），浙江上虞人，曾留学美国哥伦比亚大学，1919 年回国后历任南京高等师范学校教授、东南大学教授兼教务主任等。

⑤凌冰，号济东，曾获美国哥拉克大学教育心理科博士学位。

三中不稳现象之缘故[①]

——致胡适

适之吾兄：

几个月前，蒙你写信来安慰我，至可感激。当时本想回信道谢，只因言长纸短，又无空闲，写了好几天还没有写完，所以未曾寄来。

过不多时，舍妹病就加重，我精神上受无穷痛苦。后来决计送全家陪妹妹上庐山养病，去了一个多月，百事不问，化外人的生活，却是很有滋味的。

第二届暑期学校，再三辞不掉，只好又下山来担任。听说你要到上海来，无论如何，请你担任演讲数次。务请预拟题目，先期告诉我。

三中[②]的事现在有些不稳。这不稳的现象，依我看来，是因为两个缘故：

（一）被革的学生和被除的教员，时常放谣言，时常运动破坏。

（二）一般有校长热的时常乘机进行凑火打劫。我们本县人更利害。他们说：哪里我们歙县人就一个校长人才也没有么？

有了这两个缘故，这次风潮发生，大家就以为是千载一时的好机会，群起攻击振民先生[③]。听说汪东木已经准备了人俟候了方先生辞职。新安教育危乎殆哉！

其实这次风潮，只是因为从前祸根未曾除尽。本来可以消于无形，只因诸位同事，阅世都浅，不能从容处理，故尔如此。依我就事评事，可以概括如下：

（一）袁君（体操教员）处心积虑都可见他是报怨的小人（祸根未除者）。

（二）雍君顾全私谊而忘大局（不愿当众公布袁罪，愈被人疑为主动）。

（三）许、王辈只顾力求自己清白，未暇寻个水落石出。

（四）振民先生平日量稍窄，不能容人的小错处。

这次风潮原因不一，而所以如此结束的，就是因为这四点。幸而袁、雍以外之教员，均能一致，故不久即归平静。此刻内部是很统一的，而外面一般人无风作浪，想凑火打劫，我们实在不能不注意。现在想谋三中校长的有三人。

一是徐公前校长。他从前把三中办得不像样子，所以他做校长，是很成问题的。

二是祁门一位先生。此人学问人，只知行不知道。但如果这位先生来，将来歙县人反对他，一定如同反对方先生一样。

三是江范五先生。因为他弟兄数人都和我同学，所以知之稍详，如今就把他和振民先生比一下：

甲、他的度量比振民先生大些。

乙、他是个歙县人，在歙县朋友多些，冤家也多些。

丙、他的学问不及振民先生。

丁、他对于办理教育事业的专心，不及振民先生。

戊、他的交际能力大些，但与新教育少接触。

己、他的体力强些。

就这三人与振民先生比较而论，我以为还是振民先生继续为宜。

振民先生的短处：

一、量稍小，不能容人短处。

二、身体弱，遇不如意时，会发燥。

三、人以为是短处而我才以为是好处的，就是他不是本县人。（三中是省立学校，难道只有本县人可以做校长吗？）

振民先生的长处：

一、志愿终身从事教育。

二、愿有青年学者教青年。

三、银钱和交际上丝毫不苟且。

四、聘请教职员，纯采人才主义，力矫徇私之弊。（人说他任用私人，真是冤枉。从前有几个婺源人，都是前任遗下的。现今所用的人：一是你和程韬甫先生介绍的，二是春庭先生介绍的，三是我介绍的。就所聘教员论，与江苏省立学校比较，可以无愧。）

五、现任教职员内部已一致。

六、熟手。

振民先生前天来信说，要辞职，叫你我二人赶快推荐惇士继任。这也是很好的事情。惇士少年老成，我很佩服他。不过芜湖和他的几个朋友都说他是个学者，缺乏干才。不知你以为如何？总之，他的声望未著，在歙县又是后辈，此刻时机是否已经到了？我想万一振民先生固辞，只好推荐他，你看如何？一二日内三中有四五个教员来，我再打听一番，来报告你。

不过省城对于三中，大有急于下箸之势，我已写信请他们维持，你能写一封信去吗？你有什么意思，请你告诉我，我们总要一致，才好。

你的身体如何？

知　行

六月卅日

现在社会改革家往往无耐性，喜观近效。可叹！

原载耿云志编《胡适遗稿及秘藏书信·陶知行（行知）书信三十通》第 36 卷，黄山书社 1994 年版

【注释】

①标题为编者拟。

②三中，指安徽三中。

③振民先生，即安徽三中校长方振民。

一九二二年

报章重在传达真相[①]

——致《学灯》记者

《学灯》[②]记者先生：

今天我看见《学灯》上登了一篇《活的教育》，记得是在金陵大学[③]暑期学校讲演的话。现在汪、马[④]二君发表出来，我很感谢。他们记得很详细，有好几处确能传达我的精神。但因各地言语不同，所以记得也不十分正确。如“我们办教育也就像推草一样”，因为前后遗了几句，就和我原来的意思正相反了；“传财”与“传产”，当是“单传账簿”与“对着账簿点明产业交代后人”之误；Education of Life[⑤]应在教材之前，等等，都是要更正的。报章重在传达真相。知行提议以后对于投来的演讲稿，如能办到，最好先寄与演讲人看过再登，当可减少错误。出版虽要慢几天，但看报的人因此所得的益处确要大些。先生认为何如？请先生将这信登在报上，作为更正。

陶知行

十一、一、十九

原载《时事新报》副刊《学灯》，1922年1月23日

【注释】

①标题为编者拟。

②《学灯》，上海《时事新报》的副刊之一，1918年3月4日创刊，1949年5月停刊。

③金陵大学，美国基督教会在华办的大学，校址在南京，陶行知于1910年至1914年在该校文学系学习。

④汪、马，指《活的教育》记录者汪忠一、马延乾。

⑤Education of Life，译为“生活教育”。

推胡适为赔款部部员[①]

——致胡适

适之先生鉴：

本社为求全国教育经费之扩充及适当支配起见，特设筹划全国教育费委员会，当于二月八日、十五日开会筹商进行办法，并公推先生为赔款部部员。该部主任为范静生先生，一切请径与范先生接洽，积极进行，并请随时指示，使教育费早日得有着落，不至蹈空。至全体委员进行事宜容当随时奉闻。兹附上黄任之先生提案一份，委员会简章、委员会职员及各部员名单各一份附尘清鉴。此上，即请

教安

中华教育改进社

二月十八日

通信处：南京东南大学内中华教育改进社临时办事处

出自《胡适来往书信选》，社会科学文献出版社 2013 年版

【注释】

①标题为编者拟。这是 1922 年 2 月 18 日以中华教育改进社名义致胡适函。陶行知时任中华教育改进社主任干事和全国教育费委员会总书记，与黄炎培共同起草了教育费委员会简章。该信附件从略。

安徽社员介绍事宜[①]

——致胡适

敬启者：本社系由新教育共进社、新教育杂志社、实际教育调查社合并组织而成，以调查教育实况，研究教育学术，力谋教育进行为宗旨。素仰执事提倡教育，不遗余力，兹经董事部公推执事与陶知行先生担任安徽社员介绍事宜，深望鼎力赞助，俾资发达，曷胜企祷。兹特奉上简章廿份、日记一份、杂志一本，敬希察收为荷。专此，即颂

台绥

中华教育改进社启　三月廿九日

计奉上简章廿份、日记一份、杂志一本并介绍书廿份。

出自《胡适来往书信选》，社会科学文献出版社2013年版

【注释】

①这是1922年3月29日中华教育改进社致胡适信。附件略。标题为编者拟。

拟刊“私人兴学特号”①

——致杨乃康

莘耜厅长②大鉴：

敝社为表彰私人兴学成绩，及促进私人教育事业起见，拟刊“私人兴学特号”。

贵厅主持全省教育，其于各县私人教育事业，务请贵厅长搜集惠教，俾可登载，以为表彰，无任感盼。

兹定六月十五日集稿。倘能早日赐下，尤所欢迎。专上。

祗请公安！

陶知行

原载《安徽教育月刊》第53期，1922年5月

【附录】

函复南京东南大学陶知行

知行先生大鉴：

顷展台函，以贵社拟刊“私人兴学特号”，嘱即搜集各县私人教育事业等因，仰见提倡教育之至意至深钦佩。

兹将本省最近私人教育集资在两万元以上，及办理确有成绩者，另纸造表，送陈朗察。即希专复

祗颂时绥！（简明表列后表册栏）。

1922年5月11日

出处同上

【注释】

①标题为编者拟。此信系本次新增。

②莘耜厅长，即杨乃康（1883—1973），字莘耜，又作星耜。浙江湖州人。1921年，调任安徽省教育厅厅长。1922年底，因“姜案”去职。后历任浙江省立三师校长、上海圣约翰大学教职、江苏省教育厅厅长、湖南省教育厅代厅长等职。

整顿查办暨其他善后方法[①]

——致《申报》

上海申报鉴：

芜湖安徽省立第二女子师范学校厨夫，勾结流氓，殴伤总务主任谢季翔君，此种风潮，骇人听闻。知行曾用快邮代电，致安徽许省长[②]，要求整顿查办暨其他善后方法，兹特录上原稿奉闻。

即请

公安

陶知行启

原函如下：

华耜先生鉴：

芜湖第二女子师范校风潮险恶，骇人听闻。知行以桑梓关系，颇踌躇顾虑于善后方法，兹有三种意见，敬贡献台端。一因阮校长[③]服务皖省，历有年所，现年在七旬外，揆诸古时大夫七十致仕之例及国家敬老之义，应怜其衰老，予以休息，谅其真诚，准其辞职。一面援照皖省往岁优待解决为例，酌予退职后之养老金，以慰其历年服务之辛苦。一因阮君既辞职，处此风潮发生后，当选择学识渊深经验宏富之员，继充斯任。且二女师关于皖南女子教育，至为重要，非对女子教育夙有经验之人，尤难胜任愉快。一厨夫勾结流氓，殴打总务主任谢君，此事为有学校以来所未有，其中黑幕，必须彻底查究。不然则办学者人人寒心，入校者人人裹足。以上三端，是否有当？务请卓裁。专肃布悫，即请

教安

陶知行启

原载《申报》，1922年6月22日

【注释】

①标题为编者拟。快邮代电即后附原函。

②许省长，即许世英，号华耜，时任安徽省省长。对生活教育运动支持甚大，曾任晓庄学校副董事长、育才学校董事。

③阮校长，即阮仲勉。

借聘钱崇树先生[①]

——致刘伯明

伯明吾兄：

北京高师急需植物学教员一人，已亲向邹秉文先生商量借聘钱崇树先生一年，事关国立学校之联络，如能办到，甚为幸事。务请与邹、钱诸先生一商，速即回李湘宸先生一信为荷。专此。敬请

暑安！

知行启

十一年八月三日

复印件存华中师范大学教育学院

【注释】

①标题为编者拟。

请改选省议员[①]

——致许世英

安庆许省长鉴：

皖省选诉，经终审判决无效，亟应依法全部改选，维护司法独立，杜绝奸谋。民情难拂，祈主持安皖局。

陶知行　孙洪芬　梅光迪
洪有丰　姚文采　程湘帆　佳[②]

1922年10月9日拟

原载《申报》，1922年10月19日

【注释】

①标题为编者拟。1922年10月，安徽省议会未按法定手续，将议员全部改选，一时舆论鼎沸。陶行知为此事联合其他旅宁同乡中的知名人士，电请安徽省省长许世英，要求重新改选省议员。

②“佳”，为以韵目代日的日期记法，指9日。

电请改省议员[①]

——致黎元洪、王宠惠、孙丹林

北京大总统、国务总理、内务总长[②]鉴：

皖省选诉，既经终审，判决无效，亟应依法全部改选，维持司法独立，杜绝奸谋，民情难拂，祈令皖省长筹备改选，安皖局。

陶知行 孙洪芳 梅光迪
洪有丰 姚文采 程湘帆 佳

1922年10月9日拟

原载《申报》，1922年10月19日

【注释】

①标题为编者拟。

②黎元洪时任大总统职（1922.6.11—1923.6.13），国务总理为王宠惠，内务总长为孙丹林。

我校似不宜落人后[①]

——致郭秉文

秉文吾兄：

留汴一星期，眼看开封种种革新运动，殊为可慰。但此刻冯督忽有更动消息[②]，则此种种新事业转瞬又将化为陈迹矣，可叹。

东南大学、南京高师社费[③]2 400元，现在只缴过800元。照此例，到十月底应缴到2 000元，所欠1 200元，务请尽月底补足。现在北高[④]已缴足四分之三，我校似不宜落人后。前承允将改进社社费与本校经常费用一样看待，自是办法。万望照原议案月200元发寄南开大学张伯苓先生手收为荷。

知行拟十一月四日起回宁。

陶知行启

十一年十月二八日

原件存第二历史档案馆

【注释】

①标题为编者拟。

②冯督，指时任河南省督军冯玉祥。

③社费，指中华教育改进社社费。

④北高，全称为北京高等师范学校。

请提出义务教育组发展之具体计划[①]

——致郭秉文

秉文先生惠鉴：

敬启者，前因年会分组会议事，敦请先生加入义务教育组，会同讨论，当荷慨允，至为感激。但分组会议之成效，全视事前之准备如何为断，务请先生对于该组讨论事宜，加以特别注意，并提出关于该组教育发展之具体计划以为讨论之底本。事关重要，务希俯允担任。

专此奉恳。敬候

台绥

陶知行拜启

十一年十月

【注释】

①标题为编者拟。

拟请提出高等教育发展之具体计划[①]

——致郭秉文

秉文先生惠鉴：

敬启者，前因年会分组会议事[②]，敦请先生加入高等教育组，会同讨论，当荷慨允，至为感激。但分组会议之成效，全视事前之准备如何为断，务请先生对于该组讨论事宜，加以特别注意。两个月前，曾请先生编制关于高等教育之图表及撰著报告一篇，谅已将准备完竣，最为欣幸。兹更有请益之处，即拟请先生在分组会议中提出关于该组教育发展之具体计划，以为讨论之底本。事关重要，务希俯允为荷。专此奉恳。敬候台绥!

陶知行拜启

十一年十月

原件存中国第二历史档案馆

【注释】

①标题为编者拟。陶行知当时兼任中华教育改进社主任干事。所请拟计划，系全国高等教育发展计划。

②指 1922 年 7 月在山东济南召开的中华教育改进社第一届年会。

关于东南大学经费问题[①]

——致郭秉文

秉文吾兄：

奉书敬悉一是。汤尔和[②]先生处，知行今日即去奉访。顾少川[③]先生处，拟即约期晤谈。亮畴[④]先生近来牢骚满肚，有否面见必要，俟见少川先生后再定，或竟托少川先生进言，亦无不可。此事有三个难关：一是汤君肯否提出阁议；二是内阁中如王、罗[⑤]诸公均不甚满意汤，王固不致反对东南大学[⑥]提案，罗恐不能谅解，汤提案件，恐难免受其攻击。汤或预料及此竟不提出，亦未可知；三是值百抽五之关税，原为归还外债之用，彼时能否得外国债主之谅解，为又一问题。

对于第一关，知行拟向尔和先生说明东南大学提案能助其通过第三关之种种理由，及预为疏通阁员，不致反对提案。

对于第二关，拟请少川先生担任疏通罗钧任，大概财政总长如不反对，即不致有变。万一其他阁员有疏通之必要时，即请适之疏通孙汉尘先生，膺白疏通张绍曾[⑦]先生，已得多数了。

对于第三关，应由我辈作有计划、有系统的宣传，向美英二使说明教育费之用途，将东南大学的成绩向国内外报告，农科、商科最有关系。因事不能再写，再谈。

陶知行

十一月二日

出自南京大学编《南京大学校史资料选辑》，1982 年

【附录】

郭秉文致陶知行函

知行吾兄鉴：

迳启者，弟本定于日内赴京，浃洽一切，刻以筹措经费，不克成行，殊为怅怅。本校本年增加预算数，拟请教部比照北京八校先例，于关税实行值百抽五以后，在增加之税入项下拨充一事，业已正式呈部，请其核准。望兄且缓回南，代弟与王亮畴、顾少川、汤尔和诸公浃洽，从速提出阁议，并将进行情形，随时报告，是为至感。呈稿抄送一份，希即察阅。顺颂

旅安！

弟郭秉文谨启

十一年十月卅日

出自《南京大学校史资料选辑》，1982 年

【注释】

①标题为编者拟。

②汤尔和（1878—1940），名櫆，字尔和，浙江余杭人。曾留学日本、德国。1922 年曾任北洋政府教育部总长、内务部长。

③顾少川，即顾维钧（1888—1985），字少川，曾于 1919 年和 1921 年作为中国代表团成员出席巴黎和会和华盛顿会议。

④亮畴，即王宠惠，原籍广东东莞，1881 年出生于香港。先后任北洋政府外交总长、外交部顾问等职。

⑤王、罗，指王宠惠、罗钧任。

⑥东南大学，今南京大学的前身。1921 年成立，1923 年南京高等师范学校并入该校。

⑦张绍曾，1923 年 1 月至 1923 年 6 月，曾任黎元洪北洋军阀政府的内阁总理。

访罗钧任先生后[①]

——致郭秉文

秉文吾兄：

昨晚六时，到罗宅访钧任先生，目的在请他接到教部咨文后，即分令四省财政厅筹措本校经费，并看他对于本校经费的态度。我到时，他还未

到。听说他当晚有二三个饭局，赴饭局前，他除我以外，还有两个客人要会。预料这次谈话必非常匆促。过了一刻钟，他到了，急躁得很，先见廖茂如[②]先生的令兄，次见我，我之后还有一位。我进他的房，他就很急很急问我："东南大学在哪里?"我说："在南京。""中央政府设立的呢，还是江苏设立的?""国立的。""经费由中央直接发呢，还是江苏拨过去的?""经费是应当由江苏、浙江、安徽、江西四省分任的，但现在只有江苏一省出过钱，其余三省，还没有出钱。""那三省恐怕没有承认吧?""照阁议通过的决案，三省是应当承认的（说到这里，他又要插上来问，我是到现在还没有机会说明来访他的宗旨，我不得已抢着继续说下去）。我此来拜访的宗旨就是今年阁议通过的五十四万当中，只有江苏的十八万靠得住，其余的三十六万应由中央另筹款（没有提及值百抽五之事，因在此情形之下，只好混起来说）。未筹的款以前，希望教育部、财政部分令四省照阁议通过之数目分别担任。此事已由敝校呈请教育部办理。教育部咨文到时，还请先生极力赞助，速令江苏、浙江、安徽、江西四省财政厅切实筹措应该担任的款项。"他说："如果教育部咨文来到，我当查核原案，酌定办法。惟各省有各省的预算，未经他们承认，怕不容易催促。"我说："预算是行政的主要工具，各省应有预算，国家亦应有预算。现在各省虽有预算，但没有被中央军费所破坏亏空的究竟有几省？中央在各省滥支军费，并未曾得省民的承认，独于教育经费就要得各省的承认吗？国家经费在各省开支应当依照各该省的财力，这是此时最切要的问题。如果中央有减各省军队军费之决心，各省对于教育经费之接济是很容易办到的。现在东南大学的学生以江苏、浙江、安徽、江西四省为最多，子弟是四省的，而独要江苏担负费用，岂得谓平？现江苏已决计不肯独任并且无能力独任。我们还是让学校关门呢，还是逼令此四省的父兄的代表人担负相当的责任呢?"我想钧任先生对于东南大学很有些隔膜，率性把东南大学的事业计划、教职员、学生的各种情形说了两分钟，并告诉他这个学校就是孟禄[③]先生所说的，中国政府设立的第一个有希望的学校。开办以来，从没有闹过风潮，也从来没有索过薪，所以无名（他虽点点头，究竟最后四个字有什么意思，不晓得他这个急躁的头脑懂得不懂得）。我再说："先生看这样的情形，我们怎忍看他关门?"他说："好，等教育部来文时，我再设法。"

这几分钟的谈话，令我气极了。我曾见过他三次，一次比一次坏，好好的一个罗钧任，于今竟变成这样。可惜，可惜。中国如同急水滩头的一个船，这般把舵的人和水手，都只晓得手忙脚乱地瞎急瞎叫，怎样得了啊！

陶知行敬启

十一月四日

亮畴先生处今早去谈过，允嘱钧任注意东南大学经费由财政部行文四省催任，款项关税事彼以为此时提出无补于事，详情再报告。

出自《南京大学校史资料选辑》，1982 年

【注释】

①标题为编者拟。

②廖茂如，即廖世承，东南大学教授，1949 年后任上海师范学院院长。

③孟禄（Paul Monroe，1869—1947），美国教育家，曾任哥伦比亚大学教授、师范学院院长。1921 年来华进行教育调查，为中华教育改进社名誉董事。

此事于各校购买图书、仪器，颇有关系[①]

——致全国各学校

敬启者：

本社为提倡学术、促进教育起见，于本年 4 月间，由本社董事熊秉三先生等，上国务院一函云："凡学校购办图书、仪器，无论运自外洋或购自本国，均准豁免海常关税及内地一切税厘，以两年为限。即自本年十月十六日起，至十三年十月十五日止，为免税限期。惟此项图书、仪器，须由各学校，呈经教育部或各省教育厅核填护照，俾资护运。其个人购运者，不在此例。"

按：此事于各校购买图书、仪器，颇有关系。将本社上国务院原函及国务院复函，并列于后，以供尊览。专此，并颂

教安！

中华教育改进社启

十一月九日

原载《北京大学日刊》第 1108 期，1922 年 11 月 15 日

【附录】

附录一：中华教育改进社呈文

呈为便利学术研究、鼓励教育考察，请予豁免图书、仪器关税及酌量发给免费车票事。

窃以为，教育之最要工具，厥惟图书与仪器。本国出版新书，现在尚乏佳本；而仪器制造，尤形幼稚。故学者对于图书、仪器之须仰给于外国输入者，为期当必甚久。

就图书而论，年前金价较低，学子已难支持；近年来金价高昂，更属困窘。现其现状，则数人合购一教科书者有之，乘他人空闲借书阅读者有之，终岁无书读者亦不乏人。教科书且然，参考书之有力购读者，更如凤毛麟角。

至学校方面，经费累月不发，能购图书为教员、学生之共同参考者，实不常见。教员本身，赡养已难周顾；加以书价奇昂，多数不免有学术饥荒之感。减轻书价，即所以促进文化。此书籍关税所宜豁免者一也。科学为人类制裁物质势力之要图。其效力之大小，全视仪器之精粗。通常仪器，国内近已稍能仿造；但精者，殊不多见；高等科学仪器，则纯自国外输入。吾国学校，对于仪器、设备，最不完全。故科学教育，几同虚设。豁免仪器、关税，即所以减轻仪器价格，亦即所以增加科学教学之效力。此仪器关税应行豁免者二也。

中国幅员辽阔，情形互异，精神之不能统一，实交通不便为之梗。就孟禄博士教育调查报告观之，各处学校皆有优点。但此种优点，皆分散各地，彼此不相联络，故少观摩之益。至问其所以然之故？均因川资太重，无力考察。当兹教育萌芽时代，是宜提倡教育之考察。当兹教育萌芽时代，是宜特别提倡教育之考察，使各处办学、教学及研究教育人员，均能彼此参观，交换贡献。拟请凡教育机关人员欲举行考察者，在京呈请教育部，在各省区呈请各省区主管教育行政机关，转请交通部发给免票。考察后，将考察所得报告教育部或省区主管教育行政机关。如此，则教育经验，可以充分交换；教育学术，可以充分研究。有教育行政机关转请于前，且有考察报告责成于后，滥请免票之弊似可防止。此教育考察应行发给免票者三也。

上列三事，同人等认为提倡学术、促进教育之要图。务请卓裁，准予施行。不胜盼切之至。谨呈国务总理周。

附录二：国务院来函（国务院公函第二千三百三十号）

迳启者：

前准来牍，内开为便利学术研究、鼓励教育考察，请予豁免图书、仪器关税，及酌量发给免费车票等情到院，当经函达教育部核办。去后，除对于请发免费车票一项，前准该部咨复，已先行函达在案。对于请免图书、仪器关税一项，兹复准教育部。

复称：准财政部咨开，经本部与税务处往返磋商议定，凡学校购办者，无论运自外洋或购自本国，均准豁免海常关税及内地一切税厘，以二年为限。即自本年十月十六日起，至十三年十月十五日止，为免税限期。惟此项图书、仪器，须由各学校呈经贵部或各省教育厅核填护照，俾资护运。其个人购运者，不在此例。除分行各厅、关、局遵照验放外，咨请查照，转行遵办等因，准此呈复。查照饬遵等因，相应函达，查照可也。此致

中华教育改进社。

出处同上

【注释】

①标题为编者拟。编者推定，此信由陶行知拟写。此信系本次新增。

岂能后于外国之师友[①]

——致郭秉文

秉文吾兄：

知行十日抵宁[②]，一路幸叨平善，堪慰近怀。改进社社费，万万不能以千二百元了事。他校均照三社社费总数担任，本校何能独异？若因此牵动他校援例，本校岂能免于破坏改进社之责言。孟禄先生尚如此尽力，吾辈自谋，岂能后于外国之师友乎？南开一私立学校尚且如此慷慨，吾校如吝，岂能免人之窃笑乎？事关学校信用，务请嘱行政委员诸公兼筹并顾，重加考虑。且相差不过一千二百元，只须大家出点力，是不难弥补的。吾校在这个团体中，万万不能失信。吾兄以为然否？

陶知行启

十一、十一、十四

去年十二月，各机关代表会议均当场承认三社社费总数[③]，知行承吾兄之嘱并以仍旧担任并无增加担负，即从诸代表之后代为承认（当各省代表受孟禄感动时，吾兄若亲在场，当亦为首先承认之人）。今年沪上开董事会时[④]，吾兄亦已默认。万望维持前议。

原件存中国第二历史档案馆

【注释】

①标题为编者拟。

②当时，陶行知担任南京高师教务主任、教育科主任，并兼任中华教育改进社主任干事；改进社总事务所设于北京，因而经常奔波于京、宁两地。此句指由京抵宁。

③“三社”，指实际教育调查社、新教育共进社和《新教育》杂志社；1921 年 12 月 19—21 日，三社代表和各省教育界知名人士与孟禄在北京召开“中国教育讨论会”，会上议决成立中华教育改进社，并以“三社社费总数”作为改进社的经费。

④指 1922 年 2 月 8 日在上海召开的改进社董事会。郭秉文为该社董事。

由程先生自行酌定[①]

——致刘伯明

伯明[②]先生大鉴：

敬复者，接台示并安徽教厅公函，知行以程先生[③]为桑梓服务，只得任程先生自行酌定。校中功课可以从缓。兹将教厅公函奉还。即颂

时祉！

陶知行启

十二月十六日

附安徽教育厅公函壹件（略）

原件存中国第二历史档案馆

【注释】

①标题为编者拟。

②伯明，即刘伯明。

③程先生，指程湘帆，时任东南大学教师，安徽省教育厅拟任命为专科视察员。

崇仰贵校提倡女子教育不遗余力[①]

——致北京大学

敬启者：

清华学校董事会，议决停止派送女生留学一事，关系女子教育前途甚大。本社女子教育委员会议决，致函外交部、清华学校校长及董事会，质问停派理由。兹将致清华学校校长函，另纸印呈，以供尊览。

崇仰贵校提倡女子教育不遗余力，尚望慨予援助，通电质问；并将电稿抄寄敝处，当代发表于全国各报，以期引起舆论界之注意。专此，并请公安！

中华教育改进社女子教育委员会启

十二月二十九日

原载《北京大学日刊》第1151期，1923年1月10日

【注释】

①标题为编者拟。此信写于1922年，编者推定由陶行知拟写。此信系本次新增。

增加派遣留美女生额数[①]

——致清华学校校长

谨启者：

本年七月，本社在济南开第一次年会议决，请贵校自十一年度始增加派遣留美女生学额。此案已于八月二十八日由本社总事务所函请贵校办理，迄未得复函，至为悬念。当经李委员会请总事务所调查，始知贵校未增加女生留美学额，反将本年度应派女生悉数停止，闻之实深骇异。原贵校经费，出自美国退还之赔款，担负赔款之义务，男女所同。而以赔款兴办之教育，则男女歧视，已失情理之均，况欲谋社会之进步，必赖两性之并展。故男女应有平等之教育机会，久为世界所公义。先进诸邦，对于女学无不积极推广，而新大陆女子教育，尤为全球冠。

我国承认美国友谊退还赔款，以办教育，并无男女之限制。则其于女子应享之利权，初未尝忽视。方今国内人士提倡女学，不遗余力，应时势

之要求，贵校对于女子教育，宜有扩充之设备，以期男女得有平等之待遇，早为谈女子教育者所公论。而本社同人亟欲与贵校商榷者也。乃事适相反，靡特不增，反从而减之，是同人等所大惑不解。

查贵校应届派遣留美学生，约六七百人，女生共三十八人，是女学生数只占历届留美全数百分之六。现在留美学生共有四百五十五人，而女生共只二十一人，是留美女生数只占留美全数百分之四点六，合贵校在校修业男生及现在留美学生总数，与现在留美女生数较，则女生数只抵百分之二点二。以经费而论，贵校本年度留美学生经费总数为一百十五万元，内女生经费三万四千八百六十元，是女生经费只占总数百分之三点〇三，合贵校本部经费（三十四万六千五百六十八元）与以上留美经费总数与留美女生经费较，则留美女生经费只占百分二点三三。

总观以上所列，贵校所派女生数，暨女生经费，渺乎其微。以全国男女共同负担。而所办教育，轻重厚薄，殊悬若此，其何以自解于国人?

年来复停止派送女生，原于经费之不足。此实可堪诧异。何对于男生额数，时有增加，且或延长其留学年限，使得更加深造。此项延长及增加之费可筹，何独不能筹派遣少数女生之费乎?查贵校基金三百万元项下收利息，似可作为增加留美女生名额之用，如利息之支用未敷，经费之增加不易，则于势于理之万不得已，亦应拨用基金以为加派女生之费。

盖今日女子教育，实为社会根本要关。与其藏基金以俟后代之子孙，何若销用之，以教目前之子女，弃此代于不顾，而能善谋其远代者，未之前闻。本会是以熟权轻重，谨贡刍言，并请察照前案，增加派遣女生额数。定期补行考送，以昭公允。

中华教育改进社

女子教育委员会朱其慧等启

原载《申报》，1923 年 1 月 1 日

【注释】

①标题为编者拟。此件系中华教育改进社女子教育委员会联名给清华学校的信，陶行知参与起草或审定。

1922 年底，清华学校董事议决停止派送女学生留美。中华教育改进社女子教育委员会议决致函清华学校校长及外交部交涉，并致函各省教育厅、教育会，请群起力争，非达目的不止。

一九二三年

万国会议本社代表中已提兄名[①]
——致胡适

适之吾兄：

蒙允著作《中国之文艺复兴》，非常感激。字数可不拘，请兄自定罢。做好之后，能就近请人译成法、德两国文字最好。万国会议[②]本社[③]代表中已提兄名，沪、宁董事一致推重。京、津董事月底在京开会，当亦一致赞同。兄在中国代表中所占地位，很关重要。我怕你暑假中另有计划，故拿未成熟的消息赶快地告诉你，务必请你把这件事放在心里，不要叫我们失望。

知　行

十二年二月二十四日

请你告诉鸿熙，蔡先生此刻在何处，能否赴董事会。如他在天津，我们就在天津开。

出自《胡适来往书信选》，社会科学文献出版社 2013 年版

【注释】

①标题为编者拟。

②万国会议，指万国教育会议，为世界教育联合会（The World Education Conference）的成立大会，由美国教育联合会发起。1923 年 6 月底至 7 月初在美国旧金山召开。中国代表郭秉文被推选为该会副会长。

③本社，指中华教育改进社。

万国教育会议推定代表①

——致中华教育界同人

敬启者：

“万国教育会议”，定于本年六月二十八日至七月六日，在美国旧金山举行。本社业经沪、津二次董事会议议决，推定代表蔡元培、范源濂、黄炎培、郭秉文、张伯苓、胡适、汪兆铭、陶知行八人出席。定于六月四日由沪起程赴会，并预定于八月二十日以前回京，在第二届年会报告（第二届年会本定于七月三日至八日，现改为八月二十日至二十六日）。

现准备有《印刷品一览》，兹另纸印呈。关于各门教育，贵处如有革新事实，请即直接函知担任该门著述之人，以资参考。至万国教育会议之组织、目标、提案等，京、沪各报，大致已经译载。间有误译之处，现由本社职员另行译出，附录于后，以备检阅。

先生对于这次会议，如有希望本国代表特别注意之意见，本社甚为欢迎。务请于五月十日以前，将尊处意见书寄至本社总事务所，俾得预行整理，汇交代表带往参考。

其关于本社年会之议案，亦望早日依照所寄提议案式，填交本社，是为至盼。专此布达，并请

公安！

原载《中华教育界》第12卷第8期，1923年3月

【注释】

①标题为编者拟。原发表时题为《中华教育改进社公函》，无署名。编者推定，系由陶行知草拟或审定。此信系本次新增。

万国教育会议在旧金山举行①

——致胡适

敬启者：

万国教育会议订于本年六月二十八日在旧金山举行，本社京沪两处董事会议决推请先生赴会出席，定于六月四日由上海乘“加拿大皇后”船起程，十八日到Vancover②，二十日到旧金山，回国日期最好能在八月二十

日本社大会以前到京，在第二届年会报告，请先函知，以便定回国舱位。万一届期不能回国，亦望示知为荷。护照由社办理，即请寄下相片两张，以便进行。所有往来旅费现已由社进行筹措。特此奉闻，并请
公安

中华教育改进社启
三月七日

附本社出席万国教育会议代表名单
蔡元培　范源濂　黄炎培　郭秉文
张伯苓　胡　适　汪兆铭　陶知行

出自《胡适来往书信选》，社会科学文献出版社 2013 年版

【注释】

①标题为编者拟。
②Vancover，即温哥华市。

世界教育会议所需图表[①]

——致东南大学校办公处

敬复者：

奉到三月二十一日贵处来函敬悉。

世界教育会议及美国纽持赛会所需各种图表，关于本科方面者，当如期搜集送上；至全校图表编辑一层，务请另任专员办理。本科对于接洽上殊不便利，断难遵命，恐误要公，亟行奉达。此复
校办公处

陶知行启
三月廿一日

复印件存华中师范大学教育学院

【注释】

①标题为编者拟。

诗稿是否可用[①]

——致胡适

适之吾兄鉴：

东南大学陆志韦先生曾有诗稿一册寄与吾兄阅，不知阅毕否，如以为可用，即请寄汪孟邹先生。并赐告知行，此上。

敬祝

健康

陶知行启

原载耿云志编《胡适遗稿及秘藏书信·陶知行（行知）信三十通》第36卷，黄山书社1994年版

【注释】

①标题为编者拟。此信用“陶五柳堂启事笺”写于1923年3月27日。

中国最近教育统计已编成[①]

——致南京友人

敬启者：

本国最近教育统计已由本社统计股编成，其中资料足供编辑世界教育会议各种丛刊之参考。

现该项统计由知行亲自带来，于二十六日由京起程南下，二十七日下午可到南京。请先生于二十七日晚八时驾临成贤街文德里对角舍下会商一切，至以为盼！专此布达。并请

文安！

陶知行

四月二十四日

复印件存华中师范大学教育学院

【注释】

①标题为编者拟。

杭州大学之天然环境[①]

——一封公开信

未来的杭州大学[②]校址，在凤凰山[③]下面，是从前的敷文书院[③]。大学范围，并不限于书院旧址。凡左近之山脉，都包括在内，约有一两千亩的面积。后面四五个山峰，并立如掌扇；东边的之江，西边的西湖，都近在咫尺。登高一望，杭、嘉、湖、绍四属数百万的生灵，还有那无边无际的东海，都在眼中，不住地引人向那远处、大处默想。我一面看，一面问，中国还能找出第二个像这样好的大学校址吗？不独在中国，就在世界上，像这样的校址，能有几处呢？我方到敷文书院面前的时候，还不觉得十分奇特，但越走上去，越觉得它的妙处。选择这个校址的人，能从敷文书院大胆地将它一直伸到凤凰山顶，包到凤凰山后，这是何等的魄力，何等的目光！

近一二年来，国内预备要设立的大学，不下十多处，关于筹备重要问题之一，即为校址之选择。因为天然环境和人格陶冶，很有密切关系。省立大学为一省人才教育之总枢，校址一层，更不容忽略。

我对于选择大学校址，亦曾受过一二次之委托，虽始终未曾实现，心目中却悬过几个目标，以为寻访之依据。我心里所悬的目标有五：一要雄壮，可以令人兴奋；二要美丽，可以令人欣赏；三要阔大，可以使人胸襟开拓，度量宽宏；四富于历史，使人常能领略数千百年以来之文物，以启发他们光大国粹的心思；五便于交通，使人常接触外界之思潮，以引起他们自新不已的精神。我拿这五种标准参观过国内大学二十余处。比较好一点，国立的有东南大学，外国人设立的有之江大学[④]和香港大学[⑤]。这三个学校校址，各有所长，就中天然环境，要推之江大学为第一。但要想看一个尽善尽美、完全令人满意的大学校址，却没有找到。

听见杭州大学校址已经选定的时候，即想过来看看。这次陪张仲述先生来杭，参观学校，并得大学董事何炳松先生指导，用了半天的工夫，特为的去看杭州大学校址，不料数年来梦寐中之理想大学校址，居然有亲见之机会，可谓有眼福了。杭州既有这样近于理想的一个校址，又有沪杭铁路为它与外界沟通，应该能够罗致第一流的导师，培养第一流的人才，创造第一流的学术。杭州大学的前途岂可限量？岂可限量？

杭州大学是中国省议会第一次自动建议置的大学。我希望浙江省议会，不但建议，还要使它实现。听说因为经费困难，省议会怕增加人民负担，尚在犹豫不决。人民代表，体谅人民的经济能力，是应当的；但他们的责任，不是为人民省钱，是为人民用钱用的得当。我深信杭州大学是浙江人民未来幸福之泉源。用钱办这个大学，不是为人民耗费，乃是为人民保险储蓄作最有益的投资。这种代人民服务的机会，是不容易得的。若让它空空地失去，未免可惜。

现在校址已经选定了，如同做母亲的怀了孕，已经把未出世的小孩子所要坐的摇篮都预备好了。我们来做客人的，只望她早日添丁，使得我们也可以得几个红鸡蛋吃。若只为省钱的缘故，就不惜将已成之胎打将下来，这就要叫我们大失所望了。

将来的趋势，每省恐怕至少要有一个大学。我郑重地对现在和将来各省省立大学筹备员介绍一句话，在校址未选定之前，最好来看看杭州大学的校址。虽然不能省省都找到这种好校址，但看了之后，对于大学校址的要素，总能得些具体的观念，至少可以不致走错路了。

知　行

十二年春

出自《知行书信》，亚东图东馆 1929 年版

【注释】

①标题为陶行知自拟。写作时间为 1923 年 5 月 9 日。

②杭州大学，今浙江大学前身，筹建于 1922 年，创建于 1928 年。

③凤凰山，在浙江杭州东南面，北近西湖，南接江滨，形似飞凤。

④敷文书院，始建于清代，地址在浙江杭州。

⑤之江大学，美国基督教教会在中国办的大学，前身最早为 1845 年设在宁波的崇信义塾，1911 年改为之江大学。

⑥香港大学，英国殖民当局于 1912 年 3 月 11 日在香港创办的综合性大学。

⑦张仲述，即张彭春（1892—1957），字仲述，张伯苓的胞弟。1910 年赴美国哥伦比亚大学学习教育学、哲学，回国后任南开大学教授。

西湖之危机①

——致杭州朋友

西湖的危机，已经到了不可不注意的地步了。这危机就是上海化的趋势。我每年必到西湖游览一二次，觉得这种趋势，咄咄逼人，近来更甚。

如果再不说几句话，心里实在有些不安了。

上海化是什么？

上海化，第一是忙。人生要忙也要玩。上海的忙人到西湖里来玩玩，我们是很表同情的。但是最要紧的是，忙的时候忙，玩的时候玩。若是忙的时候玩，玩的时候忙，都是错了。我们到西湖里来，最重要的是看风景。西湖里的景致，随处都有，必定要从容地去欣赏，才能得到它的妙处。但是上海来的人，忙得很，嫌自己的腿慢，要坐东洋车；嫌洋车慢，又要坐汽车。我们觉得走马看花，比他们所得的还要多些。我们只觉得最不上算的事，无过于坐汽车游西湖。这还事小，我们游湖的人，看见汽车来了，也就跟着它忙个不了。身体忙让，眼睛忙夹，鼻息忙停，心头忙跳，直到汽车尽过，才慢慢地复原。一人豪放，使得大家都受累不安，实在说不过去。世界文明国的公园里，多不许坐汽车。西湖全部都是个公园。为维持同乐起见，湖滨大路，是应然绝对禁止汽车通行。听说自汽车通行以来，已经冲死了十几个人。我们为维持公安，尊重人命起见，希望永久地停止它们才是。湖滨的路是人的路，不是马路，更不是汽车路。我们防止上海化的第一件事，就是要禁止汽车在湖滨路上通行，就是要使人玩的时候不能忙。

上海化，第二是俗。怎样叫俗？凡不合美术的调和观念的就是俗。灵隐寺里新上任的财神菩萨，是一个例。最俗的无过于西湖里红顶装烟囱的洋房了。西子[②]穿西装，总不相称。西子穿上不中不西的装束更不称了。我希望杭州大学将来的校舍，外表采用中国式的建筑，为与环境调和做个表率。人工只可增进天然的美感，断不可将它败坏。我还希望以后在湖边造房子的人，未造之先，必求自己的房子和四周风景联为一气；目光要射在四围，不可专注在自己的房子上。所以，防止上海化的第二步，是要提倡符合风景的建筑，使一切俗的房屋自己害羞。

上海化，第三是私。十座哈同式的花园，可以把西湖封锁起来，我们曾经注意到吗？我提议环湖大路要筑在房屋和西湖之间。如此，方可免于封锁的危险。所以，防止上海化的第三件事，就是严立规章，使凡应公开的都不让私人占去。

防止上海化的责任，要谁担负呢？第一是杭州人，第二是上海来的人。上海人只可带些西湖化到上海去，决不可带点上海化到西湖来。我们愿意有西湖化的上海，决不愿有上海化的西湖。杭州人，以地位说，是西湖的主人翁。他们应该一面防止上海化进口，一面削除上海化的根株。防止削除的方法：一要舆论，二要实力。运用舆论和实力，以保存西湖本来之真面目而光辉之，是杭州人不可推卸的责任。

陶知行

十二年春

出自《知行书信》，亚东图书馆1929年版

【注释】

①标题为陶行知自拟。副题原为“给杭州朋友的公开信”。

②西子，亦称西施。

请撰《中国高等教育》要点[①]

——致郭秉文

秉文先生惠鉴：

尊著《中国之高等教育》一篇，收到后即托商务印书馆赶印，月底可以印齐。届时当由本国代表带赴万国教育会议，分送各国代表。现拟采取各篇之要点，准备一种较短之宣言，每篇以五百字至一千字为度，以便报馆通信员探访时，本国代表得以交付披露此事。仍请先生迅予拨冗著就，于二十七日以前交知行收下付印。琐费清神，至再至三，寸衷歉仄，莫可明言，专肃奉恳。即颂

教安！

陶知行启

五月廿二日

原件存中国第二历史档案馆

【注释】

①标题为编者拟。

供关心劳工问题者之参考[①]

——致胡适

适之吾兄：

南京源盛工厂，系休宁[②]程荷生先生所手创，为南京织布业之惟一成

功者，现已发现困难，其中事实颇足供关心劳工问题者之参考。工厂与工人相依为命，工厂存则工人之幸福可保，若空谈拥护工人利益，而使工厂有不能存在之势，岂非自杀政策？源盛厂主经此打击，不得已而倾向于收束，固非所宜；然政府不亟谋劳资共存之道，前途何堪设想！兹介绍荷生先生令侄耀晖先生与兄一谈，务请接见，其中具体内容颇足供吾辈研究之助。倘遇有机会，酌加援助，或向其指示应付方针，亦感同身受。专此奉达，敬请

早安

知　行

五、廿五

原载耿云志编《胡适遗稿及秘藏书信·陶知行（行知）信三十通》第36卷，黄山书社1994年版

【注释】

①标题为编者拟。

②休宁，县名，属安徽省。

仍将教育调查逐年施行①

——致华北大学

敬启者：

敝社去岁调查京师教育概况，多蒙教育界同人之赞助，代为调查校址、填写表格，始得编辑印行。同人实深感荷！

兹拟仍将此项调查逐年施行，作历年之比较，备继续之研究；而其间变迁之趋势与消长之原因，当可于此验之。想亦为留心教育者所乐知也。

兹特拟就表格，附奉填写，并希早日赐还，以便编辑印行。将来如印成后，当即奉上一份，以备参考。专此谨恳，鹄候回音。即颂

公绥！

中华教育改进社启

（表格略）

原载《华北大学旬刊》第13期，1923年6月10日

【注释】

①标题为编者拟。原发表时题为《中华教育改进社致本校调查本校概况函》。编者

推定，系由陶行知草拟或审定。此信系本次新增。

平民教育课本编辑事宜[①]

——致胡适

适之吾兄：

平民教育课本编辑事宜，拟于日内开始办理，前托开示国语文法之重要变化之举例和平民教育之目标，如已告成，请即赐寄东南大学转交弟收。

东南大学教育科敦请吾兄担任教育哲学与中国教育史讲师，至兄回北大时止，每月致送讲费三百元。我诚恳地代表本科同人欢迎吾兄担任此职。如蒙允许即当致送聘书。

祝兄健康。

陶知行

六月十二

原载耿云志编《胡适遗稿及秘藏书信·陶知行（行知）信三十通》第36卷，黄山书社1994年版

【注释】

①标题为编者拟。

请兄寄编辑平民课本之工具[①]

——致胡适

适之吾兄：

编辑平民课本的工具都收集得差不多完备了，所差的只是吾兄答应的《国文文法举例》和《平民教育目标》各一套。从明天起经农[②]兄和我就要开始编辑，请兄快快地把这两套工具寄来。我从上海寄给你的快信收到了吗？（请兄下学期在东南大学教育科讲演中国教育史和教育哲学）经农住在我家里，还要一个礼拜再到上海去。你能来宁一谈吗？

知　行

六月十八日

原载耿云志编《胡适遗稿及秘藏书信·陶知行（行知）信三十通》第36卷，黄山书社1994年版

【注释】

①标题为编者拟。

②经农，即朱经农（1887—1951），原名有畇。1916年赴美留学，1921年任北京大学教育系教授，曾与陶行知一同编辑《平民千字课》。

请准予辞教育科系主任之职①
——致刘伯明

伯明代理校长鉴：

本校教育科及中华教育改进社合聘知行担任两处职务，已经有一年半。虽职务性质颇有相成之处，但两地距离太远，每月来往一次，渐觉精疲力倦，难于支持，且教育科与中华教育改进社现已发展到不可兼任的地位。要想这两处事业继续充分发展，必须有人专心主持，若再兼筹并顾，譬如一个人站在两只船上，不到船翻人亡不止。静夜思量，不胜危惧。故为事业计，为学生计，为个人精力计，万万不能再事兼任。但中华教育改进社约订三年，现在决无舍去之可能。本校正在改约时期，复请准予辞去教育科主任、教育系主任之职，但以教授名义，给予无俸之长假。俟中华教育改进社约满及有继任之人时，再行回校担任教授职务。知行订于八月初进京，下年进行事宜，即须有人负责。务请即就本科教授中，另聘贤能担任科系主任职务，以便尽本月底交代，最为感荷。所有教育科主任、教育系主任聘书，特行奉还，务乞俯予收回为祷。专此，敬请
诲安

陶知行启

十二年七月二十八日

原件存中国第二历史档案馆

【注释】

①标题为编者拟。此函为陶行知请辞东南大学教育科系主任而写，刘伯明于8月3日复函表示："此间职务，敬从尊命，作长期之休息，八月一日起，请徐养秋先生担任。"

编辑国民基础教育教科书的目标[①]

——致胡适

适之先生惠鉴：

日前平民教育促进会筹备会开会，想在十年之内，使十二岁以上二十五岁以下一万万不识字之人民，受一千基础字所代表之共和国民的基础教育。此刻最重要的一件事就是编辑相当之教科书。未编之前应有极明了之目标作指针。这许多人受过这种教育之后，对于国家前途应当有何种贡献，对于个人生活应当有何种影响，国民性中固有的何者应光辉充实，缺少的何者应吸收补足，这都是应当分析出来做我们具体的目标的。同人所拟办法，暂定四个月教九十六课，或每课达一目标，或数课合一目标，或一课合数目标，但以全部论必有数百或数十条明确之目标以为依据，才能发生相当之效力。夙仰先生对于国家大势、世界潮流研究有素，公推先生将新世纪中国民所应有之精神、态度、知识技能条分缕析赐作南针。并请于一星期内开单示知，最为盼切。专此奉达，敬请

撰安

陶知行
熊朱其慧仝启
晏阳初
1923 年夏

复信请寄南京陶知行为荷。

原载耿云志编《胡适遗稿及秘藏书信·陶知行（行知）信三十通》第 36 卷，黄山书社 1994 年版

【注释】

①标题为编者拟。

千请慰留江彤侯先生[①]

——致申报馆

申报馆鉴：

吾皖教育，困于经济，怯于势力，以陷入萎靡不振之状况者，盖有年

矣。去岁，江彤侯[②]先生来长教育，不避劳怨，从事革新，一岁以还，成绩昭著。凡有识者，类能言之。非某等私阿所好也。近闻因公积怨，有被迫辞职消息。窃思皖省教育改进，正在萌芽，扶植灌溉，端赖贤者。在江公道不行则去，固亟磊落光明，而乡村教育受此影响，又不知若干年后始得第二次整顿之机会。且小人道长，则贤者裹足，充类至尽，非使吾皖教育行政，永远操之阿附苟容者之手不止也。同人等庐墓所在，休戚相关，以为教育改进，苟顿挫于中途，则子弟求学，将永谋之邻省，因于本日电致省长，请留江公。原文附呈：

"安徽吕省长[③]：闻教厅辞职，桑梓教育，危殆万状，千请慰留。陶知行、梅光迪、孙洪芬、洪有丰、姚文采。"

伏希公鉴，倘荷主持正谊予以声援，则不独青年学子胥拜嘉惠，即全皖文化事业，实利赖之。

陶行知启

原载《申报》，1923 年 8 月 18 日

【注释】

①标题为编者拟。本函原发表时题为《陶知行等致安徽省长函》。因此，名为致申报馆，实为致安徽省长吕调元的公开信。原发表时，信末的落款略去。编者据信中内容推定，联名致函者为：陶知行、梅光迪、孙洪芬、洪有丰和姚文采五人。他们均为皖籍在外的知名人士。

②江彤侯，名晧。1922 年就任安徽省教育厅厅长。与陶有私交，热心推行平民教育。

③吕省长，即吕调元。

送长城砖[①]

——致程仲沂

仲沂[②]先生：

今天一个人独游八达岭参观万里长城，离开人群的生活，别有一番滋味。知行渐觉人生必有出世之精神而后可以入世。

游览之后，回到青龙桥候车，遇车站工人刘君畅谈，知行忽对刘君说：阁下府上是安徽。刘君惊异说个是。我又说：阁下住在合肥，刘君更以为神奇。其实，我有学生数人，属合肥籍，故合肥话甚易辨别。于是彼此认同乡，颇相得。并且饭好茶香，待我不薄。否则我在青龙桥，不免有

在陈之厄[3]了。最后，刘君出示长城砖，上有“中部”二字，是明朝永乐年间的东西。刘君说外国人要向他买，他不愿卖，定要送我。我想四女师[4]新校舍不久总要建筑，用此砖来点缀点缀，也是千载一时的盛事。想到这里，我就不客气，把它收下来，并送了他一元钱的回礼。

教育是共和国的保障。我们四女师既得万里长城之砖，自能在造就人才、保障共和的路途上进行了。不过为这块砖计，既入黄山，就不能出洋了。要说它是为贵校牺牲，亦无不可。务必请先生好好地待它。

知行不久要到杭州，拟亲自带去交该处船行运上。

这封信是在候车时写的。候车三个钟头，若不是写这封信和与刘君谈话，真要寂寞不堪了。

十二年九月十二日下午八时

出自《知行书信》，亚东图书馆1929年版

【注释】

①标题为陶行知自拟，副题原为“给程仲沂先生的信”。

②仲沂，即程仲沂，当时任安徽第四女子师范校长。

③在陈之厄，指孔子在陈蔡之间，被陈蔡大夫发徒役围于野，蒙受“不得已，绝粮，从者病，莫能兴”之厄运，见《史记·孔子世家》。

④四女师，即安徽第四女子师范，在安徽屯溪隆阜。

学问之要素[1]

——致程仲沂

仲沂先生：

……

先生所说做学问有三要素：一体健，二天才，三财力。很有见地。

知行以为体健是人生的一个最要目的，也是学问的一个最要目的。学生是学习人生之道的人。学以厚生则可；学以伤生是断断乎不可的。天才是做学问的根据。有几分天才做几分学问。大概天才有十分八九之势力，教育的势力只占十分之一二。教育万能之说是教育界自欺欺人的话。但是天才有时很不容易看出来。时机未到，天才隐在里面，专靠主观、武断，以致差之毫厘，失之千里的，是常有的事。

第三点恕我不大表同意。我不承认财力是学问的要素。我以为，只要有志学问或是有志于子女的学问，经济的难关是可以打破的。后代的学问

是有社会关系的。自己倘若十分困难，就号召社会的力量成全子女入学也是应该的。这是就求学必不可少的经费说的。我还有一点意见，就是：穷苦和学问是好友；富贵和学问是仇敌。那天天轻裘肥马，炫耀于同学之前的，究竟的学问如何？

十二年九月二十日

出自《知行书信》，亚东图书馆 1929 年版

【注释】

①标题为陶行知自拟。副题原为“答程仲沂先生的信”。

杭州过中秋[①]

——致母亲、汪纯宜等

母亲，纯妻，渼妹，大、小、三桃[②]：

前夜在烟霞洞里过中秋。和尚复三和他的太太请适之、我做陪客，很有特别意味。昨天坐船到花坞游览，复三和尚全家、适之、适之的表妹、高梦旦[③]先生和我同去。花坞有几十万根竹子的大竹林，真是见所未见，我那时身外的清景和身内的清心两两相照，兴致十倍。

明天到海宁[④]看潮。明晚回沪。

十二年九月二十七日

出自《知行书信》，亚东图书馆 1929 年版

【注释】

①标题为陶行知自拟。副题原为“家信”。

②指陶行知的母亲曹翠仂、妻子汪纯宜、妹妹陶文渼、长子陶宏（桃红）、次子陶晓光（小桃）、三子陶刚（三桃）。

③高梦旦，曾任商务印书馆经理。

④海宁，位于浙江省北部，南临杭州湾。

建议聘晏阳初为总干事[①]

——致朱其慧

其慧[②]先生：

知行这次到沪，和岫庐[③]、梦旦诸先生交换意见，甚为愉快。我说：

大家对于平民教育都是初次试验，都是外行，都有奋斗精神、冒险态度，都不免有些错误。因为是初次试验，所以彼此要忍耐，要原谅。他们觉得这话不错，所以对于平民教育还是依然的热心。

关于总干事一事，闻青年会④已有复信说明该会不能让晏阳初⑤先生应聘之理由。知行觉得此职除晏君外实无相当人才，务请再具恳切之函向青年会交涉。该会对于平民教育如此热心，实堪钦佩，但究属局部之进行。故为国家教育计，为充分运用人才计，晏君应该舍青年会而就总会之职。

总会经费进行效果如何，甚为怀念，便中务请示知为祷。

敬祝康乐。

十二年十月三日　南京

出自《知行书信》，亚东图书馆1929年版

【注释】

①标题为陶行知自拟。副题原为“给朱其慧先生的信”。

②其慧，即熊秉三夫人朱其慧。

③岫庐，即王云五（1888—1979），广东中山人，当时是商务印书馆总经理兼编译所所长。

④青年会，基督教青年的团体组织。原名基督教青年会，简称青年会。1844年成立，约在十九世纪末传入我国。

⑤晏阳初，四川巴中人。早年留学美国。1920年回国，任青年会平民教育科科长，推行识字运动，1923年与朱其慧、陶行知等人创办“中华平民教育促进会”，后任总干事。1929年，在河北定县为国民党政府进行“乡村建设”实验。

连环教学法之发现①

——致陶宏、陶晓光

桃红、小桃：

你两个人很有功劳。我看见你们两个人，哥哥教弟弟读《千字课》②，就发现了一个好法子，叫做连环教学法。这个法子是用家里识字的人教不识字的人：我教你，你教他，他又教他。一家当中，先生教师母，师母教小姐，小姐教老妈子，每人化不了多少工夫就可以使全家读书明理了。我在南京试验这个法子很有效验，特为写这封信来感谢你两个人。我在南京平安快乐，请你们禀告老太太、你们的母亲和阿姑知道。

十二年十月八日

出自《知行书信》，亚东图书馆1929年版

【注释】

①标题为陶行知自拟。副题原为“给桃红小桃的信”。

②《千字课》，即《平民千字课》，共四册，为陶行知与朱经农合编的平民识字课本，商务印书馆出版。

南京平民教育运动[1]

——致朱其慧

其慧先生：

这几天阳初、伯秋二先生和知行以及南京各位同志在此地积极进行，很可乐观。现在知行要把这几天进行的事，撮要报告于下：

四日，伯秋宴教育局长孙阆仙先生、县署第三科长凌卓之先生、学务委员陈学仁先生于山东馆。伍仲文[2]、晏阳初二先生和知行均在座。结果每一区立学校担任开办平民学校一班以上。

五日二时，开干事会议，讨论进行方法，阳初先生演讲《干事应有的精神》，知行演讲《活的平民教育运动要有活的干事》。四时，开董事会，伯秋先生报告会务，知行报告新发现的连环教学法。公决向省署呈请经常补助费。吴士翘科长、蒋竹庄[3]厅长均以为可以成功。七时三十分，伯秋、阳初和我三人在女子师范演讲，默君先生并冯君异伯主席，结果公推罗汉十一人组织罗汉委员会，推广平民教育。

六日，公共演讲厅演讲平民教育。伯秋、阳初、知行三人主讲。因组织不周到，到的人不充分，结果由各校学生回校组织委员会，再由各委员会公推主任出席下星期四会议，共商进行。

七日九时，平民教员会议商议改良教学问题。十一时，知行赴金陵大学孔子纪念会演讲《孔子纪念与平民教育》。科长包文先生很主张极力提倡平民教育。三时，开全城私塾教员会议。南京全城有私塾五百六十余所。此次到会有六十余人，很有精神。他们有一千七百多学生。这是平民教育到私塾里去的第一幕。南京现在已设平民学校三十一所，学生实到二千余人。

除了上列各事外，知行还请郭秉文夫人、姚文采[4]先生、郑晓沧[5]先生在家里试验连环教学法。我住的成贤学舍里面有斋夫、厨子共八人，也一同拿连环教学法教他们。知行准于十八、十九、二十、二十一四天在安庆提倡平民教育，先生如能同去，最为感激。倘若不能，务必请由总会具函安徽省长，说明推本会安徽董事陶知行到省襄助提倡。知行不日即有私函致安庆各界领袖，请其先事筹备，俾能在最短时期之中收最大之效果。

挂图一层，知行建议第一册图、课、生字全印，第二册以后只印图与生字，经费既可节省，效力并不过于减少。今天接到岫庐先生开来挂课、挂图代印价目表二纸，务请早日决定合印或代印，以便进行。现在各省急需推广，非早订办法，必有供不敷求之患。

敬祝康乐。

十二年十月八日

出自《知行书信》，亚东图书馆1929年版

【注释】

①标题为陶行知拟。副题原为“给朱其慧先生的信”。

②伍仲文（1881—1954），江苏南京人，曾任民国初期教育部视学、普通教育司司长。

③蒋竹庄，江苏武进人，哲学家。民国后历任教育部秘书长、参事、编审处编审员等职。

④姚文采，安徽省歙县人。陶行知在崇一学堂和金陵大学的同学，曾任南京安徽公学副校长、校长和晓庄师范生物指导员。

⑤郑晓沧，曾在浙江大学文理学院（杭州大学前身）任教。

能使全家识字的连环教学法[1]

——致胡适之夫人

胡太太：

知行在杭州烟霞洞和适之过中秋，第二天同游花坞的竹林，十八日又同到海宁去看潮，很觉得愉快。适之精神比在上海的时候好得多，身体也差不多复原了。他想回到北京来，我劝他暂时不要回京，把《努力》[2]停办，把书搬到西湖上来继续办《读书杂志》[3]，你看这个法子如何？

我在西湖上的时候，和适之谈论平民教育的事体，并把我新近发现的

简捷推行法告诉了他，他很赞成。他并且希望我寄几本书给你在家里试试。

这部书是经农[4]先生和我两个人编的，一共有四本，每本二十四课。学的人每天读一课，用九十六天就可以读了。读了这部书就可以认识一千二百多字，会看白话信，会写白话信，会记家常账目，会读浅近书报。书价也很便宜，每本定价三分，全部只须一角二分就够了。平常人是买得起的。我们要愿意学的人都能买书读。因为书是自己用钱买的，就觉得它宝贵。倘若是人送的，恐怕今天送来，明天就要到字纸篓里去了，所以要学这书的人，最好不要白白地送给他。

我们现今发现了一种教学方法，可以把平民教育推广到家庭里去。这个方法叫做连环教学法，利用家里已经识字的人教不识字的人。就是不识字的人也可以一面学，一面教。只要家里有一个人识字，就可以教全家大大小小、男男女女一齐读书明理。一个人会读了，必得要温习才能记得长久。他温习的时候就可以一面温习，一面教别的人。等到他温习好了，在旁边的人也学会了。别人学会了又可教别人：如此你教我，我教他，先生教太太，太太教小姐，小姐教老妈子，老妈子教小大子，只要四个月，全家的人都能把这书读了，不但识字，并且对于做人做国民的精神也可以得到好多。

适之曾经谈起府上的车夫吴二可以做教员，就请吴二教别的佣人好不好？我以为不但吴二可以教，祖儿或者也可以教几课咧。我家桃红教小桃，很有效力。桃红一面学，一面就教小桃。我看见这事，就推想到利用识字人教不识字人，就想出了这个连环教学法，岂不是很有趣吗？

现寄上《平民千字课》六本，以后当陆续寄来。务请随时将府上推行平民教育情形指教。

敬祝康乐！

知　行

十二年十月八日南京

出自《知行书信》，亚东图书馆 1929 年版

【注释】

①标题为陶行知自拟，副题原为“给胡适之夫人的信”。

②《努力》，胡适主编的周刊。1922 年 5 月在北京创刊。1923 年 10 月停刊。

③《读书杂志》，《努力周报》在1922年9月至1924年2月出的增刊。

④经农，即朱经农，当时任北京大学教授。

作十万新民 寿六旬王母[①]

——致程仲沂

仲沂先生：

我这一个月来立了志愿：就是每天要写一封好书信。今天又是写信给先生的日子了，看我写来：

现在外面有一个平民教育运动，简单说起来，就是在四个月里面，每天用一点钟便能教人认识一千二百个字，会读四本《平民千字课》，对于平常信札文件都能领略，并能明白些做人做国民的道理。中国现在危亡之祸逼在眼前，万万等不及国民小学的学生长大之后，再出来为国家担当责任。我们必定要努力把年富力强的人民赶紧地培植起来，使他们个个读书明理，并愿为国鞠躬尽瘁。教育界同志如熊秉三夫人、袁观澜[②]先生、晏阳初先生、王伯秋先生都觉得这件事的重要，就同我发起了一个会，叫做“中华平民教育促进会”[③]。

这个会已经成立，总会设在北京，各省各县都是要设分会的。南京、北京、武昌平民教育分会已经组织就绪。南京发起最早，现在更加猛进。这些地方所用的课本，都是朱经农先生和知行编的那一种。我们编这部书的时候，曾经设了三个试验学校，从事研究教材究竟适用与否。照试验的结果看来，很可乐观。三个试验学校当中，有一个是为女子设的，由舍妹文渼和李浩然女士担任。这个班上的女生，到了中秋（那时舍妹已进京）只学了三个月，已经有二十几人会写信寄到北京给舍妹。平民教育的能力真出人意想之外！前次南京本城十一个平民学校行开学礼的时候，这班学生只读了一个月书，就能在二千多人的面前高唱赵元任[④]先生所编的那首《尽力中华歌》，听众莫不受感动，这是何等的精神啊！由此我们深信：中国不是没有希望，只看我们干不干，就可以推定国家命运。

伯秋先生是南京平民教育的总司令。因为南京是总会第一个试验，南京的成败影响全国最大，所以晏阳初先生从上海来，我从北京来帮他的忙。伯秋先生很有奋斗精神，现在还有余勇可贾。他想今年办两万人的教育交卷，我想他加到十万。所以他的老太太六十岁做寿的时候，我送了一副寿联："作十万新民；寿六旬王母。"这副对联并是知行亲手写的。但是初次写对联，写到夜里两点钟，写坏了两副，勉强把第三副送到他家里去。伯秋先生这次会见知行的时候，即以作十万新民自任。他的勇气，几乎可以把个狮子山吞下去！先生也是他的老友，可以为他喝彩喝彩。

我在南京除帮助伯秋先生外，还做些小小的试验。这些试验我都要亲自去尝尝滋味的。我亲自把平民教育送到大方栈，送到小乐意，送到万全楼。店里试验了，又送到人家里去：姚文采、郑晓沧、陆志韦[5]、徐则陵[6]、廖茂如、陈鹤琴[7]诸先生的家里都决定要把全家的人都化成识字的。我又到私塾里去劝他们把《平民千字课》拿去替代《三字经》《千字文》《百家姓》。我劝他们教过了《平民千字课》，再教《论语》《孟子》。我昨天简直把平民教育送进栖霞寺去了。这寺里还有四五个和尚不识字。我走进正殿的时候，看见一个和尚叫做慧空的，在那里看《封神榜》。我对他说："和尚要修行成佛，不会念经，可以吗?"他说不可以。我再问："要念经念得好，不会读书可以吗?"他说不可以。我说："你们庙里还有四五位和尚不识字，就不会念经，不会念经就不能成佛，大和尚何不去超度超度他们呢?"我然后对他说《平民千字课》的效验，并告诉他，如果他能把全庙的和尚、俗工教得个个识字读书，考过及格，我要给他一张平民教师的证书。他很情愿担任。我们的平民教育，从此就进和尚庙里去了！

知行这三天以来，立志凡我脚迹所到的地方，就是平民教育到的地方。我们不久就要把平民教育输入军队里、善堂里、工厂里、监牢里、尼姑庵里、济良所里。我们要叫黑暗的地方大放光明。佛不入地狱，谁入地狱！

贵校教员在京之时，曾数次参与平民教育会议，临行时知行曾托金先生带赠挂图一套，教科书一包，以备试验之用。现在进行如何？至以为念。查四女师社会环境中，以家庭为最多，商店次之。兹寄上"中华教育改进社对于羊市大街之推行商店平民教育办法"及知行"致胡适之夫人说明家庭适用之连环教学法"各一通，以备进行之参考。我以为教育上最重要的事，是要给学生一种改造环境的能力。平民教育是改造社会环境的一个最要方法。四女师的教职员似宜在隆阜[8]这个社会环境当中训练学生一种改造的能力。最能引起他们兴味的就是大家同心合力，叫不识字的隆阜化为识字的隆阜；叫黑暗的隆阜在一定时期之内大放光明。我想有几件事可以做的：

（一）在学校左近划分一条街道，请男教职员去办商店平民教育的运动。

（二）在学校左近划分一个区域，请女教职员率领学生去办家庭平民教育的运动，每三人一组，担负一家完全识字的责任。

（三）凡家在隆阜的教职员、学生，应负一年内全家识字之责。（十岁以上之小学生在内。）

（四）凡家不在隆阜的教职员、学生，于冬假、暑假回家时，应在本乡选择聪明妇女数人，用一个月工夫，教毕四本《平民千字课》，等到冬假完毕，就叫这数人在本乡传授别的妇女。

（五）开一平民学校，使本校所有男女佣人以及邻居无人教学之人都能得上学的机会。

（六）劝私塾采用《平民千字课》。

上列六条，系第一期的办法，是否可行，还希慎重考虑。经费一层，只须书价。能就地筹款，集腋成裘最好；倘若困难，知行可以设法。第二期的办法容后再谈。

歙县方面，我们已经决定把南京歙县试馆每月收入拨作提倡歙县平民教育之用。知行并订于本星期六赴沪筹商他县提倡平民教育经费事宜。十八日至二十一日，知行在安庆襄助平民教育之组织并会商推广安徽全省平民教育之办法。同时倘能为四女师永久基础稍尽绵力，当无不效劳。现在已经夜深了，只好下次再谈。

祝先生康乐！

知　行

十二年双十节

出自《知行书信》，亚东图书馆1929年版

【注释】

①标题为陶行知自拟。副题原为“给程仲沂先生的信”。

②袁观澜，即袁希涛（1866—1930），江苏宝山人。曾任北洋政府教育部次长、江苏省教育会会长、中华教育改进社董事等职。

③中华平民教育促进会，教育团体，1923年设总会于北京。熊朱其慧为董事长，在二十个省区设分会，开办平民教育。

④赵元任（1892—1982），1910年8月赴美留学，1918年获哈佛大学哲学博士学位。回国后在清华大学任教。1982年2月24日在美国逝世。

⑤陆志韦（1894—1970），即陆宗海。浙江吴兴人。曾留学美国。历任南京高等师范学校、东南大学教授和北京大学校长。

⑥徐则陵，曾任《新教育》主编、东南大学教育系主任。

⑦陈鹤琴（1892—1982），我国著名幼儿教育家。曾留学美国，回国后任南京高师、东南大学教授。1949年后，任南京师范学院院长。

⑧隆阜，地名，在安徽省屯溪镇附近。

请和尚教你[①]

——致栖霞山乡人张大

张大哥：

昨天承老哥带领罗先生和我游山，非常感激。我看老哥行事，听老哥谈话，觉得你是一个很明理的人，也是一个很顾家的人。老哥虽不识字，却是比那些识字的人好得多。临别的时候，你说愿读《千字课》，并愿意读会之后还教一个别的人。这个意思很好。我现在寄上《平民千字课》一本。老哥读会了，就请再教一个别的人。谁要读这部书，一定要立志再教一个别人读。老哥自己可以请一位和尚教你。老哥读了四本之后，务必请你自己写一封信告诉我。我的通信处是：北京西四牌楼中华教育改进社。

祝老哥平安、康健、快乐！

知 行

十二年十月十日

出自《知行书信》，亚东图书馆1929年版

【注释】

①标题为陶行知自拟。副题原为“给栖霞山乡人张大的信”。

劝慈母读《千字课》[①]

——致母亲、汪纯宜等

母亲，纯宜，文渼，大、小、三桃：

昨夜由沪回宁，今晨又将赴皖，因招商船[②]未到，在迎春楼吃点心等候，乘暇将在上海已办和到安庆拟办之事，撮要报告如下：

前日十时，许隽人、柏烈武[3]二先生约集旅居上海安徽各界领袖，会商推广平民教育进行方法，并公电本省官厅、社会合力提倡。下午三时，承余鲁卿老先生之招，出席徽宁同乡会，演讲平民教育。公决由干事部向评议部建议，赠送旅沪不识字同乡《平民千字课》，使一年之内旅沪同乡无不识字。同时划分一部分收入，为推广徽宁两属平民教育之用。前次报告歙县试馆收入作为推广歙县平民教育之用，现在从县而府而省，均已稍有头绪，以后可以为全国效力了。

昨日车上遇旧友祁暄兄。彼现任久大精盐公司及协和贸易公司经理。知行与谈平民教育，彼甚为注意。已决定限一年之内，厂中一千余人不许一人不识字。即时托知行为之代定课本一千部。祁君并表示，可以设法减少工人作工钟点，俾能求学尤为难能可贵。

明日到皖，先与各界领袖开会，继开全体教职员、学生会议，继开私塾会议，继开店主会议，继开牧师会议，最后开平民教育教师会议，定二十三日回宁，然后再到芜湖及武昌去。

现尚未得熊太太信。安庆一行，大约是由知行孤军直入了。昨日省长已来电表示欢迎。社会方面亦已接洽妥帖，进行当能顺利。知行近来精神十倍于前，虽千军万马不能与知行抗衡！

知行希望母亲抽空学这部《千字课》，可由文渼教。一来当作娱老之法，二来可以有提倡之效，三来知行写信，母亲自己也会看了。岂不好吗？

十二年十月十七日

出自《知行书信》，亚东图书馆 1929 年版

【注释】

①标题为陶行知自拟，副题原为“家信”。

②招商船，指轮船招商局的船。

③柏烈武，即柏文蔚，安徽寿县人。

我脚迹所到的地方[1]

——致陶文渼

渼妹：

最近一星期来，我脚迹所到的地方就是平民教育所到的地方。店里，

家里，旅馆里，饭馆里，学堂、私塾里，甚至于和尚庙里，我都去劝过平民教育，并且很有经验，很有乐趣。我过几天还要到军队里，工厂里，清节堂里，监狱里，济良所里去推广平民教育。这许多地方我都要亲自带学生去试验。照这样办法我就可以一面干，一面研究出好的方法来。空中造楼阁是没有用的。我也很希望你约集同志在北京这样去干。我现在这个连环教学法是很有效力的。详细的情形可以从我写给胡适之太太那信看出来。

昨天我们定规把歙县试馆所有收入全用在歙县的平民教育上，不久就可以开办了。

本月十八日，我要到安庆作全省的平民教育运动。很希望熊太太[②]可以一同去，不晓得她在北京忙得怎样。我对于安徽负有特别责任，不能不勇猛进行。

试验班毕业送礼可由教员自己做主。就送墨盒、信纸、故事三事而论，自以送故事为最好。这种送礼既有教育价值，又可以使教员与学生发生一种很好的感情。我非常赞成，请与李女士[③]商决办理就是了。

1923 年 10 月中旬

出自《知行书信》，亚东图书馆 1929 年版

【注释】

①标题为陶行知自拟。副题原为“给文渼的信”。

②熊太太，指熊希龄夫人熊朱其慧。

③李女士，即李浩然。

平民教育下乡[①]

——致金鸣岐[②]

鸣岐主任：

前天接到先生的信，晓得第四女师教职员对于平民教育积极进行，不胜欣佩。本想即日奉复，奈因昨天为安徽省会全城运动之日，襄助一切筹备，连五分钟的空闲都抽不出来，并且先生所问的话，很有研究价值，不是片刻可以想得出，也不是几分钟可以写得了。与其草草了事，不如且等

一两天作一较为详尽之答复。这是我迟到今天才回信的缘故。

（一）先生问四女师的周岁纪念宜如何办理。光阴过得快得很，十一月十一日已是四女师的周年纪念日。听见这个好消息，当然要皆大欢喜。况且四女师虽然只出世了一年，成绩已经大有可观。如果中国个个学校能如此进步，岂不是很可庆贺的吗？这都是因为贵校教职员有鞠躬尽瘁之精神，才能办到这样成绩。

大凡纪念日有两种感想：一，是回顾既往；二，是进规未来。我以为第二点更加重要，因为这是进步的原动力。我们似宜乘纪念日的盛典，唤起一种勇往直前、改造社会的精神。学校是为社会设立的。学校而没有改造社会的能力，简直可以关门。现在社会要改造的地方很多，我们改良社会的法子无穷。比如用平民教育来改造不识字的社会，使它成为识字的社会，也是一桩很重要的事体。贵校教职员中对于平民教育有经验的很有好几位，可否拿推行平民教育为周年纪念的第一件大事？周年纪念是学校里的喜事。我们做喜事的时候，应当向社会送礼，使大家都快乐。学校里送社会的礼物，没有再比平民教育好的了。所以我建议：

1. 每一个学生家里，送一部《平民千字课》。那家里无人教的，由学生于寒假时带回去教家里的人。

2. 学校所在地（隆阜），每一个店家送《平民千字课》一部，以该商店家庭有人教为条件。无人教的可到平民学校来上学。

3. 邀约六县知事、劝学所[③]长、县署第三科科长、县视学、教育会正副会长、高等小学校长、主任教员、公正绅商领袖到校参与纪念典礼，并参与平民教育运动。

4. 本校男女工人限六个月内一律读完《平民千字课》，校工多则开班，少则用连环教学法，即日开始读书，使各地来校参观的人，可以得些“烟士披里纯”[④]。

5. 准备关于不识字之警世画，于是日遍贴隆阜全埠。

昨天陪程仲翁[⑤]游菱湖公园，我即拿这几条提议和他讨论，他一听就赞同，并且十分地高兴，要把这个意思转达诸位先生考虑设法见诸实行。这几条意思都是临时想出来的，未必尽善尽美，不过为诸位菩萨们做做参考罢了。

国庆纪念是十月十日。十字代表十字架。十字架有牺牲之意义。我们每逢双十节，就应当想到国家的危险，要立志为国家背双倍的十字架。中国国民倘肯为国家背十字架，没有铁肩可以吗？是万万不可以的。我们不可以不宏毅，因为任重而道远。四女师恰好是十一月十一日产生的。两个一字就是代表两个铁做的肩膊，上头背了两个十字架。我们每逢十月十日，都要想到十字架；我们每逢十一月十一日，都要想到十字架是要铁肩背的。我们纪念的时候，就要立志硬起肩膊来，为国家背双倍的十字架。

（二）关于休宁北乡推行平民教育问题。先生拟在北乡推行平民教育，欲将不识字之北乡化为识字之北乡，将黑暗之北乡化为光明之北乡。志愿之宏，爱乡之切，最可钦佩。现今办教育的人总要在城里热闹，那冷静的乡村，实在没有人过问。但是中国以农立国，一百个人当中有八十五个住在乡村里。平民教育是到民间去的运动，也就是到乡间去的运动。先生肯把乡下人的幸福放在心里，尤有远见之明。这是平民教育到内地乡村去第一幕。先生尽力去做，有什么地方愿意我们帮忙，我们是没有不帮忙的。请你告诉我，使得我们好准备。我想最好从府上的西村办起。对于进行方法，我有几条意见供先生参考：

1. 假使西村有小学校，就可通信与校长，说明平民教育的效用，请该校担负全村平民教育之责，拟订全村人民分期识字之计划，令十岁以上的学生带《平民千字课》，用连环教学法到自己家里去教家里的人，请本校教员在家里教自己的师母、女儿和女仆，再由教员在家里的师母、女儿、女仆去教别人家的师母、女儿和女仆，劝乡村里凡识字的人都愿教不识字的人，劝人出钱送书，多寡不计，把《平民千字课》当善书送人。

2. 假使没有小学校，只有私塾，就请私塾采用《平民千字课》代替《三字经》《千字文》《百家姓》。读过《平民千字课》四本之后，再读他书。并请私塾先生和学生仿照第一条小学校办法酌量进行，不过比学校里进行要难些。私塾教员如办此事，四个月后学生考试及格，教员可得平民教育教师文凭一张。

3. 假使本地又无小学，又无私塾，再怎样办呢？第一步通信于初通字义之亲友，请他们用连环教学法在家里试验。第二步，先生今年年假回家的时候，可偕同令兄、韵芬以及别的受过教育的人，一同回去从事平民教育运动。把村乡里聪明、好学、热心的人找几个来，特别地训练他们一个月，每天教四课，就可以把四本书教了。同时指导他们教人的法子，叫他们每天回去的时候也教别人一课。如此一个月下来，先生们回校，村乡里就有好几位教师。从此一人教三人，三人教九人，全村的人不久都能识字明理了。对于上列方式，无论采取哪一种，提倡的人只要送书就够了。教的人纯粹要请他们尽义务。教的人尽义务就能和学的人发生一种很宝贵的友谊。如果教的人受报酬，久而久之，就成了做买卖的情形，把平民教育的精神完全消灭掉了。

我很诚恳地为你祈祷，愿你成功，愿这个内地乡村的平民教育成功。

在京开会时承诸位同乡不弃，推知行为中华教育促进会总会安徽董事之一，惭感交集，深恐无以副诸先生之厚望。此次来省，即想稍尽绵力，为我三千万兄弟姊妹开一求知之路，并无负于诸先生之推重。动身时有人劝我，说皖局不宁，最好不去。到皖时，一班小人放谣言说我此来有政治作用。到皖后三日，适逢学生为伸正气与警察冲突。但我们当仁不让，勇往直前地进行。十九日，安徽省会平民教育促进会成立。二十日一时，对第一女子师范学生演讲女子领袖对于平民教育之使命；七时，对全城学校讲社会服务的精神。二十一日十时，对于圣公会学生讲平民教育；二时，对于全城牧师布道团讲平民教育。二十三日一时，约集热心平民教育之同志十七人讨论进行方法；三时，对全城小学教员讲平民教育；七时，对省立小学讲平民教育。二十四日十时朱文公⑥纪念，对徽州同乡讲促进徽州平民教育方法；四时，对全城商董一百余人讲商界对于平民教育之使命。二十五日，安徽省会平民教育促进会开第一次董事会。二十六日七时，对于全城各机关学校代表讲笑嘻嘻的平民教育运动。二十七日九时，开第二次董事会；三时，对苦儿院学生和全城警察讲平民教育和警察与平民教育之关系；晚上，对私立学校学生讲平民教育，对私塾教员讲私塾与平民教育，对和尚讲演平民教育与宗教。同时我们向省公署和其他官厅、陆军、警察、海军、监狱当局接洽。到了二十八日，大家对于平民教育真是人同此心，心同此理，一致提倡平民教育。这日整队出来游行的有省署军乐队、吴团长的军队、湖隼舰海军、本城警察、三路商团、教职员、学生，共一万七千人。果真成了一个笑嘻嘻的游行。此外我还做了些小小的试验，我在江裕轮船上，找了一个四川茶房戴永，教三个别的茶房；在菱湖公园，找了三个识字的人，教六个别的不识字的人；在教育厅里，找了六个识字的夫役，教十二个别的不识字的夫役，并叫了一个夫役去教我的临时车夫。这事证明：（1）随时随地随人可以办平民教育；（2）有一分力量做一分事，就有一分效果；（3）社会对于平民教育，只要我们使它谅解，是没有不万众一心去提倡的；（4）门不敲不开，最后胜利都由奋斗得来。

因为先生热心提倡平民教育，所以我很情愿详细地向先生报告最近的经过。还望先生转告别的同志，并且随时把先生和其他同志所得的经验报告总会及知行。

知 行

十二年十月三十日

出自《知行书信》，亚东图书馆1929年版

【注释】

①标题为陶行知自拟。副题原为“答金鸣岐先生的信”。

②金鸣岐，时为安徽第四女子师范英语教师兼教导主任。

③劝学所，教育行政机构，创设于1906年，全国各府、厅、州、县均设。辛亥革命后废。1915年各县又恢复。每所设所长一人，劝学员二至四人，佐县知事办理教育行政事宜。1923年后改称教育局。

④烟士披里纯，即Inspiration的音译，意为灵感、启发、鼓舞、激励。

⑤程仲翁，即程仲沂。

⑥朱文公，即朱熹。

女子平民教育[①]

——致胡自华

自华女士：

许久不通信了，你现在近状如何？甚为怀念。我到安庆来了十六天，帮助此地组织了一个大运动，预计两年之内安庆的平民教育可以普及。上星期日，一万七千人游行：陆军、海军、警察、商团、教员、学生都在内，可见得他们对于平民教育是万众一心的。我有两件事向先生报告：（1）令尊已被举为董事；（2）令兄公司里的总经理祁暄先生，已承认担任二千工人的平民教育。

中国二万万女子，恐怕就有一万万九千万没有受过教育。要想把她们都化为读书明理的人，非是受过教育的女子出来万众一心地提倡不可。这是孔子己达达人，耶稣爱人如己，释迦超度众生的事业。先生于此事素来热心，现在进行如何，可得闻乎？敬祝

平安！

知 行
十二年十月三十一日
出自《知行书信》，亚东图书馆1929年版

【注释】

①标题为陶行知自拟。副题原为“给胡自华先生的信”。

创造一个四通八达的社会①

——致陶文渼

渼妹：

前在安庆接到家书，承嘱于修改后奉还，此事拟于到武昌后办理，一二日之内即可寄出。家中所需物品可以带京，请函冬弟②购办。

知行一句钟头内可以抵汉，拟于二十三日回安庆，二十四日赴芜湖。回京日期当在十二月初。

知行近日买了一件棉袄，一双布棉套裤，一顶西瓜皮帽，穿在身上，戴在头顶，觉得完全是个中国人了，并且觉得很与一般人民相近得多。

我本来是一个中国的平民。无奈十几年的学校生活，渐渐地把我向外国的贵族的方向转移。学校生活对于我的修养固有不可磨灭的益处，但是这种外国的贵族的风尚，却是很大的缺点。好在我的中国性、平民性是很丰富的，我的同事都说我是一个“最中国的”留学生。经过一番觉悟，我就像黄河决了堤，向那中国的平民的路上奔流回来了。

平民教育的宗旨是要叫种种人受平民化。一方面我们要打通层层叠叠的横阶级。如贫富、贵贱、老爷小的、太太丫头等等，素来是不通声气的，我们要把他们沟通。又一方面我们要把深沟坚垒的纵阶级打通。纵阶级的最昭著的是三教九流七十行，江南江北、浙东浙西、男男女女等等都有恶魔把他们分得太严。这种此疆彼界也非打通不可。民国九年，南京高师办第一次暑期学校的时候，胡适之、王伯秋、任鸿隽③、陈衡哲、梅光迪④诸先生和我几个人在地方公会园里月亮地上彼此谈论志愿，我说我要用四通八达的教育，来创造一个四通八达的社会。我这几年的事业，如开办暑期学校、提倡教职员学生之互助、提倡男女同学、服务中华教育改进社，都是实行这个目的。但是大规模的实行无过于平民教育。我深信平民

教育一来，这个四通八达的社会不久要降临了。

我这一个多月来随便什么地方都去传平民教育。四天前，我到南昌监狱里去对四百个犯人演讲，我说人间也有天堂地狱。若存好的念头，心中愉快，那时就在天堂；若存坏的念头，心里难过，那时就在地狱。我说到这里，忽然得到一个意思。这个意思就是天堂地狱也得要把它们打通。后来我想了一句上联送自己："出入天堂地狱。"下联没有想出来，请你给我对起来罢！

这次在轮船上觉得很安逸。记得前年我们到牯岭去，轮船上一夜数惊。我们生在此时，有一定的使命。这使命就是运用我们全副精神，来挽回国家厄运，并创造一个可以安居乐业的社会交与后代，这是我们对于千万年来祖宗先烈的责任，也是我们对于亿万年后子子孙孙的责任。

这时我在汉口南洋宝酒楼。这是个徽州馆。我在这里吃牛肉面，吃得饱得很，只费了一角五分钱。

再过半点钟，我就要渡江到武昌去了。我现在康健快乐。敬祝你和全家康健快乐！

知　行

十二年十一月十二夜写起

十三日早晨写了

出自《知行书信》，亚东图书馆 1929 年版

【注释】

①标题为陶行知自拟。副题原为"给文渼的信"。

②冬弟，即曹子云。

③任鸿隽，即任叔永，四川巴县人，曾任四川大学校长。

④梅光迪，安徽人，中华教育改进社社员。

土话与平民教育①

——致胡自华

自华先生：

你的十一月五日的信，从徽州跑到安庆，从安庆跑回徽州，又从徽州跑到北京，又在北京等了好多天，才跑到我的手里来，好不辛苦啊！我这

两个月来东奔西走，尝饱了风尘滋味，设身处地，很能体谅这封信的劳苦。因为我东奔西走，所以连累了这封信也跑来跑去。我应当对这封信道歉，尤其要对写这封信的人道歉。

从你的信里得到许多关于隆阜平民教育的消息，很可宝贵。

隆阜人士公推先生为隆阜的平民乐师，我谨为隆阜庆得人。我希望先生不独为隆阜的平民乐师，并且要做全徽的平民乐师——全徽的平民卡露锁[②]。

先生问内地上《平民千字课》要用国语还是用土语教。内地有两种：一是说普通语的内地，一是说土语的内地。我们徽州六县简直是六国，所以说的话至少有六种土语。在徽州这种情形之下，除用土话教别无办法。

先生和勤若[③]先生想出来的那个训练教师的办法，很可以试试看。平民学校里的教师顶少要有几个钟头的训练。我晓得没有受过训练的教员上班费时太多，而得的结果反少；受过训练的教员费时既少，效果反大。这是千真万真的。

平民学校学生居然能救火，即此就是最好的平民教育。

多谢你的信。祝先生

康乐！

知　行

十二年十二月五日

出自《知行书信》，亚东图书馆1929年版

【注释】

①标题为陶行知自拟。副题原为“答胡自华先生的信”。

②卡露锁，即 Caruso Enrico（1873—1921），意大利歌唱家。

③勤若，即程勤若，安徽第四女子师范教员。

活罗汉[①]

——致王伯秋

伯秋吾兄：

昨晚一点钟的时候，我睡在床上，听见叮咚叮咚的敲门声，就下了一个断语说：“这大概是伯秋催我到南京去的电报来了。”电报翻出来一看，

果然不错。南京这样的盛举，我实在渴望参与，但实在不能抽身南下，只怪我福气不好。诸君筹备第一次毕业典礼，必定很忙，我不能为诸君稍分辛苦，实在抱歉得很！

北京的平民教育已经开始进行了。但是北京的情形和长江流域不同，所以进行的方式也不能同。恐怕吾兄长记得我所说的那个罗汉故事。我们的入手办法就是征集五百尊活罗汉，分道扬镳地去干。这几天已经征集了三十多位活罗汉，他们一面干，一面介绍新罗汉，我想等不多时，就可以征集齐全。如果每尊罗汉每天开一个平民读书处，甚至于每星期开一个平民读书处，当有惊人的成效。

此刻天气很冷，平民学校很难开办，并且寒假时快到，更有困难。但是平民读书处不怕风，不怕雨，不怕霜，不怕雪。当这天寒地冻的时候，平民读书处居然能和松柏并茂，岂非一大快事。

到京后，对于平民读书处已由同志小规模地办了十几个。任公②、适之、梦麟都做了平民读书处的处长。昨晚熊秉老③回京，也担任了一处处长。松坡平民读书处，设在北海松坡图书馆第一馆内，任公先生自己训练助教。祖望平民读书处的处长是适之兄，他昨天告诉我“已经教了三课了”。梦麟兄近来忙得很。我昨晚到他家里去劝设平民读书处的时候，他颇露难色。我问他说：“中国最高学府，北京大学代理校长家里可以容得不识字的人吗?”他笑笑说：“错是不错。”我说：“既是不错就要干。你如无暇，我来代你训练助教，只须老兄下一命令：‘从今天起，家里的人不识字的都要读书，识字的都要教书。’我就有办法。”他先后找了他的世兄蒋仁裕和门房李白华进来，我就一五一十地教了他们一回。他们即刻去教老妈子和车夫，高兴得很。蒋大哥摸摸胡子说：“你很有传教的精神。”这是三径平民读书处成立的一段趣史。舍下也设了一个笑山平民读书处。这是纪念先父的。我想祖母最喜欢孙儿。孙儿教祖母，祖母一定快乐。所以就叫桃红、小桃教家母，现在已教了四课，现象很不错。敬祝康乐！

知　行

十二年十二月十二夜十二时

出自《知行书信》，亚东图书馆 1929 年版

【注释】

①标题为陶行知自拟。副题原为“答王伯秋先生的电报”。

②任公，即梁启超（1873—1929），字卓如，号任公，广东新会人。

③熊秉老，即熊秉三，字希龄，湖南凤凰县人。1913年，袁世凯解散国民党，曾和梁启超拥袁组成内阁，任国务总理大臣兼财政总长；1917年任段祺瑞政府军政院院长。

贵州“失守”[①]

——致朱经农

经农吾兄：

大事不好了，贵州“失守”！能救贵州的只有老兄一人。请你快快地出兵罢。如果迟延，我们就要老兄负卖国的责任了。哈哈！老兄克复之后，还望详示为感。老兄万一不懂，请看看信笺上的红字，或想想老兄病时干了什么事，或与岫庐先生谈谈，便可明白。

知 行

十二年十二月二十九日

《平民千字课》里之《中华疆域歌》是朱经农先生编的。今天发现他把贵州遗漏掉了，我急得很，却要写封信去和他开开玩笑。

出自《知行书信》，亚东图书馆1929年版

【注释】

①标题为陶行知自拟。副题原为“给朱经农先生的信”。

一九二四年

一个月的效力[①]

——致祥阶

祥阶：

你我有一个多月没有见面了，你可好么？想到去年十一月里，我到你们那里去的时候，多谢你为着我一天忙到晚，我心里很不过意。只得等到后来再回报你。

十一月二十八夜我坐下水船对着东方走，走了一天两夜才到南京。再从南京坐火车对着北方走，路上走过山东泰山，一共走了一天一夜，才到北京。我的家就住在北京。我在外面两个月，天天想回家看看我家里的人。所以一回到家里就如上了天堂一样，快乐得不得了。

可是这里天气没有南方好，风大得很，家家都要生火，不生火就不好过。春天很好，我们很想春天早早地回来。

我在你们那里带来的洋钱票，在这里都不好用，只得等到明年再带回你们那里去用。

我回家之后，就在北京开了一百多个平民读书处。我家里也开了一个平民读书处：三个人教，三个人学。家母今年五十七，也在这里读书。我家里没有一个人不读书。你一天读几点钟书、写多少字？你已会记账、开发票么？我很想看看你写的东西。

听说日本人在你们那里杀害了一个工人，这是天下很不平的事，千万不可轻轻放过。

今年过年，大家都要快乐，对着人都要笑。我在这里拜你的年，要你万事如意。中华大学[②]和你们那里的先生们，都请你给我问候问候。

知　行

十三年一月一日

出自《知行书信》，亚东图书馆1929年版

【注释】

①标题为陶行知自拟。副题处原写有："祥阶是武昌模范小学黄校长的车夫。读《千字课》一月后，我根据第一册生字写这封信与他，他完全能懂。"

②中华大学，私立大学，初名中华学校，1913年4月改为大学。校址在武昌。

又是一个月的成绩[①]

——致永汇、金祥

永汇、金祥：

今天看报，知道你们两个人都在那里读书写字，我心里快乐得很。我又拿你们读书的事一五一十地说给我的母亲听，她听了也很快乐。我们中国四万万人，就有四万万个心。好好的一个国家，弄得一点生气也没有。我们要想中国一天好一天，就要四万万人只有一个心；要想四万万人只有一个心，就要四万万人都读《千字课》。你们以为如何？如果中国个个人照你们这样用心读书，那就好得了不得了。我在北京很好，请你们放心。过年的时候快到了，我要你们事事如意，年年进步。你们那里的先生们也请你们为我问候、拜年。

知　行

十三年一月二日

出自《知行书信》，亚东图书馆1929年版

【注释】

①标题为陶行知自拟。副题处原写有："永汇、金祥是芜湖的学徒，读了一个月的《千字课》，会看我这封信。"

请看《三字经》之流行[①]

——致朱经农

经农吾兄：

得手书，借悉南京平民教育的好现象，甚慰，甚慰。承询熊太太曾否允许天津翻印《平民千字课》数万本一层，确有其事，但其中颇有不得已

之苦衷。平民嗷嗷待哺，仁慈如府上的五娘，能无动于衷吗？

知行前向岫庐先生建议加印《千字课》二十万部，在武昌得回信，允许加印十万部，至为欣慰。今得来书，说已印出三十万部，更令人十分欢喜。销路一层，不必过虑。只看那稍微认识字的人读了又要读就可以放心了。我从前说过，如果《千字课》只能推销一百万部，就要算平民教育失败。我现在渐渐地觉得希望加多，失望减少；明春各校一动，只怕不够卖，不怕卖不了。我容或看错，不过自信没有看错。

中国现在销行最多的书是什么？就我所观察还是《三字经》《千字文》《百家姓》《大学》《中庸》《论语》《孟子》这一类的书。我时常想，这些书如何还是这样畅销，得了两个缘故：一是长久的历史，二是普遍的分销。《千字课》对于第一点是不能和上列各书抗衡的；但《千字课》亦自有它的长处，尽可以和它们相抵，并可以胜过它们。但是第二点，很可以做我们推广平民教育的一个很重要的参考。那些老书什么地方都有得卖。如同我们的屯溪一镇，卖这些书的很有好几家。万安街只是一个大村落，也有好几家卖这些书。人民对于这些书天天看得见，说买就买，所以销路最广。我们要想普及平民教育，第一件事就要便民。平民读书处既把平民教育做成家常便饭，第二步就是要叫人到处可以买米，到处可买《平民千字课》。如何使《千字课》分销处普遍于全国，是很重要的一个问题。这一步做不到，平民教育万无普及的希望。

知行渐渐地觉得，模范平民教育的偶像也要打破。各处平民教育的影响，一百分之九十九只限于本地。他们对于别的地方的影响，微乎其微！我们要想普遍的影响，就须普遍地办，就须放弃模范的偶像。一盏灯，不能照几间屋里人读书（壁上打个洞是可以的）；一个火炉，不能暖到邻居家里人身上去（接一套铁筒过去是可以的）。知行自从亲自到民间去打了几个滚，觉得我们有好多主观的意见都是错的，没有效验的。吾兄以为然吗？

我今年得了两张最美的贺年片，一张是君允先生送的，一张就是吾兄送的。凡从朱家出来的都是艺术的。可喜，可喜！

知　行

十三年一月三日

出自《知行书信》，亚东图书馆 1929 年版

【注释】

①标题为陶行知自拟。副题原为“给朱经农先生的信”。

尚请与促进会总会直接函商

——致周静庵[①]

静庵先生道鉴：

久钦高谊，未挹清辉，企慕之私，辄难自已。去岁接奉手示，发缄雒诵[②]，如亲聆謦欬[③]，快慰之情，非言可喻。平民教育，经公实施于前，朱晏[④]诸君提倡于后，知行步趋其间，不过尽国民义务，乃荷揄扬溢量，愧恧曷胜。沅湘之行，知行怀想数年，迄未如愿。此次赴鄂，满拟一至长沙，敬聆大教，并揽衡岳潇湘之胜，快我夙心，无如束装将发，而京师本社及南京分事务所函电纷来促归，商榷要事，不得已遂变初计，致公抵鄂而知行已返宁垣。高贤在望，领教无缘，怅惘何似。知行此次于役武汉，因中华平民教育促进会总会总干事尚未聘定，而各处盼望总会协助，促其地平民教育之进行者甚急，故会长特托知行赴皖赣鄂省城与各地热心君子浃洽一切，现促进会总会总干事已延聘得人，吾公夏正二十讲演之约，尚请与促进会总会直接函商，倘总会以为于时有知行到湘相助之必要，则知行甚愿勉尽绵力，用副盛意，否则知行为改进社事，开春亦须到湘一次，把晤非遥，不尽缕缕。附上关于平民教育印刷品二分，一赠吾公，一赠贵会，统请察核教正，芜湖安庆平民教育会章程及印刷品已函去请其径寄台前，一并奉闻，专此祇颂炉安不备。

陶知行谨启

一月三日

原载湖南《大公报·湖南平民教育周刊》第六期，1924年1月22日

【注释】

①标题为编者拟。周静庵即湖南平民教育促进会总干事周方。

②雒诵，即络诵，反复诵读。

③謦欬，意为言笑。

④朱晏，指朱其慧、晏阳初。

预备钢头碰铁钉[1]

——致吴立邦

立邦小朋友：

接读你的好信，如同吃甘蔗一样，越吃越有味。

世上有十八岁的老翁，八十岁的青年。要想一世到老都有青年的精神，就须时常与青年人往来，所以我很愿意和青年人通信，尤其欢喜和小孩子通信。平时得了小孩子一封信，如得奇宝；看过了即刻就写回信；回了信就把它好好地收藏起来。每逢疲倦的时候，又把它打开一读，精神就立刻加增十倍。小朋友的信啊，你是我精神的泉源！

国家是大家的。爱国是个个人的本分。顾亭林[2]先生说得好："天下兴亡，匹夫有责。"我觉得凡是脚站中国土地，嘴吃中国五谷，身穿中国衣服的，无论男女老少，都应当爱中国。不过各人所处地位不同，爱国的方法也不能尽同。小孩们用心读书，用力体操，学做好人，就是爱国。今天多做一分学问，多养一分元气，将来就能为国家多做一分事业，多尽一分责任。你说等到年纪长大点也要服务社会，这是很好的志尚。社会的范围很不一定，大而言之就是天下；小一点就是国家；再小就是一省，一县，一村；再小就是我们自己的家庭。大凡服务社会，要"远处着眼，近处着手"。学生在学习服务社会的时候，就可以从自己的家里学起，做起。一面学，一面做；一面做，一面学。我们在家里服务的事也很多，把不识字的家庭化为识字的家庭，就是这许多事当中的一种。府上既住在学校左近，这就是你自己家里试办平民教育的机会。家庭里的平民教育适用连环教学法，你可请教令亲鸣岐先生。家里办好了，再推广到左右邻居，这事就是治国平天下的入手办法。

你信上说到贵处的老太婆们如何顽固，如何不易开通，这也是自然的现象。我们在社会上做事就要预备碰钉子。我在这几个月当中，也碰了四五个钉子。碰钉子的时候有两个法子解决：第一是硬起头皮来碰，假使钉是铁做的，我们的头皮就要硬到钢一样，叫铁钉一碰到钢做头皮上就弯了起来；第二是要把我们的热心架起火来，把钉子烧化掉。我们只怕心不热，不怕钉子厉害，你看如何？

你说，隆阜平民学校有个六十九岁的老太太也报名了。这是我们平民教育的大老了。陈鹤琴先生的老太太现在六十五岁，也读《千字课》。安徽教育厅里，夫役读《千字课》的也有二位六十五岁的老翁，我亲自教了他们两课。晏阳初先生说他最老的学生是六十七岁。所以隆阜那位老太太是我们平民教育最老的学生。请你把她的姓名告诉我。我要叫天下人都晓得这件事，好叫那些年富力强的人都发奋起来。再请你代我向这位老太太表示敬意。从前中国有七十岁的老状元，现在有七十岁的老学生，老识字国民，岂不是一件最可庆贺的事吗？如果你能时常地去帮助这位老太太学习，那就更加好了。你说徽州没有好的男学校，所以暂在隆阜读书。歙县第三中学办得不错，教员皆是有学问有经验的，明年可以试试看。

承你的好意，叫我回徽州来帮助大家提倡平民教育。这句话触动了我无限的感慨。我已经离开家乡十三年，恰好和你的年岁相等。每次读渊明公[③]的《归去来辞》，就想回来走一趟，但是总没有工夫。因为来往要一个月，我是个很忙的人，怎样可以做得到呢？今年夏天，南京来了四个飞机，我就想借用一架飞回徽州，半天可以来往。管飞机的人说徽州平地少，不易下来，只好将来再谈。现在休宁金猷澍慰侬[④]先生制造一种浅水艇，如果办得成功，从杭州到屯溪只要十八个钟头。我现在一面学游水，一面等金慰侬先生的计划成功。我想我不久总要回来看看我的亲戚朋友，特别要看的是小朋友。不过小朋友们看见我怕要像下面两句诗所说的景况：

儿童相见不相识，
笑问客从何处来。

现在已经夜深了，后来再谈。敬祝康健。

知　行

十三、一、五，在联和船上写的

出自《知行书信》，亚东图书馆1929年版

【注释】

①标题为陶行知自拟。副题原为“给吴立邦小友的信”。

②顾亭林（1613—1682），即顾炎武。江苏昆山人，清代初期思想家。学者称之为亭林先生。

③渊明公（365—427），即陶渊明。

④金慰侬（1882—1955），原名猷澍，安徽省休宁县徽光乡瓯山人。

十六天的功效①
——致母亲

母亲：

我前天晚上三点钟到这里。这几天来，天气都很好：没有风，也没有雨；吃的东西也很好：饭、菜、点心，都吃得来。关外的人很客气；他们也很爱国。这里平民读书处已开了五处，我心里很快乐。米先生在这事上很用心。家里大大小小都好么？

知　行

十三年一月九日

出自《知行书信》，亚东图书馆 1929 年版

【注释】

①标题为陶行知自拟。副题处原写有："吾母读了《千字课》十六天的时候，我正在张家口推广平民教育，便依据十六课的生字写了这信与她，她完全能懂。"此信曾在 1924 年 7 月 26 日《申报·平民周刊》发表。

美国人读《千字课》的成绩①
——致推士夫人

推士②夫人：

我到口外③去了五天，十一日才回来。口外的人很好，很客气，很是可爱。他们很会骑马。我看他们骑在马上一天跑来跑去，真是快乐。他们都想读书，三天就开了二百多个平民读书处。那里有好的羊皮卖，也有好的东西吃。我住在那里几天很是快乐。我家里的人对我说，你那天所照的那个平民读书处不大好，我们可以再照一回。万先生、万太太在家里好么？请你为我问候问候。我的母亲、陶小姐、陶太太、大桃、小桃、三桃都很好，他们都想再看看你。

知　行

十三年一月九日

出自《知行书信》，亚东图书馆 1929 年版

【注释】

①标题为陶行知自拟。副题处写有："推士夫人是位美国朋友，读了《千字课》一个月，我便写这信给她，她能懂得其中的大意。"

②推士，美国科学家，1922 年下半年经孟禄博士介绍，来华讲学。

③口外，指张家口长城以北地区。当时陶行知曾去口外推行平民教育。

我们送的寿礼[①]

——致温佩珊、尔淑

佩珊先生、尔淑夫人：

今天接到二位二十五周年结婚纪念请帖，非常欢喜，只因舍下现已全体移居北京，不能亲自到府恭贺，最为抱歉。现为表示贺忱和存留纪念起见，特在北京石驸马大街设立平民读书处两所，称为世珍尔淑第一第二平民读书处。今晚已经组织就绪，特请熊太太之侄女朱骊先生为处长，舍妹陶文渼为副处长。两处共有助教三人，读书者五人。读书之人当中最长的七十三岁，最少者十五岁。四个月后，这两家的人个个都能看白话书信、报章，并且都能得些做人做国民的精神。

平民读书处和平民学校不同。读书处不收外面的学生。它是以一家、一店、一机关为单位。读书处的助教教师也不是外面请来的。它的方法是用内里识字的人教不识字的人。详细的办法和说明，可以在我们的二周纪念会刊[②]里看出来。我现在寄一份给先生、夫人，还请指教。所有两个世珍尔淑平民读书处用的表册和情形，也寄上两份，俾知底细。

古人说："岁寒三友。"我要说个"岁寒四友"。这第四个朋友就是平民读书处。当这天寒地冻的时候，一切学校都要关门了，平民读书处还是像冬笋一样，一个个地从地里冲出来。它什么东西都不怕，风不怕，雪不怕，所向无敌。中华教育改进社的职员在羊市大街一条街上，三天办了六十六处。张家口五天成立了二百多处。知行很希望先生、夫人在这个最可纪念的日子，做一桩最可纪念的事体，还请一切宾客做一桩最可纪念的事体。这事就是多多地照规定的方法开办些平民读书处，从自己家里干起，渐渐地推行到亲戚朋友的家里、素有往来的店铺机关以及前后左右的邻居。

我们中国是个四万万人的国家，但四万万人就有四万万条心；中国又是个五族共和的国家，但是五族简直是五条心，甚至于一家当中各人有各人的心，父子、兄弟、姊妹、夫妻、主仆，都有很深的人我见。我深信，如果我们要想建设五族一心的国和全家一心的家，只有赶快推广平民教育一个法子，特别地要利用平民读书处来培养他们。

家里办平民读书处有三要素：一，主人重视读书；二，不分亲疏尊卑，一律读书；三，须使愿读书者觉得有荣，并且饭碗十分稳固，不愿读书者觉得可耻，并且常有失掉饭碗的危险。如果三个目标达到，平民读书处没有不成功的道理。我们很希望先生、夫人在南京试试看，当有无限乐趣。

敬祝皆大欢喜！

知　行

十三年一月十六日

出自《知行书信》，亚东图书馆 1929 年版

【注释】

①标题为陶行知自拟。副题原为“给温佩珊先生和他的夫人的信”。

②二周纪念会刊，指中华教育改进社成立二周年纪念会刊。

希望于县知事的[①]

——致汪镜人

镜人先生：

今天得到歙县公署第一卷第二期的《教育月刊》，非常快乐。先生所发表的《歙民五训》[②]，实是治歙的入手要策。先生到歙演讲，尤为亲民要举，想全县将按着次第亲去演讲了。知行谨为五十万歙民庆幸。今日最有可为的官无过于县知事，而县知事毕竟无能为的有两个缘故：一是任期太短，不能充分发展长才；二是愿力薄弱，不肯切实去干。如果做一天官干一天事，不必两年，定有奇效。知行很希望先生至少能在歙县三年，更希望全国一千八百四十三县，有先生这样肯干的人做知事。

《歙民五训》中之造林，最好鼓励人民普及种树，每人每年必种一树。

教育界素有植树节的办法，但清明种树有些地方似嫌太迟，吾歙不知如何？种树最要紧的问题是选种类，此事于未推行之前，宜征集专家的意见。中国造林有一个最大的困难，就是树未长成的时候，乡人已经把它们砍下来当柴火烧了。种树不难，难在保树。

禁赌，禁烟，首在劝告，先生不忍不教而诛，很是有理。但为政贵在刚柔并济。劝告之后，必有雷厉风行、罚一儆百的禁令。先从强的下手，必定可以肃清。初罚不处极刑，以示生生之道，但根本之谋在“遂民之欲，达民之欲”。民不能苦而无乐，忙而不玩。我们既要除他玩赌玩烟之乐，就必须用较好的法子使他们乐，使他们玩。这却是个很费脑筋的问题，也非一朝一夕所能办得到的，但我们时常要把这事放在心上。

天足一事，关系人种康健，先生把它放在五训当中，最为明见。大凡做父母的不惜损害女儿一小部分身体的缘故，是因为天足可以做女儿终身大事的阻碍。现在要提倡天足，最要紧的方法就是倒过来叫小足做婚配的阻碍。山西学生每人挂一布条，上面写着“不娶小脚女为妻”字样，大有成效。其次就是小脚捐：预先六个月，通谕各乡二十五岁以下的妇女一律放脚，凡六个月后，每月每人征收小足捐一角，作为女子教育经费。再其次，各乡举行天足演讲，使大家觉得小足是可耻的。

对于教育，知行有一件事可以报告。浙江省公署冯教育科长告诉我：一位县知事，四个月当中开办一百多个学校。他和先生一样，亲自到各乡去劝学。他到一个地方，必把当地有实力的家主一同找来，令他们组织，等到捐款足够一校之用，他才离开该村。除经费外，村人对于教育上有须介绍或指导的地方，他无不帮助。这一百多个学校，就是这样来的。歙民对于歙官的信仰很重，先生不妨进一步做一个强迫设学的试验。先拣那较有把握的地方入手，等到风声传出去了，进行必定势如破竹。

先生曾经提到注重平民教育，知行曾将平民教育办法，函请房道尹[③]通令皖南二十三县采择施行，此刻谅想已经达览。现在把其中之重要的提出来，以供先生参考：

（一）县公署劝学所内一切人等，必于六个月内读毕《千字课》，不愿读者停职。

（二）令各公私学校附设平民学校一所以上，并担任最近环境普及平民教育之责任。

（三）令私塾采用《千字课》，不采用者，加以取缔。

（四）令劝学员、视学带图书分赴各乡劝学。

（五）令全县人民知悉，一年以后，凡入城者，必须会读《千字课》，不会读者纳铜元一枚；一年半以后，不会读者纳铜元五枚；两年以后不会读者纳铜元十枚。

（六）令凡会读书者均有教导本家、本店、本机关内之人之义务。

（七）订平民教育奖励办法。

知行此次到察哈尔④推行平民教育，深觉北方有好几省比南方便利得多。这是因为他们都有村长佐⑤的制度。保甲制度⑥很为人民所轻视，远不如村长佐的效力。最好就每村公正热心有实力之人选任为村长、村佐，为村政之负责人。有此制度，先生之五训更易收效，不知先生以为何如？保甲不必废，可以供村长佐奔走之劳。

中华教育改进社《二周纪念会刊》中有《普及羊市大街平民教育之计划、经过及方法》等篇，不知已收到否？尚望指教为祷。

敬祝康健！

知　行

十三年一月二十日

出自《知行书信》，亚东图书馆 1929 年版

【注释】

①标题为陶行知自拟。副题原为“给歙县知事汪镜人先生的信”。

②《歙民五训》，民国十二年歙县知事汪镜人在官署公报上发表的治歙的五点政策，即造林、禁赌、禁鸦片烟、天足和教育。

③房道尹，即房秩五。道尹为官名。1914 年 5 月，民国始设。隶属巡按使（后改为省长），管理道内事务，监督各县知事。后废。

④察哈尔，旧省名。1952 年撤销，分别并入河北、山西两省。

⑤村长佐，村长的助手，相当于副村长。

⑥保甲制度，旧时代统治者通过户籍编制来统治人民的制度。若干户编为一甲，若干甲编为一保，甲设甲长，保设保长，对人民实行层层控制。

深入蒙古教育之梦①

——致朱其慧

其慧夫人：

前五天曾写一信，正拟付邮，忽而百索不得；这几天又为东原图书馆

忙个不了，没有机会重写，真是抱歉得很。尊电、尊函均已收到，承示各节，均是至理名言，自当遵照进行。

此次在察哈尔进行一切，精神上得未曾得的愉快。知行七日与米君同往，当晚三时半到张家口，八日开筹备会，九日与政学各界领袖开会，十日特与蒙古学生开会。察哈尔全区平民教育促进会也在这天成立，通过章程，选举职员。午后蒙古学生开欢迎会，知行说明五族一家之精神，蒙生深能领略。最后蒙古学生奏《满福》《彩云花》《军人还乡》之曲，感人最深。十一日向张都统、张道尹、郑教育厅长建议施行平民教育办法十四条，均蒙采纳，不久可以通令施行。内中一部分，已于当日令行。十时回京，热心平民教育诸君和全体蒙古学生，均到站送别。前五天得信，蒙古平民教育第一先锋队，已于十三日出发了。他们先在自己的蒙古包中办起，逐渐推到亲戚朋友那里去。知行现已深入蒙边教育之梦，志不在中原了。夫人闻此消息，得毋笑他野吗？

至于张家口本城的平民教育，有两种困难：（1）该地属于直省与察区，须由双方合作，故宜从容进行；（2）商会因选举问题，尚无正式职员接洽。有这两个缘故，大家都主张先组织全区平民教育促进会，从事试验，时机一到，再组织张家口分会。这是应当取的方针。

关于蒙古的平民教育，知行建议努力去干，暂不发表，非其人均不轻谈。十年后办有头绪再说。伯秋老友可使知道。

敬祝康乐！

知行现在已经得了一个蒙文名字，写出来请先生看看：

麦勒根亚布达拉图②

知　行

十三年一月二十日

出自《知行书信》，亚东图书馆 1929 年版

【注释】

①标题为陶行知自拟。副题原为“给熊朱其慧先生的信”。

② 麦勒根亚布达拉图，蒙语的音译，意即“按智慧行动的人”。

谈　诗[1]

——致吴立邦

立邦小朋友：

我接到你的第二封信，立刻就想写回信给你，只因我要说的太多，要写得太长，所以等到现在还没有写。现在再不能等了，写得短些总比不写好。所以我决定先写一封回信，短点不妨，等到有空的时候再和你畅谈畅谈。

你信上说要拜我做老师，本来是不敢当。不过古人有相学相师的道理，如果你愿意做我的老师，我一定愿意做你的老师。我现在最小的学生是四岁，最老的学生是六十六岁。他们都是我的学生，也都是我的老师。他们教我，我教他们，别有兴味。我现在的老师和学生，北至蒙古，南至南洋群岛，西至德国，东至美洲都有。不过徽州除你以外，还没有别人愿意教我，并且从我学。你是我在徽州第一个老师，第一个学生。欢迎！欢迎！一定欢迎！

你出给我的第一个难题目，就是要我教你做诗。啊呀！诗这个艺术是教不来，学不来，做不来的。就拿我来做个比方。我虽然比不上李太白的斗酒诗百篇，但在一点钟之内，也曾写过十几首的。现在简直一首诗也做不起来，就是勉强凑成几句，也是不会好的。有的人说我向诗神请了假，有的人说诗神向我请了假。总之，诗神不来，随便怎样学总是三不像；诗神一来，一学就会，不学也会。等到你觉得肚子里有块东西，不得不吐到笔里，笔里有点东西，不得不写在纸上的时候，那时你的诗就自然而然地来了；那时你再看看《诗经》、《古诗》[2]、唐诗、宋诗、白话诗以及种种好诗，都是你自己要说的话了。诗兴未到，诗是诗，你是你，读诗虽多，终不相干。等到你是诗，诗是你，你和诗分不开了，才有好诗出来。世界上诗做得多，好的少，就是因为做诗的人，不能把生命放在诗里，不能把诗放在生命里，不能把诗和生命合而为一，换句话说："没有诗的生命，决做不出生命的诗。"

第三中学方振民先生和许敦士先生的介绍信，我已经写去了。我并且请他们直接回你的信，省得误事。我现在还送上介绍片一个，以便到校时应用。

祝你和全家平安、康健、快乐！

知 行

二月六日

出自《知行书信》，亚东图书馆 1929 年版

【注释】

①标题为陶行知自拟。副题原为“答吴立邦小朋友的信”。

②《古诗》指东汉末中下层知识分子学习民间创作的五言诗。梁萧统选了十九首收入《昭明文选》，题为“古诗”。

南 下[①]

——致母亲

母亲：

我昨（做）[②]天早上五点钟动身，你还没有起来。今天下了一点雨，不很大。六点钟可以到南京（斤）[③]。我要去看看伯秋和冬弟。明天到上海。我很平安、快乐。小桃好了吗？愿家中大小都很快乐。

知 行

十三年二月八日

出自《知行书信》，亚东图书馆 1929 年版

【注释】

①标题为陶行知自拟。副题原为“母亲读了《千字课》，第二次给母亲的信”。

②③陶行知怕陶母不认识“昨”“京”二字，以“做”“斤”附其后，作为注音。

希望您做一位三千万人的教育厅长[①]

——致卢绍刘

绍刘先生：

我们听说先生已就安徽教育厅长职，心中非常快乐。当这安徽教育存亡续绝之交，得公出而主持一切，我们可以放心了。

车上没有事，旧日的联想一个一个地浮出脑际。其中恋恋不舍的有两个联想：一是数年前，先生送我那本《茅亭讲学刍议》；二是去年十月间在沪宁火车上，我们两个人请钱强斋议长用十个字试做一篇课文。从这两

种很快乐的联想上，我就对于先生发生了一种希望。我希望，先生不但要做数万学生之教育厅长，简直要做一位三千万人民之教育厅长。换句话说，我希望先生做一位平民教育厅长。

公从江苏来，自知江苏事。江苏教育界现在有一个最有价值的礼物，这礼物就是平民教育。我希望先生把这礼物带来送我们安徽，送我们安徽三千万的人民。当南京开始制造这礼物的时候，知行曾经以厨子的资格参与其事，曾经陪着江苏的军民两长、熊夫人、王伯秋先生和其他之江苏父老，流过两个月的汗。那时知行回看故乡饥民嗷嗷待哺，不忍之情，油然而生，就帮助本省父老在安庆、芜湖两个地方，立了两个平民教育的厨房。各县正在闻风兴起的时候，安徽马少甫[②]将军诬为过激党，暗示停顿。他不念我在江苏的微劳也罢，何故毁我们已成的事业呢？从前一般饥民都是睡着的，虽饥而不觉得饿；现在我们已经把他们唤醒了，更觉得饿了，但是饭吃到嘴边，忽然饭碗又给人夺了去，公看他们苦不苦？我觉得现在对于安徽送些平民教育的礼物，最得时宜。先生以为如何？知行对于安徽平民教育有几条具体的建议，很希望先生主持采择施行。

（一）消除马少甫之误解。马少甫，据我所闻，对于平民教育确有误会。请公告诉他："平民教育是平常人民的教育。这种教育是要用最少时间、最少经费，教导年长人民读书识字、爱国做好人。去年，五十二国在旧金山开万国教育会议，各国报告国内读书人数都在百分之九十以上，中国读书人数百人中只有二三十人。相形之下，很伤国家体面。如果我国家家读书，人人明理，外国也要恭敬我们了。如果平民教育是和过激党有关系的，那么齐抚万[③]督军、韩紫石[④]省长、袁观澜先生、熊夫人等也和过激党发生关系了吗?"

（二）恢复安徽省公署之平民教育。安徽省公署是全国第一个省公署开办平民教育。办了两班，很有成效。这件事在平民教育史上，要占很重要的位置。如已停顿，请马将军即日恢复。

（三）恢复安徽教育厅之平民教育。安徽教育厅是全国第一个教育厅施行公役的平民教育。公役二十一人中有吴干臣、韦明等五人都是很好的助教。年长的人有两位老到六十五岁的都在那里读书。我第二次到安庆的时候，他们已经读了一本多。如果厅长注意公役读书，如中途不停顿，现在该毕业了。这是在公职权之内，当然可以做到的。

（四）视察监狱的平民教育。安徽高等检察厅袁厅长和熊典狱官对于平民教育都很热心。犯人读《千字课》，当推皖狱为开创者。大概不致停顿。不过也很希望先生看看他们办的成绩如何。

（五）恢复平民教育促进会。安庆平民教育促进会以教育厅长为会长。公为当然会长。请召集董事会督促或改选贤能干事继续进行。从前捐款五千余元均未收足，请嘱会计克日收足。教育厅年拨一千元为购书分送各县提倡之用，请维持原议。财政厅年拨经常费二千元已由省长定案，请与财政厅订定按期领款办法。芜湖平民教育促进会为皖南之总枢，前曾呈请给予皖南茶厘捐款补助，务请促成，俾能进行。

（六）训令省视学分赴各县提倡平民教育。去年省视学曾开一次会议，决定随带图书分赴各县提倡。查省视学为最有力之宣传指导人员，务请恢复提倡平民教育为他们职务之一种。

（七）训令县知事提倡平民教育。县知事为亲民之官，对于人民享有历史上的特权与信仰。各县人民自动提倡平民教育的有黟县、休宁、歙县、绩溪、巢县、潜山、合肥、郎溪等。但得县知事的登高一呼，进步必能一日千里。务请训令各县将平民教育列入计划与预算，并以此为考成。

（八）训令全省学校兼办平民教育。全省省立、县立、公立、私立学校皆为文化中心，即为平民教育中心。请通令各校担负普及各该校所在地之平民教育之责任。自奉令日起，一个月内至少必须开办平民学校一班、读书处十处。

（九）现在中国最多的教育机关还是私塾。既是一时除他们不掉，就当改良他们。知行深信《千字课》为私塾一种很好课本，请通令私塾一律采用，不听者一律取缔。

（十）召集全省会议。关于平民教育实施事宜，应由教育厅仿照江苏、察哈尔等处办法，召集全省中等学校校长及县教育行政人员、县教育会代表会议取决，以资集思广益。凡平民教育之方针及分期进行办法，均由此会议解决。安徽全省平民教育促进会即在此时成立。知行希望先生于一个半月内召集此会，否则春季怕要耽误了。

以上十条，系就知行个人车上想得到的写将出来，以尘清览，内中难免不妥的地方，还望先生指教。先生还记得民国七年公做主席，我一天演讲六小时那件事吗？公如有我来皖必要，我就在一万里外也是可以赶回来的。无论如何，熊夫人和我已经约好，一两个月内必定要到安庆、芜湖及其他长江各埠参观一次，以便领略各地平民教育之特别贡献。相见不远，很为欣慰。

我很希望先生为做一件大事而来，做了一件大事而去。这件大事就是变形的茅亭讲学，就是平民教育，就是三千万人的家家读书，人人明理。到这件事做了的时候，我想顶少也得要两三年，我们一定要在无法报答当中，造个铜像做公万年不朽的纪念！

知 行

二月八日

出自《知行书信》，亚东图书馆1929年版

【注释】

①标题为陶行知自拟。副题原为“给安徽教育厅长卢绍刘先生的信”。

②马少甫，军人，曾短期掌皖军政。

③齐抚万，当时任安徽省督军。

④韩紫石，即韩国钧，时任江苏省省长。

请贵校设法施行六提案[①]

——致北京大学

迳启者：

本会定章，每年举行年会一次。集全国教育界人士，讨论教育上各项重要问题，俾成全国教育界公共意思，以为改进全国教育之标准。

去年第二届年会，于八月底在清华学校举行。所有议决各案，本社为慎重起见，复组织整理议决案，委员会详加整理，由本社分别推行。其关涉各机关者，应按照性质暨其议决办法，函请有关系各机关，分别施行。

兹查各项议决案内，须请贵校设法施行者，共六案。计关于高等教育组议决者二案，师范教育组、中等教育组、女子教育组、成人教育组议决案各一案。统为备函送上。敬请概念以上各案，系全国教育界人士会议决定，允为分别裁酌施行。曷胜盼幸。此致

国立北京大学

中华教育改进社谨启

二月二十三日

原载《北京大学日刊》第1407期，1924年2月29日

【注释】

①标题为编者拟。原发表时题为《中华教育改进社公函》。编者推定，此函系由陶行知草拟或审定。此信系本次新增。

在清华学校举办“科学教员暑期研究会”[①]

——致北京大学

迳启者：

本社等比以科学教育之发达，与社会之进化关系至为深切；在中国今日，尤为有急须提倡之必要。特共同商议，定于本年暑假期内，在清华学校举办“科学教员暑期研究会”，以期与全国热心科学之士，共相探讨，极深研几。

贵校化学、物理、生物教授及助教诸君，对于本社等此项办法，谅表同情。兹奉上致贵校科学教授及助教诸君函四份，请烦量为分转。

曷胜盼幸。专此。祇颂

公绥！

中华教育改进社、清华学校、洛氏驻华医社

三月一日

原载《北京大学日刊》第1433期，1924年3月31日

【注释】

①标题为编者拟。原发表时题为《中华教育改进社等三团体致本校函》。编者推定此函由陶行知草拟或审定。此信系本次新增。

请贵校为特约应征机关[①]

——致浙江省立第一中学

迳启者：

本年七月三日至九日，中华教育改进社在南京开第三届年会，同时与东南大学教育科合组全国教育展览会。

其主旨，在揭示全国教育状况，而各方办学特长足资观感者，尤望能

罗列一室，以树模楷。

贵校成立有年，声誉卓著，其可以贡献国人者，必甚丰富。兹特奉函，请贵校为特约应征机关。务祈不吝赐教。

附呈《征品办法》一册，又附《应征物品表》一纸，即请填记约数。俾敝处可代先期计划面积及排列等事。专此，敬颂

教绥！

全国教育展览会筹备委员会正、副主任徐则陵、陶知行启

原载《浙江一中周刊》第21期，1924年3月11日

【注释】

①标题为编者拟。此信系本次新增。

若绍刘先生能够留任[①]

——致胡适

适之老哥：

请看今次承安徽教育厅邀来演讲，得与本省各教育家相见，真正是一件最快乐的事。我又看见绍刘厅长一切计划都能合乎教育原理，他的一股百折不回的精神又能够将本省教育事业起死回生，所以我非常为安徽欢喜。但是好事多磨，中途教育部有将绍刘先生调任甘肃教育厅长的命令。本省教育界听见这个消息非常灰心，大家要想法挽留。现在已经分电教育部、督军、省长，极力挽留。我看绍刘先生的去留于安徽教育有切肤的关系。今次会议已经议决四十三条好议案，若绍刘先生能够留任，必定能够极力推行，若调了别人，我恐怕这一番的惨淡经营是要白费了。况且各县代表对于绍刘先生的信仰心非常坚固，这种的中心点是非常难得的，倘若失去，那将来怎能联络研究、联络进行。再者，在安徽做事，最要紧的是要与督军相安。绍刘先生现在与督军已经渐渐地能相安了，使能久任厅长的职务，必定可以有些要紧的建设。所以照我看来，老哥不能不出些力气为桑梓挽回这重要的人物。万望邀集北京的安徽同志，请教育部收回成命。这是一件大事，这是一件要紧的事。这件事关系全省教育，关系五百万儿童的命运。能成就这件事的后盾就是老哥，请尽你九牛二虎的力。我

回南京的时候，也要联合南京同志出些力量，快办快办。

陶知行写

原载耿云志编《胡适遗稿及秘藏书信·陶知行（行知）信三十通》第36卷，黄山书社1994年版

【注释】

①标题为编者拟。写信时间可能为1924年3月。

送诗集①

——致刘廷蔚

廷蔚：

诗山里的诗人！庐山一山都是诗：树是诗树，草是诗草，花是诗花，水是诗水，风是诗风，月是诗月，云是诗云，雪是诗雪，鸟是诗鸟，兽是诗兽，晴是诗晴，雨是诗雨……山上有诗，山下有诗，山前有诗，山后有诗，满山都是诗；还有那看诗，听诗，读诗，嗅诗，写诗，一身都是诗的诗人。

诗人！你可晓得诗神要留你在诗山做甚？他一回两回地招你上去做甚？他要你斫诗树，采诗草，葬诗花，捕诗风，赏诗月，逐诗云，弄诗雪，听诗鸟唱歌，看诗兽跳舞，天晴出门游诗山，下雨回家写山诗……他要我送你诗斧、诗篮、诗笔……好叫你待山如诗，写诗如山。诗山的诗人啊！千万不要忘记了诗山外的诗人望眼欲穿地要看看诗山里的诗人的诗山诗！

知　行

十三年三月十一日

出自《知行书信》，亚东图书馆1929年版

【注释】

①标题为陶行知自拟。副题原为“给刘廷蔚弟的信”。

说书人韩庆鼎[①]

——致王伯秋

伯秋吾兄：

你问我要文章，有，有，有。你究竟要几篇？一篇？两篇？三篇？我告诉你，我不寄则已，一寄惊人。我怕你登不了，所以还不敢寄。你既一次、两次、三次催我寄稿，我若不寄呢，怕你讲我不会做文章；我若寄呢，又怕把你的报胀破。我左右为难，只好寄一回来试试看。

昨天熊秉三先生给我一张慈幼院的布告看，我即刻就要写封信给你。无奈这封信写得太长，我想南京以外也有应当晓得这张布告的，所以我就把这封信换了一个名目，叫做《读香山慈幼院布告的感想》，分寄给各地办平民教育的同志。你如果照这张布告字的大小登载，你的报一定胀破。我并不是说大话。我的稿子一来，你的报如果不胀破，也得要变成罗汉菩萨那样大的肚子了。

韩庆鼎实在可爱。他既把我们两个人说得这样轰轰烈烈，我们也得要为他表扬表扬。我做了下联，请你赐一上联送他。我的联语是：

苦口婆心，说书给人听，还劝人读书。

家母已经读了四十课了，请根据这四十课生字写一封信给她。只要嘴里说得出，耳朵听得懂，总可以看得明白。

祝你康健！

知　行

十三年三月十六日

出自《知行书信》，亚东图书馆 1929 年版

【注释】

①标题为陶行知自拟。副题原为“答王伯秋兄的信”。

征集全国教育展览会展品[①]

——致南洋各校

敬启者：本年七月三日至九日，中华教育改进会[②]在南京举行第三届年会[③]，并会同东南大学教育科举行全国教育展览会，借以明全国教育实

况，庶到会同人一方获观摩之益，一方可发现全国教育最要问题所在。华侨教育情形，国内同人素所关心，惟苦海天遥隔，难明真相。此次展览会特设南洋华侨教育一股，专陈列南洋方面华侨教育情形。兹附上展览会办法一册。素仰贵处热心侨胞教育，成绩斐然。所有须展览物品，即祈早日惠寄，俾便进行。又南洋各属学校情形，同人不甚谙熟，通函或有未周，如能代为征集，尤为感激。专此，顺颂

台绥！

全国教育展览会筹备正副主任徐则陵陶知行谨启

三月二十四日

原载《新教育》第9卷第5期，1924年12月

【注释】

①标题为编者拟。

②中华教育改进会，即中华教育改进社。

③第三届年会，即中华教育改进社第三届年会，1926年7月3日至9日在南京东南大学召开。

徽州土货①

——致吴立邦

立邦好友：

接读正月二十七日的信，晓得你和新善哥已经进了第三中学，很好，很好。方校长也写信告诉我了，他说你们还有一位弟弟一同去的。这位弟弟姓甚名谁？你可以告诉我吗？

你所说徽州的土产一层，我倒想和你谈谈。我以为我们只问好不好，不问土不土。你现在新拜的那位老师，身子虽在外面，骨子里也是徽州的土产。我们徽州的土产本来不错。你看朱晦庵②、江慎修③、戴东原④诸位乡先贤，哪一位不是土产？现今的胡适之先生，从头到脚也只是我们家园所出的土产。我深信，他们来做你们的老师，你们是一定欢迎的。譬如，茶叶是家乡的土产，我们徽州人是没有不欢喜吃徽州茶的。

你说随地随时都可以做诗，这句话是很对的。我只想补充两句：随时

随地都是诗，随时随地都可以做诗，随时随地都不可以勉强做诗。诗贵自然，充天地间都是诗的材料，诗人随意拈来都成好诗。

你问诗的功用，我先拿诗对于诗人的功用回答你。你试站在河西桥上，望着十寺或别的好风景，尽量呼一口气出来，忍住，忍到不能再忍了，那时你就明白诗人读诗的功用；尽量吸一口气进去，忍住，忍到不能忍了，那时你就明白诗人做诗功用。至于诗的普通功用，孔子说得好："诗可以兴，可以观，可以群，可以怨。"我不必细说了。

我昨天在徐州旅馆里没有事体做，就做了一首诗。抄来给你们看看：

自勉并勉同志

人生天地间，
各有所禀赋：
为一大事来；
做一大事去。
多少白发翁，
蹉跎悔歧路。
寄语少年人，
莫将少年误。

你如有诗，也请送我几首读读。

这封信是火车上写的，所以很不整齐，请你原谅。

知　行

三月二十六日

出自《知行书信》，亚东图书馆1929年版

【注释】

①标题为陶行知自拟。副题原为"答吴立邦小友的信"。

②朱晦庵，即朱熹（1130—1200），字元晦，号晦庵，南宋著名哲学家、教育家、理学集大成者。

③江慎修（1681—1762），即江永，字慎修，安徽婺源（今属江西省）人。

④戴东原，即戴震（1723—1777）。安徽休宁县人。乾隆间修《四库全书》，特召为纂修官。

在开封落土的种子[①]

——致朱其慧

其慧先生：

知行于二十六日到开封，当夜与王幼乔厅长、何日章、刘潆甫二先生商定日程。二十七日下午三时，对九十余县教育局长演讲平民教育；六时赴王厅长宴会，对各界领袖演讲平民教育。二十八日，代表总会参与河南全省平民教育促进会会议。本来陶琅齐先生回省时已经把本省促进会成立。这次是把范围扩充。除学界执行董事外，加推政绅警商界执行董事六人，并各县董事每县二人，都在这天下午选定。各县教育局长在会场认定，训令全县学校附设平民学校者，共有七十三县；认定设法使全县人民于一定时期之内都受《千字课》教育者，有六十四县。倘按每县平均一百所学校都设平民学校，每所平民学校平均四十人，三十万人的教育种子可算是已经撒了。二十九日上午，开全城平民教育演讲会，到会者三千余人，连昨天计算认定设立平民学校的有七百二十八人，设立平民读书处的一千五百八十九人，合起来怕也有三万人的关系。此外还有六百零四人愿为平民教师。这些数目只可以说是落土的种子。将来能否开花结果，是要靠本地人士时常去施灌溉、加肥料、防虫害，才能有相当之收成。幸而教育厅长和地方上的几位领袖都很热心，或者总有几分收成。

知行明日赴沪。徐州至洛阳和郑州至北京的车票，请即办就，快函赐寄南京东大[②]洪范五[③]先生转交。照今天情形看来，洛阳一行，或不可免。

敬祝康乐！

知　行

三月二十九夜

出自《知行书信》，亚东图书馆 1929 年版

【注释】

①标题为陶行知自拟。副题原为“给熊朱其慧先生的信”。

②南京东大，即南京东南大学。

③洪范五，安徽歙县人，曾任南京大学教授、中央大学图书馆馆长。

征集全国教育展览会展品[①]

——致特约应征机关

迳启者：本年七月三日至九日，中华教育改进社在南京开第三届年会，同时与东南大学教育科合组全国教育展览会，其主旨在揭示全国教育状况，而各方办学特长足资观感者，尤望能罗列一处，以树模楷。贵校成立有年，声誉卓著，其可以贡献国人者必甚丰富，兹特奉函请贵校为特约应征机关，务祈不吝赐教。附呈征品办法一册，又附应征物品表一纸。即请填记约数，俾敝处可代先期计划面积及排列等事。专此，敬颂

教绥！

全国教育展览会筹备委员会正副主任徐则陵陶知行启

四月十二日

原载《新教育》第9卷第5期，1924年12月

【注释】

①标题为编者拟。

催送全国教育展览会展品[①]

——致特约应征机关

迳启者：

本会将于7月3日至9日在南京开会。前函请贵处为特约应征机关，并寄奉印刷品若干件，当蒙察及。此次展览会有关于全国教育事业之发展，必蒙赞助。想贵处已有充分准备，出品之优良丰富自在意中。惟现距开会之期已近，贵处出品如已筹备完竣，除必要免税单之物品，请即示知敝处。当将单寄呈外，其不需免税单者，拟请即日寄宁，以便分类。倘贵处出品尚在筹备，亦请将应征单即日赐寄，俾可预计地位。专此布达。

鹄候

复示。顺颂

公安！

全国教育展览会筹备委员会谨启

原载《新教育》第9卷第5期，1924年12月

【注释】

①标题为编者所拟。原发表时题为“致特约应征机关”，原函无标点。

陶行知时任中华教育改进社主任干事兼全国教育展览会筹备委员会副主任。此类函件均由设于北京的改进社总事务所发出，编者考定陶行知参与了此函的起草工作。

征集学事年报及统计书[①]

——致全国各教育局

迳启者：本年七月三日至九日，中华教育改进社在南京举行第三届年会，同时与东大[②]教育科合组全国教育展览会，以供全国教育界之参考。关于各省地方教育行政方面，拟征求各地之学事年报及统计书等为比较的陈列。贵县此项报告，逐年编辑可资参证者必多，拟请将最近数年所编成者，无论为抄本，为印本各赐一份，以便陈列。想贵局素以提倡教育为职志，必当乐予赞助也。专此奉恳，并颂台绥！

全国教育展览会筹备委员会正主任徐则陵、副主任陶知行启

四月十二日

原载《新教育》第 9 卷第 5 期，1924 年 12 月

【注释】

①标题为编者拟。

②东大，指南京东南大学。

教小桃写信[①]

——致陶晓光

小桃：

你的信，我收到了，谢谢。这封信写得很好，可惜没有写日子，也没有写自己的名字。你如果写了日子，我就晓得这封信是什么时候寄的；你如果写了名字，就用不着我费力猜谜了。

万乎叔叔送你的洋画，我要恭喜你。他一共送了你几张？有哪几张是你最喜欢的？请你告诉我。

我回来的时候，一定要带几件好玩的东西来送你，送桃红，送三桃。桃红一天很忙吗？他没有写信给我，大概是忙得很。太太好吗？妈妈好吗？阿姑好吗？桃红、三桃都好吗？舅公的事体，你没有告诉我。他老人家也好吗？请你代我请安，请安。

老太太已经读到《除三害》[②]，我听了很快乐。你还要用心教她才好。这封信你读过之后也教老太太读读，好不好？

我很欢喜读你的信，你一礼拜写一封给我，可以吗？妈妈、阿姑、桃红好久没有写信给我了，你能请他们写信给我吗？老太太如果能写一封信给我，我更加喜欢了。你教她写，好不好？

知　行

十三年四月十三日

出自《知行书信》，亚东图书馆1929年版

【注释】

①标题为陶行知自拟。副题原为“给小桃的信”。

②《除三害》，《平民千字课》课文篇名之一。

请双耳朵做教员[①]

——致胡映莲

映莲：

我昨天接到你三月二十九所发的信，非常欢喜。

你读了两个月书，就能写这样好的信，真是难得。西村平民学校现在既有三十多位学生，我希望他们个个人都能写这样的信。写信如同谈话一样。写的时候，必须要觉得好像有一个人坐在那里，你和他对谈。谈一句，写一句；一面谈，一面写。写好，再一句一句地读出来，请你自己的耳朵做先生。若是耳朵听不懂，就要改；听得不好听，也是要改。总之，你的耳朵要怎样就怎样，要耳朵都喜欢听了，才算是好信。我有一首教人写信的诗，也是这个道理：

写信原来要自然，
对谈如人在面前；
若问写得好不好，

请双耳朵做教员。

我想，你们三十几个人还有一件事可以做：最好每天回家，个个人都教家里的人读书。若是一个人教两个人，三十个就可以教六十个人，要不了两三年，全村全家都会读书了，岂不好吗？家母今年五十七，也在这里读书。我家桃红九岁，小桃六岁，都可以教《千字课》。我家里的人都读书：男男女女、大大小小、老老少少没有一个人不读书。我不久要写信来给你们全体学生，哪一个家里完全会读《千字课》了，我们要送他一副对联或是四个字的匾额。请你先告诉大家听听。

知 行

十三年四月十四日

出自《知行书信》，亚东图书馆1929年版

【注释】

①标题为陶行知自拟。副题原为“致西村平民学校学生胡映莲的信”。

请示知全国教育展览会书院筹备情况①

——致梁启超

任公先生大鉴：

前由敝处函请先生担任全国教育展览会书院筹备委员，当蒙察及。我国书院教育状况，先生知之最详，而书院教育之制度及其精神，在今日尤为办教育者所应知。先生素以发扬国粹为志，此次展览定有以慰海内教育界之望。现为期已迫，尊处筹备经过及现状何似，统祈示知。

全国教育展览会筹备委员会正副主任徐则陵
陶知行启

四月二十一日

出自丁文江、赵丰田《梁启超年谱长编》，上海人民出版社2009年版

【注释】

①标题为编者拟。梁启超为中华教育改进社董事。1924年，该社决定在南京召开第三届年会期间，同时举办全国教育展览会。因此特邀梁启超作为有关书院部分展览的筹备委员。

到庐山去[①]

——致胡适

适之吾兄：

日前听说吾兄旧病复发，不胜悬念。人生第一要事是康健，第二要事是康健，第三要事是康健。学术不是一时研究得了的，学生也不是一时教得了的。先顾到身体，身体好了，再慢慢地去研究，慢慢地去教学，尽有机会。老兄倘使照现在这样牺牲下去，真是拿自己的性命和学术的前途做儿戏。我觉得休养并不是费时，现在用适当的方法休养几年，可以多做几十年的事业学问，与其把一切事业学问挤在几年内匆匆忙忙、劳劳苦苦地做了，何如把它们匀在几十年——六七十年——内，从从容容、舒舒服服地去干？照第二种方法，不但身体有无上的快乐，那时造就之大，贡献之宏，更是不可思议的了。

我现在要向兄提出一个最重要的建议，替老兄开一个百年康健的药方。我的三味药就是：（1）辞去大学教授；（2）停办《努力》；（3）带着图书、家眷，搬到庐山去住。这就是我的三味药。若觉得生活太寂寞，那么可以允许几位得意门生跟随入山。谈学也是好的。不过休养是主，谈学是宾，断不可喧宾夺主。如老兄赞同这个办法，庐山有一位小诗人刘廷蔚是我们的朋友，可以托他代兄安排一切。吾们都爱老兄，请兄听我们极诚恳的建议。

看书是如同吃饭一样的要紧，也是生活所必需的。有书自然要著，比如有块东西在肚子里想吐不吐，反要伤生。不过这两件事只是要有节制，并且要在好的环境里干的。我不劝你停止看书，也不劝你停止著书。在庐山的万松岭上著书，看书，是何等地快乐啊！庐山是一座诗山，山里充满了诗境，也得要像你这样的诗人去把他的精华开采出来。

知　行

十三年春

出自《知行书信》，亚东图书馆1929年版

【注释】

①标题为陶行知自拟。副题原为“给胡适之先生的信”。

《平民周刊》[①]
——致朱经农

经农吾兄：

接到二十八日手书，晓得新闻报馆汪、严二先生对于《平民周刊》的态度。我现在要把我的意见贡献给吾兄考虑，并请吾兄于考虑后再与汪、严二先生作一度之接洽。

（一）平民教育现在已从宣传时期进到实行时期。议论方面多半已经应发尽发。关于平民教育之论文，我想任公、适之、伯明、晓沧诸公未必能够应允，即使应允亦未必源源而来。阳初先生和我的议论，大概都已经发表在演讲当中，此后或亦有见到之处，但不可必定何时有。吾兄或亦有同样的感触。此后，关于平民教育之材料，多半属于事实的新闻，另立《平民教育周刊》名目固可，即不另立这个名目而包含于《教育周刊》，亦未为不可。本会对于平民教育的宣传事业，现已有南京平民教育促进会出版之《平民教育》和北京之《平民新报》办理。《新闻报》[②]若欲得最近之新闻，本会亦愿尽力帮助征集。但这不是我们此次与该馆接洽之主要目的。

（二）我们所需《新闻报》出来担当责任的，就是给一般粗识字义的人民以相当之读物，并要为他们开始创造些真正的平民文字。我们的目的是《平民周刊》，不是《平民教育周刊》。（甲）办《平民周刊》，可以得到第一流的文稿，不但汪、严二君所提的几位可以向他们请稿，此外还有好多位第一流的人才，都可以请他们做文章。若办《平民教育周刊》，他们实在没有好多文稿可以投。（乙）《平民周刊》开始的时候两千字亦够了。但须有一定大小，可以裁下另送平民阅览。（丙）内容必须有平民诗歌及其他文艺作品。（丁）酬金每期十四元一定不够，但《新闻报》只须担任此数，不足之款由促进会或改进社担任。稿费报酬必须大于其他各报对于创作之报酬，使平民文学可以吸收第一流之作品。（戊）主笔只好请吾兄就近偏劳，我必罗致同志以为兄助。（己）《平民周刊》可以附在《教育周刊》上，但须标明《平民周刊》字样。（庚）双方议定后一个月或一个半月内出版，但至迟六月二十左右必须出第一期。

《新闻报》所处地位最为相当，务请再代全国平民前途磋商一次。如能成功最好，万一不成，即请与申报馆开始交涉为祷。倘若两家都不能了解此事之重要，我们只好自己来干。
敬祝康乐。

知　行

五月三日

出自《知行书信》，亚东图书馆 1929 年版

【注释】

①标题为陶行知自拟。副题原为“答朱经农先生的信”。

②《新闻报》，1893 年 2 月 17 日在上海创刊。

人生第一要事是康健[①]

——致胡适

适之吾兄：

日前听说吾兄旧病复发，不胜悬念。人生第一要事是康健，第二要事是康健，第三要事是康健。学术不是一时研究得了的；学生也不是一时教得了的。先顾到身体，身体好了，再慢慢地去研究，慢慢地去教学，尽有机会。老兄倘使照着现在这样牺牲下去，真是拿自己的性命和学术的前途做儿戏。我觉得现在的休养并不是费时。如果用适当的方法赶紧休养几年可以多发生几十年的事业和学问，与其把一切事业学问挤在几年内匆匆忙忙劳劳苦苦地去做，何如把他们匀在几十年内从从容容、舒舒服服地去干？照第二种办法，不但身体有无上的快乐，至于造就之大，贡献之宏，更是不可思议了。我替老兄开的一个百年康健的药方是：（一）暂辞大学教授，（二）暂停《努力》，（三）带着图书、家眷到庐山去住家。我不劝你停止看书，也不劝你停止著书。看书是老兄精神生活所必需的。有书也得随时著作，比如肚里有块东西，想吐不吐，倒要伤身。不过这两件事只是要有节制，并且要在理想的环境里干的。你想，在庐山的万松岭上著书看书是何等的快乐啊！庐山是一座诗山，充满了诗境，也要你这位诗人去把他的精华采将出来。我一个月前梦中做了一首半新半旧的诗：“窗前花儿笑，枝头鸟儿语。一篮提在手，打算采诗去。”[②]吾兄的诗篮子已经预备好了吗？若老兄觉得山中生活太寂寞，也不妨允许几位得意门生跟随入山谈学，吟诗，看风景，只是不可喧宾夺主。我们爱兄，请兄听我们极诚恳的建议，

并希望兄本着《尝试集》的精神给这个建议一个尝试的机会。现在已经是五月了，租房子要赶快。庐山上现在有一位最可爱的少年诗人刘廷蔚，是我们的朋友。如兄赞同，可以托他代为安排一切。他在山上已经有好几年了，一切的情形都很熟悉。敬祝康乐。

知　行

五月五日

刘君廷蔚住普仁医院，我可以介绍。

原载耿云志编《胡适遗稿及秘藏书信·陶知行（行知）信三十通》第36卷，黄山书社1994年版

【注释】

①标题为编者拟。

②该诗《梦采诗》，作于1924年3月30日。

武昌中华大学拟开学术讲习会

——致胡适

适之吾兄鉴：

别后，弟在济南住一天，廿二下午即到宁。兹敬启者武昌中华大学八月间拟开学术讲习会，甚希望吾兄莅会讲演。弟意湖北教育急待改革，兄如俯就讲演，则文化鼓动力胜于江汉之洪涛，若无暇久在南方，则短期亦可餍武昌人之望。兹附上陈生函尘鉴。即请

教安

陶知行启

五月廿三日

三个儿子见了玩具，如得奇宝，大的叫桃红，还要写信来多谢胡太太。先向你表我的谢忱。

知　行

原载耿云志编《胡适遗稿及秘藏书信·陶知行（行知）信三十通》第36卷，黄山书社1994年版

【注释】

①标题为编者拟。

寄上《购票减价证》[①]

——致中华教育改进社社员

迳启者：

本社本届年会，定于七月三日至九日，在南京国立东南大学举行。各会员由宜昌、汉口、九江、安庆、芜湖、通州、厦门、福州、宁波、香港、烟台、温州、汕头、广州等处，乘招商局轮船赴宁与会者，业承招商局允，照前、去两年优待成例，购票时以七折收价。适用期间，自六月十五日起，至七月二十五日止。兹特将《购票减价证》一纸寄上，即请察收，应用于会期前。

拨冗莅会，是为至盼。专此。祇颂

台安！

中华教育改进社谨启

六月十二日

原载《广东省教育会杂志》第2卷第5期，1924年8月

【注释】

①标题为编者拟。编者推定此函由陶行知草拟或审定。此信系本次新增。

请拨冗莅会，共商教育改进问题[①]

——致中华教育改进社社员

敬启者：

本社赴南京参与第三届年会会员，经由沪宁路、沪杭甬路者，业已商准交通部，于一定日期、时刻及一定之车站上车，持本社所发《半价乘车证》，满十人来回者，购票时得减收半价。

兹奉上《半价乘车证》及《开车日期时刻》《上车车站单》《赴会证》《赴会须知》各一纸。即请察收，并请拨冗莅会，共商教育改进问题。

是为至幸。此颂

台安！

中华教育改进社谨启

六月十六日

原载《广东省教育会杂志》第2卷第5期，1924年8月

【注释】

①标题为编者拟。编者推定此函由陶行知草拟或审定。此信系本次新增。

请起稿《反对英国商会及上海商人关于退还庚子赔款之主张》[①]

——致郭秉文

鸿声[②]先生钧鉴：

年会时，董事会议决：请先生起稿《反对英国商会及上海商人关于退还庚子赔款[③]之主张》。此稿务请从速寄交本社总事务所，以便进行。专此奉恳，并请

公安！

陶知行启

八月一日

复印件存华中师范大学教育学院

【注释】

①标题为编者拟。

②鸿声，即郭秉文。

③庚子赔款，1900年（庚子年）八国联军攻占北京，次年强迫清政府订立了不平等的《辛丑条约》，根据条约规定，中国付给各国“偿款”本息共约九亿八千多万两白银，这笔赔款通称“庚子赔款”。

尤以贵校为最适当[①]

——致东南大学

迳启者：本年暑期清华学校[②]、洛氏驻华医社[③]及本社[④]曾合办一科学教员暑期研究会。研究内容分物理、化学、生物三种，各分中、英文二组。每天课程本日课讨论一小时，实验三小时，教材、教具、教学法讨论一小时，晚间则演讲近年科学之进步。共聘指导员十二人，与会研究教员

占十六省区，都一百二十余人，大学教员占三分之一，中学教员占三分之二。为时共四星期，最后一星期知行亲往观察并征求各方面意见，缺点固所不免，而成效亦殊可乐观。最难得者，会员与指导员一致承认此举为极有价值，下年必须继续办理，续办地点希望在扬子江流域，而尤以贵校为最适当。合组机关，以贵校及中国科学社⑤、洛氏驻华医社与本社为最相宜。需要经费，本年共用五千元左右。下年续办，照本年经验。指导员以一人指导八人计，约须添聘一倍，预算得七千元可以敷用。洛氏驻华医社继续担任五千元之可能，本社亦可勉筹一千元。余一千元，希望中国科学社担任，倘贵校能酌量担任预备费若干，以备不虞，更为妥当。万一本年预算核减过多，不能多任，则数目可不拘多寡。因房屋、设备、人力之赞助，其贡献已非浅鲜也（设备不敷之处，尚有他处可借）。开办之前，须由合组机关各推代表一人或二人，组织董事部，主持一切。以上意见，如蒙贵校赞同，请即推定董事，定期在宁开会，从速着手筹备。知行深信此举于改良我国科学教学前途影响巨大，甚望贵校一致合力进行，并于两星期内赐一确实答复，是为至幸。专此，即颂

公绥！

陶知行谨启

八月十一日

复印件存华中师范大学教育学院

【注释】

①标题为编者拟。

②清华学校，清华大学前身，1911 年，清政府用美国所还庚子赔款所办的一所留美预备学校。自 1925 年起，逐步改办成为大学。1928 年改名为国立清华大学。

③洛氏驻华医社，洛氏基金会驻华的分支机构。洛氏，即美国资本家约翰·洛克菲勒（1839—1937）。洛氏于 1913 年 5 月在中国设立洛克菲勒基金会，该会通过捐款、颁发奖金等方式对某些学术研究提供资助。

④本社，指中华教育改进社。

⑤中国科学社，我国最早成立的现代科学学术团体，1915 年 10 月 25 日在美国正式成立，任鸿隽为社长。1918 年迁回国内。

改良《平民周刊》之建议[①]

——致朱经农

经农吾兄：

好久不见了，康健如何？悬念之至。吾兄赴浙之前，知行有千言万语要和你面谈，只因误会了你到沪的日期，所以无缘见面，真是懊悔得很。屈指计算，吾兄现必将近回沪，我们可以笔谈笔谈。

接到兄信之后，就与信卿[②]先生商量在《平民周刊》上增加《大事记》一栏，现改为《国家大事》，权由知行试行担任。这栏采取记事、议论、解释三者合一的体裁，借时事发挥平民精神，培植国家观念。知行自从担任了这事之后，就不得不多读书，多会朋友，真是继续自修的一个绝好机会。但是甘草里头夹了黄连，每次总要到了最后一夜才动笔，早上起来还要亲自送到东车站去赶特别快车寄稿。但我只有感谢，没有埋怨，很愿继续地帮着你干到底。我还要声明一句，在这件事上帮助你的是韵秋[③]，不是知行。其中的意思，你看见我今早寄来的《秋的命令》就明白了。我想我们要把《平民周刊》办到有精神的地位，不能单取“对平民说话”的方针。除此以外，还要加上“代平民说话”一条。我们就是平民，也得要说平民的话。吾兄以为然否？《平民周刊》里面的小说最不能满意，怕要特约，兄看如何？

量才[④]先生和我约好，一个月以后俟新印机到了，就加印单张，使各处学校、机关可以另行订购。单张用的字一定要大些。能印在两面最好。材料只须稍微增加些就够了。我们一方面通知各地办平民教育的人，一方面还要请他从现在起就要在《申报》[⑤]上登些引人注目的广告。这是知行将寄量才先生信稿的大意。吾兄如有补充的地方，请即就近接洽。

《千字课》急须修改，因兄有湖南之行，权由知行先行办理。俟初稿拟成，即寄沪或带稿来沪商改。吾兄九月初不到别处去吗？

祝兄康健！

知　行

八月十二日

出自《知行书信》，亚东图书馆1929年版

【注释】

①标题为陶行知自拟。副题原为“给朱经农先生的信”。

②信卿，即沈恩孚。

③韵秋，陶行知的笔名之一。

④量才，史量才（1878—1934），名家修，江苏江宁人。1908 年就任《时报》主笔。1913 年接办《申报》。

⑤《申报》，旧中国历史最久的报纸。1872 年 4 月 30 日英国商人在上海创刊。1909 年为席裕福所收买，1912 年转让给史量才，次年由史接办。1949 年 5 月上海解放时停刊。

师生共生活[①]

——致姚文采

文采吾弟：

安徽公学[②]用最少的钱办到这样好的成绩，可算是近年来中等教育很有精彩的一个试验，可喜之至。但最危险的时期将要到了！秋期招收新生三班，新生数与旧生数相等，训育[③]上要起最困难的问题。一不谨慎，校风要受根本的动摇。

按诸天演的原则，世间万事之进化都是逐渐成功的。暴长多暴亡，其机很微，不可不预防之。仲明[④]弟拟于招考时，亲行口试，观察其言辞举止，以作去取根据之一种，我很赞成。这是一部分的预防，如果鉴别力强，可以达到一部分的目的。梁漱溟[⑤]先生说，办学校是和青年做朋友。做朋友之前，当然要加一番选择。所以，我很赞成仲明的建议。

但最重要的是：教职员和学生共甘苦，共生活，共造校风，共守校规。我认为，这是改进中学教育和一切学校教育的大关键。所以从学生进校之日起，全校教职员要偕同旧生以身作则，拿全副精神来同化新生。如果只招一班学生，这事体就要简便多了。现在是要拿一百多人来同化一百多人，确是一件最困难的事。我们对于这件事要小心翼翼，如临大敌，才有成功的希望。我希望，诸弟现在就要准备开学时一切琐碎的手续，使得时候到了，可以把精神集中在训育方面。凡住校的教职员，一定要和学生共甘苦，共生活，共造校风，共守校规，断不能有一个例外。如有例外，一定失败。我希望你住校一个月，以示表率。在这起初一个月当中，千万要聚精会神对付这个问题。安徽公学的前途都要看这一个月的努力而定。我或者可以帮助你们打头一个礼拜的战。开学期定了之后，请即告诉我。敬祝康乐！

知　行

十三年八月十四日

出自《知行书信》，亚东图书馆1929年版

【注释】

①标题为陶行知自拟。副题原为“给姚文采弟的信”。

②安徽公学，安徽籍子弟所设立的中学。创办于1923年夏。陶行知兼任校长，姚文采任副校长。校址在南京。1927年后，改名为安徽中学，现名南京市第六中学。

③训育，指对学生行为、习惯的训练和控制。清末兴办学堂之初称之为“管理”，五四运动后改称“训育”。

④仲明，即张仲明。

⑤梁漱溟（1893—1988），原籍广西桂林，生于北京。从1928年开始在广州、北京、河南、山东等地从事乡村建设等文化教育工作。1949年后任中国人民政治协商委员会委员。

联合续办科学教员暑期研究会[①]

——致东南大学

迳启者：明年夏季由贵校及中国科学社、洛氏驻华医社与本社联合续办科学教员暑期研究会，事前曾专函奉商，未蒙惠复，至为系念。此事现在急须进行，务请贵校从速示复是幸。此致

国立东南大学

中华教育改进社主任干事陶知行启

九月八日

原件存华中师范大学教育学院

【注释】

①标题为编者拟。

打了胜仗[①]

——致姚文采

文采吾弟：

连接四封信，惊喜交集。为什么惊？得弟十月一日以前不停战就停办学校的消息而惊。为什么喜？得开伙食、付零用、照常开课而喜。我接到

弟暂停学校之信，就要写信来阻止，因美国庚子赔款忙，没有写了，就接到开学的消息，正如所期望，晓得诸弟奋斗力强，十分放心，于是一连好多天没有写回信。其实诸弟布置十分周到，故无须我来火上加油了。

这次江浙开战[2]，胜负未分，但诸弟办学确是千真万真地打了一个胜仗了。希望大家继续地打，敬祝大家继续地胜。中途停学和临阵脱逃是一样的可耻。纵使开花炮把安徽公学炸碎了，我们也是要奋斗到底的。如果有一个教员、一个学生，我们就可照常上课，就算安徽公学不死！老弟说："我们爱安徽公学，如爱自己的亲生子。"这句话真有精神！除非全家人都没有了，才算是香烟断绝。如果还有一个母亲、一个儿子，当然还是母慈子孝，依旧过家庭的生活。从未听过一母一子不能成家。天下岂有一师一生不能开学的道理？因战停学，为学界的破产。诸弟所走的路是对的，尽管向前走去。经费当向董事会、皖教育厅和其他方面设法救济。

敬祝康乐！

知　行

十三年九月十五日

出自《知行书信》，亚东图书馆1929年版

【注释】

①标题为陶行知自拟。副题原为"答姚文采弟的信"。

②江浙开战，又称齐卢战争，指1924年江苏督军齐燮元（直系）和浙江督军卢永祥（奉系）之间的战争。

四个小孩两人分[1]

——致母亲、汪纯宜等

母亲、纯妻、渼妹：

纯妻、渼妹、桃红、小桃的信都收到了。

我实在是不对，连自己最宝贵的生日都忘记了。多谢大家给我做生日，我欢喜得很。可惜这日子我不能在家里和大家一同快乐。寿糖两块收到了，谢谢。

小桃早已给了渼妹了，这回生下的小孩儿也给了渼妹。四个小孩，我们两人每人分两个，岂不好吗？

我平安康健，请放心。我近来没有画画，不但家里的图画册子可怜，

就是我带在身边的册子也没有工夫看，冤枉吃些苦跟着我跑。我已经到南京，很平安。

知 行

十三年十月二十九日

出自《知行书信》，亚东图书馆 1929 年版

【注释】

①标题为陶行知自拟。副题原为“家信”。

我的生活[1]

——致母亲、汪纯宜等

母亲、纯妻、渼妹：

这几天天气稍冷，我请陈妈把我的绸夹袍拿去，找了一个裁缝给我翻了一件棉袍，穿在身上非常暖和。陈妈的算计真好，共总只化了一元三角钱，连棉花一起在内，真是便宜得很。我在外面自己能照应自己，请可放心。我饿了就吃，倦了就睡，事做完了就玩玩，很自然，很快乐。

京中时局如此，大家不必过虑，我也不忧虑。天祐善人，我家是无忧的。

祝全家平安！

知 行

十三年十一月四日

出自《知行书信》，亚东图书馆 1929 年版

【注释】

①标题为陶行知自拟。副题原为“家信”。

心里大乐[1]

——致母亲、汪纯宜等

母亲、纯妻、渼妹：

知行深信我家定叨天祐为慰。今日，有一半老妇人携子跪于途，哭甚

哀。其夫为军官，此次参与战事，不知下落。母子流落上海，无以归。知行闻其终日只得数枚铜元，实不得了，就给了她一张车票价的钱，母方收泪；其儿已以笑容送我，我心里大乐。

知　行

十三年十一月九日

出自《知行书信》，亚东图书馆 1929 年版

【注释】

①标题为陶行知自拟。副题原为“家信”。

用小桃的笔法写信[①]

——致陶宏、陶晓光

桃红、小桃：

你们的信收到了，影戏想必好看得很。阿姑的信也收到了。恭喜你们又得了一个小弟弟。你们可以给他一个名字。好不好？若是好，就请你们取一个名字给他吧。我现在寄几块糖给你们吃。好不好？若是好，就请你们吃吧。三桃的糖，请你们转交。请你们代我向老太太、妈妈、阿姑恭喜恭喜。衣服都收到了。

十三年十二月十八日

出自《知行书信》，亚东图书馆 1929 年版

【注释】

①标题为陶行知自拟。副题原为“给桃红、小桃的信”。

请允辞去编辑事宜[①]

——致朱其慧

其慧先生：

去岁承诸位先生嘱经农先生与知行担任。原属一时权宜之计。知行因各处急需，故甚愿尽其心力之所能，得为平民尽一份之责任。今总干事业经聘定[②]，事权急宜统一，所有知行担任一部分之编辑事宜，务望允予辞

去为祷！专此，敬请

午安！

陶知行

复印件存陶晓光处

【注释】

①此信写于1924年。标题为编者拟。

②指中华平民教育促进会聘晏阳初为总干事。

一九二五年

大学为创造文化之学府[①]

——致马叙伦

北京教育部马夷初[②]次长钧鉴：

东南大学校长[③]免职，社会惊疑万状。传闻此事出于精卫先生[④]主张，为实行党化教育之先声。精卫贤者，弟不敢信其出此下策。万一属实，弟请为公进二义：(一)国家教育经费，出于各党人民共同担负之赋税，断不能视为一党之武器。(二)大学为研究学术之机关，对于各党党纲、政策，均应抱持虚心研究、审查批评之态度，与党化运动绝对不能两立。既是大学，即不能党化；既受党化，即不成其为大学。我公明达，务望顾念教育系国家万年之大计，大学为创造文化之学府，毅然将其划出于党化范围之外，以保存教育精神之独立。事关国家前途，义当直陈，尚希指教为盼。

陶知行

原载上海《申报》1925年1月16日

【注释】

①标题为编者拟。

②马夷初，即马叙伦（1885—1970），字夷初，号石翁、寒香，浙江余杭人，1922年任浙江省教育厅厅长。曾任北洋政府和南京国民政府教育部次长。

③东南大学校长，指郭秉文，时任中华教育改进社董事。1925年1月郭被免除校长职务，因而引起风波。

④精卫先生，即汪精卫，时任国民党中央执行委员、广东国民政府主席兼军事委员会主席、中华教育改进社董事兼司库。

程湘帆兄不日赴京[①]

——致胡适

适之吾兄：

好久不见，康健如何？至为怀念。同学程湘帆兄不日赴京，很想得个机会和吾兄谈谈。湘帆兄现任中华基督教教育会副主任干事，近来基督教教育渐趋于中国化，多由湘帆兄苦心开导所致。吾兄必有好的意思给他做参考，所以介绍他来和吾兄交换意见。如蒙将五分钟谈话的限度略予延长，尤为感激。知行近来进步不多，身上加了十磅肉。连日与党化教育宣战，决以超然的精神奋斗到底。吾兄以为值得一战吗？

知　行

十四年一月十八日

原载耿云志编《胡适遗稿及秘藏书信·陶知行（行知）信三十通》第36卷，黄山书社1994年版

【注释】

①标题为编者拟。

孟禄夫人送玩具[①]

——致陶宏、陶晓光

桃红、小桃：

你们两个人真正好，你们写给我的信都收到了。多谢得很。因为南京打仗，信在南京搁下了，到前天才收到。桃红问我为什么长胖了，我也不晓得清楚。大概是按良心做事，心里快乐，所以身体长胖。

孟禄夫人前天从美国到上海，送了两盒玩的东西给你们。大盒是送桃红的，小盒是送小桃的。大盒难玩些。小桃大些的时候，大桃可以借给他玩玩。你们每人都要写一封信谢谢孟禄夫人，收到了就写，要写你们心里的话。写好了寄来，我给你们翻成英语，一齐寄到斐利滨[②]去给她。斐利滨是什么地方呢？请阿姑教你们。不晓得的就可以写信问问孟禄夫人。好不好？若是好，就问她。你们写给孟禄夫人的信，要自己写，写在好纸

上，要写得干净。

新年我不在家里，请你们两个人代表向太太拜年，向你们的母亲、阿姑恭贺。熊先生、熊太太、晏先生、晏太太都请你们两个人恭恭敬敬地代表我去拜年。不要忘记。拜年的时候，脸和手要洗得干干净净，衣服、帽、鞋、袜都要穿戴得整整齐齐，话不在多，却要说得得体，说得好听，请阿姑教你们。

十四年一月十八日

出自《知行书信》，亚东图书馆 1929 年版

【注释】

①标题为陶行知自拟。副题原为“给桃红、小桃的信”。

②斐利滨，通译菲律宾。

三花脸的白话诗①

——致陶宏、陶晓光

桃红、小桃：

你们一月十七号的信收到了。这些日子信走得慢得很，比骆驼还走得慢。我前天晚上和几位朋友去看戏，听见一个三花脸说了几句话，很有意思。我现在把它们修改了一下，写出来给你们看看：

你说你公道，
他说他公道。
公道不公道，
自有天知道。

这首诗只有二十字，生字也只有十个。我们很想把它放在《千字课》里，请你们问问熊太太和晏先生赞成不赞成。

我在十二号以前必到家。现在正等火车。火车一通就回京。我顶怕坐海船。倘使火车不通，我怕还要迟几天来。

请你们代向太太、你们的母亲、阿姑报告一切。请你们代我看看三桃、蜜桃②。

爸　爸

十四年一月三十日

出自《知行书信》，亚东图书馆 1929 年版

【注释】

①标题为陶行知自拟。原题附“给桃红、小桃的信”。

②蜜桃，指陶行知的四子陶城。

有关民族合作前途[1]

——致胡适

适之吾兄：

国民代表会议条例草案，关于蒙藏部分，宜参考贡桑诺尔布之修正案。内蒙以盟为单位，外蒙以部为单位，实是正当办法。唐努乌梁海、科布多、呼伦贝尔三处，知行确知其不可以内外蒙来范围他们。他们的风土人情和地理关系，都应当受特别看待。前后藏及青海宜分别规定，昨已谈过。其他地方情形不甚熟悉，不敢有所主张。但蒙藏部分情形复杂，与其失之概括，不如失之琐碎。吾兄提案为全国观瞻所系，此层有关民族合作前途，务望特别注意为祷。

知 行

原载耿云志编《胡适遗稿及秘藏书信·陶知行（行知）信三十通》第 36 卷，黄山书社 1994 年版

【注释】

①标题为编者拟。

偶成一词，供兄一笑[1]

——致胡适

适之吾兄：

好久不见了，康健如何？甚念，甚念。吾兄前闻我有诗兴，曾两次向我索阅。奈我们初学诗的人有如处女，终因害羞之故，不敢献拙。但心中念念不忘，决非拒绝。新年偕伯秋兄看《尘世天堂》影戏，见叩秘窦

Cubit[②]作祟，颇动诗思。清夜无事，偶成一词，聊供吾兄一笑，并借此报答殷殷垂问之盛意。

知　行

十四年二月二日

原载耿云志编《胡适遗稿及秘藏书信·陶知行（行知）信三十通》第36卷，黄山书社1994年版

【注释】

①标题为编者拟。

②叩秘窦Cubit，通译丘比特Cupid。

蒋厅长之去职为改退，而非改进[①]

——致段祺瑞等

北京段执政[②]、各部总长、马次长[③]钧鉴：

江苏蒋厅长[④]德高望重，有功教育，遽尔撤换，公论不直。今教部方以改进教育行政相号召，知行深知苏省教育情形，敢断言蒋厅长之去职为改退，而非改进。一人之去留尚小，教部示人以不能容贤事大。今政府方谋国是之善后，但贤能被摈，公道不彰，众怨将归，何以为国？昔人种恶因，今人谋善后。请公爱教育、爱国家，必不种后人善后之因也。迫切陈词，尚希鉴察。

（下略）

陶知行

1925年2月14日

原载《申报》，1925年2月15日

【注释】

①本函原题"陶知行致函政府，援助蒋教育厅长"。标题为编者拟。

当时东南大学发生"易长风潮"。先是北京政府教育部由马叙伦出面解除了东南大学校长郭秉文的职务，并派原上海大同大学校长胡敦复前来接任；继而东南大学的师生"拒胡挽郭"，甚至谩骂动武，激起轩然大波；最后作为调解措施，调江苏省教育厅厅长蒋维乔任东南大学校长。正是在此背景下，陶行知发表了这封公开信。

②段执政，即段祺瑞。1924年被推为北京当局的临时执政。

③马次长，即马叙伦。

④蒋厅长，即蒋维乔。

反对庚款筑路[①]

——致江苏省教育会

敬启者：

前接来函，并附《留英学生退款兴学研究会函》所开办法，属征在京教育团体同意，并乞代为表示。

后经敝社同人商议，以省教育会联合会业已组织“庚款事宜委员会”专办庚款事宜，而反对筑路等意见，各教育团体当具有同情，故为避转展商榷、致误时机起见，即将研究会来函，转交委员会办理。

后经该委员会议决：致电驻英朱代办，转达英政府及国会，表示庚款专办教育及文化事，筑路绝不承认；并推代表，向外交、教育当局，请转电朱代办，为同样之表示。

该项议案，想已由该委员会报告贵会矣。

特此奉复，即请

公安！

中华教育改进社

1925年3月8日

原载《江苏省教育会月报》，1925年3月

【注释】

①标题为编者拟。编者推定此信由陶行知草拟或审定。此信系本次新增。

拒毒议案势必提出[①]

——致中华国民拒毒会

中华国民拒毒会：

大函诵悉。鸦片之毒，戢而复张，至堪浩叹。

京中达官贵人，近且视此物为交际上必要之品，尤为可虑。此中黑暗情形，非加以强烈之刺激，难使其稍稍觉悟。

拒毒议案，善后会议势必提出。罗君运炎日内来会，同徐会长商量应付甚善。

知行视能力所及，自当尽心襄助，俾利进行。

陶知行

原载《申报》，1925 年 3 月 11 日

【注释】

①标题为编者拟。此信系本次新增。

征集通国最近之教育统计材料[①]

——致浙江义乌县教育局

敬启者：

第二届“万国教育会议”，将在英国苏格兰举行。敝社爰拟征集通国最近之教育统计材料[②]，备我国代表届期携带赴会，特以与世界各国教育相参较。

兹附上《学校调查表格》一纸，祈就所有事实，分项填毕，于接信后一月内赐还。

事关我国教育在国际间之地位，尊处关怀教育，必乐于协助，俾此项调查早日汇辑成编。

专此谨恳，鹄候回玉。顺颂

教安！

中华教育改进社启

三月十二日

原载《义乌教育月刊》第 1 卷第 9 期，1925 年 3 月

【注释】

①标题为编者拟。原发表时题为《中华教育改进社公函》。编者推定此函为陶行知草拟或审定。此信系本次新增。

②此次大规模的全国调查，系由陶行知主持。调查所得，后由陶行知与程其保合撰为英文论著《民国十三年中国教育状况》。此文后由程其保携带、提交，参加了“第二届万国教育会议”。据此可知，此函与陶行知关系密切。

已制就调查表格，径函贵省各县教育局[①]

——致浙江省教育厅

世界教育会议，去年在美开会。本社代表郭秉文，曾被选为该会副会长并亚洲部部长，使吾国国际教育上，得一重要地位。该会第二届会议，将在英国苏格兰举行。

本社为吾国于国际教育地位计，仍荐举代表前往与会。现拟征集全国最近教育统计材料，将吾国教育状况为精密之统计，以备各代表届期携带赴会，与各国教育相参较。

已制就调查表格，径函贵省各县教育局，请于接信后一月内，就所有事实，分函填注，寄还本社。

诚恐吾国教育方在萌芽，各县教育局或不尽注意，为特函请贵厅，分行各县教育局，务令于接到本省调查表时，即行填缴，万勿延搁，俾利进行。

事关我国教育国际间之地位，敬希惠赐赞助，允即查照办理。附呈调查表一纸，请察阅、存查为荷。

中华教育改进社

原载《义乌教育月刊》第1卷第9期，1925年3月

【注释】

①标题为编者拟。此函摘自《浙江教育厅训令第二一六号——为准中华教育改进社函请令填寄该社教育调查表由》一文。编者推定此函为陶行知草拟或审定。此信系本次新增。

请将该犯依法逮捕，以雪沉冤[①]

——致章士钊

行严[②]司法总长鉴：

顷闻“姜案”凶犯倪道烺[③]，于本月五日下午二时，别因事故，为京师地检厅票传到厅。

查倪道烺一犯，早经京师总检察厅通缉在案。现该犯既经票传到厅，何以该厅不依照通缉令，立予拘留，归案讯办？

同人等实深诧异。事关国法存废，义难坐视。为此，函请贵部，迅饬主管法庭，将该犯依法逮捕，以雪沉冤，不胜迫切，待命之至。

胡适、张贻侗、陶知行、邓以蛰、李辛白、李文华、丁绪贤、余之风

原载《申报》，1925年3月14日

【附录】

章氏复胡等函

胡、张、陶、邓、李、丁、余诸先生同鉴：

奉示敬悉。查倪道烺一案，本部因江西法庭进行迟缓，经令总检察厅，将南昌地方检察厅关于该部分之检察职务，移转京师地方检察厅，依法办理。

该厅为实施侦查起见，乃票传倪道烺到案，并非别因事故。来函似尚未明本案真相。至通缉命令，依《刑事诉讼条例》第五十八条，系对于逃亡或藏匿之被告而发。一经到案，通缉令当然失效；且倪道烺在京既有一定住址，更有法定手续防其逃逸，法厅自可随时据法票传，有何依照通缉令之必要？

又，检察官对于被告人，虽有羁押之权；但依《刑事诉讼条例》第七十四条所定，系“被告经讯问后，于必要时得羁押之”等语，得羁押云者，非一定羁押之谓。是案内被告人，究竟应否羁押，检察官本可自由裁量。该厅因倪道烺既缴纳相当之保证金，且具有相当之铺保，并经派定法警严加监视。不予拘留，于法尚无不合。

来函以该厅不依通缉令，立予拘留，亦似误会。承嘱饬厅将该犯依法逮捕之处，于法无据，碍难照办。方命之愆，惟希鉴谅。此复，顺颂

日祉！

章士钊

出处同上

【注释】

①标题为编者拟。此信系本次新增。

②行严，即章士钊（1881—1973），字行严，笔名黄中黄、青桐、秋桐。湖南省善化（今长沙市）人。时任段祺瑞政府司法总长。

③倪道烺，安徽军阀倪嗣冲之侄。1921年6月3日，安徽省学生会因议会对“教

育预算案”无表示，遂举行示威游行。倪道烺勾结马联甲，调动军队予以弹压。在冲突中，刀伤学生数十人，姜高琦身中七刀，不治身亡。遂酿成姜案，引发舆论对当局的一致声讨。

日本部分庚款总委员会，中国委员应占多数[①]

——致段祺瑞等

北京段执政[②]、教育总长、外交总长、全国教育会联合会、各教育学术团体鉴：

日本部分庚款总委员会，中国委员应占多数。中日委员，均应由中国政府聘任。

一九三九年庚款付清时，委员全部均应聘中国人担任。

庚款在中国领土以内之用途，必须由总委员会议决支配。

倘日本不能容纳以上条件，中国只得拒绝。

事关教育主权，敢贡愚见，敬希采择。

中华教育改进社主任干事陶知行叩 东[③]

原载《申报》，1925 年 5 月 2 日

【注释】

①标题为编者拟。此信系本次新增。

②段执政，即段祺瑞。

③东，韵母代日法，即 1 日，此信写于 1925 年 5 月 1 日。

请贵会组织道尔顿制讨论会[①]

——致江苏省教育会

敬启者：

道尔顿制，为最近创新之新教学方法。我国各校采行者，近益众多。惟施行之初，中间不无困难。

敝社爰请此制创始者柏克赫司特女士[②]来华，分往各地演讲，借与我国教育家研求、讨论，俾采用此制者，益以改良、进步。

现女士订于七月十号来沪，八月底离华。约计在华时间，仅得六周。

事前，似须有充分准备。斯柏女士到时，方可从容研究。兹特将女士来华后行程，另纸印就附上，即请贵会查照，先期邀集贵地方教育界同人，组织道尔顿制讨论会，准备下列各事：

（1）征集本地及就近地方学校，实施道尔顿制之材料；

（2）研究道尔顿制之原理及实施各种问题；

（3）预备柏女士到时共同讨论之实际问题；

（4）帮助敝社接洽、招待柏女士事宜。

以上四项，系敝社意见，以为应请讨论会举办事项之大概。至详细办法，仍祈贵会因地制宜，再行酌定。关于此事，如有垂询之处，尚祈早日函示，敝社当即奉复。

至柏女士游览各地时，同行者，有自美偕来之女书记及社中翻译员各一人，一并奉问。

务恳惠赐赞成，是为至幸。专恳。祇颂

教安！

中华教育改进社

1925 年 5 月 4 日

原载《江苏省教育会月报》，1925 年 5 月

【注释】

①标题为编者拟。编者推定此函系陶行知拟写。此信系本次新增。

②柏克赫司特，通译柏克赫斯特，1920 年在马萨诸塞州道尔顿市道尔顿中学创行了道尔顿制。

《微音》颇能表示新徽州之精神[①]

——致程葆成转徽社同人

葆成吾兄转徽社同人鉴：

惠书敬悉。二位程代表到时，适在外开会，有失迎迓，至为歉仄。《微音》月刊业已拜读，颇能表示新徽州之精神。办报不难，难在议论公正、消息真实。倘同人对此二点继续注意，必能增加月刊之价值与影响。

演讲一层，因来沪筹备各事，异常匆忙，不能静思。下次来沪时，当

有以报命。

徽州教育问题，关系新安二十万子弟之前途，尚望诸君详为考虑。知行倘有所得，甚愿举以就正。敬祝

公安！

陶知行

五月十日

原载《微音》第23、24期合刊，1925年7月

【注释】

①标题为编者拟。此信系本次新增。

宜将真正之中国，介绍于柏女士[①]

——致江苏省教育会

迳启者：

敝社延请柏克赫斯特女士来华，分赴各地演讲。定于七月十日到沪。前经备函奉告，计荷察及。

柏女士为道尔顿制创始者。此次来华，与我国教育家晤聚一堂，共同研究。将来各地方教育改良、进步，获益必多。

吾人为交换文化起见，宜将真正之中国，介绍于女士之前。兹拟敬请贵会，与地方公私藏名画、古物，及有中国花园诸家，先行接洽，订定时期，于柏女士至贵处演讲时，前往参观，借以导扬文化。

是为至幸。专此，祇颂

公安！

中华教育改进社

1925年5月25日

原载《江苏省教育会月报》1925年5月

【附录】

复中华教育改进社函

敬复者：

奉函属于柏克赫斯特女士来沪时，介绍参观中国名胜、古物及花园等情，自当遵属，设法介绍。先此布复，并颂公安。

三十日

出处同上

【注释】

①标题为编者拟。编者推定此函系陶行知拟写。此信系本次新增。

本社第四届年会正在筹备[①]

——致中华教育改进社各董事

敬启者：

本社第四届年会，定于八月十七日至二十三日在山西太原举行。一应会务，现已均在筹备。

知行窃念本社年会，一方面在报告过去一年经过情形，一方面在讨论未来一年进行计划，关系既甚重要，头绪亦殊纷繁。深望全社同志，共同到会指示方针。

先生于本社社务，素极关心。届期，务请拨冗莅会，董理一切，用宏教育改进之功，以免会务陨越之虞。

如有于教育上关系切要而本社力所能行事项，须于年会时讨论者，请举理由、办法，提出议案，早日寄社，俾便排印。

附上提议案用纸三份，请即察收，以备应用。伫候示复。

陶知行

原载《申报》，1925 年 6 月 20 日

【注释】

①标题为编者拟。此信系本次新增。

甚盼先生卒能赴会也[①]

——致蔡元培

孑民先生大鉴：

接奉台函，诵悉一是。世界教育会联合会第二届年会，前承先生允偕

夫人及黄君建中、陈君宝锷等赴会，代表得人，同人方深庆幸。兹闻因有困难，未获成行。又接到大示已在七月二十四日，不及电恳先生仍照原议赴会，曷胜怅罔，但社中同人甚盼先生卒能赴会也。代表旅费，曾于六月二十九日用国币二千元，买就比法郎二万三千八百枚，电汇驻比华使馆。如未收到，请与使馆接洽为幸。专复，祗请
旅安

陶行知谨启
七月二十七日
出自《蔡元培全集》，浙江教育出版社1998年版

【注释】

①标题为编者拟。

敬请撰制论文①
——致中华教育改进社同人

敬启者：

本社第四届年会定于八月十七日至二十三日在山西太原举行。各处同志联翩聚集，实为全国教育同人交换思想之良好机会。先生硕学鸿名，同人夙所钦佩。敬请选择题目，撰制论文，于分组会议时宣读，一新同人耳目，至祈惠允，并祈届日早临是幸。

专此奉恳，伫候示复。敬请
台安！

中华教育改进社会主任干事 陶知行
原载《申报》，1925年8月12日

【注释】

①标题为编者拟。

敬请惠临本社赐教[①]

——致胡适

适之先生大鉴：

敬启者：昨接基督教教育会高等教育会议来函并开会秩序一纸，以该会议定于十月九日在上海开会，嘱知行前往与会。知行以此事为教会所办高等学校，改进动机关系教育前途至为重要，届日拟出席会议发表意见。未往出席之前拟敬约京津同志先行讨论，期于集思广益。

先生于改进教会教育素极关心，敬请于十月一日（即下星期四）下午四时惠临本社赐教是幸。附上该会日程草案一份，请加以考虑并守秘密。万一因事不能驾临，务请通信指示方针为祷。专此祗请

台安

陶知行谨启

九月二十七日

原载耿云志编《胡适遗稿及秘藏书信·陶知行（行知）信三十通》第36卷，黄山书社1994年版

【注释】

①标题为编者拟。

机关社员公选董事[①]

——致江苏省教育会

迳启者：

本社定章，董事会设董事九人，由机关社员公选，任期三年，每年改选三分之一；改选之前，由董事会照定额加两倍，先选候选董事。

函请各机关社员，于候选董事内，照定额通信选举。但各机关社员，欲于候选董事以外选举者，听。

本年度候选董事，现已于年会时，经董事会选出。兹将名单及选举票送上，请烦贵处照章选定三人；将填就选举票，于十一月十日前，函寄本社为幸。此致

江苏省教育会。

中华教育改进社

三日

原载《江苏省教育会月报》，1925 年 10 月

【附录】

复中华教育改进社函

敬复者：

奉函属改选董事。兹选黄炎培、郭秉文、张嘉森三君。合将选举票填就奉复。即希察照为荷。专颂

公安！

十二日

出处同上

【注释】

①标题为编者拟。编者推定此函系陶行知草拟或审定。此信系本次新增。

小学理科[①]

——致吕镜楼

镜楼[②]先生：

惠书及理科仪器目录、五六年级小学理科讲义均由小儿桃红交到。捧读之余，至为钦佩。

日前参观先生教课，处处能引学生入胜，叹为生平所未曾见。画家有化工，先生之理科教学非化工而何？翌日即请科学考察团李耀邦、钱雨农、祁天锡、窦维廉、波林诸先生趋前参观，亦有同感。儿童好奇，科学教育应从儿童时代下手。知行十年前即怀此见解，不图于偶然间得遇实行之同志，幸何如之！

小学理科之不振，其故在小学教员漠视科学，而自命为科学家者，中学科学尚不屑谈，何况小学！先生之所成就，实足以矫正小学教员与科学家之夙习。小学与科学四字得联为一个名词，先生之努力实有以成之，可贺，可贺。

京中同志主办之《新教育评论》[③]定于月初出版。拟请先生作理科教案一课，将该课之教材、教具、教法，依据上课时之次序，述其始末，以资全国小

学教员之参考，即用知行参观之《游泳》一课亦可。如蒙俯允，最为感祷。

专复，敬颂诲安。

知　行

十四年十一月十四日

出自《知行书信》，亚东图书馆 1929 年版

【注释】

①标题为陶行知自拟。副题原为“给吕镜楼先生的信”。

②镜楼，指吕镜楼，河北省人。原在北京师范大学附属小学任教师，陶行知长子陶宏受教于门下。后任晓庄师范指导员，并参加“自然学园”工作。编著有《儿童科学丛书》多种。

③《新教育评论》，教育周刊，1925 年底创刊，主编有陶行知、赵迺传、高仁山、王西澂等。

邀请全国各县教育局、教育会一体加入敝社为机关社员[①]

——致辽宁复县教育局、教育会

敬启者：

敝社成立，于今四年。社务进行，端赖国内同志以及教育学术团体同情、赞助。本年八月，在山西太原举行年会，董事部以年会议决案件及社内研究结果，关于小学教育方面者，必须各县教育行政机关及教育学术团体协助推行，影响方能普遍。

爰拟邀请全国各县教育局、教育会一体加入敝社为机关社员，以宏合作，用收捷效；并于大会提议，将社章第四条第一项修改，减少丙种机关会员负担，希望各县教育局、教育会及小学校等易于加入。

兹除奉上本年年会议决案四件，敬请眷阅、酌量采纳施行外，并奉上社章二份，社务报告、入社愿书各一份，敬请贵局加入敝社为机关社员。贵邑小学校及教育同仁，如有志愿入社者，请烦代为介绍。

入社愿书上，应填介绍人。照章，以社员为限。如贵处无社员可任介绍，请即以敝社董事长熊秉三及职员陶知行、陈主素三先生为介绍人。顺以奉闻。

再，敝社自本年十二月起，发行教育评论一种。如蒙贵局入社，当按期寄

赠，借以交换思想、沟通声气，并达盛意。一并附告，统希亮察。祇颂
教绥！

中华教育改进社谨启

十二月一日

原载《复县教育周刊》第2卷第2期，1926年3月14日

【注释】

①标题为编者拟。编者推定此函系陶行知草拟或审定。此信系本次新增。

一九二六年

教会学校与私立学校[1]

——致杨继宗

杨继宗先生：

……接读来信，知道贵校已经照章立案，至为钦佩。贵校改用“非正式的宗教教育”[2]，于信仰自由及办学原则都很符合，确系全国教会学校[3]应当共采之途径。教会学校之经费，多半是从外国信徒那里捐来的，现在既要废止《圣经》[4]科目及宗教仪式，自然要减少外国信徒对于教会学校之兴味，即不免要减少他们对于此种学校之捐款。贵校情形，既如来函所述，或亦难免受此困难。承以解决办法及步骤垂询，甚愿贡其一得之见，以资参考。我以为，人世幸福是要用代价换来的。享一分权利必须出一分代价。出代价而不享受权利固可谓清高，若享权利而不出代价心岂能安？中国现在之教会学校里出代价的是外国信徒，享权利的是中国子弟，纵使施者源源接济，受者能不惭愧吗？所以自筹经费是办学者之天经地义，初不容有丝毫之推诿。教会学校是私立学校之一种，私立学校在三种情形之下，可以开办。一、公立学校太少，私人依照国家教育宗旨及学制，得设立学校，以免儿童失学。二、公立学校办理不善，私人依照国家教育宗旨及学制，得设立学校，以便儿童得受更良之教育。三、私人有科学教育之训练及发现教学新理之抱负，依照国家教育宗旨，得设立学校以资试验，即与学制有所出入亦当容许。贵校既已放弃宣传宗教作用，则今后贵校办学之立足地，当不外上述三点之一。经费来源亦可以此为开发之方针。第一步，创学同志对于经费应负筹划及捐输之责。贵校既是公理会[5]所创设，则公理会之中国信徒，自应负大部分之经济责任，自应为学校谋经济之独立。倘立时不能办到，至少应当下此决心，力图实现。第二步，俟学校办有成绩，渐得家长社会信仰，可以私立学校资格向社会同志募捐或向政府陈请补助。总之，教育中国子女之学校经费，必须中国人负担；中国教会学校经费，必须中国信徒负担。这是我对中国人说的话。至于外国朋友以己达达人之精神、人类一体的目光，赞助中国教育之发展而无其他作用的，我们应当感谢他们的盛意，断不可一概抹杀。这是我们既负责任之后所应表示之大国民气概。关于中学的“四二”“三三”[⑥]问题，学制上原有伸缩余地。办学者尽可根据地方情形、学生需要及经费能力，酌量变通办理。倘使上述各项适用四年制中学，那么在第三、第四年酌设职业选修科目，使毕业生中不能升学者可谋相当职业，用意甚好，可以一试。但究以何种职业为最相宜，及如何训练之法，正须慎重考虑，方可收效。（下略）

陶知行

原载《新教育评论》第1卷第9期，1926年1月

【附录】

杨继宗致陶行知函

陶先生：

……敝校原为保定基督教公理会附设。因教会学校学生毕业以后，与国立或省立各中学校学生不能受同等待遇，所以去年七月间具文呈请教育厅，转恳立案。九月底，奉到厅令，转奉教育部令，准予立案。

（一）敝校自改用“非正式的宗教教育”，废止《圣经》科目及一切宗教仪式以来，教会方面颇以办教育为失计，屡有停办学校的声浪。这种论调，最近期内虽不致成为事实，然若征诸美国教会兴办学校的历史，恐怕中国教会不久将撤回学校经费，用以扩充布道事业。那时，教会学校能经济独立者或仍可存在，经费无着者，势必停办。敢请示知敝校谋经济独立的办法及步骤。

（二）敝校园经济的限制，现在仅有初中三年以下班次。按民国十一年十一月公布教令第二十三号，中学校可依设科性质定为初级四年，高级二年。近闻各地中学，改为四二制的颇多。敝校拟于现有三年级外再添第四年级，并于三四年级设教育职业各选修课目，使毕业生中不能升学者，可谋相当职业。这种是否适当？请赐教！……

杨继宗谨启

原载《新教育评论》第1卷第9期，1926年1月

【注释】

①标题为编者拟。原题为“答同仁中学校杨继宗先生”。

②宗教教育，指以宗教教义、教规为内容的教育。

③教会学校，指中国自与西洋各国通商，外人在国内取得传教权以后，从事教会经营之教育事业所办的大、中、小学。

④《圣经》，基督教经典，包括《旧约全书》和《新约全书》。

⑤公理会，基督教（新教）主要派别之一，主张每一教堂独立自主，由教徒公众管理。十九世纪传入中国。

⑥“四二”“三三”，指学制中的中学教育分段，分别为初中四年，高中二年或初、高中各三年。

如何引导学生努力求学[①]

——致徐正之

正之先生：

……大凡生而好学为上，熏染而学次之，督促而学又次之，最下者虽督促不学。生而好学与督促不学的人究属少数，大多数得到相当熏染、督促就肯学了。现今青年人所以不肯努力求学的缘故，实由于学校里缺少学问上熏染和督促的力量。熏染和督促两种力量比较起来，尤以熏染为更重要。好学是传染的，一人好学，可以染起许多人好学。就地位论，好学的教师最为重要。想有好学的学生，须有好学的先生。换句话说，要想学生好学，必须先生好学。惟有学而不厌的先生，才能教出学而不厌的学生。同学也互相感化，好学的同学能引别的同学好学。有时，教员尸位素餐，还要靠着这些好学的同学们为学问暂延气息。所以，在学校里提倡学问的根本方法就是要多找好学的教员，鼓励好学的学生，使不好学的教员、学生逐渐受自然的熏染或归于淘汰。好学的教员与好学的学生是学校里的活势力。至于校外的学者，如能使教员、学生常有接触的机会，也是很有益处的。人的问题解决了，就须改善扩充学问的工具。要做那种学问，就需用那种学问必须的工具。单靠纲目式的讲义和展览用的标本，决不能引起维持学生的兴味。图书仪器及其他设备，必须应有尽有，应用尽用。这些条件都达到了，然后加以督促。定期及无定期的考试，如果办法相当，确能辅助大多数学生上进、前进。倘不谋根本解决而单在考试上做工夫，那就没有意思了。总起来说：一、好学的教师；二、可学的工具；三、必学的督促，是我认为引导学生努力求学的要件。三者具备，多数学生当不致务外了……

陶知行

1926 年 2 月 19 日写

原载《新教育评论》第 1 卷第 12 期，1926 年 2 月

【注释】

①标题为编者拟。原题为“答山西铭贤学校徐正之先生书”。

务祈将各种大著及印刷品，源源寄赠[①]

——致全国各学校

敬启者：

敝社教育图书馆自开办以来，瞬经两载。内容、设备，略已就绪；所藏书籍，已达五千余册。惟供教育界之参考，尚嫌不足。

现在一面添购图书，一面广求佳著。集腋成裘，是有待于全国教育界之扶助。

素仰贵校出版书籍、杂志，以及校内章程、报告至为丰富，务祈将各种大著及印刷品，源源寄赠。

不胜感荷，专此布达。并请

公安！

中华教育改进社谨启

原载《新教育评论》第 1 卷第 14 期，1926 年 3 月 5 日

【注释】

①标题为编者拟。编者推定，此函系陶行知草拟或审定。此信系本次新增。

征集国内小学学生图画①

——致浙江省教育厅

浙江省教育厅：

敝社留德社员许君恪士来函，内称“德人年来对于中国事业，极为注意。除固有之东方研究社等团体外，近复组织中华研究学会，附设于福兰克府大学②，作为研究中国哲学之机关。惟大部分德人，对于〔中国〕现状，仍为教士传述及小说家记载所惑，观念多不正确。即在著名学者，所有著述，于中国社会组织，亦多隔阂；甚者，且屏中国于历史之外。于我国在国际间之地位，及国人旅外待遇、前途，极有影响。改进社历年推举代表，在世界教育会尽力宣传，有益于国家非鲜。对于德人此种不正确之观念，似宜亟谋矫正。柏林中央教育局，其组织，与我国教育会略相似；对于德国一切教育问题，靡不有确切之研究与指导。除出版教育上各项书籍外，尚有专门研究一问题之会议。近日，更拟搜集外国教育材料，对于东方各国尤为注意。去年，曾与日本交换儿童图画多件，陈列局内。由直观上，日本教育得德人了解者，殊为不少。我国教育材料，独付阙如。局中人每引为憾。改进社与国内教育界，向多联络；搜集小学学生作品，当较容易。拟请社中先行征集国内小学学生图画，寄与德国中央教育局展览；中央教育局亦将德国儿童作品，寄与改进社陈列，供全国教育界之参考。其手工等品，因出口、入口抽税甚重，且国内不靖，装运非易，拟请俟诸将来，再行交换。此外，社内出版物，亦请与德国中央教育局交换。如蒙同意，当即向局中介绍一切。敬候裁酌，迅复”等语。

敝社一再讨论，以为德人对于我国文化既多隔阂，我国人亟与彼国教育机关，为智识之交换，以谋矫正，自属至要。除函复许君，允为照办外，特行订定《征集小学学生图书办法》三条，函请贵厅，分行各县教育局，转行各小学校，选集学生所作图画，于阳历五月内，送由教育局汇齐，寄至敝社。事关用直观方法，矫正德人对于我国文化之误解，务请贵厅与各县教育局及各小学校，一致热心赞助，俾收美果。无任纫感。

中华教育改进社

原载《义乌教育月刊》第2卷第7期，1926年3月

【注释】

①标题为编者拟。此函摘自《浙江教育厅训令十五年第二一三号令——本局据中

华教育改进社函请征集小学生图画仰转支由》。编者推定，此函系陶行知草拟或审定。浙江教育厅在此训令之末，明确说明并提出要求："据此，除分令并函复外，合行令仰该局长，遵照附发征集办法，转知各学校，妥为征集。于五月内，送由本厅汇齐，转寄毋延。此令。"此信系本次新增。

②福兰克府大学，通译法兰克福大学，德国知名大学。

英国处理中国赔款之法案现经检出[①]

——致胡适、丁文江

适之、在君[②]吾兄：

英国国会处理中国赔款之法案[③]现经检出，兹特抄录一份奉上，以资参考。知行细审此案内容，觉其与日本对支文化事业办法不谋而合，虽条文不无小异，而根本精神实属一致。人家只是变更用途，我国人误为退还，已纷纷向其申述用途，抑何可笑！二兄明达，深望先谋组织之完善以保国权，若款项之分配，用途之指定，以知行观之俱属次要问题，而非先决问题。京中同人对于此事不日当有会议，结果如何当续奉闻。沪上咨询委员会办法日程定后，务希电示为祷。专请

旅安

知行
凌冰 拜启

原载耿云志编《胡适遗稿及秘藏书信·陶知行（行知）信三十通》第36卷，黄山书社1994年版

【注释】

①此信写于1926年3月上旬。标题为编者拟。

②在君，即丁文江（1887—1936），江苏泰兴人，地质科研工作者。曾进行地质矿产调查，著有《扬子江芜湖以下的地质》等报告二十余篇。曾任中国地质调查所所长、北京大学教授。

③1926年初，英国国会通过退还中国庚子赔款议案。

请为菲律宾宿务中学题词[①]

——致蒋维乔

竹庄[②]先生大鉴：

敬启者，江君祖泽前在南京高师毕业，近在斐律滨[③]宿务中学任事。昨接渠来函，以校舍落成，将于四月间举行典礼时发行纪念周刊。渠景慕盛名，冀得一言，以为光宠。附来通启一纸、影片一帧，敬为转上。倘荷推爱，宠锡鸿词，无任感荷。专此，祇颂
台安！

陶知行谨启

三月十六日

复印件存华中师范大学教育学院

【注释】

①标题为编者拟。

②竹庄，指蒋维乔（1873—1958），时任东南大学校长。

③斐律滨，通译“菲律宾”。

英国此举为伸张其行政权于我国领土

——致胡适[①]

迳启者：

查西历一九二五年五月英国国会通过关于庚子赔款之议决案，其中对于庚款并无抛弃或退还我国等字样，是庚款仍属英国所有。核其所定办法，实思借此伸张其行政权于我国领土。同人等认为如果该案所称有益中英两国之事业施行于我国境内，实属有辱国体，侵我主权，自当极端反对。闻英国为备其外交大臣关于庚款用途顾问机关之咨询委员会拟延执事为该委员会委员，素仰执事热心爱国，对于同人前项意见必表赞同，自无就职之理。用特专函奉达，并附上英国国会关于庚款之议决案，本年三月十六日同人公议议决事件及宣言各一纸，并希台察为荷。此致
胡适之先生

雷　殷　马叙伦　陈宝泉　徐　治
许绳祖　徐渊摩　陈宝锷　黄建中
凌　冰　查良钊　萧纯锦　高仁山
冯　农　赵迺传　徐崇钦　谭熙鸿
吕　复　姚金绅　陶知行　朱经农
孙柳溪　张贻惠

出自《胡适来往书信选》，社会科学文献出版社 2013 年版

【注释】

①标题为编者拟。约写于 1926 年 3 月中旬。

反对英国政府关于庚款处置办法①
——致丁文江、胡适等

在君、适之、兆熙先生大鉴：

来电诵悉。英国处分庚款问题，京中国立九校校长及九校教职员联席会议代表、私立五大学校长、学务局长及社会领袖，于十六日下午在欧美同学会会议商定：一、反对英国政府所定关于庚款处置办法，以保国权；二、要求英国无条件抛弃庚款，否则无论此款在中国作何事业，均认为伸张其行政权于中国领土，中国决不承受，并极端反对之。此种决议，当由列席人具名寄阅，不久可以达览。此外，会议情形有为记录所未载者，请为兄等略陈梗概：是日会议，到会各人鉴于俄款处置办法，因表决权由中俄两国代表平均分配，处处受俄代表钳制，异常愤慨。因之对于外人参与办法深致不满，故对于英款主张无条件退还我国。如英国不能容纳，各校虽穷窘至一律关门，亦决不愿受分文，并极力反对。此种一致坚决对外之精神，为京中教育界三四年来所未有。来电述及咨询委员会重要职务，在决定管理基金之组织，弟等对组织一层，亦曾稍加考虑。如果英国赞同无条件退还，在组织方面，吾人应有下列最低限度之要求：一、董事会应为独立机关，以行使保管、支配款项之权；二、中国人董事至少应居三分之二，表决时每人一权，由多数取决；三、董事会内如有设置英国人董事之必要，则其任期至一千九百四十四年庚款付清时止；四、全体董事均须由中国政府聘任；五、用途俟董事会依前列原则组织后，再由董事会决定。

总之，董事会董事，我国人必须居大多数，而英国人董事任期必须于有限期间截止，且同由我国政府聘任，庶几主权在己，国体无伤，巨款可得正用，而中英邦交亦可望增进。不然，将来组织英款董事会，如全体董事不由中国政府聘任，中国人董事不占大多数，英国人董事无一定期限截止，以京中情形推之，其不能获国人同意，当可断定。日俄两款已铸大错，英款处理似不宜蹈其覆辙。谨举所知，以备参考，幸加亮察。复颂台安！

陶知行　凌冰[2]同启

三月二十七日

出自《胡适来往书信选》，社会科学文献出版社 2013 年版

【附录】

胡适致陶行知、凌冰函

知行、凌冰两兄：

你们三月廿七日的信，寄到我家里，直到昨日（四月廿四）方才转到我手里。

你们给各省教育会的公函，也读过了。你们给威灵顿的信，我已译出给大家看了。

你们这样关心这件事，我们都很佩服。三月廿七日的信，尤多卓识明见，感谢感谢。十六日之会，我在报上已见大概，但不知尚有未记录的情形耳。

我现在以私人名义，作此答书，相熟的朋友们请与传观。有许多问题，此时还不曾到可以正式发表的地步；我用私人名义写信，说话比较可以自由些。

英国国会原案，乃是一九二二年的旧案，至去年六月卅日始通过两院，成为法令。其中诚多不满人意之点，（1）（4）两条尤坏。但你们根据此案，说英国不肯退还此款，那却不是事实。英国朝野人士及委员会中人，都认此举是退还赔款。故我们三月二十二日的宣言直用“退还”字样。不过所谓“退还”并不是完全交与中国政府去自由支配罢了。

实则美国一九〇八年第一次退还，也不能算是无条件地交与中国政府，不过条件（用途与管理方法）均不曾见于文字耳。到第二次退还的时候，中国已陷于无政府的状态，内乱不止，中央无主，美国也就更不能像一九〇八年那样慷慨了。一九〇八年的退还，名义上还是交还中国政府。

第二次则并此名义也做不到了。他们对于中国政府不信任，却又不好明说，所以原案虽说退还，其实只把此款交与美国大总统全权办理。原案并无组织中美董事会管理此款之条文，久之久之，始有孟禄博士以美总统私人代表名义来华，与中国的教育家、政客作非正式的磋商，始产生董事会；又久之久之，美国总统始将此款交与董事会管理。此中经过的情形，可以使我们觉悟：在这样的无政府、这样的纷乱的情状之下，我们决不能希望人家把一万多万〔?〕的巨款随便作“无条件的抛弃”。抛弃给谁呢？抛弃给政府，我们固不放心；抛弃给全国教育联合会，或抛弃给中华教育改进社，难道就没有争端了吗？

我在北京这几年，眼见大家争各国庚款的惨史、丑史，思之痛心。法庚款的故事，我至今还莫名其妙。俄款是我知道的，俄款委员是一班政客利用一个政变时期委任的。日本文化事业问题当日的争论，我也很知道。你们也许还记得我前年夏间给你们的长函，倘使当日南北教育界能破除私意，采取“监督的合作”的态度，这件事也许不会糟到这样子了。美款所以较佳者，正因为美国总统操有全权，直到董事会正式开会之后，基础已定，组织已完成，然后他把全权交付董事会，所以流弊较少，成绩较大。然而中美文化基金董事会至今日还不能避免许多方面的指摘与攻击，——这两年的全国教育会联合会的记录可以为证，——为什么呢？因为当日孟禄的接洽实在太不公开了，故外间疑为操纵；又太非正式的了，故教育界可以派人，政府也就可以派人。我们知道内容的人可以了解，但外间不明真相，只见改进社董事之多，只见江苏人之多，就不免有烦言了。

我们既有各国庚款委员会组织经过的事实作借鉴，自应格外慎重，以求一个满意的结果。

英国国会原案经过三年之久，始得通过。若推翻此案，另提新案或修正案，几近于不可能；即使可能，亦必费去一二年之久。为今之计，只有潜移默运于此案范围之中，使此案不成为障碍，反为有益的根据。

我们主张的解释如下：（一）外交大臣的管理全权是暂时的，略如美国总统的暂时全权管理。（二）咨询委员会给外交大臣决定方针与办法：略如孟禄之使命而较为正式的，公开的。（三）管理机关（董事会）成立之后，外交大臣以全权移交；正如美国总统之移交全权与董事会。（四）原案第四项年终报账一层，实行上应作为“董事会每年年终应将本年度收支账目作为报告，各以一份分送中英两国政府存案”。此略如中美董事会规定中美两国政府均得派代表出席到会。

如此，则原则之条文具在，而精神根本改变了。这几层意思，甚盼你们和静生、梦麟、叔永诸位细细考虑，随时赐教。

你们三月廿七日信上说的关于组织的五项意见，我们都很赞成。（第五项谓用途由董事会决定，咨询委员会虽有决定用途的任务，亦只能定几条大纲，不能为后人详细立法也。）我们大致也是这样主张。

但你们所谓“无条件退还”一句话，却有语病。例如美国原案规定此款用于教育文化，此是有条件呢？是无条件呢？无条件的退还，我们实在没有这样厚脸唱这样高调。但我们也不赞成调子唱得太低，讨价讨得太贱。如湖北教育会提出意见书，只要求“另组中英各半之委员会”，并声明此意见可以代表全国教育会联合会！这就未免讨价太低了，反叫我们中国委员难于开口。

我们三个中国委员虽无他长，至少有一点可以与国人共见，就是都肯细心考虑，为国家谋永久利益；都有几根硬骨头，敢于秉着公心对国人、对外人说话。我们的任务有两点：（1）审察舆论，替英庚款计划一个能满人意的董事会，并助其组织成立；（2）博访各方面的意见，规定用途的原则，以免去原案“教育或其他用途”有太空泛的危险。关于这两项任务，我们深盼得你们和北京各位朋友的指教与援助。

我们也许不久就北上。倘十日内有赐书，请寄上海客利饭店，十日后就不必寄了。

又，家中转来你们二十二人的公函和油印的文件，也收到了。我盼望你们把此函给他们阅看，省得我百忙中另作书了。

胡　适

十五，四，廿五日

出自《胡适来往书信选》，社会科学文献出版社 2013 年版

【注释】

①标题为编者拟。

②凌冰，留美学生，号济东。曾获美国哥拉克大学教育心理科博士。时为中华教育改进社社员。

对贵国《庚款委员代表团宣言》之疑虑[①]

——致威灵顿爵士

威灵顿爵士阁下：

顷阅京中各报，载贵国《庚款委员代表团宣言》中，有“此次英国退还庚款之主要目的，在于增进中、英两国之友谊，期于使中国人民，实收此款之最大利益”等语。同人等研究再三，不胜疑虑。

查一千九百二十五年五月二十六日，贵国上院三读会，通过《关于庚款之议决案》第一条开：“自一千九百二十二年十二月一日以后，凡中国应付赔款，不由财政部接收，而储作不动存款，定名为中国赔款基金，以之用于教育或其他事业。为外交大臣所认为有益中、英两国者。其用途，得由外交部大臣商诸咨询委员会，而随时决定之。”

又，第四条开：“外交大臣须商同财政部，于每一会计年度，预备关于庚款之收支账目，交审计院长与稽核长查核；并须于每年之末，连同报告书，送达国会两院。”

据此，是庚款保管、运用之权，完全操之贵国政府；其监督此保管、运用之权，完全操之贵国国会。无论从形式方面、精神方面观察，均无有丝毫退还之意。今贵会委员会代表团宣言，乃称“此次英国退还庚款”云云，不知“退还”两字，何所根据？是否一千九百二十五年五月二十六日以后，贵国对于处置庚款方针已有变更？抑贵委员会另奉有贵国政府训令，实际上采取退还办法，同人等亟愿闻知。用特函达贵爵士，请将以上怀疑各点，详细赐示，俾同人得知真相。

倘贵国处理庚款，仍旧根据一千九百二十五年五月二十六日上院三读会通过之议决案为准，则庚款并未退还敝国；贵委员会代表团宣言，即不得有“此次英国退还庚款”之语，致起敝国国人之误会。

倘此宣言汉译失真或转载失实，当由贵国委员会代表团在敝国全国各报，声明更正。不胜盼切之至。

附上各报所载贵委员会代表团宣言，务请察阅。专此奉询。敬祝

贵爵士旅居康健！

中华教育改进社主任干事陶知行、学术部主任凌冰谨启

十五年四月一日

原载《铁路协会会报》第165期特刊，1926年6月20日

【注释】

①题目系编者所拟。此信系本次新增。

将参与世界博览会[①]

——致厦门大学图书馆

厦门大学图书馆：

敝社接驻美施公使[②]来函，以今夏美国举行一百五十周年立国纪念，在费得禄非亚城[③]开世界博览会。其政府和社会，均望吾国参与；并望于教育方面，特为注重。属令搜集关于最近教育上模型、影片及统计图表等，送往展览。会毕，即赠美国永远陈列。

敝社一再讨论，当以政府困难、社中经费亦甚拮据，本难举办；惟为国际方面着想，则又不得不允参与。爰拟酌商国内关系较切各教育团体，同尽义务，分筹出品，希望易生效果。

兹拟敬请台端，将贵馆建筑、设备等，摄为影片或制成模型，附加中英文说明，于阳历四月内，寄至敝社。以便于五月初运美展览，用扬国光。

照片大小，以十二寸为宜。以上出品，务请备就二份。除一份送美外，一份请惠赠敝社教育陈列所，供留心教育者之观览。

会期已迫，务请从速进行，并请先行示复。[④]

中华教育改进社

原载《厦大周刊》第144期，1926年4月3日

【注释】

①题目系编者所拟。编者推定，此函系陶行知草拟或审定。此信系本次新增。

②施公使，施肇基（1877—1958），字植之。1921年至1929年任驻美全权公使，曾出席华盛顿会议。

③费得禄非亚城，通译费城，位于美国宾夕法尼亚州东南部。

④该文照引来函后，又特别对此事作出了交代："现已呈林校长核夺批准：由图书馆代理主任冯汉骥，会同田渊添先生及刘楚青博士查照办理。并限于十日内，将各项相片办妥报告。尽于四月十五以以前，寄交改进社。"

推荐李君任课[1]

——致蒋维乔

竹庄先生大鉴：

敬启者，顷接郭秉文先生自美来函，嘱为李君相勖介绍。兹将李君能任功课及其通信处送上，请烦察阅，李君学行俱佳，弟所深知。倘贵校有相须之处，量为延引，当能不负委任。如何？敬候裁酌是幸。专此。祇颂公安

附单一纸（略）[2]

弟

陶知行谨启

十五年四月十二日

原件存于中国第二历史档案馆

【注释】

①标题为编者拟。

②原函附有能任功课及李相勖通信处一纸，从略。

征集“三·一八”惨案之纪念品[1]

——致北京大学学生会

敬启者：

此次“三·一八”惨案，为我国教育界历史上空前之重大事件。敝社教育陈列所，欲将此事，作一具体与详细之陈列，以遗国人。故急望搜集此次及难与被伤各同学之各种纪念品（如各种像片及取出之炮弹、血衣等），保存陈列。兹特函达。

贵会在可能范围内，如有上述各种纪念品，恳即惠赐敝社，当敬慎保存，并致谢意。

最后，敝社对贵校此次遇难同学，致深沉之哀悼；并祝被伤诸同学，速复

康健！

中华教育改进社谨启

原载《北京大学日刊》第1884期，1926年4月17日

【注释】

①标题为编者拟。编者推定，此函系陶行知拟写。此信系本次新增。

女子大学与女子师范大学联合并存[①]

——致邵振青

振青先生：

读先生《女师大与女大问题》一文，晓得先生主张双方合并改组为女大，实包含女子师范大学为其中之一重要分科。如此，我们三人的主张，实有共通之点，这共通之点，即为保存女子师范大学之实际。

女子高等教育不仅为师资之培养，环顾国中，连一个国立女子大学也没有，宁非可耻！倘有人提议建设女子大学，我们将欢呼之不暇，谁忍加以反对呢？女子师范为全国女子教师之策源地，倘若为着停办女子师范之故而创设女子大学，谁又能完全表示同情呢？对于这点，我们也有同感的。

总之，中国现在一百名学生中只有女学生四名半。从四名半女学生办到五十名的女学生，是要女子教师负大部分责任的。赵先生要把全国小学教育的责任放在女教员肩膀上，我也是表示相当赞成的。四千万的小学学龄儿童，至少要一百万教员。假使男教员也有用处，和女教员平分天下，也得要女教员五十万人，造就这五十万女子小学的教员至少要二万人，假使这二万人不限定女子，也可打个对折，算他一万人。这一万人是要在女子师范大学造就的。假使四千万小学儿童都入学了，就得有五百万中学生，应有中学教员二十万人。假使中学女教员占十分之一，就要二万人。合起女子初级师范之女教员，乃共有三万人是应当受女子师范大学教育的。这三万人要多少年、多少女子师范大学为她们造就起来呢？又假使每人担任教员十年，不能算短，每年就须毕业三千人去顶补。这每年三千人又要几个女子师范大学去培养她们呢？别人可以说我们是在这里做普及教育的梦想。我们自然要承认这是梦想，但退一百步说，保存一个女子师范大学，却是现在政府、社会所不能推诿的责任了。

再试看受过高等教育之女子的出路，大半还是做教员。这个现象，怕不是短少时间所能有很大变化的。女子教员是国家教育最大的需要，教员

生活又是受过高等教育女子最宽的出路，所以我们至少要保持一个女子师范大学，并要渐渐地去图它的扩充。

在平常的时候，女子大学中设师范院固是很好的办法，但照中国现在的情形，如果把女子师范大学变成女子大学的一部分，怕要受别科的牵制，不能充分发展以应国家需要。所以不得不提出两校联合并存的建议。先生说我的建议是“各办各的”，但我原意并非如此。既说联合，自必有联合的办法。应当合作的合作，应当分工的分工。两校应共戴一校长，教员、校舍、设备可合者无不应合，其不能勉强从同者，只有求学的目的与依此目的所必须分订之课程与训练。照此办法，自能保持师范学科独立之精神而又不致消耗重复之经费。至于经费总数，当然要谋相当增加。因学生有所增加，则经费自不能不增加，以今日中国女子教育之需要，政府似不宜吝此区区之数。但实行两校联合并存计划所需之经费，并不必多于双方合组女子大学内设师范院之经费。

我为了要顾全女子大学和女子师范大学学生之学习目的、毕业后之出路，及国家师资之特别需要起见，提出联合并存的建议，也不过是想就自己所见到的，给大家讨论时做一种参考。如果大家还有别的法子，能够保障女子师范大学的主要地位，并能逐渐地叫它发展起来，以应国家教育之需要，我个人也是乐意赞成的。

陶知行

十五年四月

出自《知行书信》，亚东图书馆 1929 年版

【注释】

①标题为陶行知自拟。副题原为“给邵振青先生的信”。

请贵校筹备展览品，计早达览[①]

——致各级各类学校

前上一函，为美国费城举行世界博览会事，请贵校筹备展览品，计早达览。

现在已筹备至若何程度，至以为念。

查世界博览会，从六月一日起举行。我国展览品，至迟应于五月初以

前寄美。事关本国文化在国际之地位，深望尊处从速筹备，组织一有系统、有生气之展览，以发扬吾国教育之真精神；并望将每件出品说明，拟定中英文各一份寄下，以便转陈农商部，俾可免除税厘，减轻运费。

各种展览品，请准备两份。一份寄交本社永久陈列，一份由尊处直接运美展览，以免延误时间。

美国通信处附上，敬请查照为荷。

倘五月初不及筹备齐全，即请先寄一部分，余则随成随寄；但请附加申明，以便预留陈列地位。

中华教育改进社

原载《申报》1926年5月7日

【注释】

①题目系编者所拟。编者推定，此函系陶行知拟写。此信系本次新增。

想先生等爱国情深，必能遵从公意

——致胡适、丁文江等①

在君、适之、兆熙先生台鉴：

同人等前于三月十六日对于英国处置庚款办法曾有宣言，并依决议一度贡其愚诚于左右。倏忽两月，未蒙正式函复，想系公务倥偬，未遑置意。兹谨再将本日集会决议并上次宣言及决议各缮一份，尘渎清听。同人等诚挚之念，深希执事于奔波南北、计划经营之余，稍加浏览。查英政府方面既欲借处置庚款办法图中英两国邦交之亲善，而我全国上下亦咸祈中英两国之感情借此得以增进，想先生等爱国情深，必能遵从公意，保卫国权。同人等钦佩有素，喁望弥殷，不愿犯言人两失之训，遂复作杞民过度之虑，仍盼不吝金玉，正式诲示。否则大错铸成，则蒙其害者固属我国，想亦非英政府聘任先生等之初意也。暑天摄卫，不尽拳拳。专此。顺颂

时祺

全国教育会联合会代表

李步青　罗教铎　赵乃传　雷　殷

北京各大学教授

高仁山　查良钊　朱经农　顾　名

毛　咸　王文俊　陈宝泉　徐　治
谭熙鸿　吕　复　马叙伦　徐崇钦
张贻惠　孙柳溪　黄建中　汤茂如
陈宝锷　林风眠　冯　农　许绳祖
萧纯锦　徐渊摩

中国教育改进社代表

陶知行　凌　冰

出自《胡适来往书信选》，社会科学文献出版社 2013 年版

【注释】

①标题为编者拟。约写于 1926 年 5 月。

建议英国正式声明退还庚款

——致英庚款会调查团①

英国庚款咨询委员会调查团诸位先生大鉴：

同人前曾寄上对于英国处置庚款办法之宣言一份，计已达览，其重要两点如下：

（一）反对英国政府所定关于庚款之处置办法，以保国权。

（二）要求英国无条件抛弃庚款；如非无条件抛弃，无论以此款在中国作何种事业，均认为伸张其行政权于中国领土，中国决不承受，并极端反对之。

关于以上两点，谅荷赞同。近据报章宣称，贵团主张采美国退款办法，废咨询会，设董事会，董事人数中国得多占一席，此款暂由英外交大臣保管，云云。此消息果确，足征贵团尚能虚衷采纳各方意见。惟同人对此尚不满意，因特再提出下列两项主张：

（一）英国应正式声明退还庚款；

（二）所退还之庚款，应由中国组织董事会保管及支配之。

此为同人要求之最低限度，如蒙尽量容纳，并据以向英政府建议，实为中英两国之幸，唯贵团实图利之。专此，顺颂

时祺

全国教育会联合会代表

李步青　罗教铎　赵乃传　雷　殷
姚金绅

北京各大学教授

查良钊　朱经农　顾　名　毛　咸
陈宝泉　徐　治　谭熙鸿　吕　复
马叙伦　徐崇钦　张贻惠　孙柳溪
黄建中　汤茂如　陈宝锷　高仁山
林风眠　王文俊　冯　农　许绳祖
萧纯锦　徐渊摩

中华教育改进社代表

陶知行　凌　冰

出自《胡适来往书信选》，社会科学文献出版社 2013 年版

【注释】

①标题为编者拟。此信写于 1926 年上半年。

退学的理论①

——致安徽公学退学学生

高级中学上期二年级退学诸生鉴：

顷接来书，知爱校情殷，至为可喜。惟存心虽善，手段未择，爱之适以害之，滋可惜耳。书中所述与级长六月底所陈，大致相同。其中主要事实，则教务主任已于事前向余详细报告矣。余对于诸生之遭遇，深致悲悯。但退学之判决，未能稍有变更也。

余受董事会之付托，依校章而招生；诸生受父兄之命，志愿之使，依校章而入学。故校章者，实学校所与立之大本，而余与诸生共守之约言，非经法定手续，莫能擅废。学期之终，必缴成绩：此校章之要求也。今诸生到期而相约不缴成绩，则是擅废校章矣。为之校长者，坐视而莫之睹，或既睹而莫之正，则亦擅废校章之人矣。何以对校章，又何以对董事会之付托耶？

然以事关诸生前途，不忍独裁，爰召集校务会议，付诸公论。诸师长皆赞成退学。持异议者一人。其人为谁？即诸生所反对之教员也。彼盖不

忍以一人之功课，累及诸生之前途。殊不知此犹有人我之见存，而未尝为学校大本计也。

询谋佥同矣，然以事关诸生前途，不忍不为诸生设身处地以想。余尝自问：使级中有吾亲子弟者，将何以处之？使全级皆吾亲子弟者，又将何以处之？余曰：退学无疑也。何以故？曰：学校遇此大故而不能纠正，则是校格破产，吾子弟所身受之教育，可知矣。即学校敷衍，余必令吾子弟退学，如避蛇蝎。苟学校而欲纠正之也，则是吾之同志，余安忍不以子弟退学为不幸中之幸事耶？余为良心所驱使，岂能效乡愿之行，而以姑息误诸生哉！

来书以退学比枪毙，未免过甚其词。退学虽为校中最重之处分，但细察之，不过解约而已。诸生不肯依章求学，实为解约之发动者；校长依章令诸生退学，实为解约之完成者。国内中学多矣，优良者亦不少，转校升学，不无机会。诸生经此一番挫折，因而困心衡虑，发奋向上，前途正未可限量。勉之！勉之！

来书陈述校内情形，颇有见地。其应行者，或已见诸实行，或在计划进行中，或未曾想及。要之，余必尽力所及，循心所安，与诸师长谋其实现，以无负于父老昆弟之雅望。吾校虽病，病在皮肤，苟能诊断及时，调养得宜，不难恢复康健，以期有为。幸董事贤明，全校协作有加，改革之业，必当进行无已，虽百折而不回。余方以安徽公学为大前提，个人之毁誉、利害，成败皆所不计，好恶、亲疏、恩怨之见，更无所容心。至于来函责备之辞，有当改之，无则加勉。嘉言良药，益我甚多。愿申谢意，并志不忘。

陶知行

十五年八月二十日左右

出自《知行书信》，亚东图书馆1929年版

【注释】

①标题为陶行知自拟。副题原为“给安徽公学退学学生的信”。1926年上半年，南京安徽公学高二学生因不满语文教师方园甫的教学，群起而驱之，并拒绝参加考试。陶行知闻知此事后，召开校务会议，决定勒令全班退学（高二仅一个班）。事后，退学诸生致函陶行知请求复学，此信为陶行知的复信。

不知此项教员业已聘定他人否[①]

——致周作民

作民先生大鉴：

今春承嘱推荐家庭教师，当即代为接洽金璠先生担任。旋因京畿发生战事，去电阻止来京，迄今事过数月，未能报命，殊为抱歉。今接金君来函询问，并谓北方战事结束，交通恢复，愿来京就事。不知此项教员业已聘定他人否，如未聘定，金君可以胜任。弟明日赴津，如蒙今日赐复，俾便转达。前途实所至盼。

专此，敬请

大安

陶行知拜启

八月二十三日

出自彭晓亮编注《周作民日记书信集：人物卷》，上海远东出版社2014年版

【注释】

①标题为编者拟。此信写于1926年，此信系本次新增。

幼稚园应有之改革及进行方法[①]

——致陈陶遗[②]

（上略）人格教育[③]端赖六岁以前之培养。凡人生之态度、习惯、倾向，皆可在幼稚时代立一适当基础。吾国人漠视幼稚时代之重要，学校教育耗费精神，纠正幼稚时代已成之不良态度、习惯、倾向，可谓事倍功半。放任者，听其滋长蔓延，不加纠正，更不堪问矣。有志之士，起而创设幼稚园，以正童蒙，宁非当务之亟。惟遍观国中之幼稚园，其弊有三：取法外国，不适国情，一也；费用太大，不能普及，二也；所收儿童，多属贵族，三也。知行欲矫其弊，而创一适合国情、节省费用、裨益平民之幼稚园蓄志已久，无由实现，殊觉闷闷。今拟合各方之力，共成美举。计划粗定，谨为我公陈之。

（一）该园拟设在燕子矶，已蒙丁校长[④]许可。

（二）教员业已聘定对于幼稚教育富有研究及经验者二人，来此服务。

（三）三岁至六岁儿童，愿入园者，照丁校长计算，可得三十人以上。

（四）经常费每年二百元左右，可暂由改进社担任，徐图就地筹款。

（五）开办费中建筑约需五百元，设备约需二百元，共七百元，拟请补助费或捐款充之。

由上述计划观之，所缺者惟开办费之七百元，何时筹足，即可于何时开办。窃思中国开办乡村幼稚园，此次实为创举。倘能依据适合国情、节省费用、裨益平民三种方针切实试验，则数年之后，必于幼稚教育有所贡献。我公乐育为怀，素所钦仰，倘蒙设法玉成，则国内儿童拜赐多矣。（下略）

知　行

九月十六日

原载《新教育评论》第2卷第19期，1926年10月

【注释】

①标题为编者拟。原题为“主任干事陶知行先生致江苏省长函论幼稚园应有之改革及进行办法”。

②陈陶遗（1881—1946），时任江苏省省长。

③人格教育，指道德品质教育。

④丁校长，指燕子矶国民学校校长丁超（兆麟）。

农村急需设立幼稚园[①]

——致陈陶遗

（上略）昨日为创设乡村幼稚园事，曾上一书，说明方针、办法及请求补助之意，谅已达览。今尚有未尽之言，请为我公陈之。村中生活，随农事为转移。农忙之时，村中妇女，或下田工作，或需准备茶饭，无暇照料幼儿。此时年龄稍长之兄姊，为小农生计所逼，亦须襄助农事，不能充分陪伴弟妹。故农忙时，乡村幼儿，实为大累，父母徒唤奈何。村中有小学者，父母有时竟以之付托乡校管理。其校长、教员或因学校原无相当设备，或存教师非保姆、学校岂育婴之见，辄严词拒之。苟校中明了六岁以前，为人格陶冶最紧要之时期，物色相当人才，设备相当工具，以应此天然之需要，则其造福村儿，便利农民，岂有限哉？乡村小学，夺农民之助

力，其势逆；幼稚园，予农民以便利，其势顺。势逆者难办，势顺者易成。倘所办幼稚园能成为平民的、经济的、适合国情的组织，则一方提倡，全国响应，幼稚教育且先小学而普及矣。夫普及之计，端赖人才之培养。乡村幼稚园试办有成，即进而谋师资之训练，期在吸收村中资质聪明、同情富厚之妇女，教以试验成功之结果，则薪俸之给，可以适合乡村财力，一切设施，自不难持久，且可为乡村妇女辟一职业新途径矣。岂非一举数得哉？今各种准备已有把握，所缺者，惟开办费之七百元而已。务请在预备费中拨给，以便即日兴工，克期开学。如蒙俯予照准，则全国儿童幸福及乡村生活，不难开一新纪元。甚愿我公有以成之。方今政局混乱，杀机正盛，人民救死不暇，知行乃进此迂缓之策，颇似不知时务，故惟有德者，能闻之，不足为他人道也。（下略）

知　行

九月十七日

原载《新教育评论》第1卷第19期，1926年10月

【附录】

江苏省长复函主任干事允助开办费

（上略）

接展来书，具悉种切。执事热心幼稚教育，拟创设乡村幼稚园于滨江乡之燕子矶，实为当今切要之图，曷胜纫佩！除饬管理处筹拨开办经费五百元借襄盛举外，相应函复。顺颂

教绥！

陶　遗

九月二十三日

原载《新教育评论》第1卷第19期，1926年10月

【注释】

①标题为编者拟。原题为“主任干事致江苏省长函论幼稚园切合农村之需要”。

寿六旬慈母[①]

——致陶文渼

文渼吾妹：

九月二十三夜的信收到了，读着令人乐而忘忧。关于母亲寿辰一层，您所陈述意见，十分圆满，我完全赞成。你说寿辰是自家亲人的大志喜，这句话初看很平常，骨子里最有精彩。我反复涵泳，而后领会此中意味之深厚。志喜之法，您说是要做母亲喜欢的事情。这是喜上加喜，我们能照这样做去，才算是真的做寿。今人做寿又只限于一两日之热闹，您却要时时常常地为母亲做寿，所以说："总期母亲今后时时刻刻多得新快乐。"这三层意思可当作做寿的金科玉律看，请大家就照这话进行，我当然是遵办的。我为事业所拘，不能常侍膝下，母亲一切起居、饮食、娱乐只得付托吾妹、纯宜及四个蟠桃[②]好好侍奉。我虽在千里之外而无内顾之忧，已立志要乘母亲六秩荣庆之年，为国家教育创一不可磨灭之事业，以作吾母寿人寿世之纪念。

秋节后两天，收到母亲饲蜜桃绿豆图，看着不愿放手，真是好一幅天伦大乐图啊！我要想把母亲爱蜜桃的心，本着"幼吾幼以及人之幼"的精神，推而远之，使凡如蜜桃的都能得蜜桃之爱护，享蜜桃之幸福。小孩子从能走路、能说话的时候起到进小学止是最可爱、最要教导的时期。爱护幼儿的人创设幼稚园，就是要培养四五岁的小孩子，使他们的生活可以丰富。但是国内一般幼稚园有几种流弊：第一，他们仿效外国。不合国情；第二，他们灌输宗教，制造成见；第三，他们费钱太多，非有钱的地方不能办；第四，他们学费太重，非富贵的子弟不能进。有了这几种流弊，所以不易推行。吾国以农立国，人民百人中有八十多个住在乡村里。要想把幼稚教育推广，必须把这些流弊除得干干净净，使他们可以下乡，然后才能收普遍的效果。照现在情形，幼稚园下乡好比是骆驼穿针眼。所以我想打破外国的、成见的、费钱的、富贵的幼稚园，而要创造一个省钱的、合理的、平民的、适于国情的幼稚园，使他可以下乡去为农民子弟谋幸福。此事已经筹有头绪。开办费由江苏省长陈陶遗先生拨。经常费由改进社[③]及明陵小学[④]担任。地点已选定燕子矶[⑤]。主事已请定陆慎如女士。现在就要兴工建筑，明春即可开办。奉上宣言书一纸，原理办法都可一目了然。我深信，此举可为幼儿教育开一新纪元。且等到建筑完工，筹备就绪，办法有了把握，就要进一步谋普遍推广之法。那时已有具体成绩供人观摩，自能得到相当信用。预备借重吾母寿期，为全国幼儿教育募集百年基金。平日与我发生关系的当在万人以上，拟与诸同志共成盛举。

母亲前不以公开做寿为然，为子女者应当体贴她的意思。一，父亲已经去世，单独做寿要引起无限悲感。二，亲友应酬，杀生必多，母亲不愿为其生日杀生，宅心至为仁厚。这两层意思，都是我们亲自晓得的，断不能违背。但为全国幼儿教育募集百年基金，使一切寿礼尽归训练幼儿师资及开设模范乡村幼稚园之用，事为善举，似属可行。尚望代为委婉请示。我拟于寿辰前四五日进京。近来身体精神都好，请全家放心。母亲、纯妻、大桃、小桃、三桃、蜜桃请代报平安。

敬祝康乐。

知　行

十五年十月五日

出自《知行书信》，亚东图书馆1929年版

【注释】

①标题为陶行知自拟。副题原为“给文渼妹的信”。

②四个蟠桃，指陶行知的四个儿子桃红（陶宏）、小桃（陶晓光）、兰桃（陶刚）、蜜桃（陶城）。

③改进社，指中华教育改进社。

④明陵小学，地址在南京中山门外。

⑤燕子矶，地名，在南京神策门（今中央门）外，临江远郊，为南京市名胜之一。

祛毒种而救皖劫①

——致各报馆暨各界同人

各报馆转京、津、沪、汉、安徽各同乡暨本省各法团、公团、各机关、各界同人均鉴：

吾皖烟苗罚款，实属骇人听闻之举。若不群起阻止，则种区日扩，民食日缺，匪患日增，生计日绝，因果递嬗，吾皖人将无噍类。

顷上皖省军民两长一电，文曰“安徽陈总司令、高省长钧鉴：皖省烟禁，本极废弛；烟苗罚款，适开敛财弛禁之门。在官厅寓禁于征，所持虽非无故；然恶例一启，禁绝无期。不惟外交滋人口实，实为国家丧失人格

之羞。而斥腴壤以植毒苗，民食锐减，盗匪日增，实贻地方无穷之患。上年亳州匪祸，闻因烟款过巨，致为匪垂涎，而酿此惨剧。此吾皖有识之士，所引为隐忧巨痛者也。春间陈总司令在宁，亲向民生等宣言，十五年终，无论如何，皖省不使有一卉一株烟苗发现。仁言利溥，全皖倾心。现时秋谷已登，新苗未布，民生等为思患预防计，电恳钧座实践前言，通令所属官厅，先期晓谕人民，本年不得再行种烟，违则处以极刑。该管官厅贪利庇种，科以同等之罪。袪毒种而救皖劫，钧座令誉，亦必永以不坠矣。迫切上陈，鹄候明示”等语。

务请一致力争，以除大害，而救浩劫。慎勿作隔岸观火之想，不加赞助也。

旅宁安徽同同乡苏民生、查钟泰、胡广渊、陶知行、洪有丰、孙洛、查谦、夏翊宸、刘式渊、孙念祖、姚文采等叩 支[2]（印）

原载《申报》，1926 年 10 月 10 日

【注释】

①标题为编者拟。此信系本次新增。

②支，韵母代日法，即 4 日，此函写于 1926 年 10 月 4 日。

慎毋借军兴为名，创新税而府民怨也[1]

——致各报馆转苏、皖两省人民

各报馆转苏、皖两省人民公鉴：

顷上两省军民长官一电，文曰“南京孙联帅、陈省长、蚌埠陈总司令、安庆高省长钧鉴：皖省在苏境大胜关地方创设税局，征收米税。税率以银计算，超过苏税数倍。此项病民敛财政策，直接伤皖省之农，间接即增苏米之价；于皖于苏，两有不利。恳请速予制止，慎毋借军兴为名，创新税而府民怨也。临电迫切，伫候示复”等语。

查皖省计吏，前此拟在和尚港设局补征米税，经皖民反对中止。今又异想天开，借地收税，祸皖祸苏，病农病民，莫此为甚。务请群起力争，慎毋视为隔岸观火也。

旅宁皖人苏民生、查钟泰、胡广渊、陶知行、洪有丰、孙洛、查谦、夏翊宸、刘式渊、孙念祖、姚文采等叩 鱼[2]（印）

原载《申报》1926 年 10 月 10 日

【注释】

①标题为编者拟。此信系本次新增。

②鱼，韵母代日法，即 6 日，此函写于 1926 年 10 月 6 日。

劝南开大学开办小学[①]

——致张伯苓

伯苓吾兄惠鉴：

昨日到津，适为贵校举行念二周年纪念之第一日，荷蒙仲述兄引导参观，如登泰山观日出，一脉清新朝气，令人发奋忘食。公以半生心血经营南开，中学、大学，相继成立，皆别具精神，卓有可观。第髫龄稚子，犹未沾公时雨之化，不为无憾。此必已在夹袋计划之中，知行愿观厥成，故请兄速设小学校及幼稚园，以慰同志之渴望。吾兄笑而不答，甚似默许，喜也何如。知行近年考察小学以百计，如燕子矶小学者，北方尚未经见，今欲引燕子飞渡黄河，遍访人间院宇，非南开不足以托庇。倘先生有意于此，则二十五周年纪念时，我公掀髯谈笑，听幼儿唱歌，观幼儿舞蹈，受幼儿庆祝，当别有一番乐趣也。

专此布达，借申贺悃。敬祝继往开来。

知　行

十五年十月十六日

出自《知行书信》，亚东图书馆 1929 年版

【注释】

①标题为陶行知自拟。副题原为“给张伯苓先生的信”。

惟有学校负社会，没有社会负学校[①]

——致宋鼎

宋主任[②]惠鉴：

接读大札，敬悉《新教育评论》所载《天将明之师范学校》一文业已达览。承嘱代筹二百元为增加设备之用，自当竭其绵薄，以副雅望。兹拟

由敝社[3]及教育厅合筹此款。敝社所任一百元当即通知洪范五先生尽先拨发。教育厅一百元即拟函请江厅长设法筹措，谅想可达目的。凡事只要有精神，不怕没有钱。贵校只须秉着已往精神，毅然前进，社会赞助必可源源而来。就弟所见，中国兴学三十年，惟有学校负社会，没有社会负学校。吾辈办学只求自己无负学生，无负国家，必能得到社会的同情。贵校前途远大，不胜祷祝。

专此敬复，并请诲安。

陶知行

十五年十一月七日

出自《知行书信》，亚东图书馆 1929 年版

【注释】

①标题为陶行知自拟。副题原为“给宋调公先生的信”。

②宋主任，指宋鼎，时任南京尧化门小学教务主任。

③本杜，指中华教育改进杜。

披露每期《新教育评论》要目[1]

——致王西瀓

西瀓[2]吾弟：

今日与《新闻报》潘竞民[3]先生议定，《新教育评论》如有关于普遍影响之文字，得送打样稿寄《新闻报》一家披露。《新闻报》应在教育新闻栏介绍《新教育评论》要目。请即将最近一期要目，快信寄与潘君。并希每期集稿时，编目送登。最好每题之下，提要说几句，庶阅者注意。《无锡教育之新生命》[4]一篇，请将样稿寄与《新闻报》，同时将本期要目寄与《新闻报》，要求同时披露。如此，《新教育评论》既得免费广告，又可使同类文字收更普遍之效果。《新闻报》现销七万余份，吾辈自宜充分用其所长，以宏推广之效。专此，敬请

撰安！

陶知行

十一月廿三日

原件存王西瀓处

【注释】

①标题为编者拟。

②西澂，指王西澂。毕业于南京高等师范学校、南京东南大学教育科，历任《新教育》《新教育评论》编辑，北京大学、北京师范大学、燕京大学、辅仁大学教授。

③潘竞民，《新闻报》编辑。

④《无锡教育之新生命》，发表后的篇名改为《无锡小学之新生命》。

逐期介绍《新教育评论》①

——致王西澂

西澂吾弟：

《新闻报》已允每期介绍《新教育评论》。请逐期作好介绍词，快邮寄潘竞民先生。开原小学②报告，有时效关系，应请即登评论并同时寄与潘君发表。昨晤潘君仍未收到该项稿件，请即快函寄去。兹附上印刷品三件，尚未披露。请分期登载评论并寄《新闻报》。次序先登《信条》③，次《辅导办法》④，次《师范院》⑤。

知　行

十一月卅日

欧美学教育心理之留学生，请以前议进行联络，请其投稿。

原件存王西澂处

【注释】

①标题为编者拟。

②开原小学，在江苏省无锡开原乡河埒口。

③《信条》，指《我们的信条》一文。

④《辅导办法》，指《中华教育改进社辅导乡村小学办法》一文。

⑤《师范院》，指《中华教育改进社设立试验乡村师范学校第一院简章草案》一文。

卫生运动①

——致凌济东

济东吾兄：

卫生运动，为前商主要事业之一，务请吾兄积极进行，全权办理。经费一层，亦请勇猛进行。当今社会虽穷，对于确有贡献之事业，尚不致以冷眼看待。弟此次为乡村教育进行捐款，前途不无希望，学校卫生请订定计划宣言书，由兄筹款，由兄主持。山穷水尽之机关[②]，只得各自为战，打出生路。

弟近两星期来，上午做计划，下午拜活财神，夜间访友看戏。前夜与蒋大哥看影戏，人山人海，没有坐位，我们就席地而坐，别有风味，幸亏没有给《晶报》[③]记者看见，否则怕要把大家的肚皮笑痛咧。

闲话少说，学校卫生由兄全权办理，工厂教育也请兄主持。这都是无中生有的事，很值得“试他一试”。

行　知

十五年十二月七日

出自《知行书信》，亚东图书馆 1929 年版

【注释】

①标题为陶行知自拟。副题原为“给凌济东先生的信”。

②指中华教育改进社。

③《晶报》，于 1919 年 3 月 3 日在上海创刊，为三日刊。

召集在沪社员会商乡村教育[①]

——致改进社在沪社员

敬启者：

本社以乡村教育关系立国大本及三万万六千万农民之幸福，数年以来，积极进行，不敢懈怠。现全部计划正待商决，而年会之期又相距甚远，衡权办法，只得在社员集中地方分别开会，合力进行。

本埠社员会议，定于下星期四即十二月十二日午后二时，假中华路小西门迎薰路中华职业学校职工教育馆举行。务希准时惠临，会商一切。

专此，敬请

公安！

中华教育改进社

原载《申报》，1926 年 12 月 9 日

【注释】

①标题为编者拟。本函发表时无署名。经编者考定，此函系由陶行知起草。

新使命[①]

——致丁兆麟

兆麟吾兄：

接读来书，惊悉误中漆毒，不胜悬念。

上海社员[②]会商乡村教育进行计划，精神气象甚佳。此种会议当在各部中心举行，以期唤起全国同志之觉悟。南京方面订于念六日举行，彼时倘已痊愈，深望出席指示一切。

开原小学来函，对于信条异常赞成，并主张宣誓，以昭郑重。此意甚善，可于下次开联合会时举行。开原小学全体教员五人，一拟于本月廿三日来宁参观，嘱将本星期日之联合研究会改在二十五日举行。此日适当云南起义[③]纪念日，倘得五校同人全到，必可振作精神，为全国乡村教育开一新局面。知行已权为答复，准于廿五日上午九时三十分在尧化门开会，风雨无阻。倘无困难，深望去信欢迎。

四校学生及县师学生[④]可否于是日举行联合纪念？请与各校同志一商。一切请瑞芝[⑤]兄代办，以便吾兄可以调养。研究会改期通知，已嘱叔愚[⑥]兄代发，并以奉闻。

吾辈之新使命为集合一百万同志，提倡一百万所学校，改造一百万个乡村，使个个乡村都得着充分的新生命，合起来造成中华民国的伟大的新生命。

敬祝早占勿药！

知　行

十五年十二月十四日

开原住校招待费由社开支，铺板向公学借妥，请并告知宋先生。

出自《知行书信》，亚东图书馆 1929 年版

【注释】

①标题为陶行知自拟。副题原为“给丁兆麟先生的信”。

②上海社员，指中华教育改进社在沪社员。

③云南起义，1915 年 12 月 25 日，蔡锷、唐继尧、李烈钧等在云南通电，反对袁世凯称帝，组织护国军讨袁，出兵贵州、四川、两广，称云南起义。

④四校，指南京燕子矶小学、明陵小学、尧化门小学和笆斗山小学；县师，指江

宁县立师范学校。

⑤瑞芝，即毛瑞芝，燕子矶小学教师。

⑥叔愚，即赵叔愚。早年留学美国，后任南京东南大学教授、乡村教育系主任。曾和陶行知一起创办南京试验乡村师范学校（后改名晓庄学校），任该校第一院院长。

山穷水尽[1]

——致凌济东

济东吾兄：

接读十二月四日手书，有如蜜糖里夹了黄连，令人吃了又甜又苦，真是别有滋味，感谢之至。

来书说到本社[2]经济情形，已是山穷水尽，这是事实，谁也不能否认。本社已是山穷水尽，本社同人应当怎样呢？我们应当在山穷水尽的时候，找出一条生路来！本社之所以山穷水尽，是因为中国教育已到山穷水尽了。我们倘不能为中国教育找出生路，决不能为本社找出生路。所以我们要拼命地为中国教育找生路，即所以为本杜找生路。前在京中所谈的几件事，倘能用全副精神干去，必是长生之道。不但是本社长生之道，也就是中国教育长生之道，也就是中华民国长生之道。

我和叔愚兄所担任的乡村教育运动，现正在杀机四伏中努力进行。我们已经看见光明，前途有无穷的希望，我们已经下了决心：要提倡一百万所学校，去改造一百万个乡村，使个个乡村都得着充分的新生命，合起来造成中华民国的伟大的新生命。吾兄所担任的一件，有同样的重要，吾兄的使命是要培养康健的儿童，造成康健的民族。依据杨先生的推算，吾兄还有五十年的寿源去干这件伟大的事业。我主张自筹款，自罗人才，积极进行；与人互助则可，决不可因人成事。如果在这五十年当中，吾兄能把国民的康健立一个稳固的基础，叫个个国民都有血色，有生气，有精神，都能抵抗疾病，扫除障碍，战胜困难，也算不虚生一世了。人生为一大事来，做一大事去。我们就在改进社旗帜之下各人干他一件，也是人生极快乐的事情。倘使我比您多活几岁，到您升天的时候，我就在您的坟墓上立一石碑，上面写着“康健之神”四个大字，叫一切病魔化作一只大乌龟，背着这块石碑直到万万年。倘使我比您早死几年，我可以托付桃红、小桃、三桃、仙桃[3]代我为您办这件事。

山穷水尽！好一个山穷水尽！这是天帝给我们另找生路的惟一机会。我们应当欢欢喜喜地接受这个机会，共同为本社找条生路，为中国教育找条生路，为中华民国找条生路。

知　行

十五年十二月十四日

出自《知行书信》，亚东图书馆 1929 年版

【注释】

①标题为陶行知自拟。副题原为“给凌济东先生的信”。

②本社，指中华教育改进社。

③仙桃，陶行知第四子陶城的爱称，也称蜜桃。

中国翻身有日[①]

——致赵叔愚

叔愚吾兄：

全国乡村教育运动，就昨天接洽结果看来，对得雄厚之助力及后盾。天啊！中国翻身有日了。来信所说，不必过虑，我们倘有真贡献，必无能撼之者。

知　行

十五年十二月二十一日

出自《知行书信》，亚东图书馆 1929 年版

【注释】

①标题为陶行知自拟。副题原为“给赵叔愚兄的信”。

透明的改进社[①]

——致王西澂

西澂吾弟：

接到您的万言长信，晓得您肚子里有说不尽的心思。本社进行方针是：筹新款，办新事。您所提的《教育年鉴》及征集教育史料之合作，我都愿观成。所需助理二人，请您自筹一人之薪金，余一人的薪金由我代

筹，借表赞助之意。今与弟约法一章：您什么时候筹好，我的也就在那时候开始实行。您如果真爱这个史姑娘[②]，您先须中得状元郎[③]来。征集材料垫款，暂以五十元为限，日后经费充裕，当另设法。

您信中问到本社色彩，我现在对您郑重宣言说：本社是透明的，不是白的，不是黑的，不是红的，不是灰的——是透明的，水晶样透明，使各种光、各种颜色都能透出真面目。

敬祝新禧。

知　行

十五年十二月二十七日

出自《知行书信》，亚东图书馆1929年版

【注释】

①标题为陶行知自拟。副题原为“答王西徵弟的信”。

②史姑娘，系对历史科学的戏称。

③状元郎，科举考试以名列第一者为元，乡试第一称解元，会试第一称会元，殿试第一称状元。唐制，举人赴京应礼部试者皆须投状，因称居首者为状头，故有“状元”之称。中状元者号为“大魁天下”，为科名中最高荣誉。

一九二七年

徽州人的新使命[①]

——致徽州同乡

我们徽州，山水灵秀，气候温和，人民向来安居乐业，真可谓之世外桃源。察看它的背景，世界上只有一个地方和它相类，这个地方就是瑞士。我们有瑞士的天时和地利，而没人尽瑞士之人事啊！瑞士虽小，处于列强之间，岿然能成一个独立不倚的国家。虽在欧洲大战当中而不转入旋涡，这都是因为他的人民能团结而有自立、自治、自卫的能力，所以才能颠扑不灭。

我们呢？平日各人自扫门前雪，从不为徽州做一个全局的通盘筹划，到了兵临城下，急得抱佛脚呼和平。殊不知和平是要出代价的，和平是要自己赚来的。孟子说得好："赵孟之所贵，赵孟能贱之。"给我们和平的人，也能给我们兵祸。惟独有自立、自治、自卫能力的民族，才能享和平的幸福。尼采[②]说："弱是罪孽。"他的学说的坏处是鼓励弱肉强食；好处就在唤醒弱者改弦更张，发奋为雄。

所以我主张，向人讨和平不如向自己讨和平。向自己讨和平的方法只有一条路：徽州全体人民团结起来，创造一个能自立、自治、自卫的新徽州。这个团结是要有普遍性、继续性、永久性的。这个大团结不但要应付暂时的军事，并且要建立徽州万年不拔之基。它的使命是要振兴全徽的教育，开采全徽的矿产，革新全徽的农林，发展全徽的交通，培养全徽自立、自治、自卫的本领，以谋全徽人民的幸福。它的使命绝对不是部落主义；它要把徽州做成中华民国的一块优美的领土，把徽州人做成中华民国的有智慧、有实力、有责任心的国民。

将来的新徽州很欢迎大家来登黄山，游练水[③]，凭吊朱晦庵、戴东原。

将来的新徽州要造成一种境界，使得别人不愿、不忍、不敢在这里杀人放火。我以至诚之意敬告我们最敬爱的父老兄弟姊妹：我们千万不要辜负“新安大好山水”，我们要把我们一个个的小生命捧出来造成徽州的伟大的新生命。

陶知行

十六年一月四日

出自《行知书信》，亚东图书馆1929年版

【注释】

①标题为陶行知自拟。副题原为“给徽州同乡的公开信”。

②尼采（1844—1900），德国哲学家。

③练水，即练江。新安江支流之一，流经安徽歙县。

乡下生活之苦乐[①]

——致操震球

震球[②]先生：

接读您一月五日的信，晓得您愿意离开清华学校投考试验乡村师范[③]，不禁喜出望外。您在清华学校好比是天上的天使，皇宫里的王爷，现在要发宏愿，放弃养尊处优，回到人间，过我们茅草屋的生活，这种“佛不入地狱，谁入地狱”的精神，简直要叫我们五体投地的钦佩。国运盛衰决于一转念间。倘使全国少年的念头都转到各人应当走的路上去，地狱都可化成天堂，还怕中国不能兴盛！

您既有这种宏愿，我就应当把个中的甘苦，明明白白地告诉了您，还望您慎重考虑一番，再行决定。田家生活是要蛮干的，您愿意吗？您能打赤脚在烂污泥里奔走吗？您不怕把雪白的脸晒得漆黑吗？您不怕软手上起硬皮吗？您不怕在风霜雨雪中做工吗？您不怕挑粪吗？您愿意和马牛羊鸡狗猪做朋友吗？城里人的眼光看来，这都是苦处，其实乡下人并不以此为苦。纵然这是苦处，乡下人也有城里人想不到的乐趣。乡间山清水秀，尽您游览。您早上可以看旭日东升，引您兴奋；晚上可以待月西山，助您吟咏。到了收成的时候，您手里割着黄金似的稻子，那田家乐的山歌，不断地洋洋乎盈耳。您还能亲眼看见您所栽培的儿童个个桃李似的一年一年地

长大，一直到成家立业。您还能亲眼看见全村农夫农妇人人读书明理，安居乐业。您也许可以看见您的村庄和全国的村庄都成为村民自有自治自享的村庄；也许您亲眼看不见，要到令郎令孙的时代才能看见，您能忍耐吗？倘使经过这番考虑之后，您决意要来投考，我们万分欢迎。

我们办这个学校，要把学校里误人子弟的观念一齐打得破破碎碎。无所谓毕业，更无所谓毕年。如果您肯打破文凭迷信，二年级程度，可以通融，认为合格。农事或土木工经验，系指农夫耕种或土木操作而言，并不含专门之意义。招考手续已经规定，请向南京安徽公学内试验乡村师范筹备处接洽为荷。

附上《全国乡村教育运动计划》一册，《乡教丛讯》[4]两期。以资参考，务希检收。

专此奉复，敬请新安。

陶知行

1927 年 1 月 15 日

出自《知行书信》，亚东图书馆 1929 年版

【附录】

操震球致陶知行函

知行先生雅鉴：

曩在皖垣，数聆高论，开茅去塞，获益良深。光阴荏苒，匆已六年，钦念之忱，与时俱进。路隔缘悭，终不得再领教益。每每引为深憾。日前于《新教育评论》，得读尊著《中华教育改进社设立试验乡村师范学校第一院简章草案》，不禁推案乍起，喜跃如狂！此盖晚年来日夜祈祷之事，忽成之于素所崇敬渴慕者之手，事之快人心意、奋人精神者，莫此若也。晚幼生于田间，长学于私塾，年十七始于皖垣投考第一师范之工艺科，习木工、图画。既已两年余，忽因事受累，转学来沪。时外受经济之压迫，内感知识之饥荒，极力挣扎，颇感痛苦，幸赖师友相助，始能赓续。十四年夏，北京清华学校大学部初立，在沪招收新生。晚冒昧受试，幸承录取。入学后选习专科。自信以我目前状况，欲效劳于社会，事之最急最要者，一为提高农民知识，二为增进农民生产。知识不加高，科学的生产方法无从推行；生产不加多，知识的教育势难普及。两者须同时并进，不能偏废。此种责任，舍中心学校莫能当。此晚所以决意从事乡村教育，创建

中心学校，鞠躬尽瘁、死而后已者也。惟清华教育系尚无此种课目。所学既非所欲，是以兴味索然，毫无进益。久欲弃之，恨无所适。幸彷徨歧路之中，忽得乡村师范学校之设，恨不得肩生两翅，立即飞来。惟刚得沪报，知该校将于今岁三月招考。考生资格，大学生以最末一年半为限。晚现在清华，为二年级生，以资格论，略有不合。该校是否有通融或其他办法，免致有志者受资格之限制，而抱向隅之泣？此晚所欲问者一也。报端所载，考生须有农事或土木工之经验。系就吾国农夫耕种或土本操作之经验而言，抑指农业学校或普通学校手工之经验而言？招考地址与报考手续，已规定否？此晚所欲问者二也。此两点为晚所急欲明了者，恳即拨冗示复，以解渴望。临书神驰，不胜翘足待命之至！特此，敬请
道安！

操震球谨上

一月五日于清华大学部

原载《乡教丛讯》第1卷第3期，1927年2月1日

【注释】

①标题为陶行知自拟。副题原为“给清华学生操震球的信”。

②震球，即操震球（1902—1995），原为清华学校学生，后投考南京试验乡村师范，为晓庄师范第一期学生。后为山海工学团工师、湘湖师范学校校长。

③试验乡村师范，亦称“晓庄师范”。陶行知和赵叔愚等创办。地址在南京和平门（今中央门）外劳山下的晓庄。后改称晓庄学校。

④《乡教丛讯》，陶行知主编的教育刊物之一，由乡村教育同志会与晓庄师范合办，创刊于1927年1月1日，终刊于1929年，共出三卷。

函商约聘“招待克伯屈博士筹备会”委员[①]

——致教育界名流

敬启者：

美国哥仑比亚大学教授克伯屈博士（Prof Kilpatrick），为世界教育哲学泰斗之一。所著《教育哲学》《教育的基本方法》《设计教学法》数书已在近代教育上发生深刻之影响。其本人之教课，亦已达艺术化之境界。故聆博士之言论，不但能领略其推阐之基本原理，并对于本人之艺术化教

学，亦可得一亲切之观感。

现博士应中华教育改进社之聘来华，分地讲演、讨论约三月。初到达上海，所有上海方面招待事宜，业由中华教育改进社联合各团体组织敝筹备会共同集议。

博士此来，于联络中美邦交、革新我国学校教学方法，关系甚巨。夙仰先生敦尚国交、热心教育，必极关怀此事。兹推请先生为某某委员会组织委员，以便分途筹备。务乞惠允担任，不胜感幸。专此敬颂。

招待克伯屈博士筹备会

原载《申报·教育消息》，1927年1月19日[②]

【注释】

①标题为编者拟。本函发表时无署名。克伯屈来华讲学系由陶行知发起和筹备。陶在接获克伯屈来华日期的函告后，曾专门邀集各方开会筹备。此件系由陶行知主持拟定。

该筹备会共分六组，组别及成员名单如后：（一）经济委员会：沈信卿（已函辞）、阮介藩、凌竹铭、朱少屏；（二）讨论委员会：朱经农、程柏庐、殷楚兰、俞庆棠；（三）演讲委员会：欧元怀、程其保、刘湛恩；（四）招待委员会附游览：朱少屏、俞庆棠、杨葆康、刘湛恩；（五）参观委员会：欧元怀、杨卫玉、沈弗斋、朱春生；（六）编辑委员会：孟宪承。其中，讨论委员会又细分为五个小组：（1）高等教育组：朱经农、欧元怀、郭任远；（2）中等教育组：郑雨和、沈弗斋；（3）初等教育组：程其保、程柏庐、陶知行、胡叔异；（4）师范教育组：曹季英、任孟闲、郑晓沧、殷楚兰；（5）职业教育组：黄任之、刘湛恩。

②报道中言此函为"昨日"发出，即1月18日。

谢允担任自然科学指导[①]

——致吕镜楼

镜楼吾兄：

手书到时，适因筹款来沪，待辗转传递，已阅旬日，迟迟奉覆，不胜抱歉之至。试验乡村师范科学指导员一席，承兄不弃，慨然屈就，弟等谨为全国农家子弟鞠一万个躬，表示一万分的欢迎。前因久不得复示，已决定北上前来亲自劝驾，一次不允，继以二次，二次不允，继以三次、四次、五次，甚至十次、百次，必得吾兄许可而后止。今蒙吾兄体恤，省掉我三千里的风尘劳苦，俾能把整个的心放在校务筹备上，我是何等地感激啊！

本校以农夫的身手、科学的头脑、改造社会的精神培养学生，得兄担任科学指导，就是本校有了头脑了，同人都万分欢喜，只望兄家务料理就绪，早日南下，共同把这个学校创造起来。吾兄所提各节，完全遵办。

专此奉覆，敬请新安！

陶知行

十六年一月二十日

出自《知行书信》，亚东图书馆1929年版

【注释】

①标题为陶行知自拟。副原题为“给吕镜楼先生的信”。

送给国家的寿面[①]

——致母亲

母亲：

家中从前寄来的信，如今都收到了，并未遗失，只是来得慢些。

儿从母亲寿辰立志，决定要在这一年当中，于中国教育上做一件不可磨灭的事业，为吾母庆祝，并慰父亲在天之灵。儿起初只想创办一个乡村幼稚园，现在越想越多，把中国全国乡村教育运动一齐都要立它一个基础。儿现在全副的心力都用在乡村教育上，要叫祖宗及母亲传给儿的精神，都在这件事上放出伟大的光来。儿自立此志以后，一年之中，务求不虚度一日；一日之中，务求不虚度一时：要叫这一年的生活，完全地献给国家，作为我父母送给国家的寿面，使国家与我父母都是一样的长生不老。

试验乡村师范开办费要一万五千元，经常费要一万二千元，朋友们都已答应捐助，只要款项领到，就可开办。阴历原想回家过年，无奈一切筹备事宜必须儿亲自支配，不能抽身。倘使款项早日领到，或可来京两星期。如果到了腊月廿七还没有领得完全，那年内就不能来了。好在家中大小平安，儿亦平安康健，彼此都可放心。

昨日会见冬弟[②]，知道金弟[③]在西安尚好，可以告慰。冬弟亦较前强壮。

桃红、小桃、三桃、蜜桃给我的拜年片子都是很有意思、很有价值，儿已经好好地保存了。

敬祝康乐。

知　行

十六年一月廿日

出自《行知书信》，亚东图书馆 1929 年版

【注释】

①标题为陶行知自拟。副题原为“给母亲的信”。

②冬弟，指曹子云，原为晓庄师范学生，陶行知的表弟。

③金弟，指曹伯鸿，为曹子云的胞兄。

得弟胜得百万金[①]

——致杨效春

效春[②]吾弟：

予与叔愚先生创设试验乡村师范，拟将乡村教育及师范教育作一彻底腾翻之改革，急愿弟同来努力。留学迟数年无碍。叔愚先生来信谓倘能得弟，胜得黄金百万。弟之见信于叔愚兄也如此，安可不佐彼一臂之力！

知　行

一月二十日

出自《知行书信》，亚东图书馆 1929 年版

【注释】

①标题为陶行知自拟。副题原为“给杨效春弟的信”。

②杨效春，浙江义乌人，原南京高等师范教育专修科毕业，曾任晓庄师范教育指导员，1929 年离开晓庄师范。曾在山东邹平协助梁漱溟试验“乡农学校”，后任安徽黄麓乡村师范校长。

反对日本政府利用“庚款”实行文化侵略[①]

——致中华教育改进社机关社员和个人社员

敬启者：

日本政府利用庚子赔款，实行文化侵略。本社南京年会，曾议决联合

国人，一致反对。此后，与国内各教育学术团体，取一致行动，迭发宣言抗议，并筹纠正之方。乃言者谆谆，听者藐藐。

日本政府毫无觉悟。我国少数书生学客，反甘为愚弄。倘不及早采取严厉办法，必致一误再误，后患何堪设想！

今中国科学社、上海各大学同志会、江苏省教育会，与本社会商联合对付方针。议决办法五条，由四团体发起，征求全国团体同意；且由四团体依据办法，尽先施行。

本社以该办法，系贯彻本社南京年会之主张，自应完全接受。兹将宣言及办法，登载《新教育评论》，务希查照办理；并联合当地教育学术团体，一致进行，借保主权而雪国耻。此致

全国机关社员、个人社员

中华教育改进社启

原载《新教育评论》第3卷第8期，1927年1月21日

【注释】

①标题为编者拟。编者推定，此函系陶行知拟写。此信系本次新增。

请为晓庄绘图[①]

——致刘海粟[㊀]

“艺术叛徒”[②]：

试验乡村师范由我创意，由公创境，由全校师生创校，实合三绝而成。今意已创，惟公之境是待。好在神工鬼斧是公家现成之物，只须画神一到，立可一气呵成。我朝夕祷祝画神下凡，愿公亦作同样之祈祷。否则我迎画神，公迎年神，深恐两不接洽，画神给年神赶跑，那就糟糕。我只望画神早来，并非要催公鸡生蛋，幸勿笑我心急。

知　行

十六年一月二十八日

出自《知行书信》，亚东图书馆1929年版

【原注】

㊀海粟先生始终未来，想系画神给年神赶跑了。

【注释】

①标题为陶行知自拟。副题原为“给刘海粟先生的信”。

②“艺术叛徒”，陶知行对刘海粟的戏称。刘海粟于1912年创办上海美术专科学校（初名上海图画美术院）。

过年信[①]

——致汪纯宜、陶文渼

纯妻[②]、渼妹[③]鉴：

马褂和背心都收到了。马褂前天已经上身，觉得新鲜得多，背心是昨天穿起的，暖和得很。年年难过年年过。今年已可安安稳稳过年了，请可放心。小桃送给我的钱袋子，早已收到，代我谢谢他。家人的照片，都已收到。见照片如见人，固然不错，但我见了照片，更要念着人了。

昨夜回宁，现正积极筹备试验乡村师范，今日地可买定，正月初四行立础礼，同时举行城乡团拜，届时必定有无限乐趣。请帖印好，当送一张来。

母亲、大小三四桃处，请代致念。

知　行

十六年一月三十一日

出自《知行书信》，亚东图书馆1929年版

【注释】

①标题为陶行知自拟。副题原为“给纯妻、渼妹的信”。

②纯妻，即汪纯宜。

③渼妹，即陶文渼。

以治人者治己[①]

——致蒋爱真

爱真[②]先生：

按读一月十九日手书，敬悉先生愿加入乡村教育同志会，不胜惊喜。叔愚先生说：“得同志如此，胜似黄金百万。”观此，可见南京同志欢迎先

生热烈矣。农村学校为建国之大本。详细计划，如已拟就，尚希示知[③]，此地同志皆愿以先睹为快。教学做合一不但可用于训练乡村师资，任何人才之训练皆适用之。经公一语道破，便见其效用之宏。日前读公书后，忽有所思，立成一联，他日当书以赠农村学校。联曰：

以治人者治己；

在劳力上劳心。

是否可用，愿公指正。专此欢迎，敬请教安！

知　行

1927年1月下旬写

原载《乡教丛讯》第1卷第3期，1927年2月1日

【附录】

蒋爱真致陶知行信

知行先生暨诸位先生：

乡村学校应当做改造乡村生活的中心。乡村教师必须有农夫的身手，科学的头脑，改造社会的精神，来做改造乡村生活的灵魂，这可说是颠扑不破的绝对的真理。中国以前的乡村教育，真正是走错了路，所以得到一个完全失败的结果。但，一提及这话来，就要使我惭愧得无地可容了。我以前曾在常熟任过八年的乡村学校校长，三年的乡村学校教师。在那时，好像也曾有过许多的梦想，可是孤掌难鸣，终究完全失败。结果，甚而至于抛弃了乡村教育事业而到海外槟榔屿和上海来讨都市的教育生活，就是到现在此地上海中华公学担任舍务主任。但，我是生性喜欢从事乡村教育的人，并且深信中国的乡村教育是关系全中国三万万六千万人民之幸福的事业。所以，现在曾同几个同志筹备着一个七十余亩田的农园，预备办一个实行亲手耕作的农村学校。此事大概不久就可实现了。而看见你们都热心地从事这样的工作。而且把教、学、做三事合而为一来号召全国，真使我羡慕得了不得。敢不揣冒昧，请求加入同志会，但不知你们能允许我否？我以为教学做三事合而为一的教育，不独是改造乡村教育应当如是，就是要改造中国的虚伪的、欺诈的社会，也非提倡此种教育不行。不知你们以为如何。会费、志愿书及履历书一并寄上。至祈查收审查入册！专此。即颂进步！

蒋爱真

十六年一月十九日夜

【注释】

①标题为编者拟。

②蒋爱真，时任上海中华公学舍务主任。此前，曾担任过八年乡村学校校长，并做过三年乡村学校教员，有志从事乡村教育。

③指蒋爱真来函中所言计划："曾同几个同志筹备着一个七十余亩田的农园，预备办一个实行亲手耕作的农村学校。此事大概不久就可实现了。"

师范教育之彻底改革[①]

——致石民佣、费锡胤等

民佣、锡胤、峻宪、小山、仁寿[②]诸先生：

接读诸位先生十二月二十六日之油印信，晓得诸位先生对于我的言论有些不能苟同的地方。这封信给了我一个反省的机会，我是非常感激的。但经过此番反省之后，我并不能作根本修正。实在是抱歉之至。我的言论是根据自己直接的观察，不敢武断，也没有一概抹煞。我尊重诸位先生的态度，但是仁者见仁，智者见智，遇到不能苟同时，当然不必苟同。

师范学校为事造人，造一人必得一人之用。现在倒要借教育行政之力，为师范生谋出路。即此一端，已经给了我们办师范教育的人一个绝大的警告。我应当郑重地说：倘使师范学校里造的是真人才，他的出路断非区区一句话所能塞得住；倘若不然，天才的本领也开不通出路，何况现在一般的教育行政！

来函又以我的言论致疑于我对于师范教育的态度。我从前曾经为师范教育努力，现在正是为师范教育努力，以后仍是继续为师范教育努力。但是师范教育可以兴邦，也可以促国之亡。好些师范学校只是在那儿教洋八股，制造书呆子。这些大书呆子分布到小学里去，又以几何的加速率[③]制造小书呆子。倘使再刮一阵义务教育的大风，可以把书呆子的种子布满全国，叫全国的国民都变成书呆子！中华民国简直可以变成中华书呆国。老实说：二十世纪的舞台上，没有书呆子的地位，称它为国，是不忍不如此称呼啊！想到这里，真要令人毛骨悚然。为今之计，我们要从四方面进行：一、愿师范学校从今以后再不制造书呆子；二、愿师范生从今以后再不受书呆子的训练；三、愿社会从今以后再不把活泼的儿女受书呆子的同化；四、愿凡是已经成了书呆子的，从今以后要把自己放在生活的炉里重新锻炼出一个新生命来。我们爱师范教育；我们更应爱全国的儿童和民族的前途。惟独为全国儿童和民族前途打算的师范教育才能受我们的爱戴。中国师范教育之所以办到这个地步，原因也很复杂；大家都在那儿摸黑路，谁也不能怪谁。但是此路不通，过去且有危险，我们今后的责任是群策群力，摸出一条生路来。我所说的话，好像是责人，其实是责己。我也是师范教育罪案中之一人，纵有孙悟空的本领也是脱不掉的。如今只有戴罪立功。同志们，我们一同来干罢！我在《无锡小学之新生命》里所说的那段话，是指我自己一般观察而言，毫无影射第三师范之意。贵校是我平日最钦佩的学校之一，我很希望贵校同志挺身出来，作一个师范教育彻底改革的先导。

陶知行

十六年二月三日

出自《知行书信》，亚东图书馆1929年版

【注释】

①标题为陶行知自拟。副题原为“答石民佣等的信”。

②民佣、锡胤、峻宪、小山、仁寿，指当时江苏第三师范（无锡师范前身）教师石民佣、费锡胤、须小山、陆仁寿。

③几何的加速率，即“几何级数”，亦称“等比级数”。

试就小学办师范[①]

——致潘一尘

一尘[②]吾兄：

试验乡村师范之主旨，系就小学办师范。故优良小学所在之处，即优良师范所在之处。当日侯保三先生之建议，弟顷刻不能去诸怀。以愚见度之，开原小学就现在情形而论，只须加农事教员一人，即可附带训练师范生十人（贵精不贵多）。开原小学根底甚厚，弟甚愿兄与仲怀[③]先生一商。倘兄等以为然，弟愿助一臂之力。前日与江厅长[④]谈论师范教育改革方略，偶而论到此意，江厅长甚以为然。改革乡村学校，专靠观摩，收效甚迟。必须优良小学皆起而量力训练师资，则优良小学之种子可以布满大地矣。或以为与三师分校重复，弟以为从小做起，正可以补三师分校之不足；而两校在实际生活教育上竞进，尤能令人奋发，打消暮气，未始非无锡教育

前途之幸事。是否有当，务请与仲怀先生熟商示知。时机未熟前，尚希不必宣布，免起误会。

县立师范经袁公[5]提倡，已有五十处之多。江宁为四师分校所在之地，而有江宁县立师范，则无锡援例设立，实有充分之根据。不识吾兄以为然否?

专此奉达，敬请新安!

陶知行启

十六年二月九日

出自《知行书信》，亚东图书馆 1929 年版

【注释】

①标题为陶行知自拟。副题原为“给潘一尘先生的信”。

②一尘，即潘一尘，曾任无锡开原小学校长，晓庄师范小学主任、指导员，从事小学教育研究。

③仲怀，即蒋仲怀，无锡河埒口人。光绪三十年（1904 年）创办开原第一小学，后任无锡教育局局长。

④江厅长，指江苏教育厅厅长江问渔。

⑤袁公，即袁希涛，字观澜。

下乡拜年——和牛大哥同铺[1]

——致母亲、汪纯宜等

母亲、纯妻、渼妹、桃红、小桃、三桃、蜜桃：

最近相片四张都收到了，令人欢喜。“大可可糖好吃”，不错，让我明天再买些来。蜜桃要爸爸回家，好，爸爸就要来了。

正月初四是试验乡村师范行立础礼的一天，同时请城里的人下乡拜年。我初三晚就下乡，住在一位姓陆的[2]家里。晚上打地铺，睡在稻草上，暖和得很，比钢丝床还有趣。我们六个人睡在一铺：一位是我自己，一位是钱向志[3]先生，三个安徽公学的校工，还有一个，你们猜是谁?猜得着的将来可以多吃一块糖。桃红、小桃、三桃、蜜桃都猜猜看。你们怕是猜不着的，待我说来：他是一条耕田的水牛，睡在我们旁边，脾气很好，也很干净。第二天教育厅长到了，陪客的也是这条牛大哥。初四城里来了一百多人，乡下也到了二百多人，其中有一百多位小孩子。城里人带了五六百件玩物来分给乡下小孩子，小孩子得了玩物，都笑嘻嘻地像个活神仙样。

我是前天到上海来的。身体精神都好得很，请大家放心。

敬祝安乐。

知　行

十六年二月十一日

桃红、小桃在家，自己的事要自己干。衣服要学洗，破了要学缝。烧菜弄饭都要学。还要扫地抹桌。有益的事都要做。

出自《知行书信》，亚东图书馆 1929 年版

【注释】

①标题为陶行知自拟。原副题为“家信”。

②指晓庄农民陆健祥。

③钱向志，亦称钱尚志，先为晓庄中心小学第一任校长，后离开晓庄去创办宋墅小学。

加入乡村教育运动[①]

——致曹聚仁

聚仁[②]先生：

接读二月五日手书，欣悉先生决以育才小学试验乡村教育，并介绍王琳君报考试验乡村师范，俾学成后回到育才学校服务。高瞻远瞩，至堪钦佩。王君农事经验、国文程度及服务社会之精神，闻皆素有修养，实为敝校所欲招致之人才，来宁投考，不胜欢迎之至。先生于对农业社会及教育之见解，洵属至理名言，发人深省。敝著《答客问》荷蒙过奖，且感且愧。人生得一知己，可以无憾，既承嘉许，自当力图实现，以副厚望。但乡村教育积习已深，问题亦最复杂，非全国同志分工研究、合力进行，不能收效。叔愚先生与弟深望先生加入乡村教育之发展。如蒙不弃，弟等愿尽介绍之劳；全会同志当无不踊跃欢迎也。专此奉达，鹄候复音。敬请

新安。

陶知行上

二月十一日

外附《乡教丛讯》两期

原载《乡教丛讯》第 1 卷第 4 期，1927 年 2 月 16 日

【附录】

曹聚仁致陶行知函

知行先生：

农业社会的中心，不在都市，而在乡村。这一点，数十年来的教育家完全把他忘却了。我平常每这般怀疑：究竟教育是否一种装饰品，专为有钱的人们办的？因此我又想，新教育的建设，必须使一般青年有受教育的机会。去年秋间，我曾想筹设一乡村中学，专收高小毕业以后从事耕作的青年，按着时令分配课程。虽是不曾成功，我的心愿总是这么抱着。日前读到先生的《答客问》，深觉到乡村师范的办法，真是中国教育的还魂丹。在我不仅是钦佩，而且是十二分的羡慕。家父从清末办理教育，已以乡村生活为训练的方针，只因僻处穷壤，不曾得到大大的效果。这回我把这情形报告给家父，他是欢喜极了。适巧从前舍下读书过的王琳君，他立志从事这个教育，便决定以舍下的育才小学做个试验，请他在贵校研究以后，为敝乡改造一下。这封信固然是替王琳君做介绍，同时也是对于先生表示十二分的敬意。

祝乡村教育运动猛进。

曹聚仁上

二月五日

通信：真茹国立暨南学校

原载《乡教丛讯》第1卷第4期，1927年2月16日

【注释】

①标题为编者拟。

②聚仁，曹聚仁（1900—1972），浙江浦江人。曾任浙江湘湖师范教员。1949年后，晓庄师范复校，任副校长。

报告办理乡村师范事宜[①]

——致中华教育改进社各董事

敬启者：

本社创办乡村师范学校，由社组织董事会主持一切，即推请袁观澜、王岫庐、江彤侯、陶知行、赵叔愚五君为董事，于本月十日在沪举行第一

次董事会，当将《董事会简章暨本校组织大纲》《组织系统》《会计规程》及《十六年一月至六月之预算案》，分别议决，并推定袁君为董事长，王君为司库，陶君为书记，江君为监察部部长。又举定陶君为校长，赵君为研究部部长及第一院院长。第二院，拟俟下学期开办，专收女生。至第一、第二、第三中心小学主任及指导员，皆由校长与院长会商延聘，今亟将组织乡村师范学校董事会经过情形，连同议决各项规章，函送台察。其《组织大纲及董事会章程》一件，敬请核准见复，无任企幸。

专此，并颂

台安！

1927年2月16日写

原载《申报》，1927年2月17日

【注释】

①标题为编者拟。此件为中华教育改进社致各位董事的函件，原题为《中华教育改进社致各董事函》，副题为“报告办理乡村师范事宜”。函前有文字介绍为“昨日”所写，编者据见报时间推定出写作时间。此函发表时无署名，编者依据各方面材料推定，此函为陶行知所写。

欢迎你舍身从事适合于农村生活的教育[①]

——致王琳

王琳[②]先生：

前星期接到你一月二十八日的信，可算是这次过年最好的礼物，我读这封信比小孩子吃年糕还快乐。不久曹先生从真如来信为你介绍，他的信和你的一样的感动人，真是令人喜而不寐，我本想写一封长信给你，因此就耽误了好多天。谅想你现在必定急待回信，所以只好缩短笔阵，先给你一个简短的回答。你对于《农业全书》《养鸡全书》《养羊全书》的批评，真是一针见血。纸上谈教育或农业，原来与纸上谈兵一样，何能发生效力？你说“洋八股”依旧是一个“国粹”[③]老八股，离开整个生活，以干禄为目的，也是千真万真的。我们现在要打倒的就是这八股教育、干禄教育。我们决定再不制造书呆子和官僚绅士们。你愿意舍身从事适合于农村生活的教育，我们是十二分的欢迎，我们可以共同为中国教育寻觅曙光，为中国教育探获生路。章程详《乡教丛讯》，已于接信时寄奉，谅已收到了。

敬祝康乐！

陶知行上

十六、二、二十一

原载《乡教丛讯》第1卷第5期，1927年3月1日

【附录】

王琳致陶行知函

知行先生：

读到那篇《答客问》，真是喜而不寐。光绪末年，启蒙曹师在敝乡设立育才小学，想以切实的学问来救济空疏的旧八股。来学的青年，必须亲自做洒扫烹涤日常生活上不可少的事。后来洋八股的风气进来，高贵的学生不屑做这琐屑细事了。像我，除了偶尔做过一些轻便的农事，竟不曾对于耕作有相当训练呢。民国初年，曹师着眼到实业上去，从养鸡、养羊起，做到种蔗、制糖、养蚕、织布。失败固不曾失败，成功也不曾有过什么大成功。《农业全书》固然还不及长工的口头闲谈，《养鸡全书》《养羊全书》更是连覆瓿还嫌太硬。结果只好凭自己的经验去应付，这当然不会有大大成功的希望了。近年，我在外面“鬼混”，渐渐明白病源所在：洋八股依旧是一个“国粹”老八股。离开整个生活，以“干禄”为目的，什么教育都不曾有效果。而最适当的补救，必得使教育和生活全为整个的才行。因此，决计进贵校来研究，在诸将擎旗冲锋的当儿，呐喊助威一阵。我是杭州第一中学毕业的，曾任过教务，也进过工厂。对于农事虽未有相当经验，却自信有农夫的身手，愿舍身从事！请先生给我一线曙光吧！

王琳鞠躬

一九二七、一、二八

章程请寄下一份。

原载《乡教丛讯》第1卷第5期，1927年3月1日

【注释】

①标题为编者拟。

②王琳，浙江浦江人。晓庄师范第一期学生。曾任浙江湘湖师范教员。1949年后，晓庄师范复校，任副校长。

③国粹，本意指中国文化的精华，此处指打着保存国粹的旗号，实则对封建文化盲目崇拜的保守势力。

本校以收录真才为标准[①]

——致李增祥

增祥先生：

接读二月十日大札，知道先生赞成本院培养乡村教师办法，并拟选派学生一二人来校肄业，以备学成后回县从事创办乡村学校。这种彻底的步骤，实在令人钦佩。本校既以造就适合乡村生活之教师为职志，必愿尽力所及，助公进行。名额虽定为二十人，但本校以收录真才为标准。果系真才，必定不致以额满见遗。现今乡村教育方在萌芽，欲求实效，首在得人。知行前致宿县邵局长信中，论到人选标准，曾请以农事经验、国文学识、创业干才三者兼具者为上选。进行之初，倘能得到这样人才一二人，三年之内，必能使全县学校闻风兴起，乡校前途，亦不可限量了。倘所选非人，则不但不能改进，倒要受他阻碍。此事之重要，当已在洞察之中，谅必乐予赞同。

本校进行不因时局变更，三月十日考试，十五日开学。投考生到下关，可迳至燕子矶小学住宿候试。敬祝

贵县乡村教育猛进！

陶知行拜启

十六、二、二十六

原载《乡教丛讯》第1卷第5期，1927年3月1日

【附录】

李增祥来函

顷读《乡教丛讯》，得悉贵社设立试验乡村师范学校，定于三月招生，并阅该院章程十六条，感佩无似。敝县地处鄙陋，乡村学校类多有名无实；上焉者亦属学些课本死物，实有改良的必要。但困于人才方面，无从着手。今得有此学校出世，可以预储师资，非常欣慰。惟因道途遥远，投

考时人数必多，额限二十名录取想必不易。敝县欲送师范本科毕业生、中学有根底并耐工作者一人或二人。是否可以优待录取，以备归来从事乡教改造。设能允许，即从严遴选学生前往。尚祈赐复。此致

中华教育改进社

李增祥鞠躬

二月十日

【注释】

①标题为编者拟。

为乡村教育前途额手相庆[①]

——致季通

季校长[②]台鉴：

拜读二月十八日手书，欣悉吾道不孤，不禁为乡村教育前途额手相庆。我公矢志教育，二十年如一日，热心毅力，至堪钦佩。尊论乡村教育流弊，沉痛之至，不忍卒读。为今之计，唯有开辟生路，勇猛前进，庶可免于沉沦。倘仍惯于抄袭，不加省悟，则教育亡国之罪，天下后世，不能为吾辈恕也。楚材、时贤二君来校投考，极为欢迎。一经录取，必当尽心指导，俾能回乡服务、造福村民，以无负于我公之厚望。本校誓与村民共休戚。村民既须在枪林弹雨下耕种，吾校断不因时局而辍学！故投考、开课均照公布之日期办理，决不变更。知关锦注，并以奉闻。敬祝

康乐！

教弟陶知行拜启

十六、二、廿六日

原载《乡教丛讯》第1卷第5期，1927年3月1日

【附录】

季通致陶知行函

知行先生台鉴：

敬启者，通从事省政，兼办教育已廿余年，而于教育兴味独厚。除办上海爱国女学外，现正与同志筹捐沙滩数千亩，创办私立虞山中学及乡村

小学。鄙意办理教育总以适应社会环境为要着，故办理乡村学校须施以适应农民生活环境之教育。而目睹今日之所谓乡村教育，于适应农民生活之知识、能力，毫不顾及。求其最大效果，亦不过识字记账。而流弊所及，除最少数升学外，余都养成肩不挑担，手不提篮，不农、不工、不商之无业游民。环顾今日满坑满谷之失业青年，皆不适应生活环境之教育有以造成之，此通所引为大忧而久欲谋有以改造而力未逮者也。近阅报载先生等所办农村师范，一切办法殊合鄙意，认为于改良乡村教育有绝大之效力。兹特嘱李楚材、季时贤两君投前应试。务祈严为考验，倘蒙录取，毕业后拟嘱办常熟县鹿苑乡第二小学及敝处私立小学校等校。特此先为报名，随附履历一纸以备存查。

借颂

台绥！

上海爱国女学校校长季通

二月十八日

季时贤照片补寄。又及

【注释】

①标题为编者拟。

②季校长，即季通，时任上海爱国女学校校长，当时热心乡村教育，专函介绍李楚材、季时贤二人投考晓庄师范，俟学成后协助他办理乡村学校。

十三位门徒[①]

——致母亲、汪纯宜等

母亲、纯妻、渼妹、桃红、小桃、三桃、蜜桃：

昨天接到家信两封，快乐得很，比吃肉还快乐。

乡村师范前天如期招考，居然还有十三位来应试，可算难得。当这风声鹤唳、草木皆兵的时候[②]，只望有三个人来，已是天字第一号。如今三上加十，恰是基督十三门徒之数，大家都为我们庆贺。此外还有二十多人请假补考。来到的人，都非常有精神，真是可喜。

我与南京红十字分会合作，已办收容所八处。现正组织救护队，并在城外设治疗所。除学生外，专为此事工作的有三十人。大家都很起劲。医生、看护、救护员、担夫都准备齐全。公学及中心小学、师范学校[3]都依红十字会规则加以严格的训练。我们不是假借名义，乃是要认真救人。

我是平安的，我们的同事都是平安的。请大家放心。一个月内，把乡村师范基础弄得撼不动了，我再回家与家人聚天伦之乐。

敬祝康乐。

知　行

十六年三月十三日

出自《知行书信》，亚东图书馆 1929 年版

【注释】

①标题为陶行知自拟。副题原为“家信”。

②指当时盘踞在南京的北洋军阀（张宗昌、褚玉璞部）与城外北伐军对峙、战争状态。

③ 即南京安徽公学和实验乡村试验师范第一中心小学（燕子矶小学）和试验乡村师范学校（晓庄师范）。

晓庄开学勉励桃红[1]

——致陶宏

桃红：

接读你三月十一日的信和《世界进化论》一篇，晓得你进步得多，我非常欢喜。国文长进全靠多做多读，你照这样干去，以后的进步必定格外迅速。

试验乡村师范已经开学，学生虽然只有十六名，但是精神真好。他们自己扫地、抹桌、弄饭、洗碗、打补丁。他们还脱了鞋袜，穿着草鞋种田地。昨天和今天，他们还为乡下小学生种牛痘，医秃头疮。

我很希望你和小桃多学做事。我的主张是：有书读的要做事，有事做的要读书。先生不应该专教书，他的责任是教人做人。学生不应当专读书，他的责任是学习人生之道。我要你们做有知识、有实力、有责任心的国民，不要你们做书呆子。

我平安、康健。现在已经组织两个救护队，为的是要救南京附近的人民。

爸　爸

十六年三月十七日

出自《知行书信》，亚东图书馆 1929 年版

【注释】

①标题为陶行知自拟，副题原为“给桃红的信”。

教小桃不要做书呆子[1]

——致陶晓光

小桃：

你的三月九日的信，已经收到了。知道你已经考取四年甲，我很欢喜。恭喜，恭喜。现在一般学校，只是把小学生一个个的化成书呆子。你可要学做事，学做人，不要做书呆子。做事的时候，要读什么就读什么书。书只是工具，和锄头一样，都是为做事用的。

爸 爸

十六年三月十七日

出自《知行书信》，亚东图书馆 1929 年版

【注释】

①标题为陶行知自拟。副题原为“给小桃的信”。

红十字会救护队之组织[1]

——致母亲、汪纯宜等

母亲、纯妻、渼妹、桃红、小桃、三桃、蜜桃：

前日写给桃红、小桃的信当已达到。信里有桃红的文章一篇，是经过我改的。

乡村师范现在选择了一种布做操衣，好得很。这布每匹五丈，只要四元五角，合九分一尺。我用它做了两件长褂，两身短褂裤，两套操衣，又省钱，又经穿。现寄布样两块，家里如觉合用，可以写信给我，我可以寄来。

红十字会救护队，我们组织了两队：第一队由公学[2]组织；第二队由

师范[3]组织。现在已由中国红十字会南京分会进行领取通行证，并请上海总办事处通电。各项手续办妥后，即可出发。大家都有训练，都有勇气，都是兴高采烈的。有了这救护队，那无衣无食、无家可归的乡民总可以得到不少帮助。

我平安康健，请可放心。

知　行

十六年三月十九日

出自《知行书信》，亚东图书馆 1929 年版

【注释】

①标题为陶行知自拟。副题原为“家信”。

②公学，指安徽公学。

③师范，指晓庄师范。

妇孺收容所[1]

——致母亲、汪纯宜等

母亲、纯妻、渼妹、桃红、小桃、三桃、蜜桃：

这几天南京城外的战事很激烈，但是城里秩序比从前好得多。警察和卫戍司令都极力维持地方治安，真是万幸。

公学办的妇孺收容所，已经收了三百多人。我们抱着“救人不救财”的宗旨办理，很是顺利。现在收容所里面有幼儿二十人，小学儿童九十余人，成年妇女二百多位。从昨天起，我们办了一个临时幼稚园，一个临时小学，一个临时平民学校，一个临时看书处。晚上还办同乐会，给大家解闷。幼稚园的桌椅玩具是从鼓楼幼稚园借来的，小孩们玩得快乐得很，大人家看着，可以减少心事。我现在把我作的一篇《敬告妇孺收容所来宾》寄来给大家看看。这是昨天早上五点钟时候作的。看这篇文章，就晓得我们大家在这里干事是多么起劲啊！

敬祝康乐！

知　行

十六年三月廿三日

出自《知行书信》，亚东图书馆 1929 年版

【注释】

①标题为陶行知自拟。副题原为“家信”。

晓庄学校之使命[①]

——致全校同志

乡村师范全校同志：

知行于卅一夜到沪，已十一时，四面电网密布[②]，只有邮路一条可通。遍觅住宿地点，无收容者。最后至一老虎灶，与吴夷则、张协南二君同进投宿，幸蒙接待。但经半小时之说情，已是舌敝唇干了。此处有长桌一条，方桌两张，三个人即拼铺同睡，仰面望着“三星茶园”四字。我说：“今晚福禄寿三星降临，这个茶园一定要兴旺了。”

昨今两天接洽结果，安徽公学已有解决可能。乡村师范计划且可望充分实现。深望诸同志努力合作，训练真农民使生产力与武力合而为一。我们第一步要谋中国三万万四千万农民之解放，第二步要助东亚各国农民之解放，第三步要助全世界农民之解放。这个学校不但要做中国教育革命之出发点，并且要做世界教育革命之中心。这是我们全体同志的学校，不是一个人的学校。深望大家不要因为我个人受了偶然的打击而灰心。将来的打击比这次十倍百倍厉害得还多着呢。本校既已参加农民协会，当为乡村组织教学做之实例，就是已经开始与土豪劣绅、伪农民短兵相接了。我们必须有百折不回的精神，才能达到我们的目标。

上海杀机四伏，倘使外国炮火把我顺便轰死了，这封信就算作我的遗嘱。倘诸事办理就绪，仍得生还，必当穿着草鞋与诸君共同耕种，并从事增进农民之生产力与自卫力，以为全世界农民解放之准备。

敬祝康健！

陶知行

十六年四月二日

出自《知行书信》，亚东图书馆1929年版

【注释】

①标题为陶行知自拟。副题原为“给全体同志的信”。

②指蒋介石发动“四一二”政变前的上海形势。

实际生活是我们的指南针[①]

——致全校同学

试验乡村师范全体同学：

我今天回到上海，接读四月九日手书，至为欣慰。您们植树节所做工作，正是我所希望做的。纵然我在南京，也是无以复加，怕只能减少大家的主动力。不过我这次失去参加共同种树的乐趣，委实有点可惜。

来信说自我到沪后，您们觉得生活的大船上少了一根指南针。我虽觉得我自己有好多地方可以帮助诸位，但指南针确是有些不敢当。我和诸位同是在乡村里摸路的人。我们的真正指南针只是实际生活。实际生活向我们供给无穷的问题，要求不断地解决。我们朝着实际生活走，大致不至于迷路。在实际生活里问津的人，必定要破除成见，避免抄袭。我们要运用虚心的态度、精密的观察、证实的试验，才能做出创造的工作。这种工作必以实际生活为指南针。你们能以实际生活为指南针，而不以我为指南针，方能有第一流的建树。我只是你们当中的一个同志，最多不过是一个年长的同志。

一个多月来，我不能和诸位同在炮火中奋斗，心中委实不安。但是诸位知道，试验乡村师范是赤手空拳开办起来的。经济基础很不稳固。我动身的时候，董事会只有两千五百元存款，初步工程还未结束，预算到本月只有一千元了。未雨绸缪，不得不早为之计。我这个月的主要工作，就是要为本校立一较为稳固的经济基础。此刻十成已经做到六七成，其余的要在上海进行。这个不能十分满足的好消息，谅想是诸位愿听的。现在觉得，非多设免费或贷金学额不足使同学安心求学，所以还要留沪几天，接洽此事。日内或须到杭州一行。

本海[②]弟之中山装当派人送来。王琳弟的信已另复。楚材[③]弟的信已从京中回答，收到了吗？

我近来无大变化，不过脸上比从前白些，前额的阴阳圈渐次退尽，身上多长了几斤肥肉，惭愧得很！

敬祝平安康健！

陶知行

十六年五月十五日

全校指导员及小学生处，均请代为问候。

出自《知行书信》，亚东图书馆1929年版

【注释】

①标题为陶行知自拟，副题原为“给全体同志的信”。

②本海，即程本海，晓庄师范第一期学生。著有《在晓庄》一书。

③楚材，即李楚材，南京晓庄试验乡村师范第一期学生，著有描写晓庄生活的《破晓》一书，后列入陶行知主编的《破晓丛书》。

解决经济困难[①]

——致王琳

王琳吾弟：

您的两封信，我今天都收到了。可是看看寄信的日子，令我吃了一大惊。一个多月接不到我的回信，您心里岂不焦急吗？我在您的意想中，岂不成了一个不负责任的人吗？我深信，您必能委曲地想出种种缘故原谅我，但我把您这样告急的信居然搁了一个多月，心里实在是万分不安。

您的经济困难，我深表同情，必定尽力助您成功。您所提的第一条是贷金学额办法，最有道理，可以实现。我要特别筹一笔款来做这件事。利息最好不取。您的第二条办法更令人起敬。可是这样一来，就要打破了我们惟一校工的饭碗，我心里有些不忍。我们的生命里都含有他的气力所变化的血液，他也是我们当中一个，决不可招之即来，挥之即去。我想您仔细考虑一下，也必定赞成我这点意思。此外我还想了一个办法。我们已经买了一百多亩田地，是供给学生生利之用。您要几亩就用几亩，资本可由学校借垫，出产除去费用，尽归耕种者所有。我不久就要拟订一篇《学生耕种校地办法》，使得和您情形相类的同学可以照样办理。但您不妨先行试他一试。总之，学生因经济困难退学是最悲惨的事情。平日以师生共甘苦相号召的乡村师范，见此情形而袖手旁观，也是不可思议的。我们因经济的缘故而失去同志是最可耻的。老实说，从下个月起，我也是和您一样了，半个钱的薪水也拿不到了。我预备翻书过活。日里为乡村教育努力，晚上翻书，这就是我的预定的计划。我决不想走近路。您万一没有别的法子，我每月多写两千字也够助您成功了。您放心，我们二十几个人每人少吃一口不就够了吗？

您第二封信说："试师[②]的使命原在救国，说得明白些，就是三民主义的教学做。"这句话，惟独三民主义的真正信徒才能道得出，也惟独彻底了解晓庄式的乡村师范者才能说得这样痛快，我们向前干罢。

敬祝平安康健！

知　行

十六年五月十六日

出自《知行书信》，亚东图书馆1929年版

【注释】

①标题为陶行知自拟。副题原为"答王琳弟的信"。

②试师，即试验乡村师范学校（晓庄师范）。

晓庄生活[①]

——致母亲、汪纯宜等

母亲、纯妻、渼妹、桃红、小桃、三桃、蜜桃：

知行近在乡村师范工作，快乐得像活神仙一样。整日打赤脚，穿草鞋，自由得很。昨天竟这样走进城来和穿马褂的先生们一块儿吃饭，别有趣味。大前天我们自己造了个毛厕，前天自己做了个浴堂，昨天又自己做了个厨房。明天晓庄小学[②]行开学礼，乡村医院行开幕礼。我们大家抱了一个方针：应守纪律的地方，绝对服从；应当自动的地方，绝对自由。时局太平了，家搬到南方来，一同过这个乡村生活，那就格外快乐了。

知　行

十六年六月十五日

出自《知行书信》，亚东图书馆1929年版

【注释】

①标题为陶行知自拟。副题原为"家信"。

②晓庄小学，亦称晓庄师范第三中心小学。1927年3月5日设立，系陶行知指导钱向志筹创。校址初在晓庄附近的长生庵。同年6月14日，新校舍落成，搬迁并举行开学礼。长生庵改办乡村医院。

第一次下乡的女学生[①]

——母亲、汪纯宜等

母亲、纯妻、渼妹、桃红、小桃、三桃、蜜桃：

乡村师范渐渐地走上轨道了。大家的精神十分充足，对于这个学校都抱了无穷的希望。前四天，厦门大学[②]参观团到我们这里参观，我们就拿学生做的饭请他们吃，他们觉得非常愉快。我们的办公厅已经落成，从外面看来，非常壮丽，下次照个相来给大家看看。第三小学的房子早已造成，是一座最经济、最好看、最合用的茅草棚。我们现在还要造一座男生宿舍，一座女生宿舍，一座俱乐部，为招待来宾之用。

九月一日要招女生。渼妹来做个女学生好吗？这是中国第一次到乡下去的女学生，很值得一试。

我现在平安。祝全家

平安、康健、快乐！

知　行

十六年七月二日

出自《知行书信》，亚东图书馆1929年版

【注释】

①标题为陶行知自拟。副题原为“家信”。

②厦门大学，1921年由爱国华侨陈嘉庚创办于福建厦门。1937年改为国立，设文、法、商、理、工等学院，1949年后经院系调整，成为文理科综合大学。

平等与自由[①]

——致陶文渼

渼妹鉴：

你的九月二号，即第一号，信已经收到了。你的书法进步得多，我非常喜欢。你说要从此练字，我非常希望你成功。有志而能努力，是一定可以成功的。

大桃、小桃已经上学，甚好。三桃、四桃有你教导，我很放心。

前几天我陪张伯苓、凌济东、查勉仲[②]诸先生到西湖去游了三天，精

神格外振作了。我们在刘庄看了一副对联，大家都觉得好，现在写来与你看看：

山水有清音，且问烟波容我老；

春秋多佳日，莫教鱼鸟笑人忙。

你看好不好呢？我近来也做了一副联语，自信还好，也写来请你批评批评：

在立脚点要平等；

于出头处求自由。

上联是中山先生的意思，下联是我自己的意思。脚底要站得一样齐，便是真平等。最大的不平等就是这人的脚站在那人家头上。出头处要有自由：比如树木能长到百尺的，便让它长到百尺；只能长到十尺的，便让它长到十尺。出头处有自由，才能进步，才能生存。不许人出头，或是把人家的头压下去，使得我的头看见似乎比他高些，便是侵犯人家的自由。我这副对联，得意得很。我想你一定是赞成我这个学说的。

桃红和小桃的八月廿七日的信也已经收到了，请你代我谢谢他们。桃红还有九月二日的信也收到了。

我平安康健，请母亲、纯妻和大家放心。敬祝全家康乐！

知　行

十六年九月十四日

出自《知行书信》，亚东图书馆 1929 年版

【注释】

①标题为陶行知自拟，副题原为“给渼妹的信”。

②查勉仲，即查良钊。曾任北京艺文中学校长，西南联大师范学院训导长、教授。

停止灵隐小学之进行[①]

——致全校指导

吕、邵、杨、马、于、韩、宋[②]诸位先生惠鉴：

今日接杨先生九月十一日来信，具见老成谋校，无任钦佩。

灵隐小学[③]停止进行，已详前函。知行所以不能忘情于灵隐小学，实缘于三年前之一念，今一触而不可遏，殊不可以理解。现毅然停止之故，

说来倒很有趣。直接原因，系因为杭州情形复杂；但下意识之潜因，系由于中秋日想到学种山芋之暗示。种山芋要翻藤，所以免多处安根不能长大之弊。联想到此，所以决定停止进行。次日地主出人意外地愿以廉价出售校址，居然不为所动。今接来书，喜所见相同，决照所示步骤定以后之进行。

幼稚师范院所需经费不甚多。此事系促成于鹤琴先生。我们为吸收幼稚园人才起见，不得不一鼓作气地为他办成。幼稚园的建筑费，系前省长陈陶遗先生拨的，地点系以燕子矶请，故本校即不在燕子矶办第二院，该处幼稚园也须成立。此款交下已久，若不赶速兴工，将受社会责备。且宿舍现成，办在燕子矶，比办在别处为轻而易举。幼稚园须办三处，此系第一处，办在小乡镇。试验幼稚园、小学之联络，系可以的。战事④不过是暂时的现象。晓庄须加造房子，一旦有警，可以暂移。地址较低，盖房子时应将房基填高。知行所见如此，诸先生以为如何？

叔愚先生未到校来，不胜惊异。知行回宁后，当极力劝驾。现先请效春弟代表进城，劝叔愚先生住校主持一切。我们惟一方针，要集中精神将已成之事做好了再图扩充。幼稚师范院系已成计划，倘非因陆慎如⑤先生病故，早就应该办了。照历史说，这是补办，不是扩充。

西北军⑥要用《军人千字课》，现由王琳弟代为编辑，由我指导，仍用本校民众教育研究会名义出版。续捐四千元，俟领到即回宁。

此次诸先生在枪林弹雨中维持学校勇猛前进，知行未曾稍分劳苦，至为惭愧。这种精神即是乡村教育的生命源泉。诸先生已留下不朽的令人敬爱的纪念。

敬祝平安康健！

知　行

十六年九月十五日

出自《知行书信》，亚东图书馆 1929 年版

【注释】

①标题为陶行知自拟，副题原即“给全校指导”。

②吕、邵、杨、马、于、韩、宋，指吕镜楼、邵仲香、杨效春、马绍季、于振声、韩凌森和宋鼎。当时均为晓庄学校指导员。

③灵隐小学，陶行知曾计划在浙江杭州西湖设灵隐小学。

④战事，指 1927 年北伐军到南京时，孙传芳所属张宗昌败退，至八月间，孙传芳残部渡江向南京龙潭进攻，不久被击败。

⑤陆慎如，晓庄师范指导员、幼儿教育研究工作者。曾参加筹办燕子矶中心幼儿园。

⑥西北军，指冯玉祥所统辖的军队。1925 年，冯玉祥任西北边防督办，所属军队驻于北京、察哈尔和绥远地区，称西北军。

拜金主义[①]

——致胡适

适之吾兄：

我读了您的近作《拜金主义》，万想不到您做这篇文章，会用这个题目，真可谓张冠李戴了。

这篇文章的影响，不但是矫枉过正，而且是火上添油。稚晖[②]先生所提的三个信条：第一，要自己能挣饭吃；第二，不可抢别人的饭吃；第三，要能想出法子来，开出生路来，叫别人有挣饭吃的机会。这是无论什么人都应当赞成的。但是称他为拜金主义，未免是牛头不对马嘴。这是拜己主义，不是拜金主义；是崇拜劳工，不是崇拜大拉[③]。

您说："《硃砂痣》[④]里那个男子因为贫穷，便肯卖妻子。卖妻子便是一桩罪恶。"据我的意思看来，那个男子之所以卖妻子，不但是因为贫穷，乃是因为贫穷而拜金。他爱金胜于爱他的妻子，所以拿妻子去换金。你所列举的种种罪恶——小偷、大盗、扒儿手、绑票、卖娼、贪赃、卖国——都不是单因贫穷，乃是因贫穷而拜金。穷人拜金而不拜己，乃是万恶之源。您提倡拜金，乃是火上加油。倘使人人照您的题目去充分实行，只见罪恶增加，难望罪恶减少。

您说中国人不配骂美国人崇拜大拉，我很表同意。中国人简直是崇拜银角，崇拜铜板。崇拜银角和崇拜铜板的人，当然不配骂美国人的崇拜大拉。但是，连美国人一齐教训一顿可以不可以呢？不料您反说美国"夜不闭户，路不拾遗"，是因为崇拜大拉。美国的"夜不闭户，路不拾遗"，是因为它的政教修明，科学发达，农工业进步；不是因为崇拜大拉。美国崇拜大拉的结果是"金钱结婚，金尽则离"，和崇拜银角、崇拜铜板的卖老婆是同一个妈妈生出来的。你的附注说："几个城市里自然还有罪恶，但乡间真能夜不闭户，路不拾遗，是西洋的普遍现状。"这种事实与您的断语，恰恰相反。乡下路不拾遗，是因为乡下人拜己胜于拜金，而且路上所遗几何，家家自食其力，简直是不屑拾此区区了。“城里还有罪恶”——岂仅是还有罪恶，简直是罪恶冲天——是因为城里人拜金，已经把金子拜到极点了。只须看看《每日新闻》所载的图财害命的案子，我们还忍劝崇拜铜板的中国人去效法崇拜大拉的美国人吗？至于您所说的那个老太婆，背着一只竹箩，拿着一根铁扦，天天到弄堂里去扒垃圾堆，去寻那垃圾堆里一个半个没有烧完的煤球，一寸两寸稀烂奇脏的破布，我所下的断语也和您相反。您说：“这种人连半个没有烧完的煤球也不肯放过，还能有什么‘道德’‘牺牲’‘廉洁’‘路不拾遗’？”我说：这个老太婆顶可敬。她能利用废物。她的能力小，只能保存一个半个没有烧完的煤球，就保存一个半个没有烧完的煤球。您们能力大，能保存一个半个没有侵略完的国家，就得要保存这一个半个没有侵略完的国家啊！

我赞成您提倡人人要能挣饭吃，决不承认人人能挣饭吃是拜金主义，我所以不承认的缘故也很寻常。胡适之先生有钱的时候，我固然愿意去看他；无钱的时候，我也愿意去看他。倘使我做了“拜金主义”的信徒，岂不是只能看有钱的胡适之先生，而不能看没有钱的胡适之先生吗？此外还有一个缘故，倘使胡适之先生当真成了“拜金主义”的教主，那么有钱的陶知行固然有福气听一声“请进来”，没有钱的陶知行就要尝一尝“不在家”的滋味了。适之，我不愿意您做拜金主义的教主！倘使您以为我是“迷了心头”，还请您指点指点。

敬祝康乐！

知　行

十六年九月

出自《知行书信》，亚东图书馆 1929 年版

【注释】

①标题为陶行知自拟。副题原为“给胡适之先生的信”。

②稚晖，即吴稚晖（1866—1953），原名吴朓，一九二〇年参加上海爱国学社，与章太炎等参加《苏报》工作，后任国民党中央监察委员，国民政府委员等职。

③大拉，英语“dollar”的译音，意即美元。

④《硃砂痣》，京剧剧目，剧情梗概为：双州太守韩廷凤调任东平刺史，值金兵之乱，与妻郑氏及儿子玉印失散，另娶一妇。于洞房中见妇啼泣，问之，始知妇尚有夫吴惠泉秀才，因贫卖妻。韩怜之，赠银送她还家。吴惠泉夫妻团圆，感而拜谢。后适吴外出，知韩无子，代买一子携归。韩询子身世，验其足有硃砂痣，始知即

为失散之子玉印，父子重逢。

人之所不见处[1]

——致陈昌嵩、徐企周

昌嵩[2]、企周[3]吾弟：

昨夜进城，姚文采先生谈及神策门遇二弟时，沈定一[4]先生回头一望说："试验乡村师范学生真的穿草鞋！"说时，沈先生面上颇表敬意。孔子说："君子之所以不可及者，其惟人之所不见乎？"吾校精神当于此种处下工夫，才是实在。二弟足迹所到之处，已将本校真精神留一不可磨灭之印痕，影响所及，决非吾人所能逆料。这段事，必是二弟所乐闻，亦即全校同志所乐闻。我们大家朝这个方向努力前进吧！

敬请近安！

知　行

十六年十月三日

出自《知行书信》，亚东图书馆1929年版

【注释】

①标题为陶行知自拟，副题原为"给陈昌嵩、徐企周二弟的信"。

②昌嵩，指陈昌嵩，江西赣县人，南京晓庄试验乡村师范第一期学生。

③企周，指徐企周，江苏宝山人，南京试验乡村师范第一期学生。

④沈定一，即沈玄庐，浙江萧山人，曾参加辛亥革命，1920年成为早期中共党员，1923年加入国民党。

回校与否[1]

——致杨效春

效春吾弟：

您的九月廿九日的信，昨天才得接读。令堂暑中病危，弟应当立时回家，侍奉汤药，以慰老年人望子之情。倘使我早知此事，校务无论如何匆忙，必当让您回里一行，决无强留之理。这是弟尚未完全谅解我为人，也是我未能使弟完全谅解我，所以才有不告而行的结果。这事只可怪我，不可怪您。我们深望老太太得到您的安慰，早占勿药，使您可以回校继续工

作。这是我们日夜祷祝的。

叔愚先生到开封去的影响，您是晓得的。仲香[②]先生辞职的影响，也是您所晓得的。何况吾弟与全校同志是朝夕相依，共过几次患难的人，岂有不因去就而危及学校精神的吗？您可晓得“回校与否”四个字所引起之轩然大波。全校同志精神上受这四字的打击，比受夹江战争炮声之打击，还要厉害得几百几千倍。您和同学所发生的关系，只有奶妈乳儿可以比得。您一想到这种关系，就晓得同学们和我们现在所受的痛苦。

昨天，十月二日，的确是本校最可纪念的一日。一面是蔡孑民先生来校就董事长职，他深明我们的工作的真价值，他给了我们无穷的鼓励。正在乐到极点的时候，忽然接到您的信，使我们如同从希马拉雅山[③]之最高峰跌到太平洋之最深处。叔愚与仲香之影响，您是费尽九牛二虎之力，才给他恢复过来。曾几何时，您也来演他一套，我今生已不足惜，徒苦学生，何必呢？为今之计，只得家校兼顾，等到令堂康健恢复，务望迎接到晓庄同住，实为两得。总之，本校前途，至有希望。没有您回来，即不但以前工作付之流水，以后命脉也要斩绝。您是去不得的。

陶知行启

十六年十月三日

出自《知行书信》，亚东图书馆 1929 年版

【注释】

①标题为陶行知自拟。副题原为“给杨效春弟的信”。

②仲香，即邵仲香，名德馨，字仲香，江苏兴化人，时任金陵大学教授兼晓庄学校农事指导员。

③希马拉雅山，即喜马拉雅山，在中国西藏自治区和尼泊尔交界处。

催效春回校歌[①]

——致赵叔愚等

叔愚吾兄及全校同志鉴：

知行昨夜回沪，拟于十八夜车偕萧山东乡教员二人回宁。民众画家许士骐[②]先生亦约定同来指导图画，杭州艺术玩具专家王松林[③]先生亦已快函约其于十八夜同行。倘王君同来，即须加铺位四套，嘱木匠赶速准备，十

九日早晨一定到宁。

今日致效春弟信中有白话诗一首，写与诸同志一看。效春弟本校不可一日无，须全校用力始能挽留回来，请积极进行为盼。

催效春先生回校歌

来，
来，
来，
来喂婴儿奶！
呱呱日已瘦，
奶妈莫徘徊！

知　行

十月十六日

出自《知行书信》，亚东图书馆 1929 年版

【注释】

①标题为陶行知自拟。副题原为“给赵叔愚兄的信”。

②许士骐，安徽歙县人。曾任晓庄师范美术指导员，育才学校绘画组教师。

③王松林，浙江杭州人，中学美工教师。

第一个乡村幼稚园成立①

——致母亲

母亲：

我们现在晓庄师范的生活，已经上轨道了。大家做事看书，快乐得很。新学生已经考取了八位，还有好几位要来考呢。明天幼稚园行开学礼，我们要热闹一番。儿身体虽较前稍瘦，但精神是十二分充足的。此刻天气饮食都好，每天都要加胖一点，很是可喜。

去年母亲生日，儿曾寄渼妹一书，请渼妹抄一份寄来为盼。明天开学的幼稚园，为中国的第一个乡村幼稚园，是去年发愿要办出来为母亲祝寿的纪念物。所以明天预备请小学生每人吃一碗寿面。

子云弟②在晓庄每日进步甚快。

现在天气凉了，前次寄来之棉袍，颇合时宜。现已上身了，舒服之

至。棉被也厚，晚上很暖和。

纯妻十月廿四日之信，桃红廿三日之信，小桃廿三日之信，都收到了。我将家里寄来之信都订在一本，现在已有四本了。我希望，家里每逢收到我的信也订成本子，方不致遗失。

家中字帖，除桃红、小桃需用的之外，请一并寄到南京神策门外晓庄学校为祷。先寄几本来，随后可以慢慢寄。

敬祝全家安乐。

知　行

十六年十一月七日

出自《知行书信》，亚东图书馆 1929 年版

【注释】

①标题为陶行知自拟。副题原为“家信”。

②子云弟，即曹子云，陶行知表弟，晓庄师范学生。

活的展览会[①]

——致晓庄全体同志

晓庄全体同志：

无情的船在一点钟内要把我带去了，面前陪着我的蜡烛，正在这里为我流泪呢。我是舍不得晓庄的，虽是暂时的离别却是人去心不去。

行色匆匆，对于新年的展览会竟没有贡献意见，实在是抱歉得很。我想，我们应当有一个活的展览会。活的展览会，决不是以陈列馆的物品为范围，我们生活所表现的地方，就是我们展览会的地方。最好的展览品，就是我们一个一个的活人。我们大家从现在起，要把自己彻底地改造，使自己艺术化。其次，便是我们所表现的成绩：自己做的仪器、自己种的农产、自己写的字、自己画的画以及种种心灵所流露的出品。其次，就是我们的社会，我们在社会里所表现之精神。我们从社会所得的和给社会的，都可以表现我们的精神。最好的是与农民合作之事业：合种的田、合修的路、合办的消防、合享的娱乐、合编的山歌。新年时家家贴着我们学生所书的春联，岂不是一个最好的展览吗？悬赏征集乡村春联，似是应有之准备。再次，便是晓庄自然环境之缩影：晓庄地质、晓庄昆虫、晓庄野兽、

晓庄鸟雀、晓庄农产、晓庄草药以及种种自然品。晓庄十八景、三十六景之照片是很有趣味的。题词要有诗意。最后乃是学校的展览品：学校历史、现状与计划。

好，船要开了。再会，再会。

知　行

十六年十二月二日

出自《知行书信》，亚东图书馆 1929 年版

【注释】

①标题为陶行知自拟。副题原为“给晓庄全体同志”。

晓庄并不苦[①]

——致陶文渼

渼妹：

您所寄之《双体千字文》[②]《赤壁赋》[③]及《云麾碑》[④]，都是我最欢喜的。收到后，快乐之至。家中现存之帖，妹可不寄，最好是随时浏览，眼界自高了。

我们在晓庄并不苦，依我看来，生活比别的学校要快乐得一百倍。时局稍静，深望吾妹来此一游。

母亲与蜜桃近作何游戏，能告诉我听听吗？

我近来将所作论文选编一集，叫做《中国教育改造》[⑤]，拟付亚东图书馆[⑥]出版。此书系献与母亲做寿礼的，所得版税亦悉数随时寄与母亲使用。请代禀母亲为盼。

知　行

十六年十二月三日

出自《知行书信》，亚东图书馆 1929 年版

【注释】

①标题为陶行知自拟。副题原为“给文渼的信”。

②《双体千字文》，即用楷书和草书所写的千字文。

③《赤壁赋》，宋苏轼在被贬期间游览黄州赤壁时写的赋体散文，有《前赤壁赋》《后赤壁赋》。

④《云麾碑》，唐开元年间书法家李邕（即李北海，扬州人）所书“云麾将军李思训碑”。

⑤《中国教育改造》，陶行知自编的教育论文集，所选论文年代为 1918 年至 1928 年，共 32 篇，约 9 万字。由上海亚东图书馆出版。

⑥亚东图书馆，上海出版业中出版新书刊较多的机构，为安徽绩溪人汪孟邹与其侄汪原放所经营。1913 年创办，1953 年停办。

幼稚园艺友[①]

——致汪纯宜

纯妻：

皮袍已收到，质地甚佳，袍面亦特别可爱，新年穿此，在乡间可以大出风头了。

一月一日系晓庄学校落成纪念日，将有大热闹。深望您及全家均在此同乐。幼稚园已开学，收了徒弟三人，跟着幼稚园教师学做先生，此法非常有效。时局稍静，您是可以享优先权来此学习的。

敬祝康乐。

知 行

十六年十二月三日

出自《知行书信》，亚东图书馆 1929 年版

【注释】

①标题为陶行知自拟。副题原为“给纯宜的信”。

平等与本分[①]

——致校工高大哥

高大哥：

我久想和您细细地谈一回心，只因事情太忙，不能做到，实在烦闷得很。今天在船上念到您，便要写信把我的心思使您知道。

您为人很诚实。我们大家都爱上您这一点。这是做人的根本。我希望您永久保守这个宝贝，终身做个诚实人。但是在世上做人，单靠诚实是不够的。诚实之外，还要尽本分。我们学校里，各人有各人要尽的本分。您

的本分是按着一定的时候挑水、烧锅、买菜、清理厨房和别的粗工。做这些事您应当受主管人的调度。

您现在最大的一个毛病便是顽皮，不受调度。您应当痛改。我们主张人类平等：校长和校工一律看待，吃一样的饭，一样地要尽本分。校长不尽本分，校长的饭碗便要打破；校工不尽本分，校工的饭碗也是要打破的。您可知道，这次他们开会限我二十一日前要回校，若是过期不到，连我也要受罚。您看厉害不厉害？大家能罚我，难道就不能罚您吗？我们不愿意受罚，便须尽本分、听调度。我现在不在学校里，一切由赵先生[②]做主。他要您听谁调度，您就听谁调度。

自己的本分尽了，还得用空闲的工夫帮人的忙。您帮人家忙，人家也愿意帮您忙。倘若人家请您帮忙，正在您不能放手的时候，也要和和气气地对人家说明，不可发茅草火的脾气。

您倘若诚实到老，尽本分，听调度，帮人忙，和气待人，那您便是我们晓庄理想的校工，也可以说是校工中之圣人，保您有个铁饭碗，永远打不破。您要不信我的话，那便是瓷器饭碗，随时可以打破的。我相信您是世界上一等好人，一定是肯听我的忠告的。

现在船已靠岸，不能多写。我身体精神都好，请可放心，但时常念着您和晓庄同志。好在只有十六天就可以回来了。再会，再会。

祝您和大家安乐进步！

知　行

十六年十二月五日

出自《知行书信》，亚东图书馆 1929 年版

【注释】

①标题为陶行知自拟。副题原为“给校工高大哥的信”。

②赵先生，指赵叔愚。

到开封去[①]

——致晓庄全体同志

晓庄全体同志：

知行等在郑州候车约两天，于十一晚七时乘民团军兵车赴开封，夜十

二时到。此车系该军执法处处长交涉四天得来的。我们三人和处长同在露天铁棚车里坐着谈笑，头上戴着惨淡的明月，脸上刮着锐利的霜风。行军的滋味，得尝万一，实我生一大快事。谈了一个多钟头，疲倦了想打瞌睡，便运用“在劳力上劳心”的法则，把马褂脱下，将脸儿罩住，坐睡到开封。在这种环境之下，能够睡觉，是我一生最大的福气。许、孙二先生眼睁睁地一刻儿也不能闭，只是餐风茹露到汴梁，比我是苦得多了。

这晚住天成栈，仿佛那年杜威先生游泰山时所住的小客栈一样的有趣。店伙引我们到一间屋里去，才踏进门，正碰见一位老者拿着鸦片烟具全副走出来，知道我们今晚所住的房间是这位吸烟老人让出来的。房里是充满了乌烟气。假使我们住在这里一个月，天天惯吸此气，那么回到晓庄，必定要打哈欠、流鼻涕，一身软得不能动了。后来我们觉得房小人多，有移民必要，于是我就自告奋勇换到另一间小房里去。房里也有灯光，不是美孚灯，乃是本国道地货——乌烟灯。这样，我过去了一晚。

昨早进城，中山门上写着：“一文钱都是百姓的血汗不准妄用。”我认得这是冯焕章②先生的手笔，这才是真的革命精神啊！

我现在正在这里办即日南下的交涉。深望远叨诸同志宏福，早日突出重围，好与诸君商量过年。

敬祝康乐！

知　行

十六年十二月十三日

出自《知行书信》，亚东图书馆 1929 年版

【注释】

①标题为陶行知自拟。副题原为“给晓庄同志的信”。

②冯焕章，即冯玉祥（1882—1948），字焕章，安徽巢县人。1924 年在第二次直奉战争中发动北京政变，改所部为国民军，任总司令兼第一军军长。1928 年举兵反蒋，先后爆发了蒋冯战争和中原大战。1931 年“九一八”事变后，积极主张抗日，反对蒋介石的不抵抗政策和法西斯统治。1933 年与中国共产党合作，在张家口组织民众抗日同盟军。抗战爆发后，任第六战区司令长官，旋被蒋撤职。抗战胜利后，继续与中国共产党合作，并与李济深等发起组织中国国民党革命委员会，反对蒋介石的内战、独裁和卖国政策。1946 年出国考察水利。1948 年 9 月，响应中国共产党号召，回国参加新政治协商会议筹备工作，途中，在黑海因轮船失火遇难。

一九二八年

乡村教育入川[1]

——致彭选三

选三先生：

今日接读十二月二十七日大札，令人喜出望外。知行虽然没有面领过教益，但一读先生的信，便知道先生进行乡村教育，具有百折不回的精神，心里十分钦佩。先生在第四小学内附设师范讲习所，系为空前之创举。依传统派学说，只有师范附设小学，哪有小学附设师范？前年知行著《中国师范教育建设论》，内曾有“优良小学之所在，即师范学校之所在”的梦想，如今先生竟化梦想为事实，知行恨不得插翅飞到四川一观规模。

先生问一百万人已足额否？我们自始主张自然发展，现在尚不足千人。我们以至诚之意欢迎先生加入这个小小的团体。

今天早晨未接先生的信之前，有川友数人来校参观。知行与谈乡村教育，以为中国地方广阔，民情各异，必须多立试验中心，以资研究，方能推行无弊。若以一种方法施之全国，便难免削足适履之讥。知行当时表示，四川一省至少有一个试验乡村教育的中心。倘要真正适合川东、川西、川南、川北的情形，恐怕一个试验中心还不够咧。即以敝省而论，适于皖南的办法，未必适于皖北。江苏的江南和江北也不宜一律，浙东浙西也须分别试验，方能适合各地之实际生活。贵校成立不啻为四川第一个试验乡村教育的中心之成立，我们一方面要为先生有志竟成庆贺，一方面还要为四川四千六百万的农民前途庆贺。

先生要我们代为物色一位指导员。既承雅嘱，自当介绍。但此地同学到四川去服务，有两种不甚方便的地方，一是地方情形不熟，不能适应实际生活之需要。二是离家太远，怕难久于其职；任职既不能久，自难见效。有此二难，所以与其请此地教员到四川去，不如请四川教员到此地来。我们现在有一种艺友制，倘大学程度毕业生，来校学习半年，即可襄办乡村师范。他从四川来，应知四川事，便可拿四川的乡村教育问题来搜集或共商一个解决的入手办法。只须所选的人愿与农民共生活、同甘苦，视最下层工作为最上层的工作，以最细微的事业为最伟大的事业，继续不断地用心努力，必定可以成功。万一贵处找不到相当的人，敝处或者可以就近代为物色一大学将毕业之学生，到晓庄学习半年，回川服务。但这是迫不得已的办法，最好系由先生从川中派人来学，方为实在有把握。此人来后，再以朋友交谊，邀约同志一二人一同赴川为事当较易。愚见如此，不知先生以为然否。

《乡教丛讯》不全，现拣尚存者尽数奉上，以后陆续寄呈。

乡村教育现尚在萌芽时期，尚望时赐教益，俾得进展，实不胜祷盼之至。敬颂年禧！

知　行

十七年一月二十四日

出自《知行书信》，亚东图书馆 1929 年版

【注释】

①标题为陶行知自拟。副题原为“给四川铜梁县县立农村师范彭选三先生的信”。

科学中无特别注意生物学①

——致中国科学社

敬启者：敝校宗旨，在依据乡村实际生活，培养有农人身手、科学头脑、艺术兴趣、改造社会精神之教师，以为农民服务。本年进行计划，首重科学之发展，而科学中尤特别注意生物学。其理由有四：乡村环境中，生物最为丰富，用之无尽，取之无穷，此其一；生物设备较理化各科省费，轻而易举，此其二；儿童本身实一生物，教师必须明了生物原则，方能尽其天职，此其三；儿童最喜接近生物，以生物为中心教材，必能引起学生兴趣，使其有求知之乐，而耐求知之苦，此其四。有此四因，故不实行生活教育则已，如欲实行生活教育，必自提倡生物学始。敝校师范部及各中心小学，自加入生物教材，精神顿觉生动，惟开创伊始，体验太少，暗路摸索，端赖先导。自蒙贵社生物研究所秉农山②先生，悉心指示方针，

张宗汉[③]、方炳文两先生，时加襄助，获益实多！敝校在此短时间内，能将生物学输入乡村小学，以润泽村儿枯涩之生活，并保护其固有之科学兴趣，皆贵社诸先生不倦教诲之力也！今为促进乡村科学化起见，深愿与贵社发生更密切之关系，以收合作之效。如蒙赞同，不胜盼切！至如何合作方式为最适当而有效力，亦望不吝指教。窃尝思之，科学化运动，比如大江之流，贵社为不竭大源。敝校不敏，愿引此水灌溉两岸，使石田尽化膏腴，以为民福。谨举所见，恭候卓裁、示复。此致

中国科学社

晓庄学校校长　陶知行启

八月一日

出自《行知书信集》，安徽人民出版社 1981 年版

【注释】

①标题为编者拟。

②秉农山，即秉志（1886—1965），号农山，河南开封人。曾任南京高等师范学校和东南大学、中央大学、厦门大学、复旦大学等大学教授，并与胡先骕一起创办中国科学社生物研究所和静生生物研究所。

③张宗汉，中国科学社生物研究所研究人员兼晓庄师范生物研究室指导员。

介绍一件大事[①]

——致大学生

我最敬爱的同学：

人生为一大事来，做一大事去。我现在愿向诸位介绍一件大事。本来事业并无大小：大事小做，大事变成小事；小事大做，则小事变成大事。小人居高位，如在厅里挂画像，挂得愈高，愈见其小。我们试把一部《二十四史》[②]从头数；便知道有多少人是把大事小做了。巴士德[③]当初研究那人眼不见的微生物，便好像是一件很小的事情。但是等到痨病虫发现以后，因他得救的人足足可以装满一个南京城。这是小事大做的效果。

我所要介绍给诸位的也是一件小事，不过诸位要将他大做起来，也就可以变成一件大事。请看，三家树、五家店当中办了一个小学校，在这个小学校里面当一个教员，初看起来是何等一件小事。有许多人简直当他为一件不得已而为之的职业。但是一个小学校，少则有一二十位学生，多则

一二百。老百姓送他们进学校，便是不知不觉地把整个的家运交付给小学教员。小学教员教得好，则这一二十、一二百家的小孩子可以成家立业。否则，变成败家子，永远没有希望了。所以小而言之，一个小学生之好坏，关系全村之兴衰。国家设立小学，是要造就国民以谋全民幸福。因此，全民族的民运都操在小学教员手里。德国战胜法兰西，归功于小学教师，这是人所知道的。中国之所以受不平等条约的束缚和帝国主义之宰割，追到根源，也要算教书先生为罪魁。这也是我们所不能否认的。所以小学教师之好坏，简直可以影响到国家的存亡和世运之治乱。我记得一个土地庙前写着一副对联说："庙小乾坤大；天高日月长。"小学校便有如此气魄。

这都是说小学虽小，是应当小题大做的。但是为何想到诸位头上来?说穿也很简单。要想小学办得好，先要造就好教师；要想造就好教师，先要造就办师范学校，造就教师的教师。中国以农立国，住在乡村的人民占全人数百分之八十五，约计有三万万四千万。乡下学龄儿童以四年教育计算，约有三千四百万。每位教师教四十小学生，全国便要一百万小学教师，其中乡村教师就要占八十万人。用九年工夫训练这些乡村教师，便要三万八千位乡村师范指导员，用三年工夫训练他们，便要八万五千位乡村师范指导员。晓庄学校已经决定，自本年秋季开始乡村师范指导员之训练。我们很希望抱着兴味的大学生看清国家未来的需要，早日下乡来和我们共同挑起这个担子。晓庄学校对于诸位没有多大贡献，但在下列四件事情上，情愿尽心竭力帮助大家进修：

（一）生活农民化　我们做乡村工作的人，必先农民化，才能化农民。我们与农民共生活同甘苦，才能了解他们的困难，帮助他们解决。这是《大学》[4]"新民"的道理，我们可以引导大家实行的。

（二）学术儿童化　乡村师范的职务，是训练小学教师；故他的指导员和普通中学的教师不同，必须明白儿童生活才能胜任。诸位所学的高深学问，必须向儿童需要折腰。儿童是诸位的总指导，我们只是儿童的助手。

（三）团体行动纪律化　我们民族最大的病根，是数千年传下来的无政府脾气！那凿井而饮、耕田而食的农民，连团体里都充满了这种脾气。要想铲除这个病根，非有严明的纪律，则一盘散沙之民族断难幸存，我们可以帮助大家，放弃个人的自由，以谋公共的幸福。

（四）建设工作下层化　种树栽花，要下面可以安根，上面可以出头，才有活的可能。人生如此，立国也如此。但有好些人只顾向上出头，忘了向下安根，所以枯死。我们应当明白，最下层的工作是最重要的工作。这种工作，又须彻底去干。一次，工人为我们凿井，没有挖到泉下就中止了，临行，要我写字送他。我就送他八个字："下层工作，务须彻底。"我们愿意同大家一齐下井，挖到活泉为止。

我们中国已经堕入老八股和洋八股的深渊里。抱着伪知识当宝贝的人，譬如在水里向着反光跑，愈跑愈近死路。惟有放弃虚光，才是走向生路。诸位如愿加入我们的团体，和我们共找生路，我们的诚恳请求是："出空脑袋里的伪知识。"我们又要报告我们并没有什么真知识奉送诸位。真知识是要自得的。但必须出空伪知识，才有获得真知识的可能。这是我们欢迎大家下乡时所要特别说明的。

陶知行

十七年八月十五日

出自《知行书信》，亚东图书馆 1929 年版

【注释】

①标题为陶行知自拟。副题原为"给大学生的一封信"。

②二十四史，清乾隆时，《明史》定稿，诏刊出廿二史，又诏增《新唐书》，并从《永乐大典》中辑出薛居正的《旧五代史》，合称二十四史。

③巴士德（Louis Pasteur，1822—1895），法国细菌学家，亦译作巴士特。

④《大学》，儒家经典之一，为《礼记》的一篇，约为秦汉之际儒家作品。与《论语》《孟子》《中庸》合称为"四书"。

武八股[①]

——致冯玉祥

焕章先生：

承派刘队长及六位同志多方指导，至为切实得益。人只知道中国有文八股，不知他还有武八股。寻常学校中，学了数年军事，立正、开步、举枪、行礼般般会，遇了土匪，已是闻风而逃，还谈得到御外侮吗？学军事比如学吃饭。从前军事功课好比是学举杯敬客，虽是拂桌、正位、倒酒、打躬、作揖，无一不能，但于充饥渺不相关。这叫做武八股。我们昨天一

天便学会了拆枪、擦枪、装枪、打靶，甚至于民团与土匪野战以及守卫进攻的方式，都大略知道了些。这好比是外国客人初吃中国饭，上了桌，非学会拿筷就要挨饿。他虽把筷子拿得三不像，但是只要他努力，能把筷子和饭送到嘴里，便可以吃饱。他学的虽有限，但不是空架子，乃是真本领。我们虽不能步伐整齐，但是土匪来了，便可以拿枪瞄着他们大胆射击。我们从刘队长及六位同志那里学来的，不是武八股，乃是真本领。这是要向先生申谢的。我们办晓庄学校的宗旨是要提倡真知识、打倒文八股。昨天才知道，文八股之外还有武八股。这是要希望先生把他彻底腾翻地干掉的。

晓庄军事训练开办伊始，深望借一军事家，指导数月。如蒙明日同来，尤为感激。

敬祝康健!

知　行

十七年八月十八日

出自《知行书信》，亚东图书馆 1929 年版

【注释】

①标题为陶行知自拟。副题原为“给冯焕章先生的信”。

现校中待款甚急[①]

——致王云五

云五[②]先生：

改进行补助费已汇到否？念念，前请卖公债二千，如成售否？现校中待款甚急，请急汇一千元以便应用为祷。前开来账已对过，三月卅日尊处开汇款两个一千元，校中账上只有一个一千元，想系重复，务必请查明示改为盼。知行即须北上，务请速汇，以便处理清楚，再行首途为祷。敬祝

大安。

弟拜启

十七、九、四

出自杭州图书馆“西泠印社会员作品及收藏展”

【注释】

①标题为编者拟。此信系本次新增。

②云五，即王云五，广东香山人，曾任北京英文《民主报》主编，及北京大学、国民大学、中国公学大学部等英语教授，1930年任商务印书馆总经理。

“山芋总统”[①]

——致邵仲香

仲香兄在晓庄种山芋[②]，有一个硕大无比，农民称之为“山芋大王”。我因“大王”有复辟之嫌，改称“总统”，较为摩登。不知大山芋先生以为然否？

出自邵仲香《我和陶行知在晓庄》，载《金陵大学建校100周年纪念册》，北京大学出版社1988年版

【注释】

①题目为陶行知题赠。陶行知曾给邵写了一张“山芋总统”条幅，以上为附言，原件遗失，推测为1928年事。

②邵仲香在晓庄师范担任农事指导员时，种出一个重达五六斤的大山芋。

一九二九年

由公选合格人才来晓庄学习[①]

——致韩国钧

紫石[②]先生惠鉴：

久违教范，旦夕为怀。两奉手谕，敬悉。我公以治国之望治乡，不出数年，必著奇效，瞻望前途，不胜庆幸。承嘱推荐小学教员，自当代为物色，奈春季无学生毕业；校外同志，切实有把握者，亦寥若晨星，一时难以报命。为今之计，不如由公选当地合格人才一二人，于二月中旬来晓庄学习数月，然后回乡服务，较为有效。倘急须开校，则来校一月，加以特殊训练亦可。如何之处，尚希卓裁。专此奉复。敬请大安。

知行　拜启

十八、一、十二

近来匪警屡至，忙于防卫，敬稽奉复，最为抱歉。

出自《韩国钧朋僚函札选编》，《近代稗海》第七辑

【注释】

①标题为编者拟。

②紫石，韩国钧之字。1922年任江苏省长，1924年12月暂兼江苏军务善后事宜督办。1925年1月免去兼职，同年2月辞去省长职务退隐林居。

谈教学做合一[①]

——致朱端琰

端琰先生：

第二次手书，业已拜读，只因晓庄冬防吃紧，无暇执笔，以致迟迟未

复，实在是十分抱歉。

先生垂问的几个问题，都是很有意思的。我把这些问题仔细看了一下，觉得先生的疑问，都是集中在一个“做”字上面。这是当然的，因为教学做合一[②]的理论也是集中在“做”之一字。所以必先要把“做”字彻底地说明一番，然后其余的问题，便可迎刃而解了。

“做”字在晓庄有个特别定义。这定义便是：在劳力上劳心。单纯的劳力，只是蛮干，不能算做；单纯的劳心，只是空想，也不能算做，真正的做只是在劳力上劳心。我们做一件事便要想如何可以把这件事做好，如何运用书本，如何运用别人的经验，如何改造用得着的一切工具，使这件事做得最好。我们还要想到这事和别事的关系，想到这事和别事的相互影响。我们要从具体想到原理，从我相想到共相，从片段想到系统。这都是在劳力上劳心的工夫。不如此，便不是在劳力上劳心，便不是有意义的做。

做必须用器官。做什么事便用什么器官。耳、目、口、鼻、四肢、百体都是要活用的。所以有的事要用耳做，有的事要用眼做，有的事要用嘴做，有的事要用脚做，有的事要用手做，有的事用他们三个、五个合起来做。中国教育的一个普通的误解是以为：用嘴讲便是教，用耳听便是学，用手干便是做。这样不但是误解了做，也误解了学与教了。我们主张教学做是一件事的三方面：对事说是做，对自己之进退说是学，对别人的影响说是教。做要用手，即学要用手、教要用手；做要用耳，即学要用耳、教要用耳；做要用眼，即学要用眼、教要用眼。做要用什么器官，即学要用什么器官、教要用什么器官。

一、做不但要用身上的器官，并且要用身外的工具。我们的主张是：做什么事，便用什么工具。望远镜、显微镜、锄头、斧头、笔杆、枪杆、书本子都是工具，也都是要活用的。中国教育的第二个普通的误解，便是一提到教育就联想到笔杆和书本，以为教育便是读书、写字，除了读书、写字之外，便不是教育。我们既以做为中心，那么，做要用锄头，即学要用锄头、教要用锄头；做要用斧头，即学要用斧头、教要用斧头；做要用书本，即学要用书本、教要用书本。吃面要用筷子，喝汤要用匙子，这是谁也知道的。倘使有人用筷子喝汤，用匙子吃面，大家必定要说他是个大呆子。我们现在的教育，何尝不是普遍地犯了这个错用工具的毛病。中国的教员、学生，实在太迷信书本了。他们以为书本可以耕田、织布、治国、平天下；他们以为要想耕田、织布、治国、平天下，只要读读书就会了。书本是个重要的工具，但书本以外的工具还多着呢。因为学校专重书本，所以讲书便成为教，读书便成为学，而那用锄头、斧头的，便算为做了。这是教学做分家。他们忘记了书本也是"做"事所用的工具，与锄头、斧头是一类的东西。做一件事，要想做得好，须用锄头便用锄头，须用斧头便用斧头，须用书本便用书本，须合用数样、数十样工具，便合用数样、数十样工具。我们不排斥书本，但决不许书本做狄克推多[3]，更不许他与"做"脱离关系，而成为所谓"教学"之神秘物。

二、有了上面补充的总说明，再去解答先生的疑问，似乎容易得多。我现在就顺着先生质问的次序逐一答复，然后再归纳起来，答复先生总结的三问题。

教学做有一个公共的中心，这"中心"就是事，就是实际生活。实际生活说得明白些，便是日常生活。积日为年，积年为终身，实际生活便是人生的一切。分析开来，战胜实际的困难，解决实际的问题，生实际的利，格实际的物，爱实际的人，求实际的衣、食、住、行，回溯实际的既往，改造实际的现在，探测实际的未来。这些事总结起来，虽不敢概括全部人生，但人生除了这些事，还有什么？在做这些事上去学、去教，虽不敢说有十分收成，但是教成的与学得的必是真本领。实行这种教育的社会，虽不敢必其进步一日千里，但是脚踏实地地帮助人类天演历程向上向前运行而无一步落空，那是可以断言的。

"教育是传递社会的经验"，这句话不能概括一切教育。倘若教育是仅仅把社会的经验传递下去，那就缺少进步的动力。所以与其说"教育是社会经验之传递"，不如说"教育是社会经验之改造"。教育上之所谓经验，原有两种意思：一种是个人的，一种是人类全体的。但是，经验无论属于个人或人类全体，决无超时间空间的可能。我们最多只可说，有些社会经验是不限于一时代、一地域的。经验又有直接间接的区分，这当然是不可否认的。我在《伪知识阶级》里面曾经说明"接知如接枝"的道理。我们必须有从自己经验里发生出来的知识做根，然后别人的相类的经验才能接得上去。倘使自己对于某事毫无经验，我们决不能了解或运用别人关于此事之经验。人类全体的经验虽和个人经验有些分别，但是我们必须有个人经验做基础，然后才能了解或运用人类全体的经验。

我们必须以个人的经验来吸收人类全体的经验。孔子说："举一隅，不以三隅反，则不复也。”荀子[4]说：“以一知万。”无论他是一隅三反，或是以一知万，那个“一”必定是安根在自己的经验里。自己经验里的“一”是一切知识的起点。有了这个“一”，才能收“三反”“知万”之效。《墨辩》[5]分知识为闻、说、亲三种。“说曰：‘知：传受之，闻也；方不瘴，说也，身观焉，亲也。’”闻知是别人传授进来的，说知是自己推想出来的，亲知是自己经验出来的。依教学做合一的理论说来：亲知是一切知识的基础。没有亲知做基础，闻知和说知皆为不可能。看了下面的图，便可格外明白：

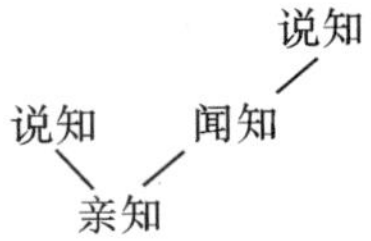

三、现在，可以具体地答复科仑布[6]发现新大陆一事了。如果我们要正确地知道科仑布发现新大陆的经过，恐怕系要请国民政府效法西班牙王拨下一只大帆船横渡大西洋才行。即使这样办，我们也不能得到完全与科仑布相同的经验，因为现在的情形和我们的同伴决不能与他的一样。我们何尝要这样正确地知道他发现新大陆的经过？即使是探险家，也不须复演这种经验；他们有更好的海船和工具，决不致发呆气去模仿科仑布。教学做合一的理论，并不曾主张普通人去模仿特殊人物之特殊事业，也不曾主张现代人去复演前代人物之过去事业。那么，我们所要知道的是：科仑布发现新大陆的大概情形和影响。可是使人知道这件事，便有两种根本不同的办法。一种是迷信书本演讲，及所有代表经验的储藏库，以为只要读科仑布的书，听讲科仑布的事，便能十分明白，再也用不着任何直接经验了。一种是确信直接经验为了解一切事实的基础，所以要想大略了解科仑布之发现新大陆，也必得要些个人的直接经验做基础，才能了解别人所写、所讲的科仑布故事，才能推想科仑布当年航海的情形、想象发现新大陆以后之影响。他运用书籍、演讲不亚于第一派，但他要进一步审查那用以了解书本上、演讲中之科仑布之个人直接经验是否充分。如不充分，他便认为他的第一责任是使学生在做上补充这种经验，然后再去看书、听讲、推论。否则，他认为是耳边风，或是走马看花，无论说得天花乱坠，或是写得满纸锦绣，都是不能接受进去的。

用以了解科仑布发现新大陆所需的直接经验是什么？这可不能一一数出，只好提要列举数种：坐过海帆船，渡过海，在海里遇过大风暴雨，受过同事阴谋加害，看过野人，在大陆上住过……诸如此类都是了解科仑布故事的直接经验。如果没有渡过海，不得已而求其次，也要渡过湖。再其次，也要渡过江。再其次，也要渡过河。万不得已，也要看过池塘。倘使没有坐过海帆船，不得已而求其次，也要坐过鄱阳湖⑦里的民船。再其次，也要坐过秦淮河⑧里的花船。再其次，也要看过下雨时堂前积水上之竹头、木屑。倘使这些经验毫无，我不知道他如何能懂科仑布之探险。

四、火星里的生活，必须到火星里面去过才能知道清楚，至少也必须有人到火星里去过，回来把火星里的生活告诉我，我自己又有足以了解这生活之基本经验，才能间接知道清楚。但是如今还没有人到过火星，那么，火星里的生活是决没有人知道清楚的。关于火星的事，现在知道最正确的，也不过是用望远镜所能看得到、用数学所能推得出的。最大的天文学家，也只能承认他对于火星只知道一点皮毛。虽然只知道这点皮毛，但教学做合一的天文学者，必定要在天文台上，用望远镜及高等数学在做上去求得关于火星的知识。万一得不到望远镜，他至少要用肉眼对着火星去考究。关于火星的书，他是要看的；关于火星的演讲，他是要听的，但他必定要得到最好的望远镜看他一看，才算甘心。不，他一有办法，必定要到火星里去与火星人共同生活，才能满足他的求知欲。

五、分子运动、原子运动、电子运动，都是科学家从研究物质上推想出来的理论，以解释种种物质的现象。我们要想真正了解这些理论，必须从研究物质的现象入手。在研究物质现象上教学做，是了解这些理论最有效力的方法。倘使真要拿分子运动里的生活来说明教学做合一，我们便可举空气为例。分子运动速率增加，便觉热；速率减少，便觉冷。我们要想明白分子运动的速率，这气候的冷热，却是一个眼面前最显明的例子。

六、飞机和无线电的知识，可分为两级。第一级是制造的知识。制造飞机与无线电的知识，都要从制造上得来，方为有效。他要在造上学，在造上教，才能一举而成。若单在书上学，在书上教，等到造的时候势必重新学过，则以前所学的等于耗费了。第二级是了解的知识。这级知识可从别人那里或书本上得来，但学的人必须有些基本的直接知识，才能接得上去。这些基本的直接知识，都是从“做”上得来。倘使没有从“做”上得来的基本的直接知识，那么，书上所写的飞机，嘴里所讲的无线电，都与学的人漠不相关。

七、有了上面的解释，我们可以说，教一切、学一切都要以“做”为基础。事实上当然做不完、学不完、教不完的。我们遇此困难，只有估量价值，拣那对于人生最有贡献的事，最合乎自己之才能需要的去做、去学、去教。那不能参加的，只好不参加；不能做的，只好不做。除此以外，还有什么办法呢？

八、牛顿[9]看见一个苹果落下，便发了一问：“为什么这苹果不向上飞去呢？”从苹果下坠推到一切，于是想出万有引力的理论[10]以解释这些现象。牛顿看见苹果下坠，便是用眼做；他从苹果下坠，推到一切，以至想出万有引力的理论，乃是用脑做了。

九、阳明[11]先生虽倡知行合一，但是不知不觉中仍旧脱不了传统的知识论的影响，又误于良知之说，所以一再发表“知是行之始，行是知之成”的言论。我现在愈研究愈觉得这种见解不对。一年前，我写了一篇文字证明：“行是知之始，知是行之成。”恰与阳明先生相反。古今中外所发现第一流的真知灼见，就我所知，无一不是从做中得来。哲学家之发明学说，及第一流宗教家之创立教义，何尝有一例外？我姑举一二人作为例证，以资说明。孔子少贱，故多能鄙事。他入太庙，每事问。晨门称他是知其不可而为之者。多能鄙“事”，每“事”问，知其不可而“为”之，便是孔子发明他的哲学的根源。达尔文[12]和瓦雷士之天择学说，不是从天上凭空掉下来的，也不是从书本里抄下来的，也不是从脑筋里空想出来的，乃是在动植物中经年累月地一面干，一面想，干透了，想通了，然后才有这样惊人的发现。耶稣基督、释迦牟尼之创立教义，也不是凭空冥想出来的。试把佛教经典及基督教《新约》翻开一看，便知道他们所阐明的教义，并不是整套地同时宣布出来。他们是在众生中随行随明，随明随传的。哲学起于怀疑，宗教起于信仰。怀疑与信仰都是应生活需要而来的。

十、初生的小孩子，便是教学做合一。做的意义，比平常用法要广得多，这是对的。但是“学也是做”“教也是做”“教育也是做”的三句结论，殊有语病。我们可以说：“做是学的中心，也就是教的中心。”我们也可以说：“教学做合一便是生活。”倘若我们赞成“生活即教育”的主张，那么，生活教育必是教学做合一的；生活教育内之教与学，必是以做为中心的。

十一、我们既以在劳力上劳心算为“做”的定义，当然不能承认身体与精神分家。自动的涵义便同时具有力与心之作用，即同时要求身体与精神之合作。

十二、教学做合一既是人生之说明，所以人人都在做，都在学，都在教。但是做错了，学与教都跟着错。怎样会做错呢？错用目的，错用器官，错用工具，错用方法，错用路线，错用力量，都会叫人做错，即会叫人学错教错。教学做合一的要求是：事怎样做便怎样学，怎样学便怎样教。革命这件事要怎样做才能成功？这是我们首先要考察的。比如分析起来，觉得要想革命成功，须有种种条件：（一）适应现代中国需要之主义；（二）忠勇、廉洁、爱民的领袖；（三）纪律严明、器械精良之武力；（四）独立发明之学术；（五）开源节流之财政；（六）训练自立爱国民众之教育；（七）联合世界上以平等待我之民族；（八）贴标语；（九）游行……假使革命要满足这些条件才能成功，那么革命教学做，便是整个地在这些事上做，在这些事上学，在这些事上教。倘若把头几项撇开，只以贴标语、游行为能事，做虽是做，却是做错了，至少也是没有效力的做了。

十三、晓庄看书的时间是有规定的，所看的书也是有指定的。但比别的学校是自由得多。我们对于书籍有一条方针：做什么事，用什么书。我们很反对为读书而读书。我们从去年就想依据生活历，编辑一个最低限度的用书目录，现在还未编成，将来编成之后，就容易上轨道了。只要谨守“在劳力上劳心”的原则，自然会从具体归向理论，从片段走向系统。但是造诣深浅，有属于禀赋的，我们固难以为力；有属于勤惰的，生活却实负有考核勉励指导之责。

十四、技能与知识是分不开的。把大家教成铁匠、木匠一样，实未足以尽教育之能事。一因为中国的一般铁匠、木匠实在是有一部分教错了。因为他们劳力而不劳心，所以技能与知识都不能充分发达。二因为他们除了呆板的职业训练以外，其余关于人生需要的教育都被漠视了。假使中国的铁匠、木匠都做得不错，学得不错，教得不错；在劳力上劳心，各方面生活需要都顾到，那么，铁匠、木匠所应受的教育，便是人人应受的教育了。王木匠要有技能和知识，也如同达尔文要有技能与知识。达尔文没有辨别物种变异的技能，便不能发现天择的学说。王木匠若没有尤克雷地[13]的几何知识，便要做出七斜八歪的桌子来。可是达尔文与王木匠有个不同之点：王木匠把知识化成技能，达尔文则用技能产生知识。不过，王木匠倘使能用知识所变成的技能，进一步去产生新知识，那么，王木匠亦成为达尔文一流的人物了。倘使达尔文停止在观察生物的技能上，而不能用他去发现天择学说，那么，终达尔文之身，也不过是王木匠的兄弟罢了。

现在归纳起来总答如下：

（一）要想获得人类全体的经验，必须教学做合一方为最有效力；

（二）生活教育就是教学做合一；

（三）教学做合一不但不忽视精神上的自动，而且因为有了在劳力上劳心，脚踏实地的“做”为它的中心，精神便随“做”而愈加奋发。

陶知行

1929年1月15日

原载《教育汇刊》第1期，1929年3月

【附录】

朱端琰致陶行知函

知行先生：

前到晓庄参观，多蒙指教，拜读大作，得益尤多，感甚，感甚。先生的精神，真令人佩服，不愧为中国的杜威。如果有十个如先生的人，中国的教育，就有希望了。

我国新教育的失败，谁都不能否认。学校成为游民的制造厂，顶好的学校，尽量地恭维，也不过是发行知识的“先施公司”。教师是掌柜的老板，学生是买货的客人。好教师在能多卖知识，好学生在能多买知识。读了几年书，把知识的罐头装满了，便算毕业。其所买来的知识，对于社会上实际的情形，相去不知数千万里。

我记得一段很有趣的故事：有一位采矿工程师，从外国回来，坐着四人大轿，到矿山去视察工程，他手指脚画，像背书一样，讲了许多方法与原理，叫工人们动手。工人们叫怪笨，只是动手不来，要求采矿工程师演试给他们看。这位先生回答说：“书上这样讲的，地上太脏了，我哪能下来动手？”其实那位先生何曾亲自动过手，不过徒晓高谈阔论罢了。

现在我国的教育界，都是不肯下轿动手的工程师，所以每年只见一批一批的游民，从贩卖知识的“先施公司”走出来，没有几个能够卷起袖子，做实际工作的人。

乡村教育，是国家命脉的关键，但从没有人注意到，尤没有人做到。先生看透了我国教育致命伤的所在，大声疾呼，边倡乡村教育，边以身作则，披荆斩棘，不顾艰难，这种精神，真令人景仰。先生为矫正时弊起见，更本乎学理，有“教学做合一”之创见。但我对于先生所主张，有数疑点，谨抒鄙见，请教先生。

“教学做合一，是教的法子，根据学的法子，学的法子，根据做的法子。事怎样做，就怎样学；怎样学，就怎样教。比如种田这件事，要在田里做，就要在田里学，也要在田里教。教学做有一个共同的中心，这个中心就是事，就是实际生活。教学做要在‘必有其事’上用功。”见《中国教育改造》139 页。

以上就是先生对于教学做合一的解释。照先生的结论，教和学都要在做上出发，且要在实际生活中做。但我们的实际生活有多少？仅在实际生活中去做去学去教，能有多少收获？社会能否有继续的、扩大的进步？粪蛆滚来滚去，也滚不出毛厕；井蛙看来看去，也见不着大天呵！

教育是经验之继续改造，是传递社会的经验。教育上之所谓经验，是超时间空间的，非仅阅历之义，是指人类全部经验而言；包含物质与精神，玄想与实际生活，价值与事实，推理与观察实验，宗教道德与自然科学。苟取其一，而弃其二，则经验必偏而不全。吾人必着眼于全体的宇宙，千古的历史，方能得全部的经验。此全部的经验，可分为直接经验与间接经验二种：Direct experience and vicarious experience。科仑布发现新大陆，我们虽然不能有直接经验，也要在代表（间接）经验中得之。此代表经验是什么？就是书籍上所载的事实。假如先生所说，要在做上才有学有教，恐怕要请国民政府效法西班牙王，拨下一只大洋船，横渡太平洋去学去教了。

“种田在田里做，便须在田里学，田里教。”是则讲火星的事，也要在火星中教，火星中学么？讲分子的运动，也要在分子运动中去教去学么？教关于飞机的知识，学关于飞机的知识，也要在做飞机中去教去学么？……教一切，学一切，都要在做一切中得来，事实上也可以做得到么？有许多事，实际生活不能参与的，不能做的，无机会做的，又怎样教，怎样学呢？牛顿之发明地心吸力，当初不过看见一个苹果坠下，其时亦曾做乎？哲学家之发明学说，宗教家之创立教义，也曾做乎？照先生讲来，小孩也有教学做的作用（答操震球之问）。是做的意义很广，学也是做，教也是做，直截了当说，教育就是做好了，学生教员等名词，也不能存在。我这样说法，先生又以为如何？

先生的教育精神，是在自动，然仅以身体的活动，才算自动，岂能涵自动的全义？精神的活动，又何尝不是自动？彼缄静密思，探原索理者，又非自动乎？如果说教育上最重要的是在做，则试问哪一个人，不是天天都在做？现在青年学子，因为革命潮流激荡，奔走工作，终日高呼打倒拥护，也可能达到教育的效能么？在晓庄的情形论，每天没有规定看书的时间，和所应看的书，在我想来，不自爱的学生，知识上的获得一定要差一点；就自爱的人，其所得的知识，也恐不能调和，而没有系统。

技能、知识，究竟是不是可以分开的东西？要求应用的技能，而不求所以应用技能的知识，如铁匠、木匠一样，是否尽了教育的能事？

信手写来，说得太长了，归纳起来，不过下列数点：

（1）教学做合一不能得人类全部的经验。

（2）教学做合一有轻视读书的流弊。

（3）教学做合一忽视精神上的活动。

（4）教育就是做，先生以为如何？

以上的问题，也许是问得太幼稚了，如果先生能提示我的疑点，给我以指教，那我是万分的感激。

原载《教育汇刊》第1期，1929年3月

【注释】

①标题为编者拟。此信初刊于《乡教丛讯》第3卷第1期，不久又刊于《教育汇刊》，在《教育汇刊》刊出时，题为“答朱端琰并致一般怀疑教学做合一者”，后收入《教学做合一讨论集》时，题为“答朱端琰之问”。

②教学做合一，陶行知的教学理论，认为教学做是一件事，“做”是中心，主张“在做上教，在做上学”，“教的法子要根据学的法子，学的法子要根据做的法子”：强调“从先生对学生的关系说，做便是教；从学生对先生的关系说，做便是学”；还要求“以教人者教己，在劳力上劳心”。

③狄克推多，英文 dictator 的音译，意即“独裁官”。古罗马共和国的非常任长官，任期不得超过六个月，任内权力不受任何限制。

④ 荀子（约公元前313—前238），战国时思想家、教育家。名况，又称孙卿，赵国人。

⑤《墨辨》，指墨家学派著作总汇《墨子》中的《经》上下和《经说》上下四篇。

⑥科仑布，通译哥伦布（1451—1506），意大利航海家。1492年起，几次率船队横渡大西洋，排除了种种困难，先后到达西印度群岛和南美洲海岸，开辟了欧洲通向美洲的新航道。

⑦鄱阳湖，在江西，为中国最大的淡水湖。

⑧秦淮河，发源于江苏溧水东北，向西流经南京市入长江。河道传为秦始皇时开

凿，以疏淮水，故名秦淮。

⑨牛顿（Isaac Newton，1842—1727），英国数学家、物理学家。他在总结前人实践的基础上建立了微积分、万有引力和运动三定律。由于他建立了经典力学的基本体系，人们常把经典力学称为“牛顿力学”。

⑩万有引力的理论，英国科学家牛顿提出，即两个物体间引力的大小与它们质量的乘积成正比，而与物体间的距离成反比。

⑪阳明，即王阳明（1472—1528），字伯安，又名王守仁，浙江余姚人。明代著名教育家、哲学家。曾提出“知行合一”“知行并进”的学说。

⑫ 达尔文（1809—1882），英国博物学家，进化论奠基人。1859年出版震动学术界的《物种起源》，摧毁了各种唯心论的造神论、目的论和物种不变论。

⑬尤克雷地，通译欧几里得（Euclid，约前330—前275），古希腊数学家。他总结前人经验和研究成果，从公理和公设出发，用演绎法叙述平面几何学。著有《几何原本》十三卷。

欢迎诸先生下乡现身说法[①]

——致田汉及南国社

田汉[②]先生转南国社[③]诸先生：

自从诸先生来到首都，城里民众唤不醒，乡下民众睡不着。唤不醒，连夜看戏，早上爬不起来也；睡不着，想看戏，路远，无钱也。诸先生以艺术天才，专攻白话剧，必能为中国戏剧开一新纪元。知行谨代表晓庄农友、教师、学生向诸先生致一最高敬礼，并欢迎诸先生下乡现身说法，以慰渴望。此地有千仞岗，可以振衣；万里流，可以洗脚。下乡一游，亦别有乐趣。兹公推陈金禄[④]、赵颜如[⑤]等三先生前来奉约，如蒙俯予接见，不胜感激之至。敬祝

康乐！

陶知行拜启

一月二十日

出自《行知书信集》，安徽人民出版社1981年版

【注释】

①标题为编者拟。

②田汉（1898—1968），字寿昌，湖南长沙人。早年留学日本。1921年从日本回国后，与郭沫若等共同组织创造社，后创办南国艺术学院、南国社。长期从事话剧创作

与演出实践。1929 年 1 月，应陶行知的邀请，他领导的南国社戏剧下乡，到晓庄学校演出。

③南国社，1927 年田汉创办的戏剧社。

④陈金禄，南京晓庄农民。

⑤赵颜如，浙江嘉兴人，曾任晓庄师范美术指导员。

制度实施不彻底之缘故[1]

——致叶刚

叶刚[2]吾弟：

接到你本月十七日的信，知道你在服务上能反省母校的办法，把母校的设施重新估量一番，这是何等宝贵的贡献啊！母校之进步，大半要靠最前方同志关于作战时所发生之疑问、困难之报告。我们接到这种亲切的报告，必定要审慎考察、分析，然后加以改革，以谋进步。这次接到你的报告，我便集中精神反省了一小时，现在要把结果回报给你，还要请你和河埒口[3]同志指教。本校分组工作之目的，在各个人按着才能兴趣实地研究，俟研究有得，然后公诸全体，俾大家都能得益。这种办法如果彻底地干下去，则每一个人可有一艺之长，而普通学识亦可在水平线以上。我反省之后，觉得这个制度的本身尚无错误，你所发生的怀疑，实因“不彻底”所致。倘使彻底地干去，则每个人可以一人所得贡献于大家，大家所得贡献于各人，何致有畸形发展之弊。我们所以不彻底的缘故约有五种，可以分述于下：（一）研究工具不够；（二）印刷工具未备；（三）有几组的指导没有充分；（四）交换心得的机会太少；（五）对儿童瞄准的同志不多。前四项须由学校行政负责，后一项可非个人努力不可。倘使在晓庄的时候，不用全副目光、精神向着小学或幼稚园儿童瞄准，出发之后，自必要遇着绝大的困难。这困难多半是由于“生手”所致。假使天天是对着儿童的需要、能力用功，那么，无论遇着什么儿童，一瞄就准，又有什么胜不过的困难呢？你看错不错？你说本校汉文进步很快。我想本校对于汉文的主张是很有效力，但是也没有彻底。文学是从生活里压迫出来的。我们至今还不能产生第一流的儿童文学，可见同志们还没有十分感觉儿童生活的压迫。你说生物学有的学校用不着。容或如此，但是乡村学校必得注重生物学。生物学是乡村学校培养科学头脑最简便、最省钱、最有趣味的学科。不注重生物，便不成为乡村学校，便在改革打倒之列。不过学生物的同志们也要多向儿童瞄准，方为有效。最后，你提及了两件事——厨师侍候添饭和晚间为导师送洗脚水——证明河埒口与晓庄生活不同。这真令人吃一大惊！我想你们决不受这种待遇。你们是有全权办理河埒口小学的，革除这种老爷架子，应当是你们上台所放的第一炮。这炮声，晓庄全体同志正在倾耳等着。祝你和楚材、剑雄④、雪云⑤成功。

知 行

一月三十日

出自《行知书信集》，安徽人民出版社 1981 年版

【注释】

①标题为编者拟。

②叶刚，晓庄师范学生，地下党员，1930 年在南京雨花台就义。

③河埒口，地名，属江苏省无锡开原乡。当时叶刚在此地任教。

④剑雄，即刘季平。

⑤雪云，即季雪云。江苏常熟人，晓庄师范学生。曾任杭州昭庆寺小学校长。

将来自有成就①

——致湘湖师范同人

发扬晓庄精神固佳，但不宜过于强调，以免发生办学的阻力。因晓庄还在试验阶段，毁誉不一，社会上对待新生事物，往往如此。只希你们能认清目标，把握旨趣，认真苦干，努力不懈，将来自有成就。

约 1929 年 1 月写

摘自《生活教育之花盛开在湘湖师范》，四川教育出版社 1988 年版

【注释】

①标题为编者拟。此函摘自《陶行知为〈湘湖生活〉题字》一文，此信所存仅为片断。

1928 年 10 月，浙江省乡村师范学校（即湘湖师范）开办。晓庄学校毕业生操震球、程本海、王琳、董纯才和李楚材等均到该校任职。1929 年 1 月起出版校刊《湘湖生活》，陶行知接读后，去信勉励，并应邀为《湘湖生活》题写刊名。

这几天过的是“救死”生活[①]

——致王西瀓

西瀓吾弟：

我这几天总想和您作一次有系统的谈话，终于不能达到目的，实在是闷煞我也。

我这几天过的是“救死”[②]生活，大前夜赴沪，前夜回宁，昨夜开会至一时，四时又须起身，有空即忙着要睡一刻。今天本想来和您谈一小时，但是身体十分支持不住，只好躺下一刻，等到醒时，已是四时，非去赶车北上不可。

自从舍妹去世，精神上受一极大刺激，公学实在无法可兼[③]。

我已经确实知道，公学连工人只有三十六位愿意到乡间去的[④]。

我已经坚决地提出辞职。大前天特来公学使您知道，但是因为不愿打断毕业礼的兴头，终于迟到今天向您报告，抱歉得很。

您的理想、计划，很值得一试。但我想不如痛痛快快地创个新学校来试，比较容易些。我不在公学，怕难实现。船要开了，只得缩短。祝您康健！

知　行

十八、六、廿四日

原件存王西瀓处

【注释】

①标题为编者拟。

②“救死”，指解救晓庄师范的困难。

③指陶行知当时仍兼任南京安徽公学校长一事。

④指当时曾拟将南京安徽公学由城里搬到晓庄附近乡间一事。

催《教学做合一讨论集》从速出版[①]

——致王西瀓

西瀓吾弟：

接读廿七日来信，似有误会。卢君[②]来时，知行立刻亲书一函，致何炳生[3]先生介绍，尊稿托其带至上海，亲自接洽较为妥当。何君亦吾旧友，不必由云五[4]先生间接介绍。现云五先生已完全辞职，一切均由何君主持。前拙著《教学做合一讨论集》，云五先生允于十日内出版，现逾期百日，尚未排印，知行亦于致何函中催其从速出版。知行深信此信一定发生效力。卢君自说三日内到沪，知行以为挂号寄稿亦须三四日可到，故烦卢君带去。但事出意料之外，昨日游燕子矶遇卢君，询其已否赴沪，彼云尚未赴沪。故不但弟稿被其耽误，即知行催促出版《讨论集》之信，亦如石沉大海。知行虽有烦恼，并未消极，对于弟事，总愿帮忙的。白珩[5]纯粹误会。辞职在我，挽留在董事会，不能因董事会之挽留致疑于我辞职之不诚。此次早下决心，一刀斩断，万无回校之理。知弟关心，并以奉闻。卢君住址未留。望直接催他到沪接洽或将函稿寄去为祷。敬祝
康乐！

知　行
十八、九、三
原件存王西澂处

【注释】

①标题为编者拟。
②卢君，即卢方聿，广东人。曾任北京艺文中学教员，后在地下革命斗争中牺牲。
③何炳生，商务印书馆编辑。
④云五，即王云五，时任商务印书馆总经理。
⑤白珩，即孙白珩，江苏人。安徽公学教员。

请介绍应孙良插入中央大学法学院[1]

——致戴志骞

志骞吾兄：

南京高等师范同学孙良，即应孙良，号企琼，曾在高师肄业一年半，在杭州法政学校肄业二年半，拟插入中央大学法学院，务请代为介绍，玉成其志。如蒙俯允，至为感盼。
专此证明。敬请
大安！

陶知行　启

十八、九、十七

原件存中国第二历史档案馆

【注释】

①标题为编者拟。

担保马纯仁无罪[①]

——致江苏高等法院

敬启者：敝校学生马纯仁[②]于五月二十一日被首都公安局拘去，近已转移贵院。查该生于十七年九月来校，勤奋异常，学业成绩极优，平时言行谨饬，毫无不法举动。此知行等所敢担保者也。是以此次猝遭拘捕，校中师生，莫不诧异，务祈贵院长秉公明察，庶几清白，学生得早日脱其罪于缧绁，全校师生实同感焉。此上

江苏高等法院

晓庄学校校长　陶知行

1929 年秋写

原件存中国第二历史档案馆

【注释】

①标题为编者拟。

②马纯仁，又名马昌实，晓庄师范学生，中共地下党员。此次担保成功助马纯仁获释出狱。

发展晓庄生物学之方针[①]

——致郑先文

先文[②]吾弟：

我现在想和你讨论发展晓庄生物学之方针。一般学校研究生物之方法，除了读死书之外，如果有实验，便是杀生。教师变成屠户，生物馆不啻为死尸陈列所。晓庄生物学应该注重养生。我们的责任在指导孩子和生

物做朋友，认识他，爱护他，研究他，等他死了再把它陈列出来，作为永久之纪念。我希望你把十分之九的经费用在养生上，造成一个生气勃勃的生物园，这是小学生物学之康庄大道。你照这样进行，是决没有错的。祝你康健，祝小朋友快乐，祝众生各得其所。

陶知行

1929 年写

出自郑先文编著《小学自然教学做》，1937 年 7 月

【注释】

①标题为编者所拟。

②先文，即郑先文，南京晓庄师范学校学生。

一九三〇年

欢迎余廷献来晓庄过寒假生活[①]

——致谢家馨

家馨[②]先生：

惠函，敬悉。

贵高足余君廷献，欲来晓庄过寒假生活，极表欢迎。请于一月二十三四来此，可也。敬颂

台绥！

弟

陶知行启

一九、一、一三

原件存中国第二历史档案馆

【附录】

谢家馨致陶知行函

知行先生大鉴：

敝科一九三一级学生余廷献，兹以臻前候教，用特商达介绍，敬祈赐予指导，照拂一切为荷。专颂

台绥！

弟

谢家馨启

【注释】

①标题为编者拟。

②家馨，即谢家馨，时任金陵大学农林科主任。

请拟定小学生免费旅行条例[①]

——致孙科

孙哲生[②]先生：

……此事确系我校学生所为，因为时间匆促，未能事先陈请批准，实在不妥。今把原传单附奉，请钧部拟定《小学生免费旅行条例》，通告全国小学试行，此亦实现孙总理民权主义之一具体措施也。

陶知行

四月一日

出自《过去的学校·忆晓庄学校》，湖南教育出版社 1982 年版

【附录】

孙科致陶行知函

知行吾兄：

今有自沪来客谈及某校一队学生，在和平门不买票乘火车，并在车上用贵校名义散发传单，十分唐突。今附传单一纸，烦吾兄查察，如属贵校部分学生所为，希加管束，不应再发生此种荒谬行动。如非贵校学生所为，定将按章依法追究，希协助为荷。

孙哲生

四月一日

出处同前

【注释】

①标题为编者拟。

②孙哲生，即孙科，孙中山之子。当时任国民党政府铁道部长。

名誉是我的生命[①]

——致《时事新报》记者

《时事新报》[②]记者：

今日贵报除披露国民政府通缉我的命令外，还登出某方传出一段消息，说是冯玉祥曾汇巨款给我，好像我们是被人收买似的，这是何等的侮

辱我们的谣言啊！

冯焕章先生是我的朋友，也如同梁任公③、胡适之、陈仲甫④、蔡孑民诸先生是我的朋友一样。他在南京的时候，曾自动捐了三千元给晓庄，造了三座茅草屋。后来他又给了一千元托我们代他自己造了一座较大的住宅，实际上用去一千五百元左右，不足之数，由捐款中垫付。故晓庄只算收了冯焕章先生二千五百元，造成甘肃、河南、陕西三馆。我们和他的经济关系只是这一点。

他离开南京之后，从五台山曾拍了一通电报给我，把他的住宅交给我支配使用。我就定为卫生部医生及党部办公的处所。我为这件事，曾写了一封信谢谢他。他北上之后，和我的来往关系，也就是这一点。

该段消息，尽是说谎。贵报没有言论自由，不便多所主张，我们并不苛责。但是，又何必宣传谎话侮辱我们呢？奉上宣言一纸⑤，希望代为披露，此信亦望登载，借作更正。如蒙俯允，不胜感激。倘贵报不披露，那便是故意使我们含冤不白，如果我有恢复自由之一日，就请您指定时间地址，若您同意，我们可以来他个麦尼劳对巴里斯之决斗⑥。名誉是我的海伦，非请您交还不可。敬祝

撰安！

陶知行

十九、四、十三

原载《时事新报》，1930年4月14日

【注释】

①标题为编者拟。

②《时事新报》，前身为1907年创刊于上海的《时事报》，后与《舆论报》合并，1911年5月改名《时事新报》，陶行知写此信时，冯玉祥正与阎锡山联合，与蒋介石进行战争。

③梁任公，即梁启超（1873—1929），字卓如，号任公。广东新会县人。清代末期改良维新的领导人。

④陈仲甫，即陈独秀（1880—1942），安徽怀宁人，中国共产党创始人之一。曾主编《新青年》，并和李大钊创办《每周评论》。

⑤即《晓庄学校护校宣言》的油印传单。

⑥麦尼劳对巴里斯之决斗，古希腊著名作家荷马的史诗《伊利亚特》，描写古特洛伊城国王的儿子巴里斯与麦尼劳之妻海伦相爱，并私携海伦回国。麦尼劳为了复仇，

得到希腊诸王援助，兴师问罪，攻打特洛伊城，围城十年未破。后施木马计破城，复得海伦。

捧着一颗心来，不带半根草去[①]

——致李友梅、蓝九盛等

友梅[②]、九盛[③]、和中[④]、达之[⑤]：

接到你们四月二十四日所写的信，知道你们用两件大衣跑了三十里路，当不得两元钱，又饿着肚子跑回学校。这件事是你们在长江北岸为乡村教育史写成悲壮的一页，亦即光荣的一页。我们是何等的安慰而又是何等地敬佩你们啊！在前一个礼拜，我们接到文采先生转来的信，即汇了三十元经常费给你们，可惜竹因[⑥]不慎，给扒手拿去了。我只希望这人需要此款比你们还切，那么我们总算对于他有些贡献了。但是想念着你们的困难，急得了不得，立刻又凑了一笔筹款寄去，谅现在已经收到了吧！请你们放心，你们要我们做的事，我们是已经做了，我们是决不会忘记你们的。捧着一颗心来，不带半根草去。你们抱着这种精神去教导小朋友，总是不会错的。

何日平[⑦]

十九、四、三十

出自孙铭勋编著《古庙活菩萨》，上海儿童书局1934年版

【注释】

①标题为编者拟。

②友梅，即李友梅，晓庄师范学生，安徽省广德人，曾在淮安县莲花街新安会馆创办新安小学。

③九盛，即蓝九盛。晓庄师范学生，曾在淮安县莲花街新安会馆创办新安小学。

④和中，即台和中，晓庄师范学生，甘肃泰安人，甘肃省第三女子中学校长。

⑤达之，即汪达之。安徽省黟县人，晓庄师范学生。1930年晓庄学校被封闭后，陶行知派他任新安小学校长。1933年10月，新安小学七名小学生组成儿童旅行团到上海旅行修学。1935年10月，新安小学十四名学生组成新安旅行团，汪达之任顾问。著有《生活的书》等。

⑥竹因，即方与严。安徽省歙县人，晓庄师范学生，为长期与陶行知共事的中共党员之一。1930年晓庄学校被封闭后，陶行知被通缉，指定他为上海秘密联络负责人，

化名方竹因。曾协助陶行知主持生活教育社及育才学校工作，编辑《师范生》《儿童生活》《战时教育》等刊物。曾参加创办浙江湘湖师范学校，任第二任校长；参与创办香港业余补习学校，任教务长和任重庆育才学校校务主任、重庆社会大学教育系教授等职。编著有《陶行知先生纪念集》《育才学校》《生活教育简述》《教育创造风》多种。

⑦何日平，晓庄学校被封，陶行知被通缉时所用的笔名之一。

一九三一年

贺六十寿辰[①]

——致辛甫世叔

辛甫老世叔：

好久好久没有向您老人家请安了，不须我担忧，您一定是有福气的。听说三月廿八日是您六十岁寿辰，我没有孙悟空的本领，否则是要驾着筋斗云来向您和老太太道贺咧。东京寿屏买不着，现在把我心灵里流露出来的一首贺诗奉请教正。千里毫毛，物轻意重；得你称赞几句，也好像是喝了寿酒了。

祝您和老太太

长生不老！

晚

村川重信[②]拜贺

约1931年2—3月

复印件存华中师范大学教育学院

附呈 贺诗一首

敬福辛甫世叔六旬大寿

天上飞来一燕子，
飞到长江便不飞。
仙鸟亦知未来事，
化作寿星娱老矶。
口吐黄泥成八卦，
神仙到处是瑶池。
老孙筋斗翻不到，
临风献颂最依依。

【注释】

①标题为编者拟。时间为编者考定。

②村川重信，陶行知被国民党政府通缉去日本后，使用的化名。

愿为新安小学托钵化缘[①]

——致汪达之、蓝九盛等

达之、九盛、和中、铭勋[②]诸弟：

接读七月十六日来信与新安小学[③]十年计划，精神为之一振。诸弟持此精神向前做去，必有成功之一日。

生活教育与教学做合一之理论，现仍继续探讨，苟有所得，必愿随时奉告。近一年来研究结果，除与达之面谈托他转达外，仍希参阅《儿童生活》[④]第三期所载之《儿童生活之中心主张》，《师范生》[⑤]第三期载之《儿童文艺研究社宣言》，《中华教育界·教育出路专号》[⑥]所载之《中国教育出路》及《教科书专号》[⑦]所载之《教学做合一下之教科书》四篇文字。从农业文明渡到工业文明，必须特别注重科学，以培养创造、建设、生产之力量。现代之教师，每人必须终生探讨一门自然科学。经费一层，现已由全体同志共负责任，这比一个人负担更为坚稳而有精神。我不是推诿。无论在何种形式之下，我必尽心力而为之，我不能说数目，因为所需的款子，不在我的直接支配之下，但我已下决心，愿为新安小学托钵化缘。诸弟宜谅解我的，是我现在化缘的力量远不如从前，所以对于筹款的观念应当具有弹性：十万不为多，一千不为少。碰巧遇了一笔遗产，则十万实不算多；倘使遇不着，则一千八百也不无小补。晓庄开校只有二千元。以后虽是量出筹入，实是量入为出。为实行计，诸弟宜有两个预算：一是最低限度，二是望达限度。总而言之，大数着眼，小数着手，是我们应有之方针。我必尽我的力量，与诸弟共同实现一个光荣的新安学校。

所拟计划都很好，只需把“发明教学做合一者审定”字样除去便可用。敬祝

全校康健！

不除庭草斋夫[⑧]

二十年七月十九日

出自孙铭勋编著《古庙活菩萨》，上海儿童书局1934年版

【附录】

汪达之等致陶行知函

日平先生：

念小草之无知，长依宝树；
比从葵之向日，终矢丹心。

就用这几句现成话来代表我们对于新安，对于晓庄，对于事业的虔诚。

新安，是晓庄的唯一的孤儿。我们对于这孤儿有很大的希望，希望他能够好好地发扬光大，永远保留着慈母的令名。而自开办以至于现在，同志之前后来此者，亦莫不以试验生活教育与教学做合一相呼号。

然而两年来的成绩怎样？这是我们不敢自问也不敢答复的。若果今后的生活仍然照现在这样苟延残喘地下去，这不唯对于小朋友有很大的牺牲，对于慈母的令名有很大的败坏；就是在这里工作的几个园丁，也无异是走上慢性的自杀之路。

然而我们的血未曾冷，我们的心未曾枯，我们要在这里继续不断地努力下去，所以最近有十年计划的产生。现在将这计划呈请指正，并有下面的两个问题，要求先生有具体的答复：

1. 生活教育与教学做合一的试验的或成或败，先生都不能辞其责，那就应该常常给我们一些切实的指导。

2. 经费的力量可以左右事业的成败，十年计划里的经费的筹措，不得不要求先生负完全之责。

十年计划之能否进行，完全看这两个问题之能否解决为断。先生是我们唯一的领导者，对于我们的要求，决不致令我们失望。所有新安的一切现状，统由达之面详，兹不多赘。望先生与达之谈话后，给我们一个书面的答复。敬祝

健康

达之、九盛、和中、铭勋
二十年七月十六日
出处同前

【注释】

①标题为编者拟。

②铭勋，即孙铭勋，贵州平坝人，晓庄师范学生，为长期与陶行知共事的中共党员之一。曾参与新安小学和新安幼稚园、劳工幼儿团的创建工作。曾任育才学校社会组主任、社会大学教授等职。陶行知逝世后，任育才学校留渝部分负责人。主要编著有《古庙活菩萨》《劳工幼儿团》《幼稚教育》等。

③新安小学，1929 年晓庄校友创办，校址在江苏淮安。

④《儿童生活》，创刊于 1931 年 4 月 1 日，共出七期。为陶行知被通缉由日本潜回上海，以筹建的“小朋友书店”作为联络点，出版的刊物由方与严等出面负责。

⑤《师范生》，创刊于 1931 年 4 月 15 日，仅出两期就因经济困难休刊。为陶行知被通缉由日本潜回上海，以筹建“小朋友书店”作为联络点，派方与严等出面负责编辑出版的刊物。

⑥《中华教育界·教育出路专号》，指《中华教育界》第 19 卷第 3 期《中国教育出路号》，1931 年 7 月出版。

⑦《教科书专号》，指《中华教育界》第 19 卷第 4 期，1931 年 10 月出版。

⑧不除庭草斋夫，陶行知被国民党政府通缉之后使用的笔名。

科学的孩子①

——致陶晓光、陶刚

问真、探真②两位小宝宝：

你们知道现在是一个科学的世界。科学的世界里应该有一个科学的中国，科学的中国要谁去创造呢？要小孩子去创造。等到中国的孩子都成了科学的孩子，那时候，我们的中国便自然而然地变为科学的中国了。

我希望你们俩从今天起，立刻变为科学的孩子。你们或者要问：“这科学的孩子是怎样的变法呀？”

你们要攀上科学树去摘几个科学果子，一吃，便会变成两个可爱的科学的孩子。我现在送你们两种书：一是小朋友书店出版的《儿童生活》；一是儿童书局出版的《儿童科学丛书》。这些书会教你们怎样攀上科学树，怎样去摘科学果子，怎样变个科学的孩子。

这些书不是给你们看，乃是引导你们玩科学的把戏，做科学的实验。如果你们藏而不看，看而不做，那就算是辜负我的好意了。

现在差不多要到冬天了，你们怕就要戴上手套吧？科学的孩子的手是一天忙到晚，用不着手套。你们向妈妈禀告说：“今年我们都是科学的孩子，不再戴手套了，请您把买头绳的钱给我们买实验的材料吧。”

我寄给你们的东西，请你们放心吃！从前买可可糖送你们，我必先吃一块，看看里面坏了没有。这次送你们的科学果子，我都尝过，请你们放心吃吧！

这些科学果子里，有几个是我亲自摘的，放在花篮里，一起送给你们。这样，我送给你们的果子，同时可以送给全国的小朋友一同尝。新时代的孩子一定赞成我这个一举数得的办法。

你们吃了这些果子，我不希望别的报酬，只希望你们每星期写一封信，告诉我玩了几个科学小把戏，做了几个科学小实验，使我知道你们是的确变了科学的孩子，抱着决心去创造一个科学的中国，我就心满意足了。

祝你们努力向科学树上攀，攀得高高的，把那肥大的果子摘下来给全世界的人吃，不要只顾自己吃得一肚饱，忘了树底下的民众。

你们的爸爸也是你们的朋友

1931 年秋

原载《申报·自由谈》“不除庭草斋夫谈荟”，1931 年 11 月 6 日

【注释】

①标题为陶行知自拟。

②问真、探真，陶行知为其次子晓光和三子陶刚取的名字。

小朋友的鸡①

——致徐企周

我最近很欢喜研究自然科学，所以接到《师范生》月刊第二期，翻到您写的《小朋友的鸡》一篇文字，便从头到尾一口气把他看完，觉得实在是好极了。您用这个初看很小的题目，竟能引起小朋友一个个地把问题像珍珠样滚下来，这是多么美丽的一种艺术呀！您抱着那“知之为知之，不知为不知”的态度来应付这些问题，也是恰到好处，钦佩得很。

我一面看这篇文字，一面觉得我自己好像也变了一位小朋友，在您班上参加讨论。我设身处地一想：假使我是您班上的一位小朋友，在这些问答之外，我还有什么请教的地方？我仔仔细细地想了一番，预备要提出两个请求：

（一）请求大家到了适当的时令便动手在学校里或家里孵鸡；

（二）请求用科学的方法探求孵鸡的道理。

教育法的演进大概可以分为四个阶段：

第一个阶段　凭先生教授，不许学生发问；

第二个阶段　师生共同讨论，彼此质疑问难；

第三个阶段　师生共同在做上学，在做上教，在做上讨论，在做上质疑问难；

第四个阶段　师生运用科学方法，在做上追求做之所以然，并发见比现在可以做得好一些的道理。

您自己在家里养过鸡，可算是已经达到第三个阶段。您的教育法在这一课上所表现的只可算是达到了第二个阶段。我看您是一位很有希望的教师，最好不要在第二个阶段上流连。您得立刻鼓起勇气，向第三和第四个阶段进攻。

我猜度您或者已经想到了后期的进展，怕是因为环境的阻碍，所以不得已停止在第二个阶段上。这，我们当然有相当的原谅。范静生[②]先生告诉我，从前京师大学[③]因为日本教习在讲堂上教学生解剖了一只羊，引起了西太后[④]震怒，管学大臣张百熙[⑤]急得入朝叩头，自请处分。这和您的孵鸡大同小异。不过在文明的上海，像“学校重地，毋许孵鸡”一类事，大概不致发生吧？因此，我劝您鼓起勇气，干他一下。

第一个阶段的教育连花也不会开，何况果子！第二个阶段的教育只会开花，不会结果。到了第三个阶段才会结果，但未必有美味。要想有美味而硕大的果子必得跳上第四个阶段。第四个阶段是教学做合一之极则，他在此处已与科学打成一片了。

试拿小朋友的鸡做个例子。孵鸡是必不可少的活动。若是养鸡两群：一群有公鸡，一群无公鸡，将两群鸡所生的鸡蛋各做一记号，孵起来看那群的鸡蛋孵得出小鸡来，那就更好了。再进一步把孵了五天、九天……的蛋，看看起了什么变化，做起一套从鸡蛋发育到小鸡的标本来，岂不是更有意思吗？再进一步试验各种鸡生蛋力及遗传之比较，在小学里并不是不可以逐渐推行的。当然，小学还有别的功课，不是孵鸡研究所，哪能尽量地干？可是孵几只鸡，做几套标本，总不能算是奢望。您是有经验的小学教师，您看我所陈述的这些意思对不对呢？希望您不吝指教。祝您领导小朋友们向大自然进攻……

不除庭草斋夫

原载《申报·自由谈》，1931年12月14—15日

【注释】

①标题为陶行知自拟。副题原为“给徐君企周的一封信”。

②范静生，即范源濂（1877—1928），湖南湘阴县人，曾留学日本，后任教育次长、教育总长，中华书局编辑部长和中国教育文化基金会董事长。

③京师大学，指京师大学堂。中国近代最早的大学。1898年创立，为戊戌变法的“新政”之一。1912年5月改为北京大学。

④西太后，即叶赫那拉氏（1835—1908），亦称慈禧太后。清末同治、光绪两朝实际统治者。1861年咸丰帝死，六岁的载淳即位，被尊号为圣母皇太后。

⑤张百熙（1847—1907），字冶秋，湖南长沙人。清末历任工部、礼部、户部、邮传部尚书等职。

如何可以不做一个时代落伍者[①]

——致一位青年小学教师

××：

接读你的信，知道你有努力上进之志，我是何等的欣慰啊！我们要不愿做时代的落伍者，必须专攻一门自然科学。自然科学是开向理想世界去的特别快车，你坐在上面，不要下来，决不致落伍。我现在也打算用我后半生之精力来专攻一门科学。我们同坐这部车儿去吧！从农业文明渡到工业文明，自然科学是惟一的桥梁。小学教师必须拿着科学的火把引导儿童过渡。不懂科学的人，不久便不能做教师了。但是有一件事你得留心，科学已经被屠户用做杀人的利器。我们应当从屠户的手里把科学夺过来。我们要教学生用科学渡人，不用科学阻人过渡。我们要拿科学来抑强扶弱。科学的使命，是要造富的社会，不造富的个人。自然科学没有成为国货以前，我们要取得自然科学上最新的知识与方法，还得精通一种外国文。这都是你要认清而必须准备的。你来，我们详说吧？

不除庭草斋夫

原载《申报·自由谈》，1931年12月24日

【注释】

①标题为陶行知自拟。

一九三二年

报告先生在晓庄自造之茅屋[①]

——致冯玉祥

焕章先生勋鉴：

沪上两次晤教时，对于先生在晓庄自造之茅屋，拟作一口头报告，因时间匆促，未能如愿。

前年四月，晓庄停办令下，知行即派可靠学生看守，一切如常保存。八月，因学生被捕数人中有共产嫌疑，政府遂下令将晓庄全部没收，学生一律离校，不离校者逮捕。因此看守尊宅之学生亦被勒离去，房屋看守无人，家具被抢一空。此时，蚕桑指导所以原借河南馆不敷应用，愿移至尊宅办理，知行私幸守屋有人，未加阻止。不久驻军前来接收尊宅，指导所出面抵抗，卒未被接收。嗣后政府捕风捉影，疑共产学生之所为皆知行所指使，即进而密缉知行。此时因友人劝告，遂去日本考察。指导所乃擅将屋前花木砍去，建起烘茧高房一座，将茅屋前景一齐遮盖。

最近有凭吊晓庄友人前来谈及此事，知行即派人前去调查，果如上述。此烘茧房虽为有用建筑，但不合晓庄建筑计划，破坏全校及尊宅布景，将来必须移建他处，以图两全。但指导所所做工作，人民尚属得益，愿公不咎既往；至此屋如何处置，尚希卓裁。中央蚕丝指导所负责人为常君宗惠，如有接洽，请派人至太平门外该所通知。先生有暇，亦望亲去一看。近来进行科学试验，一时不能来宁，余意统由勉仲[②]兄面陈。专此奉告。

敬请

勋安！

知行启

二一、一、二一

原件存中国第二历史档案馆

【注释】

①标题为编者拟。在晓庄师范创办后，冯玉祥曾自费在附近的山坡上盖了一座茅庐。晓庄师生称之为“冯村”。冯在此只有过短暂的居留，其他时间均委托陶行知代管，并任其使用。

②勉仲，即查良钊。

请收一个插班生①

——致刘海粟

海粟吾兄：

久未晤教，不胜系念。友人罗馨甫先生之女公子珊和女士拟插入贵校正科肄业，如蒙玉成其志，曷胜感激。敬祝

艺术革命成功！

弟知行启

二十一年二月廿三日

原件存刘海粟处

【注释】

①标题为编者拟。

科学要从小教起①

——致程时煃

程时煃：

久不晤教，致为想念。

晓庄是一个试验学校。晓庄本部，虽已被封两年；但是公的试验工作，仍是不断地进行着。

几年以来，我们觉得，要救中华民族，必要民族具备科学的本领，成为科学的民族，才能适应现代生活而生存于现代世界。科学要从小教起。我们要想造成一个科学的民族，必要在民族的嫩芽——儿童——上去加工

夫培植。有了科学的儿童，自然会产生科学的中国和科学的中华民族。

这一年来，我们预定编成《儿童科学丛书》百种，在今年暑假以前出齐。恰好政府已下令，准备将晓庄交还我们。我们在这次国难中察出，愈觉科学教育之重要。所以我们今后教育方针，准备瞄准向着这条路线上前进，为中华民族去找新生命。所以我们对于接收晓庄，感觉得无限兴奋与希望。

我们接收晓庄，分成三个步骤：

第一步，先恢复晓庄周围四十里的六所小学、六所幼稚园，即以此作四十里周围最经济的普及教育的实验。

第二步，在本年暑期中（自七月十五日起至八月十五日止），开办一大规模的暑期学校，专门研究儿童自然科学。定额一千人，招收大学毕业生、各师范科学教师、市县督学、各小学教师，分别研究。招收大学毕业生和师范科学教师、市县督学，是预备他们回去，到了明年，各处都有这样几个专门研究儿童科学的暑期学校出现，使一年之后，儿童自然科学的主张，即可推行到全国。科学的儿童早日造成，科学的中国、科学的中华民族早日实现。

暑期学校的生活课程，分为下列十门：

（1）儿童的生物；

（2）儿童的物理；

（3）儿童的化学；

（4）儿童的天文；

（5）儿童的地球；

（6）儿童的几何；

（7）儿童的农艺；

（8）儿童的工艺；

（9）儿童的生理卫生；

（10）儿童的科学指导。

现在，晓庄小学已经开学了，一面顾到儿童的教育，一面即负责担任筹备暑期学校。一切进行，如小学、幼稚园之经常费，暑期学故自然科学之实验工具、材料，在在需有相当的经费，才能推行顺利。明知国难当头，经费来源不易；惟因国难当头，愈益觉得立国根本之教育，更有从速举办的必要。我兄谋国心长，救种虑远，定能赞同是举。对于经费一层，务希酌量帮助；遇有青年教师富有研究儿童自然科学兴趣，而且有志救国大计者，务请劝导保送来学，勷此盛举。章程随即寄奉。

第三步，恢复师范，就原有之初中、高中、大学各部，逐渐恢复，充实内容；并拟添设研究所，加以高深研究，使它能成为研究乡村教育及儿童科学之泉源。

详细办法，容后奉闻。一切均请随时指导，俾生活教育得以发生效力。是所至盼。

陶知行

三月十八日

原载《教育周刊》第110期，1932年4月11日

【注释】

①标题为编者拟。此信系本次新增。

关于科学教育[①]

——致庄泽宣

泽宣[②]吾兄：

久不晤教，至为想念。

晓庄是一个试验学校。晓庄本部虽已被封两年，但是它的试验工作，仍是不断地进行着。几年以来，我们觉得要救中华民族，必须民族具备科学的本领，成为科学的民族，才能适应现代生活，而生存于现代世界。科学要从小教起。我们要想造成一个科学的民族，必要在民族的嫩芽——儿童——上去加工夫培植。有了科学的儿童，自然会产生科学的中国和科学的中华民族。这一年来，我们预定编成《儿童科学丛书》百种，在今年暑假以前可以出齐。恰好政府已下令准备将晓庄交还我们[③]。我们在这次国难当中察出，愈觉科学教育之重要。所以我们今后教育方针，准备瞄准向着这条路线上前进，为中华民族去找新生命。所以我们对于接收晓庄，感觉得无限兴奋与希望。

我们接收晓庄计划，分成三个步骤：

第一步，先恢复晓庄周围四十里的六所小学和六所幼稚园。即以此作四十里周围最经济的普及教育的实验。第二步，在本年暑期中（七月十五日至八月十五日）开办一大规模的暑期学校，专门研究儿童自然科学。定

额一千人，招收大学毕业生、各师范科学教师、市县督学、各小学教师分别研究。招收大学毕业生和师范科学教师、市县督学，是预备他们回去，到了明年，各处都有这样几个专门研究儿童自然科学的暑期学校出现，使一年之后，儿童自然科学的主张即可推行到全国，科学的儿童早日造成，科学的中国和科学的中华民族早日实现。

暑期学校的生活课程，分为下列十门：

一、儿童的生物；

二、儿童的物理；

三、儿童的化学；

四、儿童的天文；

五、儿童的地球；

六、儿童的几何；

七、儿童的农艺；

八、儿童的工艺；

九、儿童的生理卫生；

十、儿童的科学指导。

现时晓庄小学已经开学了。一面顾到儿童教育，一面即负责担任筹备暑期学校。一切进行，如小学、幼稚园之经常费，暑期学校自然科学之实验工具、材料，在在需有相当经费，才能推行顺利。明知国难当头，经费来源不易。惟因国难当头，愈益觉得立国根本之教育，更有从速举办的必要。我兄谋国心长，救种虑远，定能赞同是举。对于经费一层，务希酌量帮助。遇有青年教师富有研究儿童自然科学兴趣，而且有志救国大计者，务请劝导保送来学，襄此盛举。章程随即寄奉。

第三步，恢复师范，就原定之初中、高中、大学各部，逐渐恢复，充实内容，并拟添设研究所，加以高深的研究，使它能成为乡村教育及儿童自然科学之泉源。详细办法，容后奉闻。一切均请随时指导，俾生活教育得以发生效力。是所至盼。

敬祝

康健！

弟知行启

二一、三、廿二

原载《教育研究》（中大）第35期，1932年

【附录】

庄泽宣复陶知行函

知行先生：

十年未获手教，昨忽接华函，承示科学救国意见，甚佩甚佩。科学救国几为国人有识者的共同意见，但如何可使科学在中国文化与社会生活中发生活力，确有研究之必要。七十年前科学的势力初入中国时，中国即感到其力之盛而应受其洗礼。但自传兰雅以至于推士所介绍之科学与科学教育，皆不免有强扯活拉之诮。文化基金在国内六中心地点设科学教席已将六年，近亦知其失败而宣告结束。此外提倡科学救国者不胜枚举，然皆未尝与人民生活发生关系。两年前文化基金曾召集科学教育会议，敝所同人不揣愚陋尝草有意见书（见本刊第十一期），“以为在中小学施教无论何科均宜以下列二原则为选择教材之根据：一、从实用到理论，二、从近的到远的”。因此主张科学教育宜以博物学为主。其理由为大多数民众不与理化之应用生关系，而与大自然则时时接触，且中国地广物众，许多自然产物为他国所无，若研究之，一方面可增加爱国心，一方面可贡之于万国学术界，况欧西科学的发轫实出于自然科学的研究。迩者弟又草《中国民族的出路与中国教育的出路》一文（本刊第三十三期），以为空谈科学救国无补于事，从中小学或训练科学师资入手，恐仍不免流于洋八股的一途，唯一方法在应用科学解决民生实际问题。此则鄙意以为最好一方面努力乡村改造运动，在此运动中以科学方法经营合作事业（有华洋义赈会在河北之成绩可为前车之鉴）及推广农业改良（定县所举办的事业中以此为最大贡献），一方面在努力开发边疆，初从农牧入手，继及于矿产及制造，此二者均可应用“教学做”原则去推行，不必取学校形式。晓庄对于“教学做”的提倡及打破学校形式与修业程序，均为有识者所共赞。但若容弟不客气地批评，则晓庄之败，败于扩充太快。弟忆前曾参观三次。首次远在开办之初，弟与厦大同学数人到晓庄，所吃之饭半生不熟，当时全校不及百人，设备极陋，而精神最奋发。第二次在成立后第二年，则人数已超过三百，饭却煮得很好，但已形散漫。忆先生曾询及弟对于晓庄感想，弟曾告先生一切进行勿太急进。至第三次参观又在一年以后，则人数增至五百余，而离心力亦更大，弟深虑将有“问题”发生。果不久先生即被学生压迫离校，后先生虽回校而终于为政府所解散。“往事已矣”，今后卷土重来，则窃以为前车之鉴，不可不慎。晓庄虽由先生一人之力维持，然初系改进社之试验学校，且尝受文化基金补助，可称为教育界之公物，故弟不敢缄默，敬作逆耳之忠告。弟以为恢复周围四十里的六所小学即以此作最经济的普及教育实验是极好的。但大规模的暑期学校则有弊无利。暑期科学师资讲习会已由文化基金与数大学办过几次，成绩不过尔尔，晓庄若办，恐更不及，且“大规模”更有害。弟尝以为中国社会的生活仍以人与人的关系为本位，无法治的训练，则大规模的生活必有弊害。试看一切实业小规模时均欣欣向荣，规模一大未有不失败者，学校更不必论。向者晓庄之败，即败于扩充太快。至恢复师范弟亦赞同。但人数必严加限制，最多不过二百人，如此训练方可集中，一班出校后再招一班，庶可养成优异纯洁之校风。质之高明，以为何如？承征鄙见，且知先生素无成见，不耻下问，故敢冒昧直陈。又自先生南下主办晓庄后，教育改进社即无人过问。去夏弟乘赴平之便，曾约大年、西澂诸兄同往一观，殊为叹息。该社本由教育界同人发起，且得文化基金之补助，一方面征集研究资料，一方面招待国外专家，实国内不可少之机关。先生若无法兼顾，似宜另推主干，早日恢复。若晓庄范围缩小，以训练师资人才普及乡教实验为鹄的，则先生亦未尝不可抽出一半时间，为改进社尽力，辅以若干事务员，不难照旧进行，幸先生为全国教育界一考虑之。至关于科学在教育中的功用与位置，近漱溟先生在《村治》二卷八期中有极精到的言论，或亦可供先生之参考也。拉杂乱谈，幸知我谅之。复颂撰安！

弟庄泽宣

二一、三

先生等所编《儿童科学丛书》前已由儿童书局寄来十余种，仍盼续赐。

出处同上

【注释】

①标题为编者拟，内容与前信大体相同。

②泽宣，即庄泽宣，曾获美国哥伦比亚大学教育学士。回国后任厦门大学教授。时任中山大学教研所主任。

③1932 年 2 月 22 日，国民党内政部宣布取消对陶行知的通缉令，并决定发还晓庄师范（后称晓庄学校）的校产，但发还计划并未执行。

养生非杀生[①]

——致郑先文

先文吾弟：

前天路上遇着秉农山先生，便约他到一位朋友家中，谈了一点多钟。我将小学生物学注重养生而不杀生的意见请他指教，他对于我们的主张十分赞同。他说达尔文晚年屡次上书政府，请求保护生物。英国现在生物研究所要捉一只虾蟆，也要有护照才行。农山先生自己的孩子，有一次弄了一只乌龟在家里玩，他怕这乌龟的老命要送在孩子手里，便乘孩子出去的时候，把乌龟放在塘里去。科学社的生物学助手，讨白老鼠到家里给人家玩，总是被他拒绝。他甚至于主张未来的科学要发明人造肉，绝对禁止杀生。我们在这一点上完全同意。

从前晓庄小学特别注重生物学，这是大家知道的，但是有几步路是走错了。我这里举一个例子和大家谈谈，以免再蹈覆辙。一次，小学生捉了一串一串挂珠似的虾蟆子，我想，总有几千粒。老师们教学生养在一个六尺长、三尺宽、一尺深的铁池里（这白铁池是我定做来煮铺板灭臭虫的，大规模地肃清臭虫还以这法子为最有效。臭虫、蚊子、苍蝇在没有停止侵略以前，不能以我们的养生主义做护身符）。过不了几天，池中便是一片漆黑，虾蟆子都变成蝌蚪，人山人海在池里乱冲着。大家看了都以为好玩。我独觉到那些蝌蚪是在尝着中国的滋味，他们是有人满之患，找不着出路。但是我那时科学兴趣没有现在浓厚，又忙得很，不能及时为这些小虫找条生路。果然，他们是大难临头。一天，我看到池里是空空如也，问老师们蝌蚪都到哪里去了？他们告诉我是自己死了，死得精光，一个活的也没有，所以摔掉了。作孽罢！我现在回想到这回事，它在我脑筋中的印象是留得太深刻了。假使中国教育已经普及，而所普及的是我们当时的那种教育，怕不要多少年，虾蟆是要绝种了。这件事从此便成了我考虑儿童生物学的出发点。假使我是一位小学教师，带着小朋友在大自然里观察，看见塘里有一串虾蟆子，我一定教小朋友留心观察。宇宙是我们的学校，这个池塘里便是我们的虾蟆池。我们要看虾蟆子变蝌蚪，蝌蚪变虾蟆，虾蟆又生子，就时常到那里来观察好了。从远的池塘移到近的池塘来未为不可，但是要如抱着我们自己初生的孩子一样小心，决不能把整串的虾蟆子捉到课堂里来养。如果要在课堂里或试验室里养几粒，那必定是以养几粒为限。这几粒的生长条件，必定为他们准备齐全，可以使他们由子长到蝌蚪，由蝌蚪长到虾蟆，一代一代地传下去。我们有什么权利可以牺牲虾蟆的生命来给我们玩把戏？你们觉得这些意见如何？祝你们

康健！

陶知行

二一、四、一一

出自郑先文编著《小学自然教学做》，1933 年 7 月

【注释】

①标题为编者拟。

晓庄儿童科学暑期学校，志在必行[①]

——致程时煃

程时煃：

晓庄儿童科学暑期学校，志在必行。

《儿童科学丛书》到六月底，可由儿童书局出到一百种。这些书，是弟等八人在这一年中，一面实验，一面编辑的出品。主旨在先做实验，后述原理。学生必须手脑并用，才能领略书中之实益。暑期学校，即以此丛书为小学教师补习儿童科学之根据。

弟等深信，培养科学的儿童，为建国根本大计之一；已下决心，破釜沉舟向前干去。素知吾兄赞同晓庄主张。如蒙加以援助，最为感盼。

晓庄四十里周围之六小学、六幼稚园，亦拟在最近期间内恢复，以为实验普及教育之根据。现在，小庄小学、小庄幼稚园业已开学，学生八十人。燕子矶幼稚园正在恢复中，不久当成事实。小学、幼稚园必须将一所一所的经常费（每所每月自七十元至一百元）筹定，才能恢复。现在是筹定一所，即恢复一所。

暑期学校所需经费，在实验、工具、仪器、材料等，约需一万元。

贵厅前有补助晓庄之议，如果现在可以实现，于晓庄之发展，当为极有力之援助。万一公家一时无法可设，亦望在私人或其他方面设法接济，共成盛举。

陶知行

三月十九日

原载《教育周刊》第110期，1932年4月11日

【注释】

①标题为编者拟。此信系本次新增。

《儿童科学丛书》能引导儿童从事科学的工作[①]

——致教师、家长和小朋友

爱用《儿童科学丛书》的教师、家长、小朋友：

我们编辑这部书的目的，在引导小朋友把自己造成科学的孩子。科学的孩子必得动手去做，用脑去想，所以这部书是科学的孩子实验、观察思想的指南，而不是静坐在那儿"诗云子曰"一样地读书。如果买了回去，读而不做，做而不求做之所以然，那便是违背我们编书的宗旨了。

但是这些书不是单为小朋友编的，凡是幼时没有学过科学的成人，都可以像小孩子样从头做起，即是从头学起。倘使您是位学贯中西的教师、家长，也别轻看这些书。它们能够帮助您去引导孩子们从事科学的工作。您每天自己先玩一两个把戏，玩成功了，再教孩子们一起来玩，一起来谈，一起来想，不消几个时候，您便变成了一位科学的教师，科学的家长，而您的孩子便变成了科学的孩子。

孩子有很小的，有很大的，有能看书的，有不能看书的。千万不要让文字挡着科学之路。会看书的大孩子，自己可以依着书上所画的路线去追求。那年小而不认识字的，可以先玩科学把戏，等到大一点再看科学的书。我们把已出版之四十册，将小标题提出，略依年龄、学级排列。

幼稚生系指四五岁的孩子。他们有一些科学把戏可以玩，但绝对不可教他们看书，连字也不必勉强他们认。低年生系指六七岁的孩子。他们不但能玩许多科学把戏，并且还稍认几个字，但不可勉强他们看书。中年生系八九岁的孩子，可以教他们一面干些合乎他们的能力的实验，一面开始教他们用书。高年生系指十岁以上的孩子，如果小时没有失学，这些书只要有一本字典，便可以自己看得懂了。这些须教他们不以看书为满足，必在实验上去追求真知识。我们这样分类，也不可把它看得太呆了。聪明的

幼稚生何妨顺便认两三个字。笨的高年生也不必苦苦地要他看书。科学把戏只要玩得成功，玩了一个便想玩第二个，并且说得头头是道便算满意。若能独出心裁干得与书不同，这孩子在将来便有发明创造的希望。至于暂时能否认字看书，并无重大关系。我们决不可因他不能看书便不教他实验。

有了以上的说明，你们便可以拿下面所列的表做教导孩子的参考。幼稚生、低年生、中年生、高年生的自然科学的一部分的课程便可以假定试验，随时修正。

假使您有四十位学生要教导，您可以挑选几位富有科学兴趣、才能的学生做您的助手。您与小孩们在科学的生活中共同参加了一两天，便可以使您有知人之明。小学生决不会推诿。您得了几位助手可就事半功倍了。

有些实验所用的工具，只是家常用品和一些竹头、木屑、芦秆、洋铁筒、酱油瓶、破布、烂棉花罢了，用不着多大经费。先把这些实验干了，一面共同省吃俭用生产，随时添置工具去干其余的实验。

如果每样工具只有一套，那么四十位学生就有分配的困难。这也可以有个法子解决：每四人分一组，共分十组，同时有十种实验进行，每组轮流地干，干完十种再换。您若有几位助理，加以特殊指导，这个办法便不难行得通。

中年生、高年生须有实验记录簿，将每个实验的情形写一篇报告誊在簿上。应列的细目是活动名称、工具、材料、画图、做法、论理等等。这个簿子是必须有的。教师对于幼年生、低年生、中年生、高年生都该各有一本考核簿，登载每一个学生一学期所干的科学活动。

全书有什么错误，我们所建议的方法推行出去有什么困难，诸位教师、家长、小朋友用这些书时有什么心得，都希望大家提出具体的例子随时指教，以备汇齐，修正重印，作为全国同志更进一步之参考。

陶知行

二一、四、一七

原载《儿童科学指导（三）》，上海儿童书局1933年版

【注释】

①标题为编者拟。

贺先生抱开辟的精神出治琼崖[①]

——致伍朝枢

梯云先生大鉴：

顷吴涵真先生持大札来谈，敬悉先生抱开辟的精神出治琼崖，深为岛民庆贺。

民国十四年弟与任叔永先生再度游粤[②]，在广州备领教益，具见关心人民福利，克继秩公遗风，谛听之下不胜钦佩。今本此宗旨，集中人才从事琼崖之建设，不但关系一岛之兴隆，其影响所及，全国当于斯取法。瞻望南天，曷胜欣幸。

承嘱来琼襄办乡村教育，曾考虑至再，弟以晓庄已经政府下令发还，正拟重新建造。责有专属，无法分身；精神赞助，义不容辞。涵真先生有下乡决心，又无教育界传统观念之束缚，实为开创乡村学校不可多得之才，尚望加以便利，助其成功。俟教师物色齐备，学生已经到校，弟当来琼一游，贡其愚见，借领教益。至于计划，尽可通信讨论；如有垂询，无不献其一得以供采择。

弟两年以来，鉴于中国科学不振，固由于中学以上之科学教育偏重书本，亦由于小学抹煞自然科学，不能教导小孩用手与脑在大自然里去追求知识，故约集同志数人躬亲实验，并将实验结果编成《儿童科学丛书》一百种，今夏出齐。现已出版四十种，志在引导家长及小学教师培养科学的儿童，以立创造科学中国之始基。现托涵真先生带上一部，尚希指教。外附《中华教育界》二册，登载《中华民族之出路与中国教育之出路》及《教学做合一下之教科书问题》，二文皆为弟最近之主张，务望不吝赐教。专此奉复。敬祝

康健！

弟陶知行　启

二一年四月二五日

复印件存华中师范大学教育学院

【附录】

附录一：伍朝枢致陶知行函

知行先生大鉴：

久仰大名，未亲謦欬。就谂蜚声教育，士论翕然，甚感甚感。弟承乏琼崖特别区长官，不日赴琼任事，该岛孤悬海外，风气未大开通，教育犹在萌芽时代，筚路蓝缕，煞费经营。闻执事年来在宁办一晓庄师范，成绩斐然，不知能否屈驾南行，指导一切。兹乘吴君涵真赴沪之便，特托顺致一函，希为察照，专此。顺颂

近绥！

伍朝枢

廿一、四、八

附录二：伍朝枢复陶知行函

知行先生大鉴：

顷吴君涵真南旋，袖出云笺及尊著多种，均经祇领。并谂台端将重新于晓庄之建造，暂难南下，夙慕之忱，益劳瞻系。承慨允精神赞助，并于晓庄布置就绪后来琼一游。跫然之音，窃复欣幸。晚近教育不振，言之可痛。大教所谓在于自然科学之教导不得其法，诚能洞烛症结。《儿童科学丛书》一百种，分别门类，蔚成巨观。科学文字，每病晦涩，今乃以显浅之笔，状难达之情，使儿童易于了解，苦心卓识，钦企何穷。《中华教育界》刊载之鸿文两篇，亦经雒诵。以后如有撰述，尚希源源见惠，俾获先睹，至所感盼，专复鸣谢。祇颂

著安！

弟　伍朝枢

二一、五、十八

【注释】

①标题为编者拟。此函由广东省档案馆发现，由何国华提供复印件。

伍朝枢（1887—1934），广东新会县人，号梯云。伍廷芳之子。1931 年 12 月，国民政府划琼崖（海南岛）为特别行政区，并任命伍朝枢为该区行政长官。他委托吴涵真奉札赴沪，邀请陶行知来海南主持乡村教育试验区。陶行知与吴涵真晤谈后，遂写此函托吴面交于伍。

②任叔永，即任鸿隽，中国科学社的发起人之一。

儿童科学暑期学校计划经费未曾筹足[①]

——致教育新闻记者

教育新闻记者先生：

今日读贵报登载晓庄消息。这只是同人两个月前之希望，于今几乎成了梦想。

儿童科学暑期学校计划，因经费未曾筹足，只向少数朋友报告过，至今不敢发表。照我们现有的财力，儿童科学暑期学校名额，只能容纳六十人。除每省区分配二人外，已不能招生。

晓庄周围四十里之小学、幼稚园，也只恢复了两所；房屋、田地、图书、仪器，尚未经政府正式点交。故一切进行，一时实无从着手。

深恐国人读到今日披露的消息，按图索骥，只见四大皆空，未免失望，故急急说明。

《儿童科学丛书》，是由儿童书局出版。现已出版四十册。贵报误为“儿童图书馆”，请一并更正。不胜感激。敬请

撰安！

陶知行

原载《申报》，1932 年 5 月 20 日

【注释】

①标题为编者拟。此信系本次新增。

你的研究方法要有一些修正[①]

——致台和中

和中：

您的信收到了，我在这里看出无限的前途。每人抱着一门学问终身研究，不令间断，总不致没有贡献。不过你的研究方法要有一些修正。您必须以大自然为您的生物园，才有丰富的收获。比如研究昆虫，最好是预备一块地方，让它长些野草，昆虫自然要来游玩。世界最著名的昆虫学家法布尔（Fabre）便是这样研究。比如养鸟，与其把它们关在笼里，不如多栽树木，引鸟飞来做客，冬天设巢供食，夏天设盆洗澡，都是招待鸟客的好

方法。威钦笙（Wilkinson）研究上海鸟，便是运用这些秘诀。蛙的研究最好是在塘里、田里举行。你可以从蛙子看到它变成蝌蚪，蝌蚪变成虾蟆。若捉在瓶里，百分之九九变不成虾蟆就要死光了。鱼也是要在塘里养，河里养，海里养。兔子养大给人剥皮吃肉。它又不害人，如何这样残忍地待它？最少，学校不该提倡。养鸡生蛋，养鸽生蛋，是不是能行？我自己是吃蛋不吃鸡，但也不彻底。生物园的问题多着咧，我们都得考虑又考虑。你至少要把生物园的栅栏大开而特开。你至少要把三五里半径以内之池塘、田园、草场、树林、河流、山洞、天空都包括在您的范围里。如此，您便能取之无尽，用之无穷。私人的花园以及家庭中之生物小生产营业，都不能划在化外。您学校里可以一无所有，而实在是无所不有。这种种做到以后，再把那路远而具有代表性之动植物，选择几样培养在学校里，那是可以做的，而且是不可少的。但是培养这些生物，一定是要把一切供应合乎它们各个的生活条件。养一个小猴子必得当自己的小宝宝养。否则生物学便会变成死物学。三周纪念[②]，自然学园有些小款寄来。其他同志也有一些寄来。我看您那生物园的梦总是做得成功的。因此我要把我所知道的一些意见贡献给您。您说学校里工作忙，不能常出去，不能常到大自然里去。我有些不懂。真教育是在大自然与大社会里办。不能常到大自然里去，还能算是生活教育吗？祝你们领导小朋友冲锋到大自然里去追求真知识。

梧　影[③]

二一、五、三〇

原件存南京晓庄学院陶行知先生纪念馆

【注释】

①标题为编者拟。

②指新安小学成立三周年纪念。该校创立于1929年6月6日。

③梧影，陶行知笔名之一。

改日再趋前会商[1]

——致张一渠

一渠[2]先生：

承约餐叙，至为感激。但因两星期前上海各大学同人约弟于今晚七时开讨论会，无法前来领教。弟有话与先生畅谈，改日再趋前会商。敬祝

康健！

何日平

二十一、六、七

复印件存华中师范大学教育学院

先生姓名多更易，民二十一以政见关系，被国府通缉，化名何日平，此函足资印证。嗣通缉令取消，仍用陶知行原姓名。迨民二十四，更名行知，寓先行后知之意。张一渠记。

【注释】

①标题为编者拟。此信系本次新增。

②一渠，即张一渠，浙江余姚人，曾创办儿童书局。

全民族五大训练[1]

——致徐笃仁

笃仁先生大鉴：

你的六月二十三日的信，给了我们许多鼓励。丁柱中[2]校长和我们创办儿童科学通讯学校的宗旨，是要把我们自己教导小孩子的知能，同时贡献给全国的教师、家长、小朋友。一方面是将愚者一得之见公诸同好，另一方面是如同小学生写了一篇文章，希望大家指教。中华民族要想不灭，必须全国一致，举行五大训练：（一）普遍的军事训练，使人人有卫国的武力；（二）普遍的生产训练，使人人有造富的技术；（三）普遍的科学训练，使人人有格物致知的本领；（四）普遍的识字训练，使人人有沟通精神的工具；（五）普遍的民权训练，使人人知道中华民国是四万万人的国家，老实不客气地做起国家的主人，以造成名实相符之中华

民国。这五种训练，缺乏一种，都不能造成健全之民族，以适应于二十世纪的世界。儿童科学通讯学校，是普遍下层科学训练之发端，我们十几个人是下了决心，要把它开出一条路来，但是要想完成整个民族之普遍科学训练，必得由全国的教师、家长、儿童、青年、民众一起起来，把自己造成一个个手脑双全的科学工人，前途才能放出光明。先生垂询儿童将来的幸福，具见远虑，不胜钦佩。鄙意儿童将来的幸福，要建立在当前的生活中。当前的生活，是最重要的生活，不可一天放过，不知高明以为如何？敬祝

康健

陶知行启

廿一年六月廿四日

原载《时事新报》，1932 年 6 月 26 日

【注释】

①标题为编者拟，原题为“全民族五大训练之一——陶行知复徐笃仁的一封信”。

②丁柱中，安徽省怀宁人。法国巴黎大学电机工程师。曾任晓庄师范指导员、劳山中学物理教师、安徽第一中学教导主任。

团结起来自己干[①]

——致胡同炳等

你们来学习[②]自然是好事。但是，你们还有二百几十个同学怎么办？晓庄附近有成千的孩子怎么办？为着你们都有学可上，我教你们一个办法，那就是团结起来自己干——会的教人，不会的跟人学，边教边学，这样不就是一所很好的学校吗？

1932 年 8 月

出自胡同炳著《南京儿童自动学校十年努力记》，四川教育出版社 1989 年版

【注释】

①标题为编者拟。此信为片段。

②胡同炳等二十多位小学生联名写信要求到上海的“工学团”去学习。

教育史上的一个创举[①]

——致胡同炳等

你们不要小看自己做的事，你们这个学校[②]是教育史上的一个创举，是了不起的大创举！

1932年10月

出自胡同炳著《南京儿童自动学校十年努力记》，四川教育出版社1989年版

【注释】

①标题为编者拟。此信为片段。

②在陶行知的鼓励和帮助下，胡同炳等在南京晓庄附近的佘儿岗办起了佘儿岗小学，于1932年9月4日正式开学。

创办幼稚园纪念慈母之爱[①]

——致孙铭勋、台和中

铭勋、和中：

接读你们的信，敬悉你们要创办一个幼稚园来纪念慈母之爱，这是再好无比了。这个幼稚园办成以后，每个小宝宝的生活里都反映出两位老太太之遗爱。小宝宝一代一代的欣欣向荣，即两位老太太万古不朽。达之信里已提及陈鹤琴先生慨捐一百元，明年一月三十日出款，由竹因寄来。最低限度开办费虽有着落，而经常费用，亦须预为之谋，方为久远之计。余意以培养当地聪明慈祥之妇女充当幼稚导师为最良之策。我在徐家角已小小试行，成效殊可乐观。铭勋对于幼稚园较余经验更丰，当能事半功倍。余创燕子矶幼稚园而不能守，半因大局所关，半因村外之太太小姐终属痛痒无涉。你们决不可踏此覆辙。开始就须多多培养当地人材，庶能垂之久远，不致人存政举，人亡政息。不知以为然否？敬祝

淮安小朋友幸福无疆！

两位老人长留慈爱在人间！

知　行

十一月二十五日

出自孙铭勋、戴自俺编著《晓庄幼稚教育》，上海儿童书局1934年版

【注释】

①标题为编者拟。

【附录】

孙铭勋致陶知行函

知行吾师：

燕子矶幼稚园的开办，不是为着纪念陶老太太的六十寿辰吗？

我的母亲，还没有到得六十岁，已经在我隐潜着的预料中死去了。关于她的死，我是负得有直接催促的责任，无限的悲哀的火焰将永远地燃烧于我的心头！

我对于幼稚教育的决心，数年来虽未消除，但事实上已成了不着边际的游魂野鬼了！我现在要把我已经死去了的母亲遗留给我的生命，完全拿出来献给儿童，一方面又为着新安的发展与此地社会的需要，决在河下大街上开办一所幼稚园。街上本有学校的几间房子，原租给别人开面馆，现在可以收回，因陋就简地修理一下，预定于明年三月十五日开学。

要求您帮助的，就是经费。人的方面，当然也有问题，但现在且慢谈吧！开办费的预算，最多一百元，最少六十元，交款的期限，最早十二月底，最迟一月中。

达之至沪，想已有口头上的商量，我现在再写上一信，望给我一个有把握的答复，则我当于十二月中离淮，在寒假期内为这件事情去尽力。

和中的母亲也死了，他亦愿意将他对于母亲的悲哀，转移到幼稚园方面去。

肃此，敬祝

健康

生　铭勋

一九三二、一一、一九

出处同上

【注释】

①标题为编者拟。

拟向贵局卖稿[①]

——致舒新城

新城先生：

兹有潘一尘先生著《孩子们的呐喊》与唐君文粹著之《教学做合一之系统研究》二书，拟向贵局卖稿。现由一尘先生前来接洽，尚希与之商谈为盼。

敬祝

康健！

陶知行启

二一、十二、十三

出自《收藏现代名人书信手迹》，中华书局1992年版

【注释】

①标题为编者拟。

一九三三年

以穷人之礼治丧[①]

——致陶文澄夫人

文澄[②]弟媳：

接奉手书，敬悉婶母灵柩将于三七后安葬。蒙嘱开具外间男丁八字，具见慎重之意。当将来信禀告老母，慈谕只求坟地干爽，有黄土，死者安则生者自安，八字可无庸开来。现在热河[③]、榆关[④]告急，战事旦夕发，人民将益不聊生。来意要将祖母、叔父一同安葬，立意甚善，奈款不易筹措，只得先葬新丧，老丧缓至以后进行。吾家寒甚，有丧愿以穷人之礼治之。三年前吾妹亡于晓庄盛时，余亲为治丧，蔽以素衣，藏以松棺，祭以清水，哭以热泪，一切虚礼均废，亦甚悲哀。吾国婚丧喜庆，大率是做戏给人看，往往弄得破产。故婶母之丧，亦宜以穷人之礼奉治，虚礼可省即省。三日内当再汇四十元来，以应急需，尚望节哀珍重。

大伯手书

二二、一、四

原件存安徽歙县博物馆

【注释】

①标题为编者拟。

②文澄，即陶文澄，陶行知的堂弟，曾到晓庄工作，后因患病回乡，不久病逝。

③热河，旧省名，1956 年撤销，分别并入河北、辽宁两省及内蒙古自治区。

④榆关，即山海关。

永久办法现已筹得几条[①]

——致汪达之、孙铭勋

达之、铭勋：

现汇上叁拾元，敬祈查收。这次迟迟寄款，实在是因为困难万分。我也知道，你们到万不得已时，可将幼稚园开办费稍稍垫用以济眉急。永久办法现已筹得几条，你们是已经知道了。第一，介绍稿件一律捐十分之一。第二，同志共同乐捐。这两项进款平分给新安[②]与三新，每月总可望得百元以上，似可维持上年预算，现已分头进行。第一位是陆静山[③]先生，他已实行捐出代售稿费十分之一，即十五元。我和竹因介绍稿子的时候，可以要求局方优待，所以著者并不吃亏。王省三[④]已允月助十元，徐企周月助五元，夏德琴[⑤]月捐十元。如全体同志都能如此踊跃，并能如数实行，则两校经费可以无忧。敬祝

康健！

知 行

二二、三、十八

出自汪达之编著《生活的书》，上海儿童书局1934年版

【注释】

①标题为编者拟。

②新安，指新安小学，当时由汪达之、孙铭勋等经办。

③陆静山，江苏无锡人，曾任晓庄师范指导员。1949年后任人民教育出版社小学语文编辑，《小学生》字典主编。编著有《晓庄歌曲集》《乡村小学开办法》等书。

④王省三，浙江人，晓庄师范学生，后于1939年在桂林工作，任晓庄研究所干事。

⑤夏德琴，晓庄师范学生。

介绍戴伯韬《儿童科学故事》[①]

——致王云五

云五先生大鉴：

久未晤教，曷胜悬念。现戴君白桃[②]有《儿童科学故事》一册特为介绍，如蒙收买印行，当与儿童有益，白桃君近年研究儿童科学颇有心得，

所写文字亦合儿童心理。专此介绍。敬祝
康健

弟陶行知启
二二、六、三
藏于华夏书信文化博物馆

【注释】

①标题为编者拟。此信系本次新增。
②戴白桃，即戴伯韬。

几条办学意见供您采择[①]
——致汪达之

达之吾弟：

昨天铭勋来信转述新安小学近况，我看了之后，在百忙中先写几条意见供您采择。

一、认识每一位徽州旅淮同乡，在最近给我一个名单。

二、在淮安之董事，请将他们的台衔开来，我预备每一位写一封信给他们。

三、县长、教育局长之姓字亦请开示，以便通函。

四、捣乱分子亦请将其领袖之姓名、地址开来，以便相机应用。

五、董事会必须开在淮安，我写信征求姚先生[②]及程修之先生意见，看二人中谁能来淮主持开会。

六、办学须重视客观条件，不能存丝毫之主观成见。即理论亦从客观事实产生方为有效，前曾托铭勋转达，尚望特别注意。我发此言不重在批评既往，而重在指示未来。可是，我国人之习惯素不重视客观条件。所以，就要一意孤行置客观条件于不顾，就要和光同尘完全拜倒在客观条件之下。我们是犯了第一个毛病，即我有时也难免。

七、新安错误之一，在将会馆之钱悉数用以办学[③]，对于常人重视之所谓好事一概不管，因此怕是大部分同乡对于我们也无好感。结果，捣乱分子乃敢乘新安之孤而施其破坏之计。我们精神之所失，乃远超过物质之所吝。我自始即主张，拨若干为同乡之无告［靠］者养生送死之补助。从前主持者置若罔闻，乃造成今日孤立无援之形势。以后解决怕非注意这事不可。

八、徽属小孩在小学上课者几人？在他处小学上课者几人？失学者几人？请在可能范围内大略询问询问。今日已托纯才[④]寄上三十元，以资应用。对联三幅，日内寄来。倘有需要，可以再写。我对于新安不是欠了解，乃是不干涉（包涵不助长）。我希望新安在自由的环境中发荣滋长。敬祝

康健

陶知行

二二、八、五

出自汪达之编著《生活的书》，上海儿童书局1934年版

【附录】

汪达之致陶知行函[⑤]

行师：

信是早该给您写，然而病了，将近半月，尚未能恢复，迟到现在。天渐凉爽，再有半月，又要开学了。给您信，是不能再迟了。

新安已定本月十六日开学，现在人的方面只我与由校供给伙食的小朋友四人，和自费伙食的两人，共七人住校。

教师，只我一人了，本来上半年也只就是我一人，力量很单薄，但这有什么办法呢？我只有积极地从两个年长些的小朋友身上找办法了，上半年就是采用这个办法的。

幼稚园之停办，已由铭勋面陈，兹不再赘，但有一言，幼稚园之不办，非为社会之不可与有为，为全盘计，不得不暂停，说来话长，留待后叙罢。

此信之使命，有以下诸问题，有须立即予以解决者，有须逐求解决者，统希早予赐复！使心有所安。

敌人，就是从前和我们打官司直到苏州高等法院第三审判决驳斥了的那班坏蛋，现在是改弦更张，别谋途径，伪组校董会，大张旗鼓地向我们挑战了。六月里，他们确向县政府蒙呈批准，复向教局呈请，教局以前校董会未经呈请撤销，未予照准。但他们如何甘心，上月尾又蒙呈教局，但教局批，有候饬汪校长查复办理。

第五年计划，印成的两页，事隔两月，已发现力与愿违的地方很多了。现在是缩成只求下半年这半年的一个计划，将前计划中之可实现者，

务必在这学期内能实现。

关于经费，我们希望于吾师者更不敢有丝毫的奢望了，因为那是要失望的。

（1）经常费，按月最低仍要照寄三十元，以作饭食、灯油、纸张、邮费和其他杂用。这是不够的，但可收点租息补充。今年已闹旱荒，能有几分收成尚不可知。

（2）修理建设费。

（一）要开水井一口，约二十元。（二）有一处屋子将坍塌，和两处围墙将倒，拆卸和修理皆不容缓，约须四十元。因为时间不够支配，不然可以自拆自修要省二三十元下来。（三）要装玻璃和地板，约须一百二十元，这是寒天要办齐的。每年寒天屋不避风，是够寒伧的了。窗门已于去年修好，今年才付清工钱。地下太潮湿，必得铺板。并非过求安全的缘故。

（3）图书工具费：（一）要定几种杂志和参考书；（二）儿童用教科书；（三）民众用教科书。合约五十元。金木工用具也在三十元上下。

除按月照寄的三十元外，这以上开到的约共三百元以内，盼能陆续筹寄！

（4）开办民众夜班。

这是应地方需要，下半年自十月中旬，拟即开学招生。预算全班全期用费为十五元到二十元，总以力求节省而合适用为原则。

（5）解决吴家迁让问题。前次他们托人出来，要我给他三十元，就可让出了，但那时没有此一笔余款，就搁置了。如不设法请其迁让，也会遗心腹大患的。要是亲眼见着他们兄妹住在校内和进出行动的人，一定会感着不安的。一星期前，他的儿子，现在本县公安局做稽查员的，来看他父亲，说了一些要与我们为难的恫吓的言词。他是个要不得的人，自任公安局任务以来，受其敲诈的不知有多少人了。我十二分地担心，平空的要提防人是最苦的，然而却不能不提防。他们都搬出去了，坏蛋就无来的机会了。此外尚有两问题，都属于为地方着想者。

一是属于提高地方经济力量的。学校附近有蒲田，年出蒲草数千担，合清淮两县出产，数量可观，近为销路停滞，旧货充斥，新货又日渐囤积，价落一半，只四千文一担，尚无人问。蒲田户经济之恐慌可以想见。前曾以可否制纸询《时事新报》馆，已得答复甚详，披露于该报七月廿五日致《时事新报》函栏，能供造纸原料之问题已决。但如何促成投资及设厂经营之问题，究如何可决？论交通，运河小轮直达镇江，费时间大约一昼夜，水小，两夜一昼，总算便利。这关系地方经济，吾师将何以促其成功?

二是属于娱乐的。内地无高尚娱乐之机会，而至常聚集数百人于一恶劣的小戏场中。民生之志趣奈何不日庸且劣！我计划于校舍西边空地，辟一露天影戏场，每星期或两星期开映一次电影，间插以儿童表演的话剧，和通俗的各种演讲。这于地方的影响是很大的，去岁来沪，于临行之前夜，在通信学校内曾与吾师一谈。当时吾师之兴甚豪，且谓将有汽车、飞机以助在内地工作者的便利。或为经济情况所不许，但先后求其实现，是为必要。沪上现有教育电影机关之组织了。此问题之解决，第一，如何取得一架电影机和发电机；第二，与负教育电影机关交涉无资的流通周转影片，就可解决了。比吃饭问题次要的娱乐，亦是民生问题之最大者。吾师将何以助成之?

新安之根本问题，是在如何能开展生产事业。新安本身之无惊人的进展，因他的病症太多了。我可算是较长期的褓母，知之较切。但还不敢自认观察无遗。他是有先天遗传的（败血症），又有后天营养不足的（贫血症）。二症俱发，是会死亡的。然而它还活着，从它的外观，是一天一天地大，一天一天地新的活着。

墙和圆门的工程已成功，那最后的成功，是属于放暑假后住校的六个小朋友的努力。我们为赶砌这座墙，每天趁早凉，四点钟就起身了。工程是完成了，各得着成功后的愉快。有几次我感到倦了，但一改阅他们有进步的生动的日记，我又忘倦了。

下半年的新安，大班学生，不轻收，宁缺毋滥。小班，由两个年长的小朋友负责，尽量招收新生，并设法加增名额。

将现有园田一齐开辟种菜。除供自吃外，还要分其余出售。

设法补助无力供给其子弟之家，使其能由校供给伙食，逐求达到自食其力的地步。

我认定新安不是义务教育性质的学校，它应该有它要负的使命。这话，十九年夏吾师也曾说过。

上半年的新安一切，留待面陈，只有面陈才可亲切。上半年除说明要从“在劳力上劳心”去实验生活教育的话外，并无开空头支票的事。我一人主持小学，铭勋主持幼稚园。两位女先生都是参加幼稚园工作的。但四月中走了一个，五月中又走了一个。经常费是三月份后，每月由沪汇寄三十元，租息分文无着。借贷和设法向教局将二十年度拖欠未发的一百元，折成八十元取来用了，共用去二百余元。吃饭的嘴，合起来有两尺长。要用的东西，必要的尽量添置，难关是挨了又要挨。现在，是我又开了一些支票给您了。我之能否兑现，是要看所要求于您的准备金怎样为断了。

力，在我身上的，总求用出来才痛快。

希望于吾师者，也求不遗余力。

最好，是到新安来一趟，百闻不如一见，我希望您和其他关心新安或怀疑新安者。

从别人传闻略有所知的事，我请您把他抛弃了，那是会有变成误解之虞的。

务请赐复！我计算日子等待着。敬祝康乐！

达　之

1933，8，2，午

出自汪达之编著《生活的书》，上海儿童书局 1934 年版

【注释】

①标题为编者拟。

②姚先生，即姚文采，当时任安徽中学校长。

③指坐落在淮安县河下镇的“新安会馆”（新安小学的校舍），会馆有少量固定收入。

④纯才，即董纯才，晓庄师范的学生，曾参加陶行知创立的自然学园、儿童科学通讯学校的科普等工作，1949 年后曾任教育部副部长等职。

⑤原题为《新安的根本问题，是在如何开展生产事业》。

新安小学的自卫的生路[①]

——致汪达之

达之吾弟：

来信所提议之路线决不可走，否则坠入魔道，万劫不复。遇事以数学解决之。数学的方法是：2 加 2 等于 4，何能以 2 加 1 相混？您如此手忙脚乱，我未免有些担忧。达之，我们必须在大路上行走。新安小学的自卫的生路，依我看来是如下所述。新安小学自始是旅京徽州同乡与旅淮徽州同乡合办的[②]。两处同乡联席会议产生校董会，再由校董会聘请校长。经费是一方面议决将会馆产业悉数充作办学基金，一方面由旅京同乡担负经常费之不足，其实是大部分。以法说，上述议决早已立案，屡次法院批示均

已保证。以事实说，旅京同乡每年担负经费在五百以上（请查阅五年来之总数）。双方合组之学校岂能由单方面改组？况且参加倡议改组之人乃学校之敌，是否徽州人尚须彻查，故我们的基础还是立得住。万一要改组也须双方会议。未改选之前，原董事会系管理学校之最高机关。请你把这个意思，先与在淮校董谈清楚，共同负起责任来。你得赶快将这意思向县长、教育局长说明，以免多生枝节。铭勋说校友已有二百多人，是宜组织校友会、家长会，共同护校，声势力量都要大些。有几位旅淮徽州同乡，请在淮校董所知调查列一清册，以待后用。请你把县长、教育局长之姓、名、号开来，以便通信。如铭勋记得姓名，我今日下午必有电致县长，说明新安系合办之意，不能由单方违法擅改。敬祝康健!

陶知行

二二、八、六

留淮校董天任、幸伯、鹏云、子衡诸先生请即代达一切。

出自汪达之编著《生活的书》，上海儿童书局 1934 年版

【附录】

汪达之复陶知行函[③]

行师：

昨接五日手书，顷自城内归来，又接六日手书，细读之下，知吾师关怀新小甚切，故即作复。

前书提议董事会事，幼稚殊甚。当时，病稍愈，而又情急如焚。及今思之，深觉可笑。吾师疑为手忙脚乱，而即加指示至感!

关于董事会，吾师所说，已极明白，毋庸多赘。兹将有关之数事条述于下：

（1）旅淮同乡。我是一来淮安，即着手于此，但是令人灰心，如是渐渐地而至于废然而止了。但我还以为是自己的交际本领太差。后来有机会和此地的几位校董谈起，他们的答案说，你莫问起，有点钱的是胆子太小，他生怕您沾了他的边的；无钱而自好者，谁又有闲管这些闲事。我们虽都住在淮城，问起我们能认识几个徽人就不多。有几个，是店家。那都是胆小，怕管闲事的，如是我明白了。第一，落籍既久，也就失了组合的需要了。第二，有碗饭吃，谁肯多管闲事。如是好人背着手，恶人背着走。为了这赘疣的馆产，致攘夺纷扰而有十余年之久，闹来闹去，节目单上，不多不少，还是那么几个名色，就可以知道了。伪董事会，仍是他们

的把戏。

但最近拟对此事下一点切实工夫，即从户籍上查明，几个捣乱者是否为徽属？徽属尚有多少人？如有所得，即以奉告！

（2）县长张赞巽（荟甄）君，常州人，年纪四十余，甚优柔。从其整顿公安局一事看，颇愿把事做好些。履新才近四个月，我曾和他谈过一次话。有旧的书生气。

教局长牛万青（梦选）君本县人，中公学生，年近四十。有一次当我面骂勤务，破口如贩夫走卒，语多不择。近批候饬汪校长查复核办，已半月而指令查复的公事犹无消息。今天特往教局，传达说并无公事下来。打算如有公事来，即说明白：一、董事会系京淮同乡组织；二、伪董事会系前与学校为难之二三无赖之所为。

（3）董事会宜于何地开？吾师可早决定，并希事前予以指示。

新安的生机，是在披荆斩棘，排众难而缓缓向前进。它是在特异的环境中生长着。吾师对它生长的状态，因为时空的限制，是很欠了解的。这是事实，而不是理论。请听我说明一段最近事实，来证罢。前天（七日）吴俊卿的孙子果然来了。到晚不去，通知不睬，如是亲去访本镇长，守他吃了饭，从黑地里走回来。结果，由镇长转圜保证次早即去。昨日太阳西偏，仍不去，乃复函知该镇长，直待天将黑了，镇长来，即去催促。回来答复，表示无能为力，请另谋补救之法，而吴孙子即扬言迟几天要将家眷搬进来。镇长自去。良久，莫知所措，如是又冒黑（月亮尚未出来）跑到很僻远的驻镇公安局去。幸好约了一位校友同去。公安局巡官是和他父亲很要好的朋友，所以到了那里很熟悉。守了半天，巡官给找回来了。述明来意，他觉得有些留难，想挨到明天。我以利害关系而委婉的言词责成了他，推托不掉了，这才说，您须办份公函来。我立即答应了，这才匆促赶回，时已夜九点半。真要倚马可待，所幸意简文短，途中已有腹稿，回校立即写就，着小朋友三人送去。约一小时半，来一队长，两警士，交涉半小时，吴孙子始离去。临行即又扬言，要和我打官司。今早即有同情于他的出来宣传，说是您们来办学是人家请来的，现在您们反客为主，反而要赶人家出来，成何话说。连所谓镇长者，虽未明言，而声色之间，也充满着这样的情调。昨天给公安局的公函，是根据王振宇长淮的批示。这批示是说，据高等法院令，勒令吴俊卿迁让。论理是应该连所有住在校里的，都可借此机会勒令迁让的。但考量的结果，没有那样做，仅将其已迁出而复作盘踞的孙子，押令出校，而社会之反感已如此了。他如四年来之讼事，我们本都处于被告的地位。别人告我们侵占，我们到庭答辩，而社会之传说，只见新安小学和人打官司，表示鄙弃，不屑与有为似的。其实，他们都是环境的驯服者，没有一个可以有为的。但他们的论调，同情于同一意识下的共鸣，却有力量。

还有，十九年晓庄的事件，影响也极大。他们始终是没有一个人能明白晓庄的。然而一说到新安，就联念到晓庄。隐隐中就看做是和洪水猛兽，或者是包含着有令人不敢亲近的一般。

但同时，却又极端相反。如江苏省第十二区地方教育指导员，却又批评得和一枝花似的去报告教育厅（这是去年曹天任君告诉我的，在《淮城日报》登载过，我因回家没有看见）。今春在教局为交涉二十年度的欠款，与本地乡间的几位小学教师晤面。他们听人介绍说我就是新安校长，都个个肃然起敬地问，可就是地方指导员嘉奖的那个新安小学。当时我确实有些惭愧。此外，尚有淮中的几个教员，每见必称赞一番。但我自己，是有自知之明的，我总是惭愧地报之一笑。有一次到清江淮农去参观，有位皖北人，任蚕桑主任，他见了我的名片的头衔，沉思了一下说："贵校可就在淮城莲花街？前次自淮城里坐船到河下，经过贵校，他们指着告诉我，这里有你安徽人办的一个小学，很有精神，当时没有空去参观。原来就是汪先生在那边主持。"尊敬的笑貌和热忱，使我忘记了来时的苦痛，因这次到清江是看高等法院的批示的。批示胜利了，还有半日的余闲，匆匆草草吃了午饭，去到淮农参观的。此外，也常听到邻近淮安的几县的小学教育界，对新安的神秘的敬慕的事实，这都使我异常惭愧，没有好的事实拿给人看，因为始终就没有充实过力量。

"财力"是在二十年秋才有安静的够维持的把握。这半年，极力的撙节，而完成大部分的修理。破败的神的权威区，焕然改观了，渐渐引起附近人来注意，才渐渐明白是从别的地方拿了钱来用，而不是来霸占会产的。但又发生误解了，他们又以为我们是有钱的了。朱晦庵说："教学者如扶醉人，扶得东来西又倒。"现在中国，至少有百分之八十五以上的主人翁，尽是这辈扶得东来西又倒之辈。人力的不充足，更是使我们感到有无穷的遗憾。我们也都可算各有其能，各有其力的。然而始终就没有过好好地各尽其能，各尽其力。

我要提前说明的是，我们从没有闹过私人的意气，而致将要做的事没去做。但其主要的原因（一）是受经济的支配，（二）是受时代病的反映。此去彼来，彼来此去者，完全受制经济的压迫。有继续两年以上者，只我和铭勋两人，而铭勋又始终是病态的。我是始终承认，他是我在教育的事业上仅存的惟一的朋友。然而他就不能好好地把他的力量用出来。我没有这股力量来转移他了。但我是更希望比我的力量更大，而经验更丰富，更能同情于他这样不幸的病态的人，来帮他，促他快一点渡到安全期。然而又无疑地这件事的重担子，或许只有吾师可以担得起了，这是最富有教育意义的事。望吾师即加注意！新安生长的内在是如此，他的发荣的可能在哪里？这是谁也无机会了解的事实。

新安并没有在他主张上碰到了多少意外，这是我们要从历史去分析去了解的。

吾师对新安的生长现状，是不无欠了解的，上面已经说过。受了时间和空间的限制，经历的困难事实，连我自己也记不清那许多。这次在两三星期的病中，回忆四年来的往事，才找寻出来一些自己都忘记了的事实。别人之不能尽明了新安，自是意中事。

欠了解，而自觉是了解了，自必成为误解。所以吾师对新安由希望而入于失望，由失望而冷淡了。这是我最引以为不安的。更铁一般地指学生愈来愈少为不努力不长进的惟一理由，更使我痛心而入于灰心了。

行师，我的小病已渐好了，不过我明白了这样的健康，还担不起这样人生的担子，我还要积极地加以锻炼。我的生命的烈焰又在燃烧起来了。但要请您注意，这并不是因为连接了您的两封手书的缘故，而是因为这几周来，住校的六个小朋友生活现象，给予我以激励的缘故。前两天赶走那欲再来盘踞的痞子吴海澄，每个小朋友都参与尽力的。

我是生活教育的工作者，我要运用“在劳力上劳心”的理论，使我们的主张要得到事实的说明。

客观的条件，是有真和假的。淮城的老百姓，自废历五月廿八日将废止几年都未迎过的东岳菩萨，迎赛出来，空巷空城，热忱如烈火，香火鼎盛，夜以继日。会众长衫，其中不乏中小学毕业的新式秀才、举人。接着又有大都天会！小都天会！亮真会！水神会！民众几如发狂。道路不平的，赶快铺平了，说圣驾要从这里经过啊！咄嗟间就办妥当了。要出钱，挨户挨家无不乐从。还有那写不出的极其神秘的民众心理现象。我看热了眼，但冷了一冷头脑，想明白了。这是这几年的社会浑乱的反映。

热河的炮声，正和淮安的老百姓祈神的燃烧一般的热情相呼应。但我自明白了以上的道理以后，也就淡淡地不再管这醉生梦死的现状去了。

然而，他们客观的条件，是需要神呢，还是需要别的什么？

行师，您该知道他们真实的需要什么的。

我总觉得，新安的路线是有小疵而未大错。他从非常的意外的平坦，而走上异常的艰险。他从十分的空荡，而入于逐渐的紧敛。他现在的生命是掌握在我的手里。只要轻忽一脱手，就会有生命的危险。但我决不“恨病乱投医”，我认清它的救命法，决不改移。若吾师认为我太胡闹了，那只好请另选能者了。为了教育的主张，我自己是牺牲了一切了。我还有母亲要养活呢，倘若不够牺牲的话。

请吾师注意，这不是牢骚！顷有人来，暂止于此。敬祝康乐！

达之　1933，8，20，早完成

出自汪达之编著《生活的书》，上海儿童书局1934年版

【注释】

①标题为编者拟。

②“京”，指国民政府首都南京；淮，指江苏淮安。

③原题为“新安的路线是有小疵而未有大错”。

希望您们在家过工学团生活[①]

——致承国英、庆娥等

国英[②]、庆娥、容仪三位同学：

我正在拟电报答复一位摩登伟人的时候，接到您们在七月十五日写给我的信，我便把电稿搁下，先写这封简单的信回复您们。在这五分钟内，什么事都没有比回复您们的信重要。在我的世界里，小孩和青年是最大，比什么伟人还大。这封信，是要使您们都知道，您们的尊贵的信是已经收到了，给了我一个很大的感动，我将要考虑您们所提出的几个问题，和您们来到这里的最适当的时期。在您们未来之前，我很希望您们就在家里过一过工学团[③]的生活。工学团能大能小，家庭里也能办。您们兄妹姊弟，可以办成一个很好的工学团。我不久将要写一封更详细的信给您们。容仪问我要诗，近来只写了一首，现在抄下来，请你们指教。我希望您们给我的那封信，是一千封信的第一封。好，我就在这儿数着吧。敬祝你们全家康健！

陶知行

二二、八、一一

原载《生活教育》第1卷第5期，1934年4月16日

【注释】

①标题为编者拟。

②国英，即承国英，宜兴漕桥人。西桥儿童工学团（西桥小学）创办人。当时年龄不大，即当“小先生”，又当“小学生”。庆娥和容仪均为该工学团的“小学生”和“小先生”。

③工学团，陶行知首创的一种普及教育的组织形式。陶行知认为要“普及工以养生，学以明生，团以保生之生活教育。工是做工，学是科学，团是集团，这三种生活缺少一样，便是残废的教育”。1932年，他在上海创办山海、晨更等工学团。

小孩子能办学[1]

——致胡同炳等

小孩子能教人，能办学，晓庄佘儿岗小学是个很好的样子……

约1933年9月初

出自胡同炳著《南京儿童自动学校十年努力记》，四川教育出版社1989年版

【注释】

①标题为编者拟。此信为片段，是陶行知为儿童自动学校一周年校庆写的贺信。

呈文有些地方要修改[1]

——致汪达之

达之老弟鉴：

九月十三日的信收到。我在这里等待您的呈文所发生的结果。这呈文火气嫌重，度量小的人，难免恼羞成怒。如未交去，措辞似宜和气一些。呈文是叙事说理之文。您只须问一问，要受呈人助您解决困难呢，还是要他不高兴助您呢？您就会发现，这呈文里面，有些地方要修改。

民众教育的意旨和办法，详在《知行书信》[2]中，在那里面您可以找出我从前的意见。我现在试验一种十分钟教育。这十分钟的支配是两分钟的

唱歌，两分钟说一条科学，两分钟讲一件时事，四分钟认两个字。这是为那些拾煤球、夹狗屎、守牛、砍柴的野孩子办的。至于读书太久要头痛的农人和做工太多无暇读书的工厂工人，都可试用此法。他们高兴的时候可以多上一两课。你可以试试看。

《千字课》[3]决办三十部送来，幻灯与片非十元不可，此刻还没有力量办。

活动影戏机是乡村教育最要的工具，我害单思病已有七年之久，到如今还没有到手。您如今也要做这个梦，那是再好没有了。从同病相怜到有钱买药，这其间我希望只有半年之久。总之，我若得到这东西，它一定会到淮安游历。

您说您对我们最低限度的希望，是不要少于三十元；这个月第一次寄了五十元，第二次寄了十五元。我在这里要说的是在最低限度之外的数目中，是含有令堂的款，您酌量寄给她吧。祝您康健！

知 行

二二、九、一七

出自汪达之编著《生活的书》，上海儿童书局1934年版

【附录】

附录一：汪达之9月13日致陶知行函

行师：

五十元早汇到，收条已寄纯才兄。

我们在陈蔡之厄刚解，而纠纷又起来了。今早县警送阅伪校董会请准拘传新安佃户缴租的传票，是九月十日批下的。想您当能记得该伪校董会前次张贴布告时，我给他呈明始末。他的批示是遵照法院判决，校务、租息，统由该校校长办理以符原案的批复，现在忽又代伪董会催租，真是滑稽而且荒唐了。第一，伪校董会没有准予立案；第二，佃户没有向他们写承揽租批。我的推测，这位办理催租的科长，没有经心受了骗，而闹出这荒天下之大唐的把戏来。我不知您见此项消息后，是有怎样的感触？但我要进行的是，撰好一张呈文，今天一准去面陈。

呈文已撰写好了，但上午是应了新任淮阴六师校长顾克彬先生之约，他上半年任省督学时，曾来淮安一晤，我本不认识他。他到清江履新后，曾特函约往一晤，因我无暇不果。今天他晋省，船过淮安，又特函约赴轮

中一晤，似乎有什么要和我谈的，就应允了。所以要守他的船到后，才有时间进城去进行此事。病菌又在滋扰了，白血球是少不得要出而抗战。但负有保护专责的医生，将如何呢？我只感着时间和精力有些不易支配了。

前话休提，再归正传。民众夜班，是必得要办，现已着手，名义是和本镇（竹莲镇）公所合立，负专责的是新安一位校友，现正在县中初三读书的高昭明君，和现在新安负责小班生活领导的两个年事较长的小朋友。开学期在十月初，经费约二十元，地点在离新安约一里地的灵惠祠内。此祠前为镇保卫团部，破败不堪。目前拟即着手除草布置（祠内三面神坛，泥菩萨坐立如林，但决不轻率动他半个）。

我对于这个夜班的希望，除供给识字等机会外，（1）正常的娱乐机会，从此逐渐产生；（2）生产和消费合作的组织，在他们意识中发生萌芽。为此事，曾特访县民教馆，他们很热心地告诉我一些实际困难。据他们的经验，推荐采用青年协会晏阳初先生编《千字课》为较好。该书并有幻灯。

关于此事，要请吾师指示和帮助的：

1. 指示设班的意旨和办法。

2. 补助千字课三十部，教学法一部，幻灯一套（请酌量可能与否，在十月前寄到，或由此地请水客来取）。我的奢望，能在最近的将来，得着一部简便的电影设备，附近的民众，才可算得着他们的需要了。工作给他们累倒了，安得娱乐而又休闲的机会呢？但早迟我都在为他们找机会。此信到后，请即予复信。

文采先生已复信，谓许先生招石膏工练习生已满额了，允留下次推荐。

敬祝康乐！

达　之

1933，9，13，午

出自汪达之编著《生活的书》，上海儿童书局1934年版

附录二：汪达之9月28日致陶行知函[⑤]

行师：

手示敬悉，本拟即复，因守候县政府的批示，一天复一天，以致迟到现在。县府批示仍未来，仅觉将追缴佃户租的传票撤销了。

呈文是十三日午后即送去的，有语病的地方很多，陈述后自己也感这有些不妥。当时无可商量的人，又因感觉事之严重和时间的紧迫，不容延长时间多加考量。偏又在一天应了六师校长顾克彬先生约往轮中一晤，时间更形紧凑。吾师于原呈加以指示，至感至感！但事已错过，只有做后事之师了。

呈文原拟面述，张县长下乡，急忙会着第一科长，不出所料，是与科方面的衔接。第一科长说："追租事是第二科办理的，关于贵校事的全案卷宗我都知道。因我曾经完全看过。第二科想不明白情形，只当普通催租，照例办理了。"我说："我料想必定是这样，既经科长说明，是更加明白了。现在的问题，是怎样挽救这件事？我们的请求为两项：一是撤销传票；一是研究主动者和出示保护。"他说："第一项，当立即补救；第二项，待和孙县长商量后才能答复。"我仍以平素和婉的态度，请为研究，然后兴辞。来信天任看过，他说："可代向县府一问。"此事暂止于此。

顾校长约我谈话，目的是请我到清江主持直属于他们师范的一个新办的中心小学。这是本年度教厅的议教中心区的新计划，告以委实不能离开以效命的苦衷。他虽很明白，但终觉有些不快乐。非我力所能及的，也就管不得这许多了。

本月共收六十五元，虽然是超出了原希望的半数以上，但本年的租，却又折减一半。两相充抵，终属不够支持。而生命，现在是已扩大到七八条的生命，仍然是在生命的存续线上挣扎着。

承关怀到我的母亲的生活费，拟趁中秋节寄五元去。此后天气渐寒，势须月寄十元才行。但事实可能与否，毫无把握。上半年和中友、梅昌实先后各寄了十元。东芜又在就近给我设了一些法补助，勉够支持。但母亲今年是将六十岁了，辛苦磨练了三十余年，却赚得的是病，是哀愁。我是不容再让她这样活下去的了。然而又将怎么办理呢？要趁母亲六十寿辰，我要贡献一点不可磨灭的礼物。

千字课一二两册，各收到三十本。民夜班校址忽发生问题，原因是坏蛋朱耀华等散布流言所致，虽出意料，也是必然。新安的遗传病根之深和蔓延影响之大，更可想见了。但民夜班能开办，只加增些苦难而已，双十节后可开学。

有两部小朋友的日记可整理，都是本学期的。现正筑路，拟于双十节前成功一部分。匆祝康乐！

1933，9，28，早

出自汪达之编著《生活的书》，上海儿童书局 1934 年版

【注释】

①标题为编者拟。

②《知行书信》，1929 年亚东图书馆出版的陶行知自编书信。

③《千字课》，即《老少通千字课》，陶行知编著的大众识字课本，共 4 册。

④原题为《负有保护等责的医生将如何》。

⑤原题为《仍然是在生命的存续线上挣扎》。

划分时代之新安小学儿童自动旅行团[①]

——致汪达之

达之同志：

梧影，陈宅不知其人[②]。儿童旅行团来，大家都欢喜。我以小工人之礼待之。在这里，他们决无冻饿之忧。我所虑的是汽车老虎，曾嘱他们特别留神。您要我估一估儿童旅行团的价值，这是新时代之无价宝，姑且定它万万万万万金元吧。这样伟大的宝藏，世界上谁也没有，却为新安所得，使福特[③]、摩尔根[④]辈见着未免要生小巫见大巫之感。而新安不敢私为己有，愿公诸天下后世，这又是富翁们舍不得的了。好，如果您讨厌黄金，那么请听我唱吧！

题儿童旅行团

没有父母带，
先生也不在。
谁说小孩小？
划分新时代。

这首诗只是十几首中之一，其余的后来再抄。昨天寄上五十元，一个先生对着一群冷得发抖的小学生上公民课，在生活教育者的眼光看来，简直是罪恶。您那伟大的同情心是值得发挥的，给他们赶快做几件衣服吧。老太太的款一定要每月寄去，不能间断。铭勋劝小孩们在十二月初回淮安。我想劝他们不取得生产工具决不回，您以为如何？

我近来不大写信，但不写信决非不关心。这完全是两回事。如果我整年没有信来，决不要以为我忘了你们。事情该办的我总情愿尽我的能力

帮忙。

敬祝康健！

知 行

二二、一一、一四

原载《生活教育》第1卷第7期，1934年5月16日

【附录】

附录一：汪达之10月28日致陶行知函

行师：

这里的另一封信，是在二十日挂号寄地丰路地丰里六号梧影先生收，今天退回来，批明没有此人，这很使我惊疑莫解。旅行团二十日出发，今天才接着他们由镇江寄来的一大堆信，此时想早已到沪。因要将此信赶今日邮班寄出，不及多述。建培兄寄来三十元，拟以十元寄给我的母亲，十元完工账，十元作伙食和其他费用。此次儿童旅行团旅费，是另筹出一笔，和前次二十元中划出一部分，再有捐助一部分，合三四十元，匆草。敬祝康乐！

1933，10，28，午

附录二：汪达之11月7日致陶知行信

行师：

在旅行团未出发前，给您一信，可是在旅行团出发后，却给退回来了。我很奇怪，当时又另寄通信学校，此信想早达览。

旅行团连次给我报来的消息，我很欣慰！我觉得宇宙间的一切，都是力的表现。不过这次旅行团，过去力的培养，尚觉太薄弱，太幼稚了。但这是时间和现时的环境的控制，我们只有朝能把握住实现。

旅行团的一切行动，您将给怎样的评价？

这里温度降得很低，早晨已见薄冰，我想到旅行团的这一群孩子身上还穿得是单衣夹衣，在江南，恐也不够御寒了。吾师或已注意及此。他们每人要做一件粗布棉大衣，和棉裤棉小袄之类。因为他们根本就没衣服，纵有，也是父亲和哥哥穿旧了不完全的破棉花头子。他们将要添置可以御寒的衣服，是目前最迫切的要求。但我的建议，第一，要用他们的劳力去换取，这中间可有两个问题了。一，他们的劳力，有没有消纳的地方和机

会。就是说，劳力可有出卖的机会？二，他们究竟是小孩子，他们的劳力，够不够赚到目前急切需要的衣服的代价？

衣服的问题，是要在沪上想办法。回来后是丝毫也没有办法可想的。

这一群不幸孩子的安全，在我们尚未把他们扶植到独立的时期，是负了整个的责任的。我很挂念！行师！

行师，这里既见薄冰，但是我们每天到校的这一群十几个小孩子中，竟有很多只穿了单薄的衣衫，赤着小脚的。我很怕看他们。然而以我这里的力量，有什么办法呢？我的心在不安！我的心在痛楚！但我在想，终有一天，会让我打开这艰难的不自然的局面的吧？

接建培兄汇来的三十元之后，便汇了拾元给我的母亲去。九月里师曾嘱我汇款去，那时赶在双十节，又正是废历的中秋，完店账工账要紧，哪知没有用到店账工账上去，却用到伙食上去了，因为九月汇来的款，很迟，时已月中。十月汇来的钱，又用了一部分在旅行团上去了。打算给我母亲按月寄十元的计划，本年度已塌了八月和九月两个月。虽然冬芜可以就近代我另筹一点办法，但我总想要履行我这最低限度的计划。我在九月里，本也打算在十和十一两个月内，写点文章。但十月过了，十一月又已开头。我的文思，不能在我的胸中成熟，我的时间，也不能允许我来写。如是这计划将成画饼。但我辛苦过分的母亲，今年是度着整六十岁的生日，我是无论如何要赚一些可供献寿的礼物的。行师，我将拿什么去好呢？

除寄给母亲拾元，剩下的还了十几元的工账，又做了两件必得要做的衣衫了。大概以余钱管最近的伙食，已够一星期。

目前又有一件急迫的工程要动工，就是我们的厨房，椽子有不少已腐朽了。有两处岌岌可危。暂时用东西支住，已约瓦工来估计。一定要将全屋翻盖。有一壁墙，早已要倒，如翻顶，墙也不能再支持。全部工程，需十余元。准备旅行团归来，即帮同动工。此时已来不及多写了。敬祝康乐！

达 之

1933，11，7，早

县政府的批示已来，只说督收票已撤销，并附告示三张，是曹天任先生去催了一下才发下来，如此又敷衍了事了。我已不向这些地方去希望什么了，所以这样办也就算是很好了。社会方面，已渐有人注意，而曹先生更见热心。又及。

附录三：汪达之 11 月 18 日致陶知行信

行师：

您的信昨天寄到了。五十元是前天寄到的。在五十元没有寄到前，幸好佃户折了几元租价送来，“在陈之厄”，恰好就这样度过了。

您才见我们创造的第一篇，就这样地欢喜！我说您毕竟是一位诗人，是没有错的。

您的意思，让他们挣到生产的工具才回来，这是很好的。不过现在我的预计，对时间上有点冲突。我的母亲今年夏历十一月六十寿辰，但在这个时期，我是无法分身回去。我已允许废历年内准可回家看看她老人家。我们是已整整分别一年了。

还要趁这个时期，在安庆去学习制造粉笔，寒假中，我是必得要离开。也许要一个月以上的时间。这样，他们就非得回来替代我的职务，照料一切不可了。

我觉得生产工具，要他们去自己挣来，是很正常的，但时间，可不必这样急促。

因此，我的意见，他们在十二月二十以前，一定要回来，他们一回来，此地也还有些轰动着要应酬的事。他们仆仆风尘，驰放了两个月的心，一时也不能就安静得下来，做些有规律的事，所以我一定要和他们在一起建下了一个共同生活的常规，这才能放心地离开。这些日来，我不能远离，一些比较要费点时间的事，都不能着手去做。如清江，我是要去一次的，都要待他们回来。

第五年计划中，除经济一部分外，也还有些是属于我们自己的力能做的，要划分出时间来做。

我觉得于必要时，明年的春天四月，可以再来沪住一个月，五月里回来，筹备五周纪念。

明年的秋天，我计画着做一个津浦平汉长江下游的旅行，并且要卖自己的东西。

戏剧是很重要，望能在最近期内，请一两位有经验的戏剧家，在技术方面，如化妆、表情等加以切实指导，以为回来时简练揣摩之助。在这方面，我希望他们都有一些造就，却也不必成就一个所谓艺术家。

在他们回来以前的这个时间内，要学习些他们所需要的东西，不能错过机会，但请注意他们的健康。

那可怜受冻的韦佩纲已经病了。我想起义华箱里的那件小棉袄，送去时已迟了。

我只有送点钱给他买药。还有一个宋心田，今天就去给他买身衣，这虽不是好办法，但待到好办法到来时，恐已成白骨了。

今天又是我们东边的一所归神坛，三城隍巨头会面的日子。老农民们已忙得不亦乐乎了。这里有一片空场，可容几千人，将来我就想在这空地上放电影让他们看。匆复。敬祝康乐！

达　之

1933，11，18，早

附录四：汪达之 11 月 30 日致陶知行信

行师：

今夜月光清澄，寒气和冰一样的刺骨，忽然想起我母亲的喘病了。去年的寒天，她的喘病发了，睡在床上，统由我照应。一直到苦寒去了，她才渐渐地起床行动。今年的寒天又来了，一切都没有改变，只有年纪更老了，喘病或许要更深了，回去照应她，帮助她度过这磨难的寒天生活，是我唯一的责任，唯一的大事，我必得要回去！

参观华北后，即取道平汉路，由汉转轮回家。

这样一来，我离开新安，就要两个多月。时间是很长的，新安的环境，是很不安全的，我很不放心。但事实必得如此做。想了又想，只有望旅行团提早回来，我们好多有两天的商量。此后两个月的新安的安全，都放在他们的肩上了。他们要早回来，我好从容地把一切事明白地交给他们，这是第一件要和您谈的。我的经济情况，您是知道的，但在废历年关内，我需要一百五十元开支，去年给哥哥的葬费要归还，是一笔大的开支。一个寒天和母亲两个人的生活费，是必需要的开支，其他算计不到的开支很多，约计要用一百五十元才行。早就预定写点文章，然而无时间。事已临头，时又迫促，如何是好？这是第二件要和您谈的。

“在劳力上劳心”是人类社会一切问题的总解决，是生活教育唯一理论的中心，是创造新的合理的人生观。1933 年的开始，我把握住这条生活的原理，经过了种种的磨难，毕竟有了一线的光明了。真理是不可磨灭的。1934 年快要来了，我要怎样地继续下去，这是要和您谈的第三件事。夜深一点钟了，我的脚冷得发痛了，暂止于此罢。匆此。敬祝康乐！

达 之

1933，11，30

四封附信皆出自汪达之编著《生活的书》，上海儿童书局1934年版

【注释】

①标题为陶行知自拟。副题为编者拟。

②指新安儿童旅行团来沪后，到陶行知暂居的陈彬和家寻访“梧影”（陶行知笔名）一事。当时陈家不知梧影为何人。

③福特（Henry Ford，1863—1947），美国汽车垄断资本家。

④摩尔根（Morgan，1837—1913），美国财团头目。

儿童旅行团是划分了时代[①]

——致承国英

国英同志：

我近来是忙得晚上只能睡五小时或六小时，志在肃清一切债务[②]。我必得要写一封信给你，使你知道我没有忘掉你们。你的信我收到了，赐给我不断的伟大的动力。

儿童旅行团是划分了时代，从此以后不信任小孩与穷人的世界是炸得粉碎了。你们欢喜看我的诗，好，请负起修改的义务，来读一两首吧！

一群小光棍，（汪达之校长介绍信中语）
点点有七根。
小的十二岁；
大的未结婚。（内地多是十六七结婚）
没有父母带；
先生也不在。
谁说小孩小！
划分新时代。

你的两块钱已经交给他们了，这款子算是预定“流动工学团”之书费，因为他们不愿不劳而获。但是你们的伟大的了解与同情已给他们无限的勇气。你的为晨更工学团写文筹款，是同样地给了我们伟大的鼓励。

我现在星期一与四上午在山海工学团。余日于早晨八时在地丰路地丰

里六号陈彬和先生寓会客（坐车到静安寺路，走几十步就到）。我们很欢迎你来谈谈。

从前寄给您的书都算是我送的。你的钱留待我选几本有价值的书寄来。我们所出的，没有一本配换令堂养蚕的钱。

你到地丰里来找我吧。同时你将在那儿会见划时代的小朋友[③]。敬祝
全体健康！

陶知行

二二、一一、一六

1933 年 11 月 16 日写

复印件存华中师范大学教育学院

【注释】

①标题为编者拟。

儿童旅行团，由江苏淮安新安小学的七位学生组成，全称“新安儿童自动旅行团”。他们于 1933 年 10 月 25 日到沪，同年 12 月 10 日离沪。承国英，江苏宜兴西桥小学儿童工学团的创办人。

②指所欠的“文债”和“函债”。

③指会见新安儿童自动旅行团的小朋友，他们当时住在陈彬和家。

希召集徽宁同乡商议办法[①]

——致江振华

振华[②]乡长先生大鉴：

敬启者，休宁保安司令在第五区，假借罪名，妄行捕人，区长胡君冠洲兼程来沪，向旅沪同乡报告并请援助，以救无辜。尚希召集徽宁同乡商议办法，并拍电救援，专此介绍。敬祝
康健

陶知行启

二十二、十二、二

复印件存华中师范大学教育学院

【注释】

①标题为编者拟。此信系本次新增。

②振华，即江振华，安徽歙县人，曾编辑《黄山旅游必携》，段祺瑞题书名，林森、于右任、汪兆铭、黄宾虹等名家题字。热衷慈善事业和教育事业。

须待今夜请其签字[①]

——致江振华

居士林捐启：

朱子桥先生前夜已经签字，霖生连夜宾客众多，须待今夜请其签字。知关怀念，特此报告。此上振华先生。

知　行

复印件存华中师范大学教育学院

【注释】

①标题为编者拟。此信应写于 1933 年 12 月 3 日前。此信系本次新增。

居士林募启已签字完竣[①]

——致江振华

振华先生大鉴：

黄山居士林募启业已签字完竣，尚希检收为盼。敬祝

康健

陶知行

二十二、十二、三

复印件存华中师范大学教育学院

【注释】

①标题为编者拟。此信系本次新增。

这事不久会成功[①]

——致汪达之

达之同志：

接读本月三日来信，知道先母弃养消息，已经达到。这事一定要增强

您的忧虑。老年人是说走就走，谁能预定时间。她为我缝了最后一个纽扣，和我的表弟算了一笔账，进房去跌倒，十五分钟内就不省人事，二十九小时就断气。我和桃红在红十字会医院里陪她，亲听见她老人家呼出最后一口气。这口气是细弱而悠长，足足有半分钟，待我再用手到她鼻孔下探探，已无一丝气息。我若不在她身边，我该是多么懊悔啊！

华北旅行团②大致今年无法实现。预算除车票外，要筹足二百元才能动身，这是不可能的。我们想改在明春或明夏举行。一则天气暖和要便当得多，二则准备充分，可以把路费赚起来。大家都觉得拿吃饭的钱来游历，总有一些不合理。所以我们是决定准备明春去了。天任先生要去，我个人很欢迎，将来计划时，当提出与大家商量。小朋友们十日动身③。您大概什么时候来，请先示知。您所需要的款子，可以有法子。最便当是将您的日记整理出来，加上一些活动图画，出一本指示乡村小学教师书，以代替一般改良主义的乡村教师的日记（其实是乡村少爷的高等听差的日记），便可以解决您的问题。话说回来，您要给您母亲一些具体的安慰，我向您提议：赶快娶个媳妇，以乡下姑娘为上选。摩登小姐未必肯嫁穷光蛋，就是肯嫁也于我们的事业不利。我如有一位健康美的姑娘，只要聪明而爱您，不识字也无妨。我想您必须把这件事办成功，才能使令堂心安。我现在谢绝一切花圈与祭幛。叫朋友们把白银子留在那儿等候我组织劳苦大众儿童教育基金会。这事不久会成功。我自信至少能吸收一万元，多则一万万元也不是不可能。这样一来，新安的问题就容易解决了。

知　行

二二、一二、五

出自汪达之编著《生活的书》，上海儿童书局 1934 年版

【附录】

附录一：汪达之 12 月 3 日致陶知行信④

知行师：

十八日给你的信谅收到。

昨与天任兄谈到华北参观事，他颇有愿往意。如新安有名额，可否请其参加，他除车票外，其余费用可以自筹。他是个事业学问尚具相当兴趣的人，近对新安颇见热心，惜力犹不能深刻。如能同往华北一行，从同见

同闻中于他定能有些帮助，也未可知。专此。并希示复！敬祝康乐！

达 之

1933，12，3，早

附录二：汪达之12月13日致陶知行信⑤

行师：

五日手书敬悉。

知道为托尔斯泰抄写七次《战争与和平》的托尔斯泰夫人这故事的人，纵使是惯于光汉生活的，也一定要起那莫名的羡慕。最近读《克鲁泡特金的自传》，也盛称他的夫人常给他的著作以文学的深刻的批判。虽然他们有超群的天才，然而有这样的一个好的砥砺的对手，确实是成功的一大原因。

您劝我赶快娶个媳妇，这问题，我并没有忽视。但恐聪明而有健康美的姑娘的标准，也是理想的事罢。为了母亲和自己的前途，来下点力罢。有无成功那是没有把握的事。谢谢厚意！

我的日记，是那样的简单。我愿整理一下，如有可供别人参考之处，而又可取得一笔稿费的话。打算来沪时，把本年的日记携来，让您看一两篇，好给我一些整理的意见。您以为怎样？

拟二十四日前后离淮。

华北旅行团本年内不能实现，但个人仍愿走津浦平汉一周回家。一则长长我的见闻，二则在家中可以多一些谈话的材料。说不定是有些更为新鲜的生活出来。然而这都取决于车票的有无和时间的够不够。

闻您将着手组织劳苦大众儿童教育基金会。为了老太太，这的确是一个伟大纪念的建设。我想，我到沪时，当可见这会组织的一切了。

新安近来颇为人所瞩目，但实力不足，终不免有巧妇的悲哀。

旅行团想十日已启程。

厨房翻盖已完工，约百余元，出乎原来预算甚多。所幸瓦木两项工账，尚可赊欠一些时日，否则目前又当闹恐慌。尚有两处破屋，也不敢拆卸了。因为年内，是决不会有多余的钱。匆复，敬祝康乐！

达 之

1933，12，13，夜

附录三：汪达之 12 月 25 日致陶知行信[⑥]

行师：

准于明日二十六启程南下。

这里的一切，是有了头绪，我比较地可以放心。

他们这次回来，是带来了一些中华民族的老脾气——意气的争执——因为这是我早能预料得出的，所以我并不失望，我就用我的诊治的方法。这十几天来，用了大部分的时间，做诊断的工作。我最好是迟几天动身南下，但怕河封了。

在镇约留一日，因应旅镇新安同乡会的邀请。

到沪拟来彬穌先生处访你。一切面谈。

我所需的经济，应请给我留意。在沪不能多留。

匆草。敬祝康乐！

达 之

1933，12，25，早

【注释】

①标题为编者拟。

②新安小学在组织了新安儿童旅行团旅沪后，曾计划在 1933 年内组织华北旅行团，开赴华北旅行修学。

③指旅沪的新安儿童旅行团计划在 1933 年 12 月 10 日离沪回淮。

④原题为《从同见同闻中于他是能有些帮助》。

⑤原题为《聪明而有健康美的姑娘的标准也是理想的事》。

⑥原题为《是带来了一些中华民族的老脾气》。

认定几项原则不致走入歧路[①]

——致承国英

国英同志：

关于西桥小学[②]的三封信都收到了。头两封信到的时候，正当家母弃养，所以来不及答复。我看见这些信，心中十分高兴。最好的办法是您自己做朱先生[③]，找几位小同志做钟儿[④]。乡村教育要不会办教育的人办。这样的人，才能不受传统的影响。您只须认定下列几项原则，就可以不致走入歧路：

一、社会即学校；
二、生活即教育；
三、劳动即生活；
四、教学做合一；
五、在劳力上劳心才是真正的做；
六、行是知之始；
七、教小孩子自己教自己；
八、教小孩子做小先生；
九、教劳苦大众自己教自己；
十、会的教人，不会的跟人学；
十一、不愿教人的人，不配受教育；
十二、工以养生，学以明生，团以保生。

我们除人力以外，都愿帮你的忙。要想教育普及，必须就地取材，你以为如何？

祝你康健！

陶知行

二二、十二、十五

原载《生活教育》第1卷第5期，1934年4月16日

【注释】

①标题为编者拟。

②西桥小学，地址在江苏宜兴县，承国英为该校小先生。

③朱先生，陶行知的教育小说《古庙敲钟录》中的人物，是陶行知的化身。

④钟儿，陶行知的教育小说《古庙敲钟录》中的人物。

呼吁筹给，以资全活[①]

——致朱庆澜

子桥[②]：

山海工学团所在地之廿七村落，靠近大场，饱受日军蹂躏；人民生活，至感困难。

现经敝团初步调查，寒而无衣、饥而无食者，一百余家。

同人不能坐视。除自身节衣缩食、稍资救济外，际此天气已冷、风刀霜剑、杀人无血，急需棉衣一百套、棉被褥三十套，以济目前。务祈代呼吁筹给，以资全活。

陶知行

原载《申报》，1933 年 12 月 26 日

【注释】

①题目系编者所拟。此信系本次新增。本信摘自《申报》所刊《朱庆澜函辛未救济会——大场二十七村饱受日军蹂躏，村民饥寒交迫，望即拨款救济》一文。朱庆澜在文中引述了陶行知给他的来函内容。辛未救济会系由“上海战区难民临时救济会”和“上海筹募各省水灾急赈会”所合组，成立于 1932 年 5 月 24 日，由许世英、杜月笙、虞洽卿等人主持，重点救济战区难民。

②子桥，即朱庆澜（1874—1941），字子桥、子樵、紫桥。祖籍浙江绍兴，出于山东济南历城县（今山东省济南市历城区）。曾响应武昌起义，被推为四川大汉军政府副都督。后历任黑龙江省将军、广东省长、中东铁路护路军总司令。1925 年后，投身于慈善事业，历任华北慈善联合会会长、黄河水利委员会委员长、国民政府赈济委员会委员长等职。

共同将西桥工学团创造起来①

——致西桥小学董事会

西桥小学董事会诸位先生大鉴：

接读国英先生来信，知道贵董事会成立，不胜欣悦。从此西桥小孩及青年都得欣欣向荣，诸先生诚不愧为万家生佛了。知行远在上海，心在西桥，恨不得插翅飞来，向诸先生及青年小朋友道贺。国英先生系中国最有希望之青年。我和他没有见过面，但自本年七月二十五日起，我们时常通信。他在五个月当中，曾经给过我十万字的信。这十万字的信，乃是十万滴热血，十万斤力量。西桥得一国英，胜得百万黄金，那是最可恭贺的一件事了。他办儿童工学团是一定会成功的。拿他这样精神办事，是不会不成功的。他办一天便有一天的成功，办一年便有一年的成功。诸位先生不要顾虑这个学校半途而废。（……）为今之计，各尽其责。有钱者出钱，有力者出力，共同将西桥工学团创造起来。以知行看来，用不着捐册。大家分头向亲友说明宗旨，自有接济来。知行建议，一面办学，一面即整理公

产。不必等待办有成绩，再来整理。因为孩子是必须培养，即学校是必须整理，固不必强分先后，而彼此有所待。若人等车开才来，而车等人来才开，便不能有开车之一日。不知诸先生以为然否？知行拟于三十一日派人趋前襄助两星期，并带书籍若干册，现款三十元，聊尽同人绵薄之力，并证明同人对于国英先生有深厚之信仰，对于诸先生及西桥农友、小孩有无限之钦佩与希望。专此奉达。

敬祝康健！

知　行

十二月二十九日

出自《行知书信集》，安徽人民出版社 1981 年版

【附录】

新夫（张劲夫）给陶行知来信摘录

我在本月十三日，搭夜车从上海动身，十四日早到河埒口小学。因须等候陆先生进城买幼稚课本带去，当天来不及到漕桥，因此在河埒口住了一天。十五日乘早班汽车动身，到梅园换车时，适逢国英兄到无锡去买文具，相见之下，不禁惊喜之至。谈约十分钟我独自乘了汽车向漕桥前进。一路湖光山色，风景绝佳。汽车因载客过多，山坡上下，行驶很慢，到漕桥站已十一时半了。

西桥在漕桥镇东南四里，有石路通达。路上遇一西桥农友，顺便请教西桥学校近况。农友口口声声说国英等之努力牺牲以及农友们之感动觉悟，使我得了从来未有之好印象。

到了西桥学校后面的河堤，恰恰遇着放午学回家的一群小朋友。他们一见我在向他们笑嘻嘻地注视，不问来历，便说："是我们的先生。"他们喊着"先生来了"一拥而上，连忙把我手提包拿去，问我姓名，问我吃饭没有，问我辛苦不，问我……那最打动我心坎的话便是："先生呀！我们的眼睛都望穿了。今天先生真来了，我们是怎样地欢喜啊！""这几天我们大家时时在门外望，望我们的先生来，今天真来了，我们是何等的幸福啊！"还有许多话我一时也想不起了。他们一群都是拖鼻涕赤脚巴道地的乡村孩子，这些话都由他们的嘴里讲出，一句句刺在我的心头，我还能说出什么话呢？我只有笑，只有笑里滴出几滴热泪。

先生！这种情景我真写不出，说得亲切些，那便是一群饿了肚皮的婴

儿遇见了奶妈一样的欢跃。我惭愧，我这个奶妈是没有什么奶水可以供给他们。但我是下了一个很大的决心：没有乳水，用压轴来榨，榨，榨到最后的一滴！

国英同志等，每天须跑一里路外去吃饭，精神非常饱满。他们花了许多心血，才把一座用作猪栏牛厩的破屋，粉刷得焕然一新。在西桥附近二十余村庄内的农友小孩，以及十余里内的学校教师学生，只要一提起了西桥小学的同志，是没有一个不表示钦佩，这实在是因为西桥同志的热心创造令人可歌可泣。

国英数日前吐血数碗，但他毫不经意。我虽竭力劝他静养，他一点也不肯听。在我所知道和认识的人里，使我深刻地受感动的，除你以外那便要算他了。

现在且把我到西桥后两天的生活，简单地报告于下：

第一天他们开欢迎会，主席和另外几位小朋友都有极诚恳的欢迎辞。我对他们所建议的便是大小朋友要有组织，要做工，要即知即传人。以后慢慢地向工学团目标推进。这是我和大家所要做的三件要事。今天我们已有很好的成绩：

（一）艺友和小先生都起劲地组织起来，一切团务分工合作。

（二）晚会上各人报告在家的工作，是得了家庭至深的安慰。同时，穷苦儿童卖报队已成立。今昨两天已到附近七个小学卖了儿童新闻一百八十三份，每份赚铜元一枚，已赚铜元一百八十三枚。因了这次成绩好，大家拟扩大范围，多批书籍来卖。国英兄已经开单寄沪，谅蒙接洽。

（三）儿童自动普及教育先锋团已成立。这是大一点的小朋友组织起来实行教人的集团，现在各人都能教两个以上不识字的人。有一位瑞生小朋友，能说动许多农夫农妇来校求教，确是最难得的一个人才。

这边农友小孩子都很兴奋，换句话说，他们多已认清普及生活教育是中华民族自救之唯一生路，并认清这普及生活教育运动是要人民和小孩子自动地起来急干才能起死回生。

【注释】

①标题为编者拟。

教育史上的一个创举[1]

——致胡同炳等

教育和生活是密切联系的整体，脱离生活办教育，就像空中楼阁要塌下来的。农民从没有书读想到要读书[2]，这是很可贵的事，因此教材要从生活中来，识字要由浅入深，逐步提高。

1933 年

出自胡同炳著《南京儿童自动学校十年努力记》，四川教育出版社 1989 年版

【注释】

①标题为编者拟。此信为片段。

②1933 年陶行知给儿童自动学校送了一台收音机，吸引了学校附近农民来“听戏”，不久农民要求办夜校，胡同炳等为夜校教材问题写信向陶行知请教。

一九三四年

小孩子是普及成人与儿童教育的生力军[①]

——致潘一尘

一尘吾兄鉴：

两函敬悉。健祥先生来信也说起百侯[②]办得有精神，这种消息才是新年最好礼物。你在百侯教中学生创办平民教育，我们也在这里教小学生创办儿童工学团，可谓不约而同。前月三十号，我请侣朋[③]到常州漕桥去帮助承国英同志开创西桥工学团[④]。你知道他是一位不满十三岁的小孩，新近他在山海工学团里领导小朋友工作，表示出超越的天才。我看他不但打倒了我，而且几乎打倒了你。后生可畏，我们要努力呀！

此外，晓庄的小朋友居然创造了一个自动学校[⑤]；淮安几个小光棍，居然在各大学大演其说[⑥]，几乎把一两位教授的饭碗所依赖的传统信仰打破；山海的张健[⑦]不但能帮助他的哥哥创造了一个濮家宅工学团，而且与非战的马莱[⑧]先生舌战一时，卒使马莱先生得一深刻之印象而去；从前六岁的小桃，曾教五十七岁的祖母，居然教完一册《千字课》。这些例子证明小孩子有不可思议的力量。小孩子能做先生，做先生不限定要师范毕业，小孩子是普及成人与儿童教育的生力军，等候师范生来普及教育，不啻如等候亡国。我们要创造新民族，必须对小孩子与没有腐化的青年总动员。

我说这些话，是证明你领导中学生干民众教育是一条不错的路。你并可以把这种工作定为必修科。不愿教人的人，不配费我们的心血。不愿教人的人不配受教育。你可以大胆从中学生跳到小学生，叫小学生每天在家里教爹爹妈妈、哥哥弟弟、姊姊妹妹或亲戚朋友和不能进学校的穷孩子半小时或一小时，也定为必修工作加以考成。小朋友不得已，可用自己读的书教人，一面温习，一面把学问传给他人，那是再好无比了。

总起来说：丢掉你现在的方针，把平民教育计划，给民众教育馆去办是一条走不得的错路。社会即学校的原则，要求社会教育与学校教育打成一片。江苏发动的民众教育馆，系传统教育末路，劳民伤财，结果只好了一般游手好闲的中等浪人可以喝便宜茶，听免费书。因此我不赞成另设民众教育馆，只希望百侯中学的师生走进民众、儿童的队伍去引导他们自己干起来。换句话说：我希望你维持你已定的方针，并把它充实地发挥出去。德昭⑨先生来沪，一定要和我讨论这个问题，我也就是这样答复他，我要请他加些经费干这工作。至少贫苦民众买书费总得补助。总之，社会与学校必须合一，你们现在走的路是对的。敬祝
康健！

陶知行

二三、一、四

出自潘一尘编《一个南方的普及教育运动》，上海儿童书局 1934 年版

【注释】

①标题为编者拟。

②百侯，即百侯中学，在广东省大埔县。

③侣朋，山海工学团学生、小先生。

④西桥工学团，即西桥儿童工学团，1933 年底，陶行知派陆静山、侣朋协助小先生承国英创办。

⑤自动学校，晓庄小学的学生胡同炳等所创，校址在晓庄附近的佘儿岗。该校没有专任教师，教学方式为小孩子互教互学。

⑥淮安新安小学所组成的新安儿童旅行团的七个团员，旅沪时曾到各大学讲演，获得成功，反响强烈。

⑦张健，安徽省肥东人。南京晓庄佘儿岗儿童自动学校、上海山海工学团学生。山海“儿童社会”执行委员会委员长，山海工学团地下党干事，上海地下党临时工委领导下的国难教育社工人工作委员会委员。后去延安。

⑧马莱，英国前陆军大臣。当时共产国际领导的“世界人民反战大同盟”成员。1933 年 10 月 1 日（山海工学团成立一周年纪念日），他率代表团参观山海工学团。

⑨德昭先生，即杨德昭，百侯中学董事之一。

在晓庄唐氏地上设立纪念苗圃[①]

——致邵仲香

仲香吾兄大鉴：

好久不会。挂念得很。家母弃养，蒙您赐慰，最为感激。这次治丧，力谋节俭，希望运用省下之款与亲友赙仪[②]合设纪念金，为劳苦大众儿童教育之用，志在因家母一人之死而求多人之活。现在已用节省之款，在晓庄唐氏地上设立纪念苗圃，以为晓庄公有林之基础。现在唐氏地上栽有桃树，应该如何办理方为经济而适当？春天不久来到，如何准备才能把今年的植树节干得有意义？四亩地的苗圃经营起来要用多少款子？果木及其他树苗，如何取得？尚望代请金陵大学林业专家为拟一个详细计划。该苗圃最好是农民公有，每家都投一点小资本进去，就是一两毛钱也行。这样一来，我们可以用公众的力量造林，又可以用公众的力量护林，可算是一举两得。一切请兄主持并与入社农友会商进行为祷。我想这事要办得有成效，似宜约请几位专家组织一个技术指导会，由兄与家声兄在内偏劳，多负一些责任。尚望与家声兄一谈，请他指示为祷。这次为家母治丧，得了一点新感想，写成一首小诗："富人一口棺，穷人一堂屋。讨得死人欢，忘却活人哭。"有棺材睡的人不造林，栽树的人连茅草棚都没得住。我家未曾栽过几棵树。二十年来已用了九个棺材，至少有几十个人的板壁是被我们夺了来，以致露宿在霜天雪地之中，甚至于冻死。我们要造这个纪念林，一方面是补救已往的过失，一方面是将来死到临头，树已成林，取他一个薄皮棺材，可以无愧了。特此拜托，敬祝康健！

陶知行

二三、一、六

原载《生活教育》第1卷第4期，1934年4月1日

【注释】

①标题为编者拟。

②赙仪，指给办丧事的人家送的礼。

肖场工学团拟依照新计划进行[①]

——致冯国华

迈樱[②]局长吾兄大鉴：

肖场工学团拟依照新计划进行，将构成该团之十二个村庄，都归纳在生活教育网里。儿童工学团之初步调查工作业已完成。所有学龄儿童一百七十五人皆为该团当然团员。去年入团的有四十九人，今年要加入的共有一百十七人。那四十九人负有教导这一百十七人的责任，他们的教人的活动是定为必修工作，像在家里写字一样，但比写字是更有意思了。世德[③]先生拟了一个计划草案并画了一个生活教育网的草图，现在寄给您，请您斧正后寄还他修改。他希望您每月加他十元经费，可以吗？

祝您康健！

陶知行

二三、一、九

原载《生活教育》第1卷第4期，1934年4月1日

【注释】

①标题为编者拟。

②迈樱，指冯国华，时任上海宝山教育局局长。1934年1月28日山海工学团召开普及教育总动员会，正式提出“小先生制”，大会上给小先生举行授旗典礼，由冯迈樱授旗。一二·九后，他在上海近郊致力于国难教育。上海沦陷后，他在上海青浦一带宣传、组织民众武装与日寇斗争，不幸于1938年10月为日寇包围，在战斗中为国牺牲。

③世德，即张劲夫，安徽肥东县人。晓庄师范学校学生，曾任山海工学团团长，国难教育社负责人之一。

创造出一个真正工人的幼儿工学团[①]

——致孙铭勋、戴自俺

铭勋、自俺[②]二位同志：

儿童年[③]已经过了十二天了。它和儿童节一样是踏上了少爷年和小姐年之路。这也不足怪，在老爷太太的手里，是不会造出别样的东西。我们是不可以袖手旁观了。近日所谈的劳工幼儿工学团[④]，应是儿童年中最大

的贡献，我们必须在这一年里面，聚精会神地创造出一个真正工人的幼儿工学团。这事虽由我们发动，但主体是工人，管理权须在一年半载之内移转于工人之手，我们在开办时即须有此认识，从第一天起便须引导工人自己主持。艺友也要在女工的队伍里物色。这个幼儿工学团要包含寻常托儿所及幼稚园之优点，而肃清它们的流弊。说得更确切些，我们要跳出传统的托儿所及幼稚园的圈套，而创造出一个富有意义的幼儿工学团。我希望你们草拟一篇宣言，一套计划，一个预算，在一星期或三天内完成，使我能和朋友们作具体之接洽。在我接洽的时候，你们可以在劳勃生路或曹家渡一带女工区内，探访合宜的地点，以靠近女工住所为最好。在草拟计划之前，可托义田⑤弟带你们见钟女士，托她介绍你们和几位有孩子的女工谈谈。这计划应当在女工的指导下产生。我希望今年儿童节是第一个劳工幼儿工学团之生辰。我们把自己预备好，等候着做它的接生婆吧！

陶知行

一月十三日

出自《行知书信集》，安徽人民出版社 1981 年版

【注释】

①标题为编者拟。

②戴自俺，贵州长顺人，晓庄学校学生．曾参与创办山海工学团和山海乡村幼儿园，与孙铭勋创办上海劳工幼儿团。1949 年后曾任重庆育才学校教育组主任，后在中央教育部民族教育司任教学指导工作。

③国民党政府曾定 1934 年为“儿童年”。

④ 劳工幼儿工学团，专为沪西女工设置的托儿所兼幼儿园性质的机构。由陶行知指导孙铭勋、戴自俺筹创。地址在沪西女工集中区的劳勃生路。

⑤义田，即王洞若，晓庄师范学校第一期学生，长期与陶行知共事的共产党员。曾参与生活教育社、山海工学团、国难教育社、抗战教育及育才学校筹建等活动，并任育才学校研究部主任，生活教育社总社理事、常务理事。

拟在劳勃生路创办一所劳工幼儿团[①]

——致张宗麟

宗麟[②]吾弟鉴：

接读来信及一九三四年计划，至为欣慰。现拟在劳勃生路创办一所劳

工幼儿团，收容女工的幼儿从事试验。董事与艺友皆由女工自己担任。铭勋与自俺主持实验。保姆、看护及游戏的伴侣，拟大胆试用七八岁的孩子干干看。我深信他们比老妈子好。你的意见如何？现在加紧筹备，订于儿童节开工。如果办有成效，即可拿它做我们幼儿导师培养的中心。

一月十七日

出自《行知书信集》，安徽人民出版社1981年版

【注释】

①标题为编者拟。

②宗麟，即张宗麟，浙江绍兴人，曾与陈鹤琴研究幼儿教育，与陶行知研究乡村教育。后曾任晓庄师范学校指导员兼生活指导部主任、晓庄蟠桃学园（幼儿师范院）院长、厦门集美师范校长和湖北教育学院院长等职。

立志一年内写一千封信[①]

——致生活教育社全体同志

我所敬爱的同志：

今年元旦，我立志要在一年之内亲手写一千封信。这些信有的是我在上海主动发的，可以看出我的意向和我所要实现的计划；有的是对同志来信的答复，可以看出全体同志的景况和他们所遇到的困难与所发现的问题，以及我对于这些困难问题所提出的意见。凡是可以公开而有参考价值的信稿，我要陆续选择出来。看信的同志，要认真从心灵的深处流露一些消息，发挥一些力量给我，作为交换条件。消极的伤感、无聊的颂扬、敷衍的客套、文凭的需索都不是我所愿意接受的。我所最欢迎的是报告各人对于劳苦大众自己干了些什么事，怎样做法，碰着什么钉子，如何把这个钉子拔掉，劳苦大众自己干了些什么事，劳苦儿童怎样创造他们的小世界，对于普及教育紧急计划之实现是怎样的尽力，对于我有什么指教，对于自己的健康是怎样的培养，自己的学问是怎样与社会共同上进，自己的家境有什么困难，如何解决，我有什么可以帮忙之处？我已经预备好几十本大簿子，来装潢您们的宝贵的信。来信上十封的，另贴一簿，独立保存。不愿公开的信，由我自己拆开张贴秘藏，除得本人同意后，不使他人过目。

敬祝康健！

陶知行

二三、一、二〇

原载《生活教育》第1卷第4期，1934年4月1日

【注释】

①标题为编者拟。

不得已求您另请高明[①]

——致舒新城

新城吾兄：

久不晤叙，不胜悬念。前答应为您写的《修学指导》，本拟及早动手，无奈为普及教育运动忙着，不能抽闲动笔。而对您的空头应允，似又未便长此稽延，不得已，只好求您“另请高明”吧。实非无故推辞，尚希原谅一二。

匆匆专此。顺祝

康乐！

弟陶知行

四月廿一日

出自《收藏现代名人书信手迹》，中华书局1992年版

【注释】

①标题为编者拟。

已收到《世界新形势》[①]

——致王云五

云五先生：

您的《世界新形势》一书今已收到，承谢万千。

陶知行

廿三、五、六

复印件存华中师范大学教育学院

【注释】

①标题为编者拟。此信系本次新增。

林启明、卢文迪二君翻有俄国新著两册有出版需要[①]

——致王云五

云五先生大鉴：

兹有林启明、卢文迪二君翻有俄国新著两册，有出版需要，现介绍前来，为蒙收买，不胜感激。专此。敬请

撰安。

弟知行

二三、六、七

原件藏于重庆育才中学

【注释】

①标题为编者拟。此信系本次新增。

介绍唐文粹《小学行政》[①]

——致王云五

云五先生：

唐君文粹种数年经验，运用最新教育原理写成《小学行政》一书，并特介绍前来出版（如贵馆收买愿任校订），尚希俯予接洽。敬祝

康健！

弟陶行知启

二十三、八、一三

复印件存华中师范大学教育学院

【注释】

①标题为编者拟。此信系本次新增。

《生活的书》校阅完毕[①]

——致汪达之

达之同志：

《生活的书》[②]校阅完毕了。一个字，一滴泪，一点血，一斤力。我建议依据日期的顺序改编，使读者可以容易找出你的思想、行动的线索。重复的地方可以斟酌删除一些。有几封信或要引起友谊上的误解，是否可以发表，也请你重新考虑一下。

我对于新安的态度是给了你好多烦恼，也引起你许多误会。这在你给冬芜、铭勋、纯才的信里可以看出来。我的方针却是始终一贯，没有丝毫变更。我对于同学们进行的实验工作是抱着一个根本态度：帮忙各人或各个小集团，取得一个自由研究的环境，独出心裁地去创造。看见有创造时，我便欢呼鼓掌，否则便觉得苦闷，甚至懒以理会。同时，只要我的鼻子还在水面上，总是毫不吝惜地出我的小小力量向大家贡献，只是不愿负起主持之责以减少大家的创造欲。你们走的是创造之路，只要向前迈进，必定能达到你们所希望达到的目的。

陶行知

二三、八、二〇

出自汪达之编著《生活的书》，上海儿童书局1934年版

【注释】

①标题为编者拟。

②《生活的书》编著者为汪达之。

王瑞符欲学得一门学术[①]

——致谢家馨

家馨[②]吾兄：

久未晤教，不胜系念。王君瑞符[③]，欲学得一门学术，以为农民服务，此志甚可嘉许。彼对于生物学及农事兴趣至为丰富，拟即就此初基更求深造。如蒙在专修科中俾一机会。使能上进，实不胜感激之至。专此介绍。

敬祝

康健!

弟陶行知

二三、八、二二

原件存中国第二历史档案馆

【注释】

①标题为编者拟。

②家馨，即谢家馨。

③王瑞符，晓庄学校毕业生。抗战时期，任生活教育社、育才学校和晓庄研究所驻渝办事处主任。

请将此证交曹建培君带下[①]

——致商务印书馆出版部

商务印书馆出版部台鉴：

顷得王云五先生电话，谓可在贵部领购书证，以特价购老少通二千部以内。请将此证交曹建培[②]君带下为盼。敬祝

康健

弟陶知行

二三、九、九

复印件存华中师范大学教育学院

【注释】

①标题为编者拟。此信系本次新增。

②曹建培，陶行知学生，在20世纪30年代初，成为陶行知设立的“中国普及教育助成会”的负责人，助其开展“即知即传”的普及教育运动。

希望你们的工作在开展中求深入[①]

——致程本海、朱泽甫

你们寄来的百侯中学《“九一八”三周年教学做》报告，生动活泼，振奋人心，读之令人敬佩。《生活教育》《中华教育界》拟摘要发表，以供

各地参考。百侯师范生、中学生、小学生都做了小先生，小先生第一代的学生也都做了小小先生，总数在千人以上，这是南方普及救国教育的一朵奇花。谨向你们辛勤劳动的全体园丁以及小园丁、小小园丁致亲切的慰问。

你们有目的、有计划、有组织、有分工合作的“九一八”活动，实行了一个月，收获丰富。希望你们的工作在开展中求深入，扎扎实实地引导已经沸腾的师生进一步研究东北、研究日本、研究世界，每一个人认定一个小小的具体的题目，充分搜集资料，认真研究。人人可以做研究工作，师范生、中学生、小先生，都可以做研究工作。有了研究心得，编为教材，互教互学，救国真知识、真本领不能私有，应即知即传教给民众，普及救国教育。致民族解放礼！

写于 1934 年 9 月

出自朱泽甫著《陶行知年谱》，安徽教育出版社 1984 年版

【注释】

①标题为编者拟。

希将普及新知计划及进行方法写作一文[①]

——致卢作孚

作孚[②]先生大鉴：

久未晤教，不胜系念。《中华教育界》定于明年一月出普及教育专号，嘱行主编。前闻先生演讲北碚，普及新知识之办法，深为钦佩，尚希将其计划及进行方法写作一文，以光篇幅，并为全国取法。小先生之办法，亦希不吝批评，此法在北碚是否可行，行时有无特殊困难，亦请指示。现订于本月底集稿，如蒙于本月底寄至上海静安寺路一五五〇号托转行收，最为感盼。专此奉约。敬祝

健康！

陶行知启

十月十八日

复印件存华中师范大学教育学院

【注释】

①标题为编者拟。

②作孚，即卢作孚（1894—1952），四川合川人。1925年创办民生实业公司，任总经理，经营长江内河航运。

真正的生活教育功课[①]

——致程本海

本海[②]老弟鉴：

您大概是不耐烦地等候我的回信吧？双十节到华北去撒播小先生的种子。我要在日本文未变成必修科之前下这一着棋子。不料一去就是十天，对于你们的信是大大的耽误了，这是要请您们原谅的。您辞去代理校长职，我是赞成的。董事会要恳切地挽留，但您最好再来一个辞职书，我要劝董事会允许您辞去代理校长名义，仍旧以原职服务。董事会杨德昭先生昨天与我会面，谈了好久，我向他提议毅然请薛代旦先生任校长，他虽没有答应，我等他南京回来，还要向他建议。我的理由是要请本省人任校长。并且薛先生和我曾有一日之长谈。我相信他是一位生活教育之同志。他的治学方法，尤与教学做合一的原则相合。有他任校长，再由诸位老弟共同努力，百侯的生活教育，可望发荣滋长。董事会对于诸弟维持学校之热忱毅力，至为信任，望勿听从流言，致生隔阂。泽甫老弟辞职理由不充足，我当另函劝他，也请您劝他不要轻离。洁声、子建希望劝其安心工作。我尝说，百侯事件、麻中事件，便是同志们真正的生活教育功课。经过这两次的磨炼，无论成败，大家都得了极大的教训。比如攀山，中途而废，才是真正的败仗。您们以为如何？敬祝

康健！

陶行知

二三，十，十九

原载《乡教之友》第8期，1934年11月

【注释】

①本函正题系原发表时所拟，副题为编者所拟。

②本海，即程本海，晓庄师范毕业生，当时任广东大埔百侯中学代理校长。

抵抗文化侵略之最有效的办法[1]

——致朱泽甫

泽甫[2]老弟：

连接数信，只因近有北方之游，没有早些奉复，抱歉之至。“九一八教学做”之印刷品已交竹因酌量发表，但因篇幅有限，怕不能完全登载[3]。传说子建先生创了一个口号叫做“近朱者赤”。这种双关的成语是第一流的幽默。您应该以读《论语》的态度接受它。倘使回他一句“近王者复辟”，那就更为幽默了。请您把这封信给他看看，他或者要说：“书呆子所见大略相同。”这种事不可太认真。我希望您们的误会在一笑之中消释掉。您来信说：“学生在日记中有向您行刺的言论，并且有人指使。”这是更加幽默了。在日记中行刺是一个新发明，我从来没有听见过。这些作者将来都是“论语派”的大文豪。请您一笑而恕了他们吧。若因此而辞职，不但嫌得太认真，并且要给外人误会生活教育的信徒是可以吓走的。您的不恋栈的精神，我很佩服，但也不可轻易调换工作地。杨先生依照你的主张结束艺友之培养，请你专心主持小学。这次我亲眼看见一张满洲伪国之上课照片，图中有一位日本女子穿了一套中国衣服，在那儿教导东四省的小孩学写日本字。抵抗这个文化侵略之最有效的办法是小先生的普及教育运动。我已经在华北撒下一些种子。百侯的小先生的工作已经立了一点基础，但必须百折不回干它几年才有效力。我愿意您留在百侯与洁声同志合作，把这大事干到底。杨先生诚恳托我挽留您，只觉得您求去的理由系出于太认真，故把我的态度说给您听，请您想想再定。敬祝你

康健！

陶行知

二三，十，十九

原载《乡教之友》第8期，1934年11月

【注释】

①本函正题为原发表时所拟，副题为编者所拟。

②泽甫，即朱泽甫，晓庄师范毕业生，时任广东大埔百侯中学教师。

③指将来稿在方与严实际负责的《生活教育》半月刊上发表。

一九三五年

强迫教育的新意义[①]

——致台和中

和中同志：

十二月二十六日信收到了。园山学校[②]葛心斋[③]辞职，友梅可以全权办理，无调动必要。友梅办学要和中，和中办学要友梅，似乎是一种嗜好，可以戒戒。你们俩是独当一面的人才，在一块儿有些不经济。强迫教育的新意义，在强迫有知识者教人，强迫有钱者兴学，强迫有权者允许幼辈属下求学。求学如吃饭，用不着强迫。我们要劝导人民拿着饭碗求学，不强迫人民丢掉饭碗读书。这是顶重要的一条路线。新著《普及现代生活教育之路》及《中国普及教育方案》，今寄上一份，请求您和立人先生指教。

敬祝

康健！

陶行知

二四、一、四

原件存南京晓庄学院陶行知纪念馆

【注释】

①标题为编者拟。

②园山学校，在冯玉祥的家乡安徽巢县。

③葛心斋，园山学校的教师。

更正《老少通千字课》[①]

——致王云五

云五先生大鉴：

《老少通千字课》[2]第二册有几处写错了，请更正为盼。注音望托沈先生代为补上。专此拜托。敬祝

康健

陶行知启

二四、一、二十二

原件藏重庆育才中学

【注释】

①标题为编者拟。此信系本次新增。

②《老少通千字课》，陶行知所编扫盲识字教材。

中国教育学会开会记录，与鄙人当时报告不相合[1]

——致刘廷芳

廷芳主席大鉴：

今日见报载中国教育学会在苏州开会记录。关于中华教育改进社之图书、资金一项，与鄙人当时报告，颇不相合。现为便大家明了事实起见，特将当日口头报告写给先生，尚希代为更正：

一、中华教育改进社董事会，于民国十六年议决，集中力量，试验中国所需要之生活教育；俟试有成效，再行推广。故从那时起，所有款项，除社中少数维持费外，都用以创办晓庄；书籍、工具，凡晓庄能用者，都赠与晓庄。

二、晓庄被封后，除少数地产，为特约试验乡村学校使用者外，一切都被没收。

三、发还晓庄令下后，一直到现在，只发还了少数之图书、陈列品。现归山海工学团使用。

四、改进社总事务所内，现由熊秉三、张雪门先生办幼稚师范。

五、改进社原无基金。会费及文化教育基金董事会补助费，是领来即交晓庄，故无余款。尚留下债务数千元待还。

鄙人当日所报告的，是这几点，特此补述，尚祈更正。敬祝

康健！

陶知行

二十四年一月二十六日

原载《中国教育学会会友通讯》第5期，1935年3月31日

【注释】

①题目系编者所拟。此信系本次新增。

承嘱介绍工作人员[①]

——致杨廉

年前来省演讲，多承宣传报导，甚为感激。小先生普及教育运动在全省范围试行，安徽是首屈一指，此为先生与教育领袖领导之功也。承嘱介绍工作人员，经弟挑选程本海、朱泽甫、楼展、张一涛、李玉坡、黄志成、戴飘等七位可以胜任。程、朱二君为安徽人，程可居厅内联络，朱可任第一师范学区辅导，其余各位请酌情分配。电影放映技师一名，助理技师一名。汇款已代购电影放映机一架，新影片数十部，新书挂图及留声机（包括唱片）各六套，发票附上，以清手续。工作进行中，定多丰富经验及新问题之发现，盼时赐教音，倘有需要帮助的地方，行知自当竭尽绵力。

写于1935年1月27日

出自朱泽甫《陶知行年谱》，安徽教育出版社1984年版

【注释】

①标题为编者拟。

必能为园山创一新局面[①]

——致冯玉祥

焕章先生大鉴：

久未晤教，不胜系念。李君友梅，持园山来年计划来谈，行已略示愚见，嘱其面陈。李君此次抱有热忱与决心，为园山劳苦大众、小孩服务。倘能在经济方面宽予确定，必能为园山创一新局面。上年困难万千，李君

本其屡败屡战之精神，以与剥削小孩之劣绅周旋。未致覆没，实为大幸。今后学校内忧已清，不难顺序而进。一切进行方针，尚希详予指示，俾李君有所遵循，实不胜盼祷之至。敬祝
康健及园山学校前途远大!

陶行知启

二四、一、二七

原件存中国第二历史档案馆

【注释】

①标题为编者拟。

为普及教育努力[①]

——致雷沛鸿

宾南[②]吾兄大鉴：

普及教育预令之作用，在使失学成人、儿童及办学人员家长、任何集团负责人，心目中都悬着一个公共目标，为普及教育努力。这令里所应包含的几个要点，弟已具体地提出来为安徽各县草成一篇。现与私塾改造会会章及小先生、传递先生各种表式，一并寄上，以资参考，深望指教。方君竹因一俟旅费汇到即行南下。弟能来与否，尚须各方面允许，展约而定。如能来，来前必有电奉闻。

敬祝

康健

弟陶行知

二四、一、二十九

出自雷坚著《雷沛鸿传》，广西人民出版社 1997 年版

【注释】

①标题为编者拟。

②宾南，即雷沛鸿（1888—1967），曾任广西省教育厅厅长、广西大学校长和广西教育科学研究所所长。

新的旅行法[①]

——致山海儿童社会

儿童社会[②]全体小朋友：

我今天下午五时到九江。船是昨天早上九时从南京开的。一共走了几个钟点，请算一算。路上在芜湖停了两小时半，大通停了半小时，安庆停了一小时。除去停船的时间，净走几个钟头？在地图上看一看比例尺，从南京到九江约有多少里？公和船每小时走多少里？你们不是要旅行全国吗？算一算路程多少，可以得一点实际的知识。

昨晚，刘先生告诉我一个新的旅行法。他在美国访了一位新闻记者，名字叫做粉尼里[③]（Finely）。粉先生说："我正在环游世界，现在已经游到长沙，不久就要到汉口。"刘先生以为他是说梦话，粉先生对他说："你不相信吗？跟我来看。"走到隔壁一间房里，壁上挂着一个世界地图，图上插了一面红旗。"这面旗子是代表我，你看，是不是到了长沙？"他再领刘先生看他所搜集的材料，丰富得很。长沙的人对于长沙的事，怕没有他知道得那样多，这面旗到了什么地方就是他到了什么地方，他就开始调查那地方的风俗、物产、名胜等等。未到之先，他要打听到这里来的路线。既到之后，他要打听从这里到别处去的路线。这是一个很经济的游历法，我不愿意拿它来代替旅行，但是旅行之先，照他这个法子继续地干，是于旅行有莫大的帮助。好，我们先来一个地图上的环球旅行吧！这一个月游历什么地方？请你们自己定，我回来的时候，要与你们在地图上之一点相见。

儿童社会不是关起门来干的，我们的使命，是要为劳苦大众的小孩取得教育上应得的权利。搜集穷孩子的照片、漫画，用艺术的方法贴起来，儿童社会要充满简单之美。儿童社会里到处要给人一个深刻的印象，别忘了穷孩子！你们在《良友》[④]《大众》[⑤]《时代》《文华》各种画报里去找吧。托曹建培[⑥]先生打电话给蔡若虹[⑦]先生，代你们找一些，到静安寺路卡尔登照相馆，向杨先生提倡：随时照了穷孩子生活小影，请他送我们一份。西区小学王省三及张景堃二先生有好的摄影机，请他们帮忙。我回来的时候，如果能看到这样一种环境之创造，那是多么地快乐啊！

陶行知

三月四日

这信请你们抄一份，寄给上海安和寺路七八七号儿童科学通信学校的陶三桃、陶蜜桃。谢谢！

原载《生活教育》第2卷第5期，1935年5月1日

【注释】

①标题为编者拟。

②儿童社会指山海儿童社会。当时山海工学团的小先生自己组织的一个儿童活动团体，由小先生张健领导，儿童们自己管理自己。

③粉尼里（1863—1940），曾创办和主编《纽约州慈善纪事报》（1889）。

④《良友》，先后由伍联德、梁得所、马国亮等编。上海良友图书馆印刷公司发行。1926年2月创刊，至第九十期改为半月刊。1945年10月出至第172期停刊。

⑤《大众》，当时国内发行的画报之一。

⑥曹建培，安徽省安庆人。晓庄劳山中学学生。后在上海协助陶行知推行普及教育。

⑦蔡若虹，画家，曾与张谔、黄士英等合编《漫画和生活》，曾为《生活教育》半月刊配画。

一位二十世纪的观世音菩萨①

——致王荆璞

荆璞②同志：

昨天从武昌渡江的时候，宗麟把您的信给我看，手上摸着很厚很厚的一叠，不像平常的送别信，我疑心里面有些出人意外的礼物。打开一看，知道是您产后不用老妈省下来的钱，要我代您用去。当时几分钟内，使我心里起了波浪，不知如何是好。最初我想托宗麟带回来还您。因为这种牺牲精神结晶的礼物，几乎是没有人配接受。等到转了一个念头，我就毅然决然地毫不推让地收了下来。上海幼儿团和劳工幼儿团里的孩儿们是过着贫苦的生活。有了您这笔款子去，是能叫他们生活丰富起来。春神来到，小树将要复活了。在我们的女同志中，您是最能牺牲的一位。在徐家角③您背着阿沪办幼稚园的影像是深刻地印入了我的头脑里。总有一天，会有人要代您选这样一个相。我知道您就是一位二十世纪的观世音菩萨啊！祝您和宗麟联合湖北教育学院及湖北同志们向前创造！

您们永久的朋友

三月九日

原载《生活教育》第2卷第6期，1935年5月16日

【注释】

①标题为编者拟。

②荆璞，即王荆璞，张宗麟之妻。

⑨具体指上海徐家角乔氏山庄。此地为陶行知租用，专供有志于工学团和普及教育事业的同志居住和从事研究之用。

《西湖八小孩》一书稿费[1]

——致白动生等

动生同志及翁家山小朋友：

《西湖小先生》改名《西湖八小孩》[2]，每千字三元，卖了一百四十四元正，此款是否寄来，还是到沪来取，请即示知。敬此贺喜！

陶　衜[3]

三月卅一日

出自白动生编《普及教育经验谈》，经纬书局1936年版

【注释】

①标题为编者拟。

②《西湖八小孩》，杭州西湖翁家山小学八位小朋友所写的做小先生的记录，从中可以看到他们为改造家庭、服务社会，在怎样奋斗、怎样前进。经陶行知推荐，由上海儿童书局出版。后来，他们把稿费拿来作公益事项之用。

③衜，陶行知笔名之一。此字为陶行知自造。1934年7月16日陶行知在《生活教育》第11期上发表文章，将名字“知行”改为“行知”，以后就开始用“衜”作笔名。这个“衜”字，寓有“行—知—行”的意思。

你们告诉我的好话都采取了[1]

——致杭州翁家山小学小先生

翁家山的小先生：

你们做的工作我是佩服极了，去年来的信，我一直把它带到安庆去，

又把它带了回来，原想在路上回复你们，弄到去年的债今年还，我是非常地抱歉了。我在路上编了三册《老少通》[②]你们告诉我的好话，我都采取了。那篇“一个字，两个叉”[③]的民谣，我修改了一两个字，也编进去了。我很感激你们，以后还要请你们多多指教。我立刻就要到无锡去。再谈吧！祝你们整个翁家山日日新！

陶行知

四月一日

出自白动生编《普及教育经验谈》，经纬书局 1936 年版

【附录】

翁家山小先生致陶行知信

陶先生：

您上学期到我们这里来参观，并且对我们演讲怎样做小先生，教不识字的民众识字，那时我们听了，非常兴奋。因为那时我们日里要教小同学，夜里自己又要温习功课，没有时间来教民众。但是您对我们所说的话，我们是时时牢记在心的。

本学期开学时，茶园里的茶叶，还没有采完，村上的人，都忙着采茶叶。后来茶叶采完，田里的稻又成熟了，大家又都忙着割稻砻米，一直到现在，他们才忙完，才有空的时间。

我们觉得从现在起，正是我们教他们的最好时期，所以我们在前星期，组织了一个儿童自动普及教育团，来干扫除本村及附近各村文盲的工作。当时我们议决：从三年级起，每个同学至少教一个不识字的民众。教的书就是您编的《老少通千字课》，由小先生节省零用钱来买的；每日教字时间，定在晚饭后半小时；每天教书的心得，要详细记在日记中；每天要缴一张写字的成绩；并定每天开一次辅导会议，报告教人心得，讨论困难问题；还要每月开一次成绩展览会。

议决以后，我们就依同学们所住的村庄，分组两团，当时推举翁丽森、翁汝梅两位同学做翁家山这一团的正副团长，又推举应金梅、应孔吉做杨梅岭这团的正副团长，主持这两团的任务。从那一天起，我们就开始普及教育的工作了。我们已经试行了一个多星期，在这短的时间内，我们遇到了许多困难，但是我们并不灰心，我们想了种种方法，把许多困难一个一个地战胜了。所以我们现在工作虽然忙，但是我们却忙得非

常高兴。

在这里，我们还要告诉你，我们每天开辅导会议时所呼的五句口号：

一、扫除文盲，是我们的新责任。

二、不教民众，不算国民。

三、我们要学了就教，教了再学。

四、本村有一个不识字的人，就是我们的耻辱。

五、我们要拿我们的小力量，做一番大事业。

陶先生！你看这几句口号怎样？

现在我们虽然在这里努力干这个工作，但是我们恐怕教的方法不大妥当，所以我们决定推举两位同学，在本星期六（十一月廿二日）和白先生来沪参观你所创办的山海工学团的小先生教字的方法。我们更希望您最近到我们这儿来一趟，看看我们教字的成绩，并且看看秋天西湖的景色和我们翁家山盛开着的茶花。我们想您一定肯来的吧！

我们还告诉您一个可喜的消息，就是：我们的学生，不论男的、女的、老的、少的，都很喜欢读你编的《老少通千字课》，他们不但高兴读，而且读起来觉得很容易。读了一课又一课，读了一遍又一遍。我们觉得您这本书的特色，就是：课课书都是诗歌，而且句子都很简短，内容很有意思，也很有兴味。听说你现在只编了第一册，我们希望您快点把四本一齐编好，早些出版，否则我们学生读了第一册，就要大闹饥荒哩！这一点，我们很希望您不要给我们失望才好！完了。敬祝

健康！

杭州市市立翁家山小学全体小朋友

二三、十一、廿二

出自白动生编《普及教育经验谈》，经纬书局1936年版

【注释】

①标题为编者拟。

②《老少通》，指陶行知等1935年编辑出版的普及教育课本《老少通千字课》。

③《老少通千字课》中有《认不得的问人》一课：“一个字，两个叉；他不认得我，我不认得他。”

请预支版税[①]

——致张一渠

一渠[②]先生：

这几天穷得要命。您前说天马书局（记不清）要我的小品文自选集。现在送来。预支版税壹佰陆拾元。如能今天领得，请交小桃带下为盼。此事请费神代我亲自跑一趟。如拿得稳就请您垫一笔款更快。许多人等着吃饭，一举手之劳胜造十级浮屠。

敬祝康健。

陶　衔

二四、五、五

复印件存华中师范大学教育学院

【注释】

①标题为编者拟。此信系本次新增。

②一渠，即张一渠，又名锡类，浙江余姚人。绍兴第五中学读书时受教于周作人，浙江公立法政专门学校毕业，曾任龙游县政府科长、余姚县参议、上海市参议员。1930 年 2 月与石芝坤合资创办儿童书局，曾与陶行知、丁柱中合作出版《儿童科学百科丛书》，又得陈鹤琴之助，出版小学课本及读物。

儿童篇歌和音琴谱未收到[①]

——致王云五

云五先生：

儿童篇歌和音琴谱未收到，请即交来友带下一用为盼。

衔

复印件存华中师范大学教育学院

【注释】

①标题为编者拟。此信收信日期为 1935 年 7 月 29 日。此信系本次新增。

漳平师资训练所事[①]

——致刘心村

琼瑶[②]吾弟：

漳平师资训练所已荐李名各同志担任，业已函知罗先生并请其电汇旅费，俾便成行。沪上银根奇紧，即此小款已难借得。专此奉复。敬祝

康健！

衔

二四、七、卅

原件存北京市文物局

【注释】

①标题为编者拟。

②琼瑶，即刘心村，原晓庄师范学生。曾任福建仙游行政公署教育指导员，当时推行小先生制普及教育。

请付儿童节歌曲集（和声谱）拾本[①]

——致商务印书馆

迳启：

专请付儿童节歌曲集（和声谱）拾本，交来友胡君带下为荐。此致

商务印书馆

陶行知启

二十四、八、二十

复印件存华中师范大学教育学院

【注释】

①标题为编者拟。此信系本次新增。

退订《生活教育》余款[①]

——致刘心村

琼瑶同志：

来函奉悉。汇款二十五元亦已收到，除五元系八月份公共事业费外，余二十元，照定《生活教育》[②]十五份，每份（全年）一元三角，仍余五角，附上邮票五十分，希即检收。敬祝

康健！

原定单十五纸。

陶行知启

二四、八、卅一

原件存北京市文物局

【注释】

①标题为编者拟。

②《生活教育》为生活教育社的社刊，为半月刊，陶行知为主编。

各处来信说《老少通》无处买[①]

——致王云五

云五先生：

各处来信说《老少通》无处买，分馆本馆都缺货。务望每次多印一些以应各方需要（查各分馆及志馆，均已有书，已前复）。

《星期标准书》如有他种，留希文与胡先生带来为盼（暂未选出，一俟选定，当送审查，乞能达，匆匆）。敬祝

康健

弟陶行知启

二十四、十、十二

复印件存华中师范大学教育学院

【注释】

①标题为编者拟。此信系本次新增。

抓住“西桥”向前干[①]

——致西桥小先生

金洪、良溪、桂林、国平、国新、茂祥及全体小先生鉴：

接到十月二十二日来信，知道漕桥镇开办强迫识字学校，约了你们去演讲，从此你们的精神就传到漕桥每一个人的心里去了，那是多么地可喜啊！

但是读了你们后一段的话，我未免有些担忧。你们说：从此我们觉得我们在学校里面的活动是机械的活动。你们要知道，漕桥之所以请你们去演讲和我们之所以为你们鼓掌喝彩，纯粹是因为你们在西桥办得有精神。若果西桥办得名不符实，谁来理你们呢？你们不可以起轻视西桥工作的念头。西桥是你们的基本，基本动摇便要弄得“树倒猢狲散”。抓住西桥向前干！这是我的一点小小的顾虑，希望你们来它一个自我批评。

你们给我的信我都把它们编好了。如果卖得出去，你们准有新棉袄过冬，这是你们努力的结晶，应该归你们自己享用。我看这些信的出版的价值超过我们以前所写的一切。如果书店老板的心理和我相同就一定可以出版。但是要记着，上海不景气，稿子不一定卖得掉。我们姑且做个好梦吧！祝你们努力创造[②]。

陶行知

二四、十、二五

复印件存华中师范大学教育学院

【注释】

①标题为编者拟。“西桥”，地名，位于无锡与宜兴交界处。此处指承国英等人在此处创办的“西桥儿童工学团”。该团是陶行知推行“小先生制”的试点和典型。西桥小先生的姓名依次为：杭金洪、杭良溪、王桂林、承国平、承国英、杭茂祥。

②后来信稿以《小先生的信》为名，由上海儿童书局公开出版发行。

【附录】

西桥小先生的六封信

（一）

陶先生：

承继行先生到上海去养病之后，时常考虑他走了之后西桥怎样干好？其实是忙着干先生的普及工作呀！在这九十五度的阳光下，要到各村去组织儿童工作团，不知流下许多血汗，其实是为了社会服务，为劳苦大众报酬，牺牲血汗实在也值得。

西桥团内有小朋友六十多人，要“发挥自动精神，努力普及教育”，于是没有一个不做小先生。这不算是大事，顶重大的，是西桥周围二里路内的成年人、小领袖，以及一切男女老少，也会被小先生同化助力，多么可喜呀！

陶先生！西桥的人虽小而心不小，人虽穷，而志不穷。虽然被环境压迫，而觉悟反更大。陶先生！放心些吧！西桥要想追到上海的山海工学团、南京的自动小学校和淮安的新安小学，一样向前进！进！进！不能掉在后面的！请陶先生特别注意西桥吧！敬祝

努力！

西桥工学团杭金洪上

二四，八，念（廿）四日

（二）

陶先生：

我们为着使西桥小先生更努力地教人，早些使本地民众个个识字，因此大家便想法子，怎样能使西桥小先生更加比以前努力地教朋友，结果终于被我们想着了。

我们现在是七个小先生，有六个村庄的小朋友来读书，我们便分配着各人负责一个村庄，同时比赛那个负责的成绩好。还有多出一位小先生是总指导，评判各村的成绩，调查各村是不是实在教。我们工作分配好了，便开始干了。我是负责塘桥村，那村共有九个小朋友，其中有两个是幼稚班，因为他们实在太小了，所以他们是不教。其余七个是个个教的，其中最多者教四人，其余能力强的教两个，还有几个一年级的只能教一个。我将要在最短期中，引起他们教人的兴趣，鼓励他们多教些小朋友。完了，我要去做别的工作了，有好消息下次再报告你吧！敬祝康乐！

承国平

（三）

陶先生：

好久没有给信你了，很是惭愧，但是，因为我们现在忙着干小先生工作。怎样干的呢？我们附近共有六个村庄上的小朋友到西桥来读书。那六

个村庄上的小朋友都做小先生。我们要他们一起努力不灰心地干下去，就由我们六个小先生各人负责一个村庄办村儿童工学团，要叫他们一起努力不灰心地干下去！每天流着汗奔跑到各村去调查他们是否是教的，所以现在各村小先生很是起劲地教人。每天早会上各村有小先生工作报告。我们负责的人还要逼得每一个小先生一定教人，我们除了教小先生教人外还要联络农民，使他们信仰我们，所以我们现在很忙很忙。但是我们是为了劳苦大众，就是忙也值得！我们见许多小先生教人努力很是欢喜。一定你陶先生也很欢喜的吧。敬祝
康健！

承国新上
八，二四

（四）

陶先生：

久来没给你信，是什么原因呢？因为最近我们准备考查每一个小先生的功课成绩。最重要的是考查小先生教人的成绩，调查了好几天，才调查清楚。成绩真好，有几个小先生教他的好朋友画的图画，这几张图在普通的小学三四年级的学生不能画得这样，并且很有意思。在最近的时期中，我预备整理起来寄给你看看，你看到这几张画，就可知道西桥小先生在真正地普及教育，真正地苦干苦斗着。

陶先生！你看将来的小先生要怎样？这要看现在的西桥工学团就可知道将来小先生的力量，对社会有什么变化。最先我们组织一个考查团，我们六个小先生每人负责一个工学团，好比一个工学团有问题发生，就由负责的这个小先生去解决，一面联络农友热心，对于我们小先生要有亲切的关系。再一方面要调查每一个小先生是不是教人。这样一来，全体的小先生，他们不得不拼命去干。祝你前途
光明快乐前进！

小先生阮茂祥
八，二十四

（五）

陶先生：

好久没有给你信，因为我负责总指导，要调查各村的小先生教不教人。星期二去查这一天，下了雨，路上很不好走。调查的结果很好，只有

一二个不教人的，因为年纪太小，有几个最努力，良州、歧州、耀根、焕祥这几个是最努力的小先生！再谈！下次再告诉好消息。祝你近安！

王桂林上

（六）

陶先生：

不要把西桥忽略啊！要知道现在正在考试，一些功夫也没有，所以一直到现在还没有给信你，请你原谅。西桥现在是真正自动了。小朋友没有一个不教人，都做小先生，都做小农人，都有革命的精神。我们西桥小先生要超过山海，超过南京的晓庄，超过江北的新安，这是我们的希望。

敬祝康健！

杭良溪

二十四年八月二十日

代订《生活教育》[①]

——致刘心村

琼瑶同志：

来书奉悉。附下汇款百元已收到，勿念。代定《生活教育》八十六份，共计洋一百一十一元八角（优待只算每份一元三角），除付九十五元，尚欠十六元八角，希即照数汇来，以便转致。原发票八十六张附上。所询《古庙敲钟录》等书，如何优待折扣，概系六折。附来五元，已收入公共事业费（九月）。专此布复，敬祝

康健！

陶行知启

二四、十、卅一

原件存北京市文物局

【注释】

①标题为编者拟。

一九三六年

承嘱为铁道部物色吴淞铁路工人学校校长

——致李公朴

前议救国运动应有工人及广大群众为基础，诸君子一致赞同，自宜分头进行，以扩大救国统一战线。承嘱为铁道部物色吴淞铁路工人学校校长一席，已物色朱君泽甫[2]可以胜任。鄙意统一战线工作正在开展，办理该部工人学校与我们办的工学团精神应该一致，唯方式宜有所不同。现介绍朱君前来请与接见，倘蒙同意，请即转介该部，以期成功。

写于 1936 年初

出自朱泽甫编《陶行知年谱》，安徽教育出版社 1984 年版

【注释】

①标题为编者拟。

②朱泽甫，安徽桐城人，1920 年入晓庄师范学习，毕业后投入陶行知生活实践事业，1932 年在上海朱家角创办了光华工学团。

草拟各校、各界实施国难教育之办法[1]

——致冯玉祥

焕章先生大鉴：

上海文化界救国会[2]曾于一月六日通过一个《国难教育方案》，在《大众生活》[3]第九期（也许是第八期）上披露出来。现在要进一步草拟各校、各界实施国难教育之办法。上海同人公推先生起草对士兵实施国难教育之办法，并请先生亲写一篇察哈尔训练士兵抗日之经过。这两篇文章，希望先生即刻给我们写好，用快信寄交上海威海卫路六五六号为盼。新文字[4]

为推进大众教育之利器，前奉上方案一份，谅蒙洞阅，现再寄上课本十份。此刻上海方案亦已通过，课本亦在编行中。尚希加入发起人之列。如蒙再行征求同志数位，更为欢迎。

文化界救国会目标纯正，集中力量为民族解放斗争。经费均由同志认捐。现奉上捐款单一张，如蒙认捐若干，或代向真实抗日同志（如李协和⑤先生）劝募若干，至为感盼。倘有款来，请径汇浙江实业银行章乃器⑥先生收为盼。余请李先生面陈。

专此奉商，敬祝

康健！

陶行知

二五、二、十

原件存中国第二历史档案馆

【注释】

①标题为编者拟。

②上海文化界救国会成立于1935年12月27日。上海文化界曾于1935年12月12日和27日两次发表《救国运动宣言》，分别刊在《大众生活》第一卷第六期和第九期，提出停止内战，反对侵略，维护领土主权完整等抗日主张。在第二次宣言上，宣布成立“上海文化界救国会”。领导人有江问渔、沈钧儒、陶行知、郃爽秋、章乃器等。

③《大众生活》，邹韬奋主编的进步周刊，1935年11月16日在上海创刊。

④新文字，指拉丁化新文字。关于汉字改革，过去有国语罗马字和拉丁化新文字的研讨。1931年9月海参崴华侨开了一个中国新文字第一次代表大会，公布：《北方话拉丁化方案》。“八一三”以前，上海中国新文字研究会积极推行新文字运动。1937年蔡元培等六百八十八人曾签名发表《我们对于执行新文字的意见》，力主汉字拼音化。

⑤李协和，即李烈钧，字协和，江西省武宁县人，曾任江西省讨袁总司令。曾参加孙中山发动的“护法运动”，任大元帅府参谋总长。

⑥章乃器（1896—1977），浙江省青田县人。浙江实业银行总经理。创办《新评论》半月刊，抨击蒋介石“四一二”反革命叛变行为。是救国会“七君子”之一。1945年，他参加发起并建立了民主建国会，并任陶行知创办的社会大学教授。

尚希将大作早日赐下[1]

——致冯玉祥

焕章先生大鉴：

《生活教育》半月刊之《国难教育专号》，于上海廿四杂志被封[1]之次日出版，殊可庆幸。但美中不足，独缺士兵一部。尚希将大作早日赐下，以便刊入第二期，不胜大旱云霓之望。友人张建东先生顷从东北归来，特托姚先生偕同趋前拜访。尚希俯予接谈。如蒙特予赞助，尤为感激。专此介绍，敬祝

康健！

陶行知

二五、三、三

原件存中国第二历史档案馆

【注释】

①标题为编者拟。

②廿四杂志被封，1935 年 2 月南京国民政府以“言论反动”为名查禁、封闭进步刊物二十四种。

不日赴桂演讲普及教育[1]

——致冯玉祥

焕章先生大鉴：

敬启者，行知不日赴桂演讲普及教育，顺道赴伦敦参加世界新教育会议[2]。如在五月十日以前有所赐教，尚希寄由广州儿童书局吴涵真[3]先生转交。南京孙晓村[4]、千家驹[5]、王昆仑[6]诸先生，对于民族自救之途径皆有正确认识，可以深谈。

匆此告别。敬祝

康健！

陶行知启

四月二十日

原件存中国第二历史档案馆

【注释】

①标题为编者拟。

②世界新教育会议，指 1936 年 6 月底至 7 月初在英国召开的万国教育会议（亦称世界新教育联合会）第七届年会。

③吴涵真，香港中华业余补习学校校长，香港九龙儿童书局经理和新知出版社常务理事，育才学校董事之一。抗战时期，李济深任西南行辕主任（在桂林）时曾任李之顾问。

④孙晓村，从事农村经济研究工作。

⑤千家驹，浙江人，曾任广西大学教授，当时在南京中央研究院工作。

⑥王昆仑，诗人，原籍江苏无锡。1922 年毕业于北京大学哲学系，曾在南开中学、浙江省立一中任教。

推进大众文化之最有效的工具①

——致黄芝冈

芝冈②先生：

《新文字论战集》已经拜读。在这些论文里，我们可以看出广西对于新文字的热烈的注意。真理是愈辩愈清楚。经过这次的大辩论，新文字为推进大众文化之最有效的工具，是毫无疑义了。同时，抗日救国已经临到紧急执行的时候，我们必须借重新文字，加速地来唤起大众参加这一个伟大的民族解放战斗。也惟独易学、易写、易认的新文字，才能负起这一个紧急的使命。现在理论方面已经讨论得很彻底了。今后我们应当进行的工作是：

（一）草拟广西省内各种方言之新文字方案。

（二）根据方案及最新方法编辑课本。

（三）培养新文字的教师及小先生。

（四）出版新文字大众报纸。

（五）充实广西新文字研究会的工作，主要的：广征同志，即知即传。

（六）与中国新文字研究会及广东省内新文字的研究会取得密切的联系。

（七）继续新文字各方面之讨论，以诚恳的态度交换心得，但求真理，不执我见。

上述各点，是否有当，尚希先生及广西同志不吝指教。专此奉复。敬祝

大众文化及新文字前途远大光明！

陶行知

二五、五、十九

原载南宁《民国日报》，1936 年 5 月 22 日

【注释】

①标题为编者拟。当时陶行知应李宗仁之邀，在广西各地访问、讲学和宣传推广拉丁化“新文字”。

②芝冈，即黄芝冈（1895—1971），时任广西南宁《民国日报》记者，长期从事中国戏曲史、民间文学、民俗学的研究和教育工作，后曾任教于重庆社会大学。

民意速于寄邮传命①

——致南湖、寿康、瑞霞诸先生

南湖、寿康、瑞霞诸先生大鉴：

十一日开始，一路风平浪静。十五到星嘉坡②。十六日游柔佛国③，并在青年励志社演讲联合战线，题为《新中国与新教育》。大家几乎一致赞成。五家报馆背景各各不同，在坡时，对我言论均无坏感。可见联合战线为救国要△，实人同此心，心同此理了。华侨同情桂省，但对广东则怨声载道，民意速于寄邮传命，其不可侮，有如此者。祝健！

陶行知

二五、七、一八

陈先生、周太太、二家世兄、小妹妹，均此致候

复印件存华中师范大学教育学院

【注释】

①标题为编者拟。此信系本次新增。

②星嘉坡，即新加坡。

③柔佛国，马来半岛历史上的封建王国。新加坡曾是其属地，1824 年被割让给英国。后柔佛国逐渐沦为英国殖民地。

敦促国际和平会议速派代表来华[①]

——致西薛尔爵士

国际和平会议主席：

为了在远东更有成效地召开国际和平会议，并在远东与西方的运动之间取得密切联系，我们出席布鲁塞尔会议的中国代表团，恳切要求国际和平会议全体会议尽速派遣代表来华，以便在全体会议和中国全国委员会之间起联络作用。

我们相信，全体会议采取此一步骤，将大大便利和促进争取世界和平与正义的运动，并将受到中国人民的高度重视。

陈铭枢、陶行知、王礼锡、钱俊瑞、

胡秋原、张清源、P. A. 江

1936 年 9 月 7 日

复印件存华中师范大学教育学院

【注释】

①标题为编者拟。本函系用英文写成，由杨汉麟译为中文。

1936 年 9 月，陶行知出席在比利时布鲁塞尔召开的国际和平大会时起草此信，并交大会主席英国西薛尔爵士。该会接受信中所求，于当年年底派代表来华，参加在上海由宋庆龄主持召开的远东和平大会。

告和平与中国之友书[①]

（一）远东和平之被破坏，已经五年了。保障中国之独立与完整的和平条约，早被侵略者撕毁了。国际联盟[②]之一员的中国，不断地被侵略，并被利用为进攻他国以威胁世界和平的根据地。

（二）和平是不可分割的。远东和平与欧洲和平与世界和平是一个不可分割的整体。

（三）由于侵略者的无可忍耐的暴行而引起的中国民族解放运动，是一个争取民族自由的斗争，而同时也是世界上为争取民主主义而斗争的一个主要部分。为了世界和平的利益并鉴于远东的严重局面，我们向你们作以下的呼吁：

(a) 由于向世界挑战、进攻中国的侵略者已经退出国际联盟了，我们要求运用盟约的第十六条和第十七条，根据这两条，如果中国实行自卫的战争，一切国际联盟的会员国，都有援助中国反对侵略者的机会。

(b)《九国公约》[3]和《凯洛·白里安公约》的签字国应举行会议，采取适当的办法，以保障这两个条约的尊严。

(c) 世界上爱好和平的人们，应表示其国际团结，以援助中国全民解放运动。

(d) 一个促进太平洋集体安全的结合，应在英、美、苏联、中国以及其他爱好和平国家之间形成，其目的在于启发公论，督励各该本国政府在国际联盟的体制之内结成一个反对侵略者的互助公约。

原载《救国时报》，1936 年 9 月 18 日

【注释】

①标题为原发表题目。1936 年 9 月，世界和平大会在比利时布鲁塞尔召开。陶行知与另外 13 名中国代表组成中国代表团，他被公推为主席并起草此件。该报刊载此件的前言云："《告和平与中国之友书》发出后。数日间签名赞成者即达五百余人。"

②国际联盟，亦称"国际联合会"，为第一次世界大战后成立的国际组织。根据 1919 年在巴黎和会上通过的《国际盟约》，于 1920 年 1 月成立，1946 年 4 月解散。

③《九国公约》，指 1922 年 2 月 6 日由美、英、比、中、法、意、日、荷、葡在华盛顿签订的《九国关于中国事件应适用各原则及政策之条约》。

赴美国考察两个月[1]

——致吴树琴

树琴[2]同学：

来信敬悉。令弟之事已托朋友进行。效果如何，再行奉闻。我今日赴美，考察两个月再回欧洲。美国通信处：

C/O Mr. F. Redefes
P. E. A.
310W. 90th Street
New York City

U. S. A. [3]

这信收到时，你们是差不多要赶考了。那是多么一件苦事啊。我近来身体很好。彤麟[4]、德华[5]二同学请代致意。

祝健!

衔

二五、十一、四

原件存吴树琴处

【注释】

①标题为编者拟。

②吴树琴，安徽休宁人，当时为上海中法大学药学专修科学生。

③C/O Mr. F. Redefes	美国
P. E. A.	纽约市
310W. 90th Street	第 90 西街 310 号
New York City	F. Redefes 先生
U. S. A.	转交

④彤麟，指黄彤麟，吴树琴的同学。

⑤德华，指沈德华，吴树琴的同学。

寄春季学费[1]

——致吴树琴

树琴同学：

好久没有得到你们的信[2]，非常挂念。现奉上支票一纸，系春季学费借款，尚希于收到时，示知为盼。此票最好是托银行代收，较为易办。请你盖章后交素有往来之银行代取。我的中文签字忘记是老名或是新名，故两名同签[3]，于取款时请代说明，我希望不致发生不便。我在美身体很好，请向诸同学代为致意。敬祝

康健!

行

二五、十二、二二

原件存吴树琴处

【注释】

①标题为编者拟。当时陶行知正在美国宣传抗日和访问讲学，吴树琴尚在上海中法药科专门学校求学。“学费借款”系私人性质，由陶行知在美国演讲所得的款项中支出。

②“你们”，指吴树琴及其同乡、好友黄彤麟、沈德华。

③“两名”，指“陶知行”和“陶行知”。陶原名“知行”。1934 年 7 月更名“行知”。当时外界多有人只知其前名而不知其后名，因而“两名同签”。

一九三七年

在美国尚有六个月[①]

——致吴树琴

树琴同学：

十一月二十五的信已经收到，至为感激。你明春的学费已经代你借得一百二十元，于十二月二十日寄出，由江阴衔令亲转交，收到时请即示知为要。我在美国尚有六个月。六个月后，再回欧洲考察德国、苏联，然后回来。恐怕再要一年才能见面。

祝你

康健！

衔

二六、一、十四

原件存吴树琴处

【注释】

①标题为编者拟。

书信要写得活泼、有力量[①]

——致陶宏、陶晓光等

桃红、晓光、三桃、蜜桃：

今天接到晓光的信，我很高兴。但是这封信和从前的信一样，好一比是干橘子，没有多大浆水，恐怕是生活有些枯燥，意义不甚充足。书信写得短，不要紧，但是要写得活泼、有力量。我愿意下次看到更好的信。我愿意当你们写信给我的时候，是你们的灵魂对我谈心。我现在寄上小照一张，给你们传观，但是不要失掉。陈先生处有我寄来的家用，你可以去取来，先捐拾元与白桃[②]办教育刊物。

祝你们康健!

爸 爸

二月六日 纽约

出自《知行书信集》，安徽人民出版社 1981 年版

【注释】

①标题为编者拟。

②白桃，即戴伯韬，江苏丹阳人，晓庄师范第一期学生，为长期与陶行知共事的中共党员之一。积极参与陶行知教育活动，尤其是自然学园、儿童通讯学校时期的科普工作。主编过《生活教育》《战时教育》杂志。抗日战争中曾主持生活教育社工作，为武汉抗战教育研究会负责人之一，并参与育才学校的筹建工作。主要编著有《陶行知的生平及其学说》《教学做合一概论》等。

在美国再住六个月[①]

——致吴树琴

树琴同学：

我不是答应为你的弟弟找点比较好一点的事吗？现在有几位可以帮忙的朋友，都不在上海了。你大概已经知道了。这件事只好等一些时候再说。

我现在决定，在美国再住六个月。承杜威先生介绍，将到各地去演讲，随时还回到纽约来。

你所借的学费，于去年十二月初寄由江阴街转交。我想不久可以得到你的回信，使我放心。

你要几张风景片，现检寄数张，以后再寄。敬祝

康健!

衔

二六、二、十一 纽约

原件存吴树琴处

【注释】

①标题为编者拟。

到明年才能回国[①]

——致吴树琴

树琴同学：

一月十八日的信，已经收到，最为感谢。我现在已经来了三个多月，别的没有多大进步，只是身体倒比在中国的时候强壮得多，可以告慰。

我已得美国政府允可，延长游历时期九个月，要到十一月九日才回英国去。在这九个月当中，我还要到墨西哥、加拿大、古巴、檀香山去演讲。四月一个月，要去墨西哥大学[②]演讲创造教育。这样一来，我是到明年才能回国了。

我现在每天生活是看书，写演讲，会朋友，一共有三十五篇演讲稿要预备写起来。

敬祝康健！

行　知

二六、二、廿二　纽约

原件存吴树琴处

【注释】

①标题为编者拟。

②墨西哥大学，即墨西哥国立自治大学，为拉丁美洲历史最久、规模最大的一所大学。

请代找一个地方实习[①]

——致张楚琊

楚琊[②]吾兄：

前年，您该记得，我同两位女士到高桥游览，承您请我们吃晚饭。其中一位便是吴树琴女士。他们在中法药科专门学校[③]求学，现在快要毕业，想托您代她们找一个地方实习。千万拜托。如蒙允许，感同身受。弟自去年秋天由欧来美，身体尚好。预计明春才能回国。专此奉托。敬祝

康健！

弟衔

二六、三、十一

原件存南京晓庄学院陶行知纪念馆

【注释】

①标题为编者拟。

②楚珩，即张楚珩，南京卫生署负责人。

③中法药科专门学校，即中法大学药学专修科学校。地址在上海旧法租界亚尔培路。吴树琴当时在该校学习。

请代找一个地方实习[①]

——致张继圣

继圣吾兄：

久未晤教，至为系念。弟自去秋由欧来美，身体尚好，可以告慰。同乡吴树琴女士等在中法药科肄业，现在将近毕业，照例要找地方实习，想托您代她们找一个地方。如蒙允许，不胜感激。专此介绍，敬祝

康健！

弟陶行知

二六、三、十二

原件存南京晓庄学院陶行知纪念馆

【注释】

①标题为编者拟。

请给予吴树琴等实习机会[①]

——致颜福庆

颜院长[②]大鉴：

现有同乡沈德华、吴树琴、黄彤麟三女士在中法药科肄业，不久结业，照例须实习。想在贵院指导之下，得一实习机会。如蒙允许，不胜感激。专此介绍，敬祝

康健！

弟陶行知

二六、三、十二　纽约

弟现在美国考察、演讲，冬天回欧，明春回国，知念并闻。

原件存南京晓庄学院陶行知纪念馆

【注释】

①标题为编者拟。

②颜院长，指颜福庆，中国红十字会医院院长。

介绍信写成三封[①]

——致吴树琴

树琴同学：

你的寒假信已经收到。介绍信写成三封，请各附你自己的信寄去。我写的信，数人可用。兹将各人通信处附上——请照寄为盼。

一、上海海格路中国红十字会[②]医院颜院长

二、南京卫生署托交张楚珩先生

三、上海高桥卫生实验所张继圣先生

邮局将关门，不能多说。祝你们

康健！

衔

二六、三、十二　纽约

原件存吴树琴处

【注释】

①标题为编者拟。

②中国红十字会，各国红十字会的联合组织的团体成员之一。

世上困难要用冷静的计划去克服[①]

——致陶晓光

晓光：

接到你二月二十一日的信，我很高兴。你的人生观太悲观，应当改正过来。世界上一切困难都要用冷静的计划去克服。忧愁伤心是双倍的牺

牲，于事并无补。你们不是孤零零的孩子。在你们的周围有着几百、几千、无数的孩子，都是你们的朋友，你们的同伴，你们的服务的对象。从家庭的小世界里把自己拔出来，投入大的社会里去，你不久就会乐观、高兴，觉得生活有意义。大学不必赶，依着学力的长进自然升入，否则考不上，你又要悲观起来。寄来三百元华币，收到时，专为家用，预算可敷用到何时，告诉我。请冬叔[②]并告桃红、三桃、蜜桃，随时写信给我。我望你们来信也如你们望我来信。现在夜深了，我还要跑半小时才能送到总局赶上顾利支的船。愿你听我的话，将胸襟扩大，生活将要自在得多。祝你和大家平安！

爸　爸

三月二十三日

出自《知行书信集》，安徽人民出版社 1981 年版

【注释】

①标题为编者拟。

②冬叔，即曹子云，晓庄师范学生，陶行知的表弟。

汇 100 美元请转交救国会[①]

——致蔡承新

承新兄：

离别甚久。自友人处获悉兄在业务上成就卓著，并乐为福利尽力，甚感欣慰。随函附上 100 美元支票一张，供救国会使用。倘有机会遇见负责人。望劳神代为兑款转交之。乞望早日见复，并将国内近况告之。

顺颂

大安！

挚友 W. T[②]

1937 年 4 月 23 日

于纽约西 90 大街 310 号

教育促进会

复印件存华中师范大学教育学院

【注释】

①标题为编者拟。本函系用英文写成，由杨汉麟译为中文。

蔡承新，系陶行知旧友，时在上海汉口路中国银行工作。陶行知在海外募捐所得款项，多通过蔡转交国内各有关方面。

②W. T，陶行知原用名“文濬”（Weng Tsing）的英文开头字母。

给你寄风景片①

——致吴树琴

树琴女士：

前寄介绍信数封都收到了吗？你接洽的情形如何？实习的机会有没有？

我五月二日到 Philadelphia①，四日到 Missouri②，五日到 St. Louis③，七日到 Chicago④。以后行止未定。通信处如旧。你要风景片，我每到一处选几张寄给你。祝你们

康健！

文⑤

二六、四、廿九

原件存吴树琴处

【注释】

①标题为编者拟。

②Philadelphia，费城。

③Missouri，密苏里。

④St. Louis，圣·路易斯。

⑤Chicago，芝加哥。

⑥陶行知原名“文濬”，“文”为本名的缩简。

不要听信谣言[1]

——致吴树琴

冰妹[2]：

你的三月十三的信，我是在两星期前收到的。这封信来后，好像是很久很久没有接到你的信了。但是仔细想了一下，应该是再过两个星期才能接到你的信。何以呢？你大概是每月平均给我一封信。照我现在的心理看来，这好比是每天吃一餐饭，是觉得不能满足。你知道，我是每一次船来，总希望能得你一封信，几乎每次都是失望。于是见着 Transpacific Mail Due（太平洋信件到）的新闻，应该是兴奋，反而弄得烦恼。这件事我想给你知道，或者你能帮我解除一点痛苦。

七月十七到二十三，可说是我们最可纪念的一个礼拜。今年是二周纪念了。你能在六月十日左右给我一封信告诉我，你将如何纪念这个最可纪念的礼拜吗？我还希望你把你的生日告诉我。

现在有许多人造我的谣言，请你不要信他。从前只有图财害命，现在简直有人要害命毁名。你要留心。有许多人要毁坏我的名誉。只要你不信他们胡说，我就无忧无虑了。我知道你相信我，你也知道我相信你。好！我们就在互信中得到最高的安慰吧！

我现在要向西方去了，但通信处仍旧不改，等到改时，总得告诉你。

你到家后[3]，我想通信总是有人转交吧。

我害了四十天病，但是没有咳，总算是不幸之幸。

水[4]

二六、四、廿九

原件存吴树琴处

【注释】

①标题为编者拟。

②冰妹，指吴树琴。

③吴树琴去信告诉陶行知，说她准备回安徽休宁老家。

④水，陶行知笔名之一。

汇款200美元请转交救国会和全国学联[①]

——致蔡承新

承新兄：

随函附上200美元支票一张，望将100元交与救国会，余100元交与全国学生联合会。如他们不巧未到，可否向博物馆路基督教青年会全国委员会刘良模先生询问？通过刘先生或许可以寻觅到他们。

区区款项是在此间筹集的，或者说是海外的中国朋友自动捐献的。国内各团体急需钱用，故尚望于本月25日前将款交与有关负责人士。收款后望即将收据寄来。

谨致谢忱。

挚友 W. T.

附言：陆璀记名的旅行支票，您可从通济银行领取。

1937年5月11日

于伊利诺州芝加哥东59大街1414号

复印件存华中师范大学教育学院

【注释】

①标题为编者拟。本函系用英文写成，由杨汉麟译为中文。

我愿意永远在你的梦里安慰你[①]

——致吴树琴

亲爱的冰小姐：

在最近的一封信里，你说到梦里常常看见我，我是多么高兴啊！你写这封信，谅想是用尽气力，拼命地要把心中话写出来，我佩服你的勇敢。老实告诉你，我做了你的梦里人，那是比做南面王还荣幸。我愿意永远在你的梦里安慰你。你不知道吧？我也时常在梦中看见你。不过我是没有你勇敢，从来没有给你说过。现在可以给你知道，你是我梦里最欢迎的人了。你也觉得高兴吗？我们有什么办法呢，相隔几万里。只有梦中的情景才是人生的天国。你几个月才给我一封信，叫我想念来信如同三天没有吃奶的小孩。以后每逢有船来，赏我一封信，可以吗？

短短信，
常常寄。
没有功夫写，
画几个圈儿替，
免人苦相忆。

亲爱的冰小姐！我得到了你的一封信，好像是得到了一种神秘的力量，又好像千军万马来到我的面前，听我指挥。我的精神顿加十倍，能做十倍的事并且做得十倍地好。

冰小姐！你梦里看见我是怎样的一个人，你有勇气告诉我吗？

我今年是不会回来的[②]。把你的家里的通信处告诉我。这通信的路线是不可以间断。

水[③]

1937 年 5—6 月间

原件存吴树琴处

【注释】

①标题为编者拟。陶行知与吴树琴于 1935 年 7 月 23 日相识，此后常有书信往来。此信为对吴树琴回安徽老家后来信的复信。日期据刘大伟的考订。

“冰小姐”是陶行知在信中对吴树琴的称呼。有时称“冰”或“冰冰”。

②指陶行知不可能回安徽老家。

③水，陶行知给吴树琴写信的化名。

告诉我最近的生活[①]

——致陶宏、陶晓光等

桃红、小桃、三桃、蜜桃：

四月二十四日的信和小桃、蜜桃的照片已经收到，我很高兴。桃红与三桃，我希望也寄最近的照片来。三桃没有写过信来。他现在怎样？把最近的生活写一点告诉我。最好寄几首诗来给我看看。桃红恐怕生活困难，多寄点钱去给他。我不久将有款子寄来。

最近到美国中部去演讲过，回来经过博扶罗（Buffalo）[②]，当地华侨请我们去看尼嘎拉瀑布[③]。这是世界第二大的瀑布。我们十几人从天风洞换了雨衣、雨帽、雨袜、雨鞋下去，看瀑布从天空冲下，真是别有天地非人间。在这里我才了解美猴王回到水帘洞的气概。华侨黄经华先生曾拍一照，寄给你们传观，望保存起来。我现在身体很好。祝你们
康健!

爸 爸

五月二十八日　纽约

出自《行知书信集》，安徽人民出版社 1981 年版

【注释】

①标题为编者拟。

②博扶罗（Buffalo），通译布法罗，美国纽约州西部的一个城市。

③尼嘎拉瀑布，通译为“尼亚加拉”瀑布，世界著名瀑布之一。在北美洲尼亚加拉河上。河中一小岛名山羊岛，分瀑布为两段：左属加拿大，称马蹄瀑布；右属美国，称亚美尼加瀑布。

乡村教育十周年①

——致工友、农友、小朋友和全体同仁

诸位工友、农友、小朋友和全体同仁：

今年是我们乡村教育十周年。我们在这十年当中，大家所努力的结果，是有好几个贡献：

（1）社会即学校。

（2）生活即教育。

（3）教学做合一。

（4）在劳力上劳心。

（5）行是知之始。

（6）教劳苦大众自己教自己。在这里面，我们发现了传递先生。

（7）教小孩自己教自己。在这里面，我们发现了小先生。

（8）就是工学团。工以养生，学以明生，团以保生。

（9）我们把这工学团，今年变成救国团。这是更进一步了！我们要：求救国的学，做救国的工，要为救国而团结。

（10）我们要传播拼音符号。在这一年当中，对于拼音符号的传播，

我们是有特殊的进步。

今年还有一件特别的事体，我们可以报告的，就是生活教育已经引起华侨和各国的认识。他们大家对于这个生活教育和乡村教育，是非常地注意。今年世界新教育同志会开会的时候，已经把生活教育报告给大家。大家都感觉到很大的兴趣。

第二，印度这一方面有许多朋友，已经把生活教育，特别是普及教育的办法，传到印度去。

第三，就是美国的杜威先生、孟禄先生，对于我们的办法，非常赞成。

今天我特别要讲的，是以后的努力：

第一件事体，我们要努力的就是，统一抗×[②]。因为统一抗×，是我们中华民族的出路。

我们今后要努力的第二件事，就是要充实大众的大学，要把大众的大学发展出来，一定培养他们的教育，才能争取本身的生存和中华民族的解放。

梧 影[③]

原载《生活教育研究会会刊》第1卷第7期，1937年6月10日

【注释】

①标题为原发表时题目。此信系本次新增。

②原文如此，应为抗日。

③梧影，陶行知笔名。

把实习情况告诉我[①]

——致吴树琴

树琴：

上次说要由俄罗斯皇后寄信给你，怕你等候不及，已于昨日由中国银行把学费汇给你。你在这封信到的时候，一定可以同时收到学费。你是回家抑留沪实习，请决定后告诉我。我月底就要到西岸去，上次已经把通信处告诉你，按照日期寄去，一定可以收到。彤麟、德华夏天回家否？你还要和从前一样和他们互助。实习的工作如何，我很希望你详细地告诉我，

使我可以跟着你们得点医药的常识。祝你
康健！

WT[②]

二六、六、十二

原件存吴树琴处

【注释】

①标题为编者拟。

②WT，陶行知的英文笔名之一。

人生遇逆境的秘诀[①]

——致吴树琴

树琴同学：

今天接到五月十六的信，知道你已经得了允许，在市中心卫生局实习，那是很好的。可惜你又不能去看多年不见的妈妈了。

唱片你已经收到，很好。那上面不但是有歌，并且有休宁话和你们谈。得空拿回来，留着！

人生遇逆境只有一个秘诀：把忧愁忘掉。吃饭、睡觉、工作、游玩、忘掉，包括奋斗，你若记得这五点，你可以活到一百岁。因此，你得把气忘掉，把闷忘掉，把敌人忘掉，把爱人忘掉，把自己忘掉。什么都可以忘掉，只是不可以把写信忘掉。现在把通信处寄给你。上海到美国的信（西部），快则十六天，慢则一个月。在报上看船期，早一天寄。若遇着“皇后加拿大”“皇后亚细亚”[②]，担保十六天可以收到。短短信，常常寄，好吗？实习要多少时间呢？学费寄到哪儿？四月廿几我有一封要紧的信寄给你[③]，如未收到，赶快去拿。

祝你

康健！

水

二六、六、十五

通信处（7月5日至10月1日）

7月5日至7月15日：

C/O Mr. Paul S. Elliott,
North West Institute,
Reed College,
Portland, Oregon.
U. S. A④
7月16日至8月1日:
C/O 415 1/2N. Los Angeles Avenue
Los Angeles, California
U. S. A⑤
8月1日至9月底
C/O 520 Pine Street,
San Francisco. California.
U. S. A⑥
10月1日以后,纽约旧通信处。

1937年6月15日写
原件存吴树琴处

【注释】

①标题为编者拟。
②均为海轮名。
③即1937年4月29日给吴树琴的去信。
④美国俄勒冈州波特兰市里德学院西北研究所保尔·埃利奥特先生转交。
⑤美国加利福尼亚州洛杉矶市北洛杉矶大街415 1/2号转交。
⑥美国加利福尼亚州旧金山市波萝街520号转交。

汇款300美元请转交"两联"①

——致蔡承新

承新兄:

随函附上一张300美元汇票,其副本已交同班邮轮寄交付款银行,望立即兑款,并平分为两份(各150元),分别转交给我们的"两位亲姐妹"②。请按前例通知她们,以便将款提走。

顺致谢忱，并代向刘、施两位先生[3]致意。

弟 W. T.

1937 年 6 月 24 日

复印件存华中师范大学教育学院

【注释】

①标题为编者拟。本函原系英文．由杨汉麟译校为中文。

②“两位亲姐妹”，暗指“两联”，即全国救国会联合会和全国学生联合会。

③“刘”即刘良模，“施”即施则凡，均为陶行知的友人，并在转交款项中发挥过作用。

诗一首，请教正[1]

——致吴树琴

树琴：

你的下学期的学费已经于上星期二用飞机寄出，在这封信未收到前十天，你大概是已经收到了。如果没有送给你，请到中国银行去问一问。副收据现寄给你，如已收到款，就可作废，如款未收到，可拿副收据去取款。小诗一首请代交冰小姐[2]。

祝你

康健!

水

二六、六、二五

原件存吴树琴处

【附录】

江湾月　怀七一七

江湾月，
月儿弯，
前年看我在江湾。
去年送我出西洋，
今年问我几时还?

冰妹教正

二六、六、二五

出处同前

【注释】

①标题为编者拟。

②冰小姐，指吴树琴。

在墨西哥要留到九月底[1]

——致吴树琴

树琴同学：

你现在大概是回到家里去了。前些日子，我为您借得一笔学费，计类金四十元，托中国银行汇给您，不知收到没有？倘使没有收到，可以写信到上海汉口路中国银行问。这笔款七月六日可到上海，现在是早已到了。我在李特大学的演讲于后天结束，以后是东跑西跑。要到八月二十五日才去墨西哥。您若有信给我可寄：

C/O Mr Gorge H. Leon

P. O. Box 1162

Mexico D. F. [2]

我在墨西哥要留到九月底。令尊、令堂处托你代我问候。敬祝阖府康健!

WT

二六、七、一七

原件存吴树琴处

【注释】

①标题为编者拟。

②C/O Mr Gorge H. Leon　　墨西哥联邦区

P. O. Box 1162　　1162 信箱

Mexico D. F.　　戈尔吉・H. 利昂先生转交

我在砵仑有过三次最有价值的经验[①]

——致张宗麟、戴伯韬

宗麟、白桃吾弟:

我是七月四日晚间到砵仑，在那儿演讲了十天，题目是《远东危机》《中国民族解放运动》《远东和平》。有一次遇着一群经济研究会的人，硬要请我演讲，我立刻动身搜集资料，预备了一个礼拜，竟作了一次破天荒的演讲。我在砵仑有过三次最有价值的经验。一次是在 Chemawa[②] 参观红人学校，会见十几位红人学生，出我意想之外，印第安人的相貌，几乎和中国人一样。恐怕他们的祖宗是中国北方人从柏林海峡经过阿拉斯加而来。拿他们的相貌和蒙古人、南洋人、东洋人比起来，要算他们最像中国人。一次是 Hillsboro[③] 的农人请我作露天演讲，并在树林里聚餐。我看他们坐的都是自己的汽车。我问他们，是否这里的农友都有汽车？他们说，他们所知道的农友都有汽车。不过他们是被剥削，市场上出卖一百元农产品，农人只得到三十六元。同一天晚上，Albany[④] 农人请我去参加农村讨论会，一直谈到十二时才睡。他们欢喜绵谈，和中国农友一样。一次是 Sale[⑤] 的裁缝女工三百人请我演讲，我把冰如[⑥] 等的故事讲给她们听，她们是高兴极了。我在她们的队伍里，也找出一位美国朱冰如，真是学而不厌，诲人不倦。她的名字是 Madia Lippe，她并且会做诗。最后，我要说的是砵仑的中国妇女会。她们给了我一个盛大的欢迎会，我把《锄头歌》和广州新文字介绍给她们。《锄头歌》我教了两次，有十个人学会了。在这十天之内，除了他们供给膳宿外，我赚了二百金元，足够东南西北一个大圈的开销。

七月十五夜到西雅图[⑦]，住了四天，在华盛顿大学[⑧]、人民教堂、女青年会、Kiro 播音台[⑨] 及私人宴会讲过七次。受了感冒，但几天就好了。在这里我预备了一个新题目，即《日本法西斯的特质》，在女青年会讲。人民教堂是一个极新的教堂。他们有人民的上帝，人民的牧师，人民的福音。我在美国遇着的牧师，都是小保罗，只遇见一位基督的信徒，那便是人民牧师 Shorter[⑩] 先生。这里抗日会没有基础，也不发生作用。我在这里遇见女记者 Anna Louis Strong[⑪] 的父亲，他送了我一本书，是他的女儿在西班牙的见闻录。

我在砵仑遇见桥木秀男 Hashmote[⑫]，在西雅图遇见细川 Hosokawa，这是两位同情中国民族解放运动的日本朋友。

昨天晚上，从西雅图坐船到加拿大温哥华。今早八时，有中华抗日会、中华会馆、致公堂、达权社、《大汉公报》代表十余位朋友来接。北美学生会卿汝楫、左学礼二君也在埠。今晚预备演讲一次之后，即坐船到 Victoria⑬去，我现在预备做下面几件事：

（一）向美国人民说明召集九国公约⑭会议。

（二）一旦中日战争爆发，号召美国舆论阻止美国输售军火与日本。

（三）号召华侨拥护抗日。敬致

民族解放敬礼！

陶行知

七月二十日

出自《行知书信集》，安徽人民出版社 1981 年版

【注释】

①标题为编者拟。

②Chemawa，译为“切马瓦”。

③Hillsboro，译为“希尔兹巴勒”。

④Albany，译为“奥尔班尼”。

⑤Sale，译为“萨尔”。

⑥冰如，即朱冰如。原为上海英美烟厂女工，1934 年在上海浦东女青年会女工夜校学习，进步很快，不久就当上了小先生。她每天早晨赶到十里外上班，下午五点回来给刚组织起来的夜校初级班姊妹上课，晚上七点后又去学习。后来在英美烟厂办起中午女工读书班，得到了陶行知的鼓励和帮助，并赠送课本，还亲自来听课辅导。学生发展到一百多人，直到“八一三”上海战争爆发读书班才结束。

⑦西雅图（Seattle），美国西北部重要海港和城市。

⑧华盛顿大学，即美国乔治·华盛顿大学，建于 1812 年。

⑨Kiro 播音台，译为“基罗”播音台。

⑩Shorter，译为“肖特”。

⑪ Anna Louis Strong，即安娜·路易斯·斯特朗，美国进步女记者和作家。1921 年首次访问中国。1946 年第五次来华，访问了延安，向世界报道中国革命情况。

⑫桥木秀男 Hashmote 为 Hashimoto 的笔误，译为“桥本秀男”。

⑬Victoria，译作“维多利亚”，北美大陆北冰洋群岛中三大岛屿之一，属如拿大西北地区。

⑭九国公约，全称为《九国关于中国事件应适用各原则及政策之条约》。1922 年

2月6日，美、英、法、日、意、比、荷、葡和中国北洋军阀政府在华盛顿会议上签订。该条约是对中国主权、独立、领土完整的粗暴侵犯。

明天到旧金山去[①]

——致吴树琴

树琴同学：

六月二十二日的惠书收到，得悉在我复信前，你已回老家了。我想你一定把家庭地址告诉健康实验站了吧，他们会转交信的。倘你仍未收到汇款，最好写信向健康站询问一下。我已将获取的四十美元奖学金给你寄到了上海汉口路中国银行。你若还没收到，请给这家银行写信问问。我现住洛杉矶[②]，明日早晨就要到旧金山[③]去。如果你与我写信，请仍按以上地址投寄。不管我到哪里，他们都会转给我。

良好的祝愿！

忠诚你的 W. T.

八月一日

英文原稿存吴树琴处

【注释】

①标题为编者拟。本件原为英文书信，由熊贤军译，蔡靖方校。

②洛杉矶，美国北部工商业城市和重要海港。

③旧金山，美国加利福尼亚州太平洋岸的大城市。

国外行程安排[①]

——致吴树琴

树琴同学：

收到你七月八日的来信，得知你已收到我所寄之物，甚为高兴。在这里我再呆十日，就到墨西哥一个月。尔后，将到美国的印第安纳大学[②]和迈阿密大学[③]作两次演讲。大约到十月底，我就要到欧洲去，然后取道西伯利亚返回中国。我甚好。但愿你和你的母亲生活愉快。祝

康健！

忠诚你的 W. T.

八月十一日

英文原稿存吴树琴处

【注释】

①标题为编者拟。本件原为英文书信，由熊贤军译，蔡靖方校。

②印第安纳大学，在美国中部偏东的印第安纳州首府印第安纳波利斯。

③迈阿密大学，在美国佛罗里达港市。

汇 170 美元请分交“两联”①

——致蔡承新

承新吾兄：

现汇上美金壹佰柒拾元，务请兑现平分交与“两联”。弟在旧金山尚有十日勾留，于廿一日离此南行，月底可达墨西哥。三信务望代为转寄，邮费以后奉还。专此奉托。敬祝康健！

弟 W. T.

二六、八、十一

大埠

闻志莘兄有款寄我，请他快寄来，弟回国需款。

千万拜托。通信处仍为：310W. 90St.

N. Y. C.

N. Y.

U. S. A. ③

1937 年 8 月 11 日写

复印版存华中师范大学教育学院

【注释】

①标题为编者拟。“两联”，全国各界救国会联合会和全国学生联合会。陶行知当时受“两联”委托，担任“国民外交使节”，在海外宣传抗日和募集活动经费。所筹款项，多通过上海中国银行蔡承新转交。

②美国纽约州纽约市第 90 大街 310 号。

汇 126.7 美元请分交“两联”

——致蔡承新

承新吾兄：

兹寄上美金壹佰廿六元七角，望兑现平分交与“两联”。信数封，望代转为盼。敬祝

诸兄平安。

弟 W. T.

二六、八、十八

中林信，请交鹤琴兄转[1]。

Shu-Chun[2]信，请代寄徽州屯溪万安街转溪川吴树琴先生收。

千万拜托。

1937 年 8 月 18 日写

复印版存华中师范大学教育学院

【注释】

①标题为编者拟。“中林”，“宗麟”的谐音，即张宗麟（1899—1978）；“鹤琴”，即陈鹤琴（1892—1982）。

②Shu-Chun，“树琴”的英文拼写。

加入红十字会，为自由而战[1]

——致吴树琴

树琴同学：

你还在徽州吧，近日可好？

我们正处在为中华民族的自由而战斗的时代。加入红十字会吧，在医药工作方面，你一定会作出很大的贡献。请来信告诉你的近况。祝你成功！中国万岁！

我打算晚上八点去墨西哥，三天后便可赶到那里。

你的朋友 W. T.

八月二十二日

英文原稿存吴树琴处

【注释】

①标题为编者拟。本件原为英文书信，由熊贤军译，蔡靖方校。

我现在已从墨西哥回来[①]

——致吴树琴

亲爱的树琴：

我现在已从墨西哥回来，我曾在那里住得很愉快。墨西哥是一个非常有趣和感人的国家，我在那里学到了不少东西，也交了很多朋友。很多墨西哥的印第安人看起来像中国人，其中有些人相貌很像东北人，有的也像广东人，他们待我都很好，像是一家人一样，实际上几千年以前，我们也是亲戚啊！

我于今晨到达芝加哥，将向这里的同胞作报告。次日晨，要和印第安大学学生谈话。七日，我将到华盛顿州议会。根据需要，我决定继续留在美国或返回中国。此事在到那里后，马上就能决定。

这几个月你过得怎样？有三件事可以决定日本帝国主义必败：（一）中国的联合和持久抗战；（二）日本国内民主力量的兴起；（三）全世界各国家对日的道义上的谴责和经济封锁。我将尽最大的努力来唤醒西方国家的朋友。假使日本不能从这些国家获得战略物资，它就不可能继续发动战争。

希望常来信，告知你的工作和健康情况，你父母及兄弟情况如何？你的“三姐妹”[②]的另两位好吗？

行　知

十月五日

出自《行知书信集》，安徽人民出版社 1981 年版

英文原稿存吴树琴处

【注释】

①标题为编者拟。此信原系英文，由吴恒惠译，吴树琴校。

②“三姐妹”，指吴树琴和她的同乡同学沈德华、黄彤麟。她们三人都是安徽人，又同时毕业于安徽省隆阜第四女子中学，为亲密好友，结成“三姊妹”。1934 年，陶行知介绍她们投考上海中法大学药学专修科学校。

承认“满洲伪国”的主张是否谣传[①]

——致胡适

适之吾兄：

这次在华盛顿相见，很为高兴，只因时间不足，不能畅谈，最是遗憾。第二天朋友来谈，说及吾兄在卢沟桥事变[②]之后，曾提出和平方案，问到具体内容，彼也不知。我当时很想抽空亲来请教，可惜时间不许。昨天接到国内来信，说老兄在国防参议会[③]里，曾提出承认“满洲伪国”[④]的主张，是否谣传，尚希赐示。如果老兄真有这主张和方案，对美国当局交换意见时是否也拟提出？有人说您预备以三千万人之自由来换“和平”，我不大相信（但也不大放心），所以特来请教。敬祝

康健！

行　知

二六、十、十六

出自《胡适来往书信选》，社会科学文献出版社 2013 年版

【注释】

①标题为编者拟。

②卢沟桥事变，即 1937 年“七七事变”，为日本帝国主义向中国发动大规模侵略战争的开始。

③国防参议会，抗日战争时期国民政府成立的最高咨询机关。

④“满洲伪国”，1931 年日本帝国主义侵占中国东北后制造的傀儡政权，1932 年 3 月在长春成立，1934 年 3 月称“满洲帝国”。抗战胜利后被摧毁。

小孩子要知道三件事[①]

——致陶城

蜜桃：

你的十一月四日的信收到了，我很高兴。从你的信中，我知道三桃已到屯溪。我今天也写了一封信给他，告诉他我已学会《大路歌》，并且教了许多人。现在做一个小孩子，要知道三件事。第一，做人的大道理要看得明白。第二，遇患难要帮助人；肚子饿让人先吃；没饭吃时，要想法子找出饭来大家吃。第三，勇敢。勇敢地活才算是美的活。小桃均此。祝

你们
努力前进！

爸 爸

十一月廿九日

出自《行知书信集》，安徽人民出版社 1981 年版

【注释】

①标题为编者拟。

代拟“杜威声明”[①]

——致甘地

圣雄甘地先生：

希望您与我们共同作如下声明。同一请求已送交罗曼·罗兰[②]、阿尔伯特·爱因斯坦[③]、伯特兰·罗素[④]。如有建议，请电纽约东第 72 号大街 320 号。如五日内未闻相反意见，即视为同意。

鉴于东方文明正遭恣意摧毁，为着人类、和平与民主，我们提议各国人民组织自愿的抵制日货运动，拒绝将战争物资出售和租借给日本，在有助于其侵略政策之各方面停止与日本合作，同时尽可能给予中国各种援助以进行救济和自卫，直至日本自中国撤退其一切武装力量并放弃其侵略政策为止。

约翰·杜威

1937 年 12 月 6 日

原载《时事新报》第 30 期，1938 年 1 月 23 日

【注释】

①标题为编者拟。本函系陶行知代杜威所拟电稿。在当天日记中记有“发电与甘地、罗曼·罗兰、罗素、爱因斯坦四先生，杜威先生同意、信、电稿”。同月 8 日日记中还记有“草拟杜威先生等宣言”。信、电发出后，除甘地外，其他三先生迅速回复（甘地迟至 12 月22 日才回电同意，而此时宣言已发表）。杜威等四先生遂于 12 月 13 日发表《我们对于日本侵略中国的态度》，对中国人民的正义斗争予以声援。

甘地，印度民族运动领袖，“不合作运动”的倡导者，被印度人民尊为“圣雄”。

②罗曼·罗兰，法国剧作家、社会活动家，1915年荣获诺贝尔文学奖。

③阿尔伯特·爱因斯坦，著名物理学家，“相对论”创立者，1921年诺贝尔物理奖得主。

④伯特兰·罗素，英国哲学家。1921年曾来华讲学，政治上持反侵略态度。

增加生活斗争的力量[①]

——致吴树琴

亲爱的树琴：

感谢你11月30日的来信，从来信中知道你仍在徽州和母亲在一起，说实在的，母爱是最纯洁的。我也希望自己的母亲仍活在我身边，可是已不可能。我可以想象到这些日子你在母亲的关照下过得多么快乐！但使我遗憾的是，你在这样长时间似乎把我忘了！记得收到你前一封信时间还是在八月，此后未收到你任何信，我担心你在战时发生了意外或严重的事。

我将在这里再过二个月，然后经欧洲回国，一切安好。近日家中的来讯，使我感到烦恼，我的孩子分散在四个地方：一个在徽州，一个在南京，其余二个在上海分住着。

我希望你常来信，即使是写一个字，也能减轻我的烦恼，并增加我为生活而斗争的力量！

W. T.

十二月七日

原件存吴树琴处

【注释】

①标题为编者拟。

把自己的信念树立起来[①]

——致陶晓光

晓光：

好久没有接到你的信，忽然接到你十一月十六日的信，我是非常高兴，但是信里的内容使我十分担忧。蜜桃现在最好不必离上海。你如果要到别的地方去，把他托付给张先生②和鹤琴先生③。倘使你要到别处去，南通、扬州，也不妥当，还是要改。关于你自己的事，我的指导是：根据你自己的信念和才干向前做。不要轻听别人的话。自己的信念未建立以前，则最重要的工作是虚心地热忱地把自己的信念树立起来。我对你的观察是你对于科学有自然的兴趣，也有一些才干。在这方面继续努力，是有贡献。你干别的事情是不自然。只要大目的不错，科学也是重要的工作。我不赞成你东跑西跑。张先生的观察是不错的。乱跑的结果只是失望。在我未回来之前，你在上海暂时休养，把那悲观的倾向改正过来，才是正路。祝你努力！

爸 爸

十二月七日

复印件存陶晓光处

【注释】

①标题为编者拟。

②张先生，指张宗麟。

③鹤琴先生，指陈鹤琴。

杜威等四先生共同发表宣言①

——致邹韬奋

韬奋吾兄：

看报知道生活书店的中心已移到汉口，老兄想必也到了这里。昨天，杜威、爱因斯坦、罗素、罗曼·罗兰四先生共同发表宣言，主张全世界各国人民自动组织抵制日货，拒绝出卖搬运战争用品与日本。对于日本侵略政策有些微帮助之事，一概停止合作，同时尽可能援助中国，救济自卫，到日本从中国撤回所有军队并放弃其侵略政策之时为止。昨晚，全国已经将这宣言在播音台上广播出去，我们希望明天各报、各通讯社都可以披露出去。这个宣言在英美法中上层及文化集团里会起很大的影响。今天杜威先生要发电与尼赫鲁先生，请求全印大会响应。（下略）

弟行知

廿六、十二、十四 纽约

出自《陶行知选集》，教育科学出版社 2011 年版

【注释】

①标题为编者拟。

民族解放的大道理要彻底明白[①]
——致陶晓光、陶城

晓光、蜜桃：

昨接张先生电，知道你们已在汉口。但电文简略，是否已在汉口，抑动身到汉口去，不得而知。望你们接到这信后，即来一飞信[②]，说明沿途经过、现在生活、最近计划。永久通信处也望寄来。民族解放的大道理要彻底地明白。遇患难要帮助别人。勇敢地活才是美的活，勇敢地死才是美的死。晓光应当根据自己的才干，参加在民族解放的大斗争中。你在无线电已有了相当基础，希望你在这上面精益求精，到最需要的地方，最有组织的地方，最信仰民为贵的地方去作最有效的贡献。把生命的火药装在大炮里，对准着日本帝国主义轰炸。倘若把生命的火药放在炮竹里玩掉或是放在盘里浪费掉，那是太可惜了。你若知道宏的住址，把上面的意思写给他。日新[③]处我已写了。一月又要到加拿大十七个地方去演讲。我身体很好。

白桃、力涛[④]、昌实[⑤]、铭勋，见面时代我致念。

爸　爸

十二月十四日

出自《行知书信集》，安徽人民出版社 1981 年版

【注释】

①标题为编者拟。

②飞信，指航空信。

③日新，即陶日新，陶行知三子陶刚的另名。

④力涛，即刘季平，笔名满力涛。

⑤昌实，即马昌实，又名马纯仁。

寒假不要回家[①]

——致吴树琴

树琴同学：

前接您来信，知道您定于十一月二日回到上海就学，现在谅想是已经平安地回到学校了。但是，您到上海之后，还没有来信，这未免令人有些担忧。望您得便即来一信，报告一路及在沪近况。寒假想是留校，最好不要回家。我身体还好，但是教课很忙，不能多写。近来得了一些唱片，学会了好些重要歌曲。您也可以试试。祝

您康健！

WT 启

二六、十二、十七

彤、德[②]二同学望代致候。

原件存吴树琴处

【注释】

①标题为编者拟。

②彤、德，指吴树琴的同学黄彤麟和沈德华。

把十几天的挂念放下心头[①]

——致陶晓光、陶城

晓光、蜜桃：

今天接到你们十二月四日从汉口发的飞信，我才把十几天的挂念放下心头。我并不顾虑有代价的牺牲，只怕你们和同志们上船下船东挤西挤，扑通一声，把条性命冤枉地送掉。现在也好，得到了一些经验，知道了一点关于千千万万老百姓逃难的痛苦。蜜桃年纪太小，带在身边，太不方便。他在上海是可以不动，现在既到汉口，最好把他送到南开（四川）去，托张伯苓先生和他的主持人照应。他们都认得我，不会拒绝的。

爸 爸

二六、十二、廿一

出自《行知书信集》，安徽人民出版社 1981 年版

【注释】

①标题为编者拟。

把战场变作学堂[①]

——致白桃、季平

白桃、季平[②]转《战时教育》[③]诸同志鉴：

听说你们办了一种定期刊物，叫做《战时教育》，很高兴。到如今还没有看见，觉得没有眼福。

我对于《战时教育》有一点——意见！就是把学堂变做战场，把战场变做学堂。今早想出几句小诗，描写这个意思，抄下来请你们指教！

学堂变做战场，
战场变做学堂。
来一千教一千，
来一万教一万。

同学们！把自由种子带回东洋。

现在华北是一个伟大的战场，也是一个伟大的学堂。东洋的兵士在日本无法追求真理，现在到华北来，遇到游击先生：受民主的洗礼，在远东时局之开展过程中，是会发生意想不到的作用。

昨天写了一首告日本士兵诗，技术不如意，望你们代为发挥：

兄弟们！
打什么仗！
想一想吧！
妈妈饿了喝米汤，
乖乖冻了穿破衣裳，
三菱三井[④]大发财，
少将中将升大将！
靠你们做他们的肉炮弹。
不要再上当，
收兵回东洋。
赶走军阀财阀，

推翻一切混账忘八蛋。
创造日本民国，
和我们平等地做工吃饭。
哈哈哈哈！
和我们平等的做工吃饭。

陶行知

1937 年 12 月 25 日

原载《战时教育》第 1 卷第 12 期，1938 年 1 月

【注释】

①标题为陶行知自拟。

②季平，即刘季平，晓庄师范学生，该校中共党支部第一任书记。抗日战争中与戴伯韬代表生活教育社在武汉推动抗战教育研究会，后任桂林生活教育社总理事、常务理事。

③《战时教育》，1937 年 9 月 25 日在上海创刊，初为旬刊，1938 年春迁至武汉，改为月刊。主要负责人有刘季平、王洞若、戴伯韬。

④三菱三井，“三菱商事株式会社”和“三井物产株式会社”的简称。它们垄断中国的贸易，操纵轮船运输和保险等业务，还收集中国政治、经济、军事的情报。

一九三八年

十二个字的理论[1]

——致吴树琴

树琴同学：

我新近得到了十二个字的理论，写出来给你们看看：

学七十，
教八十，
让九十，
求一百。

怎样叫做学七十？我们无论学什么事，最少要学到七十分。但是学到了七十分，就不该自私自利地把知识藏在脑壳的冰箱里，立刻要拿它出来教人。平常人总以为，学到七十分只可教六十分。这是不对的。我们只要存了知识为公的念头，就可跳过七十分的限度。我们只须想到预备教人，便可从七十分跳到八十分。这叫做教八十。但是如果有人懂得九十分，我就应该让他领导，不应该挡路。同时我自己须精益求精，务必达到完全的境界，缺少一分也不甘心。

梧[2]

二七、一、四

原件存吴树琴处

【注释】

①标题为编者拟。

②梧，陶行知笔名“梧影”的简用。

现在是在雪漠里过生活了[①]

——致吴树琴

树琴：

好久没有得到你的消息，十分挂念。我在这里是给雪儿包围了。遍地是雪，好像整个的世界是银世界。前几个月，我在沙漠里走了两天两夜，现在是在雪漠里过生活了。我在英国买了一双黑皮鞋，穿了一年，忽然左脚尖裂了一个小洞，除了这个小洞，其余还是很好的，丢掉可惜。拿去给鞋匠补，鞋匠说："没有救药。"我仔细地想一想说："把脚背处的鞋舌剪一小块用橡胶粘在洞口试试看。"他说："行的，你可以做鞋匠的师傅了。"果然，我一直穿到现在还是很好。

梧

二七、一、廿三

原件存吴树琴处

【注释】

①标题为编者拟。

我前天到了荷兰[①]

——致吴树琴

树琴：

在美国我最欢喜喝的是冰水，到了欧洲是喝不到了，这是很不幸的。我前天到了荷兰，参观了许多地方。荷兰是个水国，桥梁如同蜘蛛网样，密布在阿姆司特塘[②]。昨天对荷国一个新奇的工作学校学生演讲两次。和平宫也去过。明天到法国。三月二日还到美国去读书。通信处照旧。你到沪后的信收到，知道你平安。甚慰！

水

二七、二、二五

原件存吴树琴处

【注释】

①标题为编者拟。

②阿姆司特塘，通译阿姆斯特丹。荷兰首都，位于须德海西南岸，荷兰最大城市和第二大港，欧洲的国际港口之一，亦为欧洲艺术名城。

过罗矶山见三姊妹峰[①]

——致吴树琴

冰妹：

读你报病的信，见泪痕点点，几令我有生不能再见之感。幸天相吉人，居然不药而愈，我当畅饮三杯，为你祝福。

近日学唱《苏武牧羊》[②]，有“三更同入梦，两地谁梦谁，任海枯石烂，大节总不亏”之句，最合我意，唱百遍不厌。你问我的话，可以在这里面得到满意的答复。

前天路过罗矶山[③]，见有三姊妹峰，兴到诗成，写下与照片一同奉上。借表相念之深。

诗云：

罗矶四月雪未溶，
冰清玉洁姊妹峰。
我欲访兮无以登，
一霎那间各西东。
梦中几次曾相遇，
醒来人影俱无踪。
预期桂花初香日，
应有故人月下逢。

水

二七、四、十五

原件存吴树琴处

【注释】

①标题为编者拟。

②苏武，西汉昭帝于公元前八十一年派往匈奴的汉朝使者，因不屈服于匈奴贵族的威胁和利诱，困苦不移，威武不屈，在北海牧羊十余年，始终保持汉节，终于回到了京师长安。其事迹被编成诗歌、戏剧，广为流传，《苏武牧羊》就是其中之一。

③罗矶山，通译落基山。

即将回国的计划[①]

——致陶晓光、陶城

晓光、蜜桃：

三月廿一夜的信，于前天收到。我这次本打算由欧回国，但是加拿大工作未完，只好折回来把它完结。现在是差不多完结了，不久就回美国，再到爱尔兰演讲一个礼拜。如果可能，想到苏联和印度去一下，即行回国。我想，到香港的时候，大概是中秋左右。你们到广西去，原来是一个小错误。那里是要知识、技术成熟的人去才有相当贡献，你们都是没有成熟的人，到了那里自然是很困难。你要的书报，一到美国，即托专家选寄。短波可以接收全世界的新闻，不知你已研究否。这些由我带来怕是很迟，都预备先寄给你。

姚先生前天才有信来，说是三百元收到了，将如计划分配：桃红一〇〇元，三桃一〇〇元，子云家五〇元，家驹家五〇元。这本是寄给他们过年用的，大概是汇兑太慢了。唐、杨二同志处都请代为问候。别的同志如在桂，也望代为问候。祝你们进步！

爸　爸

二七、四、十八

冚巴仑（Cumberland）[②]

出自《行知书信集》，安徽人民出版社 1981 年版

【注释】

①标题为编者拟。

②冚巴仑（Cumberland），通译坎伯兰，在加拿大。

在金山见着一件有趣的事[①]

——致陶晓光等

晓光及在桂同志：

我在加拿大的工作已于四月底结束，到金山[②]住了一个礼拜，于五月四日到好来坞[③]。在金山见着一件有趣的事。日本人冒充中国人，放了一

只船来运碎铁。船名“广源”，挂中国旗。中国黄朝琴总领事上船调查，对日本船长说日本话，船长误认为日本领事，把秘密都漏泄了。黄领事先把“广源”没收，次把日本船主辞退。我来的时候，他已经委了中国人为新船主。今天下午我想到威尔逊山去参观天文台（离好来坞一小时半）。朱善培[④]君在Pasadena[⑤]研究物理，午后见面，托他调查无线电书报，购寄给你。

祝你们进步！

行　知

五月十日

出自《行知书信集》，安徽人民出版社1981年版

【注释】

①标题为编者拟。

②金山，即旧金山，或称“圣弗兰西斯科”（San Francisco），美国加利福尼亚州太平洋岸海港、工商业大城市。

③好来坞，通译“好莱坞”（Hollywood），世界著名电影城市，在美国西部加里福尼亚州洛杉矶城的西北部。

④朱善培，安徽公学学生。

⑤Pasadena，译作帕萨迪纳，美国加利福尼亚州南部、洛杉矶东北部的住宅卫星城市，1873年创建。

我不久就回国[①]

——致吴树琴

树琴同学：

你可好吗？现有一信，乞代转交。我不久就回国了，何时能见到您们呢？彤、德处代我问候[①]。

祝您们平安！

李　铭[②]

二七、五、二三

原件存吴树琴处

【注释】

①标题为编者拟。

②“彤”，即黄彤麟，“德”即沈德华，两人均是吴树琴的好友，并与陶行知熟识。

③“李铭”，陶行知的化名。

希望八月底能来香港[①]

——致吴树琴

冰：

好久没有接到你的信，至为挂念。我希望您阳历八月底到香港来，住在女青年会[②]里。我大概八月底九月初一定可以到香港。宁可您来候我，因为我一到香港不久就会到内地去，如见不到您，就很可惜。您假使在女青年会找不着空位也不妨，可到香港九龙太子道二百零八号吴涵真先生处，托他给您找一个地方。以后通信可写由吴先生转李铭先生收。信里也写李铭好了。旅费下次寄来。祝您

康健！

水

二七、五、二三

原件存吴树琴处

【注释】

①标题为编者拟。

②女青年会，全称为“中华基督教女青年会”。1908年成立于上海。

到香港来一定有事做[①]

——致吴树琴

树琴同学：

你的五月六日的信，已经收到，知道你病而愈，愈而病，现在毕竟好了，我很放心。

你毕业后找事，我是没有忘记。我希望你八月底到香港来。一定有事

做，不必担忧。

你到香港，最好是住在女青年会里。同时写信或到九龙太子道二百零八号来找我。祝你
平安！

梧

二七、六、六

原件存吴树琴处

【注释】

①标题为编者拟。

意大利参观已经完毕[①]

——致吴树琴

树琴同学：

我现在到意大利参观已经完毕。昨天一天在该撒[②]的故宫看日出（罗马）。午后在加利略[③]的别墅喝凉水（佛罗林）。夜晚在马可·波罗[④]的家乡游船（威尼斯）。一小时内就出意境，到捷克去。我八月卅一日到香港，希望你早数日乘船来港接我。信可寄到香港九龙太子道二〇八号吴先生[⑤]转。你到港可到那里接洽。我在港为你找事，请可放心。

祝你康健！

梧

二七、六、卅

原件存吴树琴处

【注释】

①标题为编者拟。

②该撒，通译凯撒（Gaius Julius Caesar，公元前100—公元前44年），古罗马统帅、政治家和作家。

③加利略，通译伽利略（Galileo Galilei，1564—1642），意大利物理学家、天文学家。他建立了落体定律、发现了物体惯性定律、摆动的等时性、抛物运动规律，并自制望远镜观察天体，得到了一系列发现。

④马可·波罗（Marco Polo，1254—1324），意大利旅行家，约于1271年11月随

父亲到东方，几遍游中国。他的《马可·波罗游记》对后世新航程的开辟有所影响。

⑤吴先生，指吴涵真。

已托吴涵真帮助你[①]

——致吴树琴

树琴同学：

你到香港前，顶好写一封信给九龙太子道二百零八号吴涵真先生，告诉他你什么日子到，请他给你找一个地方暂住。我已写信托他，他是我的朋友，你人地生疏，什么事都可以请他帮忙。这封信你就要写。你所坐的船，可以坐大船三等舱，一直到香港。八月底以前到。不要坐小船，行走慢而会害海病。东西不必多带。衣服和药书应当带，余寄存在人家。船位要即刻预定，免得临时向隅。我很康健。祝你平安。

水

二七、七、一六　巴黎

你一到就去找吴先生，不会说广东话可写纸条问路，很容易。

原件存吴树琴处

【注释】

①标题为编者拟。

将去印度访问[①]

——致谟罕雷尼

亲爱的谟罕雷尼[②]先生：

非常高兴地在伦敦能有幸认识您，衷心地感谢您为我访问你们伟大的国家作了妥善的安排。我抵达这儿后，正好赶上"阿拉米丝"号邮轮，该船今天下午启航，预计八月五日抵科伦坡[③]。在十九日前我将从印度回到科伦坡，以便乘"爵菲尔"号邮轮回国。您为我安排的一切都照办。有中国朋友的地方，我都想呆上几小时。请您告诉您的朋友们，并且为他们作好安排。我到科伦坡后，如果我的经济允许的话，我希望能乘飞机到德里和佛祖的诞生地去。请您再转告您的朋友们一声。向你们的国家致以崇高的敬礼！

您的朋友　陶行知
7月27日于埃及苏伊士米丝尔旅馆
英文原件存南京晓庄学院陶行知纪念馆

【注释】

①标题为编者拟。本件原系英文手稿，由刘大康译。

②谟罕雷尼（Meheralli），陶行知在伦敦遇到的印度友人。

③科伦坡，锡兰的首都和经济中心，位于欧洲同亚澳两洲的重要航空线上，为国际航空站。

谢谢你把我介绍给印度人民[①]

——致谟罕雷尼

亲爱的谟罕雷尼先生：

我要向你表示歉意，我未能送给你我的《中国大众教育运动》一文。由于我的手稿已由我的朋友装箱运回中国，不能取出来送你，抱歉得很。但是，在印度我无论如何要亲自告诉你的朋友们的。

你通知我关于在印度访问安排事宜的信，想已到船上，或许今天下午便能收到。你把我介绍给了印度人民，实在麻烦你了，再次致谢。遵照你的建议，今天早晨我给甘地[②]先生、泰戈尔[③]先生、博塞[④]先生、巴姆基[⑤]先生和辛哈先生写信去了。

您的朋友　陶行知
1938年7月27日写
英文原件存南京晓庄学院陶行知纪念馆

【注释】

①标题为编者拟。本件原系英文手稿，由刘大康译。

②甘地（1869—1948），印度民族运动领袖。曾留学英国，研究法律，在印度被誉称为“圣雄”，后被印度教极右派分子刺死。

③泰戈尔（Rabindranth Tagore，1861—1941），印度作家、诗人和社会活动家。1921年在桑地尼克丹创办国际大学，其创作对印度文学的发展影响很大。1913年获诺贝尔文学奖。

④博塞（Pres. Bose），印度第五十一届议会议长。当时住在印度加尔各答爱尔精路。

⑤巴姆基（Dr. Suresh Bamerji），即萨里斯·巴姆基博士。当时住在加尔各答哈里逊路（Harrison Road）18号。

我将愉快地会见您[①]

——致甘地

亲爱的甘地先生：

您的教导和牺牲精神，永远鼓舞着中国人民。我长久以来渴望去访问你们伟大的国家。现在我非常高兴地终于有机会实现这个愿望。谟罕雷尼先生在伦敦一定已写信告诉您，关于我这次旅行的计划以及我拜访您的时间。今晚我将离开苏伊士，预计在八月五日抵达科伦坡。在印度我可逗留两个星期，谟罕雷尼先生在科伦坡和加尔各答[②]的朋友们，会照顾和安排我这次旅行计划的，对我来说时间是太短促了，但是在您的指导下，我可以从新印度中学到很好的一课。转瞬间我将愉快地会见您。

带上我衷心的祝福！

尊敬您的

陶行知

1938年7月27日于埃及苏伊士米丝尔旅馆

英文原件存南京晓庄学院陶行知纪念馆

【注释】

①标题为编者拟。本件原为英文手稿，由刘大康译。陶行知于1938年8月14日访问甘地，甘地向他了解中国人民教育运动情况。同年，陶行知从香港寄赠甘地《中国大众教育运动》讲稿，发表在印度《民族旗帜》杂志上，甘地并作了按语：“陶行知博士不久前来印度访问我时，我曾请他能送一份令人注目的中国进行大众教育情况的小册子给我。如今他已经送给我，我不得不认为这份具有指导意义的小册子在我们印度是非常有用的。”

②加尔各答（Calcutta），印度东部最大城市和重要港口。

期待我们的重逢[①]

——致泰戈尔

亲爱的泰戈尔博士：

自从我在北京荣幸地会见您以后，已近二十年了[②]。您发表的光辉演说永远是我国人民宝贵的财富，将永远铭记在心。我很高兴地告诉您，在我回国的途中，我将有机会对你们伟大的国家作短期的访问。我将于八月五日乘“阿拉米斯”号邮轮到达科伦坡，在印度我可以停留两个星期，然后乘“爵菲尔”号邮轮回国。我一到达加尔各答，我将即再写信给您，告诉您拜访您的日期。怀着快乐的心情，期待着我们的重逢。

非常尊敬您的

陶行知

1938年7月27日于埃及苏伊士米丝尔旅馆

英文原件存南京晓庄学院陶行知纪念馆

【注释】

①标题为编者拟。本件原系英文手稿，由刘大康译。

②泰戈尔曾于1924年4月来华讲学，当时陶行知在北京任中华教育改进社主任干事。

我当前来拜访[①]

——致博塞

博塞议长阁下：

我很荣幸，终于有机会在我回国途中访问印度，谟罕雷尼先生在伦敦一定已函告你关于我的旅行计划和安排，以及我到达加尔各答的时间。今晚我将乘“阿拉米斯”号邮轮，并于八月五日抵加尔各答，然后，我当前来拜访。在印度第五十一届议会开幕前，我已拜读过你发表的伟大的演说，除了威勒拉先生的政治以及德国劳动服务营外，我赞同你的每一个观点。上述两点，还想在见到您时请您多多赐教。祝愿你在领导你的国家争取自由的事业中获得伟大的成就。

非常尊敬您的

陶行知

7月27日于埃及苏伊士米丝尔旅馆

英文原件存南京晓庄学院陶行知纪念馆

【注释】

①标题为编者拟。本件原为英文书信，由刘大康译。

我能从你们伟大的文化中学到宝贵的东西①

——致辛哈、布拉卡什

先生阁下：

在伦敦，你们的朋友谟罕雷尼先生已经写信介绍关于我回国前往印度旅行的计划。访问你们伟大国家的目的是学习。我希望向你们的农民们、你们的工人们、你们的教师们以及你们伟大的领袖们学习一些新的事物，时间是短暂而有限的，只有两个星期，但能使我从你们伟大的文化中学到宝贵的一页。同时，如果时间允许，有可能的话，我愿意向贵国人民介绍中国的情况。我将于八月五日到科伦坡，在十九日离开那里回国。我还没有见到谟罕雷尼先生的信件，但我将按照他既定的和你们安排好的日程，在印度作两星期的访问。期待着愉快地见到你们。

您的非常忠实的

陶行知

7月27日于埃及苏伊士米丝尔旅馆

英文原件存南京晓庄学院陶行知纪念馆

【注释】

①标题为编者拟。本件原系英文书信，由刘大康译。

希望了解印度正在进行的工作情况[①]

——致巴姆基

亲爱的巴姆基博士：

谟罕雷尼先生在伦敦一定已写信给你了，告诉你我将访问你们伟大国家的旅行计划，我多年来渴望得到新印度的第一手材料，这次在我回中国途中，我很高兴能有一短暂的访问。我将在八月五日到达科伦坡，十九日离开。所以，我可以在印度停留大约两个星期。时间太短促了，但是，在你们的帮助下，我希望能了解到目前正在印度进行着的最重要的工作的一些情况。转瞬间将愉快地见到您，衷心感谢您使我的访问更有教益所给予的帮助。

您的最忠诚的

陶行知

7 月 27 日于埃及苏伊士米丝尔旅馆

英文原件存南京晓庄学院陶行知纪念馆

【注释】

①标题为编者拟。本件原系英文书信，由刘大康译。

送给冰冰的诗[①]

——致吴树琴

树琴：

送给冰冰一诗，望你代转给她。我希望她作一次最大的努力来看我。倘若这次不能相见，以后是很困难了。请你陪她来吧！祝你们

康健！

水

二七、八、五　哥仑坡[②]

原件存吴树琴处

【附录】

给冰冰

巴黎无雨也留客，独有今宵不可留。
抬头仿佛江湾月，屈指惊人已三秋。
横贯欧陆我去也，一任铁塔与云浮。
只是数月无音问，重逢何日令人忧。

三周纪念日
出处同前

【注释】

①标题为编者拟。

②哥仑坡，通译“科伦坡”，斯里兰卡首都。

约于八月二十四日到新加坡[①]
——致新加坡青年励志社

敬启者：

行知已于今日到哥仑坡，拟在印度考察二星期，定于八月十九日在哥仑坡乘法国邮轮 Merchant Jaffre[②] 回国，约于八月二十四日到达新加坡，有数小时之停留，届时趋前专访，报告欧美局势，借领教益之。

1938 年 8 月 6 日写
复印件存华中师范大学教育学院

【注释】

①标题为编者拟。本函原发表时未署明写作时间。据该函“今日到哥仑坡”及 1938 年 8 月 6 日陶行知日记中所记。“抵哥仑坡，住维多利亚饭店”，可以判定此信系 8 月 6 日在斯里兰卡（当时国名为“锡兰”）首都科仑坡（Colombo）所写。

②音译“玛希尔霞飞”，船名。

这次不来，实在是令人难过

——致吴树琴

冰冰：

这些日子忙得要命，热得要死，连信都没有功夫写，实在对你不起。

读到你的第一封信，我是多么欢喜啊！第二、第三封信，简直是把我从喜马拉雅山推到玛利亚那的海底去了[①]。

晚上睡不着，一半是因为热，一半是念你。通盘算起来，觉得你还是待我好的地方多，待我不好的地方少。但是问你生日，是始终不告诉我，照相也不给我一张，这次又不来，实在是令人难过。

可是你一定有你的困难，我是要原谅你。我很希望你能安排一下，和我在一个地方做事，可以朝夕相见，那我就很感激你了。祝你平安！

水

二七、九、七

原件存吴树琴处

【注释】

①喜马拉雅山，世界上海拔最高的群山；玛利亚那海沟，当时测定的世界海洋最深处。

愿助小孩在炮火中成长[①]

——致潘一尘等

潘县长[②]、诸友：

盛意至感。

愿助小孩在炮火中长起来。

陶

二七、九、一七

复印件存华中师范大学教育学院

【注释】

①标题为编者拟。

②潘县长，即潘一尘，时任浙江省云和县县长。陶行知于 1938 年 8 月 31 日归国抵港。潘闻知陶归国后，即来电盛情邀请陶赴浙江云和协办战时教育。此即陶的复电。

知道你已就职[①]

——致吴树琴

树琴小姐：

接信知道你已就职，恭喜恭喜。致冰一信，望你代为转致[②]，不胜感激。专此奉托。

敬祝

平安！

铭

二七、九、廿

致德华一信亦请转致。

原件存吴树琴处

【注释】

①标题为编者拟。

②“冰”，陶行知为吴树琴取的化名。“致冰一信”，编者推定即后信（9 月 22 日致吴树琴信）。

好多天没有接到你的信了[①]

——致吴树琴

最敬爱的冰冰：

我现在是打赤膊坐在一个小亭里写这封信给你。从窗户里吹来的凉风，令人爽快。大理石的小桌子和藤椅子，都帮助我造成一个清静的境界，来好好地把这封信写好。只是从浮云里时常钻出阳光来扰动我。这几天是凉快得多了，但是太阳光里还是热得难过。所以我一见着太阳光，身上就觉得难受。

你的九月十三夜的信，是给了我一个安慰。从这封信看来，我知道你是不会把我忘掉的。可是自从这封信来后，又有好多天没有接到你的信了。

我的生日是阳历十一月十日，由阴历推算起来的。现在的办法更简单，便是把阴历的日子当作阳历的日子。例如你是阴历十二月廿一日出世，就算作阳历十二月廿一日，有好些纪念日便是这样的规定。你允许我这样地记住你的生辰吗？

你说你现在瘦了，照相要缓些日子送我，虑我看了讨厌。这是你的过虑，这种过虑是因为不十分了解我。你胖时如月圆，瘦时如新月，我总是欣赏的。我不能见着你，我是多么渴望你的影片啊。

你可记得我所最欢喜的一幅图画吗？那就是——双手把头发轻轻地掳在耳朵后面的你。你接这信后，一天工作完毕，吃了晚饭，洗过澡，把灯熄掉，播着芭蕉扇，睡在床上，闭起眼睛，想想这一幅高贵的图画，是多么伟大的杰作啊！

我最诚恳的希望是：你把事辞掉，交给朋友替代，来到南方和我在一个地方做事，可以互相帮忙。希望你在两个月内，可以把交代的事情办妥。我十一月底一定还要回到香港，你那时是一定不会再叫我失望的吧？在这期间内，我的通信处照旧，他们会用迅速的方法代我转寄。

我在这廿多天当中，只得了这个把钟头的空闲，也不能多写，就想写也写不完！

两三十夜无眠后，
两三万里动身前。
两三张纸相思信，
写不尽万语千言！

水

二七、九、廿二

西行[2]前一日

原件存吴树琴处

【注释】

①标题为编者拟。

②西行，指陶行知准备由香港经武汉向重庆的旅行。

晓庄复校改创学院[①]

——致吴俊升

俊升[②]吾弟鉴：

晓庄复校改创学院[③]，已与蒋委员长详谈，业蒙赞同。昨日见陈部长[④]，亦已略述计划，承嘱直向高等教育司立案，现将呈文奉上，敬希转致。董事名单，闻须照部订表格办理，亦望托友代为填入。专此奉托，敬祝

康健！

陶行知

二七·双十

晓庄同人，志在培养人才，增加抗战力量，如蒙速予批准，至为感荷。批准时除直接通知董事长外，尚希电知，以便进行。我现在通信处为：汉口生活书店。

原件存中国第二历史档案馆

【注释】

①标题为编者拟。

②俊升，即吴俊升，原为南京高等师范学校教育科学生，时任国民党政府教育部高教司司长。

③创办晓庄学院是陶行知在香港畅谈的“回国三愿”之一，但终未如愿实现。

④陈部长，指陈立夫，时任国民政府教育部长。

信到电未到，以发信为宜[①]

——致戴伯韬、孙铭勋等

白桃、铭勋、维特[②]及各位同志：

信到电未到，其实这类事是以发信为宜。电报不能到我手中，是意中事。你们的意见与蒋先生的不谋而合，不胜钦佩之至。

我今晚从宜昌坐“民元”（甲特临时铺位）船来，大约二十六七可到，相见不远，千言万语当面说吧。祝您们

康健！

衔

二七、十、廿二　宜昌

复印件存华中师范大学教育学院

【注释】

①标题为编者拟。

②维特，即陆维特，原名赖成瑚。晓庄师范学生，中共地下党员，曾在国民党监狱度过很长时间。当时为陶行知创办育才学校主要助手之一。

两封电报烦请代转[①]

——致朱经农

经农吾兄大鉴：

长沙一晤，足慰阔别。但衡山归来，偏觅不得，未及告辞，至为抱歉。姚文采先生有一电由贵厅转交弟收，如已到达，尚希代为用航空寄至重庆参政会[②]秘书处转交为盼。倘已退回，如有人记得内容，亦希代为赐示。总之，请吾兄代为一查。

弟从汉口有电致张主席[③]，但至十八夜离汉时尚未得其复电，亦希代为询问。倘十八以后已有电至汉，深恐旅馆误事，望将复电内容用航空信寄，由参政院［会］转。如蒙俯允，至为感激。偏劳之处，容后面谢。

敬祝

康健!

弟陶行知启

二七、十、廿二　宜昌途次

复印件存华中师范大学教育学院

【注释】

①标题为编者拟。

②重庆参政会，抗日战争期间，国民党政府成立最高咨询机关——国民参政会。参政会由国民党政府遴选聘请。形式上包括各抗日党派的代表，但国民党员占绝大多数。这里指 1938 年 10 月 28 日至 11 月 6 日在重庆举行的国民参政会一届二次会议。

③张主席，指张文白，即张治中。

让蜜桃进职业学校[①]

——致陶晓光

晓光：

从汉口发了一个电报给你，叫蜜桃进职业学校，并托你到乐群社找李蔚唐医生。这电报不知收到否？李先生等是否仍在桂林？如已离桂，望将地址查明飞信示知。无线电研究事，俟我到重庆接洽好再告诉你。我今晚从宜昌坐“民元”去重庆，大约二十七前可到。十一月廿前可到桂林。如参政会不改期，则十五左右可到桂林相见。但一说参政会要改迟，现未确定。洞若已移长沙孤儿院新安旅行团。寅初弟处代我致候。子云叔不在启明小学，电报也找不着他。我寄了一百元去托程振基先生转，不知找到他否。我伤风数日，九成已愈。祝你们

康健！

爸

二七、十、廿二 宜昌途中

复印件存华中师范大学教育学院

【注释】

①标题为编者拟。

把别后情形较详报告[①]

——致吴涵真

涵真吾兄：

在汉奉上一电，略报行程，谅已达览。今天在宜昌候船，现在第二次敌机到宜昌，不能外出，乘此空闲，想把别后情形较详报告，尚希转达在港诸友。弟于上月二十八早到长沙，车不能通，即在孤儿院住了一天。适冯焕章先生到湘检阅军队，在其寓所谈一小时。张文白[②]主席亦设宴叙谈。二十九日对新安旅行团[③]谈话后，即赴衡阳对湘省中学以上集中军训学生四千余人演讲。薛暮桥[④]先生曾约朋友十余人茶叙，东莼[⑤]先生下乡，未得相见。晚乘船赴汉，船上遇邓颖超先生等。任光[⑥]兄教船客唱起《青纱帐》，颇不寂寞。十月一日到汉，张谔[⑦]兄、志坚兄来接，洞若、季平、愈

之[8]、俊瑞[9]、韬奋[10]、千里[11]、仲实[12]、兹九[13]及衡老[14]诸同志均很快地见到。新安旅行团第二团亦在汉努力工作。得李院长及田汉兄帮助不少。十月四日十时，蒋先生[15]约谈，除报告国外情形外，弟请恢复晓庄，以报效国家，当蒙面允。五日与周恩来先生谈关于陕北情形，蒙其指示甚多。六日访白健生先生，蒙其扶病接见。他的全面战术，很有独到之处。弟建议全面战术，宜有全面教育与之配合。白先生甚以为然。七日访李德邻[16]先生于歧亭司令长官部，谈至深夜三时，彼深望弟去安徽办教育，弟允郑重考虑。十一日早访白先生，请其具体指示全面战术之要义。十二时赴蒋夫人[17]餐，约谈到二时，又承其电约黄仁麟、牧恩波二君再谈半小时，蒋夫人表示相信弟办教育是真正为老百姓。五时半渡江，动身访陈辞修[18]先生于老鸦村。十时到，谈三次，至次日晚十二时才回汉口。陈先生要在湖北创造三民主义之文化，并希望弟到鄂西来帮助办教育。这次西来所受的一个深刻的印象，便是前线长官及后方当局对于教育都有很高的兴趣。在军事紧急的时候，他们都是注意国家百年大计的教育。十四日，承蒋夫人之约，到战时妇女工作团演讲。这个工作团是蒋夫人亲自领导的。本日新安旅行团举行三周纪念，田汉、邓颖超诸先生都到，弟与任光兄作歌四首为他们祝寿。十五日再访德邻先生于夏店司令部，安徽之事暂缓。陈立夫先生亦已见到，晓庄可向高等教育司办立案手续。他对小先生原则赞成，名称不赞成。现在呈文已寄重庆，一切要等批准后才能行。弟十八日离汉，昨夜到宜昌。在汉承卢作孚先生特别介绍，今晚即可乘民生船赴渝，廿七可到。昨接洞若航快信，他与新安旅行团第二团已于廿日坐船赴长沙。竹因、宗麟二弟均此致候。诸友请代达。

敬祝健康！

弟行知

二七、十、廿二　宜昌

复印件存华中师范大学教育学院

【注释】

①标题为编者拟。

②张文白，即张治中（1890—1969）。安徽巢县人。抗战时任湖南省主席、国民党军事委员会政治部长兼三民主义青年团书记长。1945 年国共谈判，任国民党代表。

③新安旅行团，简称“新旅”。1935 年 10 月，江苏淮安新安小学师生为实践陶行知的生活教育主张和宣传抗日救亡，组织了长途修学旅行团。足迹遍及十六个省市，

成为抗战宣传队伍中的一支劲旅。

④薛暮桥，经济学家，著有《中国社会主义经济问题》。

⑤东莼，即杨东莼（1900—1979），大学教授，译有摩尔根《古代社会》等。1949年后，曾任华中师范学院院长、国务院副秘书长、中国民主促进会中央委员会副主席等职。

⑥任光，即西达，浙江人，曾为浙江政治部第三厅科员。后参加新四军，在皖南事变中遇难。曾为陶行知的《敬赠西班牙的中国战士》（又名《慰劳中国战士歌》）和《三万歌》谱曲。

⑦张谔，江苏吴江人，漫画工作者，《中华日报》美术编辑，与蔡若虹、黄士英等合编《漫画和生活》。

⑧愈之，即胡愈之。原名胡学愚，浙江上虞人，1921年至1927年间为商务印书馆《东方杂志》助理编辑。1933年至1937年间为哈瓦斯通讯社上海分社翻译。

⑨俊瑞，即钱俊瑞。生活教育社社员，曾作为全国各界救国联合会代表，与陶行知参加日内瓦世界青年和平代表大会、布鲁塞尔世界和平大会及巴黎全欧华侨抗日救国大会。

⑩邹韬奋（1895—1944），新闻记者，名恩润。江西余江人。参与反对蒋介石反动政策的政治斗争，是救国会“七君子”之一。主编的刊物主要有《生活》《大众生活》《生活日报》《生活星期刊》《抗战》《全民抗战》等刊物。1944年7月24日病逝。中共中央接受他遗书中的申请，追认为中共正式党员。他手创的生活书店出版了大量的进步书刊，孕育和掩护了大量的中共地下党员。重要著作有《韬奋文集》。

⑪千里，即沙千里，爱国“七君子”之一。

⑫仲实，即张仲实，马克思主义著作家。

⑬兹九，即沈兹九。1935年在上海创办《妇女生活》月刊（自三卷起改半月刊）。

⑭衡老，即沈钧儒（字衡山），爱国“七君子”首领。

⑮蒋先生，指蒋介石。

⑯李德邻，即李宗仁（1890—1969），广西桂林人。国民党桂系首领。

⑰蒋夫人，指宋美龄。

⑱陈辞修，即陈诚，浙江青田人，蒋介石嫡系，时兼任湖北省政府主席。

孩子们的工作这样解决很好[①]

——致王洞若

洞若老弟：

昨天到宜昌，即接到你的航空信，至慰！孩子们的工作这样解决，很好，我也放心了。你说以后要多通信，这是必需的。我决定这样做，也希望你们照办。但是我希望你把字写得清楚些，大一点，那我就感激了。达之及新安旅行团两团小朋友，及孩子剧团[2]中认识的小朋友，都请你便中代为问候。孩子剧团的几位小朋友的信，我到了重庆之后，即答复他们。

陈述弟是同船来的，他今天也可同船赴渝。从汉口同来的有印度救护队。我在船上教了他们十课新文字和一些医病治伤之谈话。船到沙市，有一船伤兵靠同一码头，我们船上捐了二百三十元慰劳他们，我被推为代表之一，在半夜里亲眼看见满船伤兵，这是今生也不能忘掉的一幕惨剧。

祝健！

行　知

二七、十、廿二　宜昌

复印件存华中师范大学教育学院

【注释】

①标题为编者拟。

②孩子剧团，1937 年“八一三”事变后，上海一部分失掉家庭和失学儿童组成剧团，在各地开展抗日救亡演剧工作。1942 年 9 月，国民党政府强令解散。

写就祝《鲁迅全集》出版诗一首[1]

——致张宗麟[2]

一、寄来《鲁迅全集》纪念本征订启事，早收到。侨胞与国际友人景仰鲁迅先生为人与为文之崇高风格，购订者极为踊跃。此为我在国外两年来极为愉快的工作之一。写就祝《鲁迅全集》出版诗一首，请转许先生[3]，借表贺忱。在抗战一年中辛勤劳动编订出版发行《鲁迅全集》六百万字巨著，为中国出版史之奇迹，谨向许先生及诸先生致敬。吾弟代表生活教育社参加出版发行工作，与有荣焉。

二、陈、赵、黄[4]诸先生发起难民教育协会，对难民进行战时教育，成立儿童保育会，举办报童学校，培养难童人才幼苗，均为善举，甚合我意。衔立定志愿，回国后尽力保育难童工作，培育人才幼苗，为抗战积蓄力量，为建国培养专门人才，请你和泽甫弟代我向陈、赵、黄诸先生致敬意。

三、吴树琴女士，近由徽州来沪，在新亚制药厂工作，请代我借垫×

×元，请泽甫弟送去给她零用。胡同炳弟办理儿童自动学校，功在晓庄，积劳成疾，在沪治疗，所有一切住院费用，应由生活教育社开支，并请泽甫常去看望，以慰病情。

附诗：《鲁迅全集》出版祝

满地荆棘满天云，有路先生认得清。

点起火把六百万，照人创造到天明。

1938年10月24日

选自朱泽甫编《陶行知年谱》，安徽教育出版社1984年版

【注释】

①标题为编者拟。

②张宗麟，当时为鲁迅全集出版社秘书长。

③许先生，指许广平。

④陈、赵、黄，指陈鹤琴、赵朴初、黄定慧。

盼诸兄能来桂林商讨①

——致五战区长官部

军事部署已定，粤汉全线准备撤退，在湘鄂区及粤桂山地阻敌前进。大本营则迁重庆，行政机构尚无改革，以求简单化。文化界此后应分散前方、后方工作。弟请假一月，拟去桂斟酌情势。照原订计划布置工作，又遇困难，拟不去渝，盼诸兄能来桂林商讨。弟候兄等信后，再赴港。

试寄襄阳五战区长官部。

十六早

1938年11月16日早写

复印件存华中师范大学教育学院

【注释】

①标题为编者拟。此函录自陶行知的日记本，系底稿。收信人姓名、称谓均不详。

我不能如期来港[①]

——致吴树琴

冰冰：

九月中旬在香港给你一信，说我十一月底要回香港，这封信不知收到否？现在交通困难，我不能如期来港。等到来的时候，再打电报或写信请你来。倘若你一定不能到香港来看我，那只好我来上海看你。请你快写一封信，给吴先生转给我。我是多么地念着你啊！你不会叫我失望吧！我害了一个月病，近日才好。我是两个半月没有收到你的信了，不知道你的康健如何。望你一有空闲，就给我来一封信。仍旧是由吴先生转。敬祝

平安！

李　铭

二七、十一、十九

这封信是托一位朋友坐飞机带到吴先生那儿转寄，比较快些。

原件存吴树琴处

【注释】

①标题为编者拟。

请前去香港[①]

——致吴树琴

冰冰：

在香港我曾写了一封长信给你，不知收到否？那时我计划由广州经过长沙、汉口、宜昌、重庆，再到西北去考察一下，由西南回来。我记得那封信里有几句话是非常沉痛地写出来的：二三十夜无眠后，二三万里动身前，二三张纸相思信，写不尽万语千言。我现在已经回到桂林，不久要回香港去接洽事情，希望你能在十二月二十一日以前来到香港，让我好好地为你做一个寿。倘若你万一不能来，我只好到上海去看你，也请你赶快给我一信，由吴先生转。

铭[②]

二七、十一、廿七　桂

原件存吴树琴处

【注释】

①标题为编者拟。

②铭，陶行知化名之一。

望发起试办《第二家乡》[①]

——致白崇禧

健生先生伟鉴：

生活教育社[②]成立会承公亲临指导，同人深为感奋。兹为建立晓庄研究所[③]，必须去港筹款，特于十七日由任仁先生介绍，乘广西银行便车南下，今日始到南宁。回忆在桂林所见需要，加以数日来车上所思，草办《第二家乡》意见书数条，奉呈清览，敬乞赐教。这个意思，若得实现，不但远游诸子各得其所，精进不已，而且近悦远来，未始非国家爱护选拔真才之一途也。倘高明以为可行，予以发起，则为事易成，弟当草具预算，以备参考。倘因其急所急，一时无暇及此，则请从缓，徐徐图其实现如何？统希卓裁示复。专此奉商，敬祝

最后胜利！

陶行知启

二七、十二、廿 南宁

前恳代致五战区钱俊瑞转德公[④]一电，不知已拍去否，便希赐示。

香港通信处为九龙太子道二〇八号吴宅转。

复印件存华中师范大学教育学院

【注释】

①标题为编者拟。

②生活教育社，陶行知创立的教育团体。以晓庄师范开学日——1927 年 3 月 15 日，为生活教育运动的开始和纪念日。它以“探讨并推行最合理有效之新教育原理与方法，以促进自觉性之启发，创造力之培养，教育之普及，生活之提高”为宗旨，反“洋化教育”，反“传统教育”，从国情出发，以教育作为民族解放、大众解放、人类解放的武器。曾开展平民教育、乡村教育、普及教育、国难教育、战时教育、民主教育等进步教育运动。至抗日战争中，1938 年 12 月 15 日，在广西桂林正式成立总社，选举陶行知任理事长。全国许多地方包括延安设有分社。

③晓庄研究所，陶行知创设的教育研究机构，1938 年冬在重庆创办，主要研究的课题有：教育的本质、生活教育体系、教学做合一体系、地球基本运动原理、小型炼钢炉和内燃机之改造等。

④德公，指李宗仁，字德邻。

《第二家乡》意见书已写好[1]

——致王洞若、杨寅初

洞若、寅初[2]二位同志转各位同志鉴：

我今日才到南宁，明日或后日才可到龙州，到香港是在二十五六。致白健生[3]先生信及《第二家乡》意见书已经写好，请托省三或子厚[4]用复写纸写三份，即日将原信封好，送法政学校白副总长[5]，那三份复写稿留待后用。因为在重庆、贵阳、昆明、西安、上海、香港都可以办的。复稿请杨千范陈诸先生看看，如有补充修正，请寄香港。

行　知

二七、十二、廿　南宁

复印件存华中师范大学教育学院

【注释】

①标题为编者拟。

②寅初，即杨寅初，晓庄师范学生，时为广西中山纪念学校教务主任。

③白健生，即白崇禧（1893—1966）。国民党桂系首脑，北伐战争时任国民革命军总司令部副参谋长。蒋桂战争失败后，与李宗仁等长期占领广西。曾任国民党副参谋总长、军训部部长、国防部长等职。

④子厚，即郭子厚，晓庄学生。

⑤白副总长，指白崇禧。

不但不能见面，而且还含不白之冤[1]

——致吴树琴

最亲爱的冰冰：

你的十月四日和十一月廿三日的信，都于今天同时到了我的手中，又是欢喜又是气恼。欢喜的是你的身体加强，气恼的是你瞎听谣言。我早路走了十天，水路走了两天两夜[2]，晕船晕得一粒米也不得下喉，只望能在此见你一面，于今不但不能见面，而且还含不白之冤，真是气煞我也。你说的那个人，连平常的朋友都够不上。他曾约我演讲一次，我不肯去。后来他派汽车来请，我知道他名誉不好，所以拉着吴先生一同去讲了一次。我想那种谣言，是不负责任的人随嘴开玩笑的。我所气的是我们有了三年很深的感情，而你心目中的我，竟成了这样一个荒唐的人。我们好久不见了，你应该想个法子到我这里来一次，交换一些意见，使得彼此还能和从前一样的了解，那我就感激不尽了。快点儿来！先打一个电报给我，使我好到埠头接你。祝你康健！

水

二七、十二、廿八

第三三号[3]

你问一共收到多少信，我今天病船未恢复，不能去查，俟病好查明再答。我望你把成都的事答应下来，一同去，我也常到成都。

原件存吴树琴处

【注释】

①标题为编者拟。

②指陶行知于 1938 年 12 月 16 日离桂林，经柳州、南宁、镇南关，到越南海防的“旱路”行程；又，从海防到香港的“水路”行程。

③此编号表示此信为陶行知致吴树琴的第 33 封信。

重读二十八封来信[1]

——致吴树琴

树琴女士：

我今天上午从九时到午后一时，把你给我的信，都找出来了。我从头到尾一封一封地重读一遍，再按日期编起号来，保存在一只黄色的皮箱里，并把日期编号誊在笔记簿上，预备写信告诉你。这只皮箱是芝加哥华侨硬要送我做纪念的，值美金五十元，合法币三百元。我为着这只皮箱是费了许多心，因为里面是放了一些于人无用、于我却是无价宝，例如你的信。我害怕扒手因为要偷箱，把这些要紧的东西便一齐拿去，幸而这只皮箱一直到现在还在我的身边，我只好暂时把它存在香港。除非世界大战，香港被轰，我的箱中物是保险了[2]。

好，让我找给你吧：

(1) 25年2月3日；(2) 25年4月29日；

(3) 25年5月23日；(4) 25年6月30日；

(5) 25年7月16日；(6) 25年11月25日；

(7) 25年12月26日；(8) 26年1月8日；

(9) 26年2月7日；(10) 26年3月13日；

(11) 26年3月15日；(12) 26年4月20日；

(13) 26年5月8日；(14) 26年5月16日；

(15) 26年5月24日；(16) 26年6月22日；

(17) 26年7月12日；(18) 26年10月30日；

(19) 26年12月31日；(20) 27年1月25日；

(21) 27年2月23日；(22) 27年2月28日；

(23) 27年7月12日；(24) 27年8月17日；

(25) 27年8月22日；(26) 27年9月13日；

(27) 27年10月4日；(28) 27年11月23日。

这二十八封，重读了一遍，不但是放在皮箱里，而且是刻在心的深处了。我是已经给了你三十三封信，你只给了我二十八封，若以信算，我的心总比你要热些。但是热度不好专用字来算的。你去年四月二十日所写的梦，是多么地好呀。以后便没有梦。我是多么愿意做你的梦中人呀！多么地欢喜看你的梦景信呀！

我问你讨的相片，一直到现在还没有收到。要相片做甚？近在咫尺，只要两天路程，请一个星期假，托人代替一下，不是可以见面了吗？来吧！快来吧！不必迟疑了。我们应该好好地谈一番，就是一小时也好。我什么时候可以和你一块儿赏月啊！什么时候可以再把虹口、江湾、兆丰的生活重新过一次啊？我什么时候可以再倒在你的怀抱里啊？你为了一切，都该来一次呀。我这次在桂林，是有数十只飞机在我头上飞过，有几百颗炸弹在我的四周轰下，假使给了一颗瞎了眼睛的炸弹轰坏了，你不懊悔吗？你是一定要哭，要懊悔的，但是那有什么用呢？只有一个法子是丝毫不必懊悔，来看我一次。

你的计划也得谈谈。来吧！不要犹豫了。祝你

康健！

水
二七、十二、廿九
第三四号
原件存吴树琴处

【注释】

①标题为编者拟。

②这只皮箱及箱中的信稿等物，被陶行知不幸而言中：太平洋战争爆发后，寄存于吴涵真处的皮箱在日本飞机轰炸香港时被毁，信稿等物也荡然无存。

一九三九年

聘您任药物研究助理[①]

——致吴树琴

树琴同学：

我们研究所[②]里敬聘您为药物研究助理，月薪暂定伍拾元，旅费另发，望您应聘从速南下，以便结伴同往重庆。

专此奉约。敬祝

康健！

李　铭

二八、一、三

原件存吴树琴处

【注释】

①标题为编者拟。

②研究所，指生活教育社晓庄研究所。

九月给你的长信是失落了[①]

——致吴树琴

我所敬爱的冰冰：

你的十二月二十八日的信，我昨天收到时是多么高兴啊！这封信我已编为第二十九封信珍藏着。从这封信，我知道九月给你的长信是失落了，这是使人难过的。因为如果那封信能够给你看到，你一定是对我没有隔阂了。我相信这封信的失落是给你了许多忧愁，许多疑惑，甚至而要怪我把你忘掉了。我能忘掉你吗?不能!假使有一年甚而至于和苏武一样十八年没有给你信,你也不要以为我忘了你。你是住在我的心的深处,我怎么能忘掉你?啊!天有不测风云,一个谣言,失掉一封信是能够把顶好的朋友离间掉。细想起来,真是要捏一把汗,假使你收不到我的信,又把谣言信以为真,便去爱上一个别人,那就是叫天天不应,入地无门,这一生如何度过。现在看你来信,尚无离我之意,我是多么心慰啊!

这里是晚上十时半了,我在四层楼上写这封信给你。窗户外可以看见半个香港。夜色的香港是像银河一样地美丽。前几天住的地方看不见风景。今晚才搬到这个好地方来。全屋只有两个人,一个书僮,一个便是我。那位小朋友早已睡了。幼年是多幸福啊。我是不能把这封信写完死也睡不着。这个时候,如果你在这里,我要把一个整个的你吞下肚才痛快。不然,我愿意被你一口吞下肚里去。我愿意和你捏成一个人。冰啊!你快跟着琴来吧。你再也不能使我失望了。无论从哪一方面想,你是应该把上海的事丢掉,和我合作到底。我没有你是吃不饱,睡不着,你决不可以再硬起心肠来拒绝我的请求。好冰!我在这里是一日三秋。你快来吧。我数着钟点等候你,你不可以慢慢地来呀!

水

1939.1.3

原件存上海中国文化名人手稿馆

【注释】

①标题为编者拟。此信为本次新增。

夫妻这样分离下去,大家都苦

——致吴树琴

冰冰:

我希望把我们两个人的事,向琴和德公开,要求她们不要告诉别人。这样是要便当得多。

我们已经成了夫妻,要这样分离下去,大家都苦。我是太苦了。你也是一样。好孩子!胆子放大一些。一切都解决了,跟琴一起来。快!

假使琴不愿意来,你叫她不要把聘书给人看。假使她愿意来,就可以给人看，如果不愿意来也给人看，那将来琴要来时，又没有办法了。这地位是为琴一人留着的。

万一琴不来，你就一个人来。小姐！鼓起勇气！快乐的日子快到了。朋友们不许我来。只有你来，你们才能相见。你不来，我真要闷死、急死、相思死了。冰妻啊！我现在只有一个鼻子浮在水面上，你能袖手旁观吗？

水

1939.1.4

原件存上海中国文化名人手稿馆

【注释】

①标题为编者拟。此信为本次新增。

关于整理账目的意见[①]

——致马侣贤

肖生[②]同志：

关于整理账目事，我有如下的意见，供你们参考。

（一）暂时古圣寺[③]方面仍记临时账簿，不动用印好之正式账簿。

（二）北碚[④]方面经手之细账，与古圣寺之细账誊入同一正式账簿，我嘱陶宏准备将细账及收据在最近交代，以便合并誊写赶上临时账，再将临时账停业。

（三）北碚方面自始及以后，只代董事会记存款、收款、发款账，不记细账。

照上面意见，两套账簿可用一年。否则又要多费钱印。

衔

1939年1月5日写

原件存夏英岚处

【注释】

①标题为编者拟。

②肖生，即马侣贤，晓庄师范学生。曾任山海工学团团长、育才学校总务部主任。陶行知逝世后任育才学校校长。

③古圣寺，陶行知创办的育才学校所在地。在四川合川境内的凤凰山，距嘉陵江岸约五华里。山上有一座明代建造的规模宏大的庙宇，称古圣寺。

④北碚，在嘉陵江畔，为重庆市之一区。

敦促发给晓庄研究所补助费[①]

——致陈诚

陈部长[②]勋鉴：

桂林晤教，至为钦佩。“服务即宣传”一语，系一不可磨灭之真理。承示今后评定军政成绩，都以民意然否为断，尤中肯要，自然可以发出伟大之力量，以保证最后之胜利。遇着朋友，也常将高见告诉他们，大家都不但钦佩，而且对于国家前途增加乐观，这是可以告慰的。

晓庄研究所承允每月补助国币一千元，自十二月份起按月由桂行营发给。现在尚未领到。务望通知行营将十二月份及一月份一并发下，以便兼程进行各项问题之研究。通信处为桂林中山纪念学校内晓庄研究所办事处。有王主任[②]在桂办理领款手续。专此奉恳，敬祝

康健！

陶行知启

二八、一、六

原件存中国第二历史档案馆

【注释】

①标题为编者拟。

②陈部长，指陈诚（1898—1965），字辞修，浙江青田人。曾任国民政府湖北省主席等职。

③王主任，即王洞若。

在除夕写了一首小诗[①]

——致陈诚

辞修[②]先生勋鉴：

弟这次为晓庄研究所采办仪器、聘请专家，于廿八日来港。适逢新秦桧出现，顺便游击[③]，在除夕写了一首小诗，抄奉清览，并乞指教。

除夕除秦桧

自从沈阳事变[④]，
秦桧便已出现。
忸忸怩怩，
到如今完全露面。
从今后，
没有人再受他骗。

他的建议，
只是一张名片。
向近卫，
学毛遂自荐；
想做买办，
开个日本店。

战士们！
驳斥近卫宣言应该念，
念它一百遍。
冲出前线，
把秦桧捉着，
锁上铁链，
跪在一百万无名英雄墓前。
再问他：
对这笔买卖还留恋不留恋？

精卫主和电发出[⑤]，香港五十家大小报馆，附和他的只有《香港日报》和《南华日报》。《香港日报》是日本人办的，“南华”[⑥]是他自己办的。第三天遍买“南华”不可得。一个卖报人对我说：“你为什么要买汉奸报？”我说：“看看有没有人卖汉奸报。”至此，我才知道香港报贩已经封锁“南华”了。第四天好不容易，还看见一张“南华”，上面有几句有趣的话：

“中日战争的结局，不外四种：一、中国败，日本胜；二、日本败，中国胜；三、中国败，日本未必胜；四、日本败，中国未必胜；其结果，总之是和！”

这两天又看不见“南华”的踪迹了。这里的人开头对汪通电有些愤慨，既而就当做不甚重要的事看待了。中央断然的处置与委员长宽大的态度⑦，大家都认为是时代的曙光。敬祝

康健!

陶行知

二八、一、六

香港临时通信处：九龙太子道二〇八号吴宅⑧转。

原件存中国第二历史档案馆

【附录】

陈诚复陶行知函

行知先生大鉴：

手书敬悉。新诗一首，痛快淋漓，不减阵前三军持械横扫时也。从来持异论者，位寡而势孤，众叛而亲离，精卫此举，徒有自陷泥潭而已。港埠新闻，尚希随时见告。专复，顺颂时绥!

陈诚启

二八、一、廿一

【注释】

①标题为编者拟。

②辞修，陈诚的字，时任国民党军事委员会政治部主任。

③1938年12月18日，国民党副总裁汪精卫潜离重庆，次日飞抵河内。蒋介石遂于12月26日宣称：汪因病告假4个月，赴河内治疗，一二日内，将转国外。但同月28日的香港《大公报》发表社评暗示，汪精卫即将投敌叛变，舆论大哗。陶行知此日抵港，故说“适逢新秦桧出现”，并立即对汪逆进行口诛笔伐，自比是配合三军主力参加游击战。

④此诗最早发表于香港《立报》(1939年1月1日)。

⑤指汪精卫1939年12月29日发表的“艳电”。该电主张：对日亲善、议和，共同防共和经济提携。这是一份投敌卖国的自白书。

⑥“南华”，即《南华日报》，该报主持人林柏生与汪精卫关系很深，后曾任汪沩“中央执委”兼“宣传部长”，“艳电”最先系在该报发表。

⑦“断然的处置”，指“艳电”见报后，国民党于1940年元旦召开临时中常会，决定永远开除汪精卫的党籍，免去本兼各职。“委员长宽大的态度”，指蒋介石派人暗中与汪精卫接洽，并送去护照和巨额旅费，劝汪精卫赴欧疗养，不要投靠日寇另组政府。

⑧吴宅，指吴涵真的住处。

新职既可长进，又可为社会服务[①]

——致吴树琴

树琴同学；

我为您找到的事，既可长进，又可为社会服务，又不太忙，可算是一举数得。您现有职务，可请德华代替。她现在的服务地方不大好，最好是换一换。将来我这里扩充，经费加多，也可以请她来，不过现在只能约您。您是否愿就，望即复一电。就便复一“就”字，不就便复一“不”字。我的通信处照旧，在门牌下只须写吴宅李铭即可。但我深望你能屈就，祝您康健！

铭

一、七

这信九号能到，如果十一号接不到你的电报，我便以为这封信失落了。

原件存吴树琴处

【注释】

①标题为编者拟。

祈祷老人同意婚事[①]

——致吴树琴之母

丈母娘赐鉴：

听说您老人家舍不得把琴姑许配与我。我这样冒昧地和她精诚团结，觉得对您十分抱歉。现在抗战未完，我不能亲自送还给您。托别人带来又不放心，思来想去，只有祷告上天，允许您再生一个小妹妹。这样大家都好，省得我讨来还去，怪不方便，您老也省得许多烦恼。不知您赞成否？倘使赞成，我就祷告了。

您的女婿

1939 年 6 月 21 日

原件存吴树琴处

【注释】

①标题为编者拟。此信原稿存吴树琴处，编者据此估定，此函并未寄出。此函的写作时间依据周洪宇、刘大伟《陶行知年谱长编》定。

你们对我报告的谣言[①]

——致沈德华

德华：

接到你一月七号的信，感受到你的反攻的威胁。你的解释对于郭黎姻缘是很对的。黎女士是一位清醒的女子，配郭先生很相称。我会过他们好几回，知道他们是很幸福的一对。至于你们对我所报告的谣言，怕是歹人的恶意宣传，我和那位女士简直是风马牛不相及（据说树琴同学所讲的履历）。现在知道你们不再代她广播，我是感激不尽了，否则传到我的爱人的耳朵里去（如果有），会引起不测的风云，那就要伤□□，哈哈！接树琴同学九号信，知道你和她到港再去福州，那是非常欢迎的。我很想为你们俩都找着事，在一个地方服务。到现在我只找着一个位置，树琴还有电来应聘。如果再找到一个位置，那就是属于你。你等着吧！你们住的地方我已经准备好了，廿一日船到，当来迎接。

李　铭

1939 年 1 月 12 日

原件存上海中国文化名人手稿馆

【注释】

①标题为编者拟。此信系本次新增。

数着钟点等待你的来临[①]

——致吴树琴

冰冰：

今天接读一月九日来信，知道你将和琴姊来港，这是新年中最好的福音。你不会令我失望吗？你真的会来吗？我深信你必定可以克服一切困难以达这个目的。但是十号的船，改到十二，又改到十九，不会再改吗？日子相隔久了，一天天地过去，我是害怕你要改之又改，终于给我大大的失望。不过我相信你是不会再改期了。我是数着钟点等待你的来临啊。亲爱的冰妹啊！你要知道，叫我多等一天，便是叫我身上减少一磅肉。我有的是肉，减少一二十磅也不要紧。所可虑的，是我精神上有些受不住。你若了解这一点，我相信你会插着翅膀立刻飞到我这里来。

现在一切都照着你们21日来港计划准备。我亲自要去接你们。快乐的日子快到了吧！

水

二八、一、十二

明天有快船到沪，这信十五日可到你手中。

原件存吴树琴处

【注释】

①标题为编者拟。

不胜欢迎之至[①]

——致吴树琴

树琴同学：

昨天晚上接到你一月十日应聘的电报，今天晚上收到你九日的信，至为感谢。从信里面知道德华同学或可与你同来香港，再去福州，不胜欢迎之至。我将尽二三天之力，把我所知道的事一起讲给你们听，然后随便在什么地方服务，都自然而然地可以长进了。请你告诉德华，我看他写来的信是很好，这是很值得恭维的。他的事也是放在我的心上。廿一日船到岸，一定有人来接你们，请放心吧。敬祝

康健！

李　铭

二八、一、十二

原件存吴树琴处

【注释】

①标题为编者拟。

请发给育才学校补助费[①]

——致许世英

赈济委员会[②]许代委员长[③]伟鉴：

敬启者，敝校[④]宗旨在选拔难童中之天才生，加以特殊培养，俾能各依才能、兴趣长成国家有用之材。日前将敝校创学意见计划书奉陈清览，荷蒙赞成，并允补助开办费四万八千元，经常费每月三千元，至为感谢。现将计划书送请贵会察阅，并恳将补助之款，正式予以批准。开办费尚希先予拨发，以便进行。经常费领款手续、日期，亦请赐示，以便遵照办理。专此奉商，只候复音。敬祝

公安！

育才学校 董事长 张一麐[⑤]
校 长 陶行知

二八、一、十九

原件存南京晓庄学院陶行知纪念馆

【注释】

①标题为编者拟。

②赈济委员会，国民党政府在抗战期间设立的救济机构。

③许代委员长，指许世英，字俊人。当时为赈济委员会代主任。为了募集育才学校经费，陶行知聘其为育才学校董事。

④敝校，指育才学校。陶行知于1939年7月20日创办的一所难童学校，校址在四川合川草街子古圣寺。他说："创办育才的主要意思在培养人才之幼苗，使得有特殊才能者的幼苗不致枯萎，而且能够发展，就必须给与适当的阳光、空气、水分和养料，并扫除害虫。"育才学校通过选拔的方式，吸收抗战时期流离失所的失学难童；经费主要是靠向社会募集。学生有二百余人，分文学、戏剧、音乐、舞蹈、绘画、社会、自然等组。教师有不少是进步作家和专家，如文学组有艾青、力扬、魏东明；戏剧组有章泯、水华；音乐组有贺绿汀、李凌、黎国权；舞蹈组有戴爱莲、吴晓邦；绘画组有许士骐、王琦、陈烟桥；社会组有孙铭勋、廖意林；自然组有孙锡洪、陈元直、刘博禹。此外，还邀请了翦伯赞、光未然、田汉、何其芳等去讲课。育才学校教学方法灵活多样，强调与抗日实际相联系，提倡自由讨论、自由研究和手脑并用。

⑤张一麐（1867—1943），名仲仁，字一麐，江苏吴县人。1915年10月任北京政府教育总长，不久辞职。

捐助晓庄研究所经费已领到①

——致杜月笙

月笙②先生大鉴：

敬启者，一月二十五日大札及捐助晓庄研究所港币伍百元，均由吴涵真先生转到，拜领之余，至为感谢。正式收据，俟到桂林后，即行奉上。张宗麟弟近自上海来，有事面陈，兹特介绍趋前奉访，尚希接谈指教。专此致谢，敬祝

胜利！

弟陶行知启

二八、一、廿七

复印件存华中师范大学教育学院

【注释】

①标题为编者拟。

②月笙，即杜月笙（1988—1951），上海浦东高桥镇人，为旧上海法租界青帮首领之一。

请拨款赞助《太平洋文摘》①

——致宋子文

子文②先生伟鉴：

日前奉访，详陈《太平洋文摘》（*Pacific Digest*）对于国际宣传之重要，当蒙面允，予以经济之赞助，该社创办人陈彬和③先生深为感谢，弟亦深庆该刊得有先生之援助而尽其当前之贡献。弟不日即须前往重庆参加第三届参政会④，尚望酌拨现款若干，俾该社积稿可以悉数如期出版，以应国际之急需。专此奉商，祇候复示。敬祝

大安！

弟陶行知启

二八、一、廿八

补助款项，特托林旭如先生代领，迳交该社，尚希俯予接洽。

复印件存华中师范大学教育学院

【注释】

①标题为编者拟。

②子文，即宋子文（1894—1971），广东文昌人。与蒋介石、孔祥熙、陈立夫合称四大家族。曾任广东革命政府财政厅厅长、国民党财政部部长等职，后任国民政府财政部部长、行政院院长、外交部部长等职，

③陈彬和，安徽人，《太平洋文摘》创办人。

④第三届参政会，指第三届国民参政会。

你的字是写得太野了[①]

——致陶晓光

晓光：

现在有一件事要和你讨论。你的字是写得太野了，使人认不得，而且写信的纸张不规则，这是必须改正的。同志中的字，洞若[②]的最令人头痛，其次是自俺[③]的，再其次就是你的。你们的信总有一部分令人看不懂。就是看得懂也是叫看信人十分难过，甚至头痛。这点小事如不痛改，将来必有一天，要给人把信摔到纸篓里去。快点改吧！也把这事告诉洞若。祝你们康健！

爸 爸

二八、二、四

蜜桃的大拇趾，怕又要露出来呼吸新鲜空气了吧！

出自《行知书信集》，安徽人民出版社1981年版

【注释】

①标题为编者拟。

②洞若，即王洞若，晓庄师范学校学生。

③自俺，即戴自俺，晓庄师范学校学生。

育才学校创办旨意[①]

——致宋美龄

蒋夫人勋鉴：

前在汉口奉访，畅聆教益，并亲见夫人督导妇女干部为民服务，感人之深，无时或忘。别后即由川转桂，试办山洞教育。那里山洞很多，是天然的校舍。飞机警报来与不来，老百姓都去躲避，是现成的学生；知识分子也去，是现成的先生。三美俱备，又加以社会之赞助，政府之提倡，到如今已经立了一点基础。这次来渝参加国民参政会第三届会议，适逢新生活运动纪念盛典，至为欣幸。前夕应约赴宴，原拟趋前道贺，唯以宾客众多，未及面领教益为憾！现在为筹备育才学校事，有所报告，并希望详予指导，尚希指定时间地点，以便趋谒。如蒙俯允，不胜感谢！行知创立育才学校之用意，允请为夫人略为陈述。去年秋间，有保育院、教养院及其他收容难童机关之主持人谈及，有人在难童中挑选养子，纯以面貌美丑为取舍，对于害癞痢、缺嘴唇、脸上生麻的孩子，不但不要，而且措辞中不免含有当面侮辱之意，这给了我一个很深刻的刺激。其次，在长沙和汉口我是和一位音乐专家住在一处。我们一同发现了几位有音乐天才的小孩。一位只教了他三个钟头便能领导一百多小孩唱歌，一位只受三天的训练，便能用音符把一首从来没有听过的歌曲写出来。一位受了四五天的训练，便能拿音符把自己创的一首歌写出来。在这几位小小音乐家之中，便有一位害癞痢病的。这是我受的第二个深刻的刺激。这两个刺激，独立的、各不相谋的存在在我的脑筋里，足足有两个月之久。忽然一天，他们两个合拢起来了。我自己问："你为什么不也选择一些天才儿童来培养他们?"我于是立刻拟定章程、计划。第二天，就筹了一点最低限度的开办费，校址也在北碚乡下找到了。我想，您对于这件事是一定赞成的，难童的慈母的您是一定有许多指导我们的地方。因此，我希望在十六日下午以前，我有一个机会向您详细报告，并向您请教。专此奉约，敬祝

康健！

陶行知启

二八、三、一四

原件存南京晓庄学院陶行知纪念馆

【注释】

①标题为编者拟。

调查难民生活与教育[①]

——致方与严

竹因[②]同志：

张先生[③]自动提议的办法，自然要相机进行。你说要每月六十元培养艺友[④]。好，这些艺友要关心难民教育的人担任，在你指导之下，调查研究广东一带的难民生活与教育，并要注重客观事实，提出具体解决办法。请提出研究计划及初步最低预算，包括生活费、旅费、信费等等。研究结果及对外报告，要经我看过，才可发表。款子请从吴先生[⑤]那里领，从五月份起。

怀毅[⑥]的事已经办得有些头绪。款子筹到一千元，以后每月有一些。此款汇往何处？请即飞示怀毅通讯处，以便电汇或邮汇。

原想汇港由你转交，但汇港汇费要一百八十元，那是太耗费了。倘吴先生处有存款，可以先由港酌汇若干。告诉我，我这里收吴先生的账，这样两方省掉汇费。怀毅被保荐战地党政委员会皖南视察员。这款是第一批交下的薪水、旅费。他能节约下一部分来，为地方造福，为国家努力服务。

公文存在我处，待你来信再寄。怀毅有无来港必要？倘须来港，则文件可寄港。彼或可顺便把三桃带来香港，请考虑一下。如认为有到港必要，就托他到黄山天都文物社及休宁县政府曹子云处探听三桃所在。三桃旅费托吴先生暂垫一下。但三桃身体如果不胜旅行，则暂作罢。吴先生的事业在进行中，请转告。

敬祝

康健！

衔

二八、四、二八

出自《陶行知选集》，教育科学出版社2011年版

【注释】

①标题为编者拟。

②竹因，即方与严（1889—1968），安徽歙县人。晓庄师范学生、教师。长期追随陶行知，推行生活教育运动。

③张先生，即张宗麟，著有《幼稚教育概论》，曾与陈鹤琴、陶行知合著《幼稚教育论文集》。

④艺友，陶行知独创的教育名词："凡以朋友之道教人学做艺术或手艺，便是艺友制"，"凡接受艺友制教育者，便是艺友"。此处指晓庄研究所有关难民教育的专项研究中，方与严也建议采用艺友制。

⑤吴先生，即吴涵真。

⑥怀毅，即方怀毅，方与严之子，晓庄学校高中部师范科毕业生。

关于"志愿捐"的建议[①]

——致三峡实验区优待委员会

三峡实验区[②]优待委员会公鉴：

我们所住的可敬爱的北碚，在卢区长[③]及贵会指导下，是有一件划分时代的大事正在迈步前进，这件事便是志愿兵运动。这里志愿兵运动成功可以影响全国，使全国人人愿为中国死，则中国自然可以活到万万岁了。志愿兵能否免去后顾之忧，一方面影响后方民气，又一方面则影响前方士气。以愚见观之，必须有"志愿捐"来配合"志愿兵"，则款项可以源源而来，家属无冻馁之虞，则战士自可以一当十、以一当百与敌人拼命，而后可以得到最后之胜利。现草就志愿捐公约数条，竭诚向贵会建议，深望俯予斧正通过，公布施行。如蒙俯允，不胜感盼。行知本人自本年五月一日起照约，每月志愿捐助五十元。由贵会支配发给志愿战士家属。现将本月份五十元奉上，尚希察收。专此奉达，敬祝

康健！

陶行知启

二八、五、三

北碚清凉亭

原载《嘉陵江日报》，1939年5月6日

（外附志愿捐公约草案一纸及五十元纸币）

【附录】

优待志愿战士家属志愿捐简约草案

一、为补助志愿战士家属，使志愿战士无后顾之忧发起志愿捐。

二、志愿捐以月捐为原则。

三、志愿捐按期送与三峡实验区优待委员会，由会总分配。但会将受捐家属通信处、发款数目通知捐款人，以便直接接洽。

四、月捐至战士凯旋复业或政府订有妥善办法经常实行为止，中途除自己被毙亡或意外，决不停止或减少。

五、捐款人不但自己捐助，应负责劝告亲友捐助，但不经手收款。

六、捐款人将住址或通信处报告优待委员会，以备存查。

出处同前

【注释】

①标题为编者拟。原题为“陶行知致重庆三峡实验区出征将士家属优待委员会函”。

②三峡实验区，即嘉陵江三峡兵役实验区，当时在这里进行征集志愿兵的实验。

③卢区长，即卢子英，卢作孚之弟，曾任北碚区区长，当时任三峡兵役实验区区长。

欢迎为《战时教育》投稿[①]

——致谢捷

谢捷[②]同志：

信收到了，您对于儿童们的丰富的同情，我们钦佩之至！

《战时教育》编辑部现在已有固定人负责，如有大作，一定很欢迎的。育才学生入校，尚须一月后。现在我正写信给保育院，介绍您到那里工作，得回信后，当再告。谨此，

祝

健康！

陶行知启

五、十

原件存南京晓庄学院陶行知纪念馆

【注释】

①标题为编者所拟。

②谢捷，女作家谢冰莹之妹。

杯水不能解众渴[1]

——致沈钧儒

（1939年5月26日自北碚寄往重庆）

钧儒先生大鉴：

现奉上方与严同志所写《在大时代行进中话业余》一文，请赐察阅。在这篇文字里我们可以看出，“中华业余学校”在香港救亡工作中之非常重要性。敝处对于该校开办费及工作人员生活费已稍尽绵薄，但杯水不能解众渴。现方君告急之书屡至，且大书特书要我代向我公请援，务希设法拨予补助，俾能渐渐发展。倘蒙允许，务希遥寄香港九龙太子道二〇八号吴公馆转中华业余学校收，并乞便中示知，俾识明见。闻公有北碚之行，甚喜。行期可否预示，以便欢迎。敬祝

康健！

陶行知启

二八、五、廿六

原载《近代史资料》第99期，中国社会科学出版社1999年版

【注释】

①标题为编者拟。

我们的路子是一条[1]

——致杨寅初

寅初同志：

来信收到了。宋明轩[2]先生捐房子的事，这是没有人不赞成。希望你们那方面用生教社[3]和新旅[4]的名义进行，同时我这方面也这样同时进行。不过你们进行如何，请告我！

保育院院歌有空闲当写来。再者，目前经费都支配出去了，以后经费扩充，再想办法吧！

中山学校健全起来了，这件事使我非常高兴！

《西南儿童报》是不是《少年战线》呢？《少年战线》已经收到了！

关于社里的事体，我不久就会写一封详细的信，托人带去！之外，我跟洞若他们谈的结果，意见一致。所以各方面正好互相信任、互相帮助才是！因为我们的路子是一条！不是吗？

谨此，祝

好！

陶行知启

五月廿九日

原件存南京晓庄学院陶行知纪念馆

【注释】

①标题为编者拟。

②宋明轩，即宋哲元（1885—1940），字明轩，曾在冯玉祥部下任师长、总指挥、热河都统。国民党统治时期，曾任第二十九军军长。

③生教社，即生活教育社。

④新旅，指新安学校长途修学旅行团。

那位小朋友叫王万恩[①]

——致常学镛、章泯

学镛[②]、章泯[③]二位同志：

信收到了，知道你们工作很好，我很高兴！希望你们更努力才好！

我以前说的那位小朋友，名字叫做“王万恩”，现在我特来信告诉你们。

没有什么事了。问

好！

陶行知启

五月廿九日

原件存南京晓庄学院陶行知纪念馆

【注释】

①标题为陶行知拟。

②学镛，即常学镛，当时被聘为育才学校音乐组指导员。

③章泯，当时任育才学校戏剧组主任。

你的生活费增加十元[①]

——致王省三

省三同志：

信收到了，因为忙，一时没有回你。

从六月份起，你的生活费增加十元，每月共卅元。现在，我们经费不多，所以只能增加这一点点。谨此，祝

健康！

陶行知启

五月廿九日

原件存南京晓庄学院陶行知纪念馆

【注释】

①标题为编者拟。

直到今天才一一地来回答你[①]

——致方与严

竹因[②]同志：

来信全收到了，因为事情忙，所以直到今天才一一地来回答你。

第一，怀毅[③]一月十二日信，很有精神，很有魄力。原信随函附上，《父子集》（下）可编入之。一千元已托国际贸易局袁仲达弟汇，由王充工学团转。这两件事望你注意才好！

第二，《民族日报》撰文事，近来我特别忙，没有时间写文章，以后有时间，当然没有问题。

第三，业余事我已与沈钧儒先生接头，想他一定可以帮忙！

第四，《新华日报》[4]于渝市被炸后，即与其他渝市各报发行联合版，所以暂时不能订了。

第五，文粹[5]信已托伍廷扬[6]先生带去，不久当可得达！

第六，□送书两份已收到，和三点钟交代制，这两件事一并使我非常高兴！谨此，祝

好！

陶行知启

五月廿九日

原件存南京晓庄学院陶行知纪念馆

【注释】

①标题为编者拟。

②竹因，即方与严，晓庄学校早期学生，曾任浙江湘湖师范校长，协助陶行知办理山海工学团、重庆育才学校。1949 年后曾任教育部小学教育司副司长，民族教育司副司长等职。编著有《晓庄一年计划》《晓庄之一页》《育才学校》《生活教育简述》《教学做合一概论》等。

③怀毅，即方怀毅，方与严长子，1949 年后任安徽休宁二中校长。

④《新华日报》于 1938 年 1 月 11 日在汉口创刊，同年 10 月 25 日迁重庆，1947 年 2 月 28 日被国民党政府封闭，是中国共产党抗日战争时期和第三次国内革命战争时期在国民党统治区公开出版的机关报。

⑤文粹，即晓庄学生唐文粹。

⑥伍廷扬，广西人，抗战期间曾任浙江建设厅厅长。

请宋明轩捐房子[1]

——致汪达之

达之同志：

五月十四日的信收到了。现在我先答复你一件事：

宋明轩先生捐我们房子的事情，我意你们那方面要用生教社及新旅两名义进行。同时，我这方面也用生教社和新旅的名义和邓哲熙先生接洽。

你们那方面进行的结果如何，希望你告诉我。谨此，祝

好！

陶行知启

五月廿九日

原件存南京晓庄学院陶行知纪念馆

【注释】

①标题为编者拟。

介绍谢捷女士到保育院工作[①]

——致罗叔章

叔章[②]同志：

近日我听说保育院的小朋友们害病的很多，特别是痢疾、出麻疹等重要病症。所以现在你该快回来。

再者，友人谢捷女士系冰莹女士之妹，对儿童有丰富的情感，特别介绍给你，不知你那里缺人不？谨此，祝

好！

陶行知启

五月卅日

原件存南京晓庄学院陶行知纪念馆

【注释】

①标题为编者拟。

②叔章，即罗叔章，时为重庆白庙子大田坎保育院院长。

敝社及新安旅行团之性质及宗旨[①]

——致邓哲熙

哲熙吾兄：

在港相见，领教不少，我觉得非常高兴！

宋明轩先生在阳朔有一座房子，听说有捐给教育机关之意，不知是否确实？如果属实，我们希望他能捐给我们的生活教育社和新安旅行团，希望老兄进一言。倘能有成，则敝社与新安旅行团可以立一永久基础，自能更为社会努力。现将敝社及新安旅行团之性质及宗旨，略述大概，以备

参考：

生活教育社发起在十二年前，提出“生活即教育”“社会即学校”“教学做合一”“在劳力上劳心”“即知即传”的主张。我们的目的则在于教育的普及，生活的提高，自觉性之启发及创造力之培养。在第二期抗战中，我们更提出全面教育的方案，以配合全民抗战的需要。对于儿童教育，我们的主张是：培养他们团起来做手脑并用的小工人，团起来作追求真理的小学生，团起来作即知即传的小先生，团起来作百折不回的小战士。

新安旅行团是首先实行这种主张的一个儿童集团。从绥远抗战以来，行三万里路，脚迹遍十一省。到处慰劳军队，唤起民众，以谋军民之切实合作，并沿路帮助儿童们组织有力量的团体。他们一路是用着戏剧、电影、唱歌等实施他们的教育，同时向老百姓请教，以增加他们的知识。现在在广西分成三队：一队为伤兵服务，一队为难民服务，一队为乡下老百姓服务。他们希望有一个固定的地方，把生活安定下来，经常地进修，使自己的学问不致荒疏，又能给出外服务的小孩回来的时候，得到他们渴望的休息。

明轩先生这座房子如果能给我们，我们必定能够好好地运用，使我们的教育主张能够更有效地开展起来，以增加抗战的力量。有暇到北碚一游，借叙阔别，尤为欢迎！专此奉托，尚希示复。敬祝

康健！

弟陶行知启

五月卅日

原件存南京晓庄学院陶行知纪念馆

【注释】

①标题为编者拟。写此信的次日，陶行知又给仲芝去信，内容与此相同。

育才即将开学①

——致周畸

周畸同志：

五月二十五日信收到了。育才已经觅得地址——一座庙，现在正在校址旁开井，一切设备好之后，就可开学。计算起来，大约尚须个把月。

玛丽[②]之来，我们非常欢迎！不过我们想在育才附近，另外为玛丽及我们自己的小朋友计划一个组织，这样，不仅和育才有密切的联系，同时又不受育才定案拘束，小朋友们一定可以得到适当的教育，不过这组织时间要迟一些。请您将这情形告诉田太太[③]。

张曙[④]先生的著作，希望能找到，丢了未免可惜！

您给常先生的信，已经转去了。谨此，祝

好！

陶行知启

五月卅日

原件存南京晓庄学院陶行知纪念馆

【注释】

①标题为编者拟。周畸，张曙的夫人。

②玛丽，田汉之女。

③田太太，田汉之母。

④张曙，曾为新安旅行团谱团歌。

欢迎万先生来[①]

——致万籁天

籁天[②]同志：

五月二十五日信收到了。您对育才那样地关心，我们感谢极了！

章泯先生已到歌乐山保育院[③]，现在正在选择学生。

万先生能来，我们非常欢迎，同时我们有许多事要向您请教！谨此，祝

好！

陶行知启

五、卅

原件存南京晓庄学院陶行知纪念馆

【注释】

①标题为编者拟。

②籁天，即万籁天，剧作者，育才学校曾聘请他为戏剧组主任，未到职。

③歌乐山保育院，在四川省重庆市西面。

要帮助怀毅[①]

——致方与严

竹因同志：

兹接到歙县旅沪同乡会来信，望您抄一份寄与怀毅，请他即刻忠实具体报告。该项报告要两份：一份给我，一份由我转给同乡会。

怀毅近来情形，想您有些隔膜，前次所荐的事，难以胜任[②]，请您转告他把公文退给我，代为说明不能就职。前接您寄来的通信处，即将一千元托国际贸易局电汇而去。如已收到，望他电汇回渝，使我可以代为退还。我想现在平电很慢，明日拟发急电召回汇款，为此则可以省却许多麻烦。

这件事望您用冷静的态度来处理。怀毅现在还是要从小一点的事重新做起。我们以前对于王充工学团是毫无监督、指导，现在应该帮助他得到一件适当的事，好好地来指导他。新近保荐的那件事是太大了一点，恐怕要害了他。我新近听了好些关于怀毅的批评，使我不得不悬崖勒马。我收回的精神和推荐的精神是一致的：要帮助怀毅。

我的决定，不仅是同乡会的来信所致。王充工学团的事情我也知道了一些。舆论不甚好。总之，有好几件事凑和起来，使得我为了各方面的顾虑，还是撤回为妥。我想，您如果完全知道这里面的曲折，您也是一定赞成我的主张。我想，怀毅知道各方面的关系，也一定赞成这次的变更。

我们现在的任务是帮助他找一件适当的事。望您于接信后，给我一封信，使我知道您的意见。敬祝

康健!

行

二八、五、卅

原件存南京晓庄学院陶行知先生纪念馆

【注释】

①标题为编者拟。

②指陶行知保荐方怀毅为战地党政委员会皖南视察员一事。

烟桥先生能来，最为欢迎[①]

——致张谔

张谔[②]同志：

五月二十三日信收到。烟桥[③]先生能来，最为欢迎！他的旅费我已托吴涵真君给他国币二百元，想他收到了，谨此奉复。

陶行知启

五、卅

出自朱泽甫编著《陶行知年谱》，安徽教育出版社1985年版

【注释】

①标题为编者拟。

②张谔，江苏吴江人，漫画工作者。陈烟桥，广东宝安人，育才学校绘画组老师。

③烟桥，即陈烟桥，后担任育才学校绘画组教师。

香港的事要继起有人[①]

——致方与严

竹因同志：

毅事考虑至今，仍以昨晚决断为是[②]。但是，如果您自己愿意担任的话，我愿意推荐。您的工作成绩，您的修养、声望，您在故乡所有的朋友关系，您在二十二个月抗战的认识及忠勇奋斗，都能使您胜任愉快。上述之要素，怀毅尚未具备。您当然也有一些客观的困难，但我相信以您的主观的力量，可以克服一切而有余。所以，还是应该老将出马也。当然，香港的事要继起有人，才不致因为一人的调动而引起已成事业的幻灭[③]。我相信您必能和吴先生好好协商安排。请您仔细想一想，倘使您愿意代毅，便请立刻赐一飞信，以便进行。款如未汇出，当代为保留二三星期。不过，当局不一定听取我的建议。我只希望我的建议能成事实。较大的问题既庆得人，毅又能在您亲自指导之下将王充工学团恢复而光大起来，以无负于故乡父老兄弟姊妹之嘱望。如何之处，望与涵真兄妥商复我，以便进行。敬祝

康健！

行

二八、五、卅一

任民、山民、育华及青年中，有人对毅皆不满，王充事已从大变小，小变零。毅对新职，现在是拿不起来，我们不可害他。

现决定先为您进行，如果成功，您不同意，可以辞职。

港事本地有人接替否，如果没有，泽甫如何，请与涵兄一商[4]。

原件存南京晓庄学院陶行知先生纪念馆

【注释】

①标题为编者拟。

②指撤回保荐怀毅任皖南视察员一事。

③方与严时任香港中华业余补习学校的教务主任。因此提醒他：如同意调动，必须安排好该校的善后事宜。

④“泽甫”，即朱泽甫；“涵兄”，即吴涵真。

两代兵民计划写得好[1]

——致罗公陶

公陶[2]吾兄：

来信收到，至为感谢！两代兵民计划已经拜读。深谋卓识，至为钦佩，当于一二日内送交李先生，深望可以选择实行。目前弟为筹备学校所困，一时无暇入城，一切当可通信商榷。

研究问题，可望实现。现正待预算通过，暇时能来北碚一叙，尤为欢迎。谨此奉复，祝

好！

弟陶行知启

五、三一

原件存南京晓庄学院陶行知纪念馆

【注释】

①标题为编者拟。

②公陶，即罗公陶，湖南长沙人。留学德国，曾任晓庄师范指导员。

谢谢对我们的关心[①]

——致戴自俺

自俺同志：

五月十二日信收到。

我和生活教育社在渝同志都安全无恙，谢谢您如此地关心我们。谨此，敬祝

健康！

陶行知启

五月卅一日

原件存南京晓庄学院陶行知纪念馆

【注释】

①标题为编者拟。

望早日试办抗战军人子女教养院[①]

——致孔会长、陈总干事

孔会长、陈总干事钧鉴：

顷读大札，敬悉中华慈幼协会抗战军人子女教养院将在渝十字山成立，曷胜欣幸。抗战军人子女教养院收容办法大纲及抗战军人子女保送书。敝人读后敬表同意，深望会务进行顺利，早日试办成功，来日推广，庶免战士后顾之忧。谨此奉复，敬颂

道绥！

陶行知启

二八、五、卅一

原件存南京晓庄学院陶行知纪念馆

【注释】

①标题为编者拟。

望与一谈[1]

——致戴伯韬

白桃：

二十五日晚到，希望到两路口巴蜀中学[2]冯公馆谈谈。

陶行知

1939年5月31日写

原件存南京晓庄学院陶行知纪念馆

【注释】

①标题为编者拟。

②巴蜀中学，当时设在重庆两路口体育馆附近，现改名重庆二中。

对台湾革命同志表示无上敬意[1]

——致一之

一之先生：

五月十五日信收到，首先，敝人对台湾革命同志表示无上的敬意！

转来之信，已妥收无误，不胜感谢之至！来日方长，以后晤谈，当多多向您请教。谨此敬复，祝

健康！

陶行知启

五·三一

原件存南京晓庄学院陶行知纪念馆

【注释】

①标题为编者拟。

育才学校报请立案[1]

——致北碚区署

嘉陵江三峡乡村建设实验区署：

一麟[2]等在各地方考察所及见难童之天才儿童不少。此种天才若任其

淹没，实为国家、民族一大损失，爰发起创办育才学校，志在研究天才教育技术，培养被难天才儿童，俾能成为国家有用之才。并于二十八年一月九日举行校董会成立会，并依据《私立学校规程》选举职员、筹定开办经费及经常费等。理合填具校董会立案表格，报请立案。

校董会事务所设北碚，陶行知驻会。资金 51 000 元存重庆新华银行。

育才学校校董会

1939 年 5 月写

出自袁振国、张癸编著《伟大的人民教育家陶行知》，江苏教育出版社 1991 年版

【注释】

①标题为编者拟。本函系陶行知以育才学校校董会的名义所写。写作时间为编者所推定。“嘉陵江三峡乡村建设实验区署”设北碚，简称北碚区署。

1939 年 6 月 2 日，北碚区署批复：“查该校董会章程一览表暨校董履历表，均颇完善。应准立案。”并于 1940 年 8 月 31 日备文呈请四川省政府为育才学校立案。

②一麟，即张一麟（1867—1943），字仲仁，时任育才学校校董会董事长。

一切偏劳[①]

——致马侣贤

侣贤同志：

昨天黄先生到古圣寺去，路经温泉约你同去，没有找着你。他回来说，已经把你和易、魏[②]二先生介绍了。他也托易先生找了几个工人助你。住房有六间，可以租给教师家眷，请你看一看，是否要修理，再托易先生问一问租金，如果公道，便定了下来。三里路外的一家也有房子，可以看看，不必说定，并要下石，你今明必须去一趟。庙图请画一个，何处要修理？作何用途？图书馆至少容二万册书。木工厂也要放入，豆腐店怕是要靠近厨房。合川[③]买的东西已到草街子[④]，请易先生设法运至庙中好好收藏。易先生、魏先生，请你代我致谢。对他们要有礼貌，礼多人不怪。早上八时以前若有事，可从草街子打电话来。一切偏劳。我现拟了一个征书三万册的办法，最为高兴。敬祝

康健！

陶行知启

二八、六、六

原件存夏英岚处

【注释】

①标题为编者拟。

②易、魏，即育才学校职员易必光和文学组主任魏东明。

③合川，育才学校所在地。

④草街子，位于四川合川境内，离古圣寺育才学校四华里。

小朋友生活照片已妥收[①]

——致宋鼎

调公[②]吾兄：

顷奉大札，敬悉。

吾兄致力于儿童教育工作，始终如一，至为敬佩。前在桂林晤马超俊先生，曾谈及得知吾兄近年来在抗战期中教养难童之卓越成果，不胜佩慰。可见志士之举，尽人皆赞！

贵院小朋友生活照片十六张已妥收无误。数友传阅，恍如置身贵院生活之内，遥想难童被春风时雨之化，各得其所，甚为可喜。

联额当于暇时涂后奉上，谨此敬复，顺颂

文祺！

弟陶行知拜启

1939 年 6 月上旬写

原件存南京晓庄学院陶行知纪念馆

【注释】

①标题为编者拟。

②调公，即宋鼎，江苏江宁人。曾任南京尧化门小学校长。当时在万县中国儿童救济协会教养院工作。

遇有好书，随时寄来[①]

——致白动生

动生[②]同志：

十九日来札收到，已悉一切。《教与学》[③]月刊三卷五期至四卷二期均收到无误，唯普通用书五十七册白桃同志想不久可以送到，尚希勿念。

所言不便组织征书队事，我甚表同意，即作罢论。时遇有好书，尚希随时收集寄来为盼。谨此布复，敬祝

康健！

陶行知启

1939年6月上旬写

原件存南京晓庄学院陶行知纪念馆

【注释】

①标题为编者拟。

②动生，即白动生，又名白启祥，晓庄师范第三期学生。曾任杭州翁家山小学校长，在该校积极推行小先生制。当时在正中书局《教与学》月刊社担任编辑。

③《教与学》，重庆正中书局《教与学》月刊社出版。

砍伐树木，违背契约[①]

——致马侣贤

侣贤同志：

接读六月十五日来信，知道有人要砍庙旁树木。这事违反森林法及保存古迹。契约上明载："其界内森林及寺内神像均须保持原来状态，不得任意拆毁。但其森林有碍建筑者，可由学校斫伐。所斫去之竹木完全归寺僧收用。"界内森林，学校及和尚均须将其保持原来状态，若由一方任意拆毁，均系违背契约。只是有碍建筑者，照约学校可以斫伐，物归和尚。所谓有碍建筑之树木，亦只是指少数树木而言，决非说学校可以将树木完全斫去。学校尚且不能斫树，何况出典者。这件事不必采取别的办法，只须招呼和尚说：出卖森林是违反契约。联保主任处亦请将此意告诉他：毁灭树林是违背契约、违背森林法、违背保存古迹，请他注意。照惯例佃户

房子是包括在契约之内，不必另行标明。专此奉复，敬祝
康健！

陶行知

二八、六、十六

被窝所用布棉，还是北碚价钱较太镇[2]为廉，请逢阴历二、五、八来，请于五月初二来办为盼。

原件存夏英岚处

【注释】

①标题为编者拟。

②太镇，即太平镇，在成都市南面。

请准办生教社重庆夏令共学会[1]
——致卢子英

启者：

生活教育社于去年十二月依法在桂林正式成立。中央社会部、教育部且准予备案，兹为便利社员进修及交换工作经验起见，特由生活教育社重庆办事处主办夏令共学会，拟假北泉小学为会址，并已与该处邓主任商借，且蒙允准。现奉上《夏令会简章》一通，敬希察阅，深望准予立案，并莅会指导为感。

此上

三峡乡村实验区署区长卢

生教社理事长陶行知拜启

1939 年 6 月 17 日

原件存南京晓庄学院陶行知纪念馆

【注释】

①标题为编者拟。

望自行筹款进行研究[①]

——致王造时

造时[②]先生：

多日未晤，曷胜系念！年来第九战区抗战兵役伤兵、难民问题之研究，承兄指导进行，至为感激。

唯此项研究费，从三月份起，政治部便减半发下，并且从五月份起又完全停止了。故以后对兄所主持之研究费，一时不能再发，尚希鉴原。

弟意此项研究，关系抗战建国，至为切要。深望台从于可能范围内自行筹款，赓续进行，以免中辍。弟如筹有新款，自当酌量接济。兹将陈部长代电抄录一份奉上，敬希察阅。谨此奉商，敬颂

文祺！

弟陶行知拜启

二八年六月廿一日

原件存南京晓庄学院陶行知纪念馆

【注释】

①标题为编者拟。

②造时，即王造时，救国会“七君子”之一。

假公济私现象定会被淘汰[①]

——致周颂平

颂平吾兄：

来信收到了，您这样帮助我们，真令人感激不尽。江苏医学院[②]距清凉亭[③]甚近，日内我即想约刘女士[④]一谈。

加拿大方面情形尚可，不过我这里也没有什么消息。

十字车的事情，实在令人痛惜，不过在不久将来的一个阶段里，这种假公济私、腐化的现象一定会被抗战的洪流淘汰下去的，愿我们都不要灰心。谨此敬复。祝

康健！

陶行知拜启

二八、六、二一

原件存南京晓庄学院陶行知纪念馆

【注释】

①标题为编者拟。

②江苏医学院由江苏省立医政学院及南通学院医科改组而成，1927 年 8 月改医科大学。1938 年复更名为国立江苏医学院，抗战时迁重庆北碚。

③清凉亭，在北碚中心火焰山上，陶行知当时住此地。

④刘女士，即刘亚珍，江苏医学院学生。

有暇请来一谈[①]

——致刘亚珍

亚珍女士：

兹接周颂平先生来函，敬悉台端在江苏医学院求学读书，并热心为社会服务，钦佩之至！贵校距清凉亭育才学校办事处甚近，何日有暇，来敝处一谈，无任欢迎。此祝

康健！

陶行知启

二八、六、二一

原件存南京晓庄学院陶行知纪念馆

【注释】

①标题为编者拟。

发起征集图书运动[①]

——致陈裕光

裕光[②]先生大鉴：

敬启者，敝校为培养具有特殊才能之难童而设，学生学习与教师研究均需借重良好图书。原有图书费只敷购备最低限度图书之用。兹为便利师生及民众博览深造起见，特发起征集图书运动，以征足三万册为目标。现奉上简章一通，敬希察阅。素仰先生爱护难才，提倡文化，深望领导组织

一队，广为征集。如蒙俯允，至为感激。敬祝
康健！

育才学校校长陶行知拜启
二八、六、二一
原件存中国第二历史档案馆

【注释】

①标题为编者拟。

②裕光，即陈裕光，时任南京金陵大学校长。他是陶行知在南京汇文书院和金陵大学的同学。

再次敦促发给晓庄研究所补助费[1]

——致陈诚

辞修[2]部长勋鉴：

顷奉六月六日代电，敬悉贵部对于晓庄研究所之补助费因业务开展难以继续发给。闻讯之下，一方面固然要为敝所惋惜，忽然失去这一可靠之援助；一方面又为贵部欢欣，且贵部事业在先生亲自指导之下，日渐发展，必大有造于抗战之前途。兹有陈者，近日先后接到桂林办事处[3]来函，一称五月份补助费已于六月二日具领，分发各研究员，开五月之账款；一称七日由西南行营会计科来函，要求缴回办事处，因所领之款已照预算分发，未能缴回，嘱弟报告左右，请示办法。想系交通不便，停发命令迟到数日，致有此不接洽，尚希鉴原指示。查敝所因先生一诺之鼓励而创成，不啻为先生提携自己之事业。弟极愿遵嘱另筹的款，赓续进行，以不负于先生之厚望。但匆促之间立集巨款，平时犹难，何况今日？且联络专家，分工研究，性之所近，乐在其中。若为无米之炊，日日过卅夜，则事倍功半，苦多乐少。深望先生援助，本提倡学术之初衷，继续接济。万一部中有不可克服之困难，则展缓数月，再予停止，俾有回翔余地，从容开源。倘即此难行，则希望权由先生私人略予赞助，以示先生精神仍在吾所。凡此所言，实缘念念对于抗战建国愿贡献其小小力量而不甘中途而废。知我如先生者，当能谅我絮絮而谈。至桂林办事处最后一次所领之款，亦当在先生裁夺之下解决之。专此奉商，祇候复示。敬祝

勋安！

陶行知启

1939 年 6 月 29 日

原件存南京晓庄学院陶行知纪念馆

【注释】

①标题为编者拟。

②辞修，陈诚（1896—1965）的字。

③桂林办事处，指生活教育社办事处。

非难童寄学，须征费用[①]

——致石凌鹤

凌鹤[②]先生：

六月十六函收到，欣悉令郎具有音乐戏剧之才，至为可喜。入校一层，任先生[③]临行匆匆，未及报告，当与敝校艺术组导师商量，再行奉复。不过育才学校系为难童而设，非难童寄学，须征费用，其规程正在拟订。艺术组定于下月十六日先在草街子古圣寺开学。因修理布置需时，要到十四日始能接受学生。谨此奉复，此祝

大安！

陶行知启

1939 年 6 月下旬写

原件存南京晓庄学院陶行知纪念馆

【注释】

①标题为编者拟。

②凌鹤，即石凌鹤，当时在军事委员会政治部第三厅工作。

③任先生，即任光，时任育才学校音乐教师。

谢捐助育才精神食粮[1]

——致黄次咸

次咸[2]先生大鉴：

奉读来札，敬悉贵会在两路口设立之影院即将开幕，“七七剧团”演剧事，敝人已与该团接洽，大约三四日内该团可正式答复。募书事，知已收到九百余册，想不久当可送来。台端所予敝校之精神粮食，深致谢忱。谨此奉复，敬颂

文祺！

陶行知拜启

二八、七、十

原件存南京晓庄学院陶行知纪念馆

【注释】

①标题为编者拟。

②次咸，即黄次咸，重庆青年会总干事。

免费为老百姓打预防针[1]

——致马侣贤

肖生同志：

十五日早晨，我陪卫生所医士来选择卫生室、疗养院，并带一些药来，顺便可以为老百姓看看小毛病。预防针也带两百来。如果有人愿意打（要稍事宣传，不可大宣传），大夫可以免费效劳。中午可到（最好十一时有工人在码头等候拿东西，二人即可）。学生怕要十六日以后来。听说大司务弄饭不行，愿知其详。敬祝

康健！

陶行知启

二八、七、十三

学生用簿订了二百本，挂钟当带来。

原件存夏英岚处

【注释】

①标题为编者拟。

请为暑期共学会讲课[①]

——生活教育社暑期共学会约请讲员

××先生或夫人赐鉴：

敬启者：敝社宗旨在探讨有效而合理之教育原理与方法，以促进教育之普及、生活之提高、自觉性之启发、创造力之培养。去岁在桂正式成立，并蒙经中央社会部、教育部、内政部准予立案。兹为社员继续进修及增加服务能力起见，由驻渝办事处举办一暑期共学会[②]，地址假定北碚温泉北泉小学，限期自七月二十日起，至八月五日止。素仰先生、夫人德高望重、学术渊深，提携后进不遗余力，敬请先生、夫人于×月×日下午三时驾临指教，时数自一小时至三小时悉从尊便。讲题拟请先生自选，倘蒙对于“……”一题有所启示，亦所欢迎。倘对于所拟日期、时间感觉不便，尚希俯予指定时日，快邮示知，以便更改。专此奉约，祇候复音。敬祝

康健！

生活教育社理事长陶行知

1939年7月中上旬写

原件存南京晓庄学院陶行知纪念馆

【注释】

①标题为编者拟。

②暑期共学会，即生活教育社暑期共学会。于1939年暑假，陶行知利用北碚温泉北泉小学的教室所组织的集训会。参考书目为孙中山、蒋介石、毛泽东、杜威的著作及生活教育有关书刊，实际学习内容是战争和时局，交流经验和提高觉悟。

不能用人之长，便是自己之短[①]

——致马侣贤

肖生同志：

接读七月十三日的信，知道郭树干先生不能来。会计一职仍由您推荐，望即物色为盼。

厨师、会计、医生都是办学的重要角色。现在不称职的厨师已去，这是一个好消息。我们应该乘这个机会请一位好的厨师。

办学如治国，眼光要远，胸襟要大，否则事情会愈办愈局促。望大家要留意。

易必光先生，您应该指导他，把账目一笔一笔地交好，收条一张一张地补足。耐心是重要的。赶场是四川乡下人的生活，多数是每场必赶，每赶必到晚上才回来。我们要用他的长处。不能用人的长处，便是自己的短处。我希望你们能用人的长处，而又帮助人克服短处。

黄先生的长处我是看见了好多，他的短处我也正在帮助他克服。他在古圣寺曾不欢而散，在这里还是欢而未散。我希望您也以这个态度帮助古圣寺的同事。

您对人，对四川风俗习惯，还不大明白，似宜以学习的态度来待人治事。胸中的城府是不可有。我们不能用江南的尺来量四川的人情。

学生由少而多，已到三十余人（温泉住数日再来）。做衣事请你明早九时到北碚商量。这三天有重要演讲，望您们也来。

敬祝

康健！

衔

二八、七、廿三

育才学校款子十二月份已领得，谅已汇到，我再于前天汇出五千（吃饭在外望你将这款匀作一二两月用）。务望本着“不冻不饿，省吃俭用”八个字办理。伙食每天夹一餐玉米或可稍省。

原件存夏英岚处

【注释】

①标题为编者拟。

十一名小朋友已安全到达①

——致杜贵文

杜院长：

贵校小朋友十一名已于二十三日安抵此间，无任欢迎！到达北碚后，我们便将他们护送到北温泉，一切请勿念！

小朋友胡文山因饭食不调，于昨日发热，当即送入北碚地方医院，大

约明日可出院。小朋友李萍罹感冒疾，发热甚重，亦于昨日送往该处，今日病势已好转，数日内可痊愈。谨此奉复，敬祝
康健！

陶行知启

七月廿五日

附名单一纸（略）

原件存南京晓庄学院陶行知纪念馆

【注释】

①标题为编者拟。

三十名小朋友已安全到达[①]

——致曹孟君

孟君[②]先生：

贵院小朋友……十九名已于二十一日安抵此间，二十五又有小朋友……十一名到达，欢迎之至！

到此间后，我们便在地方卫生所里请到了医生，略施行检验，大体上都很好，只有两位有眼病，当时配了药，并指导小看护代为上药。他们都很好，有几位已经学会游泳。

一年来，您像母亲一般抚养小朋友，一旦离开了，一定免不了互相挂念。休息一个时期，精神当能更好，将来造福儿童，岂可限量。我是这样为您和小朋友预祝。

对于社会科学有兴趣的小朋友，二十八日左右，我们便有人到您那里去，再去选拔。

日昨冯焕章先生莅温泉生教社暑期共学会讲演，贵院小朋友全体参加听讲，当场歌咏，颇得到会人赞美。贵院教导有方，于兹可见。谨此奉复，敬祝
康健！

陶行知启

1939年7月26日写

原件存南京晓庄学院陶行知纪念馆

【注释】

①标题为编者拟。

②孟君，即曹孟君，《现代妇女》主编，王昆仑夫人。

清水是第一要事，厕所是第二要事[①]

——致马侣贤

侣贤同志：

学生来到，清水是第一要事，厕所是第二要事。别的工人可省，挑水的工人不可省。临时厕所要盖，方不致引苍蝇。最便当的办法，不是用灰，而是用竹凳欹板当盖，可移可放，较为便利而清洁。土坑要洞小而深为宜。每十人一座够了。立组灭蝇队，将厨房蝇子肃清，四周垃圾肃清。书架以长方书箱形为宜，每箱可分置案头，几箱成架，平时合而为架，运时分而为箱。高度以最高之书为准，深度以最宽之书为准，长度以平常书架之宽度为准，大约是二尺五寸左右，请你们考究一下。这是游击式的图书馆用的书架。

医生日内即去约请，或亲自陪来。敬祝

康健！

衔

二八、七、卅一

小朋友胡文山已出院，托冷同志带来。

原件存夏英岚处

【注释】

①标题为编者拟。

推荐谢石深担任教师[①]

——致罗叔章

叔章同志：

多日未见，曷胜系念。兹有恳者，友人谢石深，系谢冰莹先生之令妹，文学造诣甚佳，对儿童更有丰富之情感。深望能在贵院担任教师。五月三十日曾给您寄到重庆保育院一信，未得示复，殊为念念。谢君志在服务，不计报酬，希望贵院能够聘请。万一不能，则望您将她荐给赵院长[2]。谨此拜托，务请迅速示复。祝

康健!

陶行知启

1939 年 7 月下旬

原件存南京晓庄学院陶行知纪念馆

【注释】

①标题为编者拟。

②赵院长，即赵君陶，当时直属第三保育院院长。

卫生环境不良，报考请稍缓[1]

——致阎宝航

宝航[2]吾兄：

三日来书收到。目前敝校之卫生环境，还没有良好地建立起来。令嫒及其他小朋友投考敝校事，恳请稍缓，等到确有把握，再行奉约来校应试。谨此奉复，敬祝

康健!

陶行知启

二八、八、一

原件存南京晓庄学院陶行知纪念馆

【注释】

①标题为编者拟。

②宝航，即阎宝航，辽宁海城人，中共地下党员，世界和平理事会总干事。

科学组尚未筹备好[①]

——致张友鸾

友鸾[②]先生大鉴：

敬启者，顷读来札，敬悉令郎对科学颇有兴趣。目前敝校科学组，无论在设备上、书籍及选择学生诸方面均未就绪，故恳请台端于敝校科学组设备就绪后，再行前来应试，届时当专函奉闻，不过大抵须于二三月后。谨此奉复。敬祝

康健！

陶行知启

二八．八．一二

原件存南京晓庄学院陶行知纪念馆

【注释】

①标题为编者拟。

②友鸾，即张友鸾（1904—1990），字悠然，安徽安庆人，曾任《国民晚报》社长，南京《民生报》、上海《立报》和《新民报》总编辑。

请拨药品与器械[①]

——致张蔼真

蔼真先生大鉴：

敬启者，敝校对于选来难童，首先注重其健康之培养，唯成立伊始，一切药品及诊疗器械二项，均感缺乏。目前交通阻塞，若从港沪购买，既不经济，又费时日。闻中国妇女慰劳自卫抗战将士总会有丰富之药品与精良之器械，深望代为请拨若干，为敝校学生保健之用。素仰　台端爱护难童无微不至，如蒙俯允，造福匪浅。谨此奉恳，敬祝

康健！

陶行知启

二八、八、一二

原件存南京晓庄学院陶行知纪念馆

【注释】

①标题为编者拟。

会商测验推迟[①]

——致马侣贤等

肖生及诸位同志：

现因紧急事须到重庆去，十九赶不回。会商测验俟回碚当来古圣寺面商。敬祝

康健！

行 知

二八、八、十七

原件存夏英岚处

【注释】

①标题为编者拟。

每一个青年都得擅长一种外国语[①]

——致陶晓光、陶城

晓光、蜜桃：

接读晓光九月一日及蜜桃八月十五的信，我很高兴。蜜桃那封信是表现了一些进步。晓光的俄文有这样好的进步，是可以庆幸。每一个青年都得擅长一种外国语，无论是学习社会科学、自然科学或是艺术、文学都得要至少一种外国语。晓光要精益求精地把俄文学到最高的境界。蜜桃也要风雨无阻地把一种外国语学好，不可间断。晓光的才干，依我看来是专攻自然科学来得有成效。你的性情不适合复杂的环境，因此研究自然科学是对的。苏联的科学进步、发明介绍到中国来很少。你可以把这个岗位站稳。为着达到你要达到的目的，只要于民族、人类有益，我总是支持的。

钱可向王省三同志取一百元，我收到通知，即付研究所北碚办事处。如此可以双方省一些汇费。蜜桃是以进中学为是。

我很为三桃担忧。六个月没有得到他的信。我给他的信是退回来了。子云也没有信来，你有所闻否？有病即须快医。病后要养。不要爱惜钱。祝你们

康健！

爸　爸

二八、九、九

菲利宾暂时不去了。那里主持人给方先生私信论菲岛教育，竹因将其公开，以致群起而攻。竹因粗心如此，可为殷鉴。

出自《行知书信集》，安徽人民出版社 1981 年版

【注释】

①标题为编者拟。

请接待赈委会视察专员[①]

——致马侣贤、常学镛等

肖生、学镛、东明[②]、昌书[③]、章泯、铭勋及全体同志：

赈济委员会“九一八”曾派陈婉慈先生来参观，谅已相见。最近该会又派黄节文为视察本校之专员，到时请招待，并与详谈。学生方面开一欢迎会，请其指教。

我昨从永川来。明日天晴即来校共商一切。天雨则顺延。专此奉达，敬祝

康健！

派来采办货物同志：银钱须有慎放之衣袋，外露易失，如何赔偿。此层望肖生同志特别注意。

陶行知启

二八、九、廿四

原件存夏英岚处

【注释】

①标题为编者拟。

②东明，即魏东明，时任育才学校文学组主任。

③昌书，即帅昌书，又名丁华。1903 年出生于四川省。南京东南大学学生。1929 年加入中国共产党。曾任上海教联党团书记，中共上海临时委员。抗战前期参与创办重庆育才学校，任指导部主任。后去延安。

加强排队练习，会场必须整齐①

——致马侣贤等

肖生及全校同志：

现探听明早这里准八时开会，你们要准时到会，就得于五时从校中动身。晚上雇了船，一到草街子即顺流而下。

我已通知会里把你们的节目排在三时以前，使你们可以当日回去。倘使要在北碚住夜，是一定要带被来，否则就要受冻并带得一身虱子回去。

排队要加强练习，会场上必须整齐。

现送上大旗两面（一为党国旗，一为校旗，为你们排队来碚之用）；中号旗两面，为本校悬挂之用；小号旗两面，奉送古圣寺小学。敬祝

康健！

陶行知启

二八、十、九

原件存夏英岚处

【注释】

①标题为编者拟。

用纱窗布除油代纱布①

——马侣贤、林护士

肖生同志及林护士：

纱布很难买。从前，在北碚买的做纱窗的布，可用碱除油代用。将新买的蚊帐布余下的一匹来换下纱窗布，再将换下之纱窗布交林小姐除油使用。敬祝

康健！

陶行知启

二八、十、十八

原件存夏英岚处

【注释】

①标题为编者拟。

做好准备欢迎保育院长参观[①]

——致帅昌书、马侣贤

昌书、肖生同志：

我现在计划隔一日、至多两日来一次。不来之日由孙敦乐小朋友来任交通，使我们的联系可以更加密切。

保育院院长定三日到育才参观，已见报，请大家准备开一盛大之会欢迎他们，要预备一餐较好之菜饭招待，扎造“欢迎难童之母”“欢迎全国保育院院长指教”的牌坊。

小朋友的棉大衣应催促赶快做起来。在哪家做？我可以代催。

饭食委员会改革得怎样？二十八日商议之事已实行否？请桑先生写一信来。

小孩疾病状况怎样？请林护士写一信来，是否需要桑大夫来一回。

请将信交孙君带来。

衔

二八、十、卅一

原件存夏英岚处

【注释】

①标题为编者拟。

木筏已到金滩[①]

——致马侣贤

肖生同志：

桑大夫信（并给昌书同志看），请切实执行（阅毕交回）。

木筏已到合川金滩。请携数十元到合川木帮茶社找何福吉。不要付清。我已写快信叫他们放到草街子，我希望你自己去一趟，顺带买点东西。但是要防备他们自来，要招呼好才去。

昨天布置甚好，要长久保持如此，再加改良。

（请告诉帅同志）

行 知

二八、十一、四

原件存夏英岚处

【注释】

①标题为编者拟。

“新旅”伤兵工作原则

——致汪达之

达之同志：

关于“新旅”的伤兵工作，我是一样地兴奋。具体计划要就你们所在地的情形产生出来，现在决定特约你在桂主持伤兵教育之研究。小朋友是你现成的艺友，现在开上几件原则，做你们进行的参考：

（一）伤兵教育根据伤兵生活进行研究；

（二）伤兵教育要配合重伤、轻伤、残废兵士的需要；

（三）伤兵教育方案，依在途、在院、愈后分别拟订；

（四）伤兵教育方案要从实验中产生；

（五）伤兵教育实验以伤兵救护队、救护站、伤兵医院、休养医院、残废医院、荣誉队，在乡军人组织为中心；

（七）参观优良中心，以资比较；

（八）随时试验医愈伤兵在前方、后方教导士兵及民众的办法；

（九）纪录优秀之伤兵、伤官之抗战故事；

（十）记录优秀伤兵、伤官之详细地址及其家属地址。

我写这几点，只是供你参考，具体计划、办法，是要从工作中产生，祝你们工作顺利！

陶行知

11月上旬写

原载《战时教育》第5卷第1期，1939年11月10日

【附录】

附录一：汪达之致陶行知信

行师：

新旅的服务伤兵工作，已经决定在桂林干，是根据以下三点决定的：

（一）自我赴渝后，新旅即分一支人，成立乡村工作队到离桂林二十五华里的万正乡（冯先生办的安徽巢县难民垦殖团也在这一乡）去工作，第一是动员儿童，第二是动员壮丁，第三是服务军人家属，第四是慰劳难胞。他们的工作情绪极高，自己去打扫一间破祠堂住下。工作进行后情形甚好。儿童节发动儿童生产献金。乡下的生产只有砍柴是本行。动员结果，砍了四十担柴，义卖。全乡小学教师座谈会已协助成立。各项工作都在逐步进行，原定一个月不能完成，要延长时间。我回来根据报告，去看了一下，看到他们那样高的工作热忱，并且有理想，有计划，有步骤。为了让他们更能坚决地实现工作理想，只有延长时间继续工作一段。

（二）新旅自我赴渝后招收试验团员卅余人开始训练，还要一个月才能完成。这次收的试验团员中有不少天资卓越的。同时，每天来要求加入的人还很多，实在无法容纳，婉辞拒绝。这些孩子大半都是很好的，觉得可惜得很。

（三）目前来渝的车子太不便，段先生虽答应向后勤部交涉，但后勤部的车子现分三段：第一段由桂林到河池，第二段到贵阳，第三段到重庆。换车麻烦费时。

根据以上三种原因，就决定继续留桂工作。桂林现已决定组织新旅伤兵之友社专为服务伤兵之工作的。又因要与已经工作的乡村取得联络，所以又决定在离桂林三十华里大墟镇第六七两陆军医院去进行。一切手续正在开始进行。从五月到七月这三个月告一段落。

拟协助医院把俱乐部的工作做起来，再一面认识环境，一面计划工作纲领，进行工作。

现在要请问你的：

（一）把你研究伤兵问题的计划给我们知道，有文字的，请抄写一份把我们。

（二）要我们帮你做哪几件有关的工作，如搜集材料，或实验方法等。

（三）我们的工作，应该是你研究工作和实践上的一环。这样我们才能接受到你的指导。我们的工作有效果，也就是你研究问题的成功。

你以为怎样？请接此信即给我们复信，如觉此信报告不够，即请指出，以便详告。

此次过贵阳，因换车，须等候，有时间可以下车去，就到青岩实验区，这是宋怀中、戴自俺和另外几位新入社的同志们所经营的事业。他这里有个特点，就是苗彝人最多，离贵阳二十华里大水沟地方是清岩推广区，黄明方同志在那里工作，他是一位很诚实、勤惫，忠于抗战工作的青年同志。他要有一件大事可以告诉你，那就是彝族同胞要办学校，去年新谷上场时，每家每石收一升建筑校舍经费，我这次去，新校舍刚要落成了，在一个落后的村庄里看见堂皇的校舍，是一件令人兴奋的事，他们除自筹千余元的材料费，还自己献出两千多人工。

这是我们要向黄明方同志表示敬佩的，他们努力地成功，也是生活教育的光辉，他们一致希望你能去看看他们，这是很必要的，不知道你什么时候能到各地走走，那是各地生活教育的同志们一致所要求哩。

达之谨启

附录二：伤兵之友队致陶行知信

亲爱的陶先生：

我们二十个小朋友在大墟的工作，已于九月八日结束了。或许你会问，为什么做了四个月就结束了呢？结束后又将怎样呢？因为你关心我们，所以现在我们就告诉你吧！

我们离开大墟有几个原因：

（一）我们这个组织，新旅伤兵之友社的目的，是在探求伤兵工作怎样做，找出适当方法来帮助解决伤兵问题。所以我们觉得只了解大墟两个医院的伤兵，情形是不够的，必须到各处去参观一下工作，才能得到较多的经验。

（二）我们在那儿的工作，已告结束了，在院内我们办了识字班，又在这时毕业了，还有座谈会，小组会也算立下一个基础了。民众方面，小朋友的儿童干部暑期训练班，也已结束，小朋友们学校要开课了。地方与院方因为我们在中间做媒介，已有相当的融洽。老百姓对伤兵也没有什么恶感了。照这样，我们想离开这儿也没有什么关系了。

八日前的几天，我们开话别会，招待地方学校和负伤同志代表，他们各处也开欢送会，我们整天地开会忙。

七日的晚上，我们作临别公演，在这个会场上两院的负伤同志代表，打着锣鼓，放着鞭炮，向我们献旗，一共是三面。他们又向我们讲话，会场上庄严得很。八日早上，我们要走了，负伤同志及小学生都排好了队，放着鞭炮，送我们一直出了大墟。我们叫他们回去的时候，他们都不大愿意回去。还有三个负伤同志送我们到好几里路外才回去。

就这样，我们拿了三面旗子回到团部，你想我们多么高兴啊！

我们到了团部——桂林东江镇休息了两天，接着，就是开会忙，因为双十节就要到了，是新旅四周年纪念，我们恐怕在那天已要离桂林来到重庆。

加上西工队湘桂路的流动工作，就要开始。所以四周年纪念会提前开。全体团员七十三人都集合了，整整地开了三天会，讨论新旅过去的四年以及领导干部，和拟第五年计划。这次大会给我们每一个人极大的兴奋，使我们对于新旅有了更清楚的认识：这个收获是我们在开会前万万料不到的！

大会现在已结束了。西工队已开始流动工作去了。别的工作队，也回到他们的岗位去了。我们仍在团部。因为无对外的工作，所以我们的工作主要是写作，把四个月的工作经验和教训整理出来。其余就是加强学习。

因为车和轮船以及我们要准备工作关系，我们大概要在双十节前后才能去重庆，预备到那儿后，先到北碚育才学校来作一个短时间的学习，一面布置工作。这是我们一个简单的报告。其他一切以后再报告你吧！敬致

抗战胜利的敬礼！

伤兵之友队启

二八、九、廿七

【注释】

①标题为编者拟。

今年宜以宪政期成运动做中心①

——致帅昌书、马侣贤等

昌书、肖生、东明②、章泯③、绿汀④、洞若及全校同志：

昨天接白桃同志信有急事要我去渝。我定今午坐民厚船去，要四五天才能来，一切偏劳。

木筏来，全停草街子。陆续运一部分到古圣寺。我不能赶来检查。家长们请优待他们。

送上痘苗五打，交林护士即与诸生种痘。

眼镜及洋钱二元及发票，系一位林女士托重庆配的，不知是哪一位林女士，来人说不清楚，请调查一下，交与原主。

校徽式样一枚是否合用，请通知白桃同志。

中山[5]先生诞辰纪念，今年宜以宪政期成运动[6]做中心。举行宪政座谈会。将中山先生关于宪政之重要言论提出来研究，例如《北上宣言》[7]《关于国民会议之演讲》[8]都是应该看的。《五五宪草》[9]及《国民大会组织法》也应该批评其缺点。我到渝当弄点材料来，但是纪念日还是要靠校中现有材料。敬祝

康健！

吴晓邦先生我已飞函去约他来。

陶行知启

二八、十一、十

原件存夏英岚处

【注释】

①标题为编者拟。

②东明，即魏东明，育才学校文学组主任，东北人，1949 年后曾任南昌大学文学院院长、《人民教育》杂志社负责人。

③章泯，育才学校戏剧组主任。

④绿汀，即贺绿汀，育才学校音乐组主任。

⑤中山，即孙中山（1866—1925）。名文，字逸仙。广东香山（今中山）人。1905 年在日本领导兴中会联合华兴会和光复会，成立中国同盟会，被推为总理。提出三民主义说，宣传革命，组织武装斗争。武昌起义爆发后，1911 年 12 月 29 日被十七省代表在南京推选为中华民国临时大总统。实行联俄、联共、扶助工农的三大政策，与帝国主义、北洋军阀作不妥协斗争。

⑥抗日战争前夕，全国人民要求民主、团结、抗日，国民党政府被迫空谈“宪政”和“还政于民”，并公布《五五宪草》进行欺骗宣传。抗战爆发后，各界民主爱国人士继续要求制定宪法，实现民主政治。这般潮流即宪政期成运动。

⑦1924 年 10 月，冯玉祥在北京发动政变，直系军阀曹锟、吴佩孚倒台。冯一面请皖系军阀段祺瑞担任“中华民国临时政府执政”，一面电请孙中山入京共商国是。孙接受邀请，于 11 月 10 日发表《北上宣言》，宣布对内打倒军阀，对外要“推倒军阀所赖以生存之帝国主义”，废除不平等条约。

⑧指民国十三年十一月十九日孙中山在上海莫利爱路29号住宅招待新闻记者之演讲《号召国民会议之演讲》。

⑨《五五宪草》，原名《中华民国宪法草案》，因发表于1936年5月5日而得名。

欢迎到育才任指导[①]

——致吴晓邦

晓邦[②]先生：

日前章泯先生说及台从来渝，可以屈就本校[③]指导，无任欢迎！来渝所需旅费，现已函知广西桂林王辅坪中山纪念学校内晓庄研究所季平[④]先生，就近设法暂垫，请与接洽为盼。谨此奉商，祝

康健！

陶行知启

十一月十五日

原件存南京晓庄学院陶行知纪念馆

【注释】

①标题为编者拟。

②晓邦，即吴晓邦，曾在陶行知创办的育才学校担任舞蹈教师。后为中国舞蹈家协会主席。

③指育才学校。

④季平，即刘季平。

璧山未去，旅费奉还[①]

——致彭亮亭、徐松涛

亮亭[②]、松涛[③]吾兄：

十月二十四日来信及十五元汇票一纸均收到。承赐旅费，因弟未赴璧山，特此奉还。

再者，民教参观团月前来碚，招待不周，诸希鉴谅。谨此奉复，

此祝

康健！

陶行知启

十一月十五日

原件存南京晓庄学院陶行知纪念馆

【注释】

①标题为编者拟。

②亮亭，即彭亮亭，当时在四川永川专员公署任职。

③松涛，即徐松涛，当时在四川永川专员公署任职。

传染病治愈方可报考[1]

——致任玉书

玉书[2]小姐：

顷奉十月廿九日来信，敬悉。对于令弟入育才，学校甚为关心。目前本校测验员已出发选拔难童，一时不能回来施行测验[3]。一俟将来难童到齐，并将传染疾病治愈后，令弟与其他家庭小孩可一并投考，否则康健问题不能令人放心。令弟之名字已交校方登记，将来举行测验时定当通知。谨此奉复。

陶行知

十一月十五日

原件存南京晓庄学院陶行知纪念馆

【注释】

①标题为编者拟。

②玉书，即任玉书，当时在南开中学学习。

③测验，即智力测验。当时育才学校从难童中选拔学生，是采用自制“量表”，派专人去保育院进行智力测验，收录智商高的学生入校学习。

难童病好后方能收其他学生[1]

——致章伯钧

伯钧[2]先生：

十月二十日来信收到，承蒙介绍小朋友唐万一来敝校入学，至为感激！目前敝校正在各保育院选择学生，不久当有百余难童来校。据过去经验，难童身体带病，故必须难童病好后方能收其他学生，否则健康不能令人放心。该小朋友唐万一之名字，已交校方登记，将来能入学时，当再行奉告。谨此奉复。

陶行知

二八、十一、十五

原件存南京晓庄学院陶行知纪念馆

【注释】

①标题为编者拟。

②伯钧，即章伯钧（1895—1969）。安徽桐城人。早年留学法国，曾任中山大学教授，北伐军总政治部副主任，与邓演达等组织中国国民党临时革命行动委员会，后改组为中华民族解放行动委员会。抗战期间曾任国民参政会参政员。

无意中弄到一点建筑费[1]

——致马侣贤

肖生同志：

这次到渝，无意中弄到一点建筑费。请你把地买好，瓦窑办成，款一到即兴工。图在设计，木料怎样？小庙已布置就绪否？敬祝

康健！

衔

二八、十一、十五

原件存夏英岚处

【注释】

①标题为编者拟。

望继续赞助[1]

——致程希孟、黄开禄等

希孟[2]吾兄、开禄[3]先生、大作[4]吾弟：

久未通音，曷胜系念。育才学校捐书运动，承蒙赞助赐捐××元，至为感激！敝校当即以之增加精神食粮，以谢厚意！

现在敝校圕[5]，分中文书库、西文书库、儿童书库、阅览室、借书室。现在书籍已达五千册，感谢之余望继续赞助，共观厥成。一年内三万册目标，谅可达到。谨此致谢，此祝

康健！

陶行知启

1939年11月15日

原件存南京晓庄学院陶行知纪念馆

【注释】

①标题为编者拟。

②希孟，即程希孟。当时在重庆国民参政会工作。

③开禄，即黄开禄。当时在重庆青年会工作。

④大作，即刘大作，晓庄学院学生。

⑤圕，当时“图书馆”的合体字。

关于两位小朋友入学事[1]

——致欧阳执无

执无吾兄：

十月二十八日前后两信均收到。关于您的两位小朋友入学的事，我当即转托卢区长设法。据江秘书来信，北碚小学现已扩充学额，请您的两位小朋友即去区署见江秘书，请其介绍插班。谨此奉复，此祝

康健！

陶行知启

十一月十五日

原件存南京晓庄学院陶行知纪念馆

【注释】

①标题为编者拟。

依然不见您将这张被子寄回[①]

——致江冰如

冰如先生：

九月初，您从草街子来到北碚，当时住在西山路廿九号本招待所那里。当你走了以后，我们发现少了一张被子，据听差说是您拿去了，并且说到重庆后托人带来。如今，事隔二个多月，可是依然不见您将这张被子寄回。天气一天比一天冷了，我们招待所很需要这床被子，望见信后，赶快寄还为盼。此祝

康健！

育才学校招待所 陶行知 邹绿芷[②] 启

二八年十一月十五日

复印件存华中师范大学教育学院

【注释】

①标题为编者拟。

②邹绿芷，原名尚录，辽宁辽阳人，曾翻译狄更斯的《炉边的蟋蟀》、勃朗宁的《铁城》等书。

请给《智慧测量》写书评[①]

——致艾伟

险舟[②]吾兄：

久未通音，曷胜系念！兹代李信慧小姐寄上 *Measuring Intelligence*[③]一册，收到后望示知为感！并望于阅后，对该书之评价，写介绍书评一篇，以光敝刊《战时教育》。如蒙俯允，感激之至！谨此拜托，顺祝

健康！

弟陶行知启

十一月十七日

原件存南京晓庄学院陶行知纪念馆

【注释】

①标题为编者拟。

②险舟，即艾伟，当时在重庆沙坪坝中央大学任教，曾写《介绍推孟麦雨二氏著〈智慧测量〉》一文，发表在《战时教育》第五卷第九期。

③*Measuring Intelligence*，书名，当时译作《智慧测量》，通译《智力测验》。

奋斗是成功之父[①]

——致香港中华业余补习学校诸同志

敬爱的“中业”[②]诸同志：

接读十一月八日来信，已悉一切。你们大家在艰苦环境下奋斗的精神，真使人感动极了！本来失败是成功之母。单有母亲不能生子。成功之父为谁？吾友曾俊侯[③]说：“奋斗是成功之父。”愿我们一同牢记着。

筹款事因汇水太大，故改向港方友人代为筹款赞助，我意暂时努力民众教育，俟筹足款项，再行复校。谨此奉复，敬祝

康健！

陶行知启

十一月十七日

原件存南京晓庄学院陶行知纪念馆

【注释】

①标题为编者拟。

②中业，即香港中华业余补习学校，为陶行知于1938年在香港发动香港同胞和海外华侨创办的学校。

③曾俊侯，贵阳达德中学校长、生活教育社贵阳分社主任。

校友调查表已填好[①]

——致陈裕光

裕光[②]校长吾兄：

接读十月十六日来件，敬悉一切。母校如此关心同学，更令人欣愉！

校友调查表格，已填好寄上，请查收为感！校刊每期几时出版？校刊及通讯录印好请寄下一份。再者，前出《金陵光》[③]，图书馆中有全套否？尚希赐寄。谨此，祝

康健！

附校友调查表一份。

弟陶行知启

十一、十七

原件存南京晓庄学院陶行知纪念馆

【注释】

①标题为编者拟。

②裕光，即陈裕光，为陶行知在汇文书院、金陵大学和美国哥伦比亚大学同学。1927年，因时局发生变化，金陵大学两籍教师相继离宁，遂成立新校董会。陈被推选为校长。

③《金陵光》，金陵大学学生办的学报，创办于1909年2月，始为英文版。从第四卷第一期起增辟中文版，陶行知任中文版编辑。从1913年10月第四卷第五期起，至1914年4月第五卷第二期止，陶行知任中文主笔。

【附录】

陈裕光复陶行知函

行知学兄赐鉴：

复函及校友调查表均奉悉，就审起居佳胜，至深欣慰。校刊两周出版一次，已转知编辑部按期寄奉。吾兄海内名流，吾校先进，敬祈此后对于校刊常惠稿件，以光篇幅。至《金陵光》南京图书馆内尚存有数份，未曾□出。

前闻吾兄将有蓉城之行，甚望台驾早临，不独故人间得以剪烛话旧，即本校员生亦得一良师机会以快睹丰采而拜聆教诲也。

耑此敬复，并颂

铎安

弟陈裕光谨启

十一月廿二日

育才学校在你来信之月已经开学[①]

——致任光

西达[②]老弟：

接读你七月一日的来信，知道你在新加坡的工作进行顺利，不胜欣喜。

育才学校在你来信之月已经开学。我们的学生仅比孔夫子的门徒少一个[③]。你所筹备的艺术组是长得很好了。贺绿汀先生已来上课。担任着音乐组主任。戏剧组万籁天先生没有来，主任一职由他介绍章泯先生担任。陈烟桥先生已经到校担任绘画指导员。绘画组还要等到增加经费时才能成立。你在汉口赏识之秃头小音乐家陈贻鑫[④]小友，已经由我们从大田坎迎接来了。安娥先生为我们小朋友写了一个儿童歌舞剧本，叫做《牛鼻子上前线》，还在别的事上帮我们忙。我们也推举她做“育才之友”。你要我们写些儿童音乐教材，这是要文学与音乐同志合作才干得成功。因为你的鼓励，我们将特别注意这个工作而加倍努力。倘有歌词自当飞寄来新，请你制谱灌音。国内有一位朋友有志提倡音乐，我们希望他用全力来帮助育才发展音乐的工作。我们虽然有了钢琴和风琴，但是其他乐器缺少甚多，希望你能在新加坡为我们捐一些来。介绍信不久当奉上。

你回到香港的时候，如果得便，还望到重庆来看看初生的育才和你的心血所灌溉的艺术各组。敬祝

康健！

行知启

二八、十一、十七

出自《行知书信集》，安徽人民出版社 1981 年版

【附录】

西达致陶行知函

行知老师：

我在北碚静养了两天，不告而别，同安娥到了重庆。五月二十六日晨乘欧亚航空机，于是日下午三时到昆明，乘车赴安南海防。因经济困难，向上海要钱，终于六月九日乘船经过西贡换 Aramis 邮船于六月十五日到新加坡。这里抗战情绪非常高涨，一切报纸比香港好得多。因为经济还是困难，所以在半个月中奋斗写作《台儿庄》歌剧，有钢琴的帮助，成绩甚为满意。现在预备收灌抗战歌曲唱片，其事已与百代驻新经理商量成了。这是我想不到的顺利。大约几个月还要回香港灌片。预定我的歌剧年底写成，要在新加坡表演后，再赴香港或许要请费穆兄上电影摄影场。因此在我个人方面，工作认为满意。北碚育才学校进行如何？贺兄等已上课否？念甚。一切音乐书籍，你可否设法要新加坡友人捐助，或给我介绍，我代你募捐。我想我可以帮助的地方，我总竭力去做，特别是为育才学校艺术学院。

这里天气想不到的风凉，地方也很清洁，一切比在重庆的工作实际。短时期可告满意。生活教育社同志能写几本儿童音乐教材？若有歌词寄下，我可编成乐曲以充儿童之用。非但育才儿童需要，别地儿童也很需要。我将来还可设法灌成唱片。新加坡的朋友，希望你介绍。除此之外，还求你常给我通信指教为荷。专此，即祝

教育顺利！

生西达上

七月一日

出处同前

【注释】

①标题为编者拟。

②西达，即任光（1909—1941），浙江嵊县人，音乐曲作者。

③相传孔子门生有贤人七十二，育才学校当时有七十一人。

④陈贻鑫，陶行知和任光在汉口战时儿童保育院发现的音乐天才，后被招进育才学校音乐组学习，终被培养成音乐人。

育才急需款用[①]

——致育五

育五[②]吾弟：

在渝晤谈，甚为快慰！

兹者育才学校之款，据新华银行报告，尚未领到。不知何故，尚希示知。倘手续已完，望即电知新华银行，以应急需。谨此拜托，万望劳神。顺祝

康健！

陶行知启

十一月十七日

原件存南京晓庄学院陶行知纪念馆

【注释】

①标题为编者拟。

②育五，当时在赈济委员会会计科任职。

《老百姓报》到手必读，如获至宝[①]

——致李敷仁

敷仁[②]先生：

拜读九月八日来札，敬悉贵处同志喜欢研究生活教育，并且来现身说法以谋生活教育之推进，诚令人敬佩之至！

《老百姓报》到手必读，如获至宝。你们的丰富成果，固由于党政长官的扶掖与培养，更由于诸先生为文深入浅出，用老百姓的话语说出老百姓的心中事，才有如此成绩。

我近来深深觉得非老百姓追求真理，即知即传，实不足以使教育普遍地动起来，倘使教育不普遍地动起来，实不足以唤起老百姓以打倒日本帝国主义之任务。承嘱题字，爰将此意写成："我们要老百姓来动员教育，要教育来动员老百姓，以争取最后胜利"一语，借请教益而申贺意。

《战时教育》近来出版稍迟，至为抱歉！从五卷一期起力求改良，增加内容，如期出版。我们要集中精神把这一刊物办好，以便与国内同志们交换意见。有暇尚望不断赐稿，以光篇幅，并望鼎力提倡，介绍读者，则收效较宏，皆诸先生之赐也。谨此奉复。敬祝

康健！

陶行知启

十一月十八日

原件存南京晓庄学院陶行知先生纪念馆

【注释】

①标题为编者拟。

②敷仁，即李敷仁，时任西安《老百姓报》编辑部负责人。

"战教"及稿费七元二毛收到[①]

——致戴伯韬

白桃同志：

带来信及五卷一期"战教"[②]及稿费七元二毛收到，并已悉一切。

兹者林砺儒[③]先生之社员证[④]，暂时不必发给他。王醉霞[⑤]之信，我已

代你转交，勿念！谨此，敬祝
健康！

陶行知启
1939 年 11 月 18 日
原件存南京晓庄学院陶行知纪念馆

【注释】

①标题为编者拟。

②“战教”，全称为《战时教育》。

③林砺儒（1889—1977），原名林绳直，广东信宜人，曾任北京高等师范学校教授，中山大学教授和教务长，厦门大学教授。1949 年后任北京师范大学校长、教育部副部长。

④指生活教育社社员证。

⑤王醉霞，晓庄学校学生，赵泾港工学团工师，陶宏夫人。

解雇工人徒为敌人增加力量①

——致陆费逵

伯鸿②先生：

多年未晤，曷胜系念！兹接到贵局工友来函，借知贵局与工友方面有点问题。这是很不幸的。

顷读杜月笙先生之调解办法，觉得尚属妥善，现在余下之争执，只是解雇的名义。在此抗战建国之严重时期，厂方与工人方面似宜力求了解，避免僵持，否则不仅厂方与工人遭受损失，即国家、社会亦蒙其害。目前我们正需要大批的熟练工人，从敌人的后方，来到我们的后方，以应印刷及其他技术之迫切需要。若坚持解雇，似乎为渊驱鱼，徒为敌人增加力量。贵局爱国向不后人，且为文化事业之先进，若能将解雇条件免除，更进一步为工友们开展工作，使他们能在抗战的文化事业中发挥出更大力量，则不仅贵局问题、工友生活得以解决，即国家前途及整个文化事业，亦蒙利不浅。素仰先生提倡文化不遗余力，故敢在文化立场上略述愚见，借供采择。专此奉商，尚希示复。敬祝
康健！

陶行知启

1939 年 11 月 18 日
原件存南京晓庄学院陶行知纪念馆

【注释】

①标题为编者拟。

②伯鸿，陆费逵（1886—1941）的字，祖籍浙江桐乡，生于陕西汉中。1912 年 1 月 1 日在上海创立中华书局，任经理、总经理、编辑所长。

赞工友不甘回沦陷区受敌驱策之精神[①]

——致工友同人

××工友同人钧鉴：

接读十一月十四日来信，借知，甚为钦佩，并悉你们和厂方的问题，还未解决，不胜挂念。现下所余问题，已遵嘱致函贵局总经理陆费伯鸿先生，敦劝其免除解雇条件，以副厚望。您们的不甘接受解雇，实不甘回沦陷区受敌驱策之精神，当为陆费逵先生及一般社会人士之谅解也。谨此敬复，此祝

康健！

陶行知启
十一月十八日
原件存南京晓庄学院陶行知纪念馆

【注释】

①标题为编者拟。

赐示所学致用大概[①]

——致朱启贤

启贤[②]吾兄：

前后两函均拜读过。前次来渝未能迎迓，至为抱歉。弟于本年春间移居北碚办学，下次到渝望过我详谈。

老兄南下对子所学致用，谅有所发展，尚希赐示。俾知大概，以免挂

念。谨此，敬祝

康健！

陶行知启

十一月十八日

原件存南京晓庄学院陶行知纪念馆

【注释】

①标题为编者拟。

②启贤，即朱启贤，教育工作者。曾积极参加陶行知的事业。

俭朴是我们的本分[①]

——致马侣贤

肖生同志：

听说近来有许多同志和小朋友到草街子吃饭、买零食。这要注意：

（一）学校饭菜，俭朴是我们的本分，但味道要弄得好。现在的大司务是否能办到？

（二）同志和小朋友在外买东西吃，价钱贵而不卫生。尤其是草街子那种不卫生的状况，可算是首屈一指。请与大家一商，筹设一个消费合作社，大家做老板，大家做顾客，由学校指导其卫生。

（三）有时同志要请客，如果学校厨司好，可以代办，价廉物美而卫生。再不然，大家合资在草街子办一个经济餐馆也好。

敬祝

康健！

衔

二八、十一、十八

烟桥先生的信请即派人送去。

原件存夏英岚处

【注释】

①标题为编者拟。

承嘱将治疟、治痢名方寄奉[①]

——致育才之友

××××鉴：

启者，前蒙驾临敝校指教，招待不周，至歉。承嘱将治疟、治痢名方寄奉，以便采用。现中国科学社与晓庄研究所合作，已将治疟疾、治痢疾两个有效良方，举行病理试验与加以提炼，颇有成效，特向贵院推荐，俾使小朋友得以减少痛苦，不必等候西药，亦可以着手回春也。谨此介绍，此祝

康健！

育才学校校长陶行知启

二八年十一月十八日

附治疟、治痢药方各一张（略）

原件存南京晓庄学院陶行知纪念馆

【注释】

①标题为编者拟。

广东省立文理学院应设教育系[①]

——致王越

王越[②]老弟：

接读九月十三日来书，已悉一切。粤省与内地远隔，贵院宜有教育系，以利两粤青年之欲从事于教育事业者。我对于高见甚为赞同。俟下次赴渝，当将尊意转达当局，以副厚望。

栗原兄乞代致候。谨此奉复，敬祝

康健！

陶行知启

十一月十八日

原件存南京晓庄学院陶行知纪念馆

【注释】

①标题为编者拟。

②王越，当时在广东乳源公渡广东省立文理学院任教，后任暨南大学副校长。

把教师的康健忽略了[①]

——致帅昌书、马侣贤等

昌书、肖生及各同志：

我们专注力于小孩的健康，而把教师的康健忽略了，这是要赶快纠正的。刚接到烟桥先生的信，知道他和章泯先生同居的农友是有肺痨，这是应当当天搬移的。务望把附近的民房一起租来，最好是由校独租，否则同居的要健康，要没有传染病。赶快打扫修理，请陈、章二先生搬进居住。

马家沱的地有希望，但不要对外说。请拿我的名片到澄江联保办事处，见王主任、黎副主任，把木筏运到马家沱，托他们帮忙。只说帮忙木筏，不要说别的。肖生把总务事暂托桑先生代，集中精神带人照顾木料，下运到马家沱。每根木料要写“育才”并写“号数”。看管人要训练。

嵇钰[②]同志来，请向各同志介绍。

点眼药一瓶，请交林护士。敬祝

康健！

行　知

二八、十一、廿一

原件存夏英岚处

【注释】

①标题为编者拟。

②嵇钰，新安旅行团团员。

向旅渝同乡募捐[①]

——致安徽旅渝同乡会

启者：十一月十三日来件，于十一月廿一日方收到，故未能于十六日如期赴会。

捐款事，因敝人附近安徽同乡甚少，无从捐起。兹特寄上本人捐款五十元及寄来之捐册及募捐手册各一，尚希查收赐复为感！此致

安徽旅渝同乡会公鉴

陶行知启

十一月廿一

原件存南京晓庄学院陶行知纪念馆

【注释】

①标题为编者拟。

万勿过分悲伤[①]

——致陈仪贞

仪贞[②]：

顷读来札，哀悉一切。令弟之噩耗传来，不胜悲戚！国内学校，多不注意学生健康与卫生环境，致有此结果。这便是所谓之教育杀人吧。我们的学校能早办一学期，也许令弟来了，未必误死，思之诚可痛心。但他是去了，不能叫他回来，望你好自珍摄，万勿过分悲伤。托育德中学[③]立碑事，当写信催他们速为办理。南京府上，自当遵嘱叫陶宏去信。南京的小朋友，我们这里有王金连、陈德祥，他们在我校中，当然可以负责照顾他们。尹来弟及唐凤宫当写信到他们求学的地方，拜托校长特别照料，代小弟弟加挑一份担子，来创造好学校、好国家、好世界，让小孩们好好地长起来。你写的碑文，情文并佳，不必琢磨，即为完璧。要我转给金连和德祥的信，准备明天给你送去。谨此奉复，敬祝

健康！

陶行知启

十一月廿二日

原件存南京晓庄学院陶行知纪念馆

【注释】

①标题为编者拟。

②仪贞，即陈仪贞，原晓庄小学学生，私立育德初级中学学生陈银山之姊。

③育德中学，即私立育德初级中学，在四川绵阳斌陛街。

为邻校学生病殇建议善后[①]

——致宋耀汉

宋校长[②]赐鉴：

敬启者，顷接陈银山[③]之姊陈仪贞小姐来信，知陈银山已于八月二十日患赤痢，于八月二十三日逝世。在其得病时间，经哪一位医生诊治，所服之药是什么，我们急想知道。甚望您将这一切情形详细示知，俾便给银山的家中去信。

再者，银山之姊为纪念银山，拟予中华圣公会银山之墓旁立一石碑，碑文随函转上，敬恳您费心替她办理一下，完成这一心愿，好来安慰陈银山的姐姐。专此奉恳，尚希示复。

敬祝

康健！

陶行知启

十一月二十三日

原件存南京晓庄学院陶行知纪念馆

【注释】

①标题为编者拟。

②宋校长，指宋耀汉，四川绵阳斌陛街私立育德初级中学校长。

③陈银山，四川绵阳斌陛街私立育德初级中学学生。

妥善照料木筏[①]

——致马侣贤

肖生同志：

安插木筏的地点与澄江联保主任接洽情形如何，尚希示知。木筏何时能到下溪口，请告知，以便托内行前去估价。倘马家湾照应不能周到，则放在靠近马家湾之煤炭公司左近坡上也行。总之，要与荒山距离较短之处为宜。王醉霞所租房东有无传染病，该房卫生环境如何，便中请示知。

敬祝康健！

衔

二八、十一、廿三
原件存夏英岚处

【注释】

①标题为编者拟。

请开一张支票交与敦乐同志带来[1]
——致马侣贤

肖生同志：

测验团需要肆百元[2]，寄与成都。请开一张支票（重庆的）交与敦乐[3]同志带来，以便转交生活书店送去。敬祝
康健！

衔
二八、十一、廿三
原件存夏英岚处

【注释】

①标题为编者拟。马侣贤时任育才学校总务部主任，后任副校长，主持校内日常工作。

②测验团，指育才学校派出的到各保育院去通过智力测验方式选取天才难童的人员。

③敦乐，即孙敦乐。

在你们千辛万苦努力之下，有了这样光荣的贡献[1]
——致胡敦元

敦元[2]吾兄大鉴：

接读七月十九日来信，敬悉中华经济研究社[3]，在你们千辛万苦努力之下，有了这样光荣的贡献，实在是非常高兴的一件事。于斌[4]先生回来，谈及你的成绩，更觉得欣慰。你的大文《日本如何获得军用材料之研究》，已托本所[5]研究员李信慧[6]女士译成汉文，先在时事类编上提要发表，然后

商由中山文化教育馆[⑦]出单行本，以广流传。我为你写了一篇介绍词，附奉以备参考。你寄来的剪报十余种，颇足以代表大作在美国所引起之影响，我已托人用打字机复写数份寄给朋友们，并将你的大作和我的介绍词寄去。预备为你们筹点款子。同时我想写几封信到美国去，不知有无成效。去年回国时，曾和××先生商量酌量补助，他已口头答应。因为和你约好的信，在港没有收到，所以没有进行。现在知道你还是百折不回地努力到底，将来前途，必有光明。我当尽我的绵力，以为后盾。

你的朋友　陶行知

二八、十一、二七

原载《战时教育》第5卷第4期，1939年12月25日

【附录】

胡敦元致陶行知函

（前略）兹特寄上经济社最近报告五份，美外交协会所出报告一册，关于最近本经济社报告之剪报十余种，美国会纪录一份，亚美杂志十本，希望皆能达览。

本经济社最近报告印发后，在宣传方面，已有意外良好收获。科学通信社先后为报告写 *Syndicated News Release* 登载各地一百余家大小报纸上。此外，如 *Christian Science Monitor*、*New York Post* 等大报纸，另由其驻华盛顿通信员，为该报写特别通信，在第一张上大登特登。一九三七年由美输日器材占日军用材料百分之五十四，到一九三八年一跃而占百分之五十六的研究报告，已成为美国对日禁运之中心根据，故经济社自成立后，在艰苦维持两年中，对国际宣传工作，不能不说已有很好的贡献。此皆先生之功劳，盖元在工作上虽卖了一番气力，但是若无先生当日之远见与辟道精神，一手创办研究社，则元力亦不得有所用也。

现研究社之地位，自此报告印行后，更为提高。接各方来函索报告，或要其他材料，日必数起。《纽约时报》在社论上，用研究社名字及数字；美国某大学教授来函要研究日本材料；美国外交部、农部、财部、海陆军学校及图书馆来函要报告；芝加哥大学圆桌讨论会于上星期播音，讨论远东危机，写信索取材料；外交协会出版物引证本社刊物：凡此种种皆足证明本研究社已被视为庄严的学术研究机关，在国际宣传上，有远大前途，尚希先生接此信及报告与关于报告之剪报等后，在国内各方多作宣传。能

接洽一有地位可靠学术机关，译成中文更好。闻最初研究社所印行之“*Japan's Ability to Finance the Purchase of War Materials*”报告，已翻译成中文，不知先生已见到否，可能找到一份寄下？

阅报知先生近来致力于战时教育工作，必十分忙碌。但由先生一番苦心劳力打下基础之海外宣传工作，尤其是先生创办领导之经济研究社，亦必常在观念中，故不惮累赘，将本社实况报告先生。务祈拨冗赐覆，俾有所遵循，不胜企盼之至。

敦　元

1939 年 7 月 19 日

出处同前

【注释】

①标题为编者拟。此件在《战时教育》刊出时，标题为“关于美国对日禁运根据的两封信”，并在胡敦元和陶行知的信前有如下说明文字：“中华经济研究社研究员胡敦元先生对日本军用材料来源及购买力研究结果：一九三七年报告美国运日军用材料占日本军用材料总输入百分之五十四，一九三八年即一跃而为百分之五十六。这两篇报告，都先后列入美国国会公报，成为对日禁运之中心根据。”

②敦元，即胡敦元，北京清华学校学生，后为中华经济研究社研究员，时在美国哥伦比亚大学留学，获博士学位。

③中华经济研究社，陶行知在美国发起成立的学术社团，主要研究美国军用物资输出与日本军用材料的购买之经济关系。

④于斌，天主教神父。

⑤本所，指晓庄研究所。

⑥李信慧，晓庄研究所研究员，哥伦比亚大学心理学硕士。

⑦中山文化教育馆，早先设在上海，1937 年迁南京，后迁重庆，编辑的刊物有《时事类编》半月刊和《中山文化教育馆》季刊。

解决教师住房问题[①]

——致马侣贤

肖生同志：

烟桥先生等住的地方已搬移否？学校附近所租的房子，修理得怎样？望一并示知。目前所谈，卖去大木料，留着小木料，从事经济的建筑，请和大家一商，可赞成否？

马家沱的地，桐林公司回信也赞成给我们，要我到重庆去解决。我预备七号去。这个好消息也望告诉大家一声。

衔

二八、十一、廿八

原件存夏英岚处

【注释】

①标题为编者拟。

赈济会款尚未发[①]

——致马侣贤

肖生同志：

前天我们是捉迷藏，你从小路去，我从大路来，竟未会见，至为遗憾。昨天请了专家去估计木料，除了你留下者外，现在马家沱之木料可值四千八百元，靠近码头的一百根，大者可值三千元。统计前后两次之木筏，除去费用，可赚三分之一。

赈济会款尚未发，“新华”来信[②]，等候正式收据去领。请依该会寄来式样大小准确的立刻印成。请你自己盖会计章，张同志盖出纳章，手续照他们的办，如由一人盖章，将来驳下来，又要等到新年才领得到了。过了新年，则旧年的款又不生效了。这请款书及领款书，务必交孙同志带下为盼。

你买的棉花四张[③]，被老鼠咬得不像样子了。原因是棉花有籽，籽有油，正合它们的味口。裁缝缝的被套，始终未送来。望将店号门牌开示，以便去取。下次，这种手续是必需做的，否则我们也无法代催。

郭永照先生带来的小朋友怎样办了，请示知。敬祝

康健！

衔

二八，十一，廿八

原件存夏英岚处

【注释】

①标题为编者拟。

②“新华”，指育才学校的开户银行“新华银行”。

③似指棉絮四床。

学问与革命之精神符合[①]

——致吴羽白

羽白[②]吾兄大鉴：

拜读十一月廿四日手书，哀悉令兄检斋先生[③]殉国。你说：“他从一位旧学家变成积极革命分子。”据我看来，这并不是偶然的事。学问不论新旧，只要是追求真理，便与革命之精神符合。若以学问作买卖，则无论新旧，都有作汉奸之可能。旧学如郑孝胥[④]、罗振玉[⑤]，新学如汪精卫[⑥]、汤尔和，不是明证吗？我常说，在学问上忠于真理的，则在政治上必忠于革命。这个意思，现在是在检斋先生之治学、行事上，得到了有力的证实。一个人在学问上能追求真理，则在革命上能杀身成仁。依据有正确理论指导的实践看来，学问与革命是一件事，不是两件事。

至于抚恤、表扬之呈请，以弟愚见，可请许世英、冯焕章及在渝皖籍参政员领衔，弟当附骥尾。现在请您撰呈文及传略各一篇。弟七日赴渝，能在六日前寄到北碚最佳，以便请人签字。

行　知

1939 年 11 月 29 日

原载《战时教育》第 5 卷第 4 期，1939 年 12 月 25 日

【附录】

吴羽白致陶行知函摘录

兹有大不幸者，家长兄承仕先生（号检斋），自平津沦为国防前线以来，思想即转变，由旧学家变为积极革命分子，极力领导平津学生为抗日救国运动，其勇毅无前之奋斗精神，及不顾一切之牺牲气概，足令腐儒咋舌，汉贼胆寒。双十二领导北平八大学教授通电主张团结抗日，致使某种浅视政客目为不稳，曾受警告及压迫。先生毫不为馁，仍进行工作如故。

前年春，弟曾至平一面，目睹其每晨黎明起身，怀烧饼两枚，入校工作，至午夜往往因集会撰稿，饥不得食，渴不得饮，自奉极苦。其刻苦奋励之精神，为弟辈等绝难企及，故能得平津学生界之仰望，奉为领袖。及七七事变发生，首遭日寇通缉，幸有二十九军某军官身任侦缉队长，事先通知，得以避免，于八月七日潜至天津租界后即与家族及友人鲜通消息，问有知者，谓已变名易服，匿居英租界某一小楼上，一面教书，一面仍进行秘密工作。（据家兄去岁二三月间曾有一便条附家函内寄徽，内云：现作小贩，外尚与旧日学徒，创办一店云。此系隐语，然意可知。）弟等皆为危险万状，促其南来，但家兄意志坚定，绝无挽回，致有今日之祸。先是弟接到北平舍侄一函，谓先生罹病，竟于九月二十一日在北平协和医院病故，所罹何病，及病状何似，皆无只字提及。弟已心疑不祥，且该函于九月二十四日始发出，至十一月三日始到重庆，且非快信，而为平信，亦一怪事，疑云万状，不料事实之惨酷，竟逾于理想十倍，弟于十四日阅读《扫荡报》所载香港航空信，始将内幕揭明，则家兄系在津法租界被捕，被捕后拷掠备至，受尽毒刑，敌寇坚欲家兄将平津学生运动之秘密露出，家兄至死不屈，竟遭寇敌肢解惨刑（弟实不忍详述，请先生一觅，是日该报一读），竟以殉难，嗟乎！人间惨事尚有逾如此者乎！弟于心崩肠碎之余，恨不能抢地呼天，誓以身代。然而死者不可复生，家兄之大义凛然，誓死不屈之忠毅正气，自足以传千古而不朽，为家兄计，求仁得仁，亦复无憾。况抗日胜利之日益接近，自有家兄之烈绩在。惟家兄既不慕名，又不为利（家兄屡售产接济平津学生，弟所目睹），无非信仰救国主义，及秉承我国历代相传之正气，及太炎先生之节概，其死也不为无价值。惟念家兄合家均处敌军铁蹄之下，无日不惨遭蹂躏（虽无音信然可想而知）。一妻三子茕茕孤露，万分可怜！中央方面，似可仰邀恩恤否（即小儿辈之学费一切不知能邀免否）？表彰之事，有待于同乡诸先生，代为申请！犹忆前年，家兄为兄等救国会案，曾至泰山，面谒冯副座，叙谈两日（系代表平津学生），冯副座记性极好，决未忘记，在此种，褒锡虚荣，家兄决不在意，生前尚不图名利虚荣，视如敝屣，何况死后，尤属无聊，但为国家提倡气节，表彰忠义，及沦陷区鼓气起见，政府似应有所举动。弟本拟亲来面谒奉告一切。惟以人地生疏，兼相距甚远，故特函奉恳！

出处同上

【注释】

①标题为编者拟。

②吴羽白，吴承仕的胞弟。

③检斋先生，即吴承仕。安徽人，北京师范大学教授，曾参加学生抗日救国运动。西安事变后，领导北平八大学教授通电主张抗日。后遭日寇捕杀。1940 年 4 月 14 日延安各界为蔡元培、吴承仕二先生举行追悼大会。

④郑孝胥（1860—1938），字苏戡，号海藏，福建闽侯人。1932 年 3 月任伪满洲国国务总理大臣兼陆军部大臣和文教部大臣。

⑤罗振玉（1866—1940），浙江上虞人，后迁居淮安。清末任学都参事。曾搜集和整理甲骨、铜器、简牍、明器、佚书等考古资料，并有专集刊行。辛亥革命后逃亡日本，图谋复辟，后又积极参与制造伪满洲国的汉奸活动。

⑥汪精卫（1883—1944），名兆铭，字季新，浙江山阴（今绍兴）人。早年参加中国同盟会，曾主编《民报》。1925 年在广州任国民政府主席。1940 年投靠日本，任伪南京国民政府主席。

难童患病须治愈[①]

——致罗又玄

又玄[②]先生：

数年未领教益，至今为念。奉读十一月十六日来函，已悉一切，介绍贵友唐君之女来敝校上学，至为感激！唯目前敝校之测验员正前往各地选拔学生，大约二月后将有二百左右难童来校，据过去经验，难童身体多少带了一点病来，轻重不一，有的传染，故必须难童治愈后，方能收其他儿童来校举行测验。尚望台从将唐君之女之姓名、履历、特长寄下，俾便登记，俟将来举行测验时，再行奉告。谨此奉复，敬祝

健康！

陶行知启

十一月廿九日

原件存南京晓庄学院陶行知纪念馆

【注释】

①标题为编者拟。

②又玄，即罗又玄，当时在国民党军委政治部设计委员会工作。

请介绍杨子勋夫妇到保育院工作[①]

——致戴伯韬

白桃同志：

杨子勋先生及其夫人来渝，急觅工作，我意能把他们夫妇介绍到保育院里去才好，望你和保育院接头。我七日来重庆。

专此，祝

康健！

陶行知启

十一月廿九日

原件存南京晓庄学院陶行知纪念馆

【注释】

①标题为编者拟。

辞谢兵役协会职务[①]

——致北碚区署兵役协会

敬启者，顷接十一月廿八来函，敬悉贵会推选敝人为优待组组长，理应承乏以资效劳。但敝校现有职务纷忙，且行踪不定，势难胜任，至为抱歉，尚乞另请贤能以重役政而免误事。专此敬复。此致

北碚区署兵役协会

陶行知启

二八、十一、廿九

原件存南京晓庄学院陶行知纪念馆

【注释】

①标题为编者拟。

竹因已到徽州[①]

——致吴涵真

涵真吾兄：

十一月廿四日来札收到。竹因自离港后，我处亦无只字来。但彼已到徽州，那是确实的，有好几位朋友已来信提过。他是顶喜欢写公事报告。我谅想他对战地党政委员会的报告是被检查掉了，我已去信促他注意。

附来一〇五四元四角二分的新华收据，已收到。我想晓研[②]没有这样多的款子在你那里，你怕是错出了，望将总账托人抄下一对。专此奉复，敬祝

康健！

陶行知启

十一月廿九日

原件存南京晓庄学院陶行知纪念馆

【注释】

①标题为编者拟。

②晓研，指晓庄研究所。

为杨效春申冤[①]

——致何伯宏

伯宏[②]同志：

十一月十二日来函收到，敬悉一切。我在海外闻效春受冤惨死，至为悲恸！五日得你信，即去渝与李宗仁副司令长官陈述效春为人，并望为之申冤。李先生已允为彻查，其后又访张文白先生，彼因深知效春为人，故亦愿为洗此沉冤，其水落石出之期，当在不远。

现在梁漱溟先生为草呈文，请求表扬与抚恤。我已托钱焕文先生为我签字。

再者，安徽新主席李品仙[③]先生自认失察，允许发抚恤费二千元，钱焕文先生未敢代领。但此款已有着落，最好由你委托人把它领来。

现在我们要做到的有三件事：（一）表扬；（二）抚恤；（三）惩办诬

告。下月初当赴重庆，届时我再与梁先生等一商。谨此奉复。务希节哀抚幼，完成效春未竟之志。专此奉复，敬祝康健！

陶行知启

1939年11月29日

原件存南京晓庄学院陶行知纪念馆

【注释】

①标题为编者拟。

②伯宏，即何伯宏，杨效春之妻。

③李品仙，桂系军人，当时刚接任安徽省主席。

您就职数月无只字报告[①]

——致方与严

竹因[②]：

自您离港，此地对您行踪毫不知道，至为怀念。但从朋友来信知道您早已到徽州。战地党政委员会李副委员长顷托人来信说，您就职数月无只字报告云云。现特转达。尚希直接呈报该会，以重职守。我不常去重庆，来件不必由我转。

陶行知启

二八年十一月

原件存南京晓庄学院陶行知先生纪念馆

【注释】

①标题为编者拟。

②竹因，即方与严，时任战地党政委员会皖南视察员。

安徽当成立新安学校[①]

——致汪达之

达之同志：

经我改过之寄与桂林季平之“新旅”文件，现奉上一份，望你查收，以备参考。

我意新安学校当在安徽成立一个，望能于日内见一见安徽省主席李品仙先生一谈。倘能成功，岂不更好？专此，敬祝康健！

陶行知启

1939 年 11 月写

原件存南京晓庄学院陶行知纪念馆

【注释】

①标题为编者拟。

请更改任课时间[①]

——致妇女干训班主任

新建妇女干训班主任大鉴：

敬启者：顷接第五周课程表，知将敝人所担任之课程排在十二月七、八、九三日，惟敝人只能来两日，敬恳将时间改在七、八或八、九或其他两日下午，因由此间来渝，一定要花费一些时间。上午难来得及。谨此奉商，如蒙速复，不胜感盼。敬祝康健！

陶行知启

1939 年 11 月写

原件存南京晓庄学院陶行知纪念馆

【注释】

①标题为编者拟。

请转嘱理清账目[①]

——致刘季平

季平同志：

寄给白键生、方叔平、李任仁、雷宾南[②]、唐现之[③]诸先生的信，希即转交。吴瀚[④]同志的账目已经收到。手续清楚，至堪佩慰。省三之账请转嘱其立即理清，以完手续。以后来信，请寄到北碚中国科学社陶宏转，以免延误。谨此奉复，祝

康健!

陶行知启

1939 年 11 月写

原件存南京晓庄学院陶行知纪念馆

【注释】

①标题为编者拟。

②雷宾南，名沛鸿，广西人。抗日战争时任广西省教育厅厅长。

③唐现之，陶行知在南京高等师范学校任教时的学生。

④吴瀚，刘季平夫人。

介绍词已草就[①]

——致陈洪进

洪进[②]吾兄：

承嘱为胡敦元博士一文作介绍词，兹已草就，寄上。胡博士文几时可以登出？收到后尚希示复，以便转告。再，昨日因将台从之通信处写错，故今日补寄一份。如收到两份，望将介绍词寄回一份为感。敬祝

康健!

陶行知启

1939 年 11 月写

原件存南京晓庄学院陶行知纪念馆

【注释】

①标题为编者拟。

②洪进，即陈洪进，当时为《时事类编》社负责人。

应约去求精中学演讲[①]

——致马博厂

博厂[②]学长：

顷奉来函，敬悉中正大学[③]积极筹备，至可庆贺！天翼[④]主席来函，业亦拜读。弟于下月七日左右应妇女指导委员会之约，来求精中学[⑤]演讲，届时当来奉访，借受教益，并聆筹备之规模。谨此奉复，敬祝

康健!

陶行知启

1939 年 11 月写

原件存南京晓庄学院陶行知纪念馆

【注释】

①标题为编者拟。

②博厂，即马博厂，为国民政府教育部聘请的主任委员。

③中正大学，抗战期间创办于江西泰和，后迁南昌望城岗。1949 年后改为南昌大学，经院系调整各院系并入中南区其他大学。

④天翼，即熊式辉，时任江西省主席。

⑤求精中学，地址在重庆曾家岩。妇女指导委员会设在该校内。

寄通讯稿[①]

——致李赓

李赓同志：

介绍信六封寄上，乞查收，应用为盼。倘通信稿不够，则吕超然及梅友卓、周宇凡诸先生之信可以暂缓寄出。寄信办法可用航空到香港，再由香港由邮船送递，则信资较直用航空要廉四五倍，而速度则较平信快一倍。请酌量行之。

陶行知启

1939 年 11 月写

原件存南京晓庄学院陶行知纪念馆

【注释】

①标题为编者拟。

将程尔丁小朋友作品寄来审核[①]

——致戴伯韬、殷金陵

白桃、金陵[②]同志：

我的稿子三日可齐，寄到何处，望示知。

十一月廿六日来信已收到，已悉一切。

白喉药已经收到了，勿念。

你所说的第七保育院的程尔丁小朋友善戏剧、木刻，请你给他写信，把木刻创作寄来，或托人带来，以便审核，再行决定应考与否。专此奉复，敬祝

康健！

陶行知启

十二月一日

原件存南京晓庄学院陶行知纪念馆

【注释】

①标题为编者拟。

②金陵，即殷金陵，《战时教育》编辑工作人员。

快为《白庙子》谱曲[①]

——致贺绿汀

绿汀同志：

寄上胡绍轩[②]作歌谣《白庙子》一篇，音节及调子，读来还真不错，即希快些谱起来，然后还请你寄给千厮门下行街三十四号华通药房后进《战时教育》编辑部，以便在《战教》上发表。专此拜托，敬祝

康健！

陶行知启

十二月二日

原件存南京晓庄学院陶行知纪念馆

【注释】

①标题为编者拟。

②胡绍轩，曾任汉口武汉文艺社《文艺》杂志主编。

奉还药钱[①]

——致五云

五云先生大鉴：

夏天的时候，由桑先生经手，承蒙您借给我们疟症药十四粒与痢疾药四针，至为感激！我们弄来预备还您的药，因牌子不符，难以合用。兹桑大夫将药价估计，特遣人送上国币二十三元整（疟疾药十四粒，每粒一元，共十四元；痢疾针四针，已奉还一针，共用三针，每针三元，共九元，合计共二十三元）。即希于收到后赐开一张收据为感。专此致谢，敬祝

康健！

育才学校陶行知启

十二月四日

原件存南京晓庄学院陶行知纪念馆

【注释】

①标题为编者拟。

隆树法师捐助育才建房地基[①]

——致邓少琴

少琴先生：

承示隆树法师契约一纸，已请卢区长[②]看过，育才将来能在马家沱建造房子，是最好不过的。隆树法师愿将此地捐助，俾敝校得建立基础，最为感激！弟明日赴渝，十一日回碚，捐约何日可立及以何形式出之，尚希示知。现托邹先生将契据送上，务希赐复为盼。敬祝

康健！

陶行知启

1939年12月6日写

原件存南京晓庄学院陶行知纪念馆

【注释】

①标题为编者拟。

②卢区长，指嘉陵江三峡实验区署区长卢子英。

健康为求学之本[①]

——致张蔼真

蔼真先生：

健康为求学之本。故敝校对于小孩卫生特别注意。前承贵会赐拨药品十二种，至为感激！唯敝校对于治疗器械甚感缺乏，顷闻贵会有从国外捐来之器械，深望拨下若干，以济急需。如有新药来到，亦望酌发，现将敝校所需治疗器械及药品开单奉阅。如蒙慨允，参照来单发给，则造福难童，功德无量。肃此奉商，尚希示复。敬祝

康健！

育才学校校长陶行知

十日

附上所需治疗器械及药品单各一（略）

1939 年 12 月 11 日

原件存南京晓庄学院陶行知纪念馆

【注释】

①标题为编者拟。

奉约候教[①]

——致吴羽白

羽白吾兄：

第七日赴渝，十日返碚，在渝住千厮门下行街三十四号华通药房内最后进《战时教育》编辑部。晚间九时后候教。专此奉约，敬祝

康健！

陶行知

1939 年 12 月上旬写

原件存南京晓庄学院陶行知纪念馆

【注释】

①标题为编者拟。

令兄抚恤与褒扬事[①]

——致吴羽白

羽白吾兄：

七日曾寄江津快信一封，不知收到否？我在渝千厮门《战教》[②]编辑部候兄数日，迄昨日方返碚。

兹者，令兄抚恤与褒扬事，已与诸同乡妥为接洽，大家都愿列名。望到渝后，去千厮门下行街卅四号后进《战时教育》编辑部拿那一封我留下的信，然后进行，较为便利。谨此奉约，

敬祝

康健！

陶行知启

十二月十一日

原件存南京晓庄学院陶行知纪念馆

【注释】

①标题为编者拟。

②《战教》，指《战时教育》。

捐款已交生活教育社[①]

——致陈志中

志中[②]同志：

接读十一月□日书，承询七月二十五日来信及照片二张、国币廿元，均收到无误。勿念！款事当时已交“生活”[③]白桃同志，为发展社务之用，至为感谢！

介绍工作事，我即代你进行。专此奉复，敬祝

康健

陶行知启

十二月十一日

克由[④]同志均此致候！

原件存南京晓庄学院陶行知纪念馆

【注释】

①标题为编者拟。

②志中，即陈志中，原名陈昌嵩，晓庄师范第一期学生。

③“生活”，指生活教育社。

④克由，即虞克由，陈志中夫人。

请发育才新生寒衣[①]

——致许世英

许代委员长钧鉴：

敬启者，目前承示对育才学校可以酌发寒衣一事，当时认为不需，后查新生将要相继到校，如有合用寒衣发给，于学校经济不无补益。兹查贵会寒衣中有棉背心，甚为合用。请发下一百八十件交来友俞文华[②]君带下，不胜感谢之至！谨此奉商，尚希核发。敬祝

康健！

育才学校校长陶行知启

十二月十一日

原件存南京晓庄学院陶行知纪念馆

【注释】

①标题为编者拟。

②俞文华，山海工学团团员，育才学校小学部教师。

拟为育才学生向赈委会领棉背心[①]

——致俞文华

文华同志：

现育才学校拟向赈济委员会领棉背心一百八十件，望到渝模范市场银行公会，把朱蕴山先生带你去见许代委员长，较为易办。专此奉托，敬祝

康健！

陶行知启

十二月十一日

原件存南京晓庄学院陶行知纪念馆

【注释】

①标题为编者拟。

承蒙垂询育才招生一事[①]

——致徐娟

徐娟[②]女士：

接读十二月一日来札，承蒙垂询育才招生一事，按敝校系为有特殊才能之难童而设，所有学生均由各地保育院、教养院中用测验法选来，故不招考学生。专此奉复，敬祝

康健！

育才学校北碚办事处陶行知启

十二月十一日

原件存南京晓庄学院陶行知纪念馆

【注释】

①标题为编者拟。

②徐娟，当时在奉节黛溪升平街合兴米店供职。

现在我给你寄去药方三个[①]

——致尹来弟

来弟[②]小朋友：

前些日子给你一信，没收回信。疥疮好否？好久未见面，想你一定长得很大了！现在我给你寄去药方三个。第一个是治疟疾的，害疟疾的人照此方服药一二次，至多四次就会痊愈的。据过去中国科学社研究的经验，大约十分之八九可收其效。第二个是治痢疾的，也颇灵验。第三个治咳嗽的方子，简直难以令人相信，但是确实可以治伤风咳嗽。夏日蚊子多，最易得疟疾；秋天不注意饮食，也容易得痢疾；冬日天寒，能止住咳嗽，便不至于害肺炎了。你一人在外，处处都要注意身体，并望你时常来信，俾知你的进步。专此，敬祝

康健！

陶行知

十二月十二日

原件存南京晓庄学院陶行知纪念馆

【注释】

①标题为编者拟。

②来弟，指尹来弟，泸县二郎庙第七保育院小朋友。

领导抗战应占重要地位[①]

——致吴羽白

羽白吾兄：

大札及令兄事略均已拜读。我意事略中令兄在华北领导抗战经过，也当占一重要地位，不知高明以为然否？呈文究竟交到哪里，我也不大清楚，请你在渝市和许、冯[②]诸先生商量一下，自然不会错。离渝时曾留一札在千厮门下行街三十四号华通药房后进《战时教育》编辑部内，不知你取去否？弟所能贡献者，尽在信中，暇时能来北碚一游，当甚欢迎。若为令兄事，则宜在渝促成，似不必急急来碚。倘有垂询之处，尽可通信交换意见。专此奉复。

陶行知

二八、十二、十四

原件存南京晓庄学院陶行知纪念馆

【注释】

①标题为编者拟。

②许、冯，指许世英、冯玉祥。

《新华日报》有功抗战[①]

——致潘梓年、吴克坚

梓年[②]、克坚[③]先生：

接读十二月八日来信，借悉贵报[④]诞生将届二周。有功抗战，无任敬佩！纪念茶叙约柬，系于十四日方接到，故不能于十一日趋前领教，不胜抱歉。专此致谢，敬祝
康健！

陶行知启
十二月十四日
原件存南京晓庄学院陶行知纪念馆

【注释】

①标题为编者拟。

②梓年，即潘梓年（1893—1972）。江苏宜兴人。上海北新书局编辑，编辑《北新》半月刊。抗战期间在重庆编辑《新华日报》。

③克坚，即吴克坚，重庆《新华日报》编辑。

④贵报，指《新华日报》，为中国共产党在抗日战争时期和第三次国内革命战争时期在国民党统治区公开出版的机关报。1938 年 1 月 11 日创刊于汉口，同年 10 月 25 日迁往重庆，出至 1947 年 2 月 28 日被国民政府封闭。

育才学校为有特殊才能难童而设[①]

——致何从则

从则[②]先生赐鉴：

接读十二月十二日来信，承蒙驾临敝处，不胜感激！按育才学校为有特殊才能之难童而设，所有学生，均由各地保育院选来，年龄在十五岁以下，程度相当于初中一年级或高小第五、第六学期。因系为难童教育机关，故学生皆免费，亦不招收其他自费学生。专此奉复，敬祝
康健！

陶行知启
十二月十四日
原件存南京晓庄学院陶行知纪念馆

【注释】

①标题为编者拟。

②从则，即何从则，当时在重庆上坝蚕种制造场工作。

为难童订购优价布[①]

——致唐必直

必直[②]吾兄：

兹有恳者，敝校难童须向民生公司物产部订购浅峡蓝布二百七十尺，尚希与该部商量，打一优待难童之折扣。布样奉上参考。现把邹先生[③]前来面洽，如蒙偕其前往该部交涉，不胜感谢！专此奉托，敬祝

康健！

陶行知启

十二月十六日

原件存南京晓庄学院陶行知纪念馆

【注释】

①标题为编者拟。

②必直，即唐必直，时在重庆民生公司物产部任职。

③邹先生，指邹绿芷，育才学校文学教师，陶行知的秘书。

拟代销《战时教育》[①]

——致邹韬奋

韬奋吾兄：

西安《老百姓报》为一民众刊物，文字通俗，销路很广。主持人李敷仁先生为人可靠，拟代销《战时教育》五十份，不过销不完要求退。尚望吾兄通知生活书店营业部，委托该社代销，以资推广。原函附上，肃此奉商，尚希示复。

陶行知启

十二月十六日

原件存南京晓庄学院陶行知纪念馆

【注释】

①标题为编者拟。

抗战时期之小先生[1]

——致小先生推行委员会

小先生推行委员会大鉴：

接读你们给我的信，知道你们对于运用小先生唤起大众抢救危亡，非常努力，我们是何等高兴而钦佩。承你们虚心垂问，我们很愿意贡献一点小小意见，以供参考。你们所拟的几条办法，多数很好，只有一两点想请你们重新考虑：

（一）小先生的义务不但是教人认字读书，尤其是在与日本帝国主义拼命的时候，小先生要把他们的小小力量贡献出来，影响整个民族起来为中华民族争取自由平等，所认的字和所读的书，都要和这个大目的紧紧地配合起来。

（二）小先生一遇到机会，便需在救国的具体工作上积极地参加，并影响别人积极参加，如献金、募寒衣、写慰劳信、慰问抗战军人家属，以增加抗战力量。

（三）组织不必呆板地用小先生名义，有时抗敌服务团等等组织要比较有效些。

（四）教小先生读书认字的方法是要一句一句地教，不要一个字一个字地教。比如钱字、力字、出字、有字，与其一个一个地敬，不如直截了当地把它们联成与抗战有关系的句子教。你们看这四个字，倘使联成这样的句子便成了："有力出力，有钱出钱。"读起来又顺口，又有力量，又有意义。你们用报纸写字块，意思很好，倘若把字块灵活地联成各式各样的短句教更好。

（五）教民众一定要把趣味与意义打成一片，我们只需在报纸、杂志上留意，随时可以采来做教材。比如，十一月十六日《扫荡报》[2]登载，各报的记者四月十一日访问马相伯[3]先生于谅山，马先生就了几句话，又通俗，又有趣，又有警告国人的分量。马先生说：

我是一只狗，
只会叫，
叫了一百年，
还没有把中国叫醒。

这一课的课题可以用"国狗"两个字。我的经验是用教材只要有趣、有意义，生字多几个也不妨碍。

（六）根据兴趣与意义合一的原则，你们可以充分运用漫画、故事、金钱板、独幕剧、笑话来指导小先生干工作。

（七）过一些时，留意提拔学校四周乡村成人、妇女、儿童团体自己的干部，而让你们大先生和小先生处于顾问的地位。

我很欢迎质疑问难的通讯。你们在工作上遇有困难或对困难如何克服，我很愿知道。尚希随时指教。敬祝

康健！

陶行知启

二八、十二、十九

原载《战时教育》第 5 卷第 11 期，1940 年 4 月 25 日

【附录】

重庆第六中心学校小先生推行委员会的来信

行知先生：

自从渝市实行疏散以后，我们的学校下乡了。校长及教师对于战时教育，本极热心，我们在这新的环境里，就推行小先生制来推动战教工作。

小先生当前是风靡一时的，可是我们没有经验，完全凭借我们的热忱冒失地就干起来了。我们确信在民族的存亡的绝顶关头，要普及国难教育，唤醒大众起来抢救危亡，小先生制是当前异常迫切需要的教育，我们推行方法是这般的：

一、以学校为核心，周围三里至五里为施教区域。

二、先由部分小先生及教师组成五个劝学队，用作先驱，向固执的乡民说得他（她）心悦诚服。

三、来校读书的民众学生，男女大小有二十五个，每日午后三时半为活动时间。因工作忙碌不能来校的学生，男女大小有二十七个，亦于是时由我们的小先生送上门去，有时在田沟、土边、树下，就施起教来。

四、民众学生分为校外校内两大队，校内队以学生程度分为三小组。校外队以路线远近分为四小组，每大队设队长一人，每小组设组长一人，小先生三人至八人，队长、组长都由小先生选任。

五、教师担任辅导员，每日有一节课专讲“怎样做小先生?”关于字义及教学做等法，先让小先生学习纯熟，然后教学。

六、我们用的教材是《民众学校课本》，但多数民众学生，都感觉深了，我们就用报纸制成方块，每块用红色写上一字或两字，一天读两三个。集到相当的字，便成了一句口号，读者感到极大的乐趣，另外还有习字、唱歌、时事、救亡与指导。

七、辅导员轮流地、经常地作巡回的、个别的、集体的辅导，想许多方法克服困难。

八、教师与小先生另组有小先生推行委员会，每周开会一次。辅导员、队长、组长都有工作报告，之后互相批评，之后便确定新的计划。

以上所述就是我们工作的概况，虽说在这儿的民众，许多都认清了识字的重要，并且对我们有着相当的信仰，这不能不说对于读书的风气，起了相当作用。但我们究竟没有经验，有时叫我们感觉着空虚，每每像觉得有许多工作还没有干起来，可是又不晓得怎样去干。有时竟使我们感到苦闷。

这个工作，究竟怎样做才尽善尽美？关于这工作有没有专书讨论？希望先生指教我们。

第六中心学校小先生推行委员会
十二月九日

【注释】

①标题为陶行知自拟。

②《扫荡报》，中国国民党军事系统的报纸。1931 年创刊于南昌，先后曾出汉口、重庆、南京、上海、桂林、昆明等版。1945 年底改名为《和平日报》。

③马相伯（1840—1939），名良。江苏丹徒人。天主教徒。早年曾任上海徐汇公学校长、清政府驻日使馆参赞。1903 年创办震旦学院，1905 年创办复旦公学（1917 年改名复旦大学）。辛亥革命后，一度任北京大学校长，1931 年九一八事变后，不断向国民政府呼吁团结抗战。抗日战争全面爆发后，任国民党政府委员。

催还书[①]

——致戴伯韬

白桃同志：

五月三十日，黄杰先生曾借去《育儿问题》及《小儿按年养育医治法》各一册，迄今未还。望你问一问黄杰先生的通信处，俾便写信去要。

谨此奉托，敬祝
康健！

陶行知启
十二月廿一日
原件存南京晓庄学院陶行知纪念馆

【注释】

①标题为编者拟。

谢妇委会捐助育才药品[①]
——致张蔼真

妇女指导委员会[②]张主任[③]赐鉴：

顷奉十二月十六日大札，敬悉贵会捐助敝校药品五种，无任铭感！兹托俞文华先生持带正式印、收据趋前领取，尚希派员点交，以便照收。谨此致谢，敬祝
康健！

育才学校校长陶行知启
十二月廿五日
原件存南京晓庄学院陶行知纪念馆

【注释】

①标题为编者拟。

②妇女指导委员会，抗日战争时期国民政府设立的机构，会址设在重庆曾家岩求精中学内。

③张主任，即张蔼真。

“新旅”小朋友屠传猷不幸溺毙[①]
——致屠传薪

传薪先生赐鉴：

奉读十一月十五日来札，敬悉台端欲知令弟消息，兹仅据所询奉告。小朋友屠传猷系在新安旅行团伤兵之友队工作。该队于本年春即在桂林大

墟服务，努力于慰劳及宣传工作，成绩卓越！不幸于五月十四日在大墟游泳溺毙，殊令人伤心！据该团团员称，他游泳之水流，恰为一漩涡，多人皆不敢冒然前去，且劝其勿去。当令弟落水时，有勤务兵一名，前往捞救，该勤务兵亦葬身水中。渔翁则袖手旁观，自谓救死不救活。这大概是怕水鬼报复，所以见死不救。至于令弟究竟安葬何处及当时详细情形，敝人现正写信给该团顾问汪达之先生，他回信后，当详细奉告。专此奉复，尚希节哀。敬祝

康健！

陶行知启

二八、十二、廿五

原件存南京晓庄学院陶行知纪念馆

【注释】

①标题为编者拟。

将屠传猷小朋友溺毙详情函告其兄[①]

——致汪达之

达之同志：

“新旅”伤兵之友队小朋友屠传猷之兄（屠传薪）问他近状。据稽钰说，他已在大墟游水溺毙。我已回信给屠先生，不过其详细情形、安葬何处等，望写一封详细的信告诉他。他的通信处是香港德辅道中六十七号至六十九号爹核行、吉和洋行交。

谨此奉托，敬祝

康健！

陶行知启

十二月廿五日

原件存南京晓庄学院陶行知纪念馆

【注释】

①标题为编者拟。

《战时教育》半月刊应该怎样办①

——致戴伯韬

白桃同志：

《战时教育》半月刊应该怎样办？这是我们的方针问题，我们必得想个透彻，否则会叫我们走入牛角筒。有人希望给我们划一个“教育”圈。叫我们老在这里面打转。我们当然要守住我们的岗位。但是老在“教育”圈里打转，《战时教育》半月刊会办成一个酸溜溜的教育杂志。我们希望有时跑到圈外来看看，甚至于要坐一只飞机，飞出圈子，在高处远处往下看看，对着四面八方看看，这样才能把《战时教育》办好。所以我的建议是，《战时教育》应该采取这样的方针：一般的特殊，特殊的一般。在一般的生活里，找出教育的特殊意义，发挥出教育的特殊力量。同时要在特殊的教育里，找出一般的生活联系，展开对一般生活的普遍而深刻的影响。把教育推广到生活所包括的领域，使生活提高到教育所瞄准的水平。朋友们的意见我们自当择善而从，但本社的灵活方针，不可丝毫受其拘束与妨碍。

我所以主张一般的特殊与特殊的一般之方针，并非出于个人的主观，而系由于客观的事实所决定。本刊的对象有如下几种：一、生活教育同志，我们要运用这个刊物来互教共学。二、全国各级之教师，希望他们能经常听取我们的意见，并经常地给我们指教。三、广大的较有教育影响的知识分子之父母们、社会服务人士及不能入学而施行集体自学者群。这些人大多数是经济困难，只能买一份杂志，倘只能谈专门的教育，那是把我们的服务影响缩成一个皮包骨的瘦子。而且我们生活教育者，兴趣比较是多方面，提起笔来，老是教育教育，也觉得干燥无味。我希望《战时教育》半月刊，不但制醋，酸甜苦辣咸各种味道的作料，都让我们作一点，那么写的人便有用武之地，也觉得兴高采烈了。长篇有系统的文字，不能每期每人都写，即写一些杂感或笔记、诗歌，只要能给读者一些指示和力量，便能丰富他们的生活，即是丰富他们的教育。

行　知

1939年12月25日写

原件存南京晓庄学院陶行知纪念馆

【注释】

①标题为编者拟。

把我认为不正确的地方提出来和你谈谈[①]
——致一位朋友

××吾友：

接读十二月十二日手书，知道我们在重庆相左，不能见面谈一谈，那是很可惜的一件事。承你对于生活教育和生活教育者提出一些意见，我们很感谢。你所勉励我们的话，多半是对的，我们是朝着你所指示的路向不断地努力，但是你批评生活教育是有一些不正确。这不能怪你，因为如你所说，你不能把全部生活教育研究之后再提出意见。为着要答复你的好意，我想把我认为不正确的地方提出来和你谈谈。

第一，你说："生活教育者好像不懂得'真正生活教育的实现，只有在没有人剥削人的制度里存在'。"你仔细想过之后，便知道这样的看法，是机械的看法而不是发展的看法，是静态的看法而不是动态的看法，是等待的看法而不是追求的看法。你心里的理想的社会，不是从天上落下来的，而是人类依着历史发展的趋势努力创造出来的。真正的生活教育，自古以来一直存在到今天，即发展到今天，而且还要一直存在下去，发展下去而达到最高的生活即最高的教育。为着最高的目的而忘了发展的过程和为了发展的过程而忘了最高的目的，都是错误。

第二，你说："生活教育者企图不经过突变而欲达到质变。"我们没有这样的企图。除非你所遇到的是没有常识的"生活教育者"。水热到摄氏一百度，突变而为水蒸气。我们不能幻想着水蒸气而忽视了砍柴、挑水、烧锅的工作。

第三，你说：生活教育者之努力……即使能完成任务，那也只限于一部分被……提拔的"天才者"，群众是没有份的。这"天才者"大概是指我们所选之具有特殊才能之难童吧？他们是从难童中选来，不能说他们与民众无关。我们当然不应该为"天才"而办"天才"教育，但是，为着增加抗战建国的力量而培养特殊才能的幼苗，使他们不致枯萎夭折，也是值得做的工作。我们当然不应该教他们做人上人。但是，为着社会进步，让他们依据各人的才能志愿，学做一群人中人，而且把他们的贡献发挥出来以为民众服务，也是值得干的工作。若只注重“天才”教育而忽略一般教育，那是不可以；但是，生活教育者自始就发动普及教育运动，到近来，才感觉到具有特殊才能之儿童之被忽视而开始唤起社会之注意。我们所希望的是“从民众那里来”的“回到民众那里去”。

第四，你说：“生活教育者没有把革命与教育联系起来。”这要看你心中的革命是一件什么事？你心中的联系是如何联系法？在我们看来，现在的民族解放斗争是革命的行动！我们以一个民众学术团体[②]，对于团结、抗战建国，是用了全副精神参加，不敢有丝毫之懈怠。至于你所说，一个教育者同时应该是一个革命者，我很同意。但我希望补充一句：一个真正革命者，必然是一个真正生活教育者。即使他不承认他是一个生活教育者，按着生活教育的理论说来，他也是一个道地的生活教育者。

第五，你说你的很多朋友，大都不知道生活教育是什么？并且说生活教育的受人忽视的主要原因是，因为缺少革命的联系。生活教育之被一部分人忽视，那的确是事实，但完全归咎于缺少革命的联系，从上面说明看来，也不见得完全对。我想除我们自己力量有限外，生活教育之被人忽视，还有下述之原因：一、过生活而忽视教育的人，必然忽视生活教育。二、受教育或施教育而忽视生活的人，亦必然忽视生活教育。三、忽视民众生活而又忽视民众教育的人，固然不要生活教育而高谈革命理论，而无革命实践的象牙塔里的“革命家”，也无由知道生活教育之宝贵。

末了，你希望我们能够出版一部生活教育大纲。我们正在着手编这样一部集体创作，现在为你参考起见，我把生活教育的理论提出几个要点和你谈谈。

从定义上说，生活教育是给生活以教育，用生活来教育，为生活向前向上的需要而教育。从生活与教育的关系上说，是生活决定教育。从效力上说，教育要通过生活才能发出力量而成为真正的教育。“教学做合一”，是生活法亦即教育法。为要避去瞎做、瞎学、瞎教，所以提出“在劳力上劳心”，以期理论与实践之统一。“社会即学校”这一原则，要把教育从鸟笼里解放出来。“即知即传”这一原则，要把学问从私人的荷包里解放出来。“行是知之始，知是行之成”，是教人从源头上去追求真理。工学团或集体主义之自我教育，是在团体生活里争取自觉之进步。“教育是民族解放、大众解放、人类解放之武器。”这种教育观，是把教育从游戏场、陈列室解放出来，输送到战场上去。时间不许我细说，总之，生活教育理论，是半殖民地半封建的中国争取自由平等的教育理论。我希望你把研究之门大开起来。如果有机会，我想和你谈谈。千万不要因为一时之倒霉，少数人之不忠实，就误断一个运动的命运。

行　知

1939 年 12 月写

原载《战时教育》第 5 卷第 5 期，1940 年 1 月 10 日

【注释】

①标题为编者拟。

②指生活教育社。

去妇委会领取捐助药品[1]

——致俞文华

文华同志：

日前托买 620 号软片三卷及请客帖 100 份，谅已达览，尚希速予寄下。十二月十日托送各信，收据还希寄下存查。

妇女指导委员会捐助育才药品五种，望你持信前往领取，并将所给之药品点过之后填在收条内。谨此奉托，敬祝

康健！

陶行知

二八年十二月

原件存南京晓庄学院陶行知纪念馆

【注释】

①标题为编者拟。

照目录购书[1]

——致曾里之

里之同志：

开来“儿童之家”购书目录，我已看过，即希照办为感。

专此奉复，敬祝
康健！

陶行知启
1939 年 12 月写
原件存南京晓庄学院陶行知纪念馆

【注释】

①标题为编者拟。

欢迎育才选拔学生[①]

——致陆维特

维特同志：

淞溉直属第六保育院的信已经写去了。那里的院长是齐笑尘[②]先生，听说很好。你们大家前往选择儿童，当不致发生问题。金剑山院长已换段超人先生，为齐院长同学，表示对育才往金剑山选拔学生甚表欢迎。谨此奉闻，敬祝
康健！

陶行知启
1939 年 12 月写
原件存南京晓庄学院陶行知纪念馆

【注释】

①标题为编者拟。

②齐笑尘，淞溉直属第六保育院院长。

介绍选拔学生测验团[①]

——致齐笑尘

笑尘院长大鉴：

敬启者，敝校选拔学生测验团孙铭勋（社会科学），陆维特（文学），常学镛（音乐），江峰（戏）四君不日由成都转赴淞溉，到贵院竭诚奉访

并选拔学生，尚希鼎力惠助，予以多方面之指导。如蒙俯允，不胜感激！专此介绍，敬祝
康健！

育才学校校长陶行知启

1939 年 12 月写

原件存南京晓庄学院陶行知纪念馆

【注释】

①标题为编者拟。

请借枪支给育才保卫团[①]

——致谢县长

谢县长赐鉴：

顷奉大札，承示一切，至为感激。草街镇联主任唐文祥及附近保卫团已取得联络，自当守望相助，以副厚望。垂询有何所需，敝校保卫团武器所缺者，唯手枪或盒子炮。倘蒙拨借两支，尤为感激！所配子弹，当照价缴付。专此奉商，尚希示复。

敬祝

康健！

陶行知启

1939 年 12 月写

原件存南京晓庄学院陶行知纪念馆

【注释】

①标题为编者拟。

请为育才测验团写介绍信[①]

——致陈纪彝

纪彝[②]先生：

日前函请为敝校测验团写介绍信给成都分会及直属各保育院，谅已蒙

发出，至为感激。现测验团已到成都，成都事毕，即赴溉直属第六保育院选择学生，望您直接先给齐院长一信，以便接洽。谨此奉托，敬祝
康健!

陶行知启

1939 年 12 月写

原件存南京晓庄学院陶行知纪念馆

【注释】

①标题为编者拟。

②纪彝，即陈纪彝，当时任战时儿童保育总会总干事。

一九四〇

请写一封感谢信[①]

——致帅昌书

昌书[②]同志：

寄上杨静桐[③]先生来函一件，请你赶快叫学生们推一位文笔最好的小朋友写一封谢信，写好之后再抄一份（一共两份，一封是正式的，一是复稿），一并寄到重庆千厮门下行街 34 号华通药房《战时教育》编辑部我收。专此奉托，敬祝

康健！

衔启

一、二

原件存南京晓庄学院陶行知纪念馆

【注释】

①标题为编者拟。

②昌书，即帅昌书（1903—1969），四川人，1939 年参与创办重庆育才学校，任指导部主任。

③杨静桐，时为菲律宾洪光学校校长，与陶行知素昧平生，十分钦佩陶行知的教育主张，在菲律宾发动侨胞给育才学校捐助经费，发展育才之友。1949 年后曾在中央教育部初教司工作。

结婚捐喜酒钱[①]

——致香港反汪印刷工友

《新华日报》转香港反汪印刷工友公鉴：

读报知道你们对汪逆精卫作英勇的斗争[②]，我们不但钦佩，而且要跟

你们学习，拿你们的精神和行动来做我们的指南针。我们在去年除夕结了婚，商量想把请酒的钱省下来做几件有意义的事。在我们列举的事情当中，第一件就是要对你们表示一点敬意。现在从节约的款项中奉上二十元，不能算是请你们喝喜酒，只能算是请你们饮喜茶。我们的朋友听我们讲得有理，不但原谅我们这样做，而且有好几位将来也愿意自己能够这样做。所以这种喜茶，以后大概还有得喝咧。我们的婚礼是简单而庄严。证婚人赵老太太说我们有点像“游击结婚”，于今和你们的光荣的斗争发生一点小小关系，也就可以算为“反日结婚”了。敬祝反汪胜利并致
民族解放敬礼！

陶行知、吴树琴拜启

1940 年 1 月 9 日写

原载重庆《新华日报》，1940 年 1 月 14 日

【注释】

①标题为编者拟。陶行知、吴树琴于 1939 年 12 月 31 日结婚，仪式极简。前来祝贺的亲友均清茶一杯。省下的钱及所收贺仪，均用作公益事业。汇给香港反汪印刷工友的款项，即是其一。写作日期系编者推定。

②指香港印刷业工会拒印为汪精卫投降行径张目的《华南日报》等报刊的斗争。

结婚贺礼已捐育才学校[①]

——致家栋

家栋同学赐鉴：

前蒙寄来结婚纪念品洋三元，无任铭感！不过事先已决定不收贺礼[②]，故将该款交给育才学校，为小朋友捐购图书之用。兹将收据奉上，敬希查收为感！专此致谢，敬祝
康健！

陶行知、吴树琴启

1940 年 1 月写

原件存南京晓庄学院陶行知纪念馆

【注释】

①标题为编者拟。

②1939年12月31日，陶行知与吴树琴在育才学校举行婚礼，仪式极简，不收贺礼。

希再为育才物色一位护士[①]

——致朱大夫

朱大夫[②]赐鉴：

去年承蒙介绍林护士到敝校服务，照料害病儿童，成绩卓越，感激之至！兹因林小姐婚期在即，本月二十二日即将离校。务希台从从速再为敝校物色一位护士，于二十日以前到校，俾敝校儿童照料有方，如蒙俯允，无任铭感！再者，前承介绍田先生，几时可来，亦请示知为盼。专此奉恳。敬祝

康健！

陶行知启

一、十五

原件存南京晓庄学院陶行知纪念馆

【注释】

①标题为编者拟。

②朱大夫，时任重庆白庙子金剑山保育院大夫。

请接待小朋友李继环参观[①]

——致段超人

段院长[②]赐鉴：

兹者小朋友李继环前往贵院谒见朱大夫，顺便参观贵院小朋友生活，尚希俯予指导一切。天晚不能回来，如蒙赐借一宿尤感！专此介绍，敬祝

康健！

陶行知启

一月十五日

原件存南京晓庄学院陶行知纪念馆

【注释】

①标题为编者拟。

②段院长，即段超人。时任重庆白庙子金剑山保育院院长。

澄江小学需款甚急[①]

——致张曾荫

曾荫[②]吾兄赐鉴：

去年年底，承蒙允许自十二月起，按月捐助难童工作团学生三名学额，每名每月十元，无任感激！目前该生等在澄江小学需款甚急，甚望台端将该项补助费迳寄北碚下溪口澄江小学唐校长收，并希示知为感！专此奉恳，敬祝

康健！

陶行知启

一月十五日

原件存南京晓庄学院陶行知纪念馆

【注释】

①标题为编者拟。

②曾荫，即张曾荫。

请为张禹平先生查找《战时教育》[①]

——致戴伯韬

白桃[②]同志：

顷接张禹平先生来信。据他说，曾订了半年的《战时教育》[③]。可是一期也未收到。望你向生活书店查一查，他的通信处是开县[④]东街王永兴转张禹平。此人好学，倘没有下落，即由社送他一份。谨此拜托，敬祝

康健！

陶行知启

一、十五

原件存南京晓庄学院陶行知纪念馆

【注释】

①标题为编者拟。

②白桃，即戴伯韬、戴邦，字白桃（1907—1981），江苏丹阳人，晓庄师范学生。

③《战时教育》，1937 年 9 月创刊于上海，以服务战时教育为目的，陶行知为该刊的创办和发展做了大量工作。

④开县，四川县名。

给《国讯》推荐一文[①]

——致孙起孟

起孟[②]先生赐鉴：

兹者迅雷先生寄来《吴涵真先生访问记》一篇，能在《国讯》[③]上发表最为适宜，特随函附上，希查收示复。倘蒙登载，请寄两份，一份给泸州川康建设期成会第二办事处吴涵真，一份给安南[④]河内《全民日报》馆陈健中先生。此祝

康健!

陶行知启

一、十五

原件存南京晓庄学院陶行知纪念馆

【注释】

①标题为编者拟。

②起孟，即孙起孟（1911—2010），1938 年起任中华职业教育社总书记。

③《国讯》，原名《救国通讯》，1931 年 12 月 3 日刊于上海，为中华职业教育社机关刊物。

④安南，越南的旧称。

请帮助游泓就业[①]

——致昆明生活书店经理

经理先生赐鉴：

兹有中华业余共学图书馆校友游泓先生，现在昆明。蒙贵店寄彼待事人员登记表，已填就奉上。尚希俯予鼎力惠助，俾可得一枝之栖。如蒙俯允，感谢之至！专此介绍，敬祝

康健！

陶行知启

一月十五日

原件存南京晓庄学院陶行知纪念馆

【注释】

①标题为编者拟。

请安心静候为盼[①]

——致游泓

游泓[②]同学：

一月四日来札已读过。我已去函昆明生活书店经理，请他鼎力惠助。请安心静候为盼，专此奉复。敬祝

康健！

陶行知启

一月十五日

原件存南京晓庄学院陶行知纪念馆

【注释】

①标题为编者拟。

②游泓，中华业余共学图书馆校友。

此地可望找到工作[①]

——致陈志中、虞克由

志中、克由同志：

前飞函一件，计达。此地有几个位置，惟我不知道你希望有多少薪水，不敢代为作主，望来信示知，以便进行。专此，敬祝

康健！

陶行知启

一月十五日

原件存南京晓庄学院陶行知纪念馆

【注释】

①标题为编者拟。

林护士已允留校工作[①]

——致朱大夫

朱大夫[②]赐鉴：

日前曾派小朋友趋前奉访，并请为聘护士一位，当时您恰好赴渝。兹者林护士经我们再三挽留，已允留校继续工作，其情可感。请护士暂请作罢，以后有事，定当多帮忙。专此奉达，敬祝

康健！

陶行知启

一月十九日

原件存南京晓庄学院陶行知纪念馆

【注释】

①标题为编者拟。

②朱大夫，重庆白庙子金剑山保育院大夫。

望为《儿童节歌》谱曲[①]

——致贺绿汀

绿汀先生[②]：

赈济会每月要教材分送各地保育、教养院，育才学校对此义不容辞。兹寄上拙作《儿童节歌》四支，望你于二月初旬以前谱起来。谱好之后，请寄到北碚中国科学社陶宏先生转我便妥，以便汇寄该会，并送校应用。专此奉托。敬祝

康健！

陶行知启

一月廿二日

原件存南京晓庄学院陶行知纪念馆

【注释】

①标题为编者拟。

②绿汀先生，即贺绿汀，1939年任育才学校教师，曾任该校音乐组主任。

对于生活教育随时接受批评[①]

——致吴革

吴革同志：

年前来信，均收到无误，并已早就复您了，按您来信，我将给您的信都寄到国际新闻社去了，望您到那里去取！

对于生活教育，随时我们都希望得到批评，对于善意的批评我们总是欢迎的，并且也随时接受批评。专此奉复。敬祝

康健！

陶行知启

一月廿二日

原件存南京晓庄学院陶行知纪念馆

【注释】

①标题为编者拟。

文章未看，不胜抱歉[①]

——致徐治平

治平同志：

一月十七日来信收到。寄给吴革先生的信，请暂存尊处，二三日后，吴先生当到贵处[②]去取。寄来文章，我因太忙，所以没有给您看。特随函寄上，不胜抱歉！专此奉复。

敬祝

康健！

陶行知启

一月廿二日

原件存南京晓庄学院陶行知纪念馆

【注释】

①标题为编者拟。

②即国际新闻社。

协力援助抢救高士其先生[①]

——致杨槐

杨槐吾兄赐鉴：

顷奉大札，知高先生[②]病重，殊出人意外。台端如此关怀高先生，弟甚表敬谢。今日弟已拍电报给您，转致各友，此时想您该收到了。许俊仁先生、六河沟公司李组绅先生、妇女慰劳会何艾龄先生、中国银行戴志骞先生、太平洋通讯社陈彬和先生，均请吾兄前往接洽。之外，如接洽款项不足，则把芬道二号王儒堂先生和大坑利群道十号杨德昭先生处，亦烦吾兄代陈。俾能集腋成裘，以恢复高先生之健康。

按：高士其先生为一细菌学家，因研究细菌，致细菌由鼻入脑部，现在脑中细菌业已消灭，惟脑中为菌所伤处，迄未痊愈。本来社会或政府对于这样人才，应当有所救济。现在既没有救济，只好由私人来帮忙。高先生去港时，系由重庆友人筹得一千元，始成行。弟甚望港方亦可用此办法协力援助。万一款项不足，尚希示知为盼。港中诸友赞助情形，尚希随时赐函四川北碚中国科学社转弟即可。专此奉托，敬祝

康健！

陶行知启

一月廿二日

原件存南京晓庄学院陶行知纪念馆

【注释】

①标题为编者拟。

②高先生，指高士其。科普作家。二十世纪三十年代初，在上海曾参加陶行知所创办的自然学园，开展“科学下嫁”活动。后与陶行知一起创办儿童科学通讯学校。抗日战争爆发后赴延安。后由延安来重庆，准备转赴香港治病，陶行知当时曾为其募集旅费和医药费。

今有一好消息报告[①]

——致马侣贤等

马、帅、桑[②]三位同志：

今有一好消息报告，即朱、田、罗三先生来校参观指导。并且承朱大夫慨允让罗慕义护士帮忙代理一些日子。在这青黄不接之时，真是观音菩萨来临，我想大家必是万分欢迎。桑大夫的小弟弟感冒，要候他好一些，他才能来。白增起据我调查，是在江苏医学院[③]附属医院诊的。最好是搬到吉林路78号（是否必须来，请朱大夫断定）邹先生那儿住，就近医治。还有一位患疝气的小朋友，可以在该院医。桑大夫希望参观后再定。敬祝康健！

陶行知启

二九、一、廿四

船钱请校付，问朱大夫一声多少。

原件存夏英岚处

【注释】

①标题为编者拟。

②马、帅、桑，指马侣贤、帅昌书、桑文澜，当时均在育才学校任职。

③抗战时期迁到北碚。

通知成都分会选拔保送学生[①]

——致陈纪彝

纪彝[②]先生大鉴：

敬启者，前请函知成都分会[③]，准予敝校前往所属各保育院选择学生，并保送学生来敝校肄业，惟贵会成都分会现在尚未接到该项通知，测验员尚在期待中，甚望贵会早日通知成都分会，如蒙飞函通知尤感。以便敝校前往进行事宜。专此奉恳。敬祝

康健！

育才学校校长　陶行知启

一月廿五日

原件存南京晓庄学院陶行知纪念馆

【注释】

①标题为编者拟。

②纪彝，即陈纪彝，女，曾任战时儿童保育总会总干事。

③成都分会，全称“战时儿童保育会成都分会”。

请找向崇吉小朋友[①]

——致陆维特

维特[②]同志：

你们在选学生回来的时候[③]，请到合川孤儿院即教养院找一找向崇吉小朋友，十二岁。据说这小孩子会绘画，并且文学也很好。然后测验一下，专此奉托，敬祝

康健！

陶行知启

一月廿五日

原件存南京晓庄学院陶行知纪念馆

【注释】

①标题为编者拟。

②维特，即陆维特，原名赖成瑚。晓庄学院学生，《战时儿童》编辑，育才学校文

学组教师。

③当时陆维特等人在永久保育院和临江乡保育院为育才学校招选学生。

送上捐款及捐册[1]

——致卫琛甫

琛甫吾兄：

年前承蒙您送来百岁堂捐款册一，兹者弟经手共捐洋八十六元，现由小朋友将捐款及捐册一并奉上，尚希收到赐据为感。专此奉托。敬祝

康健！

陶行知启

一月廿五日

原件存南京晓庄学院陶行知纪念馆

【注释】

①标题为编者拟。

关于生活教育社数事[1]

——致戴伯韬

白桃同志：

兹接《生活教育社社报》等六期，知桂林生活社[2]通信处已改为桂林信箱一四六号，望你注意。

《生活教育社社报》上有《春季旅行指导大纲》一文，他们希望能刊登在《战时教育》[3]上。

又，长江以北各地社友名字，请你托人抄下，寄到季平那里，以便由桂林按名单寄发《社报》。

《战教》连编两期，我甚赞成。我这里的稿子，大约月底可寄去。

信封、信纸十元是我用的，当由我来还你们。其余十六元五角为软片钱，及育才十学生赴校费二十五元三角，共四十一元八角，我当通知马先生寄给你。

现在金剑山保育院需人，子勋夫人是否合适，望你考虑之后，写信给

金剑山保育院段超人院长。专此奉托。敬祝
康健！

陶行知启
一月廿五日
原件存南京晓庄学院陶行知纪念馆

【注释】

①标题为编者拟。
②生活社，全称“生活教育社”。
③《战时教育》，生活教育社主办的刊物。

找工作事有结果否[1]

——致游泓

游泓同志：

昆明生活书店经理，我早已写信去了，同时也给你一信由生活书店转，不知收到否？

近日有无结果？望来信示知。专此，敬祝
康健！

陶行知启
一月廿五日
原件存南京晓庄学院陶行知纪念馆

【注释】

①标题为编者拟。

愿任教育设计委员[1]

——致战时儿童保育会

敬启者，前接去年十二月十五日来函，知贵会为谋儿童教育前途之改进，成立教育设计委员会，不胜为难童庆幸。并承以该会委员相委，事关儿童福利，自当竭尽绵薄，借请教益。专此奉复，此致

战时儿童保育会

陶行知启

一月廿五日

原件存南京晓庄学院陶行知纪念馆

【注释】

①标题为编者拟。

尚希鼎力援助高士其，为国保才[①]

——致许世英

俊仁先生[②]赐鉴：

兹有恳者，科学家高士其先生，前曾在美芝加哥大学研究细菌学，于研究时，细菌由鼻入脑部，现在脑中细菌业已消灭，惟脑中为菌所伤处，迄未痊愈。四个月前，此间朋友筹得千元，助其飞滇赴港求医，想长途辗转已经告罄，现在在港诊治，病势危重，颇需社会人士援助！敝人前已拍电报给您，代为求援，惟恐电报码有错，以致误事，故再将电文抄一份，飞函奉上，尚希鼎力援助，俾高先生早日迁入优良医院诊治，恢复健康，为国报效。素仰我公爱才如命，故敢代为申请，使国家社会得以保此不可多得之人才。如蒙慨助，无任铭感！专此奉托，敬祝

康健！

陶行知启

一月二十五日

原件存南京晓庄学院陶行知纪念馆

【注释】

①标题为编者拟。

②俊仁先生，即许世英，曾任晓庄学校副董事长。

总务部事将来校商定[①]

——致马侣贤

肖生同志：

我星期五来校，总务部的事就在校中谈，较为便利。决算书此刻想已准备好了。我希望明天看过之后，再寄赈委会。预算书也想于明天来校商定，提交董事会通过，望准备材料根据，以便参考。所要谈之事，请你准备具体建议，俾能通盘地仔细考虑，谈话时也能节省时间，并且日后彼此都有记录，可谓一举数得。棉背心陆续带来，可省些钱。

明家房子租来是一大幸，要妥为分配，才有助于指导员之家属。他处有房，望再留意租来。敬祝

康健！

衔

二九、一、廿五

原件存南京晓庄学院陶行知纪念馆

【注释】

①标题为编者拟。

高士其之照护[①]

——致高度宇

度宇[②]先生：

日前接得友人杨槐先生来函，知令兄士其在港病重，其后敝人电函向港友人多方呼援。近日又得杨先生函，知已恢复以前状况。惟令兄此次病重，据云系因沐浴不慎，致使背部神经发热。因之，士其先生之照护人实一大问题，兹特将友人来函复抄一份奉上，以供参考。您有什么好的办法，尚希示复北碚中国科学社陶宏先生转。专此。敬祝

康健！

陶行知启

一月卅日

原件存南京晓庄学院陶行知纪念馆

【注释】

①标题为编者拟。

②高度宇，高士其之妹。

请查明示复代借之书是否归还[①]

——致北碚图书馆

北碚图书馆诸位先生大鉴：

兹有恳者，去年春天，敝人代黄杰先生向贵馆借得《育儿问题》及《小儿养育医治法》各一册。据黄先生来信说，已托陆纯一先生奉还。此书是否已还贵馆，务请查明示复为感。专此拜托，敬祝

康健！

陶行知启

一月

原件存南京晓庄学院陶行知纪念馆

【注释】

①标题为编者拟。

药品及治疗器械清单[①]

——致桑文澜

桑大夫[②]大鉴：

兹者我由重庆带来药品及治疗器械数件，计开如下：

听筒一个；

灌肠器一个；

体温表一个；

洗眼杯二个；

注射器（5c. c.）一个；

可拉明强心针一盒。

陶行知启

1940年1月写

原件存南京晓庄学院陶行知纪念馆

【注释】

①标题为编者拟。

②桑大夫，即桑文澜，浙江杭州人，卫琛甫夫人。曾到陶行知所办的育才学校工作。

谢为育才学生补充文化粮食[①]

——致张西曼

西曼吾兄赐鉴：

敬启者，北碚晤教，曷胜欣慰。承蒙捐助敝校图书馆国币拾元，当即交校内为敝校学生补充文化粮食。台从慷慨解囊，造福儿童，感谢之至！兹将收据奉上，望查收。敝校计划募捐书籍三万册，如蒙随时代向有志朋友劝募，则口角春风，拜赐无穷，尤为感激。专此致谢。敬祝

康健！

陶行知启

二月一日

原件存南京晓庄学院陶行知纪念馆

【注释】

①标题为编者拟。

百岁堂捐款已交[①]

——致育才学校诸同志

诸位同志：

建筑百岁堂捐款已送交经手人卫琛甫先生住宅，并已承其夫人桑大夫开来临时收条，兹特奉上。将来正式收据送来，当再奉寄。专此，敬祝

康健！

陶行知启

二月一日

原件存南京晓庄学院陶行知纪念馆

【注释】

①标题为编者拟。

请示知汪珍擅长科目①

——致阎哲吾

哲吾②吾兄：

多年未晤，殊为悬念！顷奉来函，不胜欣慰！尊夫人汪珍女士之社会服务精神，至堪钦佩。敝校于二月中开始春季作业，倘能于二月十二前来校，无任铭感！尚希先将尊夫人之擅长科目示知，以便编排。专此奉复。敬祝

康健！

弟陶行知启

二月一日

原件存南京晓庄学院陶行知纪念馆

【注释】

①标题为编者拟。

②哲吾，即阎哲吾，当时在四川江安国立剧校任职。

望将贵友情况详细介绍①

——致徐治平

治平②同志：

接得一月二十五日来书，已悉一切。你的进步很快，至为欣慰！承蒙询问敝校是否需要添人，尚望将贵友擅长何科、履历和您对他的印象，详细开来，以便考虑！最好就近介绍与白桃同志一谈。同时给我知道。专此敬复，祝

康健！

陶行知启

二月一日

原件存南京晓庄学院陶行知纪念馆

【注释】

①标题为编者拟。

②治平，即徐治平，曾为山海工学团团员，时在国际新闻社重庆办事处工作。

有重要校务会商[①]

——致孙铭勋、陆维特等

铭勋、维特、学镛及江风诸同志：

我近日不能来渝。前托永川保育院[②]转信，请你们回校，想未收到。现有重要校务会商，请即由青木关[③]回校。专此，敬祝

康健！

陶行知启

二月一日

重庆千厮门下行街34号华通药房后进

原件存南京晓庄学院陶行知纪念馆

【注释】

①标题为编者拟。

②永川保育院，即永川县临江保育院。

③青木关，位于北碚西南约20公里处的小镇。当时孙铭勋等人滞留重庆，准备去青木关附近的璧山保育院选拔学生。此句意为：请他们速去璧山保育院选拔学生，测验完后，即由青木关回育才学校。

请赞助中国科学社研究防治油桐虫害工作[①]

——致穆藕初

藕初[②]先生赐鉴：

敬启者，许久未晤，曷胜系念！兹者中国科学社研究防治油桐虫害工作计划，前托毕云程、邹秉文二先生代达愚见，谅蒙接洽。科学社研究此项工作有二优点：第一，苗久棚先生系中国唯一之森林昆虫专家；第二，该社六七年来所收集之森林昆虫图书最为丰富。兹特将该社之计划书奉

上，以供参考。倘蒙成全，必有贡献。专此介绍，敬祝
康健！

陶行知启

二月一日

原件存南京晓庄学院陶行知纪念馆

【注释】

①标题为编者拟。

②藕初，即穆藕初（1876—1943），民族工业资本家。时任国民政府行政院农业促进委员会主任委员。

请带书来以济内地书荒[①]

——致陈翰笙

翰笙吾兄赐鉴：

敬启者，兹奉上胡敦元博士来函一件，具见其奋发探讨，始终不懈，我们应该尽力助成。吾兄有何高见，敬请赐教。在美时有林语堂[②]之 *My Country*，*My People*[③]及关于墨西哥之书籍存兄处，不知带回否？现在内地感觉书荒，如蒙航空寄下，最为感激！寄费弟当奉还。如有飞机师朋友，托其带来更好，专此奉托，敬祝
康健！

弟陶行知启

二月一日

原件存南京晓庄学院陶行知纪念馆

【注释】

①标题为编者拟。

②林语堂（1895—1976），福建龙溪人，作家。

③*My Country*，*My People*，书名，林语堂的英文著作，译为《吾土吾民》。

望代为查明书籍着落[①]

——致杨槐

杨槐吾兄大鉴：

敬启者，前闻涵真[②]先生称道您之为人，钦佩之至！日前高士其先生承蒙亲切关照，足见名不虚传。弟前有四箱西书，存业余图书馆，闻现在已迁移到红明磡新学校内，不知确否？李秋生[③]先生常去该校，或可知道底细。望吾兄代为查明着落，并为保管。如蒙俯允，至为感激。内地感觉书荒，有机会时，我还想设法运来，或托飞机师中朋友分批带来。涵真先生有这样朋友，您知道否？倘有此种朋友，请给陈翰笙先生知道，彼处有我存书数本，亦想如此带来。专此奉托，敬祝

康健！

陶行知启

二月一日

原件存南京晓庄学院陶行知纪念馆

【注释】

①标题为编者拟。

②涵真，即吴涵真，时任香港中华业余补习学校校长。

③李秋生，时为香港中华业余补习学校学生。

望安心静疗，为学术珍重身体[①]

——致高士其

士其吾兄：

别后久不见您来信，大家都很挂念！接元旦来信，甚为喜悦！其后接杨兄槐来信，则颇为忧虑。后再接槐兄来函，知已转危为安，至慰！甚望在港安心静疗，为学术珍重身体！暇时望能写一简信与卢子英[②]兄。他甚念您。专此敬复，敬祝

康健！

陶行知启

二月一日

原件存南京晓庄学院陶行知纪念馆

【注释】

①标题为编者拟。

②卢子英，时为北碚区区长，高士其赴香港治病经重庆时，卢子英曾设宴送行，并捐助医药费。

望对于现实有更深刻之描写[①]

——致汪曼铎

曼铎[②]先生赐鉴：

接读寄来大作，至为感谢。已交敝校戏剧组读过，内中与现实描写稍有出入。《战时教育》登稿，希望对于现实有更深刻之描写。今后倘有此类大作，尚希不吝赐下，以光篇幅。原稿随信寄回，敬乞查收。专此奉复。敬祝

康健！

陶行知启

二月二日

原件存南京晓庄学院陶行知纪念馆

【注释】

①标题为编者拟。

②曼铎，即汪曼铎，当时在四川郫县新场戏剧学校任职。

望你做育才科学组的兼职教员[①]

——致陶晓光

筱桃[②]：

你如果考虑之后，觉得现在要来[③]，我想有两件事你可以做：一是跟倪尚达[④]先生做助理，在无线电工程上精益求精，以为国家效力；一是在育才学校小朋友干儿童科学。育才科学组就要成立，希望你做一位兼任教员。你可以同时学无线电工程兼助发展儿童科学，培养小朋友从事于科学活动（你若以为不适合，当然可以熟商）。和季平商量向研究所借旅费

(要充分一点)[5]，在解款中扣，倘使无法解决，我得季平付款信即汇还桂事务所[6]。敬祝

康健!

爸爸

二九、二、二

原件存陶晓光处

【注释】

①标题为编者拟。

②筱桃，小桃的谐音，陶晓光的小名。

③当时陶晓光在桂林，来函表示要来重庆谋职。

④倪尚达，陶行知之友，无线电专家，时任教于中央大学。

⑤季平，即刘季平；研究所，即晓庄研究所。

⑥指生活教育社设在桂林的总事务所。

谢介绍敝友李赓为通讯员[1]

——致郁达夫

达夫[2]先生：

奉读一月十六日来函，敬悉一切。承为敝友李赓介绍为贵报通讯员，无任铭感。报告文学办法，甚为合适。弟即当将尊意转达李君。

承嘱写文，卒因事忙，未成，殊觉歉仄。如尚需稿，当随时奉寄。

令郎现在何处？最好能开明通讯处、年龄、学级及特殊兴趣、才能等项，以便登记。专此奉复。

弟陶行知启

二月二日

原件存南京晓庄学院陶行知纪念馆

【注释】

①标题为编者拟。

②达夫，即郁达夫。现代作家。时在新加坡主编《星洲日报》。

请直接写信给郁达夫先生[①]

——致李赓

李赓[②]同志：

兹接郁达夫先生来信，特抄一封奉寄。您究竟采取那种办法，请你直接写信给郁先生吧。他的通讯地址是：Sin Chew Jit Poh，Limited No. 128 Robinson Road，Singapore（新加坡罗敏申路一二八号《星洲日报》编辑部郁达夫）。

其他地方有信否？甚念。得便深望示知。专此。敬祝

康健！

陶行知启

二月二日

原件存南京晓庄学院陶行知纪念馆

【注释】

①标题为编者拟。

②李赓，福建人，全国学联代表。

讨论事项[①]

——致戴伯韬、孙铭勋等

白桃、铭勋、维特、江风、学镛诸同志：

兹定于二月六日早八时至七日三时讨论：甲，学校公约；乙，课程大纲；丙，二九年[②]预算计划。望于五日以前到古圣寺为盼。专此奉约。敬祝

康健！

陶行知启

二月三日

原件存南京晓庄学院陶行知纪念馆

【注释】

①标题为编者拟。

②二九年，指民国二十九年，即公历1940年。

火炬辉煌象征抗日，坚持必有黎明之时[①]

——致振声、文甫等

振声、文甫、雨苍[②]三兄：

许久未晤，至为想念！顷陆璀[③]女士来，借悉大家都平安，热心救国，甚慰！

承赐贺年片，片上图案，火炬辉煌，一望而知为象征抗日，正在黑夜奋斗向前，只须坚持到底，必有黎明之时。专此奉复，敬祝

康健！

弟陶行知启

二月三日

原件存南京晓庄学院陶行知纪念馆

【注释】

①标题为编者拟。

②振声、文甫、雨苍，加拿大温哥华市的中国侨胞，时为当地中国会馆及抗日救国会成员。

③陆璀，一二·九学生运动领袖之一。

来育才学校的路线[①]

——致陆静霞

静霞[②]同志：

顷接来书，至为欣慰！令兄已有信到我处。如能来育才，我们非常欢迎您做教育艺友。来时可坐汽船到北碚，然后步行到金刚碑，由金刚碑上船到白沙沱，然后由白沙沱步行五里到草街子，再三里到古圣寺育才学校便可！如有行李，可一直从北碚坐船到草街子。专此敬复。此祝

康健！

陶行知启

二月三日

原件存南京晓庄学院陶行知纪念馆

【注释】

①标题为编者拟。

②静霞，即陆静霞，原晓庄学校学生，晓庄学校指导员陆静山之妹。

帮助国家培养科学幼苗[①]

——致张亚生

亚生吾兄：

接读一月二十一日来函，借悉有心研究内燃发动机，至为钦佩！

育才学校有自然科学组，欢迎大驾任职。待遇面商，总能使你生活安定，不比现在少。您可一面完成机器构造，一面帮助国家培养科学幼苗。专此欢迎，敬祝

康健！

陶行知启

二月三日

原件存南京晓庄学院陶行知纪念馆

【注释】

①标题为编者拟。

推荐儿童剧本《活捉日本鬼》[①]

——致许世英

赈济委员会许代委员长[②]：

敬启者，前接快邮代电，承示将敝校研究所得材料，按月寄奉，以备审查、分发各院采用，自当遵照尊意，选择试用有效者，奉呈清览，以副雅望。现有舒强[③]先生所创儿童剧《活捉日本鬼》一篇，经敝校试演数次，并加修正，效果尚好。现先将该儿童剧本奉上，希斧正。以后有所收获，自当陆续寄上，借请教益。专此敬复，敬祝

勋安!

育才学校校长　陶行知启

二月三日

原件存南京晓庄学院陶行知纪念馆

【注释】

①标题为编者拟。

②赈济委员会许代委员长，即许世英，时任全国赈灾委员会代委员长兼全国财政委员会主席。

③舒强，时任育才学校戏剧组指导员。

请更改上课时间[①]

——致张蔼真

张主任[②]赐鉴：

顷奉聘书，敬悉一切。贵会举办高级干部训练班作育人才，至为钦佩。承以讲师相委，自当贡其一得，借副雅望。所定功课，二月十二日当可照来表所开钟点上课，但八日与九日因校务不能来，请改在十三、十四两日或移到三月十日左右。二月二十二日与二十九日之课，亦请改在三月十日左右。如蒙俯予改正，最为感盼。倘有困难，再请函商。专此奉复，敬候确示。敬祝

康健!

陶行知启

二月三日

原件存南京晓庄学院陶行知纪念馆

【注释】

①标题为编者拟。

②张主任，即张蔼真。时任新生活运动促进总会妇女指导委员会主任。

小朋友应有长统袜[①]

——致马侣贤

肖生同志：

音乐组买钢琴两个，共洋贰千八百元，业已核准，可以照发。在贸易委员会3500元捐款中开支。余七百元作印刷设备。不足再捐。小朋友应有长统袜（脚冷），湖南土布炒米色很合用，洗脸巾亦可用，请与桑先生一商。

钮扣及破衣应下一决心立刻补好。

裁缝铺靠不住，将来做衣服，必须买料交做。我们做的衣服几乎是纸做的，是将来之殷鉴。敬祝

康健！

衔

二九、二、九

原件存南京晓庄学院陶行知纪念馆

【注释】

①标题为编者拟。

小朋友应试须带作业来[①]

——致黄美善

美善先生赐鉴：

奉读来书，借悉令弟欲来敝校应试，欢迎之至！兹者敝校订本月廿日上午八时起至廿二日止，为自费生测验之期。即希令弟于十九日到北碚北温泉北泉小学报到，以便测验。来时并请将该小朋友之图画、作文及其他作品等带来，俾便考核。专此奉复，敬祝

康健！

陶行知启

二月十七日

原件存南京晓庄学院陶行知纪念馆

【注释】

①标题为编者拟。

自费生入学测验时间[①]

——致谢铸陈

铸陈先生赐鉴：

久未晤教，曷胜挂念！尊夫人日前来碚，适敝人去渝，未及欢迎，殊深歉仄！按读来书，借悉您有小朋友要到敝校上学。查敝校定本月廿日上午八时至廿二日举行自费生入学测验。尚希令其于廿日早八时前到北温泉北泉小学报到，以便应考。专此奉达，敬祝

康健！

陶行知启

二月十七日

原件存南京晓庄学院陶行知纪念馆

【注释】

①标题为编者拟。

望按时报到应考[①]

——致玉生

玉生小朋友：

敝校定于本月二十日上午八时至廿二日为新生入学测验之期。望你能于十九日午后到温泉北泉小学报到，以便应考。专此函达，敬祝

康健！

陶行知启

二月十七日

原件存南京晓庄学院陶行知纪念馆

【注释】

①标题为编者拟。

寄送《智力测验》一份[①]

——致陈纪彝

纪彝先生大鉴：

这次到渝，畅聆教益，不胜佩慰。敝校选拔学生及经费事，荷蒙关怀赐助，俾能建立基础，依情发展。瞻望前途，尤所感激！承嘱寄送《智力测验》一份，兹奉呈清览。尚希指教。敬祝

康健！

陶行知启

二九、二、十七

原件存南京晓庄学院陶行知纪念馆

【注释】

①标题为编者拟。

快来育才商讨[①]

——致汪达之、王洞若等

达之、洞若、昌书[②]诸同志：

季平同志有重要信件到碚[③]，甚望您们快来育才，共同商讨。专此奉约。敬祝

康健！

陶行知

二月十七日

原件存南京晓庄学院陶行知纪念馆

【注释】

①标题为编者拟。

②达之、洞若、昌书，即汪达之、王洞若、帅昌书，均曾在晓庄师范学校任职。

③指刘季平所写《战地师范意见提纲》一文寄达。

对《战地师范意见提纲》的意见[①]

——致刘季平

季平[②]同志：

你所拟的《战地师范意见提纲》已经看过，最为高兴！现在提出意见如下，以供参考：

（一）战地师范与战地教育督导团最好打成一片，最少要有密切的联系。

（二）最近看到你在汉口时建议的办法，要把植物性的学校变成动物性的学校，我希望战地师范出来的学生有这样的本领。

（三）我在《战时教育》第五卷第六期上发表了一篇《游击教育》，希望战地师范出来的学生有游击教育的本领。

（四）战地师范对于培养人才，应该分两个步骤：第一步，用集中训练的方法，号召后方优秀教师及初中简师以上之优秀毕业生，加以短期培养，并用督导与函授方法引导原任战地优秀教师，以增加他们应变的学识与力量；第二步，俟新教师养成，再将战地优秀教师调来集训。这样可以免去战地优秀教师忽然调开，致使文化阵容空虚之危险。

（五）战地师范应如何与干部学校分工合作，似宜考虑。

我赞成你们的主张：生教社应以极大努力参加保卫大西南。如果雷厅长赞成你们的计划，或觉得我有来一次的必要，我是很愿意来帮助完成这个工作的奠基。我还愿意帮助别的同志一同来。为着便利你们工作顺利进行，晓庄研究所解渝每月之一百元，可以暂作保卫大西南教育活动之用。关于参加战地师范，有必需用款，也可动用。这是一点初步的帮忙，等到将来有的款时，再作他用。专此奉复，敬祝

康健！

行　知

二九、二、十七

赴渝一礼拜，所以迟复。昨晚先用电报略表鄙见，谅已达览。

原件存南京晓庄学院陶行知纪念馆

【注释】

①标题为编者拟。

②季平，即刘季平，当时在生活教育社工作。

介绍岳从风转入中央大学继续深造[①]

——致复庆

复庆吾兄赐鉴：

敬启者，久未晤教，曷胜挂念！兹有恳者，友人岳从风君前在中正医学院二年级肄业。今持转学证书拟转入中央大学三年级继续攻读，以求深造。深望台从鼎力惠助，予以介绍，俾能转入该校。如蒙俯允，无任感激！专此介绍。敬祝

康健！

陶行知启

二月十九日

原件存南京晓庄学院陶行知纪念馆

【注释】

①标题为编者拟。

望接收岳从风转学[①]

——致戚寿南

寿南[②]吾兄赐鉴：

敬启者，久未晤教，曷胜挂念！兹有恳者，友人岳从风君前在中正医学院二年级肄业，今持转学证书拟转入贵校三年级继续攻读，以求深造。深望台从鼎力惠助，俾能在兄指导之下完成其学业。如能俯允，无任感激！专此介绍，敬祝

康健！

陶行知启

二月十九日

原件存南京晓庄学院陶行知纪念馆

【注释】

①标题为编者拟。

②寿南，即戚寿南。时在中央大学医学院任教。

关于订阅《战时教育》事宜[①]

——致刘琼瑶

琼瑶同志：

一月二十九日来函已拜读，借悉您在闽努力于社务之推进，很有成绩，无任钦佩！小册子尚未收到。订阅《战时教育》之社员名单已收到无误，惟自五卷一期至五卷六期因出刊已久，再订颇为困难。我已托社内职员检送一份，并与书店交涉，期能从五卷一期起代订。万一卖完，则从五卷七期起订寄。价目全年三元四角，半年一元八角。优待社员办法，书店只允八折，再再交涉，能否达到六折，尚未可知。以后您的通信处如有改变，望随时示知为感。张宗麟先生通信处为：上海博物院路青年协会吴耀宗先生转林仲璋[②]先生收。因上海环境恶劣，给他写信，措辞要谨慎。专此先复，俟暇当再详谈。敬祝

康健！

陶行知启

二月廿日

原件存南京晓庄学院陶行知纪念馆

【注释】

①标题为编者拟。

②林仲璋，张宗麟的化名（本名的谐音倒排）。

请送《战时教育》给妇女干部训练班[①]

——致殷金陵

金陵[②]同志：

寄上订阅《战时教育》社员名单。见信后望能到生活书店，将《战

教》从五卷一期到六期搜集数份，一份烦您送交曾家岩求精中学高级妇女干部训练班，一份寄交福建三元公务人员训练班王江山先生转刘琼瑶。

订单上之社员订户，从五卷七期起，望能按期寄去，倘能从五卷一期起订寄更好，望与书店一商，订费由生活教育社担保缓交。专此拜托，敬祝

康健！

陶行知启

二月二十日

原件存南京晓庄学院陶行知纪念馆

【注释】

①标题为编者拟。

②金陵，即殷金陵，生活教育社《战时教育》编辑部工作人员。

垫被用散草替代[1]

——致马侣贤

肖生同志：

昨晚在北泉睡了一晚，旅馆都用稻草做垫，实在省钱而且省得多。他们用的是散草，不是扎成的草垫，所以软得很。你前天告诉我要轧棉花做垫被，这是不必需。望停止做垫被，统以散稻草替代。每人省三元，五百人便能省一千五百元。已做成的或改，或作病人或客人用。

本月及一月请款书与领款书望即日（帅同志来时，校章为他携去，必候他来才能寄出）盖章，派人交下，以便写信去领（每月法币叁仟伍百元）。数目字要大写。

垫被用散草代很软很暖，定期在大太阳中晒而复晒，可免跳蚤。一切和桑先生商谈。总之，可省则省，而且必省，使得别的要务可以有钱举办。例如垫被省了一千元便可得一石印[2]了。岂不更好？

行　知

二月廿日

原件存夏英岚处

【注释】

①标题为编者拟。

②石印，指石印机。

请以优价卖给难童英文课本①

——致开明书店执事

开明书店执事先生大鉴：

敬启者，敝校为培养具有特殊才能之难童而设。学校经费不及一般公立学校之充分。兹有恳者，敝校拟向贵店购买初中用林语堂著《开明第一英文读本》四五十本，尚希将价目规定格外便宜，便利难童，功德无量。如蒙俯允，无任感激！专此奉托，敬祝

康健！

育才学校校长陶行知启

二月二十三日

原件存南京晓庄学院陶行知纪念馆

【注释】

①标题为编者拟。

务希核发育才学校补助费①

——致许世英

赈济委员会许代委员长勋鉴：

兹奉上育才学校二十九年度壹（三）月份及二（四）月份补助费请款书各一纸，务希核发。支票请赐交重庆新街口新华银行代收。专此奉恳。敬颂

勋安！

育才学校 董事长 张一麟（印）

校 长 陶行知（印）

二十九年二月二十八日

附件：育才学校二十九年度补助费请款书一（三）月份、二（四）月份各一纸。（略）

1940年2月28日写

原件存中国第二历史档案馆

【注释】

①标题为编者拟。

即请代领收入敝校账户[①]

——致重庆新华银行

新华银行大鉴：

兹奉上育才学校向赈济委员会会计科领款书两纸，计：一（三）月份补助费3500元一纸；二（四）月份补助费3500元一纸。业已加盖图章。"款项核准时，该会有电话或信来通知"，即请代领收入敝校账户。专此奉托。敬祝

大安！

育才学校　董事长　张一麟（印）

　　　　　校　长　陶行知（印）

二九年二月廿八日

附件：领款书两纸。（略）

1940年2月28日写

原件存中国第二历史档案馆

【注释】

①标题为编者拟。

接洽购纸事[①]

——致吴克坚

克坚[②]先生赐鉴：

敬启者，敝校拟购嘉乐纸[③]十令，前承允许，帮忙代购，尚未收到。兹特介绍小朋友孙敦乐[④]君趋前接洽。如已购妥，即希交孙君一部分带下。

倘已运来，亦请告知由何人运来，以便接洽。专此拜托，敬祝
康健！

陶行知启
三月一日
原件存南京晓庄学院陶行知纪念馆

【注释】

①标题为编者拟。
②克坚，即吴克坚，时在重庆《新华日报》社工作。
③嘉乐纸，一种重庄土产纸，育才学校绘画买不到素描纸，就用这种纸代替。
④孙敦乐，育才学校绘画组学生。

望将钥匙寄回①
——致邓华

邓华小朋友：
日前您在敝处小住，招待不周，至歉。兹有恳者，房门钥匙恐系由你带去了，我们这里急需那只钥匙，望你见信后，用一个坚固的信封将钥匙装在里面，快函寄下为盼。专此奉托，
祝你
康健！

陶行知启
三月一日
原件存南京晓庄学院陶行知纪念馆

【注释】

①标题为编者拟。

请撰《生活教育发展史纲》[①]

——致戴伯韬

白桃同志：

兹接桂林季平同志来信，拟出生活教育十三周纪念特刊。八日集稿，九日即付印。《生活教育发展史纲》[②]及《长江以北之社务报告》，彼请你即日动笔，写好后飞函寄往桂林为盼。去年预备的生活教育社工作年表，随信附上，供你参考。专此，敬祝

康健！

陶行知

三月一日

原件存南京晓庄学院陶行知纪念馆

【注释】

①标题为编者拟。

②《生活教育发展史纲》由戴伯韬撰写，除函寄刘季平外，公开发表在1940年3月25日出版的《战时教育》第5卷第10期上。

请撰《育才学校概况》[①]

——致帅昌书

昌书[②]同志：

兹接桂林季平[③]同志来信，拟出生活建设十三周纪念特刊，本月八日即集稿，九日即付印。《育才学校概况》一文，望你根据日前征集报告，速写一篇，与白桃、洞若[④]之文飞函寄往桂林为盼。专此奉达，敬祝

康健！

陶行知

三月一日

原件存南京晓庄学院陶行知纪念馆

【注释】

①标题为编者拟。

②昌书，即帅昌书（1903—1969），1939年参与创办育才学校，任指导部主任。

③季平，即刘季平（1908—1987）。

④洞若，即王洞若（1909—1960），生活教育社理事兼服务部常务干事。

请撰《生活教育研究提纲》[①]

——致王洞若

洞若同志：

兹接桂林季平同志来函，拟出生活教育十三周纪念特刊，本月八日即集稿，九日即付印。《生活教育研究提纲》一文，季平让你即日动笔，写好后，与白桃、昌书之文一同飞函寄往桂林为盼，专此奉达，敬祝

康健！

陶行知启

三月一日

从前竹因不该将你私信披露，使你受到意外打击。我写信告诉了他，他也知错。他在半年前到了皖南服务，音讯杳杳，我最近才收到他一信。他之有疏音问是别有困难，不是对你有成见。

原件存南京晓庄学院陶行知纪念馆

【注释】

①标题为编者拟。

约请专家学者来育才讲学[①]

——致马侣贤、帅昌书

马、帅二同志：

（一）奉上伤兵之友社章程，请在本校及绅粮[②]征募。本校请收款、开名单，即交来人带下，以便代填志愿书。此地情形，每人交款一元以上即行。我明日赴渝，最好交来人带下，以便于行前完成手续。

（二）日前交帅同志捐募军鞋，捐册望即交来人带下。捐款可同交来人带下。

（三）五月书店隔壁作文簿每本一角五，但每百本为十四元。可便中来看，酌买。

（四）艺友学习计划及要请的专家[③]，通讯处及担任专题讲演请与孙、魏、章、陆[④]诸同志及艺友商后开来，以便进城面约。但同时由校去信约请（信要写得恳切，来校路线开明，招待要准备），充分运用复旦教授及北碚附近专家，重庆方面以请最擅长之学者为主，旅费由校致送。

（五）保育院寄读生名单，注明年级，请交来人带来。敬请近安！

衔

二九、三、九

原件存南京晓庄学院陶行知纪念馆

【注释】

①标题为编者拟。

②绅粮，指地方上有地位有势力的人。

③为提高育才学校的教育质量，陶行知先后聘请了不少专家、学者到育才学校讲学，如翦伯赞、郭沫若、周扬、夏衍、刘白羽、邵荃麟、徐迟、周而复、萨空了、吴晓邦、盛婕、姚雪垠、曹靖华、戈宝权、光未然、田汉、何其芳等都到育才讲演过。

④孙、魏、章、陆，指育才学校社会组主任孙铭勋、文学组主任魏东明、戏剧组主任章泯、文学组指导员陆维特。

欢迎罗广文师长来育才参观演讲[①]

——致马侣贤

肖生同志：

本月十八日中午，十八师师长罗广文[②]先生等来校参观，望代办宴席一桌为盼。学校方面举行欢迎会，并请罗师长演讲。

敬祝

康健！

行 知

二九、三、十

任光[③]先生托你为他留一间房子。他不久从昆明飞来。请告音乐组同志。

原件存南京晓庄学院陶行知纪念馆

【注释】

①标题为编者拟。

②罗广文，十八军十八师师长，该师为陈诚嫡系，时驻育才学校对岸澄江镇，陶行知曾向该师借旧枪作师生军事训练之用。

③任光，音乐家，曾在新四军中工作，“皖南事变”中遇难。

只有健全的身体，才能完成你的事业[①]

——致吴树琴

琴妹：

接读三月十一日的信，至为安慰。我来渝之后，经过二次共五小时之演讲，头晕尚未发现，真是可喜。今天额外加了一小时，我想不会有什么困难。我这几天睡眠甚足，所以精神不错。你说“有健全的身体，才能完成你的事业”，这话当成为我的指南针。你要的《本草纲目》及做丸药的器械，我明日有空去打听。做丸药器械，最好用硬纸或木片做一模型比较具体。你给我称呼，最为欢迎。祝你康健！

衔

二九、三、十三

原件存吴树琴处

【注释】

①标题为编者拟。

在渝受病　一切偏劳为念[①]

——致马侣贤、帅昌书

马、帅二同志鉴：

我因在渝受病，暂难到校，一切偏劳为念。

（一）罗师长三月十八日来校参观过吗？（二）陶宏星期一未回北碚，

至今仍未回，请偕来人到其家中查明原因，详细告我。倘身体不适，或请助其叫滑竿来碚就医。（三）《申报》所出地图及说明书系育才所买，望检收。（四）历史书十三本系晓庄研究所所捐，先给图书馆登记，写收条给所，再交魏东明同志为编历史教材作参考。（五）东明同志编历史教材由宜天②同志教导，这方法最好，他科宜仿行。（六）保育会领款需开明年级、年龄，并注明长得特别高或特别矮，以便发衣服参考。前表写得草率，不好交去。每生写一行，比较清楚。望即写好，备文，盖章送下。（七）甘肃、广西教育厅长日内或来参观，请特别招待，并请其指教，讲甘肃、广西战时教育实施或此次国民教育、中等教育会议之要点与感想。（八）小朋友闻头上有虱，望用“捉身上汉奸”口号限期大举肃清。（九）同人小朋友有病较重者，宜对家属立即报告。例如王金陵之病，我据医生报告并详问医生，据实写信，即日告诉其父母，父母得此消息，一方面知道校中对病孩特别注意，可以放心；一方面知道病情，可以斟酌增加照料。（十）校中有失眠小朋友，望减其功课，促其注意自己健康，并查原因何在，以图根治。（十一）校中有《儿童科学丛书》，请关照张亚生先生等指导木匠辅导学生实地做去，当有进步。书中有不少好图，可作科学玩具及仪器设备之制造参考。

敬祝

全校康健！

衔

二九、三、廿

（十二）五百元药快要到了，请告桑、朱二先生。

原件存夏英岚处

【注释】

①标题为编者拟。

②宜天，即张宜天，育才学校艺友。

关于木料、药品诸事[①]

——致马侣贤

肖生同志：

八十一号地拟照价加一分利卖掉。附近木料前估价值得一千元，现已以一千二百元卖与宋大年先生，支票存在陶宏处。周老先生的行李、药品来时请派人代他送到旅客服务处。卫生署药品已发下约五百元，不日送渝，托白桃觅人带下。敬祝

康健!

衔

二九、三、廿四

马家沱之木料，请你亲去看一看，用绳捆稳以免大水冲散。大料排可卖五千元，较小之条料排留着自用。

岚

原件存夏英岚处

【注释】

①标题为编者拟。

艺友工学额每人增发五元[①]

——致马侣贤

肖生同志：

艺友工学额[②]自本月份起每人增发五元。敬祝

康健!

衔

二九、三、廿五

原件存夏英岚处

【注释】

①标题为编者拟。

②艺友工学额，指边工作（辅导或教学）边学习的艺友名额。艺友，类似于现今的见习教师，但更注重个人实际工作能力的培养，往往通过协助指导教师进行辅导或

承担一部分教学任务的形式，在工作中学习和进步。

购买制药片机器[①]

——致吴树琴

树琴：

我昨天到汽车站，只有十一时，因此就到镇上去吃了面，再动身来渝。到渝后即托文华[②]去打听制药片（可以做三种大小的片子）的机器。他们要560元，只愿减少二十元。那是贵得很。不过，这也不过是一个工人一年的工钱，算来也不吃亏。在北碚那一部，如果二三百元愿卖，零件要齐，你就商同宏[③]开支票去买了来，晓光[④]已经来了。我一到，他是第一个人与我拉手，那是很心慰了。我身体很好。祝你康健！

衔

二九、三、廿六

原件存吴树琴处

【注释】

①标题为编者拟。

②文华，即俞文华，育才学校生产科负责人。

③宏，即陶宏，陶行知长子。

④晓光，即陶晓光，陶行知次子。

用一年煤款投资[①]

——致马侣贤

肖生同志：

煤矿事照前所谈办理，本校可将一年用煤之钱投资，稍多亦可。同志愿加股者征求之，可预支半月薪。潘同志已谈否？

三月份请款书、领款书，请盖章交孙敦乐同志带来。

敬祝

康健！

陶行知

二九、三、卅一

原件存夏英岚处

【注释】

①标题为编者拟。

介绍殷金陵前来奉访[①]

——致魏文翰

文翰吾兄：

“民用”遇险，最为不幸。敝校有贺绿汀、雷醴泉[②]二先生在船，现托殷金陵先生前来奉访，尚希详于指教。

陶行知

二九、四、廿一

复印件存华中师范大学教育学院

【注释】

①标题为编者拟。1940年4月20日，“民用”轮翻沉，育才学校贺绿汀脱险获救，雷醴泉不幸遇难。

②雷醴泉，育才学校会计。

为育才募捐兴学事[①]

——致帅昌书、马侣贤

昌书、肖生同志：

久未晤谈，至为悬念。现有事数件，先行奉商。

（一）赈济会请款书及领款书之第三联，须加盖本校[②]图章于国字之下，式样已与孙君[③]说过。要端正、完全，不可偏缺。一、二月份经费，因缺此不能领得。

（二）楚图南队捐得壹千壹拾元。计：郑一斋先生捐壹千元，钱平阶先生捐十元，请分别出图书捐收据。此款已存入新华[④]，收据送上，请赐复。

（三）张军光队捐得陆百元，计：张军光先生叁百元，张瑞芝先生叁百元。支票要盖校章，交北碚美丰[5]托其代收。

（四）保育会送下支票计二一七六元四角，请加盖校章托美丰代收。此款立独立会计，另辟账户，依来文分别开支，不得移用。

（五）大宗垫款如下，请开支票赐还，以应急需。

甲、我付文学组请艾青先生旅费，分三批寄，共150元（见汇款收据）。

乙、我付贺绿汀先生200元。

丙、晓庄研究所代垫500元，为让加乐纸十令之用，收条未到。

（六）收洪范五[6]队捐来图书费二十元，请在甲、乙中扣。

（七）请代向贺绿汀同志慰问，并向全体同志致候。我体较好，但仍须休养。

衔

二九、四、廿四

复印件存华中师范大学教育学院

【注释】

①标题为编者拟。

②本校指育才学校。

③孙君，即孙敦乐。

④新华，指重庆新街口新华银行。

⑤北碚美丰，指北碚美丰银行。

⑥洪范五，陶行知的同乡，曾任中央大学教授兼中央大学图馆馆长。1949年后曾任中华人民共和国科学技术委员会图书组组员。

育才艺友人选标准及意见[1]

——致一位同志

（一）

关于你所推荐的三位女同志，我现在不能下断语。我希望提出几条标准：（一）汉文清通；（二）思想清楚；（三）治事有条理；（四）服务有热诚；（五）与人能合作。育才学校之艺友希望于下列两种人物中物色之：

（一）在学术上有贡献之可能者；

（二）在事业上有独当一面之可能者。

就你们所观察，有这种可能之一者都欢迎，否则应当另外给他们设法介绍，或有力时另设培养机关助成之，你所提的三位，望你再就上列路线重新考虑，而后告诉我。

（二）

关于艺友的意见，我在前面一封信里写了一些，请你参考之后，再行推荐，就没有错误了。

在原则上我赞成先生带太太来，太太带先生来，爱人带爱人来，未婚夫妇携手同来，初期要节制生育，大家把生命集中在学术的研究与事业的开展上。

陶行知

原载《战时教育》第5卷第11期，1940年4月25日

【注释】

①标题为编者拟。

认捐生产基金及资金[①]

——致刘季平等

季平转全体同志：

阅第九期社报[②]，知道生产基金筹募运动，已经开始进行。这消息使我觉得病儿好了一半。我这里捐贰百元，拟依据生产计划认募一万元。我愿意参加病夫队里竞赛，别的话已托晓光[③]代达。敬祝

胜利！

1940年4月28日写

原载生活教育社《生活教育通讯》第10期，1940年5月30日

【注释】

①此信原发表时拟题为“理事长带病参加竞赛”，今题为编者拟。

1940年初，生活教育社发起“生产基金及资金运动”，推行建设教育以促进全面建设。陶行知以理事长身份带头认捐，并由此掀起一股认捐热潮。

②社报，即《生活教育通讯》。

③晓光，即陶晓光。

请派人来抬药箱①

——致马侣贤

肖生同志：

雷醴泉②同志灵柩来到否？

药已到二箱，共一一七市斤，请派人来抬。

痘苗敷用否？如不够，卫生所可交涉，账目急须报出，请特别督成。

衔

二九、四、卅

原件存夏英岚处

【注释】

①标题为编者拟。

②雷醴泉，育才学校会计，一次因公出差，途中轮船失事遇难。陶行知为雷醴泉亲笔写的墓碑碑文是："雷同志负责治事，认真求学，人所共钦。念九年四月念日民用轮失事遇难，时年念四岁。痛哉！会计英雄雷君醴泉之墓。"

感谢捐助育才学校图书费①

——致郑一斋、钱平阶

一斋、平阶先生赐鉴：

奉读图南②先生来札，借悉台端爱护敝校无微不至，曷胜欣幸，承蒙捐助敝校图书费国币一千元、拾元已收到无误③。敝校学生及工作同仁闻讯之下，均为振奋，并铭感之至！兹将收据托楚图南先生奉上，尚希查收为感！专此致谢，敬祝

康健！

育才学校校长　陶行知启

五月一日

原件存南京晓庄学院陶行知纪念馆

【注释】

①标题为编者拟。

②图南，即楚图南。

③指郑一斋捐一千元，钱平阶捐十元。

捐款交育才学校备添购图书之用[①]

——致楚图南

图南吾兄赐鉴：

拜读三月二十七日大札，欣悉一切。郑一斋先生捐款一千元及钱平阶先生捐款拾元已由任光先生携来交到无误。贵处诸先进如此爱护敝校小朋友，无任铭感！敝校小朋友及工作人员于收到该款后，精神更为振奋！弟已将该款交育才学校，以备添购图书之用。兹将收条呈上，尚希转交并代为致谢。

承捐书籍百余册，因交通不便，转捐贵处书报流通图书馆。事关大众文化，敝校敬表同意。专此敬复，此祝

康健！

陶行知启

五月二日

原件存南京晓庄学院陶行知纪念馆

【注释】

①标题为编者拟。

育才学校小朋友万分感激您[①]

——致张军光

军光吾兄：

四月八日大札及国币六百元支票一纸，均收到无误。值此物价飞涨之际，承您节衣省食来提倡教育，弟和育才学校的小朋友真是万分感激您！

来款收到后，当即交到育才学校，以备添购精神食粮之用。将来敝校小朋友得蒙您的福利，定当不浅！兹将收条呈上，敬希查收为感！专此申谢。敬祝

康健！

育才学校校长　陶行知启

五月二日

原件存南京晓庄学院陶行知纪念馆

【注释】

①标题为编者拟。

谢捐图书费[①]

——致张瑞芝

瑞芝先生赐鉴：

顷奉军光[②]先生来信，承蒙台端捐助敝校图书费国币三百元，已收妥无误，无任铭感！兹托张军光先生将收条呈上，敬希查收为感！专此鸣谢，敬祝

康健！

育才学校校长　陶行知启

五月二日

原件存南京晓庄学院陶行知纪念馆

【注释】

①标题为编者拟。

②军光，即张军光。

谢捐图书费及书[①]

——致洪范五

范五吾弟赐鉴：

晓光[②]来碚，台端爱护敝校无微不至，曷胜欣幸！承蒙捐助敝校图书费国币廿元及《总裁言论》两部，已收到无误。敝校学生及工作同志闻讯之下，均为铭感！兹将收据奉上，尚希查收为感！专此致谢。敬祝

康健！

育才学校校长　陶行知启

五月二日

原件存南京晓庄学院陶行知纪念馆

【注释】

①标题为编者拟。

②晓光，即陶晓光。

感谢纳卯中华学校的捐助[①]

——致杨静桐

静桐[②]吾兄：

拜读由宿务[③]来札二封，敬悉一切。纳卯中华学校小朋友汇款国币五百二十三元八角七分，已收到无误。无任铭感！您这样为我们的小朋友努力，真使人钦佩极了！

纳卯中华学校小朋友来信，指定捐助“新旅”二百元，余三百二十三元八角七分捐助敝校，当即照办，收条迳寄纳卯。

吾兄为着改善侨校教育而遭受到一般守旧分子的歧视，可谓浩叹！但是您的精神、您的意志是非常使人感动的。您在海外，对于生活教育的推行，我们将永志不忘！关于捏造罪名一事，可置之不理。您说得好，事实胜于雄辩，时间会把真相漂白。专此奉复。此祝

康健！

陶行知启

五月二日

原件存南京晓庄学院陶行知纪念馆

【注释】

①标题为编者拟。

②静桐，杨静桐，为菲律宾华侨。

③宿务，菲律宾宿务省首府。

捐款用来充实小朋友的精神食粮[①]

——致菲律宾纳卯中华学校全体小朋友

纳卯中华学校学生会转全体小朋友：

三月二十二日大札，并陈淑华[②]先生寄来国币五百二十三元八角七分，均收到无误！您们大家如此为敝校小朋友努力，令人钦佩之至！我们一定本着大家爱护我们的热忱，把这钱用在充实小朋友的精神食粮上，好为抗战建国服务，以不辜负诸位小朋友的盛意。

承嘱抽出二百元给新安旅行团一事，当遵嘱办理，以副厚望！兹将敝校三百二十三元八角七分收条呈上，敬希查收为感！新旅的二百元收条由他们直接送上。专此敬谢。此祝

康健！

育才学校校长　陶行知启

五月二日

原件存南京晓庄学院陶行知纪念馆

【注释】

①标题为编者拟。

②陈淑华，时为菲律宾纳卯中华学校幼稚园主任。

纳卯中华学校捐款已收妥无误[①]

——致陈淑华

陈淑华先生：

奉读四月一日来札，敬悉一切！承转来纳卯中华学校捐助敝校国币五百二十三元八角七分，已收妥无误！回信及收条已迳寄该校。专此致谢。敬祝

康健！

陶行知启

五月二日

原件存南京晓庄学院陶行知纪念馆

【注释】

①标题为编者拟。

向纳卯中华学校负责人再申谢忱[①]

——致守璧

守璧[②]先生赐鉴：

顷接贵校学生会来函，借悉贵校小朋友在台端领导之下，为敝校小朋友及新安旅行团之小朋友捐款五百二十三元八角七分，已由岷尼拉[③]陈淑华先生汇来无误。台端热心抗战教育事业，令人钦佩之至！兹寄上敝校三百二十三元八角七分收条一纸，敬希查收。“新旅”之收据，将来由他们迳寄。专此鸣谢。敬祝

康健！

育才学校校长　陶行知启

五月二日

原件存南京晓庄学院陶行知纪念馆

【注释】

①标题为编者拟。

②守璧，菲律宾纳卯中华学校负责人。

③岷尼拉，通译“马尼拉”，菲律宾首都。

催发补助费[①]

——致许世英

赈济委员会许代委员长勋鉴：

兹奉上晓庄研究所二十九年度一月份、二月份、三月份及四月份补助费请款书各一纸。务希核发支票，请赐交重庆新街口新华银行代收。专此奉恳，敬颂

勋安！

晓庄研究所董事长　张一麐

所长 陶行知

附件：晓庄研究所二十九年度补助费请款书一月份、二月份、三月份及四月份各一纸。

二九年五月二日

原件存南京晓庄学院陶行知纪念馆

【注释】

①标题为编者拟。

造福难童功德无量[①]

——致陶桂林

桂林[②]宗兄大鉴：

奉读三月二十六日来书，无任铭感！弟日前去渝，久未返碚，故迟迟奉复，至为抱歉。刘庄刘湛恩[③]先生纪念会失之交臂，未及领教，怅何如之。承蒙关怀敝校发展，高谊如云，佩慰何极！敝校学生现已加至一百五十人，另帮助地方办一小学一百廿人，共二百七十人。现正编一特刊，出版后当寄奉，借请教益。目前进行一切，尚称顺利。惟物价飞涨，与之赛跑，颇感气喘。前次面请对敝校赐予补助，不知现在能否实现？如蒙慨允，则造福难童，功德无量。专此奉商，敬祝

康健！

陶行知启

五月三日

原件存南京晓庄学院陶行知纪念馆

【注释】

①标题为编者拟。

②桂林，指陶桂林，时任馥记营造厂经理。

③刘湛恩，曾任沪江大学校长。

选拔合格适龄儿童入学[①]

——致黄节文

节文[②]先生大鉴：

奉读三月廿一日及四月十六日来札，敬悉一切。关于钢琴事，主人既有困难，亦不必勉强。但是您的热心，至足钦佩而感谢！我现在已经病了好久，并且在渝开会，故致迟复，歉歉！

小朋友杨丕汉、耿梦得，既蒙识拔，定系真才！请嘱其将作品、作文寄校，并将履历、学籍、年龄开下，以便与各组会商后再行奉闻。

薛茉莉对答如流，但以年龄太小，戏剧组未能录取，至为遗憾。敝校本期功课已上一大半，杨、耿二小友如各组会商合格，仍以下期来校为佳。专此奉复。敬祝

康健！

陶行知启

五月三日

原件存南京晓庄学院陶行知纪念馆

【注释】

①标题为编者拟。

②节文，即黄节文，赈济委员会派赴育才学校视察的专员。

请寄小朋友作品来检验[①]

——致胡桂云

桂云先生大鉴：

顷奉黄节文先生来函，借悉令郎丕汉文学、图画颇具才能。耿梦得擅长话剧。望将两位小友之日记、作文与作品及履历、学籍、年龄等开下，寄到北碚育才办事处，以便交各组会商。专此。敬祝

康健！

陶行知启

五月三日

原件存南京晓庄学院陶行知纪念馆

【注释】

①标题为编者拟。

喜闻高士其病体渐愈[1]

——致杨槐

杨槐吾兄大鉴：

奉读四月一日来书，敬悉一切。弟去渝一月，现在刚回来，迟复为歉。敝友高士其先生病体渐愈，殊为可喜！港方许俊人，李组绅、杨德昭、戴志骞诸先生均有信来，愿帮忙。请用寄来名片代表我前去请援，当可有办法。前托寄存之书箱，现在如何安置？尚希示之。专此拜托。敬祝
康健！

陶行知启

五月三日

原件存南京晓庄学院陶行知纪念馆

【注释】

①标题为编者拟。

有合适位置即奉告[1]

——致陈志中

志中我弟：

前接来电，所示薪金与所找得之事相差甚远，不能合意。当再留意，以后有合适位置，即将奉告。

现在铜仁[2]任何职务？务乞示知为盼！专此奉复。敬祝
康健！

陶行知启

五月三日

原件存南京晓庄学院陶行知纪念馆

【注释】

①标题为编者拟。
②铜仁，指贵州省铜仁县。

身体不适，缓寄文稿[①]

——致盛光辉

光辉[②]先生赐鉴：

敬启者，去冬一晤，领教不少。当时招待不周，殊觉歉歉！

古宋学术研究会章程，拜读之下，甚觉完善。弟现在身体不适，六月不能投稿，歉甚！十一月前当寄奉拙作，借请教益。专此敬复。此祝

康健！

陶行知启

五月三日

原件存南京晓庄学院陶行知纪念馆

【注释】

①标题为编者拟。
②盛光辉，时在四川省古宋县民众教育馆任职。

愿代制治疟丸药[①]

——致歌乐山战时儿童保育会第一保育院

敬启者，奉读来札，敬悉贵院索取治疟疾药[②]。按该方系水药，小孩服用，多不合宜。现正制丸药，做成当寄上试用。如试用有效，敝处可以代制，只收成本。专此奉复。此致

歌乐山战时儿童保育会第一保育院

陶行知启

五月三日

原件存南京晓庄学院陶行知纪念馆

【注释】

①标题为编者拟。

②研制土方防治疟疾，代替奇缺昂贵的奎宁等进口药，以应抗战的需要，是晓庄研究所的研究课题之一。

谢送来车马费①

——致新生活运动促进总会妇女指导委员会

敬启者，顷接四月三十日来函，并车马费国币五十元，已收到无误。感谢之至！兹奉上收据，敬希查收为感。专此致谢。

此致

新生活运动促进总会妇女指导委员会

陶行知启

五月三日

附收条一纸。

原件存南京晓庄学院陶行知纪念馆

【注释】

①标题为编者拟。

学校账目重要，望用全副精力完成①

——致马侣贤

侣贤同志：

醴泉②逝世为学校一重大损失。

学校之账目，望能用全副精力完成，一切单据均须合法。此二点特别重要，其他琐事可暂时放下，此事须集中力量于五月廿日以前完成。会计仍请照旧由你找人，并由你划出大部分时间监督完成这一重要任务，不能再延。敬祝

康健！

陶行知启

廿九、五、三

原件存南京晓庄学院陶行知纪念馆

【注释】

①标题为编者拟。

②醴泉，即雷醴泉。

每个学生要有完全的登记表[①]

——致帅昌书

昌书同志：

第一，陆续来到之小朋友，应分年级照前定格式报告给保育会，按名单请款。

第二，已经离开育才学校之小朋友，应将离校原因并他现在何处报告保育会，并请保育会于下次发下之费用，将他的钱从离校之日扣去。

第三，保育院学生之名字，必与保育院送来之名字相符，绝对不许小朋友改名字，以免将来查名字时麻烦。已经改了的，必须再改称原名（保育会现有多数小朋友父母查不着，原因之一即为改名）。

第四，最重要的一件事，每个学生要有一个完全的登记表——关于他的历史、卫生、家庭状况、学业状况、学历测验及学业进程、个别问题等等，均需记载清楚。

发给保育会的公文，我要先看稿子。

指导员同志，请你以友谊给大家谈谈，有什么困难，个别的非正式谈话，是有助于解决。烟桥[②]先生因为学生日常生活所累，无法创作，颇感痛苦，我间接所闻如此，不知确否？专此。敬祝

康健！

陶行知启

五月三日

原件存南京晓庄学院陶行知纪念馆

【注释】

①标题为编者拟。

②烟桥，即陈烟桥。

物价飞涨，赛跑甚苦[1]

——致魏东明

东明[2]同志：

学校经费从四月起，每月亏空约二百余元，且有请的人即将到校，还有早定必须加请者，而物价飞涨，赛跑甚苦，故文学组加约艺友实无法开支。艺友改职事不但关系经济，现在亦不能解决。至为抱歉，有暇面谈。专此先复。敬祝

康健！

陶行知启

五月三日

原件存南京晓庄学院陶行知纪念馆

【注释】

①标题为编者拟。

②东明，即魏东明（1915—1982），时任中央研究院文艺研究室研究员、中共中央党校教员。

出国前请来校指导[1]

——致邵力子

力子[2]先生勋鉴：

日前您到温泉，育才学校教员便到那里去拜访，可惜到时您已经回渝了。在北碚，我也想来欢迎，借请教益，可惜闻讯已是大驾离碚之次日。真使人怅然。兹者育才学校工作同志，学生及生活教育社同志，深望您在出国[3]之前，能来给大家指教。务请指定日期，快函示知，弟当在北碚迎接。育才学校在北碚上二十余里之草街子古圣寺，乘滑竿二小时即达，非常方便。专此奉约，只候复示。敬祝

康健！

陶行知启

五月三日

原件存南京晓庄学院陶行知纪念馆

【注释】

①标题为编者拟。

②力子，即邵力子（1881－1967）。早期为同盟会会员，曾任黄埔军校秘书长，国民党甘肃省主席、中宣部长、驻苏大使、国民参政会秘书长。国共和平谈判期间，任国民党代表。1949年后，历任政务院政务委员、政协常委、中国国民党革命委员会常委等职。

③指邵力子即将出国任驻苏大使。

迅速处理账目[①]

——致马侣贤

肖生同志：

关于账目处理之事，望你采取适当而迅速之方法。倘若延缓至月底而不必请假离校处理尤佳。我想两天用半天功夫或三分之二时间闭门督理，到月底总可以完成吧。希望不再问我，因来往通信，徒延时日，我甚虑其误事也。敬祝

康健！

衔

二九、五、六

原件存夏英岚处

【注释】

①标题为编者拟。

将德文《图画史》带来[①]

——致马侣贤

肖生同志：

烟桥[②]先生处所存一本德文《图画史》（俄国史），请交怀毅[③]带来，以便还朋友。

衔

二九、五、九

原件存夏英岚处

【注释】

①标题为编者拟。

②烟桥，即陈烟桥。

③怀毅，即方怀毅，方与严之长子，时在育才学校工作。

办事要观察、考虑而后行[①]

——致马侣贤

肖生同志：

给赈济委员会请款书和给新华银行领款书都收到，细看无误，正在盖章，由快邮发出。下次就由你们直接办理，无须经我的手了。

五月二十五日的信问我四千元左右可否出卖马家沱的木料，这是叫我负很大的责任来回答这样的话。我要答复这句话，是必得调查现在的木料价钱。我还必须知道马家沱木料每根的上圆周、下圆周，和市价相比。这可不是我这个病人所能做的事了。你至少要拣大、中、小几根（各排找代表）可以代表的木料（每排独立）量一量圆周，再到北碚打听一下市价。急卖要不得。我们并不等用这几千元。但是把木排安顿在安稳的地方是一件非常紧急的事。我不能来。你必得找一个内行，靠得住的人去看地方。万不得已，运到北碚，搬上岸来，待价而沽。

上次木料才卖三四天，价钱即涨到一千六百元。我猜想马家沱的木料，现在是值得八千元以上。但这话望你不要信得太过，要客观地调查物价，继续地调查。

菜籽要大量地买，够一年用。谷要买够一年吃。在新菜籽、新谷未上市前准备买。

棉纱买了两包。纱布请你比较一下，如果觉得在臧其吉[②]那儿买合算，就派人去买。纱则运来织布。总之，请你考虑、观察、考虑而后行。敬祝康健！

衔

二九、五、廿六

护士闻已辞职，我们接受好了。新护士已托桑大夫在物色中。

原件存夏英岚处

【注释】

①标题为编者拟。

②臧其吉，原为晓庄师范学校学生。

坚决缴还饭金[①]

——致马侣贤

肖生同志：

闻区署[②]未收社会组旅行期内饭金，盛意至为可感。但来碚参观学校众多，即本校他组，将来也须来碚参观，借重之处正多，不应于便利之外再使区署感受经济损失。务希与卢区长[③]商量，请求允许缴费，务必坚决。敬祝

早安！

衔

二九、五、廿九

付款后即请示知并通知社会组

原件存夏英岚处

【注释】

①标题为编者拟。

②区署，指北碚区区署。

③卢区长，即卢子英，时任区署署长。

战时不宜用白布做夏衣[①]

——致马侣贤

肖生同志：

附来药单是否要我们代买，也未说明。

灰布本为学生用，但是否做工装，请考虑。保育会添置夏衣一身，似可以此布使用。听说空袭时，学生有穿白衣出外看飞机者，最为不适。

保育会用白布做夏衣实不相宜。可否即用灰布替代，望与桑先生熟商决定。工装裤太长，热天于小孩似不宜，也似不经济。区署[②]之款仍以送

去为是。他们等此款开支。敬祝
康健!

行　知
二九、五、卅一

经常费与临时费分开，每月超出多少？请即开单来。账目整理至若何程度，亦请示知。

原件存夏英岚处

【注释】

①标题为编者拟。
②区署，指北碚区区署。

速来处理木料问题[①]

——致马侣贤

肖生同志：

十三日木料漂流至现在仍未归拢，何以对学校？现有盗卖纠纷，尚希即日来碚处理，同时处理木料整个问题，以免全军覆没。来时仍带易君[②]同行，以免有失接洽。敬祝
康健!

行　知
二九、六、一
原件存夏英岚处

【注释】

①标题为编者拟。
②易君，指易必光。

学生领蚊帐、零用钱的规定[①]

——致马侣贤

肖生同志：

蚊帐从五年级以上每人发一顶（十元），四年级以下每二人一顶（二

人共十元）共壹仟零柒拾伍元。

零用费每人从到校之日算起。书籍费保育会说学期中途离保育院者不发。这二百四十八元系零用费。敬祝

康健！

衔

二九、六、九

开一张一千元支票，快信寄与瑞符[①]买东西。

原件存夏英岚处

【注释】

①标题为编者拟。

②瑞符，即王瑞符，时任育才学校出纳员。

反对因循办事[①]

——致马侣贤

肖生同志：

兹接卢区长来信，知道温塘[②]木料，仍有纠葛，不胜愤慨。我除去信给卢先生，请其向雷旅长查问，是谁盗卖，是谁串通乘水打劫，以便依法起诉外，并面请他公平处理，设法阻止。但你们这样因循办事，如何得了。望即来碚将此事彻底办好。敬祝

康健！

衔

二九、六、十

原件存夏英岚处

【注释】

①标题为编者拟。

②温塘，即嘉陵江的温塘峡，位于北碚上游十多里的地方。

精算自制教学仪器及建造校舍的用料[①]

——致马侣贤

肖生同志：

冯夫人[②]、田先生[③]等招待费由我个人担任。

（一）请羽军[④]兄计划精算一二年科学仪器制造、玩具制造要多少木料，到马家沱看后，告诉我。

（二）简单房屋加一百人、二百人住要多少木料，请适当朋友精算，要多少木料，也告诉我。然后再决定卖不卖木料及卖多少。

（三）陶桂林先生捐育才1000元（仟元），拟请其交新华，拨建筑用。请寄收条来。敬祝

康健！

衔

二九、六、十八

原件存夏英岚处

【注释】

①标题为编者拟。

②冯夫人，指冯玉祥夫人李德全。

③田先生，指田汉。

④羽军，指汪羽军。

左诵芬先生等十余位来校参观[①]

——致马侣贤、帅昌书

肖生、昌书同志大鉴：

妇女指委会三峡实验区左诵芬先生等十余位来校参观。左先生为妇女生活改进努力，富有研究经验，至可钦佩。其同事均系三峡热心服务之士，今兹临校必多指教，尚希代为招待，借请教益。专此介绍。敬祝

康健！

行　知

二九、六、十九

白桃同志认识左先生，亦请代约一谈。

原件存夏英岚处

【注释】

①标题为编者拟。

注意书信格式及书写[①]

——致马侣贤

肖生同志：

接读来函，俟后面谈。

陶桂林先生之收据及致赈委会信、请款书，或遗漏重要称呼，或书法草率，望改正另写，以便核发。我星期日不在家，倘有同志来谈，星期六或星期二较为妥当。白桃、维特望代转达。敬祝

康健！

衔

二九、六、廿一

原件存夏英岚处

【注释】

①标题为编者拟。

这还不是您辞职的时候[①]

——致马侣贤

侣贤同志：

今接来信，知道每月所亏超出预算甚巨，解决之法：一为开源，二为节流，三为努力生产。开源我担任。节流您主持。生产要全校动员来干，务使地尽其利，人尽其才。前天访冯夫人于白鹤场。她实行焕章[②]先生之寸地运动，只要有一寸的空地，都给种起东西来了。

我对于您的辞职曾经仔细考虑。您的总务部没有办好，后继的人您也没有贤推荐，因此我在教育的立场，不愿接受您的辞职。假使您已经把总务部部署得很好，可以交待下去而无害于学校，那当然换个岗位是可以

的。现在却非其时。

您的长处是不避劳苦，廉洁自守，再得几个好干部，好好培养，严明考成，一年半载之后可以摆脱而无碍。

育才学校是差不多漂流到尼嘎拉瀑布[③]的悬崖上头，我们这些船夫倘不依着把舵者所驶方向回转头来，整个的船可以从瀑布上冲下来。这不是您辞职的时候，而是努力立功的时候。我料理就绪，当扶病来校帮助您们奠定学校的基础。虽然一个病人的力量是很少的，但我也是船夫之一，不愿袖手看船翻。真正地要想打开一条光明的道路，还要靠全校和衷共济，把各人的生命放进事业里去，才能发挥出伟大的力量，以完成这个重要的任务。敬祝

康健!

衔

二九、六、廿五

原件存夏英岚处

【注释】

①标题为编者拟。

②焕章，即冯玉祥。

③尼嘎拉瀑布，通译尼亚加拉瀑布，是世界最宽的瀑布，雄踞于美国与加拿大的交界处的尼加拉河上。陶行知曾去该地游览。

盼兄来渝[①]

——致潘一尘

一尘[②]吾兄：

回国后得悉兄长浙之云和县，政绩卓著，今春又闻在桂对于社之工作提出许多宝贵意见，深以国有良好县长、社有继续不断进步之同志如兄者为欣为慰。我在国外从事国民外交运动垂两年余，回国迄今亦已一年又八个月，所见所闻，相当广阔，同志中相见者亦复不少，弟迄今未能与兄一晤，交换经验，实不得不引为憾事。深盼吾兄能于最近来渝一行，借偿此积久之遗憾。

又，此间对于难民教育问题，冀能有较新之贡献。吾兄此次来渝时，深盼沿途能注意各地难民救济情况，并拟制下列各种难民之教育方案：

（甲）屯垦难民；（乙）以工代赈之难民；（丙）小本借贷之难民；（丁）其他。此项请求，倘蒙荷允，不胜感激。特此。并祝

康健！

陶行知启

六月卅日

再者，来渝旅费请先向友朋设法借用，所费实数当由我奉还。

原件存南京晓庄学院陶行知纪念馆

【注释】

①标题为编者拟。

②一尘，即潘一尘，江苏人。曾任晓庄学校小学主任、指导员、小晓学院院长。

请来重庆代我负责对外联络事务①

——致张宗麟

仲璋②吾弟：

近两月来患病，医嘱在乡间静养，学校及其他文化事业既少过问，朋辈往还交谈，亦大见减少。迩来诸友咸一致建议，要求吾弟来渝代我负责一切对外联络事宜，经再四考虑结果，认为此种建议确有予以接受并促其实现之必要。为此特飞函来前，盼吾弟迅即离沪来渝，盖不特可以代我执行必要之事务，抑且足令吾早日痊可，俾得进行其他正在拟议中之新工作。至来渝旅费，可先向耀宗③先生借用，以后由我归还，决不有误。

由沪来渝所经地方不少，盼吾弟能同时进行一有意义之工作——沿途考察救济难民实况，并筹划新的教育方案，其内容包含下列各项：（甲）垦殖难民之教育方案；（乙）小本借贷难民之教育方案；（丙）以工代赈难民之教育方案；（丁）其他。此种调查研究与难民之福利有关，盼吾弟幸勿错过此为难民谋福利之好时机也。特此。并祝

体健！

陶行知

六月卅日

原件存南京晓庄学院陶行知纪念馆

【注释】

①标题为编者拟。

②仲璋，即张宗麟。

③耀宗，即吴耀宗。

请调今吾来育才学校工作[1]

——致常务干事会诸同志

常务干事会[2]诸同志公鉴：

最近育才之社的同志[3]咸一致建议，增加对于生活教育有切实了解之老同志一人，加入育才工作。俾：（一）有可能于原有工作同人中择定一人，代理因病与忙不能常到学校视事之校长；（二）有专人负责增进艺友对于生活教育之了解。这一个建议经我仔细考虑的结果，认为白桃等同志既因病或其他事故不克加入育才工作，唯有于桂林方面抽调老同志担任，而今吾[4]实为唯一可抽调之同志。现在要求你们能特殊考虑此间之困难，并听取不久来桂之“新旅”同志嵇钰[5]君之详细报道，郑重考虑上述之要求，深盼你们能同意这一个要求，并促今吾同志早日来渝。特此。并致

敬礼！

陶行知

六月卅日

原件存南京晓庄学院陶行知纪念馆

【注释】

①标题为编者拟。

②常务干事会，即生活教育社常务干事会，办事机构设在桂林，执行生活教育社总社事务，成员有刘季平、程今吾等。

③育才之社的同志，这里指在育才学校工作的生活教育社的同志。

④今吾，即程今吾。晓庄师范学校学生，后在育才学校担任研究部主任。1949 年后曾任中央教育部视导司副司长、北京师范大学党委书记兼副校长。

⑤嵇钰，新安旅行团团员，曾在育才学校工作。

盼告二儿童交中大保育院情形[1]

——致殷金陵、俞文华

金陵、文华同志：

维特、文华二同志已抵渝否？甚为系念！

文华同志所送之二儿童，交中大保育院时情形如何？深望将中大保育院之回信抄一份快函寄来，无任切盼，专此拜托。

敬祝

康健！

陶行知启

七月一日

原件存南京晓庄学院陶行知纪念馆

【注释】

①标题为编者拟。

汪先生之住处及其他一切请多照料

——致陈烟桥、帅昌书等

烟桥、昌书、侣贤诸同志：

兹者汪亦仑[2]先生，过去在保育院工作，接绘画组信，已辞去本人优越之职务。汪先生服务精神及工作能力均值得钦佩！我意在学校总计划未定之前，暂时先让汪先生住一下，以便有服务、学习及休息之机会，一俟将来计划决定，再规定职务。汪先生之住处及其他一切，请侣贤多多照料。专此拜托。敬祝

康健！

陶行知启

七月一日

原件存南京晓庄学院陶行知纪念馆

【注释】

①标题为编者拟。

②汪亦仑，指木刻家汪刃锋。

欢迎来碚[1]

——致孙崇甫

崇甫[2]先生赐鉴：

奉读六月二日来札及李敷仁先生介绍信，不胜快慰。弟近因病休养，收未即复，歉歉！

有暇来碚，欢迎得很。一方面我们生活教育社同志可以谈谈，同时育才学校也望你不吝指教！

白桃先生现在育才，你到碚后一定给您介绍一下。专此奉复，敬祝

康健！

陶行知启

七月一日

原件存南京晓庄学院陶行知纪念馆

【注释】

①标题为编者拟。

②崇甫，即孙崇甫，生活教育社社员，曾先后担任西安《老百姓报》编辑，《伤兵之友》主编。

艰苦工作，定有成就[1]

——致林云峡

云峡[2]同志：

奉读五月二十日来信，不胜欣慰！我现在乡间休养，身体稍有进步，蒙你关怀，盛谢之至！

你艰苦地在龙州工作，将来一定有成就。尚望将研究所得，随时赐知，以便获益。

龙州友人，只有少数，不知仍在该处否？可持片去探访。现在将通信处开列如下。（略）

专此奉复，敬祝

康健！

陶行知启

七月一日

原件存南京晓庄学院陶行知纪念馆

【注释】

①标题为编者拟。

②云峡，即林云峡，原晓庄师范学校学生。

本校不在外招生[①]

——致煦南

煦南先生：

奉读六月六日来信，已悉一切。本校并不在外招生。所有学生，均由各难童保育院及教养院中选来。以后倘有招考机会，当再行奉告。目前最好将您的履历、年龄、擅长何种学问及成绩寄来，以资参考为盼。专此奉复。敬祝

康健！

陶行知启

七月一日

原件存南京晓庄学院陶行知纪念馆

【注释】

①标题为编者拟。

谢寄来文件[①]

——致沙千里

千里先生：

奉读六月十九日大札，承蒙赐寄商业登记应备文件三种，无任铭感！

近日重庆屡遭轰炸，可受虚惊？不胜悬念之至！弟等幸叨平安，祈释远念。专此致谢，敬祝

康健！

陶行知启

七月一日

原件存南京晓庄学院陶行知纪念馆

【注释】

①标题为编者拟。

零用钱俟商量后筹寄[1]

——致尹来弟

来弟[2]小朋友：

六月十一日来信收到，已悉一切。关于你的零用钱，我即将与白桃先生商量一下，然后筹寄。你们学校若是迁移的话，便请你快信告诉我们，以免有误。专此奉复。敬祝

康健！

陶行知启

七月一日

原件存南京晓庄学院陶行知纪念馆

【注释】

①标题为编者拟。

②来弟，即尹来弟，系南京晓庄的农民子女，当时被收容在保育院。

学当其才必不能拘于一格[1]

——致尊一

尊一先生赐鉴：

拜读六月十四日来札，承蒙您关怀敝校发展，无任铭感！按敝校学生进修情形，大抵有三种：甲，偏爱特修课者，则不喜普通课之加重；乙，偏爱普通课者，则不喜特修课之加重；丙，感觉特修课与普通课之分量合适者，则不主改变。承示当重视普通课之发展，与乙种学生需要相吻合。

弟意学当其才必不能拘于一格。下期计划中，拟将此种需要顾及，最好是成立一普通组。否则，亦须加强普通课之教师，例如史地、物理、化学、算学、生物、外国文诸科，将加聘请优秀之教师任之。台端与潘次长爱护敝校备至，如蒙对此计划酌予赞助，俾能尽量加聘普通科教师，实不胜感激之至。专此奉复。敬祝
康健！

陶行知启

七月一日

原件存南京晓庄学院陶行知纪念馆

【注释】

①标题为编者拟。

谢捐助晓庄研究所款[①]

——致张治中

文白先生勋鉴：

奉读六月十二日大函，承蒙捐助晓庄研究所一千二百元，赐交新华银行代收，最为感谢！并蒙慨允，以后如为大力所许，仍愿酌量赐助，尤为感激。

汪达之先生业已于月中离渝，新安学校承蒙捐助之五百元，不知是否于汪先生离渝前交到彼处，如尚未交去，务请寄交桂林邮箱一四六号转汪达之先生收为感。专此致谢。敬祝
康健！

陶行知启

七月一日

原件存南京晓庄学院陶行知纪念馆

【注释】

①标题为编者拟。

为校址与饮水所限下期不招收新生[①]

——致陈裕光

景唐[②]吾弟大鉴：

奉读六月七日、六月十九日两函，敬悉一切。敝校为地址与饮水所限，下期不拟招收新生。《育才学校概况》及章程等已汇集文字多篇，在六卷一期《战时教育》月刊发表。出版后当寄一册，奉陈清览，借请教益。专此敬复。敬祝

康健！

陶行知启

七月一日

原件存南京晓庄学院陶行知纪念馆

【注释】

①标题为编者拟。

②景唐，即陈裕光。

感谢侨胞爱护育才及“新旅”[①]

——致杨静桐

静桐吾兄：

奉读五月五日来札，敬悉热心侨界文化，爱护敝校及“新旅”[②]无微不至，最可佩慰。

承汇之款五百廿三元八角七分，收到后即交育才三百廿三元八角七分，交新安旅行团二百元，并早飞函报告，并将收据直寄纳卯[③]，以表谢意。

尊处所需教员，弟已去函上海，在生活教育同志中代为物色，一俟有合适人才，当即可由沪上直接赴菲律宾，可以节省旅费。若沪上不成，当由此地介绍二教员前往。现有询者，在菲每人每月生活包括膳宿杂用，须费多少？尚希飞函示知，以便转达为盼。专此奉复，敬致谢悃。并祝

康健！

陶行知启

七月一日

原件存南京晓庄学院陶行知纪念馆

【注释】

①标题为编者拟。

②“新旅”，指新安旅行团。

③纳卯，菲律宾第三大城市。

深恐有人中伤教育界互助美德[①]

——致谢县长

谢县长[②]勋鉴：

久未晤教，至为怀念。顷闻贵府六月三日令古圣寺初级小学吴校长向敝校收回校舍。查古圣寺全部庙宇、地产，于去年由庙主租与敝校，以二十五年为期，立有契约，并由当地士绅作证。庞督学所呈，想系传闻之误。敝校自北碚疏散至治下，将近一年。除进行本校之教育外，对于课堂、操场、设备，教师均竭尽绵力以赞助古圣寺小学发展。借副贵府提倡国民教育之盛意，深恐有人蒙蔽真相，挑拨是非，以中伤教育界之互助美德，故敢直陈缘由，务希鉴察。如蒙大驾莅校指教，尤为感盼。敬祝

康健！

育才学校校长　陶行知启

七月一日

原件存南京晓庄学院陶行知纪念馆

【注释】

①标题为编者拟。

②谢县长，时为合川县县长。

派人合力看守木料[①]

——致马侣贤

肖生同志：

这几天有大水可能，请派得力人员与联保办公处黎先生[②]所派人合力

看守木料（夜间也要有人看，本校三分之一的家产在此）。深恐猝不及防，被人割断绳索。此事最要。千万火速为之。敬祝
康健！

衔

二九、七、一

原件存吴树琴处

【注释】

①标题为编者拟。

②黎先生，北碚澄江镇联保办事处副主任。

提防敌机轰炸北碚[①]

——致吴树琴、陶晓光等

树琴、小桃、蜜桃：

昨天敌机轰炸北碚，我托马先生打电话给区署，知道新桥[②]未炸。但是西山路招待所被炸，十三号防空洞死伤一百人，不知多少朋友受害。请孙敦乐、陈良材[③]等住在蒋家院子，被窝暂借给他们。吃饭暂在家中寄食，预备和工友在蒋家院子自炊。北碚仍是要提防。每次都该进防空洞，不可松懈，我明日可来。

敬祝
康健！

衔

二九、七、一

原件存吴树琴处

【注释】

①标题为编者拟。

②新桥，在重庆市西郊。

③孙敦乐、陈良材，育才学校学生。

最重要最紧急的是防备空袭[①]

——致育才学校全体同学

育才学校全体同学：

现在有一件最重要、最紧急的事，希望大家了解，并且切实地做成。一听见飞机声音，大家要立刻依分队的办法散开到指定的地方去躲避；如果正在会餐的时候，大家要立刻把饭碗放下，归队疏散；如果是在午睡的时候，大家要立刻起来，并且唤醒同房的人，依照规定的办法疏散出去。飞机临头，不可站在外面，手指嘴喊。一切要自觉地遵守军事纪律。我们就乘敌机来到的时间内，学习一点必要的军事管理。我们何以要离开房间去躲避空袭?（一）我们每一个人都是中国的抗战建国的力量，不应该给他白白牺牲掉。如果有人当敌机来到的时候，冒险偷懒，不去躲避，那就好一比是让一架活飞机暴露在飞机场上一样的不可原谅。（二）古圣寺的屋顶禁不起轰炸，倘使压了下来，那就可想而知。（三）我们左近没有医生，就是受点小伤，流血过多，或中了毒菌，也或送命。（四）寺庙对于轰炸，也有不能幸免的，如兰州就是一个例子。（五）这次敌机轰炸似乎是采用了一种普及的手段，我们离开镇市虽远，也必须有充分的戒备，以减少牺牲于最低限度。

关于防备空袭，前请诸位先生指导组织，谅已见效。但最近听说同学中对于此事有一些松懈，我很不放心。特别是在吃饭的时候，听说有人恋恋不舍。大家要知道，敌机来时，贪吃一碗饭的人也许是会永远不再吃饭了。离北碚有二里光景的一个小学校里，发现两个女人：一个女人的头炸掉不知飞到哪里去了，另一个女人是失掉两只大腿。我不希望我们的小小活飞机是这样失去他们的效能。倘使小朋友中有不服从共同纪律而自由行动，我只好割爱，把他或把她送回家长和保育院。倘使自由行动的人太多，那是我们教育不行，我只好把校长辞掉，让别人来办。最后希望大家爱护自己，爱护学校，爱护中华民国的战斗力。

陶行知

二九、七、六

原件存南京晓庄学院陶行知纪念馆

【注释】

①标题为编者拟。

喜闻宿疾痊愈[①]

——致胡同炳

同炳[②]吾弟：

接读来信，知道您五年的宿疾竟痊愈了，真使我高兴万分。您能利用疾病给予您的空闲，还得到一些钓鱼、捉鱼、种菜的好方法，还学会上茶馆喝茶的习惯。这些表示了您的耐心和适应的智慧。现在您已康复，希望您能继续拿出您的耐心和智慧，在积极的人生态度中改变了自己。我相信您是会获得成功的。

此间有一个研究机关，对旧有之单方作科学的研究。您服食的“健步虎潜丸”，其配制之药料及配制之过程我很希望您能作一详细的报告。

承告劳山几位同学的消息[③]。现在我也告诉您所关心的三个孩子：陈德祥、王金莲在育才社会组学习（关于育才，倘若您想知道较详细的情形，可问张先生），尹来弟还在一个保育院，陈银山已经病逝了。老太太的坟墓[④]，丁大奎[⑤]照应殷勤，希望您能代我写封信谢谢他。特此，并祝体健！

陶行知启

七月七日

又您所说关于唐凤岐的消息，我不能确切了解。请再告知。

原件存南京晓庄学院陶行知纪念馆

【注释】

①标题为编者拟。

②同炳，指胡同炳。原晓庄小学的学生，晓庄学校被封闭后，参与创建晓庄佘儿岗儿童自动学校，并任校长。

③系指晓庄小学几位同学的消息。晓庄小学坐落在南京市北郊劳山脚下。

④坟墓，指陶行知母亲的坟墓，位于南京市北郊劳山脚下。

⑤丁大奎，南京晓庄的农友。

请择定时间一谈[①]

——致瑟若

瑟若先生：

来信到的时候，适有事已往重庆。您希望跟我谈谈，欢迎。请即择定

时间，预先给我一个通知。此复，并祝
体健！

陶行知
七月七日
原件存南京晓庄学院陶行知纪念馆

【注释】

①标题为编者拟。

祖国需要您①

——致谭堃珩

堃珩同学：

您离家弃业，求为祖国服务，感佩得很。也许直到现在，您还没有获得为祖国服务的机会，但祖国需要您，我想是不容怀疑的。您在香港既曾加入生活教育社为社员，希望您跟桂林总社能通一两次信，或者他们可以给予您工作机会，并解答您心中所感的某些疑难。倘若您不愿在华南工作，同时还没有失去来重庆的“财力”的话，您到育才学习并工作一个时期也好。

寄存在香港“自强社”的那六千多本图书，我想应该公之于社会，供公众阅览，只要客观上没有什么大的困难。余不赘。

即祝
体健！

陶行知启
七月七日

又，总社之通讯处为桂林邮箱 146 号

原件存南京晓庄学院陶行知纪念馆

【注释】

①标题为编者拟。

儿童教育的任务[①]

——致业勤

业勤先生：

来信复迟了，抱歉得很。

您任教五年，没有染上那些老于教书者的习气，并且对于《战时教育》感到兴趣，在理论与实施上企有所探讨，这一点使我非常高兴来回答您的问题。您所提出的一些原则，大体上是正确的，只是您对于小孩子的看法和估量，我认为是值得商量的。您说“小孩子根本不会有错误”，倘若您的意思只是企图导出一种结论，认为孩子们的错误，根本上是由于环境造成的，那倒没有什么不对。但是，倘若您要据此作为训导儿童的一个重要的指导原则，那就有问题了。儿童不但有错误，而且常常有着许多错误。由于儿童年龄上的限制，缺乏经验，因而本身便包含着错误的可能性，这是一；环境不良，养成了许多错误的习惯，从这些错误出发，必然再造错误，这是二。因此教育的任务除了积极发扬每个儿童固有的优点而外，正是要根据事实，肯定他们的错误，从而改正他们的错误。

您想到育才学校作艺友，我们应该是欢迎的，无奈学额有限，倘若以后情形变动时，我想您不是没有机会的。

此外，关于生活教育社，还有一点要奉告的，就是它欢迎教育工作者参加，但不是要他们离开原有的工作，入社和参加社自身所举办的事业中去工作，完全是两回事。特此奉复。

并祝

康健！

陶行知启

七月七日

原件存南京晓庄学院陶行知纪念馆

【注释】

①标题为编者拟。

站在自己的岗位上努力工作才是[①]

——致林宝

林宝同志：

接读你的信，我很高兴。民众服务团[②]解散后，你继续留在六十六军服务已两年多了。我想您一定有不少的进步。这回写的信便是个很好的例子。

工学团团员在各地服务的人数很多，大场[③]当地的也不只你和俞文华两个。沈一飞在浙江丽水某服务团，徐治平在重庆国际新闻社，徐禅仙在孩子剧团，沈增善于沪沦陷后回到上海。他们都参加与抗战建国很有关系的实际工作。另外，还有些人在做着比较不重要的事。您说抗战胜利后，再大规模地恢复山海工学团，这是非常有意义的话。但要做到这一点，就得靠大家努力争取最后胜利早日来到。我们每一个人站在自己的岗位上努力工作才是。祝你

进步！

陶行知启

"七七"三周年纪念日

原件存南京晓庄学院陶行知纪念馆

【注释】

①题目系编者所拟。

②民众服务团，亦称战地服务团。成立于1937年9月底，团长为张劲夫。任务是宣传共产党的抗日主张、救助伤病员和运送军需用品等。

③大场，在上海市与宝山县交界处，为山海工学团所在地。

向张真如家属代致慰问[①]

——致臧其吉

其吉[②]学弟：

闻张真如[③]同学噩耗，不胜叹息。盼弟代向其家属致慰问之意，并暂垫十元作为赙仪。特此。并祝

体健！

行　知
七月七日三周年纪念日
原件存南京晓庄学院陶行知纪念馆

【注释】

①标题为编者拟。
②其吉，即臧其吉。原晓庄学校学生。
③张真如，臧其吉在晓庄学校时的同学。

所望之工作一时难觅[①]
——致周蒋鉴

周蒋鉴先生大鉴：

读来信，知先生因事繁操劳，忽抱贵恙，并以警报频频，未克来渝施行手术。不识近况何若？但愿“吉人天相，早占勿药”。

先生专为介绍教导主任及二四年级级任，事关保育工作，自应效劳，唯此如先生所希望之工作，此刻一时尚不易觅得。特此先行奉复。并祝
康健！

陶行知启
“七七”三周年纪念日
原件存南京晓庄学院陶行知纪念馆

【注释】

①标题为编者拟。

校歌须表现学校立校方针与根本精神[①]
——致西洛

西洛先生：

“复兴学校”及“平光小学”希望我能代他们各作一校歌。对于这件事，我有点意见。我认为校歌须表现学校之立校方针及根本精神，别人代做是不大容易写出好东西来的。因此我希望你能代达该二校之校长，并盼望他们自己或本校教师，甚至于优秀的小朋友动手试试，当有佳作，比别

人写的要亲切动人。特此，并祝
撰安！

陶行知启
七、七
原件存南京晓庄学院陶行知纪念馆

【注释】

①标题为编者拟。

为《教育与职业》复刊撰稿[①]
——致莲仁

莲仁先生：

两信均已收到。《教育与职业》复刊，我很高兴写点稿子寄来，无奈病中休养，不克如愿，甚以为歉。至来碚住温泉小学，当不成问题。前数日我已请该校之教导主任曾先生迳自答复您了。此祝
撰安！

陶行知启
七、七
原件存南京晓庄学院陶行知纪念馆

【注释】

①标题为编者拟。

证明书不日寄去[①]
——致白君

白君吾弟：

多年未见，看到您的信很是高兴。您所要的证明书，当不日寄来。特此，并祝
进步！

陶行知启
七、七

原件存南京晓庄学院陶行知纪念馆

【注释】

①标题为编者拟。

因病写不出大文章[①]

——致公照

公照先生：

《国讯》谋改善，忝属编委，自应撰稿，以尽绵薄。惟迩来因病休养，写不出大文章。以后当将小品、新感陆续奉上。特此。并祝

撰安！

陶行知启

七、七

原件存南京晓庄学院陶行知纪念馆

【注释】

①标题为编者拟。

舍下抗属生产之毛巾专供有贡献于抗战建国之人用[①]

——致嘉陵江三峡乡村建设实验区兵役会

谢领抗属工厂出品之毛巾一条。除捐法币五元助该工厂之发展外，并有一事可奉告者：该毛巾为抗属出品，行知决留于舍下，专供有贡献于抗战建国之客人之公用。此致

嘉陵江三峡乡村建设实验区兵役会。

陶行知启

抗建三周年纪念日

原件存南京晓庄学院陶行知纪念馆

【注释】

①标题为编者拟。

工学团精神不能变[①]

——致亚仙

亚仙同学：

读来书，甚感欣慰。陈珍渠先生本其二十年之研究，发明三一纺纱机数种，前曾从汪达之同志处闻悉一二。今陈先生拟作大规模之制造，发动广大纺纱事业，并采用工学团之方法，以服务乡村，贡献抗建为目的，实不胜钦佩之至。工学团之形成，战时与平时容有不同，唯养生、明生、保生之旨则初无二致。此点尚盼与陈先生正之，俾工学团不失其原来之精神，能于抗战中获一新发展也。治安[②]在桂省[③]工作，不易离开，铭勋[④]在育才任教，亦难走脱，俟将来进行入具体阶段时，汪达之同志等或可前来有所助益也。特此奉复。并祝

体健！

陶行知启

七月七日

原件存南京晓庄学院陶行知纪念馆

【注释】

①标题为编者拟。

②治安，指戴自俺。

③桂省，即广西省。

④铭勋，指孙铭勋。

重庆更需要宗麟[①]

——致唐现之

现之[②]吾弟：

信悉。您希望宗麟[③]能到您那儿帮忙，在目前宗麟已不能安全于沪之情况下，这个意思倒也很好。不过他在沪上工作近五载，重庆方面似乎更需要他。再从他自己个人的期望来说，只怕也是希望到重庆来。令郎病已

痊愈否？特此。并祝
体健！

陶行知启
七、七
原件存南京晓庄学院陶行知纪念馆

【注释】

①标题为编者拟。
②现之，即唐现之，原南京高等师范教育科学生，时在广西省教育厅工作。
③宗麟，即张宗麟。

校务会开完才能回家[①]
——致吴树琴

药品已托俞文华同志代办。他明早到合川去买。价钱已开给他做参考。我在这里过的生活很好。要等到校务会议开完了才可以来。照现在的情形看来，进行得很慢。指导委员会是费了三天才可以结束，校务会议顶少要两天，预计要十四日才能回家。如果有大水，我也不急来，也许还要延迟。如此，我可以把药带来。陈江先生如果来问，你可以请他到校来见面。空袭时，你和蜜桃[②]、王志平是去防空洞好。鸽子和白兔请交来人带下。

此致
树琴

衔
二九、七、十一
原件存吴树琴处

【注释】

①标题为编者拟。
②蜜桃，即陶城。

图章等请交人带来[①]

——致马侣贤

肖生同志：

所存图章等，请交妥人带来为要。

祝

健！

今天大水，嘱晓光缓来。

衔

二九、七、十四

原件存夏英岚处

【注释】

①标题为编者拟。

我相信孩子是有力量的[①]

——致新安旅行团第一工作队

第一旅行工作队同志们：

看到你们的来信，我感到兴奋。正像你们所说，我一向相信“孩子是有力量的”，这回从你们十九个流亡的大小孩子所做的工作上，这个信念又增加了新的佐证。

你们的工作做得已经很不错，我没有多少话可说的，只是对于你们的学习，我想贡献点意见：

你们的生活和工作本身，固然就是一种学习，但在你们这样的年纪，还需要多方面知能的学习，这是一。

第二，你们正在做着非常有意义的军人服务工作，要像在传统学校内一样学习是不可能的。因此你们必须争取一方面与工作多少有着联系，而另一方面又属于人生所不可缺少之基本知能的学习。

第三，要竭力争取学习有计划、有系统地进行。

要做到上面所说的地步，也许这一个工作是多少有困难的，但我相信，只要你们努力争取，一定是可以做到的。

最后要告诉你们，就是我们办了一个刊物叫《战时教育》，对于你们这封有意义的信，我们希望给登载出来。祝你们康健并继续努力！

陶行知

七月廿七日

原件存南京晓庄学院陶行知纪念馆

【注释】

①标题为编者拟。

秋初交稿[①]

——致陈鹤琴

鹤琴吾兄：

读六月二十三日手书，甚为欣慰！迟至今日作复，则又感着很大的抱歉。大作《我的半生》将付印，甚喜。承嘱写感想一篇，决遵命写，惟因病未痊愈，且有种种事务羁身，恐只能简略地写些。交稿时日，约在秋初。知关锦注，特先奉复，并祝

撰安！

陶行知启

七月廿八日

原件存南京晓庄学院陶行知纪念馆

【注释】

①标题为编者拟。

设普通组事尚未确定[①]

——致陈铭枢

真如先生赐鉴：

辱承二十四日偕吴、黎二先生来访，适值在渝未还，失迎得很。敝校下学期添设普通组事，目前因种种情形，尚未能十分确定。倘以后能成为事实，并定期招生，当即函告吾兄嘱朱姓小朋友前来投考。特此。并祝

体健！

陶行知

七月廿八日

原件存南京晓庄学院陶行知纪念馆

【注释】

①标题为编者拟。

就五百师生食盐问题奉商盐务局长[①]

——致缪秋杰

缪局长[②]赐鉴：

敝校为位于合川县草街子镇难童学校，选拔难童中之聪颖优秀者，予以专科与普通兼施之教育，为国家造就未来建国人才之幼苗。最近感于物价高涨，全校儿童患营养不良，特就食盐一项问题恳商于足下：

（一）盐价每市斤重庆为二角，北碚为三角，草街子则为八角，渝、碚二地与草街子相距不可谓远（北碚离草街子只有三十里水路），而盐价悬殊若是其甚。由巴盐产量关系，抑由汉奸操纵所致，实值得予以严重注意。

（二）敝校师生近五百人，每日需用大量食盐，以有限之伙食费购每市斤八角之食盐，实不堪其负担。为全校难童之营养计，拟请贵局允于重庆购买，并发给可供五百人食用之食盐运输护照，俾得由渝运至草街子。

该项请求务盼足下念难童之营养问题及敝校创校宗旨而予以允准。倘荷慨诺，将不胜感激。特此，并颂

大安！

陶行知启

七月廿八日

原件存南京晓庄学院陶行知纪念馆

【注释】

①标题为编者拟。

②缪局长，指缪秋杰，时任某盐务局局长。

愿为战时公债出国劝募[①]

——致孔祥熙

庸之[②]副院长勋鉴：

顷奉行政院蒋院长[③]七月十一日聘书，敬悉以战时公债劝募委员会委员见委，极愿竭其绵薄，为国效力。但弟在国外如美国、墨西哥、加拿大认识侨界朋友甚多，斐利滨[④]亦有认识的朋友。倘能出国一行，一方面宣扬政府三年来抗战成绩；一方面粉碎敌伪汉奸之反宣传；一方面鼓励侨胞踊跃捐输。一举数得，贡献较大。预计出国半年即可完成。至于国内劝募，知交多属寒士，效力很少。尚希代为请示蒋院长。如荷同意，弟即整装待命。专此奉商，伫候复示。敬颂

勋安！

弟陶行知（印）拜启

二九、七、二九

复印件存华中师范大学教育学院

【注释】

①标题为编者拟。此项建议未获当局批准，出国募捐的计划未能实现。

②庸之，即孔祥熙，时任国民政府行政院副院长。

③蒋院长，即蒋介石，时任国民政府行政院院长。

④斐利滨，通译“菲律宾”。

关于成立分社的意见[①]

——致刘琼瑶

琼瑶吾弟：

来信及与成立分社有关的各件均已收到。您对于生活教育运动的努力，使我感到欣慰。不过关于各地成立分社事，我倒有点意见，稍稍和你们的看法不同，现在写在下面：

（一）分社以省为范围，至少值兹抗战时期，是有点不相宜的。分社组织之目的，在集合就近可能聚在一道之社友切实从事生活教育之研究、设计与推行。而这一点在目前之交通条件下，以省为分社之单位便不容易做到。

（二）因此，目前分社之组织，似应以县或互相邻近之数县为单位，一方面分别与总社直接发生关系，另一方面全省之分社可以互相发生联系，并可相约由省府所在地之分社主持之。

（三）但这并不是立刻要求你们就这么办。你们筹备福建分社已历时多日，这件事实是应该尊重的。我盼望你们继续照章进行。静桐[②]同志的意见很正确。

此外，关于我在美国时国内的一个传说——在哥伦比亚当教授[③]——这个消息是不确实的。您传布这一个不确实的传说，结果是可能遭到人们的恶意的解释的。

二十五元收到，已交生活书店。地址亦照改无误。特此。

并祝

体健！

陶行知

八月二日

原件存南京晓庄学院陶行知纪念馆

【注释】

①标题为编者拟。

②静桐，即杨静桐。

③指在哥伦比亚大学当教授。

谢捐助新安学校[①]

——致张治中

文白[②]先生：

前在渝路过尊处，未能入内一晤，深以为歉。捐助新安学校之五百元已收到，并经由中国银行汇至桂林该校。收据一俟款到便寄渝。谨先代表该校向先生致谢。特此专复，并祝

大安！

陶行知

八月二日

原件存南京晓庄学院陶行知纪念馆

【注释】

①标题为编者拟。

②文白，即张治中。

来信愿望一时尚难实现[①]

——致张禹平

禹平先生：

承告我的某些言谈，为您所接受，欣悦无似。细窥来信之意，似欲进入育才学校学习并工作。倘若我的揣测没有错的话，我想告诉您，进育才本来是没有问题的，无奈最近物价奇昂，学校扩充计划不易实现，因此您的希望一时尚难帮助实现。特此奉复，并祝

体健！

陶行知

八月二日

原件存南京晓庄学院陶行知纪念馆

【注释】

①标题为编者拟。

在家做事同样有机会学习[①]

——致伯康

伯康小朋友：

看到你又一次的来信，使我感到你真是一个好学的孩子。你要求进入育才学习的志愿很坚决，照普通的道理说，我似乎应该答应你的要求，给你想点特殊办法，但这跟育才学校立校宗旨及种种法规是冲突的。因此我不能徇人情来给你特殊帮助。这也就是说，我不能采用你的办法（同同学合床睡，上课在旁边添一座位）答应您参加育才生活。

我想你接着这封信一定非常失望，其实这是可以不必的。从前有许多学问家、政治家，幼年时都没有受什么正规的教育，但他们后来一样获得

成功。你不要以为在家里做事就绝对没有机会学习。

此外，您的感情也嫌过度，你应该学得冷静一点，不要什么事都激动。我希望你能学习战地工作的小朋友的冷静和热情，这一点只要您愿意，是一定可以学到的。祝你
体健！

陶行知

八月三日

原件存南京晓庄学院陶行知纪念馆

【注释】

①标题为编者拟。

感谢对难童的热爱和对新教育的同情①
——致杨静桐

静桐先生：

六月十二、十三所发两信及汇寄之七千八百五十一元二角六分均已收到。除了另函吴文炳先生表示我们的谢意而外，更令我们兴奋的是，先生对于育才事业继续不断的关心，不仅是直接给我们作了许多帮助，并且还随时随地鼓起同情我们事业的许多教育界的朋友来给予我们帮助。这充分证明了先生对于难童的爱，对于新教育事业的同情，请让我代表育才全体表示深切的谢意。

育才于暑期结束时，曾作过一次总检讨，除由于诸多原因所造成的某些缺点急待改正而外，全校指导员咸认各组之特殊学习，颇多令人兴奋鼓舞处。其进程之速而正确，有非我们初料所及者。

暑期开始后，校内已实施合理的军事管理生活，除患有心脏病、肺病及疝气病之儿童外，均一律参加。八月一日曾举行检阅典礼一次，秩序与清洁卫生方面，已有显著的进步。这些消息，想一定为关心育才如先生者所乐闻吧！

给新安学校的二千元已汇去，八百五十一元二角六分已托中国银行交邹先生②，由我托他开单交香港分店③代购书籍并代寄吴文炳先生。

立案事当托妥友代为进行。怡朗④诸友当不日去信致谢。妇慰会⑤托转

之款，尚未收到，但不久谅可收到。

关于寄信的办法，我有一个建议，这回你的来信六月十三日发，七月廿日始到。盼以后来信用航空信纸写，并由航空寄出，那就要快得多了。

捐款最多的小朋友，其照片除由相当画报发表外，并由育才之绘画组给刻成木刻寄来，文学组对于他的义举，也预备写一篇文章寄来。特此奉复，并致诚恳之谢意。敬祝

大安。

陶行知启

八月三日

原件存南京晓庄学院陶行知纪念馆

【注释】

①标题为编者拟。

②邹先生，即邹韬奋，新闻记者、政治家和出版家，先后主编过《大众生活》《生活日报》《生活星期刊》《抗战》和《全民抗战》。

③香港分店，指生活书店香港分店。

④怡朗，菲律宾怡朗省首府。怡朗诸友指旅居在那儿的爱国华侨。

⑤妇慰会，指纳卯华侨妇女慰劳会。

用艺友制补师范教育之不足①

——致潘畏三

畏三吾弟：

接来信，知道您十年来工作情形，甚慰。

《师范学校与艺友制》一文，已读。某些地方想提出来与你商讨一下。艺友制是对于传统的徒弟制的一种改造，它是新教育方式之一。在学做合一的情况下，艺友是跟着师傅在做上学的徒弟或学生；在教学做合一的情况下，艺友是徒弟同时又是师傅，是学生同时又是先生。前一种情况可以尽一部分普通教育的作用，后一种情况可以尽一部分师范教育之作用，从这一点看，您想把现有师范教育停掉而代之以艺友制，便很值得商量了。过去我们之所以提出艺友制，不是用来代替普通学校，而是用来补职业教育或人才教育之不足。不是用来代替师范教育，而是用来补师范教育之不足。现在师范学校虽有缺点，我们的任务是改造不是取消。说得更正确点

的话，我们应该就学校这种特殊机构予过去的师范教育以改造。过去我们办晓庄试验乡村师范便是这个意思。今天国家已经规定私人不能办师范学校，因而我们不可能来办正式师范教育。这一点不辨明，有些人又可以用作借口来说我们是在企图取消学校教育了（这是带着一种挑拨性的话），而这绝非我们的本意。

上面所提出的是关于艺友制的基本问题，倘若在这个基本问题上您能同意我的意见的话，我希望还是在您所办的那个简易师范内，多多采用艺友制的办法。当有成效可目睹时，再呈请省教育当局推行。不知这种意见您以为如何？特此。并祝
体健！

陶行知

八月十日

原件存南京晓庄学院陶行知纪念馆

【注释】

①标题为编者拟。

学习机会太少应设法补救①

——致海真

海真先生：

来信复迟了，甚以为歉！

在贵院事多人少之情况下，学习机会太少，这一点确实是应该设法补救的。嘱代安一适当工作事，正在注意中，特此先行奉复，并祝
教安！

陶行知

八月十日

原件存南京晓庄学院陶行知纪念馆

【注释】

①标题为编者拟。

请向捐款人申谢并发给收据[①]

——致汪达之

达之[②]同志：

接读来信，备悉种种。

张文白先生曾捐新旅五百元，已于□月□日由中国银行汇桂。菲律宾华侨所办之宿务学校小朋友，在救济难童储款中捐给你们二千元。该款于□月□日亦由中国银行汇来。不知这两笔款子收到没有？收到后盼即向捐款人分别申谢并发给收据。关于收据上填写捐款之数目，请注意一点：由于此间没有必要的理由给你们的汇款出一汇费，已在五百元中、二千元中分别扣去汇费，因此尽管你们所收到的不是五百元、二千元，而收据上均必须写五百元、二千元。给宿务学校之收据最好能分别向：（一）全校捐款小朋友；（二）发起这个储金运动的吴文炳先生；（三）幼稚园主任陈淑华女士（有一位幼稚生捐款六十元）这三方面致谢。宿务学校的通讯处为 Cebu Chinese School P. O. Box70，Cebu City，PI。吴先生通讯处为 Mr. W. P. Wu，P. O. Box411，Cebu City，Cebu PI[③]。

关于总部[④]要改编“新旅”事，你们的意见和办法我都同意。以后董事会开会，由您代表我出席，不必再来什么通知。目前总情势，根据我听到的消息，有好转模样，想来你们也多少听到。恕不赘。并祝

体健！

行　知

八、十

原件存南京晓庄学院陶行知纪念馆

【注释】

①标题为编者拟。

②汪达之，晓庄学校第三期学生。

③信中两个英文通讯处，前为“菲律宾宿务城 70 号信箱宿务华侨学校”，后为“菲律宾宿务城 411 号信箱吴文炳”。

④总部，指当时的国民政府军事委员会总政治部。

寄上代垫赙仪①

——致臧其吉

其吉吾弟：

来信悉。承代垫致张真如同学之赙仪，今特寄上国币拾元归赵。特此。并祝

体健！

陶行知

八月十日

原件存南京晓庄学院陶行知纪念馆

【注释】

①标题为编者拟。

从速决定来渝或留桂①

——致程今吾

今吾同志：

您答应来育才工作，大家都很高兴，但听说您必须八月底才能动身，则又未免有些失望。为了桂林工作也很重要，我们希望您能迅速决定究竟是来渝还是留桂。你若决定属于前者，最好接信后便立即动身。因为您早到一天，便可以对于育才之过去及现况多一分了解，这对于以后如何执行工作是有密切关系的。我们不是不希望您在桂林作一个很好的结束，而是觉得您既答应来育才，就应该设法争取工作上必要的准备，可于取得在桂同志之谅解后，迅速就道。倘若你的决定属于后者，我们也很赞同。因为留桂和来育才工作，性质虽不尽同，但重要性却是一样的。不过希望您能早日来信说明。

等待着您即刻的回答。特此。并致

敬礼！

陶行知

八月十日

原件存南京晓庄学院陶行知纪念馆

【注释】

①标题为编者拟。

希望您为我们找一些育才之友[1]
——致杨静桐

静桐先生：

还有一点事，希望告诉您，不是一件寻常报告，而是一个诚恳的告急。

国内百物昂贵，尤以生活必需品为甚。单就米价而论，去年今日每斗（四川之旧制）三元有余，而日前则已涨至十四五元一斗。处此情况下，我们的伙食费是激增了三倍以上，而仍是继长增高，不知所止。正式预算只增加了七分之一，这次宿务自动地寄来的捐款，是给了我们一个适时之援助。刻正集中精力为增加学校之经费而努力，并拟商约同情育才之人士为育才之友，每月酌量捐助经费若干。我很希望您为我们找一些育才之友，每人每月之捐助费多少可不论，只要按期寄来，俾育才可作成经常预算，使我们可以不为经济所困，而全部精神被解放出来，以从事于新教育之创造。

关于物价高涨，只给少数朋友知道，不可作为演讲材料，也不可流露报端。我们之所以不得不告诉您，系希望您以育才之友的资格，深刻明了育才处境之非常困难，而给我们以继续不断地自动的援助。从前我们除了捐募图书之外，没有向您们请求捐款，而您们是这样的热心关怀。现在我们是半炊而快到断炊，我们是有责任给我们的朋友知道真情。如果朋友们愿意酌量给我们帮助，也只可以少数朋友捐助的形式行之。整个国家为了抗战到底，须要菲岛[2]侨胞更多的援助。您们今天要用倍上加倍的力量，来为国捐输并响应政府所募的公债。我们不愿学校之救济对国家筹款有丝毫之影响，这一点也希望我们的朋友了解。

知先生深爱育才之事业，故敢作此不情之请。特此并颂教安！

陶行知

写于1940年8月上旬

原件存南京晓庄学院陶行知纪念馆

【注释】

①标题为编者拟。

②菲岛，指菲律宾。菲律宾共和国位于菲律宾群岛上，全国由七千多个岛屿组成。

团结侨胞以增加抗战建国力量[①]

——致吴文炳

文炳先生：

六月二日来书及静桐先生代汇的七千八百五十一元二角六分均已收到。二千元捐给新安旅行团的已遵命汇去。所余之八百五十一元二角六分已交生活书店邹先生照来信所开条件，代由香港分店购买书籍奉上。

先生这次寄来的款子及所发起的救济育才难童储金工作，令我们感到极大的兴奋。谨代表育才全体向先生致深切的谢意。储金最多的小朋友的照片，除在相当的画报给发表外，育才绘画组的小朋友打算作一木刻以资纪念。该项画报及木刻当于发表并作成后寄上。小朋友当另有信给贵校小朋友。我希望以后我们和您们的小朋友，可以经常通信交换知识。

海外教育之有待改进，而改进必遇困难，有困难而必须克服，如国内一样是事实。但在当祖国处于绝续存亡之际，帮助头脑清楚之侨胞进步，为国服务，同时团结实际从事教育工作者以增加抗战建国之力量，也绝非不可能之事。事虽艰苦，但我们多努力一分，便可以多为民族国家负一分责任。先生留在原校工作的精神，我是非常赞佩的。特此致谢，敬祝

教安！

陶行知

写于1940年8月上旬

原件存南京晓庄学院陶行知纪念馆

【注释】

①标题为编者拟。

近两天无水洗澡[①]

——致友人

这一次凑巧会见了好几位朋友。卫立煌先生从洛阳来述职，还没有回去，昨天在他那儿早餐。

昨天、前晚感受最大的困难是无水洗澡。喝的水虽有，也不充分。今早看见洗澡盆里的清水，眼睛为之一快。

衔

二九、八、十一

复印件存于华中师范大学教育学院

【注释】

①标题为编者拟。此信缺上部分，系由重庆写回北碚或育才学校。

重庆大轰炸[①]

——致吴树琴、陶晓光等

树琴、晓光、城[②]：

我自到渝，即住在嘉庐一号三楼沈寓，一切都很安适。九日大轰炸，我在青年会的防空洞里。青年会除宿舍外，全部被毁。我们在洞里，只觉得一些烟气。当初群众很喧哗，后来把洞口塞了一个，使火舌不得进来，这才大家安静下去。当轰炸的时候，头顶上听见轰轰之声，震动不太大，想系烧夷弹而非重磅弹。四时解除警报，才出洞。想透些新鲜空气，但是四面大火，热气逼人。等候两小时，才走后门委蜿而达到大街。新街口上海银行、中央日报、中国银行都被炸，而新华银行尚无恙。昨日提款买物，他们还请我吃午饭。曾家岩一带炸得厉害，敌机投下几个千磅以上之弹，最可惜的是海棠溪之桐油库被炸毁了。投了一百多弹，死了二百余人，捉着两个汉奸。

五号木塞[③]买了一万，给我买空了。Every Ready 刀片，这里没有了。你还是买 Valet 吧。这里每片一元八角，北碚快买，可以便宜些。戥秤买了一把。晓光要的药，到处配不完全，只配了一半。可见药不完备，病是害不得的了。

我有事要等两天才回来（昨日发上一电报平安，说十三来，谅已收到），各路防空洞都有朋友，请可放心。你们是必须到防空洞去。洞若[4]、良材[5]用介绍片介绍到石柱湾胡石青先生那儿去。

行 知

二九、八、十一

原件存吴树琴处

【注释】

①标题为编者拟。

②城，即陶城，为陶行知四子。

③五号木塞，由晓庄研究所制药作版塞用。

④洞若，即王洞若。

⑤良材，陈良材。

日机猖狂，恳拨款建造防空洞[1]

——致许世英

赈济委员会许代委员长勋鉴：

日机猖狂，迩来尤甚。北碚亦三次被炸，损失綦重，满目疮痍，令人愤慨！敝校距离北碚虽有三十里，校傍嘉陵江岸，敌机每一往返，必经上空。且于八月三日在敝校高空发生剧烈空战。敝校防空设备尚未修建，师生安全，毫无保障。敝人亦感责任甚重，似不得不迅即设法。去岁曾为请命，未荷批准。本年七月再申前情，恳拨款六千元，以资建造防空洞。此次赴渝会晤黄伯度先生，闻已将原函转上，谅邀洞悉。惟尚未接回示，而时机急迫，又不能须臾稍缓，特此专函上达，希即赐电批准拨发，以便早日开工，俾敝校师生得以安心工作。

再有恳者，近数月来物价飞涨，食米一项即涨至原有五倍以上，学校开支窘迫万分。节无可节，百思难解，深望自八月份起，每月增加补助费二千元，以救枯竭之危。如蒙俯允，全校感激！谨此奉商，伫候赐复。

敬颂

勋安！

育才学校校长 陶行知

八月十九日

原件存吴树琴处

【注释】

①标题为编者拟。

敦请三位先生作正式的育才之友①

——致鼎铭、泰楠等

鼎铭、泰楠、曲水②三位先生大鉴：

接杨静桐先生来信，欣悉由于三位先生暨怡朗妇女救国协会诸位同志之热忱倡导爱护，已由妇慰会于六月上旬左右汇交重庆蒋夫人国币三千元，并指定千五百元慰劳豫鄂抗战将士，另千五百元捐助敝校作为教养难童经费。闻悉之余，深觉敝校何幸，竟得这样令人兴奋之鼓励与援助！弟谨代表敝校全体向三位先生表示我们深切的谢意。育才是抗战后一个新设立的学校，它的宗旨在培养聪颖优秀之难童，予以基础与特科并施之教育，俾成为现在抗战之小力量及未来建国之专门人才。我们深感自己力量不够。一年来，我们曾集合了许多同情它、支持它的朋友作"育才之友"，使这新教育事业在更多的鼓励、指示与帮助之下成长起来。现在我们敦请三位先生作我们正式的"育才之友"，经常地给予我们以精神上物质上之帮助。你们已经在行动上成为真正的"育才之友"，我想一定乐于接受我们的请求，作为正式的"育才之友"的。

怡朗救国协会六月十二日信，刚于今日收到。另有复函，盼即转交。最后让我代表全校敬致诚恳之谢意，并遥祝诸位康健及全侨文化进步无疆！

陶行知

二九、八、廿

原件存南京晓庄学院陶行知纪念馆

【注释】

①标题为编者拟。

②三位均系爱国华侨，时在菲律宾。

敦请成为育才之友[①]

——致洪敏侨等

怡朗妇女救国协会敏侨主席及诸位先生公鉴：

今日拜读六月十二日大函，敬悉贵会捐助敝校一千五百元作为教养难童经费。闻悉之余，除对贵会为抗战建国服务之热忱表示敬意外，特代表敝校全体向贵会表示我们深切的谢意。该款尚未转到，想系沿途耽搁所至。一俟领到，再行奉上正式收据。现奉上凤凰山素描一篇，系敝校文学组小朋友高云贞所写，尚希教正。最后，让我代表全校对贵会诸位先生之热忱爱护敬致诚恳之感谢！一年内，育才学校在许多朋友的鼓励指示和帮助之下成长起来，现在我们敦请敏侨先生为个人的育才之友，贵会为团体的育才之友。我们所要求于育才之友的有两件事：一是经常地给我们以精神上物质上的援助；一是介绍关怀于难童与新教育事业之人士，使成为育才之友，共同帮助育才学校，使这新教育事业可以欣欣向荣地进展，谅想你们一定乐于接受这一个诚恳的请求吧！遥祝贵会及全侨妇女前途远大光明。

陶行知启

二九、八、廿

原件存南京晓庄学院陶行知纪念馆

【注释】

①标题为编者拟。

高云贞在校情况[①]

——致佐兴

佐兴先生：

八月六日大函奉悉，敝校女生高云贞[②]仍在校安心学习，可以告慰。前曾一度生病，现已告愈，唯身体尚弱，须再加意保养。该生学习，已有进步，特为抄上近作《凤凰山素描》一篇，以见一般。专此奉复。即颂

近佳！

校长 陶行知

八、廿

原件存南京晓庄学院陶行知纪念馆

【注释】

①标题为编者拟。

②高云贞，育才学校文学组学生。

请允为育才之友[①]

——致吴文炳

文炳先生：

月初给您的航空信该已收到了罢？现在寄上育才全体小朋友致贵校[②]师生及尤玉英[③]小朋友信各一，敝校绘画组所作之尤玉英木刻像两张，文学组所写之凤凰山素描一篇。我希望贵校及育才之小朋友能从此在精神上互相联系，这一回寄来的东西只是一个开头。

前致静桐先生信中曾提及育才真实情形，我们希望他成为经常的“育才之友”，继续不断给予育才以精神上的支持和经济上的帮助。这一个请求我们同样要向先生提出。想来您一定会慨然允诺的。所谓育才之友是指那些以精神和物资帮助育才之新教育事业发展的朋友，我们以育才之友的名义赠给先生，是深感先生已经以行动成为“育才之友”，并且以光辉给予了“育才之友”。

我们所要求于育才之友的有两件事：一是经常地给我们物质上的援助，使我们的心力能得到相当的解放，以从事于真正教育之进行；一是介绍关怀难童与新教育事业之人士，使成为育才之友，共同帮助育才学校发展。专此奉商。敬颂

康健！

陶行知

原件存南京晓庄学院陶行知纪念馆

【注释】

①标题为编者拟。写于1940年8月中旬。

②贵校，指菲律宾爱国华侨所办的中华学校。当时吴文炳在该校任教。

③尤玉英，中华学校学生，曾一次捐助育才学校六十元。

一个征集签字的文件[①]

——致石青、家楫等

石青、家楫、献文、伯韩诸先生大鉴：

现在有一个国民外交的文件从重庆寄来，征集签字，特托洞若先生前来接洽。如荷同意，尚希签字。是否可行，统望卓裁。敬祝

康健！

陶行知拜启

二九、八、廿二

原件存南京晓庄学院陶行知纪念馆

【注释】

①标题为编者拟。

郭竹筠宜进音乐专门学校[①]

——致元汉

元汉先生：

郭竹筠先生已见过，他的音乐才能确实是可以造就的。但育才入学年龄以十五岁为最高限，做学生自然是不可能。做艺友呢？也许是很好的，但艺友要教小朋友，而目前音乐组之小朋友在五线谱及见闻方面，甚至有非某些中学教师所能及者。因此，他到育才来做艺友是否适当，也便成问题了。我的意思为增加音乐之基础知识，最好他还以进音乐专门学校为是。

陶行知启

八月

原件存南京晓庄学院陶行知纪念馆

【注释】

①标题为编者拟。

请昌书来清查木料[①]

——致马侣贤

肖生同志：

妇女慰劳会之募捐册业已催过四五次，不交去是太失信用，请找到交妥友带下。

您去学校告诉大家，我预备后天（七号）来。请您设法明日晚上或后日天明派一乘滑竿来。清查木料，请昌书[②]同志今日来，会同区署杨队长照你约定时间去大沱口一带清查。

衔

二九、九、五

原件存夏英岚处

【注释】

①标题为编者拟。

②昌书，即帅昌书。

介绍孙崇甫先生到育才参观[①]

——致陆维特、白危等

维特、白危、肖生、铭勋[②]诸位同志：

敝友孙崇甫先生为生活教育社忠实同志，现回西安为朱子桥先生主办慈幼院，顺便来看看育才，深望诸位同志代为招待，并交换意见。孙先生前为西安《老百姓报》编辑，近主编《伤兵之友》，对于我们必有很多指教。专此介绍。敬祝

康健！

行知启

二九、九、十

原件存夏英岚处

【注释】

①标题为编者拟。

②维特、白危、肖生、铭勋，分别为陆维特、白危、马侣贤、孙铭勋。

米粮问题有好的办法解决[①]

——致马侣贤

肖生同志：

米粮问题，有好的办法解决，今日下午一时可决。我们大概可以得到每斗十三四元之米。乡下定米暂勿大量为之，只须顾到数日就够接得上。望勿宣布。敬祝

康健！

衔

二九、九、十一

原件存夏英岚处

【注释】

①标题为编者拟。

请开留任工作人员名单[①]

——致马侣贤

肖生同志：

各部各组留任工作人员，请于接洽后，给我一个正式名单，姓名、名义、职务、待遇，随荐随核，不必一齐交来，以免延误，等我回信，才算决定。各部各组也应当给您书面的推荐，这样手续就比从前清楚些。

二十号早晨，在可能范围之内，派一二乘滑竿来，我或者有宾客要来。您所给我的四张被及被单一张，已经收到，这大概是生活教育社的，是不是？给新华银行、赈济会及保育会信三封已经收到。我今天发热，不能细看，明天可以盖章发去。

敬祝

康健！

衔

二九、九、一八

原件存夏英岚处

【注释】

①标题为编者拟。

数事待办[1]

——致马侣贤

肖生同志：

（一）一千元支票已遵嘱盖章（中国银行 04060 号支票）。

（二）保育会学生名册须改正如下：

一、年月日下之“私立育才学校校长陶行知”删去。

二、根据本学期各生年级（所开年级是否本学期开始年级?）将零用费、书籍费算好，统计写入信中。信中要说五年级以上学生共多少名，计零用费若干、书籍若干。四年级以下共多少人，计各费若干、总数若干。

（三）滑竿能有两乘来最好，倘学校事务缺少人做，就近找朋友帮忙。

敬祝

康健！

陶行知

二九、九、十九

原件存夏英岚处

【注释】

①标题为编者拟。

自费生必须有监护人[1]

——致马侣贤

肖生同志：

昨日忘说一句话，就是自费生已经在者，除必须清付费用外，必须有人负监护人之责任。如吴新稼[2]所介绍者，必须有人负责，学校随时可以与他商量。学生有病或有他故，学校可以有办法通知，或医或领回，监护人必须有我们所确知之通信处。无监护人之自费生，我们不得收留。专此

奉闻，尚希执行。敬祝
康健!

衔

二九、九、廿三

原件存夏英岚处

【注释】

①标题为编者拟。

②吴新稼，即吴莆生，时为育才学校教师，曾为晨更工学团团员、孩子剧团团长。

请客一切费用由我照付[①]

——致马侣贤

肖生同志：

图章暂留。我病未愈，不能操劳。

(一) 04061 号支票计壹仟元，已遵嘱盖章交林谷[②]先生，并嘱他明天做了一切事再取此款，取了款即回，不再做他事。这一点，你没有告诉他。以后取款人必须如此。

(二) 昨天请客[③]一切费用，连酒菜、饭茶、滑竿、船钱都开在我的暂记账上，并请立即清算，以便照付。学校经费中不宜动用一文。

衔

二九、九、廿五

原件存夏英岚处

【注释】

①标题为编者拟。

②林谷，当时任育才学校会计。

③9 月 24 日，周恩来、邓颖超等人参观育才学校。

立刻派两人查找木料①

——致马侣贤

肖生同志：

据昌书②同志说，易必光③君接木料看守人报告，越〔悦〕来场有369“ㄅ”字育才木料十余根，重庆唐家沱有369“ㄅ”字木料五十余根，想他处尚有，易君必光已报告您，但不见您来信提及，不知如何？易君自说不愿去调云云。这事要立刻派二人，一人到越〔悦〕来场；一人到唐家沱。所派人必须精明，善交际，带笔墨及学校公函去，凭保长等写上“育才”二字，并迅速报告我。唐家沱之木料查有着落即电“北碚磡堡陶××查有××根”。我很希望这两位同志即日动身，争取时间，不可再误！以恢复这已失之校产。守木料者所报消息如何，请详示。

九月十八日请您开示各部各组工作人员名单以凭作最后决定，尚希即日交下为盼。敬祝

康健!

衔

二九、九、廿五

原件存夏英岚处

我从前交您之小蚊帐及王瑞符代买所存维特处之大蚊帐，望即交姜工友带下。

请客用费若干，请即开示。

衔又启

昌书的书籍、镜框④二百五十元支票已遵嘱盖章。镜框非摄影能手不交使用。昨闻治疗针又毁，体温表两个早毁。此皆我亲自为大家健康所买之公物，于今相继被粗心所毁，可见育才对此实无教育可言。

【注释】

①标题为编者拟。

②昌书，即帅昌书。

③易必光，育才学校管事务的职员。

④镜框，指照相机。

有数事告知[①]

——致马侣贤

肖生同志：

九月二十六日来信及工作人员留任名单均已阅悉。

一、唐家沱发现369木料五十余根，越〔悦〕来场发现369木料十余根，若是大料就值得六七千元，这是一件大事。你既知道了十多天，为何不报告我？这是应该动员最精明的同志去追查，我想没有人不肯响应的。大水不能去，可以坐汽车、坐滑竿，或是走路也是可以的。凡事要分大小缓急，否则无论什么团体也办不好。昨晚来信是说派了易先生一个人去，一个人去捉这两只大鳖，于争取时间也是太缓。我不知道易先生是怎样去，坐木船去的吧？希望你立派一位得力的人到唐家沱，或者你亲自出马。学校的事托给别的同志。

二、留任名单中有张君宜天，恕我不表同意。章泯先生没有和我提到他，他与育才环境不相宜，要等他在外面工作证明才能考虑。现在请你告诉他自己去找个比较适合的环境去工作。他在本校的工作以本月底结束。

三、戏剧组的艺友我只能对江风表同意，请你参考。

四、关于周恩来、邓颖超诸先生来校参观之一切费用，由我个人担任，照来单所示，计饭菜二十五元九角，滑竿二十元，船资十二元，共计五十七元九角。现将屡次代垫之发票送上，共代育才垫出四十六元零五分，另找上现洋九元八角五分，共计五十七元九角。两抵正好。请赐一收据给小朋友带来，使我放心。

五、桑文澜先生连育才之友的名字也不在名单中，这是什么意思？望用一女工帮助桑先生增加对小朋友工作的效能。最好由桑先生自找，使她能够多帮助小朋友一些。桑先生是十分之八的医生，同人必得爱护她，尊敬她，使她可以安心。我可以给你说一句极诚恳的话，假使学校同人因人事关系而使她拂袖而去，我也只好敬谢不敏了。敬祝

康健！

衔

二九、九、廿九

原件存夏英岚处

下次来信请写年、月、日，如来名单必须由你签字。

贺先生[②]推荐李抱忱先生之夫人担任音乐指导员，我表同意，请与贺先生一商。

【注释】

①标题为编者拟。

②贺先生，指贺绿汀。

要建立整个的新预算[①]

——致马侣贤

肖生同志：

十月一日信由宜天带来，敬悉一切。校务会议日期定于二号午后二时举行，如果天晴，即请派滑竿来，我当出席。倘使下雨则不必派滑竿来，因我病新愈，不宜受风湿。如此，则请主持校务会议并将结果告我。

关于艺友待遇，暂以上次建议所核准之办法而经我签字者为根据。一切变更须待平衡之新预算建立时统盘决定。否则每月亏空四千元，再过两个月，就要动摇整个学校之存在。我们现在所要建立的是整个的新预算，而不是一部分地来解决。希望您在最近提出一个完整的预算。这预算最好有两个：一个是量入为出，作为较紧的预算；一个是量出为入，作为较宽之预算。较紧预算为艰苦维持现实支出之根据。较宽预算作为开源筹款、改善生活之根据。这样则学校生存、师生生活都可两全，并且可以逐步改善以求发展。

艺友待遇分级，须待考虑会商才能定。

止疟丸现再奉上七十副，计一千四百粒，务望检收。

鱼石油不知何物，当去街上代问。恐有笔误，尚希示知。

宜天须住校若干日，以便等候建立相当社会关系，请酌量延长数日，俟我来校再行商决。敬祝

康健！

衔

二九、十、一

余容面谈。

原件存夏英岚处

【注释】

①标题为编者拟。

奉商新安旅行团改编事[①]

——致张治中

文白先生勋鉴：

昨日接到新安旅行团二十九日由桂林来电，述及第四战区政治部限他们五日内赴柳州改编入政工队，并说到匆促改编，困难多端，嘱弟代为面陈。弟因疟疾初愈，不堪奔走，只得函陈管见，以供采择：

（一）该团现正为恢复新安学校准备公演，借筹基金，倘匆促赴柳州，则全功尽弃；

（二）该团有三万四千里长途为国服务之历史，政治部指挥监督其工作，以增加效能，最为适宜。倘若扫数改编，令此具有光荣历史之团体消灭于无形，则不但予工作者以精神上致命之打击，而且从整个民族文化上着想，亦未免可惜。

区区之意，是否有当，尚希卓裁。至前信代请发给八个月来之补助费，深望俯予照准，以鼓励其为国效劳之热忱。专此奉商。敬颂

勋安

弟陶行知拜启

二九、十、二

原件存中国第二历史档案馆

【附录】

附录一：陶行知致张治中电[②]

重庆曾家岩桂园。张文白先生勋鉴：新安旅行团嘱代请缓予改编，恳电四战区政治部宽以时间。函详。陶行知。

1940年10月1日拟

出处同前

附录二：国民党军事委员会政治部签注

政治部十月十六日签注：前饬据桂林行营政治部呈复称：新安旅行团领导人员思想左倾，且其团员仅卅一人，而中途参加者占其大半，无存在必要。经令四战区政治部依照下列原则予以改编：（一）年龄较大、有工作能力者编入政治队充队员；（二）年龄幼小者送入公立学校求学或保育院教养；（三）领导人员送训。复据呈请暂缓改编前来，经令复仍应迅予改编在案。此件拟婉复，不能再宽时日。

附录三：张治中复陶行知函

行知先生道右：

违教积时，至深企慕，顷奉惠缄，敬悉一是。新安旅行团改编事，前在辞修兄任内，因该团份子递变，原有新安学生已寥寥无几，为爱护青年、综核名实计，曾令改编在卷，既成定案，敬难递改，尚乞鉴原。再，该团员生年均稚幼，借此机缘，得资深造，亦属善事，卓见以为何如？至八月份以前补助费已饬清发，承询并复。专此。敬颂

教祉！

张治中再拜

二九、十二、三

出处同前

【注释】

①标题为编者拟。新安旅行团由陶行知指导筹组，为抗日救亡作出过重大贡献，陶行知反对将其改编。

张治中（1890—1969），字文白、文伯，安徽巢县人。时任国民党军事委员会政治部部长兼三民主义青年团书记长。从附录二的内容来看，陶行知所请，并未获得满意的结果。

②原电无具体拍发时间。分析信件内容可知，此电的拍发时间为 1940 年 10 月 1 日。

立刻派人买新绳扎滑竿[①]

——致马侣贤

肖生同志：

您派来的滑竿[②]是用破烂的绳子捆的，捆得也不紧，前天滑脱了一回，昨天滑脱两回，绳子断了两回。这种滑竿是有不如无。孙锡洪太太跌过一次。我亲身受了这恩赐两次。将来抬病人或宾客，中途遇险，何以对人，学校虽穷，这买新绳的钱也不见得没有。若没有就算我捐好了。总之，这滑竿是不可再用。要立刻派人买新绳扎起几付滑竿，以备不虞。

衔

二九、十、四

原件存夏英岚处

【注释】

①标题为编者拟。

②滑竿，中国西南山区所特有的一种供人乘坐的旧式交通工具。

学习费用由我负责[①]

——致陶晓光

晓光：

从吴先生[②]信中得知你的工作与学习情形。你所需要的经济的帮助，我可以胜任。为了你的学习，我总愿意负经济上的责任。你下次写信可以拟一个小小预算。倘使得不到充分的学习，要换地方亦可。这是须要时间接洽。如果可以有学习的机会，则工作多吃些苦也有价值。专此奉复。

祝你

健康！

爸爸

二九、十、五

尚达弟[③]望代致意

原件存陶晓光处

【注释】

①标题为编者拟。

②吴先生，指吴树琴。

③尚达，即倪尚达。无线电专家。早年毕业于南京高师，后赴美留学，当时在成都航空委员会工作。

招待所必须有人管理[①]

——致马侣贤

肖生同志：

学校派来滑竿，我为学校事，昨早坐去见桑大夫，临遇空袭警报。下午三时，令胡、陈二工友归校。但晚间知道他们仍在北碚，不知何故？请查问。

今日送来各信，请立派妥人封送各位，需取得本人收据，交章国珍带回。

招待所不谨慎，需立即修理，否则被褥有随时失去之危险。不得已暂交文华在此督工，倘必须文华立即回校，即请另派人来督工。招待所必须有人管理，我看章国珍小朋友为人可靠，也还听话，如果立定规则，嘱其管理，可以胜任。请与吴勃先生、事务科及招待股商决示知。如果大家赞成，即请面派章国珍担任招待所干事，指示原则，令其执行。如不赞成，请即来函示知。敬祝

健康！

衔

二九、十、五

桑先生挽留情形如何？望减少她的生活的不便及扫除她工作之阻碍而坚决诚恳地挽留她。挽留她不是空言所能成功的。

复印件存于华中师范大学教育学院

【注释】

①标题为编者拟。

地方领袖士绅将参观育才，望做准备[①]

——致马侣贤

肖生同志：

（一）您要到重庆去为学校办一些事很好，望快去快来。去时在我家谈一谈。

（二）十号以后，地方领袖士绅有参观育才之准备，日子未定。此举于育才捐款大有关系，请告诉各部、组积极进行。

（三）二岩有大柿子摆在街上卖，无论生熟请托便人或您自己代买二元带下。拜托拜托。

衔

二九、十、六

“新旅”事急须您代表我去见文白先生。

原件存夏英岚处

【注释】

①标题为编者拟。

整洁如吃饭，不好放假[①]

——致马侣贤等

本校各办公室内之布置须井然有条，倘兼作卧室，则早起第一件事便是将卧具他移，使成为单纯、简洁之办公室。蜘蛛网、洗脸器具及一切非办公室内所应有之物，均须一律肃清。桌上灰尘及地上垃圾也必须不使停留室中。桌凳能以同颜色者为标准。课堂内下课时，务使桌凳摆好，黑板刷光（有整齐之抄写资料在外）。课堂之桌上须一律不用纸铺，因为用纸铺则在纸上乱写，反不整齐。寝室须照暑期生活时期一样整洁。整洁如吃饭，不好放假。晚间大小便宜改良，粪桶上须加手提木盖，以免扩散。希望本校整洁不是欢迎客人之临时应酬品而是经常的性格。希望大家在一周内完成。此致

副校长、指导部主任、各组主任、各科主任、各股干事

陶行知

二九、十、九
原件存夏英岚处

【注释】

①标题为编者拟。

关于校长办公室的布置[①]

——致马侣贤

马副校长鉴：

校长办公室布置未经我本人视察认为适当以前不算成立，各部组并不得以校长办公室称呼。

陶行知
二九、十、九
复印件存于华中师范大学教育学院

【注释】

①标题为编者拟。

周恩来、邓颖超先生特为育才学生健康捐款[①]

——致马侣贤

肖生回志：

周恩来、邓颖超二先生参观育才之后，觉得小孩们健康有欠，特捐助四百元为小孩们购买运动器具之用。这是指定捐款，请开具正式收据交下，以便送去致谢。敬祝

健康！

衔
二九、十、十一
原件存夏英岚处

【注释】

①标题为编者拟。

提款用款要斟酌缓急[1]

——致马侣贤

肖生同志：

（一）学校经费我已交出。提款、用款，要斟酌缓急，预为之计，我不能常常向人叩头借款。

（二）交通银行一千元于十一日托此地中国银行担保去提，谅想五天内可到。

（三）我处有四百元[1]，要学校拿收据来取钱。

（四）我九日回碚，路遇林会计回校，何以又到北碚来？这岗位有无人站？会计要经常在校，不能这样流动。

（五）教科书署中有无尚未得信。

（六）聘书已盖章及提袋遵照交付工友带上。

（七）姚抡达及汪亦伦月薪改定四十五元。

（八）职务多未定，聘书发出妥当否？

衔

二九、十、十三

原件存夏英岚处

吴勃先生之夫人昨早七时举一女子，把区署电话通知吴先生，吴太太望吴先生来。

【注释】

①标题为编者拟。

②指周恩来、邓颖超捐给育才小朋友购买运动器材的指定捐款。

接洽防空洞是为第一件事[①]

——致马侣贤

肖生同志：

（一）致许炜昕先生信乞代交，也许能减少一些医费。

（二）防空洞安全者：（甲）青年会；（乙）经济部由新华预约；（丙）学田湾二十五号沈高先生处。兹奉介绍片三张，第一件事要接洽防空洞。

（三）陕西街金城银行对角太和公一号内谦信洋行有 Jocapral 卖，请代买两瓶或三瓶，每瓶约二十元。敬祝

康健！

衔

二九、十、十六

原件存夏英岚处

【注释】

①标题为编者拟。

成都轰炸，至为关怀[①]

——致倪尚达、陶晓光

尚达吾弟及晓光鉴：

成都三次轰炸，闻讯之下，至为关怀。大家安否？特此慰问，尚希快信示复，不胜盼切。十月二日及五日给晓光的信，晓光已收到否？双十节日寇给了北碚几十个炸弹，我们的招待所屋顶瓦片多半震碎，幸亲友都平安，可以告慰。专此奉询。

敬祝

康健并为国努力珍重！

行　知

二九、十、十六

原件存陶晓光处

【注释】

①标题为编者拟。

请给育才经济援助[①]

——致绍侣等

绍侣、子钧、香浦先生赐鉴：

日前大驾莅临敝校，多承指教并对敝校事业给予深厚之同情，全校师生均极感奋。只以时间仓猝，招待欠周，殊以为怅耳。敝校创设于兹，已逾一载。所有学生均选拔自难童中之优秀者。校中课程除照教部规定之普通课程外，复本因材施教之旨，分别授予特修课程，以培养其特殊才能。敝校此种办法希望能于中国教育上有所贡献，并能培养若干人才以为国用。

惟近来物价飞涨，影响难童营养及教育至巨。现欲解决目前困难并谋今后发展，实有待于经济基础之建立与社会人士之赞助。先生对于教育素具热忱，而于新教育之办法尤表同情，务望给予敝校以经济上之有效援助，俾基础得以稳固，原订计划得以施行，则事业之成果可期，固不特敝校之幸，亦中国教育之幸也。专此奉商，伫候复音。敬祝

康健！

陶行知

二九、十、十八

原件存南京晓庄学院陶行知纪念馆

【注释】

①标题为编者拟。

请给育才经济援助[1]

——致汝航

汝航先生赐鉴：

久未晤教，殊为系念。日前绍侣、子钧、香浦、子英诸先生曾莅敝校指教，全校师生均极感奋，惜大驾未能同时莅临，惠赐教益，殊觉怅怅。兹有商者，敝校创设于兹，已逾一载，所有学生均选拔自难童中之优秀者。校中课程除照教部规定之普通课程外，复本因材施教之旨，分别授予特修课程，以培养其特殊才能。敝校此种办法希望能于中国教育上有所贡献，并能培养若干人才以为国用。

惟近来物价飞涨，影响难童营养及教育至巨。现欲解决目前困难并谋今后发展，实有待于经济基础之建立与社会人士之赞助。先生对于教育素具热忱，而于新教育之办法尤表同情，务请给予敝校以经济上有效之援助并代向绍侣、子钧、香浦诸先生处鼎力提倡，俾学校基础得以稳固，原定计划得以施行，则事业之成果可期，固不特敝校之幸，亦中国教育之幸也。专此奉商，伫候复音。敬祝

康健！

陶行知

二九、十、十八

原件存南京晓庄学院陶行知纪念馆

【注释】

①标题为编者拟。

谢捐助育才二千元[1]

——致卫立煌

君儒[2]先生勋鉴：

拜读八月廿五日大札，敬悉。承蒙慨助敝校贰仟元，闻讯之下师生均极感奋，兹代表全校特致感谢之忱。敝校校址在北碚草街子，而于北碚设有办事处。

尊函系寄歌乐山青年会分会，想该款亦寄彼处，因而无法投递，故至

今未到。尚希示知取款地点，以便派人领取。附上敝校专刊一册，敬乞指教，专此致谢，敬希赐复，并颂
勋祺!

陶行知

二九、十、十九

原件存南京晓庄学院陶行知纪念馆

【注释】

①标题为编者拟。

②君儒，卫立煌（1896—1960）的字，亦作俊如，安徽合肥人，国民党将领。

介绍张世定任教[①]

——致袁仲逵

仲逵[②]吾弟：

前日得你的信，要我介绍教师。当时没有适当的人，所以不好随便介绍。现在有一位张世定君，曾在宜昌办过小学好几年。两年前我过宜昌时，曾经去参观过他所主持的一所小学，成绩优良，可为宜昌各校之冠。现在他在中央银行行员子弟学校代课，系暂代性质。我介绍给你，并附上他的履历，假如你那里还需要教师，你可写信约他谈谈。假如校长人选尚未决定，他担任校长一职，似能胜任愉快。

陶行知

二九、十、十九

原件存南京晓庄学院陶行知纪念馆

【注释】

①标题为编者拟。

②仲逵，即袁仲逵，时任国民政府贸易委员会秘书长。

已向仲逵先生介绍[①]

——致张世定

世定先生：

尊信收读，贸易委员会的秘书长袁仲逵先生前曾来信，要我介绍教师，因为当时没有适当之人，所以回复他无人可以介绍，没有谈介绍校长的话。得你信后，我已给袁先生一信，你的履历表也随信寄去，请他约你谈谈。我给他的信说你担任校长也能胜任。专此布复，即祝

康健!

陶行知

二九、十、十九

原件存南京晓庄学院陶行知纪念馆

【注释】

①标题为编者拟。

谢十八师赠款[①]

——致三峡实验区国庆纪念日慰劳十八师大会

迳启者：顷准贵会函称本年国庆纪念日峡区各事业机关组织慰劳十八师大会，各机关所送现金，十八师嘱赠峡区各学校及慈善事业，并决定以千元赠予敝校。闻讯之下，不胜感奋。现决定将此款专作增加难童营养之用，以符贵会关怀难童教育之厚意。除另备收据派员前赴贵会领取外，特代表全校师生敬致感谢之忱！此致

三峡实验区国庆纪念日慰劳十八师大会

育才学校校长　陶行知启

二九、十、廿

原件存南京晓庄学院陶行知纪念馆

【注释】

①标题为编者拟。

三件事[①]

——致吴勃

吴勃同志：

（一）三峡实验区国庆纪念日慰劳十八师大会给我们一信，谓各事业机关所送现金，十八师嘱赠峡区各学校及慈善事业，育才应领千元，学校应备一正式收据交来人带来，以便赴该会领取。该会公函随信附上归档，不必再由学校名义回复，因为我已去函致谢了。

（二）育才学校收据送上九册，连前侣贤同志领去一册，共为十本，应由副校长及会计连署给我一个收据。侣贤同志不在校，请由你代为签署。

（三）重庆市立第五中心学校来函介绍学生，现将该函附上，请归档，并由学校复一公函，说明学校因物价高涨，本期暂不招收学生，现将该生登记，一俟学校计划增收学生时再行通知。即祝

康健！

陶行知

二九、十、廿

原件存南京晓庄学院陶行知纪念馆

【注释】

①标题为编者拟。

已向贸易委员会介绍尊夫人前去任教[①]

——致朱启贤

启贤吾兄惠鉴：

赐书奉悉。因月来病疟及感冒，近日始愈，故未早复，敬祈原谅！贸易委员会前曾来信，要弟介绍教师，因彼时无适当之人，故已回复该会谓无人可以介绍。现得吾兄之信，弟与该会去信介绍，倘该会教师尚有缺额，自必派员奉约尊夫人商谈。尊夫人履历亦随函寄去。专此布复。敬祝

康健！

陶行知

十、廿一

原件存南京晓庄学院陶行知纪念馆

【注释】

①标题为编者拟。

寄上《育才专号》一册[①]

——致卫立煌等

君儒先生勋鉴：

敝校应战时教育社之约，出了一期“育才专号”，略载敝校创学旨趣及学生生活、学习、工作情形。素承关怀，用特先行航寄一册，敬乞教正。俟全部印出，再行付邮，以便分发。本期系五月集稿，原应六月底出版，因迭遭轰炸，移至桂林印行，到现在才与读者见面，且照片俱因技术有欠，不能传真，尤为怅然。敬祝

康健！

陶行知

二九、十、廿一

原件存南京晓庄学院陶行知纪念馆

与此信内容相同，分寄：

（1）敏侨主席及怡朗华侨妇女救国协会全体同志；

（2）静桐吾兄及洪光学校全体同志；

（3）纳卯华侨妇女慰劳会全体同志；

（4）纳卯中华学校全体同志。

【注释】

①标题为编者拟。

请交涉防空洞补助费及难童米贴[①]

——致马侣贤

肖生同志：

纪彝先生仍在办事，不胜欣喜。传来福音，乞代表我向陈先生[②]致十分之敬意与谢忱。

八月二十日曾致陈先生一书，请求补助防空洞费，她允许可助三百元，望你去交涉，请求补助一千元，至少五百元。再，八月二十日函亦为难童请求米贴。望将苦况代为陈述，希望酌给米贴，俾难童营养可以改善则幸甚。敬祝

康健！

陶行知拜启

二九、十、廿一

原件存夏英岚处

【注释】

①标题为编者拟。

②陈先生，指陈纪彝。

填好两种表格[①]

——致马侣贤

肖生同志：

顷接教育部视察包珂来信，催将前日至育才视察后所留之表格填寄。据昌书说，他离校前已请张再为[②]进行此项工作，且已填就一部分。同时，省督学视察后所留的表格也在再为处，亦着手在填。此两种表格请照样制就，填写初稿，与吴勃同志会商后即交我看，然后再正式填就寄去。

包珂通信处：青木关教育部戴科长转。

衔

二九、十、廿八

原件存夏英岚处

【注释】

①标题为编者拟。

②张再为，时任育才学校总务部主任。

指导会不能出席望转达意见数则[①]

——致马侣贤

肖生同志：

十月廿八日信，收到无误。指导会今日下午开会，我因经济问题必须集中力量建立基础，不能出席，至为怅怅。现有意见数则，望转达：

（一）耐心听取各方意见，使有意见的同事、同学愿意把意见发表出来。

（二）营养问题。有病者、缺乏特殊营养者和一般健康者要分别处理，不宜采取平均主义。前者须尊重桑先生[②]之意见，因为她是内行。她耳目未周，大家帮她忙，报告她，用营养来防止疾病之加重，总比爆发后的医治要经济得多。

（三）同事处理问题宜多商量，则互助有加，效力自大。

（四）王金陵因未蒙加入专组学习而感不安，望予以适当之办法，令其安心求学。

另外还有几件事请你注意：（一）我上次请你给我一间小房，现在知道房屋委实不够，请予取消。我来时可住合作社。（二）冬衣急须准备。（三）向校董会报账复写十二份，望请林谷先生加速办理。林先生望你和他谈一谈工作岗位之重要，我给他写的信，他收到否？望他给我回信，并望你将谈话结果告诉我。会计是非常重要的工作，我希望他除假期及特别紧急事故，不离职守。（四）李绿永[③]先生来，很欢迎，请与吴、贺[④]二先生共商，我意暂以育才之友相待为宜。（五）关于疟疾丸所不能治之病，服药两次未愈以后，即须改用打针及服奎宁或检查有无其他病痛。奎宁丸先拟去买若干，同时向赈委会妇委会去要。请与桑先生一商，我这意见是否适合。奎宁丸明日或今日下午送来。买奎宁丸很不容易，市上假货多，拟向医院去买。敬祝

康健！

衔

二九、十、廿九
原件存夏英岚处

【注释】

①标题为编者拟。
②桑先生，即桑文澜。
③李绿永，即李凌，1943—1946 年为重庆育才学校音乐组主任。
④吴、贺，指吴晓邦、贺绿汀。

望有详谈之机[①]

——致东阜

东阜吾兄：

大示奉读。弟月来患疟疾及感冒，近始痊愈，故未能早日作复，殊为歉仄，尚希原谅为幸。吾兄数次来碚，以时间仓猝，未能多聆教益，至今尤觉怅怅！深望他日北上，有详谈之机会耳。承德公[②]系念，至感！乞代致谢意，并盼时加教勉为祷。专此敬复。顺祝
康健！

陶行知
二九、十、廿九
原件存南京晓庄学院陶行知纪念馆

【注释】

①标题为编者拟。
②德公，指李宗仁。

造经济林的办法好[①]

——致曾俊侯

俊侯同志：

八月十四日的信，早已收到。因为我患疟疾及感冒，近日始愈，以致没有早日写回信给您，务请原谅。履三小学在您指导之下，不断发荣滋长，十分令人佩慰！您计划造经济林，一来是响应社[②]的生产基金运动，

一来是实际进行生产教育，这办法很好！造林这工作，寻常是编入劳力的部门，其实同时要劳心。我们必定要运用科学方法来进行这一工作，同时在实践中得到应证。这样理论与经验互相影响，便可保证造林这项工作得到良好的成绩，同时，师生们也才能在这一工作上获得宝贵的学问。

新旅同志在履三服务，望您在工作和学习各方面多多指导他们，帮助他们进步。专此奉复。敬祝

康健！

陶行知

二九、十、廿九

原件存南京晓庄学院陶行知纪念馆

【注释】

①标题为编者拟。

②社，指生活教育社。

教育必须起推动作用[①]

——致皎然

皎然同志：

九月十一日的信和国币三元五角均已收到。《战时教育》现已改为月刊，每年出特号四期，最近出了六卷一期，系育才学校专号。现在寄上一册，请查收。以后按期寄给你。

你同意生活教育的主张，我很高兴。因为增加一个同志即是增加一份力量。你说教育必须跟前进的时代跑，自然不错，否则便开倒车。但是只跟着跑还不够，必须起着推动的作用才行。例如，今天我们在进行空前伟大的民族解放战争，教育不仅要适合抗战需要，跟着抗战跑，还须用教育的力量来推动抗战向胜利的方向前进，用教育的力量来动员人力物力以保证抗战的最后胜利。这样才能表现教育的积极的作用。

抗战已经三年多了，教育对于抗战的帮助还做得不够，甚至传统教育还起着削减抗战力量的作用，这是令人最痛心的事！生活教育社在抗战一开始便提出战时教育的主张，而且尽力推动战时教育运动，这不是我们好奇立异，而是彻底认清了依着传统的办法，教育负不起民族所付与它的任

务。只有真正的战时教育，才能帮助民族获得光荣斗争的胜利。

浙江地临前线，想来战时教育推行较易。如能将战地教育实施情形，或如何克服敌伪奴化教育实施情形写成有系统而生动之文字投登《战时教育》，这是我们很欢迎的。

如有主张相同的朋友共同来努力进行战时教育之研究与推动，则集思广益更为有意义。此致

民族解放敬礼！

陶行知

二九、十、廿九

原件存南京晓庄学院陶行知纪念馆

【注释】

①标题为编者拟。

谢蒙慨允按月捐助育才经常费①
——致绍侣

绍侣先生惠鉴：

十月二十五日大示奉悉，承蒙忱助敝校每月经常费三百元，自十一月起，以抗战终结为止。先生爱护敝校及热心教育之精神，深堪钦佩。今后敝校当倍加努力以符先生之雅望。特此致谢，并颂

时绥！

陶行知

二九、十、卅

原件存南京晓庄学院陶行知纪念馆

【注释】

①标题为编者拟。

谢忱助生活教育社生产基金[①]

——致吴蕴初

蕴初[②]先生：

顷接涵真先生来函，借悉先生忱助生活教育社生产基金一百元。拜领之下，不胜感奋。特此致谢。并祝

康健！

陶行知

二九、十、卅

原件存南京晓庄学院陶行知纪念馆

【注释】

①标题为编者拟。

②蕴初，即吴蕴初，著名实业家，时为上海天厨味精厂总经理。

支票、收据、清单皆收到[①]

——致吴涵真

涵真吾兄：

你日前来信说于十月十二日去成都，现在又接你十月十六日由歌乐山来信，大概是改变了行期？那么寄蓉之信恐尚未收到。

你十月十六日信内所附吴蕴初先生的信、一百元支票一张及新华存款六百五十八元收据、生产基金香港募集清单均收到，我有信给吴先生及林焕平先生致谢。林先生所办通信社已介绍海外华侨报馆六家，以便经常供稿。募集清单我已抄寄桂林登载社报。任之先生及双玉先生捐款已去信致谢，详蓉转信中，兹不赘述。特此奉复。敬祝

康健！

陶行知

二九、十、卅

原件存南京晓庄学院陶行知纪念馆

【注释】

①标题为编者拟。

望《新蜀报》辟一普及教育刊物①

——致黄杰人

杰人先生惠鉴：

十月十七日大示奉悉，承赐邻居防空证一枚，业已拜领，至感！前承转达葛乔先生盛意，嘱为《新蜀报》撰星期论文，以月来患疟疾及感冒，致未能早日应命，殊为抱歉。普及教育关系抗战胜利至为密切，弟意《新蜀报》如能辟一普及教育周刊或半月刊，由生活教育社主编，俾有系统之文字得以源源发表，似为更有意义。望与葛乔先生一商，并盼赐复。专此。敬颂

时绥！

陶行知

二九、十、卅一

原件存南京晓庄学院陶行知纪念馆

【注释】

①标题为编者拟。

介绍李道明任教①

——致袁仲逵

仲逵吾弟：

本月十九日给你一信，想已收到。兹有朱启贤先生夫人李道明女士，我未曾会过，但系专攻教育，且其子寄托于保健会第一托儿所，与贵会相距极近，如能在贵会职工子弟小学工作，就近可以照顾其子，较能安心工作，现在介绍给你，并附上她的履历，教师倘有缺额，请你约她商谈。倘已满额，我意亦可约谈，以备将来发展时物色师资之准备。卢作孚先生参观贵会新村，极其钦佩，我将来亦想前来观光，以增见识而资学习。专此，敬祝

康健！

陶行知

1940年10月下旬写
原件存南京晓庄学院陶行知纪念馆

【注释】

①标题为编者拟。

关于桂林生活教育社的工作[1]
——致刘季平

季平同志：

生活教育社六个月（本年七月一日至十二月三十一日）工作计划，早由晓光抄寄给你。这个计划已经呈到教部，我们必须按时交卷。现在把桂林方面同志应担任工作分述如下，望加紧努力推动。

（一）战时之普及国民教育问题（包括难民教育、难童教育及一般国民教育之研究），由今吾同志担任。他可根据广西国民教育推行材料来进行这个问题的研究。

（二）游击区教育之研究（拟特约并帮助社员在南北战地及游击区创办战地学校数所，以便试验游击区教育，俟试验有效再行推广），特约新安学校达之同志担任，把创设新安学校的筹备经过及计划写成报告。

（三）战时建设教育研究（本社拟举办小规模之生产事业，以研究战时教育之推行）系由你担任，请你快快把研究报告写就。

（四）编辑社报六期，这是由你担任的。七月以后的社报，这里就没有见到，请每期各检数份寄来。

（五）编辑适合抗建之民众读物十种。关于此种读物之编辑在原则上应该符合“无师自通”，使民众自修便利。此种读物不仅适合于民众，同时也须适合于青年。这十种读物，我认编一部《抗战老少通》，此间同志也正分头认编，着手动笔。桂林同志请你征求几位担任此项工作，立项进行，并将征求的结果（拟编读物之名称及担任之同志）从速告诉我。

各种研究报告及编辑之读物，至迟须于本年十二月十五以前寄到北碚，以便汇报教部。此项工作必须按期完成，否则向教部拿不出工作报告，社的本身会发生重大影响。因此，我们要拿出最大的努力来争取工作计划的如期完成，桂林方面需要你负起推动的责任。

六个月工作计划内（丙）项——一般工作：（一）联系并推动各地社员组织分社、共学服务团与通讯处，并加强联系，增加力量以贡献国家。所在地有社员三十人以上者，组织分社；三十人以下，五人以上者，组织共学服务团；五人以下者成立通讯处。（二）推动各地社员协助政府推行普及战时国民教育。（三）调查游击区社员，设法与之通讯取得联系，以便提供游击区教育的意见，探讨游击区教育问题，并供给适当材料。这是属于总社负责做的，不知现在进行到如何程度？

改良土法炼钢之研究，系李华同志担任，现已有相当成绩，正在草拟报告。

治疟国产特效药之研究，系吴树琴同志担任，研究报告已经草拟完毕。

编辑适合抗建之儿童读物十种，系白桃同志担任，已经编好，并已送审，将由生活教育社主编名义付印。

陶行知

原件存南京晓庄学院陶行知纪念馆

【注释】

①标题为编者拟。此信写于 1940 年 10 月。

特约新安学校担任游击区教育研究①

——致汪达之

达之同志：

生活教育社所拟六个月（二十九年七月一日至十二月三十一日）工作计划，我们已经呈到教部，必须按时完成。该计划内有“游击区教育之研究，拟特约并帮助社员在南北战地及游击区创办战地学校数所，以便试验游击区教育，俟试验有效再行推广”一项，现在特约新安学校担任此种研究，而由社给新安学校以帮助。请你于十一月底前将新安学校筹备经过写成报告寄来，以便汇报教部。

新安旅行团的近况、经济情形及处境如何？请速给我一信详告。

陶行知

原件存南京晓庄学院陶行知纪念馆

【注释】

①标题为编者拟。此信写于 1940 年 10 月。

请帮助菲律宾洪光学校立案[1]

——致吴研因

研因[2]吾兄：

前接任之[3]先生来信，得悉菲岛洪光学校立案问题，吾兄已函侨委会催请早予批定，不识该校精神卓绝，教育主张与吾兄契合，尚希鼎力助其完成立案手续。今承其嘱托奉询，尚希赐知已有回信否？再，关于初高中立案，所需资金及其他条例，教部必有印就之规程，请检寄一份。否则亦请托人代抄一份，以备参考为盼，千万拜托。专此。敬祝

康健！

陶行知

原件存南京晓庄学院陶行知纪念馆

【注释】

①标题为编者拟。此信写于 1940 年 10 月。

②研因，即吴研因，时任教育部国民教育司司长。

③任之，即黄炎培（1878—1965）。

物价飞涨，不得不紧缩人员[1]

——致陆静霞

静霞同志：

你十月四日的信收到时，我适连日害病，直到现在才愈，故未早日奉复，至为抱歉。育才现因物价飞涨，经济万分困难，不得不采紧缩办法，好些人因此已经离开了学校，增加人员，事实上很难做到。目前还是想另外的办法为妥。育才如有扩充机会，那时再欢迎你去育才帮助。此复，即祝

康健！

陶行知

1940 年 10 月

原件存南京晓庄学院陶行知纪念馆

【注释】

①标题为编者拟。

蒋夫人汇票已收到①

——致兆鹏

兆鹏先生大鉴：

敬启者，八月底在渝于任之先生处得读尊函。蒋夫人转下一千五百元汇票一纸，亦照收到。当即开一临时收据，拜托任之先生转上，谅早蒙察收。弟由渝回碚后，已嘱育才学校会计员开具正式收据，航寄菲律宾怡朗华侨妇女救国协会。本应早日奉函报告，因回碚后即得疟疾，继以重感冒。日来始愈，致稽函报，尚希原谅。专此致谢。敬祝

康健!

陶行知

原件存南京晓庄学院陶行知纪念馆

【注释】

①标题为编者拟。此信写于 1940 年 10 月。

请德国医生到校检查体格①

——致马侣贤

肖生同志：

我定于星期三早晨十时由北碚坐船到草街子来。同行有德国医生夫妇和吴先生。医生在校两天检查体格。星期三下午二时或三时开始，星期四午后二时结束。请为他们预备一个住的地方。我把家搬到古圣寺来，拟住在任光先生房里或合作社里。接见室暂借桑先生房子。我们带一位工友来，也希望有一个可以睡的地方。望派工友两位或在草街子雇两人挑东西，于一时以后在草街码头等我们，免得在路上错过。听说陶宏、白桃有

来碚的消息，望他们稍缓数日，候我来谈话后再来。我预备经常住在学校左近，偶尔进城，与以往的办法略有不同。我希望这样可以对学校多尽一点力。敬祝
康健！

衔

二九、十一、四

原件存夏英岚处

【注释】

①标题为编者拟。

社址被炸特此致慰[①]

——致曾里之

里之同志：

侣贤同志返碚，谈及你将至慰劳会担任宣传工作，颇为欣慰。想工作现已开始？十月二十五日信已收到，悉社址被炸，存社各物均毁，你亦受惊不小。特此致慰。即祝
健康！

陶行知

二九、十一、五

原件存南京晓庄学院陶行知纪念馆

【注释】

①标题为编者拟。

谢为查觅校舍[①]

——致张澜

表方[②]先生尊鉴：

十月二十七日大示奉悉，承蒙致函阆中县长查觅校舍，至为感谢！尊体违和，颇为系念。秋凉望多珍摄为祷！专此致谢。敬颂

痊安！

陶行知

二九、十一、五

原件存南京晓庄学院陶行知纪念馆

【注释】

①标题为编者拟。

②表方，张澜（1872—1955）之字，四川南充人。抗日战争期间，被聘为国民参政会参政员。

盼发给育才学校药品[①]

——致许世英

许代委员长勋鉴：

久未领教，至为悬念。去年承蒙赈济委员会发给育才学校奎宁丸及其他药品，至为感谢。现因学校缺乏药品，影响儿童健康，令人不胜焦虑。敬请发给奎宁丸、奎宁针剂、药特灵、硫磺膏、凡士林、Emetine[②]及其他药品若干，以济急需。是为至盼，专此奉恳。尚希赐复，以便派人来领。敬祝

康健。

陶行知启

二九、十一、五

复印件存华中师范大学教育学院

【附录】

赈济委员会复函

北碚草芥〔街〕子育才学校：

十一月五日来函，以现因缺乏药品请发给奎宁丸等药以济急需，尚希赐复等由。查本会奎宁等药现无存储，兹拨发硫磺贰磅、凡士林伍磅，即希派员持据来会（歌乐山向家湾）具领为荷。

赈济委员会（马）渝卫[③]

【注释】

①标题为编者拟。

②药名，译为“依米丁”，亦名“吐根素”，用于治疗阿米巴感染。

③（马）渝卫系当时流行的“快邮代电”的用语。（马）是指日期韵目代号，即21日。渝卫是重庆卫生系统赈委会的代称。

请发给育才药品[①]

——致陈纪彝

纪彝先生：

近因患疟疾及感冒，致未得进城，不能晤教为怅。现育才学校缺乏药品，影响儿童健康至巨，不胜焦虑。去岁承赐药品十余种，最为得力，现已用罄。务请特商妇女慰劳会指导委员会酌量发给药品若干，以济急需，是为至盼！专此奉商，尚希快信示复。俟得回信，即派人前来领取。敬祝

康健！

陶行知

二九、十一、五

药特灵、奎宁针、奎宁丸、Emetine、凡士林、硫磺膏及其他药品。

原件存南京晓庄学院陶行知纪念馆

【注释】

①标题为编者拟。

四位华侨学生最好在复旦补习[①]

——致朱启贤

启贤[②]先生：

十月二十四日惠书奉悉。华侨回国学生蔡剑光、邓文鑫、陈传逵、蔡鸿鹏四君已于数日前来碚晤谈。考期已过，补试当不可能。最好办法是住在复旦[③]附近，以便利用该校图书馆进行研究，并介绍复旦教授数位与蔡君等认识，以便领教。弟有书籍四只存在香港，现因需要参考，拟运来重庆[④]，不知能否顺便带来？敬乞示知为盼，特此奉商。敬祝

康健！

陶行知

二九、十一、五

原件存南京晓庄学院陶行知纪念馆

【注释】

①标题为编者拟。

②启贤，即朱启贤，现代教育工作者。

③指抗战时迁渝的复旦大学。

④该书箱后来被敌机焚毁，没能运到重庆。

为你们觅得一间房子[①]

——致蔡剑光

剑光先生：

昨日会见复旦图书馆的朋友，知道你们还没有会见，因为他去看一位友人的病，没有在校的缘故。我现在托人在复旦附近给你们觅得一间房子，半年租金四十元。假如你们[②]愿意来，请立刻给我一信，来时可至碉堡，或吉林路七十八号找王洞若先生，因为我明日将去育才。

陶行知

二九、十一、五

原件存南京晓庄学院陶行知纪念馆

【注释】

①标题为编者拟。

②指蔡剑光、文鑫、陈传逵、蔡鸿鹏四位归国求学的华侨青年。

所嘱之事已经进行[①]

——致潘一尘

一尘[②]吾弟：

九月二十三日惠书奉悉，颇为欣慰！所嘱之事，已经进行。如有可成，当直接有电致吾弟也。专此奉复。即祝

康健！

陶行知

二九、十一、五

原件存南京晓庄学院陶行知纪念馆

【注释】

①标题为编者拟。

②一尘，即潘一尘，晓庄学校小学主任、指导员。

欢迎你入社[①]

——致刘成立

成立[②]先生：

你十月十八日给我的信，已经收到。你同情生活教育的主张，并愿加入生活教育社，我们十分欢迎。我已去函桂林总社，要他们将入社表寄给你。关于生活教育理论之研究，请购阅《生活教育论文集》（生活书店出版）、《战时教育论文集》（生活书店出版）、《普及教育》（儿童书局出版）、《中国大众教育问题》（北新书局出版，“大众文化”丛书之十八）。如有意见，请通信讨论。专此奉复。即祝

康健！

介绍人可写我和帅昌书同志。

陶行知

二九、十一、五

原件存南京晓庄学院陶行知纪念馆

【注释】

①标题为编者拟。

②成立，即刘成立，时在四川忠县鸿鹤乡中心小学工作。

请把社章及入社表寄给刘成立[①]

——致刘季平

季平同志：

现得四川忠县鸿鹤乡中心小学刘成立先生来信，他要求加入生活教育社，我已有回信给他，谓已函知总社，请你把社章及入社表寄给他。

我决定明日下乡，经常住育才，帮助它发展。研究所[②]驻碚办事处设在北碚碉堡，由若、书[③]二人住碉堡。

陶行知

二九、十一、五

原件存南京晓庄学院陶行知纪念馆

【注释】

①标题为编者拟。

②研究所，指晓庄研究所。

③若、书，指王洞若、帅昌书。

请查转汇款[①]

——致中央银行

迳启者，顷接洛阳卫立煌先生来电，谓于八月艳日[②]交贵行（418）号信汇渝基督教青年会歌乐山分会转陶行知收捐助育才学校贰千元，至今尚未收到。请查明转汇北碚草街子育才学校敝人收为荷。

此致

中央银行

育才学校校长　陶行知

二九、十一、五

原件存南京晓庄学院陶行知纪念馆

【注释】

①标题为编者拟。

②艳日，即 29 日。旧时电报以韵目代日期。

因病未尽招待之谊为歉[①]

——致杜君慧

君慧[②]先生：

近两月来，因患疟疾及感冒，致先生两次莅校，均未尽招待之谊，颇觉怅怅！以后来渝，当竭诚拜访，借领教益。我决于明日移住育才，如蒙赐教，直寄学校可也。此上，即祝

健康！

陶行知

二九、十一、五

原件存南京晓庄学院陶行知纪念馆

【注释】

①标题为编者拟。

②君慧，即杜君慧，时任中国战时儿童保育会重庆保育院院长。

多事相告[①]

——致陶晓光

晓光：

你的信和涵真[②]先生的信收到，知道你们平安，至慰。

脚踏车当托人在重庆设法。无线电材料等待修造厂寄护照和信来，再托人办理。你说要配眼镜，最好是速配，需款若干，请倪尚达弟代垫，我即于得信时寄来。

嘉庐[③]震塌，幸而你写的课本已带到北碚，现仍由我保存。最好抽空完成，早日出版。

季弟[④]不慎，整个皮包被扒手拿去，大概是失掉一千元左右。新旅“幼者送进学校，大者分发在政工团服务，主持人受训”，这是政治部的朋友说的。达之们精神难免受打击。

我和吴先生[⑤]移住乡下，经常在校服务，偶尔来碚。明天开始实行。昌书留堡[⑥]办研究室。望你为杂志[⑦]写点于教师有益的稿子，稿费每千字五元。

宏[8]的精神极好，在校处理问题之态度甚佳，可以告慰。城[9]每星期六到堡，我也每星期六来一次，教他一些处事待人之方。

吴先生这次劝我一同去校久住，精神也极好，这是于学校很有益。她与我同去并带王治平[10]去，对于我的营养健康有相当保护，可以无虑。科学副刊[11]奉寄一期，望查收。刚[12]数月无信来，当即寄钱去。祝你
平安、康健、进步！

尚达弟望代致念。

爸爸

二九、十一、五

原件存陶晓光处

【注释】

①标题为编者拟。

②涵真，吴涵真，长期从事儿童教育工作。

③嘉庐，沈钧儒在重庆的住所，当时陶行知来重庆，亦有时住此。

④季弟，指刘季平，时在广西桂林。

⑤吴先生，即吴树琴。

⑥堡，指碉堡，系陶行知在北碚的住所。

⑦指生活教育社编辑的《战时教育》杂志。

⑧宏，即陶宏。

⑨城，即陶城。

⑩王治平，当时跟随陶行知的勤务工友。

⑪指《新华日报》科学副刊。

⑫刚，即陶刚。

速去大竹购米[1]

——致马侣贤

侣贤同志：

我来渝后，已经与卢作孚先生商妥，学校在大竹[2]购米，彼愿尽力协助，并致函大竹县长，请其帮忙。现闻已有其他机关知道大竹米价低廉，派人前往大竹采办大批谷米。我们对购米事应从速进行。请力行同志即日动身前往，肩负起这一重大而劳苦的工作，旅费由学校支给，购米款子可

由学校存款中带若干去，我在此活动之款赓即汇去。购谷为妥，研米每月运二十担。购米（或谷）以价值万元为准。请问明力行同志回大竹后之通信处及汇款办法（由哪家银行汇，何人收款），写一信交俞文华同志带来，以便我汇款去。文华同志来，即顺便买盐回校，可开一支票交文华同志带来。有“育才”字样之信笺交文华同志带十张来，拿五张来盖上张董事长及我的图章，盖在信笺的左下方。学校所存之纱，如纱价行市好可卖去，以便度日或买米。即祝
康健！

衔

二九、十二、三

俞文华同志来渝可至下南区（菜园坝）马路九十四号意成化学厂杨厂长（同然）处找帅同志。

原件存南京晓庄学院陶行知纪念馆

【注释】

①标题为编者拟。

②大竹，四川县名。

希望您到重庆来看看[1]

——致吴树琴

树琴：

我于卅日下午四时乘车赴渝，平安到达，可以告慰。自歌乐山到重庆两路口，车价四元四角，买到两路口（不要买到七星岗，退回来很麻烦）。在公共汽车站买票（不在特约迁建车站），买票之前要先拿登记号数，一天十次很便当。我希望您到重庆来看看，买点东西。现在各地方都有劫案，务必早饭后动身到歌乐山吃午饭即来渝。到歌乐山的时候，要托霄羽兄派妥人陪您照应上车。我希望您星期六来，星期五也好。星期六下午二时以后，我在冯公馆[2]候您。星期日或有便车返碚。重庆到北碚比较容易得到便车。作孚先生[3]约我星期日同车返家。

重庆夜间小巷有劫案。您来是在中饭后为宜。霄羽兄姊及小朋友代为致念。敬祝

康健

衔

二九、十二、三

能于星期六来，或不能来，请即写一快信。

原件存吴树琴处

【注释】

①标题为编者拟。当时吴树琴在歌乐山她姐姐处小住。此信托冯玉祥的田副官顺便带去。

②冯公馆，即冯玉祥的住处。

③作孚，即卢作孚，家住北碚。

请将请款书、领款书填好分别寄出[①]

——致马侣贤

侣贤同志：

昨天寄一快信交北碚区署，请其派人速送学校，不知已经收到否？赈济委员会十二月份补助费支票已经发下，请你将请款书填好寄赈委会，领款书填好寄新华银行。填好之后，务请细心检查无误然后快信付邮。专此。即祝

康健！

衔

二九、十二、四于渝

原件存南京晓庄学院陶行知纪念馆

【注释】

①标题为编者拟。

进城播音，服装应清洁整齐[①]

——致马侣贤

肖生同志：

音乐组进城播音，应穿布袜、布鞋，服装应清洁整齐。协会[②]在播音

前开音乐晚会（二十八），贸易委员会开音乐晚会（二十七）。本校拟在三十晚约重庆友人（在协会所约党政文化朋友之外者）开音乐晚会。是否可行，望与贺先生[3]商决示知。

衔

二九、十二、六

原件存夏英岚处

【注释】

①标题为编者拟。

②协会，指中苏文化协会。

③贺先生，即贺绿汀。

研究所帮助缺少正常学校资格之学子[1]
——致陶晓光

晓光：

你的十一月十八所寄出的信，我一直到现在没有答复，真是抱歉得很。我本是要安心在学校工作，但米价高涨，使我不得不飘流到城里想办法。最后十天的预算，每一个月单吃米就得一万元。现在经过十天的努力奋斗，总算是有了相当的解决。借了三万元到源头上去买米吃。研究所也有了相当办法，筹得一笔经费一万元左右。这是指定为研究特效药用的。捐款的人不肯捐作别用。但是这样也好，原来研究药的经费可以移作别的重要开销了。

你所要的二百元就由研究所开支。我已招呼新华银行潘百里先生见你签字的条子和我附来的通知照付二百元。你的签字式样我已从信上取下交给潘先生（你平常签字的样式，晓光二字），这款是留在新街口新华银行交给持条的朋友。你的条子顶好是这样写：今收到新华银行交到晓庄研究所××元为补助购买材料研究××问题之用。签字×年×月×日。以后你有需要还可补助。

我现在规定研究所最大任务为帮助缺少正常学校资格之学子取得向上长进之机会。你倘有需要尽管来信请款，我们当酌量帮助买书买材料。

你所要的书 *Short Wave Wireless Communication*[2] 和无线电杂志都随

信寄你，应该是十二月五日以前便可收到。请来信告诉我何时收到的。

铅板没有找着，再回去找。

脚踏车当于一二日内在街上访问。

眼镜为工作效率还是配好。款子当汇一百元来与你。

金陵大学陈校长[3]处请持我的片子去见就行。

阆中米价便宜，有移一部分去之议，当地也有信来欢迎，我当请人去看看再作决定。

证明书要回碚去办。我想是自然学园的较妥。

你的箱子当托卢作孚先生便车带渝，重庆村三号二楼，带去时，当再写信通知你。祝你进步！

衔

二九、十二、九

出自《行知书信集》，安徽人民出版社1981年版

【注释】

①标题为编者拟。

②即《短波无线电通讯》。

③指当时由南京迁往成都的金陵大学校长陈裕光。

数事望同志们连夜赶成[1]

——致马侣贤

肖生同志：

现请帅同志回碚[2]，明日进城（顺便汽车来回），千万火急。兹有数事请您即办，于明晨（12、11）6时前派妥人送到北碚碉堡交帅同志：

（一）校印、张一麟印、陶行知印及谷林或马侣贤印。

（二）向董事会报告书（经费收支全份）带来一套。

（三）7、8、9、10、11月科目开支，分别列表送来，以便造编概算书请求追加经费。

（四）陶宏处有Codin phosphate[3]带一点来。

以上各事，望同志们连夜赶成，白天休息为要。

金平煤矿立约事已解决否？在没有纠纷的情况下，学校可再投资二千

元，款子我在此已经预备好了。请你由学校款内借垫三百元，作印《战时教育》之用，交维特[④]同志手收，我回校后赓即归还。

我现住两路口重庆村 17 号 3 楼。即祝

康健！

衔

二九、十二、十

原件存夏英岚处

【注释】

①标题为编者拟。

②帅同志，指帅昌书。时任育才学校生活指导部主任。

③Codin Phosphate，磷酸盐。

④维特，即陆维特。

深望为国援救志士[①]

——致冯玉祥

焕公赐鉴：

今晚韬奋[②]先生来谈，杜重远先生蒙公爱护援助，亲友闻讯，不胜感激！特嘱弟转达谢忱并致渴望。旋即走访，知大驾日返歌乐山，不知何时回渝，至为悬念。再，致盛先生[③]电，谅在起草中；深望日内发出，俾能在最后关头，为国保全一有为之志士。潘大使加入援救一层，大家商谈之下，认为可行而有益。盛先生致仲仁、衡山、任之三老[④]电，亦已到渝，大致与致公电相同，传观之下，莫不义愤填膺。此案倘不善处，决非盛先生之〔福〕；故不但为杜先生计，抑且为盛先生计，皆宜早日了结，以慰群望。杜、盛二先生，既为多年老友，似当以友谊解决纠纷，倘能相抱痛哭一场，在眼泪中冲洗一切误会，则始而变友为敌，终且化敌为友，岂不甚善。盖中国人只有一敌[⑤]，余皆友也。

大驾回渝，深望能与潘大使一谈，使其援救之力量发生效力。我想从爱护盛先生本人及中国人才之立场，由其总领事作诚恳之进言与友谊之谈话，似无不可。是否有当，尚希卓裁。专此奉商。敬祝

康健！

弟陶行知启

二九、十二、十三
复印件存华中师范大学教育学院

【注释】

①标题为编者拟。1940年底，盛世才逮捕时任新疆学院院长杜重远，致使舆论大哗，并迅即掀起援救杜重远的活动。冯玉祥，字焕章，尊称“焕公”。

②韬奋，即邹韬奋。

③盛先生，指盛世才，新疆军阀。

④仲仁、衡山、任之，即张一麟、沈钧儒、黄炎培。

⑤指中国当时只有日本侵略者一敌。

练习脚步于健康有益[①]

——致陶晓光

晓光：

箱子已托人带渝，连航委会证明书及二百元，均已送交新街口新华银行留交你的朋友，以便带蓉。证明书拟用自然学园及晓庄研究所，研究无线电九年，待明日寄来。

自行车有一部好的，要六百元，有些吃不消。普通的约二百元，待请内行去看再买。但陶宏因骑车不慎，几乎丧失生命，我不知成都情形，有些忧虑。倘华西坝只有十里，则走来走去，练习脚步也于康健有益。望飞信寄新华银行转告，以便作最后决定。

你的朋友取钱取箱都得由你签字，我已将你的信上的签字剪下交银行，借对笔迹。

敬祝

康健！

衔

二九、十二、十三

原件存陶晓光处

【注释】

①标题为编者拟。

音乐组同学进城的安排[①]

——致马侣贤

肖生同志：

校章、陶章、马印、章印，于明日托民律轮带交卢区长[②]留交你收。如卢区长不在署，可问邓文媛先生拿。区署有电话，直通重庆村三号二楼。倘有急事，可托卢先生或邓先生（即邓太太）打电话，托人写下送到重庆村十七号三楼给我。学校如发〔现〕白喉、猩红热、疯狗咬，须带药到医院去医，不可耽误。汉剧抗敌团缺少冬衣，如须背心，可由校捐，望与卢先生一商。音乐组同学于二十五日雇木船来渝，二十六晚由文化委员会[③]主持音乐晚会，二十七在贸易新村休息，二十八中苏协会音乐晚会，二十九对苏播音。今天如此决定，请转告音乐组同志。贺先生[④]二十日再来校。布袜、布鞋望即赶速准备。

大竹之谷未到前，区署有借谷可能，谷来陆续付还，如此可以大大节省。望与区长交涉借谷四十石，够两个月用。

白桃处请代垫六十元，宏处请代垫三十元。我在这里进行，尚称顺利，不过费时费力太多，真累人也。敬祝

康健！并问全体安好！

衔

二九、十二、十四

原件存夏英岚处

【注释】

①标题为编者拟。

②卢区长，即卢子英。

③文化委员会，指郭沫若主持的军事委员会政治部文化工作委员会。

④贺先生，即贺绿汀。

经济开支之八字方针[①]

——致马侣贤

肖生同志：

育才学校款子十二月份已领得，谅已汇到，我再于前天汇出五千（吃

饭在外，望你将这款要匀作一二两月用），务望本着“不冻不饿，省吃省用”八个字办理。伙食每天夹一餐玉米，或可稍省。敬祝
康健!

衔

二九、十二、十五

生活教育社正式成立二周年

出自《行知书信集》，安徽人民出版社 1981 年版

【注释】

①标题为编者拟。

加股于金平煤矿[①]

——致马侣贤

肖生同志：

金平煤矿加股事，由研究所出二千元投入（育才无款可投）[②]。款子星期一汇出（如需急用，可由校暂垫），由你转交。收据要魏、易、石[③]三先生和你共同签字。这是晓庄研究所研究基金，代表人俟会商后决定。专此奉达，敬祝
康健!

衔

二九、十二、十五

生活教育社正式成立二周年

原件存夏英岚处

【注释】

①标题为编者拟。

②研究所，全称为晓庄研究所，是生活教育社属下的独立机构之一。

③魏，即育才学校教师、文学组主任魏东明；易，即育才学校教师易铁夫；石，名不详，育才学校教职员。

请带小白兔两只[①]

——致马侣贤

肖生同志：

学生来渝，请带小白兔两只（一雌一雄），以便送与有关系的朋友。望与万恩[②]一商，并予以相当报酬。食品及照料方法望询明开示。敬祝

康健！

衔

二九、十二、廿二

演戏节目单请交白桃同志，在壁报上披露。

原件存夏英岚处

【注释】

①标题为编者拟。

②万恩，时为育才学校戏剧组学生。

注意学校冬防[①]

——致马侣贤

肖生同志：

借来之谷，只许研米供校用，不得以其他方式处理。

研究所之款曾寄两次，一次是1 000元，于十二月四日汇出，须存入193号账户；一次是2 000元，于十二月十六日汇与您，拟投入金平，作研究基金。

同学们已平安到达，请释远念。

冬防已到，望嘱全校特别谨慎，尤其是负责自卫之教职员，宜加紧注意，并与地方保卫团取得密切联系，以资守望相助。敬祝

康健！

衔

二九、十二、廿八

原件存夏英岚处

【注释】

①标题为编者拟。

为筹募晓庄研究所及育才学校经费事[①]

——致孔祥熙

庸之院长勋鉴：

日昨晤教，至为欣幸。承蒙对于敝所事业慨允赞助，尤为铭感。敝所宗旨，在辅导缺少学校资格而有研究能力之学子，俾能深造，以为民族、人类服务。年来对于战时教育、治疟特效药、小单位炼钢研究，稍有进展，不久即可印为专刊，奉请指教。但因经济基础未固，又因物价飞涨，对于争取时间，殊感困难。弟拟尽二十年之精力，从事于此，冀对学术有所贡献，尚希尽量赞助，共观厥成。倘蒙先拨若干，俾奠初基，以后源源接济，俾敝所学术研究欣欣向荣，实不胜盼祷之至。再者，弟所主持之育才学校，实选拔有特殊才能之难童而加以培养，俾人才之幼苗可以及时获得滋养，蔚为有用之才，而不致耽误夭折。创办年余，进行尚称顺利，惟最近米价飞涨，亟亟不可终日，昨日米已涨至五十二元一斗，较诸去年开办时，增加二十五倍，亦望赐助，俾能渡此难关。

治疟药已临床试验两百余人，除敝校及北碚民众、重庆青年会试用有效外，梁漱溟先生所办勉仁中学亦试用此药，兹将其来信附奉。弟甚望大规模制造，输送前方，以增加抗战力量，现正作预防之试验，倘有预防作用，则可与奎宁并驾而驱。又因此药多数人一服即愈，而价钱只抵奎宁十分之一二，尤为可喜。现在急需款项以完成此药之试验，荷蒙奖许，故愿直陈。专此奉商，伫候复音。敬祝

健康！

弟陶行知拜启

约1940年冬

原件存中国第二历史档案馆

【注释】

①标题为编者拟。写作时间据周洪宇、刘大伟《陶行知年谱长编》定。

一九四一年

音乐是世界语[①]

——致音乐组学生

（一）音乐是世界语，学会之后，便能与人类谈心。

（二）留心不要把艺术当嫁奁。

（三）有陪笑之音乐，有哭丧之音乐，有助消化之音乐；我们的音乐是战斗之音乐，创造之音乐。

（四）什么是革命的音乐？阔佬的跟班变成大众的号兵。

（五）把音乐之神从大出丧、大结婚、大宴会中迎出来，送到巷头，送下乡村，送上战场去。

1941年1月1日

复印件存华中师范大学教育学院

【注释】

①标题为编者拟。录自手稿。写于育才学校音乐组在重庆对美国播音之前。

试行雾季修学[①]

——致马侣贤

肖生同志：

雾季修学，特有意义。由艺术各组试行，详情托舒非先生代达。戏剧组、图画组雾季赴渝修学已租得房屋，要带的东西如下，请令两组准备带来。

（一）每人的铺盖、草席、脸盆、洗具、书籍、灯、文具。铺盖采取行军方式，由每人自背，太小及有病者，可雇人代背。

（二）从渠县运木排带来的锅及烹饪器具、水桶。

（三）碗筷。

（四）道具。

（五）一个月吃的米（当座位坐）。

甲、如有汽车，即于四日下午由重庆打电话到区署，派人当夜到古圣寺通知。两组先生、学生，须于五日十时半前赶到北碚兼善公寓第二院隔壁停车场等候。

乙、假使四日晚上九时前没有人来古圣寺报信，便是没有汽车，大家可以从容一些，改坐木船到牛角沱上岸，走到国府路二号（国民政府正对角山坡沿石阶上第一座房）。

衔

三〇、一、四

原件存夏英岚处

【注释】

①标题为编者拟。试行雾季修学，这是育才学校艺术各组在抗日战争时期实行生活教育的一种新创造。

米仓要管好①

——致马侣贤

肖生同志：

戏剧组平安到了重庆，请大家放心。听说米仓管理有问题，仓门不谨慎，请细察一次，这也是节流之重要步骤。

徐树人不久亲自运米来校。其夫人张凤芝女士须要三百元买药，请你交给她。此款由徐先生在大竹垫作运费或购粮费。但请你告诉他，德国医生早已来渝，药品是否要我们代购。德国医生已脱离卫生所，不再回碚。

敬祝

康健！

衔

三〇、一、七

原件存夏英岚处

【注释】

①标题为编者拟。

数事偏劳[①]

——致马侣贤

肖生同志大鉴：

我现在不可能回来，诸事偏劳大家，至感不安。兹有数事要办，分举如下：

（一）寒假中宜争取时间，令学生补习功课。

（二）社会活动暂不进行，以免引人不谅解。

（三）账目依董事人数，作二八年度及二九年度报告（每年以十二月底为止）。我们必须将二八年度及二九年度决算立报董事会，请将信及报告交来，以便转寄，望毋忘盖章。

（四）省教育厅交填表格初稿，请交我看。

（五）研究所投金平研究基金二千元之正式收据，请即交吴树琴先生，以便结账。

（六）吴勃先生坚辞指导主任，只得照准。但请其担任至新任主任决定时为止，那时仍约其担任社会组指导员。

（七）煤价打听好请告诉帅先生。

（八）十二月份伙食费决算及主要成分单位价请示知。

（九）望大家镇静警觉，和衷共济。敬祝全体同志康健！

衔

三〇、一、十八

原件存夏英岚处

【注释】

①标题为编者拟。

木凳款请付李先生[①]

——致马侣贤

肖生同志：

炼钢研究室所售木凳，请付现款与李先生，并请代垫二百元与他，记在研究所账上，俟我回来结算。敬祝

康健！

行 知

三〇、一、十八

原件存夏英岚处

【注释】

①标题为编者拟。

追求真理做真人[①]

——致陶晓光

晓光：

最近听说马肖生寄了一张证明书给你。他擅自作主，没有经我看过，我不放心，故即于当晚电你将该件寄回，以便审核有无错误，深信你已经遵电照办。现恐你急需文件证明，特由我亲自写了一张，附于信内寄你。你可根据这样证明，找尚达[②]弟力保。我们必须坚持“宁为真白丁，不作假秀才”之主张进行。倘使这样真实的证明不合用，宁可自己出钱，不拿薪水，帮助国家工作，同时从尚达弟及各位学术专家学习。万一竟因证明不合传统，而连这样的工作学习亦被取消，那么，你还是回到重庆，这里有金大电机工程，也许可去，或与陈景唐兄商量，迳考成都金大[③]。总之，“追求真理做真人”，不可丝毫妥协。万一金大也不能进，我愿筹集专款，帮助你建立实验室，决不向虚伪的社会学习或妥协。你记得这七个字，终身受用无穷，望你必需努力朝这方面修养，方是真学问。

我近来为校经费困难所逼，驻渝筹款，而重庆天气易令人咳，这两天才愈，因此不能早日写信给你，至为歉然。

你给银行的信，误由银行转到学校去，故来不及和陈毅[④]先生会面。

我接信他已走了。你所要脚踏车，如能留蓉工作，当寄款来给你自买。此地自行车也不便宜，而路远难带，我们也非内行，怕买来不合用。

绍良先生代买东西之款已托涵真先生代还。

育才有戏剧、图画两组驻渝见习，进步甚快。今吾[5]十七日动身，日内可望抵渝，大致担任指导部主任。来信寄重庆村十七号。

衔

三〇、一、二十五

原件存陶晓光处

【附录】

给陶晓光写的证明书

陶晓光，年二十三岁，男，安徽歙县人。于民国十九年冬季至民国二十六年秋，在上海自然学园学习无线电，前后六年半，成绩尚佳。本园出版儿童科学丛书一百零五册，晓光担任无线电部门编辑，出书亦属合用。后于民国二十七年冬入本所担任研究工作亦甚称职。特此证明。务希查照。

前自然学园指导员
生活教育社晓庄研究所所长 陶行知

中华民国三十年一月　日

【注释】

①标题为编者拟。1940年陶晓光到成都一家无线电厂工作，厂方索学历证明，陶晓光便求助马侣贤开了证明。陶行知知道后，要求收回证明，并写下这封信。

②尚达弟，指倪尚达，当时在陶晓光工作的成都无线电厂任厂长。

③金大，指抗战期间迁往成都的金陵大学。

④陈毅，当时为陶晓光所在的无线电厂的同事。

⑤今吾，即程今吾。

教师薪金太薄势难维持者只好任其改地就事[①]

——致马侣贤

肖生同志：

校事请竹因同志面达。我因解决经费问题必须在此接洽，一切偏劳。

教师薪金太薄，势难维持者只好任其改地就事，但我们希望你、宏[②]、绿芷[③]、薏林[④]、力行、多骕、金陵[⑤]、再为[⑥]诸同志必须慰留，以资维持。离校同志发一个月薪金。敬祝

康健！

衔

三〇、一、廿六

原件存夏英岚处

【注释】

①标题为编者拟。1941 年 1 月皖南事变后，国民政府加紧对育才学校实行政治迫害和经济封锁，致使学校面临经济困难。

②宏，即陶宏。

③绿芷，即邹绿芷。

④薏林，即廖薏林。

⑤金陵，即殷金陵。

⑥再为，即张再为。

育才经费万分危难，必须采取紧急措施[①]

——致马侣贤

肖生同志：

一月廿四日快信昨夜接到，知赈委会增加经费已经绝望，本校经费，万分危难。为今之计拟请：（一）尽量裁减工友，动员学生自食其力；（二）实行节流，采取两餐办法，城里有许多公务人家亦只两餐度日；（三）同志除昨函所提必需留校者外，尽量另谋他事，以渡难关。敬祝

康健！

衔

一月二十七日

原件存夏英岚处

【注释】

①标题为编者拟。

我是欢迎困难的一个人[①]

——致陶晓光

晓光：

二月三日信收到了，知道你在成都工作学习都相当满意，甚慰。你到金大听课，万望不要超过体力之限度。依我看来，还是集中精神，先在研究室及厂中充分学习，等到告一段落，再到大学上课，这样便不致把身体弄坏。健康第一！你的身体并不甚强壮。学校工厂两处奔跑，颇感体力不济，务必慎重考虑。

学校经济自是非常困难。你知道我是欢迎困难的一个人。一切困难都以算学解决之。不但经济困难是如此解决，别的困难也如此解决。所以我没有忧愁，仍旧是吃得饱，睡得着。我的身体比你离碚时好了些。虽然没有从前胖，但瘦如梅花，骨子里有力量，有何不可？孔子说，仁者不忧，智者不惑，勇者不惧。惟其不惑所以不忧、不惧。我们追求真理，抱着真理为民族人类服务，有什么疑惑呢？所以我无论处境如何困难，心里是泰然自在，这是可以告慰的。

现托南高同学赵吉士带上无线电另件数样。这些放在家里无用，你可拿去给倪厂长看看，如果他有用处，就放在研究室里用好了。

并托赵先生带上百元为你买书之用。内拨二十元，吴先生托你买“成都出品可以送礼之银制心链、扁针及他项小巧价廉物美之礼品数样，以便送其女友出嫁”，他物也可，请你斟酌去买。祝你

康健！

衔

三〇、二、五

原件存陶晓光处

【注释】

①标题为编者拟。

筹款事告一段落即回校[1]

——致马侣贤

肖生同志：

我将筹款事告一段落即回校，请转告诸同事，以慰系念。醉霞[2]如有暇，可约其在校服务。敬祝

康健！

衔

三〇、二、十

原件存夏英岚处

【注释】

①标题为编者拟。

②醉霞，即王醉霞。

“先生不在学如在”

——致马侣贤

肖生同志：

谭堃珩君到校，请代为留其在校工作。闻他擅长英文，即商请其先在这方面帮助小朋友长进。

音乐组、社会组小朋友自动组织学习，办法极佳。望代给与鼓励，并勉他组仿行。下学期计划即照此发展进行。

“先生不在学如在”乃是真正的学习。

我不久即来，望你与诸同志安心服务，不必来渝。敬祝康健！

衔

三〇、二、十三

原件存夏英岚处

【注释】

①标题为编者拟。

奋斗是万物之父[①]
——致马侣贤

肖生同志：

闻校中有少数同事和同学精神不振，望你鼓励。在平时办学，一帆顺风，人人能办。在艰难困苦中不动摇而向前创造，才为难能可贵。奋斗是万物之父。请向大家代达。二月份请款书及领款书并研究所一二月份请款书及领款书，一并托人带下为盼。愈快为佳。房门锁匙请代保管。我不久即来，再进城赴会。敬祝

康健！

衔

三〇、二、十九

原件存夏英岚处

【注释】

①标题为编者拟。

托张瑞生先生将欠款划给余建国先生[①]
——致马侣贤

肖生同志：

力行同志来，知道学校在大竹买谷，仍欠余建国先生五千元正。请开一支票（五千元）给张瑞生先生，托他划给大竹余建国先生。支票用新华银行者，上面开给张瑞生先生。他拿这支票可以到重庆买货。余建国先生到合川买盐，张先生便可以交五千元给余先生所派之人。这样各方面都省汇费，学校也可以省些。这些支票请派妥员送到“合川渠河王爷庙大竹食盐购销处张瑞生先生”。

成志社所捐355元余，因该社存款不足，支票退回，后于一月四日该

社补足存款，已将该款收入本校账户了。

古庙砍树望尽力阻止。现附上致袁县长一信，望即派人送去为盼。

敬祝

康健！

衔

三〇、二、廿一

原件存夏英岚处

【注释】

①标题为编者拟。

可预支半月薪[①]

——致马侣贤

肖生同志：

煤矿事照前所谈办理，本校可将一年用煤之钱投资，稍多亦可。同志愿加股者征求之，可预支半月薪。潘同志已谈否？

三月份请款书、领款书，请盖章交孙敦乐同志带来。敬祝

康健！

衔

三〇年春

复印件存华中师范大学教育学院

【注释】

①标题为编者拟。

数事奉告[①]

——致马侣贤

肖生同志：

驻渝见习团[②]业已结束，陆续回校，现有数事奉告：

（一）竹因、宁远决定来校帮助小孩长进。他们稍留数日，助我写信

筹款，即行来校。

（二）艺术各组减轻普通功课，约至二分之一。

（三）早操由舞蹈指导员指导，不但艺术各组，而且宜行之于全体。

（四）赈委会育才三四月份请款书直寄赈委会，领款书直寄新华银行。请分别封好用快信从北碚直寄各该处收。

（五）晓庄研究所三四月份请款书及领款书，请盖董事长章及所长陶印，并填明三月份为晓字贰拾号，四月份为晓字贰拾壹号。用途系补助费金额捌佰元，会计出纳员改王瑞符。所之图章在王处，请填好用信封封好，从北碚用快邮寄重庆村三号三楼刘正勋转我收。

（六）学校要实行传达室办法。有人来必须填明姓名、住址、事由、所会之人，并须通报副校长。遇有便衣警察，必须要求其出示证章，否则拒绝。便衣人检查，亦必须由精明负责人陪同察看，以免有人栽诬。

（七）赈委会向行政院提案尚无着落。要等待审查。等待开会决定，等待通知请款，再等待一一核发，手续恐怕很慢，或要弄到远水不救近火。因此，我必须再留一些日子在渝开源，点滴支持，否则一月之后便会断炊。当地开源节流之方亦希留意。

（八）我们必须认真办学，以求对得住小朋友，对得住国家、民族。毁誉之来，可不必计较。横逆之来，以慈爱、智慧、庄严、无畏处之。我们追求真理，爱护真理，抱着真理为小孩、为国家、为人类服务，社会必有了解之一日。

除（四）、（五）两点毋须讨论外，其余请与诸同志妥商进行。专此奉达，敬祝

康健！

衔

三〇、三、廿九

传达可由轮流办法行之，但必须像换岗一样，后继者来则前任者去。

原件存夏英岚处

【注释】

①标题为编者拟。

②为克服育才学校艺术教师不足的问题，组织成立了“见习团”到重庆各艺术团体向各方面专家就教。

避免重复报账[①]

——致马侣贤

肖生同志：

日前报账系根据捐款收据存根，有一笔洪光学校十一月份捐款，系二月六日收到，同日存入新华银行，存根上被宁远误写为三月六日。嗣查日记，只有二月六日一笔，三月并未来款。既系二月收款，则前次已报账，若再报是重复矣，望为改正。

敬祝

康健！

衔

三〇、四、七

原件存夏英岚处

【注释】

①标题为编者拟。

以武训的真精神渡过难关[①]

——致马侣贤

肖生同志：

接读王同志带来信，借悉一切。竹因赴校，希望他在国文上帮忙。他身体需要休息一些时期，不可给他太重的工作。宁远来，让他先看看，有什么可以担任的事情，和他面商。我看他还是在功课上帮忙为是。他们来纯粹是帮学校忙，也可说是帮你忙。你的职务要用坚定的决心来执行，再加上大家的努力，校务自然有进步了。

经济是到了紧急关头。我当以武训的真精神多找几位育才之友来帮助我们渡过这个难关。这几天进行以来，朋友们尚能给我鼓励。冯先生[②]答应从四月起每月担任十个人的吃米，下次有人来请拿米袋去装。美国、菲律宾、缅甸、新加坡都已分头进行，但远水不救近火。当此青黄不接，还得在国内解决。一星期内我当集中精神来打破这一难关。倘若找到十五位冯先生，便不致挨饿。望将小朋友的名单及简单小史即速寄来。我需要这些材料（姓名、年岁、男女、组别、籍贯、家庭景况）。

你前次写信说起保育会补助之书费及另用费，他们预算尚未通过。胡惇五先生说十天之内可望通过，当一律增加，决不致使我们偏枯。请告诉小朋友。

疟疾将来，俞文华带校之黑箱中，有半瓶奎宁，请叫他取出交给屠同志。

我想中国现在还要有武训的精神。武训生前创办了三所学校。有钱的人不肯出钱兴学，有学问的人不肯认真教人，青年小朋友不肯用功求学，武训都要向他们跪求，跪到他们答应为止。学校没有钱，我相信我还能劝人捐钱来。至于认真教人和用功求学的责任，是要你们担负起来。如果遇到教师不认真教人，小朋友不用功求学，就请你发挥起武训的精神，把他们改正过来。

音乐教师有一位先来指导几天，就是范继森[③]先生。他十八号可来。星期六下午、星期日都要上课，望安排一下。城里先生来很不容易。望你们在住食方面给他们以特别优待。前锋先生及吴晓邦先生不久也会来。敬祝

康健并祝全体同志同学进步。

衔

三〇、四、十二

原件存夏英岚处

【注释】

①标题为编者拟。

②冯先生，即冯玉祥。

③范继森，育才学校音乐教师。

范先生将来校授课[①]

——致马侣贤

肖生同志：

日前提及范继森先生来校担任音乐指导并恳妥为招待，谅已达览。现范先生定于本星期六来校授课，当日可到。星期日望嘱诸生照常练琴，改

日休息俾能充分受益。专此介绍。敬祝
康健!

衔

三〇、四、十六

两种走法:(给范先生的)

一、自北碚沿江上行五里到金刚碚〔碑〕,坐船到白沙沱约十五里,上岸步行六里到草街子,再步行四里到古圣寺育才学校。此种走法避去两个急滩,三小时即可到达,而且随时金刚碚〔碑〕有船到白沙沱。

二、自北碚搭船到草街子,再上岸走四里到古圣寺。此种走法要经过两个滩,费时四小时。

原件存夏英岚处

【注释】

①标题为编者拟。

在学生中选拔培训会计[①]

——致马侣贤

肖生同志:

会计一职,一定要细心而善算术、诚实而可靠之人才能担任。为今之计,望在学生中选择此项人才七八人及教职〔员〕中二三人,由瑞符予以短期之训练,并请你负责召集并领导,训练之后选拔一人担任。此种技术到处有用,大家受此训练,终身获益,无论领导监督或经手大小款项,得此常识,受用无穷。望大家重视,使瑞符不虚此行。请款书须用好纸印。前次送来者实不可再用。请将育才及研究所五月份请款书领款书盖章托瑞符带来,育才信纸请盖董事长、校长印及不盖印者请瑞符带些来。捐款收据簿须盖校印,托瑞符带来。生活教育社方印,请文华或他人找着带来。

拜托子英先生代向当地绅粮为本校捐米捐谷,我已电话托他,请去恳托。千万至要。

中国农民银行今日捐伍千元已存聚兴诚[②]。星期一(后日)托由中国银行汇四千元到北碚收入育才账户。敬祝
康健!

衔

三〇、四、廿六

原件存夏英岚处

【注释】

①标题为编者拟。

②聚兴诚，指聚兴诚银行。

生活苦一点，但精神饱得很[①]

——致陶晓光

晓光：

接到你的二封信，知道你的学习很好，我很放心。我们是五月九号回学校的。学校里充满了亲爱、团结、自动的精神，比去年好多了，我很高兴。社会永远不会辜负我们的，许多朋友帮助我们解决经济困难，现在是两餐稀饭，一顿干饭。生活苦一点，精神饱得很。生活教育社和晓庄研究所都搬到这里来了，以后注重研究、编辑的工作。你要有空写一个小册子。

我的身体在解决困难中恢复了，比去年强健得多。昨夜晚上，误用桐油炒菜，吴先生、蜜桃，还有一位工友和我吐泻半夜，现在将要好了，但是觉得疲倦，所以这信是请吴先生代笔的。程先生[②]在这里工作很好。宏的家庭经济没有困难。希望你常常来信。此祝

康健！

树琴附笔问候。

衔

三〇、五、十八

原件存陶晓光处

【注释】

①标题为编者拟。

②程先生，指程今吾。

请带“育才之友聘书”及花边空白来[①]

——致马侣贤

肖生同志：

放在大兴别墅书架上或是托瑞符保存着的有“育才之友聘书”及没有印字的花边空白。请将这花边空白（大约有七十张）一齐带来。敬祝

康健！

衔

三〇、五、廿六

原件存夏英岚处

【注释】

①标题为编者拟。

改造育才图书馆[①]

——致马侣贤

肖生同志：

犹庄[②]史良先生那儿存了一些书架、桌凳及藤椅，连同冯公馆六月份的米，请一并运来。学校改造图书馆需要这些东西。款子带些来。多数于六月一日托新行由中国银行汇来。敬祝

健康！

衔

三〇、五、廿八

六月可汇一万免费，余每千须五元。

原件存夏英岚处

【注释】

①标题为编者拟。

②犹庄，史良当时住址。

乘育才学校成立二周年纪念从事筹款[①]

——致陈裕光

景唐[②]吾兄大鉴：

敝校创学宗旨，选拔具有特殊才能之难童，加以适宜培养，使人才之幼苗，可以及时吸取合度之阳光、空气、水分、养料，并免于害虫之摧残，而蔚为国家有用之材。开办将近二年，基础粗具，学生一百五十五人，大多数为十五省流亡之儿童。功课分普修与特修二种。依据部章，已从小学办到初中，现在要接着筹设高中程度之班次。特修课则已建立自然、社会、文学、音乐、绘画、戏剧六组。现在接着筹备工艺组、农艺组，以期因材施教，务使各得其所。近数月来，物价飞涨，经费深感困难，平价米无法领到，影响所及，诚恐减少营养，有碍儿童发育。而图书仪器亦感不敷，欲其迈进，精神食粮尤宜饱满，根本之计，则在从事生产，自食其力，以十年树德之方法，贯彻百年树人之计划。现拟乘立校二周年纪念（今年七月廿日）从事筹款，以充实学校设备，奠定经济初基。素仰吾兄关怀难童，爱护教育，深望本为国储才之旨，酌予厚助。倘蒙鼎力提倡，则教学得利器之用，生活无后顾之忧，自可倍加奋发，力图上进。如荷于纪念日莅校指导，或赐寄嘉言，俾诸生有所遵循，尤为欢迎。专此奉恳。敬祝

健康！

弟陶行知

卅、六、六

1941年6月6日写

原件存中国第二历史档案馆

【注释】

①标题为编者拟。

②景唐，陈裕光的字。陈裕光时任金陵大学校长。

提款以应急需[①]

——致马侣贤

肖生同志：

现将借款单、信寄上，望你拿到款子，即乘车来碚转校赴合[②]，勿坐轮船。现在水势忽高忽低，舟行甚不稳。

研究所在新行有款若干，请留一百元及零头存银行，余皆悉数用附上之支票提出带来。

我个人之款，请留零头，亦悉数用附上之信提出带来，以应急需。

敬祝

康健！

衔

三〇、六、廿八

赈委会款请托瑞符代催授权新行汇来

原件存夏英岚处

【注释】

①标题为编者拟。

②合，指合川，位于涪江与嘉陵江汇合处，距育才学校约五十里。

乘立校二周纪念为育才学校筹款[①]

——致董事会成员

董 事 长

副董事长

董　　事：

敬启者，行知承校董会之命筹设育才学校，开办将近二年，基础粗立。学生一百五十五人，大多数为十五省流亡之儿童。治校方针，首重保健，预防治疗，标本兼顾，幸无夭折，差可告慰。功课分普修与特修二种。普修课依据部章已从小学办至初中，现在要接着筹设高中程度之班次。特修课则已建立自然、社会、文学、音乐、绘画、戏剧六组。现在要接着筹备工艺组及农艺组，以期因材施教，务使各得其所。近数月来，物价飞涨，最近米价超过开办时四十余倍。平价米无法领得。影响所及，诚恐减少营养，有碍儿童发育。而图书仪器亦感不敷，欲其迈步上进，精神粮食尤宜饱满。根本之计则在从事生产，自食其力，以十年树木之方法，贯彻百年树人之计划。本校经费来源有赈济委员会每月补助四千五百元，近加至每月七千元。截至今日止，海内外朋友捐助四万七千一百四十元。学生杂用及书籍费由保育会补助。负债方面有新华银行借款一万六千元，北碚区署借谷四十石。终日与米竞赛，未免疲于奔命。现拟乘立校二周纪念（今年七月廿日）从事筹款，以充实学校设备，奠定经济初基。兹附上募捐册一本，尚希酌予厚助，鼎力提倡，则教学得利器之用，生活无断炊之忧，自可倍加奋发，力图上进，以副雅望。如荷于纪念日莅校指导或赐寄嘉言，俾诸生有所遵循，尤为盼祷。专此奉恳。敬祝
健康！

私立育才学校校长启

1941年7月上旬写

复印件存于华中师范大学教育学院

【注释】

①标题为编者拟。

邹秉权小朋友的葬仪[①]

——致马侣贤、方与严

肖生、竹因同志：

邹秉权[②]小朋友入殓或安葬仪式似宜包括下列各点（只须一次）：

（一）卫生科科长报告治疗；

（二）自然组报告学习；

（三）校长致词；

（四）同学致词（一位）；

（五）其他请拟订，以简短而有意义为佳。

衔

卅、七、十三

其平生成绩请即搜集保存，勿使散失。

地点请酌定天晴在操场，雨则在校内。

原件存夏英岚处

【注释】

①标题为编者拟。

②邹秉权，育才学校学生，因患恶性疟疾，于1941年7月11日（育才学校二周年校庆前九日）病殇。陶行知以此为教训，强调注重身体健康。

公家之物，勿得浪费[①]

——致方与严

竹因[②]同志：

氯化钾与硫磺为公家之物，常闻学生用以放炮作戏，且有相当之危险，望嘱戏剧组统制使用，毋得浪费。

戏剧组腾出之小舞台如何布置，望注意并请示知。肖像、国旗宜即有安顿，以免外人误会。敬祝

康健！

行 知

1941年7月18日

原件存夏英岚处

【注释】

①标题为编者拟。

②竹因，即方与严（1889—1968），安徽歙县人，曾在晓庄学校任职。

陈列雷醴泉遗物以资纪念[①]

——致马侣贤

肖生同志：

雷醴泉[②]先生遗物，请检齐陈列于会计室以资纪念。他的生年及遇难日子，望调查示知为盼。敬祝

大安！

衔

卅、七、十八

原件存夏英岚处

【注释】

①标题为编者拟。

②雷醴泉，育才学校会计。1940 年 4 月 20 日因公出差，于轮船失事时遇难。

要在集体创造上学习创造[①]

——致陶晓光

晓光：

你的信不但给了我们大的鼓励，并且给了我一个重要的指示，现将留存的捐册，分给中层朋友进行，结果一定要好些。育才在物价超过五十倍以上还居然存在，确是一个奇迹。二周年之前月，我们造了四个露天讲座，一个舞台，两个游泳池，改造了图书馆使它成为现代的文化厨房，建立了自然科学馆、历史地理陈列馆，艺术馆举行了空前的（就本校说）有意义的展览会。这些都是六月二十日至七月二十日一个创造月的成果。我们要在集体创造上学习创造。创造须要劳动，也要谦虚。十九夜，我看到《易经》上说："劳谦君子，有终，吉。"又说："劳谦君子，万民服也。"这给了我们一个重要的指导。现在寄上捐册一本备你应用。款子直接汇给北碚中国银行，学校才能按名发给收据。你要给小黑和蜜桃的钱，由我照给，但不必寄还，就算我给你买东西用吧。大家都好。敬祝

康健！

衔

卅、七、廿三

倘遇朋友患恶性疟疾，必须立刻医，连愈一个月才能保险，学生邹秉权患恶疟，治愈一日，次日突发，不救。这是一大憾事。

原件存陶晓光处

【注释】

①标题为编者拟。

第七保育院师生将来校参观[①]

——致马侣贤

肖生同志：

现有第七保育院教师熊秉贞、陈如宾同学来校参观，尚希指派妥人招待，并择清凉房间，俾得休息。前由小朋友趋前报告，恐有未周，特此奉达。敬祝

晚安!

衔

卅、七、廿四

原件存夏英岚处

【注释】

①标题为编者拟。

急需书架[①]

——致马侣贤

肖生同志：

城里搬来竹书架还有空者否？倘能设法腾出一两个以应急需，最为感盼。曾俊侯先生来信，请在捐款名册上誊上其经手捐款姓名后，将原稿赐回。敬祝

康健!

衔

卅、七、廿九

原件存夏英岚处

【注释】

①标题为编者拟。

爱护史料[①]

——致马侣贤

肖生同志：

听说有将测验卷随便包裹、涂写者，实属不知爱护史料，望将已用未用测验卷本汇齐，即交研究部慎为保存，以作研究之资。敬祝

晚安！

衔

卅、八、六

原件存夏英岚处

【注释】

①标题为编者拟。

谢金陵大学捐助育才学校[①]

——致陈裕光

裕光[②]学兄大鉴：

八月二十日大札奉悉，汇票五十元，亦同时收到。母校于经济困难中仍能对敝校募捐计划赐予赞助，至为铭感。除勒石纪念，并备送“育才之友”纪念状外，先此致谢，附奉收据一纸，尚希查收为荷。敬祝

健康！

陶行知

三十年九月十八日

原件存中国第二历史档案馆

【附录】

陈裕光致陶行知函

行知学兄赐鉴：

展读来函，敬悉吾兄主持育才学校，俾十五省流亡之儿童，咸仰因材施教之功，蔚为国家有用之人，仰企贤劳，钦佩无暨！至嘱捐助一层，自应勉效绵薄，所以久稽裁答者，半年以来，募款甚感不易，而母校同仁入

不敷出，经济又迥不如前。弟以吾兄举办事件，至属重要，又不能不勉力匡持，特由母校奉捐法币五十元，聊供太仓一粟之助，惟未能圆满办到，深自抱愧，尚希鉴原为幸！附上汇票一纸，并奉还捐册一本，统祈察收！专此奉复。即候道安！

陈裕光谨启

八月十六日

【注释】

①标题为编者拟。1941年6月6日，陶行知曾致函陈裕光，恳请他在育才学校立校二周年之际提供捐助。陈裕光在接信后有所表示。陶行知为此而专函致谢。

请将菲律宾华侨三笔捐款转交育才学校[①]

——致中国妇女慰劳自卫抗战将士会

中国妇女慰劳自卫抗战将士会大鉴：

顷自菲利滨[②]先后来信，谓有三笔捐助敝校之款，系托由贵会转交敝校为教养难童之用。计：

（一）怡朗妇女救国协会　八四八元十一仙[③]（三月二十三日由中兴银行汇出）

（二）龚显砖先生节省其太夫人治丧费　一〇五〇元（由菲利滨妇慰会代汇）

（三）妇慰会菲利滨分会一〇〇〇〇元（七七后汇出）

现因须出收据寄菲，特推敝校马副校长趋前领款，务希照发。专此奉商，敬祝

公安！

育才学校校长陶行知（印）

卅、九、廿四

原件存夏英岚处

【注释】

①标题为编者拟。

②菲利滨，通译菲律宾。

③仙，菲律宾货币单位名称。

争取最后胜利[①]

——致育才全体同志

肖生同志转全体同志、同学：

学校难关将渡，大家尚须齐心努力，争取最后胜利，以跃入创造之境。我们正在急水滩头挣扎，撑篙的、拉纤的、掌舵的都要随处留神，在扼要处着力，自能安达彼岸。余由文华同志面达。敬祝

康健！

衔

卅、十、十四

原件存夏英岚处

【注释】

①标题为编者拟。

推派代表到重庆见习[①]

——致育才戏剧组、文学组同学

戏剧组、文学组同学鉴：

你们的信，我是很高兴地收到了。我现在集中精神要取得平价米，并把中学部立案手续办成。我们的三个月的捐米被炸毁了。冬衣的布还没有着落。为着顾到学校的生存，只能满足你们一小部分的希望：戏剧组可推代表五人至八人，文学组三人，社会组三人来。详情由马先生转达。代表们要努力笔记，带回报告同学，俾不能来者可以得到益处。

戏剧组寄宿中苏协会，备膳一桌，不能超过八人。文、社二组寄宿文化工作委员会，膳食只解决六位，故每组只能派三人来。落选的同学，当然不能满意，但是我不能想出更好的方法。在努力创造中有你们的安慰。

陶行知

卅、十、十五

原件存夏英岚处

【注释】

①标题为编者拟。

每天译小诗一首[①]

——致吴树琴

琴姑[②]：

你十月十九日信收到了。我虽觉得不能得到你十分的了解，但是对于你这样为着职业学问而努力，我是非常钦佩。我愿意帮助你考虑这个问题，并且使他达到美满的境界。今天早晨五时，翻了一首《我决定》，抄来给你，请你让城[③]抄一份背熟。我想每天翻一首这样的小作品。我这次是用了全副力量使学校渡过难关，不久也会用全副力量帮助你建立你的事业和学问。你最好起草一个计划，我便依这个计划帮助你成功。

你的朋友丈夫

卅、十、廿一

原件存吴树琴处

【注释】

①标题为编者拟。

②琴姑，陶行知对夫人吴树琴的称谓。

③城，即陶城。

抄寄祝寿诗[①]

——致吴树琴

琴姑：

我的祝寿诗已于今日寄出，现抄上一阅，如蒙指正，尤所盼祷。

清清练江水[②]　翠翠黄山松

地灵人自杰　二老正还童

峨眉共登临　大江万里长

彩云烂漫处　亲朋合举觞

结就三生缘　异乡同为客
今夜蟠桃梦　千山不能隔
女淑因母教　儿佳系父严
一家齐种德　福寿自绵绵

我看你那首是比我的好，你觉得怎样？姚文采的女婿说：他的丈人的疮口已愈。令弟所传的消息是不确了。敬祝
康健！

衔
卅、十、廿四
原件存吴树琴处

【注释】

①标题为编者拟。
②练江，新安江支流，流经吴树琴家乡安徽休宁。

祝寿诗写得好[①]
——致吴树琴

琴姑：

你写的寿诗，好极了。老实说，我是写不出的。你这两年不知不觉地是在进步，这是可喜之至。念三日的信，今早才收到，不巧佑顺[②]昨晚就带着东西返碚了，否则请她带给你，不是今天就可以收到吗？

我们要留十来位小孩子在这里帮助灾童教养所创造儿童之家，现在就得去。再谈。

衔
卅、十、廿五

已有信两封（我一封，马先生一封）托苗久棚先生转，不知收到否。

原件存吴树琴处

【注释】

①标题为编者拟。
②佑顺，即朱佑顺，育才学校学生。

欢迎赵璧光[①]

——致马侣贤

肖生同志：

米粮今天接洽结果，非正式或可于最近得到一些。学校暂勿多买米。我们的客人大概星期六即可到校，准备鸡蛋、水果。各事，前开单请你注意者，务必于星期五办成，并请大家分头进行督导。

赵璧光先生十一月八日到校。他是三峡最有正义感及有力量的人，望予以盛大欢迎。

在渝见习同学之棉大衣及棉背心，派人带来，以便换还所借棉袄。十天之约不久快到了。我若有空，星期六早晨到校，倘走不开，诸事偏劳了。敬祝

康健！

衔

卅、十、卅

堃珩同志望努全力挽留之。

原件存夏英岚处

【注释】

①标题为编者拟。

有数事备忘[①]

——致马侣贤

肖生同志：

现在车站上要候一小时，想到数事，奉闻如下，尚希施行。

（一）顷看兼善中学办公处及兼善公寓一带分栽芭蕉，可爱可学。请即派同学（生产与自然组各一），持学校介绍信到张博和校长处请求指教，详细学习，回校即干。本校有芭蕉一株，迄今两年，仍旧是一株，曷胜浩叹。查芭蕉雨后即可分栽，六个月即长成。我们应该有一个芭蕉林。

（二）今天致赵璧光先生信，请其向县长及张敦廉主持各校一庙。倘有无知之徒强行搬入，即封闭前后门以拒，以迅速之手段、和平之态度强

理之。

（三）小山碉堡，请即动员兴工，限期完成。

（四）研究所中我之房门仍以上锁为妥，为要。

（五）四度创造（整洁在内）望与诸同志巡视、督促、指导，使毋懈怠。

（六）立大志，做大事，探讨大学问。

（七）幼年研究生请考核其进程，懈怠于此专题之研究者，除害病外，其生活上必有问题，就当注意。

（八）《战时教育》请宁远约稿即编，本期宜有十一月十二日之纪念及中山先生之故事。每期都应有一些关于抗战建国之材料。以前似有疏忽。

（九）一而再，再而三，三而四，教同学爱护新衣服，教师劝勉同学，同学互相劝勉，朝会晚会常常提醒大家抹桌面，抹桌边，抹板凳，洗头颈，小心坐行起卧。常常提醒他们在行动上爱护衣服，推而爱护一切。

（十）穿袜子的同学要教他们常剪脚趾甲，否则容易破坏。

（十一）点灯似有不必需的浪费，来不及考虑，请你们调查，使节约与学习兼顾。

（十二）常常看这封信，以推想其余。

衔

卅、十一、十一

原件存夏英岚处

【注释】

①标题为编者拟。

爱惜衣服便是爱惜国力①

——致育才驻渝见习团

驻渝见习团公鉴：

现在新大衣送来了。这是蒋夫人和保育会诸先生爱护你们，在经济万分困难之中为你们补充的。物价是一天天地高涨，这身大衣恐怕要穿过明年后年也难以再行补充。所以你们要十分爱惜这衣服，否则到了明年便要衣服褴褛了。我在校中和同学分析衣服所以脏的缘故和容易弄脏的地方，得到下列结论，帮助你们保持清洁：

（一）袖子脏，因为桌面不抹干净；

（二）胸前脏，因为桌边不抹干净，吃菜喝汤不小心；

（三）臀部脏，因为凳子不抹干净就坐，而且到处随便坐；

（四）领部脏，因为颈部不洗干净，有“人油”流出。

我们又分析衣服所以容易坏的缘故及容易坏的地方，也希望指出来：

（一）纽扣容易落，因为裁缝马虎，穿衣脱衣太用力；

（二）分叉处容易破，因为行动太猛；

（三）臀部容易破，因为屁股抹凳；

（四）一切容易破，小洞变大洞，小裂变鸿沟，因为不即刻缝补。

桌凳抹干拭净，颈常洗，行动从容，胆大心细，脱落裂缝立刻补，可以保证多穿一二年。这是国家的衣服，交给你们穿，即是交给你们代管。你们爱惜衣服，便是爱惜国力。这是每一个忠诚的国民应负的责任。敬祝你们康健，向成功之路迈进！

陶行知启

卅、十一、十二

复印件存华中师范大学教育学院

【注释】

①标题为编者拟。

值得学习的美德[①]

——致育才驻渝见习团

育才驻渝见习团公鉴：

你们送来所借之衣服，我一一检查，只有燕昭华所穿的可以还去。她这种美德是多么值得大家学习啊！其余的衣服都由张队长发还，望即夜重新整理，再送我处检查。注意之点如下：

（一）补衣所用之线色须与原线一致；

（二）补充之纽扣大小颜色须与原扣一致；

（三）破处及裂缝须完全补好；

（四）脏处再细心洗净；

（五）针线须用心依规矩缝；

（六）虱子须自行检查，如果染着了，须肃清，以免流传。

这是多么麻烦你们啊！凡此，为的要使我愿意再为你们服务，也是要使保育会和别的地方愿意再借东西给我们，更重要的是使不知名的，将来穿这衣服的小朋友，不致蒙过大的损失。大家想一想，假如你们的新大衣，未穿上身，校长遇了受冻的小孩，先借给他们穿几天，把它们弄得又脏又破，又黄黑和杂陈，蓝白线相接，你们作何感想？

陶行知启

卅、十一、十二

出自《行知书信集》，安徽人民出版社 1981 年版

【注释】

①标题为编者拟。

九事相告[①]

——致育才全体同志

肖生同志转全体同志鉴：

（一）三碉堡造在里面，依墙建筑，可以节省费用，并可取得联络，甚好，即请兼程进行，从速完成。若造在里面，请考虑是否两个即够，或四个更好。钟楼、鼓楼加上层土墙是否即可充碉堡之用？背面碉堡倘能在楼上加土墙或沙包是否即行？是否在善堂背面应该树一碉堡于中央，或左右各一？务希详细考量火力及经济而作最后之决定。全局要顾到对称、大小比例，使毋伤全校风景，而反能增其庄严。

（二）将图画组宿舍搬进校内，俾能照应周到。

（三）中心学校，坚持比邻互助，对一庙两校，婉辞坚决拒绝，一切待校董会作最后决定，倘有人指使强行搬入，一面闭门，一面飞报重庆，一面诉之舆论、法律。现在已找到帮的关系，倘张君在帮，即可顺利解决，倘不在帮，则帮方可予校以相当之维护，最少其力量不致与校冲突。现正在查问张君是否在帮或在那一个字之帮。你们倘有真知请派人告诉我。

（四）校中进行平价米，据吴俊升司长说，恐无希望。最近朝阳大学

已被行政院驳。现在堆积在部之呈文二百件皆无法送院。在部院未有更好办法之前，拟请粮食部批准官价购米（每市斗二十四元）。公函明日送去，刘秘书长说此事徐部长可以作主。这对学校不无小补。总之，现在不要在本地买米了。米袋有空的，可派人带若干来，以便应用。官价米或可在北碚取。袋子重庆要廿个才够。

（五）致见习生两信，有关基本习惯之养成，请张贴起来并在朝会宣读，请大家注意。

（六）向保育会借住宿地点，已去公函，并面陈一切，要等一星期才能有回信。

（七）坚决维持四度整洁。本届参政会期内或会后，必有华侨及其他朋友来校参观。但为的是培养习惯。

（八）为冬防起见，急需请冯先生派手枪队数人来校协助，但这几天他避寿，连鹿瑞伯[2]先生也问我，冯先生是否到了育才避寿，我说不知道。其实，大家都不知道他到哪里去了。瑞伯先生说，去年他是到舍下避寿的，我才明白去年昨日送菊花来的冯先生，是为着避寿而来硐堡。等他回来，我即刻向他商量。可否，再告。

（九）昨天托友人到经济部平价购销处买布六匹。他们说，布要等几天来。我想，六匹布是教师及工友都够用了吧？是否？望示知。敬祝

康健！

衔

卅、十一、十四

原件存夏英岚处

【注释】

①标题为编者拟。

②鹿瑞伯，即鹿钟麟。

校舍纠纷要依法解决[1]

——致育才全体同志

肖生同志转全体同志：

今日接到你交来的合川县政府教三字八三一号训令，即刻延请法律顾

问会商，签谓庙产非地方所有，住持僧所立契约有效，本校有整个民国的法律作后盾。县政府调解则可，调解失效，则欲变更现状者可诉诸法院。倘地方法院裁判不为被告所服，被告可上诉于重庆高等法院。县政府以命令代法律来强迫任何一方服从不合法之处分皆可上诉。倘有狐假虎威，以县令挟制本校，强行搬入，本校宜拒绝之。可婉辞告其稍待，本校校董会已有复电致袁县长，允将袁县长训令所提办法，提校董会商决，再行呈复，校董会未来函前，校中不能擅作主张。校董会须在参政会后才能开。芭蕉在林间讲座[②]、逸少斋[③]可酌栽，以御骄阳。敬祝

康健！

衔

卅、十一、十五

张董事长[④]及我致县长电，奉上一阅，监督庙产条例第六条，亦经抄上托廖先生带来，望读与僧晓书一听。翦先生及其夫人请善为照应，酒菜香烟宜丰，菜交王治平代弄。

原件存夏英岚处

【注释】

①标题为编者拟。

②林间讲座，指育才学校露天课堂，周围树木很多，故名。

③逸少斋，陶行知校长的住处兼会客室和招待所。

④张董事长，指育才学校董事长张一麐。

解决育才校舍纠纷的方针、方略及步骤[①]

——致育才全校同志

肖生同志及全校同志鉴：

顷自电报局归，接读十一月二十九日信及合川剪报一张，敬悉大略，为慰。此数日为解决校舍事，已完成布置。现略述如下：

（一）方针：坚持每校一庙尽力协助之原则。

（二）方略：柔以克刚，逸以待劳，谦以遇人。

（三）步骤：

甲、向省党部执委李琢仁先生说明纠纷经过，彼深赞成每校一庙原则，已于今夜十二时拍电致合川县党部书记长陈筠（季质）先生请其协

助。电稿奉上留存，另附上一介绍片，以备不虞之需。

乙、冯夫人介绍见施则凡先生，因候车误时未遇，复请冯先生再函施先生力主一校一庙。

丙、袁县长前曾面陈本校每校一庙互助合作之主张，已蒙其面许重视本校意见，容与陈书记长季质商谈，如各方无问题，可以收回成命。

丁、黄克强夫人致张敦廉君问候，通知其参观育才学校之时，欲与彼一谈。黄夫人拟来校过新年，月底到校，请将名片与信派人送与易仲伦乡长转交。倘张君不在草街子而又不即到，则请其派人送往合川。另加一名片留在校中，倘张君未接信而来校，即可将名片交彼，可以减少问题之严重。

戊、乡长易仲伦君为兵役署程署长之受训门生（据易君前次谈话），我今日面请程署长致彼一函，谅有相当效力。

已、主持调解人已请赵璧光先生担任，彼必尽心力而为之。

庚、从现在起，谨防门户，只开一门，以便出入，门前放哨，可疑即关门。警觉第一!

我们人事已尽。倘上列各步骤及时发生效力，则可大事化小，小事化无。戒多言。劝大家不要说刺激的话。

鹫岭寺常患小偷，速派木工助其修理，倘有别项需要，开始尽量协助。台球桌送一块大黑板去（我与赵先生参观时，见其四张高低不平之桌凑成球台，甚不合用）。

翦先生[②]请代我致深深的感谢，并致送旅费二百元。

冯先生[③]卫队，我恐其有碍他们自己的训练，已请其暂勿派来。

衔

卅、十二、一

原件存夏英岚处

【注释】

①标题为编者拟。

②翦先生，指翦伯赞。

③冯先生，指冯玉祥。

加紧促成官价购米[1]

——致马侣贤

肖生同志：

陶城的旧大衣、吴树琴先生翻的旧大衣、我做的短褂裤，不知做好否，请查明示复。倘已做好，陶城的请交碉堡，余可托人带渝。

校舍事，人力已尽，逸以待劳。现加紧找机会促成官价购米，并酌量加募捐款，以为教师增加薪金之准备。

校舍纠纷假使各方发生效力则是愈战愈强了。

衔

卅、十二、一

（黄宗汉先生来校事，事前不必给多人说。新年须准备欢迎节目）

醉霞、陶城处请酌垫一二百元。

原件存夏英岚处

【注释】

①标题为编者拟。

赞同由育才保管合川保育院的家具[1]

——致马侣贤

肖生同志：

合川保育院停办，其家具有拍卖及托育才保管消息。有人主张由育才保管，征求我的意见，我甚赞同。此事与育才将来扩展及招自费中学生至有关系，我已同意。倘运来，或有人前来接洽，请接纳为荷。河边设法借一地方暂为安顿。我有毡毯两张，请交一张与文华带来，另有猪毛毯一张，亦请一并交其带来为盼。

衔

卅、十二、廿七

原件存夏英岚处

【注释】

①标题为编者拟。

一九四二年

不得不动员一切朋友解决南洋接济断绝的困难[①]

——致陶晓光

晓光:

一月十五日来信收到，知你安好，甚慰。自太平洋战争爆发，南洋接济断绝，学校的经济基础，不得不动员一切朋友另谋办法。故目下难于离开渝市，前途渐见光明。

新年的时候，乘着雾市的陪都[②]，育才戏剧、绘画、音乐三组来渝见习，并举行画展、表演、演奏大会。画展是十一号开始的，十五日完。据各方的评论，成绩还不差。画展时另有一间专为育才之友字画展览。一方面让小朋友见见名人的字画，一方面以小朋友的作品请各界热心儿童创作的画家指教。这是此次画展的主要目的。画也卖了将近二千元，已够开销。

戏剧组在最短期中，排成五幕儿童剧《表》[③]，已在中国电影制片厂抗建堂献演。这次演出得到各方的帮忙很多，由抗建堂主办，宣传费由学校垫出，其他灯光布景、舞台等等由他们先垫费用，等到演完，各除两边费用，盈余的全捐助于育才儿童戏剧运动。《表》已演了四场，明夜是最后一场。为了希望对于学校的经济有些帮助，所以这次动员各方的朋友，努力推销荣誉券，已超过二万元。虽然不能达到大家所希望的最高目标，可是没有失败。这是可以告慰的。

音乐组目前在音乐指导委员会指导之下，准备着本月卅一日夜及二月一日夜的演奏。地点是在广播大楼，亦预备卖票的。这次演奏，一半节目是小朋友的，另一半节目是请了几位先生参加的。结果如何，再告。

近来你父亲，在敌人炸弹下的破屋中，找到了一所无人管理无人利用的大屋[④]，费了很多的查问，访到这屋的主人，并承屋主人的允许，租予居住，以我方修理费作为五年的租金，真是值得。这是你父的力量完成这一件胜利的战争。古圣寺的校舍，亦曾发生一次纠纷。地方上的一个士绅劣豪，借办中心小学名义，要占我们校舍的一部。这件事亦费了您父亲很多精力，结果才算和平解决。一点不错，他每日都是过着打战的生活，生活就是战争。他说，最近是在打经济战。数月来都是日夜地奔走，幸而精神尚健，身体虽较前清瘦。

我们已搬进这新修的房子。戏剧组亦住这里。方、程、俞⑤等各位先生都在这里，为了三组的事，大家都是很忙碌。

陶宏自己的意思，要在寒假离开学校，到成都大学跟周厚福先生多学习一些。但不知小孩子的力量可能挽留住。现在的自然组全是靠陶宏一人的力量维持，假使他走，对学校对小孩子都是一个大损失。

蜜桃这半年没有进学校，在家自修，预备寒假后投考。蜜桃一心想跳一级，我们不十分赞成。可是他的自信心很强。希望他这次成功。再告。祝

健康！

树琴代笔

卅一、一、十九夜

原件存陶晓光处

【注释】

①标题为编者拟。

②陪都，指重庆。

③《表》，鲁迅翻译的苏联作家班台莱耶夫的小说。后由董林肯改编为儿童剧，刘厚生导演，苏丹任舞台监督。

④即重庆管家巷28号，后为育才学校重庆办事处，亦即以后社会大学的校址。

⑤方、程、俞，指方与严、程今吾、俞文华。

继续努力创造光明前途①

——致马侣贤暨全体留校同志

肖生同志暨全体留校先生、同学公鉴：

这次绘画、戏剧两组的展览和公演的成绩，尚交代得过去，必须继续努力，才能够继续生长，创造光明的前途。公演“荣誉券”推销情形尚

佳，除开支与填空外，可余一万五六千元（加上二月份所收，可余二万元左右）。尚有券资未收回者，正在赶紧收回。附报告表一张，乞存查。

盐务局方面前请增加三千元，昨天丁先生来信，已遭否决。新的经济基础，尚在多方面进行中。

管家巷二十八号遭受敌机轰毁，残剩房屋，颓垣洞壁，挂枧吊瓦，残楼倾斜，瓦砾满地，状极危险！现在已修理得暂可居人，需要修理费在六千元之谱。但不能止步于此，必须有进一步之创造，决定继续创造成为儿童美术馆，期于本年儿童节开幕。

绘画组由万寿宫临时保育院迁来，音乐组由复兴关歇台子政治部抗敌歌咏团迁回，特修课即开始上课，普修课亦缓一两天可以照上。生活可以渐上轨道。音乐组原定一月三十一日、二月一日两晚演奏，后因导师关系，改期在二月十四五两晚。现正在积极筹备中。

自然、文学、社会三组，可以轮流来重庆作有计划之见习，一星期至两星期。俟各方接洽好再来信通知。若在二月二十日以前来则住万寿宫，生活难以安定。若在二十日后来，音乐组回校后，则可住管家巷 28 号，生活、学习皆便。戏剧组在重庆表显过成绩，应该展开戏剧运动，深入乡间。除在本校、北碚公演外，可以准备到合川公演一次。券资收入，合川方面除演出费开支外，可以一半资助中心小学，一半留作本校用途。

赵璧光先生已允负责调停。

寒假生活要有计划，人人过得愉快，而有蓬蓬勃勃的生气，有远大的目标、崇高的境界，人己交受其利，发挥更大效能。

敬祝

康健！

衔谨启

卅一、一、廿六

原件存夏英岚处

【注释】

①标题为编者拟。

六件事共商[①]

——致马侣贤

肖生同志：

这些日子偏劳你了。现有数事和你商量：

一、程惠华发了疯病，找到这里来，每天乘隙跑上街去演说、跳舞、晚上有时大哭，弄得大家不安，并时时刻刻要派人看守。比较利弊，只得把她送到乡下来。请在校中预备一间小房给她居住，要能与课堂、宿舍隔离，而又坚固能上锁者为佳。疯性不发时，可有人陪她散步。同时我已写信与其父，请他来接她回去，并写信与赈委会代她请点赈济费。这件事不得不麻烦你们，因为城里实在是没有设备可以管理她。竹房木板，她已突出数次。今早逃去，到现在还未找着。希望今日午前能把她找来。昨天找回，当晚又逃了。

二、回龙寺驻兵，我想是一种计谋。我们不管这些。他们自己放弃，要他们自己收回来。我们坚持各校一庙，丝毫不妥协，望你坚持到底。

三、文学组同学见习，定在旧历新年以后，可于二月二十一日以后来两星期。接着，俟文学组回校后，自然组来一两星期；自然组回校后，社会组来一两星期。现在大家集中精神争取音乐会之成功，故不能分心帮别组忙；故别组来渝，以音乐组回校后为宜。如此，食宿均甚便利，学习机会也较好。

四、请汪亦伦同志、朱凝冰同志来渝就职；其余亚生、风翔[②]二同志之职务，正在介绍。

五、驻渝见习团账目由宁远带来。

六、十二月份工作报告未收到。

一切费神。研究所及我私人由校垫款，请开单见示。

敬祝

康健！

衔

卅一、二、六

原件存夏英岚处

【注释】

①标题为编者拟。

②亚生、风翔，即张亚生、汪风翔。

育才学校是你们的第三家庭[①]

——致育才学校全体同学

全体同学鉴：

好久没有相见，挂念得很。现因邹先生[②]回校，托他带这封信给你们，并托他代达未尽之意。

听说有两位同学不久要转到别的学校去，这消息使我回想到去年关于同类问题我所发表的意见，并联想到别的同学也许在考虑同样的问题。我想乘这个机会说几句话，帮助大家作更适当之处理。

育才学校是你们的第三家庭。倘使有人觉得这个家庭生活不大适合，尽可以改换环境，或是转学，或是就业，我们决不阻挠，相反地，我们很愿意助成，俾能各得其所。离开学校的同学，不是脱离关系，寒暑假可以回家来团聚。因此，同学中如果有人感觉有就业或转学之必要时，希望坦白地告诉我们，我们必定愿意尽心力之所及，帮助各人达到他自己计划的前途。

文学组来信要到重庆见习，我们赞成。自然组、社会组也可以轮流来一二星期。轮流的先后，请三组师生合商解决。最好是在二十以后，俟音乐组回校再来。如此则有宽畅之寓所，食宿学习都更安适。敬祝
康健！

陶行知启

卅一、二、七

复印件存华中师范大学教育学院

【注释】

①标题为编者拟。

②邹先生，指邹绿芷。

互信、共信为创造之本[①]

——致马侣贤

肖生同志：

关于你介绍任职之同志之传说，我与竹因同志皆未有所闻，显系有人挑拨。此谣既非出于聘任者之口，幸勿置信，并慰诸同志安心尽职，以坚定共过患难、协力创造之志。你的经济困难，自是事实，正筹根本统盘解决。对于有家累之同志，自应从速订定办法，以资安心服务。为应急起见，可在晓庄研究所稿费项下，预支若干先行寄与府上。绿芷、竹因、宏及你，均暂以此办法权为接济。你选一小题而在你的工作范围写作，既与学习有益，复于教育界有助，亦两得之举。倘觉写作无暇或无兴趣，则亦不必匆匆交稿，或在所中兼一职务亦行。总之，是要解除经济苦闷，安心工作为要。专此奉达。敬祝

康健！

衔

卅一、三、二

互信、共信为创造之本，望勿为任何流言所伤。

原件存夏英岚处

【注释】

①标题为编者拟。

药品缺乏，请赐发若干[①]

——致赈济委员会

迳启者：

年来药品价高贵，深感药品缺乏，影响学生健康，不胜焦虑。金鸡纳霜与凡士林尤为急需，务希赐发上项药品若干，以宏救济，倘有别项药品，亦请酌发若干。如蒙允许，至为感奋。专此奉恳，伫盼复示。

此上

赈济委员会

私立育才学校校长　陶行知谨启

三一、三、九

复件存华中师范大学教育学院

【附录】

赈济委员会复函

私立育才学校：

准本年三月九日来函，以校中需要金鸡纳霜与凡士林药品，请发给若干以宏救济等情已悉。查凡士林本会现无存储，兹核拨二厘奎宁丸五百粒，即希派员持据来会（歌乐山向家湾）具领为荷。

赈济委员会（咨）渝卫

【注释】

①标题为编者拟。

谨防图书散失①

——致马侣贤

肖生同志：

（一）米袋请即派人送来，以便学生们于十七日买米三十七石二斗（市石）运回学校。保育院借给我们的袋子，也一同带来还他们。

（二）逸少斋的书，立即（即日）移存历史馆。请你和宁先生②督导办理。只在馆中阅览，不得借出。望嘱陶宏协同检查，加盖研究所图书馆章。街上发现育才书出卖。望注意。敬祝

康健！

衔

卅一、三、十一

原件存夏英岚处

【注释】

①标题为编者拟。

②宁先生，指宁振镛，育才学校图书馆管理员。

校中一切依据创造年计划向前迈进[①]

——致马侣贤、方与严

肖生、竹因同志：

一　音乐教师二位至三位，在音乐月过了就来。

二　戏剧组教师在《屈原》演出后轮流来；金山、王莹二先生在四月廿前可来，苏怡先生在碚服务可就近来。

三　自然组有一位教师正在接洽，拟于雾季见习团结束后，即去沙坪坝商量。

四　张履明先生仍须在此帮助一时期。

五　捐款收据簿已用完，请即送二本来。

六　募捐册急须应用，请悉数送来。

七　生活教育社接社会部[②]警告，要填报告单。所有关于生活教育社之名册、账目、单据、章程、备案文件，放在肖生房中白箱里及其他箱里，也在我房中卷宗里找找看。须立刻找，偕同五、六两项一同从速派人送来，限期半月已过，能于次日派妥人送下最好。

八　米袋破了宜事先补好，于米粮吃完前十日带下，以便运米。这次送来米袋，破者未补，甚觉困难。

九　现在研究所与学校之账已经算清，以后两机关垫款，除必要时外，愈少愈佳。学校来渝买物运粮，以开支票来取款为宜，以免我不在城时，难以接洽。

十　儿童美术馆今日筹得开办费八千元，经常费每月五百元，故除原有薪俸伙食外，可以经济独立。

十一　此后为请教师及筹款，拟再作一个月之集中努力完成之。

十二　立案事，于筹定二十万元基金时进行，此二十万必须于一个月内完成，迟则全校基础恐受动摇。

十三　校中一切拜托全体同志、同学，小心翼翼，依据创造年计划向前迈进。

十四　幼年研究生，每人一专题，不断努力，由近及远，终必有成，各人与我通信磋商。

十五　音乐组买得提琴一架，另加一副弦由国荃先生带来。

十六　徐荇同志拟自费在校研究，有心得时，讲与同学听，不拟担任定课。否则只好他去。〔他〕再三来信，我意可许其如此干。请与商量。

十七　谭堃珩电请汇旅费，已汇六百元去，今又来信说缓来，待查信。（下略）

衔

卅一、三、十七

原件存夏英岚处

【注释】

①标题为编者拟。

②社会部，指国民政府社会部，负责管理各人民团体和民间学术组织等事务。

校舍问题又起，只得起而应战[①]

——致马侣贤

肖生同志：

校舍问题又起波浪，我们只得起而应战。先着手打听新县长之社会关系，同时请沈专员、司徒美堂[②]诸位朋友赞助。望常来信报告。

生活教育社之简章、社员名册、单据、立案文件等等，望即在我的箱中及书架上取出，卷宗封套派人立即带渝，以便呈报社会部。育才捐册及收据，望一同送来。驻渝见习团账目业已结好，请你核对后，付考核部审查，江淑和及黄淑贞带上账目表七张、新华一二两月结单四张、分类账两本、单据四包，自一号至四三七号、存款收据四十四张，务乞检收示复。

晓庄研究所与育才之往来账，只就你所开来根据，整理出全貌，尚欠639.99元。但依研究所根据，稍有出入，将来清算。

驻渝雾季见习团共收捐款、公演券资、演奏券资、画展标价共计86 099元，见习团本身支出为66 765.94元。两相比较，结余一九三三三元六分。故雾季见习团本身收支可任其独立，单草一报告，不必与校中经常报告混合。望运用表中数目草一独立报告。当然有些科目不免夹杂，但依表二所列，不致大差。

赈委会二月份七千元已发，新行[③]全数扣作清还该行放款。

程惠华请得赈济费五百元，已收入本校账。请就近照护之，并使其生活改善。彼父将到渝领回，暂不必他移，嘱同学善为看护为要。衣被毋使缺乏，以免受冻。

衔

三一、三、十八

原件存夏英岚处

【注释】

①标题为编者拟。

②司徒美堂（1868—1955），旅美著名爱国华侨领袖，时被聘为华侨参政员。1949年后，任中国人民政治协商会议第一届、第二届全国委员会委员、华侨事务委员会委员等职。

③新行，新华银行的简称。

解决一庙之争，为打倒日本帝国主义让步合作[①]

——致马侣贤等

肖生、竹因、宁远同志：

关于校舍问题，我有以下的考虑。这问题摆在我心里几个月，现在想通了，可以画出正确的路线。也如同去年春天育才办不办的问题，在四月六日早晨想通之后，就一直支持到现在，而还有发展之可能。凡事要想通了才有力量。现在，后方的人往往为了一点小事，争意气，弄字眼，纠纷磨擦，消耗精神，把我们最大敌人——日本帝国主义——放在脑后。自从香港失守、新加坡沦陷、缅甸紧急，我们是要更加精诚团结以克服倍上加倍的艰难。大敌当前，凡属同胞，都应放弃蛮触之争，解放出全副力量，以打倒日本帝国主义。

一庙之争正是微乎其微的小事。为着要对大目的努更大之力，双方都应该让步，让到可以合作的地步。从前我们让到拨借六间屋，而张君敦廉还不肯承认本校之合法租佃而通融，这是他的过分处。如今他写了义借之信，我们还连善堂之绘画室也不肯让，仔细一想，这确是过分了。固然，我们是依合法的手续租了古圣寺和一部分善堂，在法律上，我们是站得住。但是假使没有育才学校之租佃，中心学校实际上是可以一举手之劳，而得到冠冕堂皇之校舍。实际上我们是多少给了中心学校一点阻碍。我们究竟是客人。虽然在主观上我们绝不愿喧宾夺主，但是客观上也实在给了夺地办学的朋友相当地不方便。我在去年九月二十七日对全体宣布的政策，检讨之下，还是正确的。只要真正于当地儿童有益，我们就让出整个学校，自己露天过活，也是甘心情愿。我们捧着一颗心来，不带半根草去。我们入川，几乎一无所有。就是这所古庙也是普学、通挂法师他们的徒弟和施主所造，我们虽然是出些租钱，但是几乎是坐享其成。让一点给本地的朋友和小朋友，也是应该的。晓庄是从四个帐篷办起，到三十个茅棚，那才是创造。山海工学团虽然办理了二十五里的普及教育和发动了全国的普及教育运动，却连一个茅棚也没有造，也没有堂皇的古庙给我们享受，那也是真正的创造。老实说，如果地方的朋友要整个的古圣寺，我们也丝毫不留恋地让给他们，这样我们再来住住帐篷，过过野人生活，则塞翁失马安知非福。我们自从中秋以后，走的是一庙一校之路线，这路线当然是正确的。假使本地的朋友没有成见和意气，那是可以行得通，而且是双方都好。但是人为情感所限，一时不能看清这路线之正确，势不能甘心情愿地接受。我们一定要用上层的力量和法律的手续来维持一庙一校，当然是可以，但是若不作适当的让步，则各走极端，必定费力、费时、费钱而或者要弄到两败俱伤，徒然牺牲了小孩及放松了大敌。因此善堂中之绘画室，我们决不参加诉讼，可以用调人之态度，商让与中心小学。如果他们还不够，可以再将高级班之课室让借与他们。方针如此，具体办法，静心会商定之。我也不要机械地提出。望大家灵活运用这方针而为两校造福。

楚材来信，教育部即有视学来，望善为招待。

师荒问题已解决：

（一）谭堃珩同志已允来，旅费已汇去。

（二）自然科学教师请到两位，一是潘新同志，江苏人，南开大学毕业；二是于宣力同志，湖北人，大同大学毕业。潘先生数日内即来。

（三）音乐指导委员会巫一舟、夏之秋二同志四月来，黎国荃同志轰炸期[②]来。

（四）戏剧指导委员会拟请苏怡先生先来。金山同志于《屈原》演毕后，大概四月中旬可来。吴晓邦先生夫妇亦拟来一时期。

（五）社会组杨先生决来，意林同志当有面告。

经费已枯，此地只余数千元，现拟用最大之努力于四月六日前，找二十位朋友，筹足二十万立案，十万度日，以纪念集体武训节。

戏剧组提出鞋的问题，很好。现在方针稍有变更，这便是以后提出之互助原则：对无父母亲友之同学，动员学校师生力量，尽先补助。音乐组之鞋袜等于化装，希望谅解。女生请发裙布，正在向保育会交涉，俟蒋夫人批准，便可。否则另想办法。有月病之女生，加发草纸两刀，由意林同志核发。敬祝

康健！

衔

卅一、三、廿二

原件存夏英岚处

【注释】

①标题为编者拟。

②轰炸期，指重庆雾日多，日机飞渝轰炸常在晴朗日子。

七件材料请即速检齐派人带下[1]

——致马侣贤

肖生同志：

（一）俞文华同志到合川买米去的时候，曾托他带了一个“新华银行育才学校提款账目修正表”给你，请你即刻在账上查明有哪几笔是提到校本部去用的，或是用校本部的支票提取由你登账的，并立刻将修正表上注明之后快送给我以便核算，重新结过再提考核部付审查。你来信无一字提起，事隔数日，亦无表来，想是文华忘交，现再抄一份，请你查明，注明哪一笔是由校本部支票提取应用者，即速派人偕同下列物件一并带渝为感。

（二）二周年之陈列图片，有美术照片、埃及美术明信片、各国小孩画片，以请检出慎包带来展览。

（三）生活教育社通信（即社报），特别是有理事、监事名单之一期带来。

（四）研究所中之《生教社丛书》全套、《儿童科学丛书》全套。

（五）《儿童节歌曲集》。

（六）前信所说各组展览品。

（七）晓庄研究所及生教社种种卷宗。

以上各件务请即速检齐派人带下。

倘宁远来，即望其早来。

沈专员有信来，已请王县长维护本校一庙一校方针。近日情形如何？

敬祝

康健！

衔

三一、三、廿六

怀毅事已电文彩。

蜡纸校买 1 200 元（每筒 160 元），曾嘱文华去大兴别墅取，但彼临行匆匆，未及带来，下次有人来再带。请告竹因同志。

原件存夏英岚处

【注释】

①标题为编者拟。

望介绍育才自然组参观兴业公司四日①

——致奚伦

东曙②学兄大鉴：

连日奉访未晤，至怅。敝校自然组同学六人今去兴业公司参观一次，觉有仔细考察必要，厂中执事谓须有总公司信方能照办。素仰吾兄提携后进不遗余力，务望转请贵公司赐一介绍函，许其参观四日，俾得较深了解。诸生不愿走马看花，立意甚善。如蒙曲予成全，至为感荷。

敬祝

康健

弟 陶行知

1924 年 3 月

复印件存华中师范大学教育学院

【注释】

①标题为编者拟。

②东曙，即奚伦，时任中国兴业公司总会计。

得到三万六千元之讨饭信[①]

——致某某

（四月六日写就即请马副校长送去）

（上略）：前为敝校经费事，两扰清神，至为抱歉。但为难童请命，情非得已，虽碰一百次钉子，亦甘心为之。昔山东武训以一乞丐而兴办三校，在杨进士门前跪求五天，卒得其赞助。倘兴学必须跪求而后成，则行知对此威武不屈之膝，亦丝毫无所爱惜也。第三次请款书已交□□□，请其提出，倘蒙玉成，则一言九鼎，全校感奋。专此奉恳，

敬祝

康健！

陶行知

卅一、四、六

复印件存华中师范大学教育学院

【注释】

①标题为陶行知自拟。本篇原载1942年育才学校的油印本《国语》教材。提供此稿复印件的是当时负责刻印《国语》教材油印本的育才学校自然组学生郭以实。

有六字共勉：友穷，迎难，创造[①]

——致陶晓光

晓光：

你的四月十二日的信于昨天收到。宏已于十六日动身去成都。想来此信到时，你们已见面了。达维没有信来，但推想是平安的。蜜桃在重庆唐家沱一所中学肄业高二下，该校卫生太不注意，常饮臭水。每学期收费九百余而荒唐如此，可为浩叹。你们的事我当助成，回来吧。

我今年三月十五日对大家说：我们有两位朋友，一是贫穷，二是患难。我们不但是在贫穷与患难中生活，而且整个教育理论都是它们扶养起来的。所以我有六个字供大家勉励：友穷，迎难，创造。一切为创造，创造为除苦。今年儿童节，我们是在这种精神中创造了儿童美术馆。在这一个月内，我立定决心要为学校筹足二十万基金，以备高中立案之用。近日

每天拜访两人，从容进行，还没有失望过。只要我们说清楚，社会是会了解而给我们帮助。祝你
特别保重身体并精神健康！

衔

卅一、四、十八

原件存陶晓光处

【注释】

①标题为编者拟。

每人应当有一套出客之衣[①]

——致马侣贤、方与严

肖生、竹因同志：

致各组的信请看一下，张贴起来，因为有些事不但是对一组说，而是对全校说。

保育会的布要怎样做成衣服，请与保育生切商。这大概是抗战期内所能得到最后的一批布，每人应有一套出客之衣，或是演奏，或是集体行动都必须用它。式样要好，而且保存得好。经济基础未立，化钱的建设可省则省。农具贵用不贵多，多买恐长浪费，望以应用为主。周子池[②]须有余款才可建亭。近日各处接洽，虽有希望，尚少兑现，用途仍以紧缩为是。盐务费所加款恐须到下月开始。

叶翼如君倘使国文好，可加延聘。敬祝
诲安。

衔

卅一、四、十九

得到三万六千元之讨饭信，可作国文教材。

原件存夏英岚处

【注释】

①标题为编者拟。

②周子池，育才学校门边的荷花池名。北宋哲学家周敦颐（1017—1073），世称周子。他写的《爱莲说》有“予独爱莲之出污泥而不染”句，故此陶行知将荷花池命名为周子池。

晓庄研究所预付款仍请育才代垫[①]

——致马侣贤、方与严

肖生、竹因同志：

接绿芷书，知道又发生了问题。现将他给我的信和复信一并奉上，俾能知道如何解决。晓庄研究所预付款仍请育才代垫。这两家账一时还未能断绝往来。李华[②]先生垫款每月以四百元为限。敬祝

康健！

衔

卅一、四、二十七

绿芷功课请与商定一合理之限度。

竹因信前提及绿芷稿费，我请其自己提议，他说每千字十五元，当即照办。译诗全稿 630 元已付 600，谅与口头保证无差。有何开罪，诚为不解。

致绿芷信请封好代为转致。

原件存夏英岚处

【注释】

①标题为编者拟。

②李华，时为晓庄研究所研究员，研究战时小单位炼钢等课题。

请给育才难童及乡友拨治皮肤病药品[①]

——致许世英

赈济委员会许代委员长赐鉴：

敝校难童学生及乡友患皮肤病，需凡士林、硫磺配制药膏医治。素仰贵会关怀难童健康，拟恳配发凡士林、硫磺若干，以便制药施诊而维健康。如蒙允准，毋任感激。专此奉恳，伫候复示。顺颂

公绥！

陶行知谨启

三十一、四、廿七

【附录】

赈济委员会复函

私立育才学校：

本年四月二十七日来函，以难童学生等患皮肤病恳酌发凡士林、硫磺若干，以便制药救济等由。查本会现存药品无多，兹核拨凡士林五磅、硫磺一磅，即希备具领据来会（歌乐山向家湾）具领为荷。

赈济委员会（马）渝卫

复印件存华中师范大学教育学院

【注释】

①标题为编者拟。

为程本海作证明[①]

为证明事：查程本海[②]同志系安徽绩溪人。当五四运动开始，即致力于国民革命，在上海青年中从事实际工作。至民国十二年组织绩溪学社。半年后，与胡梦华、许士麒诸同志联合上海之上大、中公、震旦；南京之东南、金陵；天津之南开；北京之北大、燕大、清华之徽籍青年同学，组织徽社，出版《徽音》月刊，号召全徽及皖南青年参加国民革命。北伐时，在上海南京一带作秘密工作，运动青年民众协助革命军，尤为勇于任事。民国十六年以后，加入乡村运动，努力基层工作，在农村中，以通俗方式，宣传三民主义。查其生平，对于徽州之政治文化，颇多贡献！尤其在青年中起有模范作用。因其服膺三民主义而身体力行，故受其影响而参加革命工作者甚众。在著述及实践两方面，均有独到之成绩。对于铨叙条例致力国民革命在二十年以上而有成绩之规定，甚为符合，特此证明。

1942年春

陶行知

原载台湾《艺文志》第152期

【注释】

①标题为编者拟。

②程本海，时在安徽省教育厅工作，这是他要求陶行知写的手写证明。

为育才学校向美国援华联合会申请援助[①]

——致罗格夫人

亲爱的罗格夫人[②]：

顷奉惠函两件，3月16日由基督教女青年会由成都转来。信中内容让我忆起多年前您与罗格教授访华期间我们一同度过的美好时光。衷心祝贺您到援助中国协会任职，并参与到美国援华联合会的光荣工作中。美国援华联合会对中国战时孤儿给予了物质和文化上的帮助，过去的三年里，我也有幸尽自己所能帮助了一些孤儿。我与耿丽淑[③]女士简短的谈话居然能传至千里之外的朋友，获悉此事，我不胜欣喜。您所言极是——“我们现在是并肩作战”。事实上，我们正向着一个共同的胜利而奋斗——打倒法西斯主义和希特勒主义，争取自由解放。战争旷日持久，而孩童正快速成长，谁能培养好这些孩童，谁就能赢得真正的胜利。“幼吾幼以及人之幼”是一种至高无上的行为。

遵您信中所嘱，下面我将按您提问的顺序回答您的问题：

1. 我们学校现有165名学生，其中十分之九是在战争中失去家园的难童。在这些难童中，超过半数也失去了父母，是真正的孤儿。而其他孩子就算没有失去父母，也无法得到父母的资助，要么因为他们的家庭财产已尽失，要么因为高昂的生活成本使他们的父母已经穷困潦倒。因此，这150名难童的所有生活费和学费都由学校承担。

2. 育才学校于1939年秋天成立，当时每月的预算为3 000元[④]。此预算连年增长，到现在已涨至每月40 000元。然而，随着同期生活成本的大幅上涨，我们这笔预算仍显不足。

1942年上半年前5个月的每月平均拨款

①行政管理费用	1 500元
②职工薪酬和伙食	8 000元
③住房费用	2 000元
④难童伙食	18 000元
⑤衣物	3 000元
⑥医疗费用	1 000元

⑦设备	2 000 元
⑧照明和燃料	1 000 元
⑨印刷费和书本费	1 500 元
⑩其他杂费	1 500 元
总计	39 500 元

3. 我校学生的总开销是每人每月 240 元，其中包括医疗费用、衣物和学费在内。仅伙食一项，每人每月需要约 120 元，而这个数字还在不断增长中。

4. 我校学生在校享受活动、劳作、学习的机会。活动项目包括篮球、排球、体操、乒乓球、象棋等；劳作项目包括打扫宿舍和教室以及其他室内活动。除此以外，每个学生还会获得面积为十分之一亩的一块地，可以用来种植蔬菜供集体食用，但其收成只有一部分可供个人支配。至于学习，学生则花三分之二的时间学习普修课程，三分之一的时间学习符合自己特殊兴趣和才能的特修课程。我校全年不休，因此我们的学生能和其他学校的学生一样同步成长，也能在特修课程方面打好坚实的基础。

5. 我校普修课程依照教育部制定的中小学课程标准设置，特修课程则包括音乐、戏剧、绘画、文学、自然科学和社会科学等选修课。之后下一届新生入学时，我们还会增添农艺和机械工艺两门课。每个学生只要在某一方面表现出了一些特殊才能，就能自由选取该门课程进修。

6. 我校现有 26 名教师，每一门特修课程配备两门专家作为指导教师，其他教师均为普修课教师。教师中三分之二是大学毕业生或留学回国的高材生，所有教师都接受过培训。我们没有像专门的培训学校，但我们的研究所[⑤]召集教师集中探讨问题、阅读书籍、定期开会或外出考察等，实际等同于一个在职教师培训中心。

7. 我们目前每月有 20 000 元可用资金，其中 8 500 元来自中央赈济委员会的拨款，目前还需筹资约 20 000 元。

8. 我们计划将在册学生人数提高至 400 人，并希望招收更多的难童。为了保证学生和教师的营养，我们请求您向美国援华联合会提出申请，每个月拨给我们 2 000 美元，或者一年拨给我们 24 000 美元，帮助我们实施新计划。这笔款项中 15 000 元将用于伙食费，5 000 元将用于增聘技术人才，4 000 元将用于添置设备和改善医疗服务。

为了让您更好地了解育才学校，下面我向您讲述几个有关育才学校成立的故事。“托马斯·阿尔瓦·爱迪生的童年以及他母亲南希·爱迪生对儿子的理解和关爱，让我产生了创办育才学校的极大动力。大家都知道，爱迪生小时候喜欢拨弄化学药品。思想古板的老师对他非常不满，因此爱迪生入学三个月后就被学校开除了。爱迪生的母亲更了解儿子，同意让他在地下室继续实验，并在家亲自教他历史和地理。正是在慈母的关爱和自己天赋的驱动下，爱迪生最终为科学事业和人类幸福做出了巨大贡献。这个故事中有两点让我印象颇深：有科学天赋的孩子要尽早培养，而教他们的教师则应该多向爱迪生的母亲学习。”这个故事是促使我创办育才学校的五大力量之一。为了避免篇幅过长，我就只讲这一个故事，剩下的故事我以后找机会讲给您听。您的来信给了我极大的宽慰，因为我现在大部分时间都用于一种另类的运动中——与上涨的粮食价格赛跑，我必须筹集足够的资金，才能保证我和我的同事能全心投入到真正的难童教育事业中去。

对您的倾力相助，我们深表感谢。静候佳音，恳请函复为盼！请代我向罗格教授和耿丽淑女士致以问候！

您的朋友

陶行知

1942 年 6—7 月

复印件存华中师范大学教育学院

【注释】

①标题为编者拟。该文原为英文，原信收录于英文卷，译文由杜小双翻译。

②罗格夫人，美国援华联合会的友人。

③耿丽淑（原名塔利塞·格拉克，Talitha Gerlach，1896—1995），美国人，曾为中国人民的进步事业做出了巨大贡献，被中国人民对外友好协会称为“中国人民友好使者”。

④此处指中国民国法币。下同。

⑤即晓庄研究所。

人才幼苗培养的六字诀和十字诀[①]

——致赵冕

赵冕[②]吾弟：

一礼拜前接到你五月八日的信，由子钦先生转来，知道你在万里之外，还是关怀我们的事业。我希望你答复 Mrs. Gordon 和 M. Tiffanny 的信能发生效力。当我接到你的信的时候，好像是在沙漠中旅行忽然遇见了水草，又好像是去年稻花开前，久不下雨，大家都为年成焦急，忽然甘霖来到，果得丰收。你这封信到时，是给了我和我的同事一个非常的鼓励。我们当然是有钱干，无钱也干。但是，我们所愿意干的是真正的教育，而不愿干的是把时间浪费在筹款上。美国的朋友确有力量解放我的时间，使我能把全部精神放在人才幼苗之培养上。前些日子 Rugg 夫人[③]曾来一信，询问敝校情形，我将复信底稿奉上一份，望你将信中要点摘给铁夫人一看。我们的小孩是有造就的，多数是努力的。我们还有二个新办法：幼年研究生，高小及初中毕业论文。幼年研究生有廿七名，每人有一中心问题，不断收集资料，加以分析，得出结论。有一位[④]研究我们古圣寺之历史，在和尚坟墓、账簿、年谱及地上挖出的残碑中得到古圣寺之前寺是比沙士披亚[⑤]小三岁。同时他研究苏德战争[⑥]，已成廿万字。他们产生了四个剧本，廿七支曲，研究报告十余种。半年前发动自制仪器，现已完成卅余件，以后要朝着这方向努力。

我们幼年研究生有六字诀：一，疑，集，钻，剖，韧。全校有十字诀：一个大脑，二只壮手，三圈连环，四把锁匙，五路探讨，六组学习，七（集）体创造，八十一难，九（久）已闻名，十（誓）必克服[⑦]。（一 Unifying，疑 Doubting，集 Collecting，钻 Penetrating，剖 An-alysing，韧 Never Compromising；One great brain，Two strong hands，Three vital rings，Four cultural keys，Five roads to wisdom，Six lines of learning，Seven day's of creative life，Eight times，Nine difficulties，Tenth power of strength to overcome them）[⑧]。三圈连环：圈子是虚心，代表学习；不断，代表工作；团结，代表战胜。三圈：一指全学校一体；二指全国一体；三指全世界一体。四把文化锁匙，即国文、外国语、数学、治学治事方法论。五路探讨，指（1）体验，（2）观察，（3）看书，（4）谈论，（5）思考。六组学习指本校组织。望你约略把这意思告诉有关系的朋友。

敬祝
康健!

衔
抗战五周年纪念日七、七
原件存吴树琴处

【注释】

①标题为编者拟。此信总结推广了幼年研究生所研究出的一整套自学方法。

②赵冕，原南京高等师范教育科学生，毕业后主要从事民众教育，时在美国。

③Rugg 夫人，即美国教育家罗格（Rugg）的夫人。

④这位幼年研究生是朱振华，当时只有 12 岁。

⑤沙士披亚，通译莎士比亚（1564—1616）。

⑥苏德战争，即第二次世界大战中，苏联反对德国法西斯侵略的战争。

⑦在陶行知自编的《育才学校》一书（教育书店 1951 年 4 月版）《育才十字诀》一文中，后三句作："八位顾问，九九难关，十（誓）必克服。"（《育才十字诀》）

⑧在陶行知英文原著《育才学校英文手册》（*The Guilding Principles of Yu Tsai School*）中，第三句起作：3. Three Circles; 4. Four Keys to Cultural Treasures; 5. Five Roads to Truth; 6. Six Groups of Studies; 7. Seven Days of Collective, Creative Living; 8. Eight Advisers; 9. Nine Times Nine Difficulties; 10. Tenth Power of Strength with a Pure Heart to Win the Battle of Life.

"不愤不启，不悱不发"①
——致陶宏

宏：

你给育才三周年纪念的礼物——《伽利略话剧》《太阳系之起源》《蛋白质的营养》——我都看过了。（英文《伽利略话剧》我已改好，交叶宏材抄；三周纪念太忙未演，拟暑期演。）此外还有你给自然组的公信十一封（自四月八日至七月十四日）和给自然组同学的私人信十一封，我都仔细地读过了。还有魏雨田、谢士柜②二人因为请假去投考，未曾把信交来。听说你还给过别组同学信，我也想去要来一看。我之所以想看这些，有下列几种动机：

（一）我很敬佩一个教师，连离开了学校，还是诲人不倦。

（二）我很想知道你给学生们的忠告的内容。

（三）我很想知道你自己的进步如何。

（四）我很想知道学生对于你的来信是否爱护保存。

看看这些信及三篇文章，我的感想如下：

（一）你给我们的礼物——精神食粮——是最丰富了。

（二）你这样教导学生，态度和内容都很好，值得做教师的参考。但是对于孔子那“不愤不启，不悱不发”的道理也宜注意酌量采用。这个你到后来是接受了。

（三）你这样努力，怕是向“健康银行”透支了过分的法币。

（四）你的信可以出一个小集，文章可以发表。

为了要攀上真理的最高峰，为了要作最多数、最有效、最永久的服务，我向你提出如下的劝告：

（一）健康第一。

（二）从容工作、学习为原则，紧张突击为例外。

（三）预防疲劳之休息。拿休息来预防疲劳，重于拿休息来治疗疲劳。我们肺弱，你必须特别小心，对于元气宜多储蓄，对于健康切勿透支。

学校已下决心要创造健康的堡垒，立了廿九条卫生守则以代替十分之九的医生。我们发现霞[3]有这个特长，便聘她为健康科主任率领卫生干事，医务助理员，并动员全体师生、工友，加强组织、训练、设备，以防疾病于未然。

晓光于七月中旬飞渝，业已见面。现被派到新疆伊宁（宁远）去做修理工作，半年可返。伊宁系汉代月氏被匈奴所逐而移居之地。元代察合台汗国之西界。他得了这个差使，渡天山而西，觉得高兴得很。（地址是伊宁，爱林巴克街又新公司。）等他到后写信来，我们再和他通信。

潘先生对自然组少数同学相处不甚相得。魏雨田有骂师消息，尚未处分。潘先生表示下期愿教课，不管生活。

杰儿[4]甚佳，黑[5]亦好，请放心。霞需款用已嘱向我要，不必催你寄。

吴先生[6]已找到一事，在北温泉新亚药厂，月薪加伙食可抵参政公费[7]，生活仍无忧。

学校已将所有的钱，连吃饭的都动员来履行立案手续。这手续已进行。

城[8]正准备考学校。刚[9]已汇旅费，托瑞符带他来川。顺颂夏安！

衔

卅一、八、一

原件存陶晓光处

【注释】

①标题为编者拟。

②魏雨田、谢士柜，均为育才学校学生。

③霞，指王醉霞，陶宏之妻。

④杰儿，即戴邦杰（戴伯韬）儿子戴晓林。

⑤黑，即陶宏的女儿小黑。

⑥吴先生，指吴树琴。

⑦参政公费，即参政员办公费。

⑧城，指陶城。

⑨刚，指陶刚。

有关单据请带来[①]

——致马侣贤

肖生同志：

（一）将我房里竹箱内之账簿，育才、研究所、生教社三机关者一并带来。单据只带育才者，余照原存竹箱中，以免有误。开竹箱之锁匙，今附在信封里，请慎为保存，到校后赐还。

（二）吴先生要寄的书是放在竹篓里。

衔

卅一、八、十

原件存夏英岚处

【注释】

①标题为编者拟。

有两要函请去接洽[1]

——致马侣贤

肖生同志：

有两要函请即亲去接洽。

（一）庄怡生、张木森先生曾允对校捐款，并已对校捐水彩颜料。报告校中新事，如每天四问，十二要，创造健康堡垒，科学环境，三周展览，并问他到管家巷有何见教，最后说到捐款。倘使他问要多少，学校需要四十万，只得二十万，或请他们作主。您可说五万、十万。倘使他们说已决定数目，就不必再说，而代表致谢。最好交款与你或新行，听便。

身份证您自己也可写一张，来往便当些。

（二）李定宇先生函，在投卢作孚先生信时，顺便投去。其人甚好。

（三）宁远已到。致同学信托你宣读，鼓励他们把内部生活过得好，使旭东[2]可以多腾时间来对外。代表我说深信每一位同学都能依照每天四问、十二要公约进修，没有先生在时生活过得更好。（有力气打架的，俟煤炭到时或买米时，先打人者每一次加两倍挑，故学校以打架测验力气之剩余，以定劳作，也可讨论，是否可作公约之一。）敬祝

康健。

衔

三一、八、十一

陈真如[3]先生住南岸龙门浩堆窝井阁公馆（即皇经庙十号静庐），在望龙门过江，请派李泽霖同学去带回信来。倘不在家，将信留在陈公馆，陈双玉先生信同时送。

原件存夏英岚处

【注释】

①标题为编者拟。

②旭东，即范旭东。

③陈真如，即陈铭枢。

公朴先生为我们筹了五千元[①]

——致吴树琴

琴姑：

前天下午晚饭后，你未来，我身上无衣换，难过极了。即与方龚先生同船到白沙沱，上岸走到古圣寺，洗一个澡，换了破衣，爽快哉！昨天公朴先生来信，为我们筹了五千元，可见千里之外尚有人记着我们的。一年以来，以为他们忘了，而事竟不然。昨天小孩们发现一大群含羞草，可喜！当善为保种栽培。明天有人赴碚，星期六也有，卢太太[②]的文件何时还？敬祝

健康！

衔

三一、八、廿六

原件存吴树琴处

【注释】

①标题为编者拟。

②卢太太，指卢子英夫人邓少琴。

逸少斋成了植物陈列馆[①]

——致吴树琴

琴姑：

我的伤风是完全好了，请放心。你的身体，要特别保重。倘使工作太紧张，就请换个轻的工作。

颜尧明君所要的介绍信，请转交。结晶体一小瓶，请检收。我星期日来泉看你，星期一赴渝。倘使得便，深愿在你所希望的事上努一点力，尽一分责任。

银杏的效力已经分别试了四次。今天弄了一张床来亲自试验。昨天点着的两只臭虫，十五分钟后复活了。但是浸了一天一夜的臭虫，经过一夜未能复活。

逸少斋成了植物陈列馆，真是琳琅满目。今天加出壁报，想来必很

热闹。

晚上有荷叶舞，可惜你不在这里。梅仙是一位勇敢的小姐吧。祝你康健！

衙

卅一、九、四

城仍未回，不知何故。

原件存吴树琴处

【注释】

①标题为编者拟。

书信报平安[①]

——致吴树琴

琴：

我今早到北碚，在卢太太[②]处找到特约证由小孩一人持证代我买票，我还吃了一碗面，再于七时卅分开车，十一时抵渝，在“茜茜”吃稀饭、煎包，即到新华银行汇款。

上海国家银行存款及保险箱，纯粹私人者可以提出。这事要托人在沪提出，交上海新华银行孙瑞璜先生活存入梅庆记户即可汇来。

恒智[③]的书，俟到管家巷即办。专报平安。

敬祝

康健！

衙

卅一、九、七

原件存吴树琴处

【注释】

①标题为编者拟。

②卢太太，指卢子英的夫人，即邓少琴。

③恒智，吴树琴之弟，即吴恒智。

寄书费我已付还学校[①]

——致吴树琴

琴姑：

淑蕙[②]病已好，据说很瘦。

恒智书两包，已于八月廿四日由伍必端到总局包裹处寄出，寄费＄33.70，已由我付还学校。包裹号数写不清楚，大概是9777，我想是9777号，留在皮包中隔，以免遗失。

敬祝

康健！

衔

卅一、九、八

原件存吴树琴处

【注释】

①标题为编者拟。

②淑蕙，吴树琴的堂妹。

为购书寄书事[①]

——致吴树琴

琴姑：

接十号信，知道你病未愈，十分挂念。每天两鸡蛋，当遵嘱不断地吃。

Piaggo：*Differential Equation*[②]业已买着，书价58元，我以50元得之。《定量化学分析》卖掉了，走遍米亭子，无处买，大概英文本是没有希望了。后来看到孙锡洪先生写的定量分析，多少会于恒智[③]有益，一起包起来，刚才托伍必端[④]寄，倘使不误钟点，今天可以拿回条来。《德文入门》为你买了一本，36元，倒不贵。

昨晚集中甘烈君、张旭东[⑤]、吴淑蕙、吴梅仙[⑥]和我自己的力量，把向美国援华会艾德敷[⑦]先生请款的文件写好，今日又写了几封信托人推动。倘使这事成功，我的担子就轻了。我希望本星期六能回来，但陶城这孩子全无计划，总要等他来了才能走。梅仙学会计住在28号[⑧]。

衔

三一、九、九

原件存吴树琴处

【注释】

①标题为编者拟。

②Piaggo：*Differential Equation*，指Piaggo所著《微分方程》。

③恒智，即吴恒智，吴树琴的弟弟。

④伍必端，著名版画家，时为育才学校学生。

⑤甘烈君、张旭东，时为育才学校学生。

⑥吴淑蕙、吴梅仙，均是吴树琴的妹妹。

⑦艾德敷，美国援华联合会驻华主任。

⑧指重庆管家巷28号。

发烧两天，自医而愈[①]

——致吴树琴

琴姑：

你去后，我就发热，睡在床上两天。我用金鸡纳[②]自己治，再加上你给我的泻药，居然也治好了。泻出来的只是黄水，前天十几次，昨天减至五次，今天就好了。可是疲倦得很，还是睡了大半天。李品仙今晚请客，我想去会几位安徽朋友，因此带这信去寄。明天双十节，我不能来，望你好好地休息两天。

祝你

健康！

衔

卅一、十、九

宏来信，他所要的*Applied Physiology*[③]是在你那里吗？如果是，请寄给他。

原件存吴树琴处

【注释】

①标题为编者拟。

②金鸡纳，金鸡纳霜，音译奎宁，医治疟疾特效药。

③*Applied Physiology*，中文名称为《应用生理学》。

病未愈工作不可太紧张[①]

——致吴树琴

琴姑：

昨上一函，谅今日可以收到。昨夜自广东酒家归来，得读你于七日写的信，承你给我菜单，照应周到，最为感激，我当照行。前晚买到麦麸饼干一磅16元，炒米一包六元，可充早食，再加鸡蛋，营养可达标准。餙馐卤肉铺因肝贵至22元，人吃不起，已不卖卤肝了。今日开始抄《文选》，淑蕙、梅仙均在帮忙。我想在一个月内选好300篇，每篇500字，约十五万字，可作两部八本之用。然后筹备到成都买旧书，参观华西博物馆、灌县李二郎坝[②]，再回来过年。去成都前要先来看你，一二星期内配着星期六，我当来碚。

你的病完全好了吧？高凳做了没有？工作切不可太紧张，更不可不涵养一种海阔天空的境界。我病已愈，好像又有精神了。你的弟弟来信，被我误拆，谅不见怪。现急附上，以解决算学难题之态度处之。吃饭、睡觉、散步时不想家中事，如我不想校事。力所能为者，尽力为之。力所不能为者，修身所待之。智弟之事，尽力助其成。

李先生今早约吃早茶，已付与1 500元，淑蕙少300元，我暂为代垫。

祝您

健康！

衔

卅一、十、十

原件存吴树琴处

【注释】

①标题为编者拟。

②灌县李二郎坝，著名的都江堰水利工程，系二千多年前李冰父子带领民工所修。

学校困难已达最高峰[①]

——致吴树琴

琴姑：

治平送来猪油、猪肝都已收到，甚为合口。唯肉松未到，可见托人带物之难。

碉堡不能出借，系因事实。那是我们的一个交通点，每次来人，楼上下都住满，雾季尤甚。

我十六日到北泉来看您，您会请我吃一餐好晚饭，以慰劳风尘之人吧？

三妹[②]、梅仙都给了我不少帮助，谢谢姊姊。

学校困难已达最高峰，我昨天做了十天事，集中一切母亲爱护小孩之力量来保卫他。祝您

健康！

衔

卅一、十、十五

雨衣、衬绒袍遵嘱送上。我将看见一位比前健康之太太，多么快乐啊！

原件存吴树琴处

【注释】

①标题为编者拟。

②三妹，指吴树琴堂妹吴淑蕙。

菜包红苕作早餐[①]

——致吴树琴

琴姑：

今早汽车尚空，到后三刻钟始开。到青木关始买两只菜包、两个红苕作早餐。十一时抵渝，即驰往交通银行会张仲老、杨德昭[②]二先生。定下星期三下午二时开董事会。十二时在新行午餐。三时在管家巷二十八号会客。进房见有您的家书，急托梅仙代你寄。我倦极要睡了。肉松已取来。祝健！

衔
卅一、十、廿三
原件存吴树琴处

【注释】

①标题为编者拟。

②张仲老，指育才学校董事长张一麐，杨德昭为育才学校董事。

衬绒袍消毒再穿[①]

——致吴树琴

琴姑：

明早黄校长返校，特托其将你的羊毛衣送还，务希检收，并且穿起来，以免受冻。我已将箱内的毛衫穿上矣。

海峰[②]精神没有从前好，想是思家所致。我何幸而家在近边，否则也要影响精神。明午海峰请三妹、梅仙缝被，并请我午餐，他预备栗子烧肉请客。倘使你在这里，那是多么好啊！

醉霞已就沙坪坝职，与邵仲同事。小黑也跟去了。

今天拜会冯先生未遇。后来拜会黄克强夫人[③]，她正和另一人在房中念佛，门上写着：

“佛堂修法，诸君止步。”

我只好坐在二房等，听她们念得虔敬，并有抑扬顿挫。听了半小时，没有停意，我只好不做声地走了。

华侨李先生今天南下，昨天来辞行，他说三个月返。三妹这几天没有来，你所要的布还要等明天再问她。

鱼肝油明天开始吃，请你放心。

这几天好冷，大衣已穿上身了。

三妹生疮，不知从哪儿传来，怕是问我们要硫磺膏的小朋友传给她的吧？如今梅仙说，她也有发疮的样子。她说怕是三妹传给她的。她叫你把衬绒袍消毒再穿，免得再染。她疑心是从借衣上染来的。我想省点事，把领子、纽扣、袖口用点火酒[④]拭拭就行了。你以为如何？敬祝康健！并望十一月十日之来到，我准备前一二日来泉。

衙

卅一、十、廿四

原件存吴树琴处

【注释】

①标题为编者拟。

②海峰，即程海峰，吴树琴堂姐夫。

③黄克强夫人，即徐宗汉。

④火酒，即酒精。

得了四位新朋友[①]

——致吴树琴

琴姑：

你所要之印大司林布[②]，三妹放在合川韵桃处。日内她写信去要，可以给你四尺。倘社会部借得购券，每尺十四元可买，比外面便宜一倍，俟券到即买。

醉已到沙坪坝就职，昨日来取行李，说小黑身体不适，恐其中麻[③]，劝其即去。(陈妈之孩中麻，黑系传染。)

海峰说下次做肉松，托你代做一二斤。牛肉松可以一试。此次肉松甚佳，我已消了三之一。

近日努力物色新友，赞助育才发展，今午在冯先生处午餐，得了四位新朋友，一致表示赞助。敬祝

康健！

衙

卅一、十、二十六

原件存吴树琴处

【注释】

①标题为编者拟。

②印大司林布，即用阴丹士林（德文染料的中译音）染料所染成的蓝布。

③中麻，指传染上麻疹。

育才扩充实验计划获通过[①]

——致陶宏

宏：

育才扩充实验计划，已由校董会通过。重庆方面已发动。成都方面请你研究进行，先找来源，有须我写信者，请开名单来。

《固体醇》[②]因商务[③]不能排斜线，锌板又太贵，又遭退回。这是已接受而因技术不足，不得已而退回。我昨天又想到一法，用石印出版，待再去与商务一商。

你的来信又抄了十余封由我带来，今日再交去书局一阅。

胖儿有亲笔信来，甚为高兴。*Applied Physiology*[④]已找着，当即寄来。你处带有张子高《科学发达史》，望即寄下为盼。祝你康健！

衔

卅一、十、卅一

1942年10月31日写

复印件存华中师范大学教育学院

【注释】

①标题为编者拟。

②《固体醇》，陶宏所译书稿。

③“商务”，即商务印书馆。

④英文书名，即《实用生理学》。

多谢你为我的生日这样关心[①]

——致吴树琴

琴姑：

前日转上令弟的信，大概已经收到了吧？今日接到十一月三日的信，高兴得很，多谢你为我的生日这样关心，那是我母亲去世后，就没有受过这样的恩宠了。你说得很对，时离时合的生活是有意思的。我近日思你甚切，大概是会提前来泉，你至迟是星期日早车必到。如果下雨，你不要来；伤风未愈，也不要来。过生日不限定吃得太好，只须我你在一块儿就够幸福了。

衔

卅一、十一、五

原件存吴树琴处

【注释】

①标题为编者拟。

昨天到碚以后[①]

——致吴树琴

琴姑：

昨天到碚时正是一时三刻，恰好赶上登记买票，人很少，沿途上车者却甚多。到碚时曾嘱陈文德工友去碉堡拿一把藤椅交温泉黄校长转交给你，同时把碉堡锁匙交给你。你收到了么？请来信告知。鱼肝油你吃吧，我这里尽够了。到后吃了一碗牛肉面，到管家巷已七时矣。被都由陈嫂洗得干净。今天理了一天的信，下午二时应中苏文化协会孙科会长之约去赴邵大使[②]欢迎会。邵大使讲得很好。下次详细告诉你。多保重，晚上咳时，坐起来，倦时再睡。敬祝

康健！

衔

卅一、十一、十五

校中已汇去一万，尚余一万存行，大家暂可放心了。

原件存吴树琴处

【注释】

①标题为编者拟。

②邵大使，指邵力子，时任驻苏大使。

已筹得一月之款[①]

——致吴树琴

琴姑：

接信知道藤椅、锁匙皆已送到，甚慰。你能运用这把椅作疲劳后之休息，我听这消息，很是高兴。你的道谢，我也接受，因为我知道你是需要这样的设备。

三桃已于昨晚到渝。他咳得厉害，我已买了一瓶白松糖浆给他吃，每瓶35元。我的咳业已痊愈，望你放心。

黄校长介绍信已经送去，谈了一个多钟头，承她慨允赞助，月底可以实现，用于仪器之添置。

来后已筹得一月之款，可以不致喘气了。敬祝

康健！

衔

卅一、十一、廿一

鱼肝油丸每天照你的意思吃了。

原件存吴树琴处

【注释】

①标题为编者拟。

如何能把青春留住[①]

——致吴树琴

琴姑：

望你的信，如饥如渴。前天得到二十六日来信，高兴得很，更高兴的是我托人用简便方法寄给你的德文书也投到了。同时也寄了《工程力学》给宏，不知他收到没有？两共只化了二元多钱。

三桃和我的咳嗽都好了。淑蕙害疟疾，昨晚到海峰处拿了十二粒奎宁丸给她。今天叫陈嫂弄了两个鸡蛋给她吃。

我十号左右将偕司徒美堂先生来。已经开始思念你，不久我们将有甜蜜的会见。

热水瓶想在北碚买一个送你。若在渝买，路上怕要打破。

刚才看了丰子恺先生的画展，午后带小孩们再去看，明日十时请他来演讲。

皮鞋油，托梅仙去问过。令兄说，油是一打一打地放好在一包一包里，不好拆开。我将去问他一包要多少钱。

胡佩珍的信，日内送去不误。

马肖生侍奉老母带着小孩来了，明早乘船到校。

今早开口了，在青年会讲了一小时。他们新会所将落成，我写了一首《长青不老歌》送他们，他们似乎很欢喜。现在写给你，愿你也长青不老：

博爱存心，和光映面，
不惑不忧，不惧不恋。
学而不厌，诲人不倦，
服务第一，手不释卷。
思想青春，何可不变，
愿师少年，站在前线。

这首诗是本月廿八日写成的，全篇只有一个意思：如何把青春留住。反面的说明，更为清楚。恨则易老，怒则易老，惑则易老，忧则易老，惧则易老，恋则易老，厌学则易老，教倦则易老，没有工作称心则易老，不看有益之书则易老，不跟少年学则易老，不站在前线而自甘落伍则更易老。

前几天读了陈世倌的《煮粥诗》，颇有趣：

煮饭何如煮粥强？好同儿女细商量。
一升可作三升用，两日堪为六日粮。
有客只须添水火，无钱不必作羹汤。
莫嫌淡泊少滋味，淡泊之中滋味长。

又读了梁绍壬的岳忠武砚。砚上刻有岳飞自由写的八个字：

持坚，守白，不磷，不溜。

这砚为谢枋得[②]送给文天祥，文天祥[③]又刻了三句铭：

砚虽非铁磨难穿，
心虽非石如其坚，
守之弗失道自全。

数日来进行有小成功。一个月的亏空筹足了。美国的款子，三个关

口，已通过了一关，半年内或可得到。敬祝
康健！

衔
卅一、十一、卅
原件存吴树琴处

【注释】

①标题为编者拟。
②谢枋得（1226—1289），南宋爱国诗人、民族英雄。
③文天祥（1236—1283），南宋民族英雄、文学家。

介绍武训[①]
——致吴树琴

琴姑：

十二月一日的信收到了，知道你和朋友们高兴读我那首《长青不老歌》。寄出的作品得到人家的鼓励是高兴再写，尤其是得到爱人兼夫人的称赞，是令人高兴写更好的作品。

重庆市上有一种药叫做海藻晶，据说可以预防血管硬化。这是中国的圣药，我买了三瓶，已经吃了二天，无害。也许久吃，可以觉得好些。

白竹布定遵嘱买来。热水瓶是海峰送你的，既被公用打了，应该赔你一个。我想在北碚买好带给你，省得从重庆带来，有打破的危险。

武训先生是道光十八年十月十九日生的，合于公元一八三八年十二月五日生。我们昨天在这里举行了一个小小的纪念会，我除了报告他的生平，还朗诵了他的许多诗，使大家在武训先生104周年祭之时，能多受他的影响。你知道他是五岁就死了父亲，跟着母亲讨饭；七岁又死了母亲，跟着伯母过活。幼时路过学堂，想念书而被拒绝。十六岁在张举人家做长工，做到十八岁，工钱被他赖，还遭毒打；十九岁到姨丈家做工一年，工钱又被赖掉。他觉得受人欺负，都是因为自己认不得字，同时想到别的穷孩子也是因为不识字而受人欺负。于是发愿兴学，讨饭三十年，终于光绪十四年即公元一八八八年办成柳林镇义塾，后又办成两所，即馆陶义塾、临清义塾[②]。于光绪二十三年四月廿三日逝世。他做工为兴学，讨饭为兴学。他为兴学而生，为兴学而死。一切为兴学，兴学为苦孩，鞠躬尽瘁，死而后已。他之生是苦孩的幸福。他之死是苦孩的损失。但是死的是他的躯壳，而他的灵魂是永远活着，活着在每一个苦孩的心里，在每一个为苦孩服务的人的心里，活在你的心里，活在我的心里，虽然是死了，实在是没有死啊！武训不但是个善人、义人，而且是一个真正的平民的诗人、平民歌者。我现在把他自己唱的诗抄几首给你读读吧。

《受人欺负发愿兴学第一声》（题目是我代拟）

扛活受人欺，
不如讨饭随自己。
别看我讨饭，
早晚修个义学院。

《敬人》

义学症，没火性，
见了人，把礼敬。
赏了钱，活了命，
修个义学，
万年不能动。

注：义学症　武训一心要办义学，好像是害了义学病。

《竖鼎》

竖一个，一个钱；
竖十个，十个钱。
竖的多，钱也多，
谁说不能修义学？

注：竖鼎　是用手立在地上，脚儿竖起，颠倒而站，像个两脚鼎，有时头儿着地，配合双手则像三角鼎。

《庙塌一瓦落在头上》

打破头，
出出火，
修个义学全在我。

《讨来好饭卖钱、拣菜根自吃》

食菜根，食菜根，
我吃饱，不求人。

省下饭，
修个义学院。
《讨饭哲学》
你们行善，
我代劳，
大家帮着修义学。
《劝人出钱》
不嫌多，不嫌少，
舍些金钱修义学。
又有名又行好，
文昌帝君知道了，
准叫你子子孙孙
坐八抬大轿。
《公私分明》
众人钱，
不养家。
养家雷霹火龙抓。
《部某赖债不还有感》
人凭良心树凭根。
各人只凭各人心。
你有钱，我受贫，
准备上天有真神。
《不要妻子》
不要老婆不要孩，
以修义学为生涯。
不娶妻，不生子，
修个义学才无私。
《张春和妻陈氏割股肉医婆病特赠以良田》
这人好，这人好，
我给十亩还嫌少。
这人孝，这人孝，
给她十亩为养老。

《做媒糊口兴学》
义学症，做媒红，
这桩亲事容易成。
《不娶妻》
人生七十古来稀，
五十三岁不娶妻。
亲戚朋友断个净，
临死落个义学症。
《不预备后事》
街死街埋，
路死路埋，
死了自有棺材。
《狗叫》
黑狗白狗你别咬，
武豆沫憨义学症来到了。

注：憨义学症作害义学病解，豆沫是顽童给武的绰号。

你看了这些诗就知道，非武训自己是唱不出来。这些诗是他的人生观，也是他的自传。诗在他的手里，不是个玩意儿，而是宣传兴学的武器。他为做工而唱，为宣传而唱，为兴学而唱，为生活而唱。所以在他的诗里没有清风明月，只有做工、讨饭、修义学，若违背这大义便有雷霹火龙抓。

今夜看过海峰。茶香[3]一行已到成都，四五月就会到重庆了。倘使他们在十号以后到，我是会因到北碚，而不能代表你迎接了。倘使在九号来，我将代你去欢迎。这次有些远方来的客人问我已上四十岁没有，我叫他们猜，也有猜三十的，安徽中学同学会中也有人说我比从前年青了。也许他们是当面灌米汤，但近来身体似觉好些。总之，你的姊姊所将看见的是一位出她意料之外的年青的妹夫！哈哈哈哈！

琴：我想你，不久将要与你欢聚了。

衔

卅一、十二、六

最后，今早见司徒先生[4]，他要十五号来碚，冯先生[5]刚才派人来，要改十六号，好，十六日九时动身，午刻可抵温泉，当先来看你。

原件存吴树琴处

【注释】

①标题为编者拟。武训（1838—1896），原名武七，用乞讨、募捐的积蓄先后为贫穷子弟办三所“义学”。

②馆陶、临清，当时均为县名，皆位于山东省西北部，武训曾在这两地办过“义学”（义塾）。

③茶香，即吴茶香，吴树琴的堂姐，程海峰的夫人。

④司徒先生，指司徒美堂。

⑤冯先生，指冯玉祥。

祝贺少年科学家[①]

——致陶宏

陶宏：

牛顿三百周年诞辰，育才有盛大的庆祝会、游艺会和大规模的壁报。庆祝会有谢士柜报告牛顿生平，高先生[②]演讲牛顿三大定律及万有引力。谢士柜的报告很详尽生动，高先生的演讲通俗而有力。我也说了几句，并朗诵了一首诗，祝贺少年科学家，勉励大家学伽利略和牛顿。晚上，游艺会首由谢士柜宣读你的信，那是最好的开场白。《伽利略序幕》，徐荇[③]同志实在是费了心血，小朋友也表演得有精神。依我看来，这四幕只可编作一幕，另编二幕写伽利略之幼年及恋爱，特别埋伏随他终身之爱女，再编一幕写最后审判。若高兴，可以把毕撒试验[④]物体下坠插一幕配上去，摆之观察也容易插入。曾看过巴士德电影，我想伽利略是更有戏剧可能。有空可以编一部《伽利略》，搬上重庆舞台，以与形式八股对比对比。壁报上是登了你的万有引力及相对论，洋洋大观。王有德[⑤]说：我们要学陶宏先生。一晚我听他评论，的确你有许多地方确是值得称赞的。

一月是精进月，目的是要鼓励大家克服皮毛，力求深入。

前月寄了一本《工程力学》给你，收到否？本校经济有了转机，美国及本国均有来款。立案，小学已准，中学在进行中，谅可通过。《固体醇》商务毕竟不能印，已交贵州文通[⑥]。《比较生物学引论》上海无音讯，你有底稿否？只有在此地重印。祝你

康健！

衔

卅一、十二、卅
原件存陶晓光处

【注释】

①标题为编者拟。

②高先生，指高昌瑞，育才学校自然组教师。

③徐荇，育才学校教师。

④毕撒试验，这里指伽利略在比萨斜塔（高 54.5 米）上所进行的落体定律试验，该试验推翻了这之前一直奉为权威的亚里士多德关于“物体下落的速度和重量成正比”的学说。

⑤王有德，育才学校学生。

⑥文通，指文通书局。

给这世界以光和热①

——致育才榴火诗社

……希望你们这股小的“榴火”②，不仅燃烧在凤凰山上，不仅燃烧在重庆，而〔且〕要燃烧在全中国、全世界，给这世界以光和热。

出自《新华日报》，1946 年 7 月 29 日

【注释】

①标题为编者拟。时间由作者推定，写于 1942 年。

②“榴火”，一语双关，一指似燃烧火焰般的石榴花，一指诗刊《榴火》。

一九四三年

小孩们展览会办得很好[①]

——致吴树琴

琴姑：

昨天真爽快，坐了校车来，一直到重庆，只化了三小时。昨晚因为廖、沈二女士要返校，我写了几封信托她们带去，觉得疲倦，就睡了。今天去会张军光，未遇见，反而遇见司徒美堂先生。下午跑了几处找艾德敷，亦未找着，算是徒劳一番。小孩们的展览会办得很好。这几天预备请些朋友来看。昨天海峰和茶香也来参观，可惜他们去了我才到，打算明后天去看他们。三妹代我买了四双皮鞋。梅仙的哥哥给你一信奉上。祝

康健！

衔

卅二、一、五

原件存吴树琴处

【注释】

①标题为编者拟。

申请补助预算[①]

——致赈济委员会

赈济委员会张处长、应主任赐鉴：

敝校前向贵会申请补助棉被、棉衣，承嘱开具名单预算，以便审核。现依据一百零九名数目，以旧材料为基础酌加新材料改制，只图御寒，力求节省，共需国币叁万陆佰捌拾叁元。尚希核准。如蒙鼎力玉成，全校感奋。专此。敬颂

公安！

育才学校校长　陶行知

卅二、一、九

复印件存华中师范大学教育学院

原信附件之一：育才学校学生名册一份（略）

附件之二：育才学校申请补助棉被、棉衣预算。（略）

校址：

（一）育才学校校本部在北碚草街子古圣寺（北碚上水三十里）。

（二）复兴关歇台子六角亭江家祠堂内育才学校音乐组。

（三）通远门管家巷28号育才学校绘画组（儿童美术馆）。

【注释】

①标题为编者拟。

请了客人来看画[①]

——致吴树琴

琴姑：

前夜接到你关于张曼筠[②]先生之女的情形及关于星期六是否来碚的信，至感。但时已迫促，回信来时，已过期了，便决定星期六晚来，不是事实可作回信吗？我在星期六早晨去问孙越崎先生晚上何时开车，并约他看画茶叙。哪知他已于星期四陪一位参谋长到碚参观天府煤矿去了。我没有车就赶不来了。这事今天孙先生到校你便知道了。昨日下午请了一些人来看画，到的客人有邵大使、冯先生、黄次咸先生、艾德敷先生、胡万里先生及胡心惠先生（电影界名人可能帮我们忙）。我到张军光先生房里坐了一些时，染了感冒，睡了两三天，没有咳嗽，昨天好了。中国银行的20 000元已开支票送来了。音乐组昨天进了城，当夜回去。你和客人看观学校的情形，告诉我一些吧！茶香今天下乡，昨天来看我，我不在家，现在要去看他们。敬祝

康健！

衔

卅二、一、十

原件存吴树琴处

晓光已到成都。又及。

【注释】

①标题为编者拟。

②张曼筠，李公朴夫人。

蒙赐穷苦青年衣一袭[①]

——致冯玉祥

焕章先生赐鉴：

昨谈同乡青年处境甚苦，冬衣被窃，承蒙慨允赐衣一袭，至为感激。现遵嘱介绍汪凤翔君亲来奉访，尚希指教，衣服亦由其亲自领取。敬颂

年安！

陶行知再拜

卅二、一、十

出自《江苏文史资料选辑》第10辑

【注释】

①标题为编者拟。

音乐组开始招新生[①]

——致吴树琴

琴姑：

现买得狗皮虎骨膏一个，望你试一下，如果好，可以再买。

如果大腿酸痛，便贴在大腿圆骨旁边之凹处，如果下腿酸痛便贴在膝盖骨边之凹处。烘软了再贴。

海峰胃痛带家眷一齐下乡，我去迟了，未见到。胡然夫妇前晚在此住，音乐组事完全弄好，开始招新生。育才中学要改毓材[②]（小学不改），改就改好了。祝你

康健！

衔

卅二、一、十一

原件存吴树琴处

【注释】

①标题为编者拟。

②育才中学改名是被迫的，但后来并未实行。

“博中求约”和“自约返博”[①]

——致陶晓光

晓光：

近接你自成都十二月廿三日来信，知道你已安抵厂中，至为欣慰。清华无线电研究所事前托蒋梦麟先生进行，他说那里是关门主义，不易进行，闻梅贻琦先生新来重庆，容去与他接洽，再行函告。宏处藏书丰富，他对研究亦有经验，工作情绪至佳，你去我也赞成。照我看，你先到他那里工作一年更好。无线电要弄得好须打基础：数学、物理、化学等等，在“博中求约”和“自约返博”都是做学问必要的过程。

我现在有一件事托你先做——代我们在成都搜集：

（一）有价值之图书（包括国内外名著、研究报告、重要史料）。

（二）必需用之仪器。

今天是科学年，我们计划再扩充仪器，建立科学馆，以丰富中小学生之教育。我们还要编辑《育才文库》二百册，要丰富之参考书，请你代为搜集，见着就买。跑旧书铺及旧书摊是一件要事，望你也经验一下。价钱大有出入，要随办随研究，争取门径。关于搜集图书，你要先到华西图书馆及博物馆详细参观一下，作一番“博”的工夫，再请教几位有研究功夫的朋友。我现在举几个例子给你参考：

（一）去年一月我看到一本《支那疆域沿革图》，只化了五十元买得，帮助我们解决了许多史地的问题。

（二）王国维先生关于甲骨文研究最深，倘使遇着他的全集，必需想法买得，我至今还没遇到。

（三）参加伦敦艺术展博会之中国作品四册，我只化了六十元，现在要值一千元，也要〔买〕不到了。

好书买重复了也可以。因为朋友常是借用，弄得自己反没得用。我预备先用二万元来做初步搜集。见着好书，望暂借款，我见信即汇来。

城②在志成中学高三肄业。三桃③前月到渝，身体弱，现在校中种园、唱歌、写诗。我来时，看他已开了七块荒地，工作精神甚好。

学校小学已立案，初中校董会立案将成。经济基础渐稳。我现在编书吃饭，化缘兴学，乐趣不减当年。

吴先生④已就北温泉新亚药厂化学分析工作，所入可以自给。

祝你

康健！努力积极学牛顿、伽利略、巴士德！

衔

卅二、一、十一

十二月廿五日我们举行盛大的会，纪念牛顿三百年诞辰与伽利略三百年逝世。

原件存陶晓光处

【注释】

①标题为编者拟。

②城，即陶城。

③三桃，即陶刚。

④吴先生，即吴树琴。

孩子军与王长喜①

——致吴树琴

琴姑：

今日文华为我带一封信给你，谅想现在已经收到了。午后去访孙越崎先生，他恰巧自北碚来，说及昨天在校情况，令人兴奋。他说新亚②有十几位来参观。你和方先生招待得很周到。他要我代他谢谢你们。他说他到过逸少斋，看过陶宏写的《牛顿传》《伽利略传》，以及戏剧组演的《小孩闹学》。我说演的是孩子军，不是小孩闹学；而是孩子军闹伪学。你昨天怕是忙累了吧，该休息一下，否则腿是会酸的。

今天冯先生请客，我看了赵望云先生画的西北赛马，真是佳极了。还看了王长喜先生的照相，更是万幸。王长喜在台儿庄会战时被敌人放毒气，弄瞎了双眼，又打断了腿。他会唱二黄及新军歌。每当宣传完毕，他就说：我的眼睛残废了，大腿残废了，但是我的心没有残废。他两三年来宣传募捐献金四十多万，还办了两个学校。他家在山东堂邑，和武训是同乡，也有武训精神。祝你
康健！

衔

卅二、一、十一

原件存吴树琴处

【注释】

①标题为编者拟。

②新亚，指北碚北温泉新亚制药厂华西分厂。

请捐家具乐器以惠难童[①]

——致张治中

文白部长勋鉴：

久未晤教，至为系念。敝校音乐组为培养音乐幼苗而设，现因就名师便利，迁至歇台子上课。近闻贵部抗敌歌咏团结束在即，深望将该团全部家具及钢琴一架、风琴两架，捐助敝校，以惠难童，使敝校幼年音乐培养可立更坚固之基础。倘蒙批准，全组感奋。余请冯焕公[②]代达。专此奉商。

敬颂
勋安！

教弟陶行知再拜

卅二、一、十四

原件存中国第二历史档案馆

【注释】

①标题为编者拟。

②冯焕公，即冯玉祥。

功成赖公九鼎一言[①]

——致冯玉祥

焕公赐鉴：

政治部抗敌歌咏团结束在即，其设备钢琴、风琴颇合音乐组之用。拟请代请文白[②]部长捐与育才音乐组，万一有困难，愿以原价二万元购之。我想成功与否，还有赖于我公九鼎一言。

敬祝

勋安。

陶行知再拜

卅二、一、十四

原件存中国第二历史档案馆

马副校长知道甚详，特请其亲来以备垂询。

【注释】

①标题为编者拟。

②文白，即张治中。

深望酌发过冬衣物[①]

——致许世英

许代委员长[②]赐鉴：

敝校开办以来，冬衣及棉被少有补充。今兹物价更高，添购不易，被絮破烂，衣服单薄，严冬已届，受寒堪忧。深望酌发棉被、冬衣或棉花，借资补充。倘蒙慨予核发，感同身受。专此申请。敬颂

勋安。

育才学校校长　陶行知

卅二年一月十四日

复印件存华中师范大学教育学院

【注释】

①标题为编者拟。

②许世英为全国赈济委员会委员长。

申请清单[①]

——致赈济委员会

（一）育才学校请拨罗斯福布两捆。

（二）育才学校请酌拨棉被、棉衣或棉花，以御冬寒。

（三）育才学校请拨救济费卅万元，以便购买田地，令学生耕种，以图部分之自给而建立经济基础，并将每月补助费自 8 500 元增加至 10 000 元。

（四）晓庄研究所请将每月补助费自 800 元增加至 1 500 元。

（五）儿童美术馆请将每月补助费自 500 元增加至 1 500 元。

（六）皖省青年汪凤翔，间关万里徒步来渝，所携物件尽数被窃，饥寒交迫，请酌予救济。

陶行知

卅二、一、十四　重庆管家巷 28 号

复印件存华中师范大学教育学院

【注释】

①标题为编者拟。

我们的教师太苦[①]

——致吴树琴

琴姑：

你的十夜的报告和十四日的信，都给了我深刻的了解。这证明你做事很负责。成绩室没有领导客人去参观，并不能算忽略。其实，在这短短的时间，只须给任何人看精彩的片段就够了。

虎骨追风酒，王瑞符是在衡阳买的。今晚到王址城处买，已上门了。明早如六时开门，便托宁先生带来，否则托别人带来。

美术馆的小朋友着实是努力，态度也长进，现在是“一切为三一五”[②]，大家抖擞精神，准备作品开一个空前的画展。小孩们准备儿童作品。许士骐先生和我召号“育才之友”名画家的作品。

罗斯福布[3]来了。前任第三处处长南朗西骗了我们，名字单上没有育才。从昨天直到今天，都是为了这件事。我们的教师太苦。现在在无法中想办法，大概两星期后可以领到一捆。你暂时勿告别人，怕要受人破坏。

假使你对现在工作厌倦时，我当准备使你对育才作更大的贡献，并使你自己有更大的进步。

赈委会补助费及盐务公益费补助都可能动摇。假使不是美国有款来，又要从头做起。我现在正在设法使这些款根本不会动摇，以救人者救己。

天气虽冷，还未伤风。腿竟不怕冷了，奇哉！丝棉我斟酌之后再定。不过你的好意令我感激。晓光托了梁建兴先生带了一些礼物送你和我：

（一）羊毛毯一条；

（二）青毛线、灰毛线、红毛线共八小扎；

（三）苏联手帕两条；

（四）小日记一本。

我预备留下小日记一本，手帕一条。毛毯及毛线下次带来给你。毛线如用不了，可给三桃打一件背心。

他还送了小黑毛线十二扎，育才学校唱片两张、图画廿四幅。这廿四幅画是俄国历代名画之照相，附有作者生平。

他还把吐鲁番的葡萄干和哈密的瓜干送给老朋友们。现在分一份给你，望你尝一尝。东西虽不多，但是从天山那一边带来的。祝你
康健！

衔

卅二、一、十五

原件存吴树琴处

【注释】

①标题为编者拟。

②“三一五”，南京晓庄试验乡村师范学校的创校纪念日（1927年3月15日），后作为“生活教育运动”的发起纪念日。是年正值“生活教育运动”发动十五周年纪念，为此而准备了这次画展。“一切为三一五”是筹办这次画展的口号。

③罗斯福布，一种深蓝色棉布。

名片奉还[①]

——致冯玉祥

焕公勋鉴：

龚华卿先生捐款收据，业已送去。前承借下龚先生名片奉还，务希察收为盼。敬颂

康健！

行知再拜

卅二、一、十九

复印件存华中师范大学教育学院

【注释】

①标题为编者拟。

进城来看《安魂曲》吧[①]

——致育才学校全体同志

全体先生、同学、工友大鉴：

莫扎特[②]的《安魂曲》，我于昨晚看过了。眼泪像泉水一样地涌出来，随眼泪而来的是浑身发出尼加拉瀑布差可比喻的力量。

你们如果愿意，进城来看《安魂曲》吧！看这出戏可以抵得上新春之课、科学年之课，甚至于终身之课。何以故？因为看了这出戏，可以保证新春之课、全年、终身之课之胜利。在这出戏里，我们重新发现自己，会看见自己的苦难，自己的快乐，自己的创造，自己的命运——我看了《安魂曲》而魂不安。

第一，戏券是怒吼剧社青年剧社刘、沈两先生送我的。这出戏不可以白看，我们必须付代价于应得之人。

第二，我有机会看这出戏，而你们多数还没得看，我必须想法子使没得看的你们，都有机会看这出戏。让我们节约、生产，省出钱、赚出钱来买票看，节约身体的粮食来换取精神的营养。每天少吃一餐稀饭，过节少吃几块肉，或者平日多养几只鸡，多刻几块木刻，多写几篇文章，那不是立刻可以达到目的吗？老者、弱者、小者坐船带铺盖来，壮丁半

夜动身走路来。无论到得怎么晚，管家巷是预备着热的晚餐迎接你们。每组在重庆只能住两天就回去，否则会把驻渝办事处挤破，并会妨碍别的工作。《安魂曲》演到一月二十三日为止，你们依据这个期限轮流来吧。我们二十几颗心和莫扎特的永远活着的精神，欢迎你们来看这万戏之戏。莫扎特万岁！育才集体创造万岁！

陶行知

卅二、一、二十一

看《安魂曲》之次日

出自《行知书信集》，安徽人民出版社 1981 年版

【注释】

①标题为编者拟。

②莫扎特（1756—1791），奥地利著名作曲家，维也纳古典乐派代表人物之一。

看《安魂曲》深受感动[①]

——致吴树琴

树琴：

昨晚刘厚生[②]先生送票来请我们看《安魂曲》。我有生以来要算这次受的感动最大。育才将分批来看。你可以在星期六（夜戏八时半，廿三夜为止）坐船来看末一次公演。给全体的信，抄一份给你，也算是给你的信。

琴姑！不要爱惜这点钱，你赚的钱足够开销了。你从这出戏里可以得到的力量，足够用一辈子去做你的创造工作！

衔

卅二、一、廿一

原件存吴树琴处

【注释】

①标题为编者拟。

②刘厚生，在怒吼剧社青年剧社工作。

请为育才画展绘画[1]

——致张大千

大千先生大鉴：

日前与许士骐先生为育才学校难童教养举行画展，函请法绘，谅蒙俯允。现奉上宣纸，务希检收。如于二月十五日以前赐下，尤为感盼。专此奉恳 敬颂

康健！

教弟陶行知再拜

卅二、一、廿六

原件存南京晓庄学院陶行知纪念馆

【注释】

①标题为编者拟。

请披阅《士兵教育建设方案》[1]

——致冯玉祥

焕公赐鉴：

友人朱启贤先生近著《士兵教育建设方案》，因复印不多，承其嘱托先请我公披阅，再请转致文白部长采择施行。委员长方面亦已送去一份，系由陈布雷[2]先生转者。此举倘与前方足衣足食并行，可以激励士气，争取最后胜利。倘蒙二公登高一呼，得以实现，亦国家之福也。敬颂

康健！

陶行知再拜

卅二、一、二十八

出自《江苏文史资料选辑》第10辑

【注释】

①标题为编者拟。

②陈布雷，蒋介石的秘书，蒋的文告多由陈代拟。

牺牲自己为大家[①]

——致吴树琴

树琴：

你不能来看莫扎特的《安魂曲》，固然可惜，但为着身体，不来为是。有些小孩，比如章恒开刀未全好，即走来，令人捏一把汗。二月四日中午冯先生[②]请“利他社”[③]的朋友吃饭，要我到歇台子去对他们演讲。我希望你早一天来（除夕前一日），即二月三日来，我们可以一同去看音乐组并访冯先生。万一你不能提早一天来，那么，你到渝时，可以问三桃[④]要我的房门锁匙开门休息，我四时总可以回来，同你一块儿去吃晚饭，买东西，过年。

近日集中力量筹备三月十五日的画展，已经请了五十名人画画一百幅，大家都帮忙。

音乐会定于三月六日举行，戏剧组定于四月四日公演。

编书，编书，不是我编书，乃是书编我，我一提到它，一想到它，便着急。

罗斯福布，从前年十二月进行，奔走廿余次，先是受南朗西欺骗，于今又不知受了谁玩弄，结果领了回来，一看是白布一捆，大家希望的蓝布是不会有了，算是吃了一个大败仗。

十二月份决算超出五万，驻渝绘画、音乐两组费用尚不在内。从这个月起，加薪，加工资，加营养，加零用，新近筹来的每月四万元恰恰可以用完，至于发展计划，只好等候新款来进行。

药酒吃了之后觉得好些吗？这里还买了别的药候你来。

你的生日本想亲来为你庆贺。事前发生赈委会因发布而要取消被服费，因为争取时间，力挽失败之局，只好牺牲自己而为大家。等你来时再为你补偿吧。敬祝

康健！

衔

卅二、一、廿九

原件存吴树琴处

【注释】

①标题为编者拟。

②冯先生，即冯玉祥。

③利他社，冯玉祥发起并领导的民间社会团体，提倡“利他”精神。

④三桃，即陶刚。

感谢代募礼券[①]

——致冯玉祥

焕公赐鉴：

承蒙代向张文白部长、姜兆祥先生及无名友人募礼券共八千元，至为感激。现将收据奉上，务希代转。文白先生处，即当去函致谢。姜兆祥先生地址，得便尚希示知，以便申谢。无名友人亦望代谢。文白先生函附上。前请代昆明杨竹庵先生写字，纸已送交刘副官，得便望赐墨宝，献金于取字时奉上。专此致谢。敬颂

勋安。

陶行知再拜

卅二、二、十一

原件存中国第二历史档案馆

【注释】

①标题为编者拟。

人生最大目的还是博爱[①]

——致陶宏

陶宏：

你给谢士柜信里附来之《圣母歌》已交陈贻鑫。昨晤胡然[②]先生，他说只有胡世珍[③]的声音能唱，大概这次音乐会可以列入这一项节目。

我们在上月看了《安魂曲》，其实这可说是Mozart[④]之小史，甚为感动，便动员了全体教师、学生、工友自费来看。假使你能找着Mozart之Life，请为《育才文库》写一册《莫扎特传》。伽利略之剧本，可以参考此剧。可惜你在峨眉，若在重庆，则多看进步之话剧，对于你写这剧本，必有帮助。

你的信集，我拟好了一书名叫做《从峨眉山到凤凰山》。不知可中

意否？

近来我们深刻地了解，人生最大目的还是博爱，一切学术也都是要更有效地达到这个目的。一天谈及你，冯先生说你曾为着要帮助一位苦学生，而节省吃鸡蛋的钱来完成这任务。这种行动是高贵的，所以冯先生至今还记得。以后我们仍当向这个方向努力。

旧历新年，小黑来，我想出来一个法子教她写成一个难写的“黑”字。她居然能独立写成。我的法子是先画一个脸孔“○”，再加上两个眼睛“”，再画一个鼻子“”，再画一张嘴“”，再画两只手“”，再画两只脚“”。这样她一会儿便学会了。现在把她自己写给你的信寄给你看，便知道，小孩子是要用各种各样的妙法来教她，她方高兴学，才学得成。

育才要跃进一个新的阶段——建立工程师的苗圃。大纲已拟成草案。现寄一份给你，请给我一些意见。

陶刚可以务农，来校不满一个月即开了五六块荒地，但他身体受了伤，这次病得厉害，送入武汉疗养院，业已脱险。

画展在三月二十、二十一举行，音乐会在三月二十八、二十九举行，话剧《小主人》[5]在四月四日起演一个星期。育才紧缩预算，现在收支相抵。明年呢？要靠这三个会来度过。祝你进步！

衔

卅二、二、廿一

原件存陶晓光处

【注释】

①标题为编者拟。

②胡然，中央音乐学院教师。皖南事变后，育才学校音乐组迁到重庆江北观音桥，以便就近得到专家教授的教育和帮助。胡然为该组讲授声乐知识。

③胡世珍，育才学校音乐组学生。

④Mozart，译作莫扎特，奥地利作曲家。

⑤话剧《小主人》，四幕儿童剧，通过国民党统治区五个孩子在天灾人祸下的悲惨遭遇，揭露了社会的黑暗，提出了孩子是国家的小主人，表现了要挽救孩子的主题。由董林肯编剧，刘厚生导演，苏丹任舞台监督。

一位很好的瑞典老人[①]

——致吴树琴

亲爱的琴姑：

你去了一个星期才给我写信，使我担忧不浅。每次来人都得问一问，但是没有人说得清楚，算是你的信来了，才的确知道你已经平安地到了北泉。

我这些日子不啻是过难。陶刚的病突然严重起来，痛得不能睡，送到临江门宽仁医院，说是他们的外科在曾家岩，临江门是内科，不能收。恰巧我跑到曾家岩求精中学一看，果然陶城陪着陶刚在那儿等候施行手术。我说陶刚的疮口由内而发，不像是外科，如何当外科医？我即作主，即刻送往武汉疗养院，诊断结果，果然是内科重于外科，我才放心把他安顿在普通病室里。这天送病人来来往往的路费足足去了一百元，住院照X光大概要化二千元。幸而可以救了他，总算是尽了责任。倘若我不能认清内外科，那真是危险极了。

陶刚的消息一天天地好，我便把音乐、画展、戏剧三大会交付给侣贤，而我只处在顾问地位，腾出时间筹备“工程师之苗圃”——育才工艺组。此事冯先生、沈天灵先生都热心，不久可以办起来。计划是我拟的，寄一份给您，请您批评指正。

三会已筹有头绪，画展定于三月廿、廿一、廿二日举行。国画来了七十幅，都很好，定于三月十五日预展，那时总有一百幅左右。

音乐会因为地点问题，要改在三月廿八、廿九举行。幸亏银行界有朋友，一说就成，若靠剧团去说，反而误事。现在总算是定了。

戏剧《小主人》也决定了，在四月四日起连演一星期，在抗建堂。

海带今天到了。它带了青春还我。我是多么快乐呀！两条海带大小可以发成一脸盆，够吃两日。今次托人带的有一斤。

你的皮鞋来了一双，好极了，怪摩登的，不过还正派，不是高跟。

昨天赴利他会，听到两个故事，很好，说给你听听，好不好？

冯先生一位朋友陈马可牧师往瑞典国去游历，到火车站终点，来了一位白发老翁来迎接他，为他搬行李，为他开汽车，开到老翁自己家里去，请他住下来。喝茶、换衣、洗澡后，陈牧师问，你是教会里的吗？不是！你是青年会里的吗？不是！你是什么人派你招待我呢？不是！我看报知道今天有位中国的陈先生来到瑞典，我想他是人地生疏，需要帮忙，我便决定要给他一个意想不到的快乐。这就是我接你到我家里来的缘故。

你看这位瑞典老人好吧？晚了，我要睡了。另一个故事，下次再说吧。是的，还有三个故事可以说。

李震[②]同学的书要明天才有空去买，买了照寄。袜子托王传义带来给你。

祝你康健！

衎

卅二、二、廿一

原件存吴树琴处

【注释】

①标题为编者拟。

②李震，吴树琴的同学。

陈贻鑫得良医圣药[①]

——致吴树琴

树琴：

昨天的信，谅已收到。现将线袜三双及电线两根奉上。李震君买书发票亦寄上，请转交。书明早付邮。

海带已于今日开始炖腌肉吃。陶刚病好转。陈贻鑫得到良医圣药，两月后可以长发了。

衎

卅二、二、廿二

原件存吴树琴处

【注释】

①标题为编者拟。

陈贻鑫将满头乌云[①]

——致吴树琴

树琴：

蕙芳已经辞去社会部的事而另有高就了。恒勤[②]的大孩子害脑膜炎，没有脱险。梅仙，你该早见着她了吧？刚已逐渐恢复康健。

刘一鹏医士应冯先生及黄次咸[③]先生之请，特自荣昌[④]来为陈贻鑫治秃疮。他说用体重作比例，每公斤吃千分之七克 Thallium Acetate[⑤]，先是头发尽落，使微菌无法藏身，然后再长出来。昨天已吃药，准备两个月后，陈贻鑫是可以满头乌云了。

今天再讲一个故事给你听。这故事是中元造纸厂的朱先生讲的。他说纸之好坏有几种标准来判断：一是拉力，不易拉断；二是折力，不易折坏；三是顶力，不易顶破。他说最近他们的钞票纸已经试验成功。钞票纸要经得起磨擦，要有耐磨擦力。刘汉堃先生说，我们看你们造的纸，还怕一样东西，那就是水，我们织的布便不怕水，因为它有组织力。马先生后来说，布还不行，火来变灰，为之奈何？所以还要像不灰木一样，有抗火力，那就行了。

衔

卅二、二、廿四

原件存吴树琴处

【注释】

①标题为编者拟。

②恒勤，吴树琴的哥哥。

③黄次咸，时任青年会总干事。

④荣昌，四川县名，在重庆市西一百多里处。

⑤Thallium Acetate，药名。醋酸铊，为脱毛药，可治夜汗症。

朋友成夫妻 夫妻亦朋友[①]

——致吴树琴

我的亲爱而高贵的夫人：

接你两次来信，都称我为爱友，初看使我觉得有点惊讶，既而想到我写的诗“朋友成夫妻，夫妻亦朋友；自然还自在，与爱一样久”，亦就觉得很好了。

我送邮票给你，是给你一些便利，并不是讽刺你不写信，当然也希望你不致因缺少邮票而延误了消息。

前天冯先生派副官送了一件衣料给我，他大概是看见我的裤子后面破了，也可说是他有先见之明，预料到今晚有贼把我的大衣偷去。我从军光那儿回来，不过是十时半，打开房里电灯一看，床上的印花被面不见了，觉得奇怪。又看看两只皮包无恙，表也在桌上无恙，认为是有人把被面借去没有告诉我。后来仔细一想，大衣不见了。又看见门锁被扭歪，这一定是贼来光顾过。这贼是有良心的。兰州毛毯、大皮包、小皮包、热水瓶、纪念表、衣料都没有拿去。他大概是要给我们一个警告，我很觉感谢他。衣料是呢的，我就做一件大衣吧。我在军光那儿多谈了一下，谈了一点好方法，可以把事业基础立起来，因此失了窃，就算是出了一点学费吧。

《沙氏披亚全集》[②]出版了五本，原是叫梅仙拿给你，再从你那儿一本本地借去看。她大概是倒过来了。我写信给她，还是照原来的办法好些。

恒勤的孩子好了些，还在医院里。陶刚也逐渐好了一些。姜维清回来了。陶城昨天已去渔洞溪。

书店逼我交稿，没法抽空来碚。画展正在最后关头，要我在此照应。你星期六来，星期一去好吗？画展改在三月十六日下午三时预展，廿、廿一、廿二日正式展。音乐会改在廿七、廿八举行。戏剧从四月四日起公演一礼拜。

李文帆为三八纪念筹备，报告去年你请在渝女同志茶点，我代表男同学向女同学致敬。若不是报告，我都全忘了。你今年对古圣寺及管家巷的三八纪念准备送什么礼物？古庙要文章，我把你的《骊英诗》，改为《三八忆骊英》，抄了，写你的大名，寄了去，我想他们一定欢迎，你也赞成吧。李震托寄的书，已寄去，收条送上，请转。敬颂

康健！

衔

卅二、三、四

原件存吴树琴处

海带已吃一星期，觉得好些，脉搏慢了一些，做事有精神。

上床睡时，又发现棉袍、马褂都没有了，冬天已过，马褂怪难看，丢了也好。

【注释】

①标题为编者拟。

②《沙氏披亚全集》，即《莎士比亚全集》。

为着你和音乐教育的前途[①]

——致陈贻鑫

贻鑫同学：

听说你吃了 Thallium Acetate[②]之后，反应比刘一鹏医生所预料的厉害得多，这使我忧虑；又听说你在学业未成之时，已经喝着爱之酒，这种酒是比喝 Thallium Acetate 所能起的反应还要十倍厉害，甚至于百倍厉害，不但是你预料所不及，而且连做梦也梦想不到。为着你的前途，为着音乐教育的前途，我希望你把这个问题，延迟到 Mozart 的发生问题的年龄吧。如果你甘心情愿毁灭你的可能的光明前途，那一切爱护你的人，将会集中起来做一个集体的老 Mozart！

衔

卅二、三、七

复印件存华中师范大学教育学院

【注释】

①标题为编者拟。

②Thallium Acetate，药名。

今生第一次，上车不厌挤①

——致吴树琴

琴姑：

今天收到你转来涵真先生的信。昨天收到你自己的信，我很高兴。

李震先生送的火酒，拿去时，要招呼同学们小心翼翼，因为这东西，有用也有危险，昨天听见有一家人便是如此烧死得一个不留。

从前我看车站上，有人似乎欢喜拥挤，有人似乎越挤越高兴，我不明白，可是我今天了解了，有诗为证：

今生第一次，
上车不厌挤。
大衣已去不归来，
暂时温暖心欢喜。

刚才郭富昌来说，在北碚遇到你，你既到了北碚，为何竟不来重庆一游？定十六日下午三时，在青年会举行国画预展，廿、廿一、廿二在夫子池励志分社正式展览，你愿来看一看我们的成功或失败吗？廿日为星期六，廿一日为星期天。廿七、廿八日在银行公会开音乐会，话剧公演是四月七日至十一日。廿七、廿八；十、十一皆为星期六、日，你愿来时，都有得看。大致画展之成败，是在三月十六日午后三时之茶会，人事所能尽的都尽了，只要空袭不来，似乎是不会失败了。前昨两天满身发疹，昨天睡倒一天，今天却全好了。毛线衣不急打，因为打好时天气已热，怕不必多穿了，谢谢你的好意。敬祝

健康！

衔

卅二、三、九

何叙甫先生昨日已寄来画四幅，便是黄校长转那封信的效果。何先生这样爽快，真是难得的一位朋友啊！

事务人才没有。

原件存吴树琴处

【注释】

①标题为编者拟。

望俯允列名画展[①]

——致卢作孚

作孚先生赐鉴：

日前奉访未晤，至怅。敝校近约名画家赐画百幅，于三月十六日三时预展，以期标卖，借资补助。尚希介绍数友，贺临共观厥成。请柬列名者有张仲老、许静老、冯焕公[②]，皆已允许，希望我公亦俯允列名，以资提倡。贵友通信处务望即予开示，以便缮发请柬。专此奉商，祗候示复。敬颂

康健！

教弟陶行知再拜

1943年3月上中旬写

复印件存华中师范大学教育学院

【注释】

①标题为编者拟。写作时间由编者考定。

②张仲老、许静老、冯焕公，即张一麐、许世英、冯玉祥。

请光临育才之友国画预展茶会[①]

——致卢作孚

作孚先生大鉴：

敝校举行育才之友国画预展，承蒙介绍贵友参加，高谊如云，至为感激。请柬已于今日依据尊示名单发出。本月十六日午后三时在青年会举行之预展茶会，务希光临，以期莅会诸友宏结善缘，嘉惠难童，各取所好，借资纪念。专此奉托。敬颂

康健！

教弟陶行知再拜

1943年3月上中旬写

复印件存华中师范大学教育学院

【附录】

育才学校育才之友国画预展目录[②]

（以收到先后为序）

岑学恭	嘉陵江景	宗其香	红　梅
岑学恭	山　水	宗其香	白　梅
岑学恭	山　水	宗其香	白　梅
王惠英	山　水	宗其香	白　梅
刘　泽	山　水	宗其香	白　梅
刘　泽	山　水	宗其香	山　水
刘　泽	山　水	宗其香	山　水
一　彤	仕　女	谢孝思	山　水
郭世清	花　鸟	苏葆桢	牡　丹
宗其香	嘉陵江畔	苏葆桢	群　鸽
宗其香	山　水	苏葆桢	花　鸟
杨若英	山　水	张聿光马	
向　鉴	山　水	蔡叔慎	山　水
卢荫寰	山　水	蔡叔慎	山　水
梅健鹰	木　刻	蔡叔慎	山　水
梅健鹰	木　刻	孙禄卿	山　水
梅健鹰	木　刻	顾树森	墨　竹
梅健鹰	木　刻	顾树森	墨　竹
关山月	新柳群雀	赵望云	人　物
关山月	新柳燕子	赵望云	人　物
关山月	松　鹰	赵望云	人　物
关山月	红梅喜鹊	赵望云	人　物
一　彤	人　物	黄独峰	鱼
张聿光	人　物	许敦谷	红　梅
张聿光	花　鸟	许敦谷	墨　梅
张聿光	花　鱼	许敦谷	人　物
许士祺	双　鸡	吴守仁	山　水
许士祺	梅　雀	孟先涛	山　水

许士祺	山　水	汪刃峰	花　卉
许士祺	人　物	陈之佛	花　鸟
许士祺	人　物	邓　白	花　鸟
许士祺	白孔雀	梁中铭	猴　松
许士祺	孔　雀	梁中铭	猴　松
许士祺	牧　童	梁又铭	羊
许士祺	仕　女	梁又铭	苏武牧羊
许士祺	人　物	李可染	山　水
吴麟若	墨　竹	李可染	山　水
吴麟若	水　牛	程修滋	梅　花
蒋荪生	山　水	潘百里	山　水
卓启俊	山　水	吕凤子	人　物
吴守仁	山　水	徐悲鸿	马
徐悲鸿	苍　松	何　遂	花　鸟
徐悲鸿	鸡	何　遂	花　卉
徐悲鸿	喜　鹊	何　遂	鹰　松
徐悲鸿	三　鹊	何　遂	鹰　松

【注释】

①标题为编者拟。写作时间由编者考定。

②目录是附在卢作孚、许世英、冯玉祥、张一麐、陶行知共署名的育才之友国画预展茶会请柬之后的。

要在空袭警报中争取胜利[①]

——致吴树琴

琴姑：

现在发了空袭报告，大家都到防空洞里去躲了，剩我、宁远、佩甲和害病的纪元恕在家看门[②]。我和胡万里先生约好，到紧急警报时，让我三四个人在永安园防空洞暂避，这你知道，半分钟便能到达。

国画展览，定今天下午三时预展，上午十几个人忙了大半天挂画。挂画已经被人定去了四张。现在是二时，茶会恐怕要被空袭警报延迟了，我们决定，什么时候解除警报，一小时后即可挂好。

青年会的防空洞是现成的，交涉上午才办好。十几位留守的人，一闻警报，便把画下进防空洞。好，我们是要在警报中争取胜利了。人事所能尽的都已尽到。朋友们画的画是好极了，大家都满意。我们价钱定得不高不低，谅想一半总卖得出去。

现在警报撤销，我要到青年会去开茶会了。亲爱的，等着我们凯旋吧！

衔

卅二、三、十六、二

原件存吴树琴处

【注释】

①标题为编者拟。

②宁远，即程今吾，育才学校教师，佩甲和纪元恕均为育才学校学生。家，指育才学校驻渝办事处——重庆管家巷 28 号。

今天画展正式开始[①]

——致吴树琴

琴姑：

三天预展卖了卅七张，今天开始正式展览，再看成绩如何？奉上请帖一纸，尚希光临指教。昨天偶然在路上买得织功呢[②]大衣一件，费 950 元，比新做要好得多。冯先生送的呢，现铺在床上做被单也很好。现在做起来，天气热已不能穿。敬祝

康健！

衔

卅二、三、十九

原件存吴树琴处

【注释】

①标题为编者拟。

②织功呢，通称直贡呢，衣料。

治事秘诀[①]

——致陶宏、陶晓光

宏、光：

我们现在同时筹备三个会，而画展一项又分作三处举行[②]，其生活之丰富，治事、学习机会之充足，可想而知。我要大家分工合作，学习同时举办数事（多方应战）而有条不紊，并不觉得麻烦。我们在这方面确已达到很高的境界。以我自己而论，身体不算怎么好，而同时指导数事，尚能措置裕如，今天还写诗贺鹿瑞伯，并饯别于去疾，丝毫不觉得紧张。你们也要学如此治事。秘诀是要有目的，有计划，有组织，有决心，运用发挥每一个分子、每一位朋友之力量共同创造，使每人觉得是自己的事而甘心情愿向前进行，用不着督促。重庆的三会筹备，即画展、音乐会、话剧公演，好像我并不努力，其实是应努力的早已努力，故似无为而治。国画展览已走上胜利之路，卖了卅七幅。音乐会改在四月七号举行。《安魂曲》《圣母颂》可能试唱。晓光前说学费补助，可以办到。敬祝

康健！

衔

卅二、三、十九

原件存陶晓光处

【注释】

①标题为编者拟。

②“育才之友国画展览”在重庆大梁子青年会展出，“育才之友版画展览”在管家巷二十八号儿童美术馆展出，育才学校绘画组学生的数百幅作品在夫子池励志社展出。

希允令郎参加音乐演奏会[①]

——致郭咸中

咸中[②]先生大鉴：

久仰高风，未亲教益为怅。令郎参加音乐演奏会，以不得父命为虑。自然科学者带学音乐可以调剂生活，免除不良嗜好，当代大科学家爱因斯坦善小提琴及钢琴，一有演奏，万人空巷。小儿陶宏研究科学亦好音乐。

弟观其二者相成，足以丰富人生之乐趣而使之更求向上。现今政府以乐治国，定四月为音乐月，亦欲将哑巴民族化为黄钟大吕之民族，借以移风化俗。敝校响应音乐月之号召，缺少男音，令郎甚为合格，尚希允其参加，共观厥成。专此奉商。敬颂

康健！

教弟陶行知再拜

1943年3月23日

原件存郭以实处

【注释】

①标题为编者拟。

②郭咸中，四川省广安县人，重庆安庆印书局经理。

代求墨宝①

——致冯玉祥

焕公赐鉴：

捐字兴学，共得国币壹万玖仟陆百元整（内有四千尚未收齐），谨代表全校致深刻之谢忱。现在仍有二事麻烦您。一是王母危太夫人承您赐一“寿”字，其令郎王京后先生日前面述将刊题词与诗文，嘱为改求题四字，以永纪念。深望念其孝顺及将来可能成为更有力之育才之友，俯允所请。二是锦棠先生之单条及对联，皆误写为“锦堂”，后经将“堂”字改为“棠”字，而浓淡分明，一见而知为就字改写。经手人张骏闲先生谓锦棠先生得公法书，如获珍宝，深望赐予完璧，传之后代，其意深为诚恳，务望再写一条一对，俾得遂其仰慕之忱。专此代恳。

敬颂

康健

行知再拜

卅二、三、二十五

出自《江苏文史资料选辑》第10辑

【注释】

①标题为编者拟。

告音乐会、话剧公演时间[①]

——致吴树琴

树琴：

碉堡锁匙[②]为你配了一个。方先生我为他配了两个，连锁一起交给他了。他后天当要改用我们的原锁。这锁匙可以给你一些方便。音乐〔会〕改在四月三日下午四时和四日上午十时举行。话剧仍在四月七日至十三日公演。你何时来？令弟以找文采为是[③]。

衔

卅二、三、廿六

原件存吴树琴处

【注释】

①标题为编者拟。

②碉堡，陶行知、吴树琴在北碚的居所。当时陶行知常去重庆，吴树琴在药厂上班，便委托方先生代管碉堡钥匙。

③指吴树琴之弟吴恒智所托之事，宜找当地的姚文采协助。

艺术合作的结晶品[①]

——致陶宏、陶晓光

宏、光：

今天接到《神鹰歌》及《战歌》[②]，最为高兴。所高兴的是你们能在艺术上为育才服务而合作的结晶品及时而来到我的面前。我即刻托李康将、周寿年分抄一曲，现在就要派人到歇台子去与胡然先生和音乐组同学接洽。可惜的是胡先生正忙着个人演奏，不能分心教导，而音乐组同学随机应变的临时增减节目也不灵活。《圣母颂》听说胡世珍也唱不出，因此不能列入节目。《神鹰歌》与《战歌》最好能列入，将老节目除掉。年年唱的《手脑相长歌》，大可以除，连自己都听厌了，还要摆在节目里。假使他们保守，不能争取时间，我将令一两位会唱的小朋友在广播大厦特别广播，而不在同天举行。定了日期再告诉你们。

音乐会为了会场成问题，改在四月三日下午四时至六时及四月四日上

午十时至十二时，在银行公会举行，还有冯先生独唱[③]。敬颂
康健！

衔
卅二、三、廿七
原件存陶晓光处

【注释】

①标题为编者拟。

②《神鹰歌》及《战歌》，系陶宏与陶晓光合作翻译的苏德战争时期的苏联歌曲。歌声雄壮优美，战斗性强。

③指冯玉祥的独唱。冯玉祥在国民党军政界颇有影响，有冯玉祥参加的节目，特务不敢去捣乱。安排冯玉祥的独唱，可使一些想去又不敢去听育才音乐会的人，放心前去。

新歌列入音乐会节目[①]

——致陶宏、陶晓光

宏、光：

你们完全胜利了。寄来的《神鹰歌》及《战歌》，得到胡先生同意，已经列入节目，小孩练习《战歌》，感觉到兴奋。敬颂
康健进步！

衔
卅二、三、廿八
原件存陶晓光处

【注释】

①标题为编者拟。

深望早日返渝参加音乐演奏会[①]

——致冯玉祥

焕公赐鉴：

音乐演奏会定于四月三日下午四时在银行公会举行。四月四日上午十

时再举行一次。您的独唱“爸爸在家”，可谓民族之声，深望如期返渝参加。伴奏胡先生只代您写了一半，尤望至少早一日返渝，俾胡先生或范先生代您写成伴奏，一劳永逸。陶宏与小桃合译两首名歌《神鹰歌》与《战歌》，亦由胡先生编入节目，故此次内容尚称丰富。昨趋府奉询，对公归期，不得要领，至为焦急。专此奉约。敬颂

康健！

行知再拜

卅二、三、廿九

复印件存华中师范大学教育学院

【注释】

①标题为编者拟。

四月初举行音乐会[①]

——致吴树琴

树琴：

听宁远说，你于儿童节[②]来，我高兴极了。一切都为你准备好了。音乐会是定于四月三日下午四时至六时、四月四日上午十时至十二时。这两次卖票，都在道门口银行公会举行，还有一次是四月五日下午八时至十时，请客不卖票，以三百人为限，在广播大厦举行，并于八时一刻至九时对全国播送音乐。希望你四日到。敬祝

康健！

衔

卅二、三、卅一

原件存吴树琴处

【注释】

①标题为编者拟。

②民国时定四月四日为儿童节。

喜读《儿童新闻》复刊第一号①

——致潘一尘、俞子夷

一尘吾兄、子夷先生大鉴：

今早第一件事，看完昨晚竹因同志送来《儿童新闻》复刊第一号。让我向你们致谢又致敬。新年以来得到四个快乐：看莫扎特（即《安魂曲》），看关山月画展，听李岳阳说调味并尝了他的杰作，再末，就是读到您们的《儿童新闻》。那是全国小朋友的精神糖果、文化早点。我们的处在数千里外的难童都受到你们的恩惠了。最有儿童文学味道的是初级教材第二课："老牛早。妈，老牛叫我妈妈。"我想画蛇添足，给他加上几个字，教我们的小孩读：

老牛早。

妈！

老牛叫我妈妈。

哈哈哈哈！

老牛叫我妈妈。

还有方谷音小朋友写的《哈哈笑》，是战时最好的课文，已经选入我们不久就要出版的《战时教育·儿童文学专号》了。

特约合作学校一千个。好办法！育才学校每月担任印费二十元，先汇半年一百二十元。小朋友的作品也可源源奉上。

《儿童文学专号》在这里欢迎你们的大作——对儿童文学创作之指示，或儿童文学小品，或别的关于儿童文学之材料都欢迎。接信就写是会赶得上。我们相隔千山万水，在儿童刊物上握手谈心也是一件愉快的事。敬祝健康！并祝

你们为儿童打算的一切好梦一一实现！

陶行知再拜

卅二、四

复印件存华中师范大学教育学院

【注释】

①标题为编者拟。

希望你星期六下午来[①]

——致吴树琴

树琴：

昨日二时半自北泉开船，“民邦〔帮〕”船慢而稳，六时半到合川。我与办事人住在民生电水厂。布景及办事员都已到齐。希望你星期六下午来，星期一去。派你买物也来，不派也来。我们住处为合川最好的地方，全城在目，风景至佳。

衔

卅二、五、四

原件存吴树琴处

【注释】

①标题为编者拟。

张上将祭歌已成[①]

——致冯玉祥

焕公赐鉴：

合川公演成绩，以能运用重庆、北碚之经验，故成绩甚佳，可以告慰。美中不足，惟剑翘[②]先生未能晤教。

《张上将祭歌》[③]因谱曲需要，大体遵照尊意，分四段编写，已由同学竞赛作曲，明日练唱，星期日黎明出发。相见不远，先此预闻。敬颂

康健！

衔

卅二、五、十四

复印件存华中师范大学教育学院

【注释】

①标题为编者拟。

②剑翘，即施剑翘（女），她曾为父报仇，刺杀军阀孙传芳。

③张上将，指张自忠（1891—1940），抗日将领。1940 年 5 月壮烈牺牲。《张上将祭歌》系冯玉祥委托陶行知作词，育才学校学生作曲。

有译稿即寄来[①]

——致吴树琴

树琴：

十八日来信约演讲，没有走得成。冯先生适自天府[②]演讲归，想和他同观李华先生工作，因他为人证婚，留待夏历五月十三再去。昨日到渝，发现木棉枕头不翼而飞。今早见后楼储藏室遍地棉花，细看知是木棉。枕套虽去，木棉仍在，今请三妹为我还原。如此行为，令人心痛。今日伍必端为我理房间，理得甚好。李华先生已允沈君去学，明天沈君乘船赴金刚碚[③]。

你的翻译，每逢作成，即刻寄来，我必定当天为你改好寄上。这是我高兴为你做的事，我自己也得益处。快寄来吧！铺盖系十八日中午到碚，仍请杜君来取。请付十六元费。

敬祝

康健！

衔

卅二、五、廿

原件存吴树琴处

信写好，接到竹牌，真是费事，你请杜将铺盖领去，由“新亚”担保。我当设法将竹牌送回给你。

【注释】

①标题为编者拟。

②天府，指重庆市郊天府煤矿，在北碚附近。

③金刚碚，即金刚碑，在北碚附近。

望你写一篇生动详细的莫扎特传[①]

——致陶宏

陶宏：

五月二十日的信和三月二十五六日的信都收到了。合川公演，因为克服了重庆、北碚的弱点，在各方面看来，算是有九分成功，为学校得了许多朋友，其次是收入也比北碚、重庆好些。

画展、音乐会、话剧公演，除开销得二十一万，尚有七八万未收齐。

仪器、药品正在请高先生开单，开好当与款一并寄来托你买。章恒英文不够写莫札尔特[②]，就是写也是很普通的。仍望你写一篇比较详细生动的传。

此地薪金最近加至伍百元左右，膳食医药在外，如某位同志家累重，学校得酌量予以特殊补助。你的朋友倘愿屈就，非常欢迎。

看到你三月二十五日的信，觉得你有点煦煦为仁，孑孑为义，这是应当克服的。你回来时，我们详细谈吧。我对于朋友，凡是对的事，总愿尽力助成。

三桃在医院治了将近三个月，前天出院，总算重新得了一个生命。他的长处是种园唱歌，而他的希望也只是如同一位墨西哥的农人所唱：

我只要一块地，
种一粒种子唱一首歌。

日内当派他到邰爽秋同学办的农场去见习。

陶城高中可能于本学期卒业。敬颂

进步！

晓光近状如何？

衔

卅二、五、廿三

原件存陶晓光处

【注释】

①标题为编者拟。

②莫札尔特，通译莫扎特。

改稿于我有益[①]

——致吴树琴

亲爱的夫人：

今早接来信及译稿两篇时，立刻为你改了一篇就来警报，不能继续干。第二篇明天寄来。你放心吧！我一接到稿子便立刻为你改，这也于我有益，养成迅速的习惯。端午能否来，明天再说。

衔

卅二、五、卅

原件存吴树琴处

【注释】

①标题为编者拟。

凡事要机警[①]

——致吴树琴

琴姑：

一直到现在才能将三十九号竹牌寄给你，请你转交杜先生吧。

昨日听黄次咸先生叹一口气，我问他为什么？他说："电厂要停水 20 天，游泳池的水即须出清，装水以备饮食之用。"我回来即叫打听木桶大王几元可买。报告说三天后 500 元可买，今天则非 700 元不卖，而且要买就立刻买，否则快没有了。我们立即买了来，连夜装了 50 担水，今天果然水不来了，而我们居然有水吃。所以凡事要机警，并且要争取时间。衣服一件，也带来与你。祝你

康健！

衔

卅二、六、一

原件存吴树琴处

【注释】

①标题为编者拟。

译稿正需要[①]

——致陶宏

宏：

昨天下午接到五月廿九日信，即派伍必端去托中国银行汇你一千元，今日又托他到杨家沟桥送一千元给醉霞，并嘱她为小黑打针。这是她的回信，认识与我们不尽同，当再写信去劝她给打针。晓光身体弱，甚为挂念，他的事我在探路。你的译稿正需要，牛顿、莫扎尔特[②]可给每千字五十元。

衔

卅二、六、三

原件存陶晓光处

【注释】

①标题为编者拟。

②指《牛顿传》和《莫扎特传》。

拟送沈广鑫去歌乐山[①]

——致吴树琴

琴：

我本想来和你过诗人节（即端午节），但是沈广鑫[②]又来到重庆了。他在古圣寺半夜三更把学校的镜子冲破，又打破了两口锅，不能被容，故而又来到这里。小孩们恐慌得很。我想要送他到歌乐山去，以解除小孩们的恐怖。生教社也要立刻改选，故尔不能来泉。我在十五前一定到。敬颂

康健！

衔

卅二、六、四

原件存吴树琴处

【注释】

①标题为编者拟。

②沈广鑫，原南京晓庄小学学生，抗日战争爆发后欲去延安，中途遭国民党特务

截捕，关押在重庆綦江集中营。因遭残酷迫害，终成神经错乱，陶行知曾给予他很大的爱护。

在废墟上创造出更好的儿童美术馆①

——致吴树琴

琴：

六月五日夜十二时我回到管家巷时，只见美术馆已经烧完，留得前楼及右廊岿然独存，可算是不幸中之大幸。

储藏室、谈天场、女宿舍、办公室、展览正厅完全烧光。新购石膏像、旧棉胎、米、电灯都无踪迹。书被人趁火打劫去了一半。损失总在十万以上。我们决定要各尽所能，在废墟上创造出更好的儿童美术馆。端午本来想给你一个意想不到的快乐，预备六日到温泉来，但是出了此事，又因为楼下起火，人诬赖是楼上起火。宁远要去对质，我必得在家看守，以致不能走动，但也没有使您失望，因为我写信是不能来的。

端午早晨，立在残火前，想做一件有意义之事来补偿精神上之损失，同时要于国家有益，于是就电汇了一万元去慰劳鄂西前线的战士。我们要加紧节约，努力凑足这一万元捐款，使每一个人的心血、大汗，都在这一万元中占一地位。现在已开始节约加工，您也来一份好吗？鄂西是一个真正的大胜仗，使敌人胆寒，并安定了后方的人心。这是多么可庆贺的事啊！

新闻一则附上。敬颂

康健！

衔

卅二、六、六

原件存吴树琴处

《破了翅膀的鸟》已改好，请源源寄来吧。

【注释】

①标题为编者拟。

改正本校演出收支情况[①]

——呈重庆市社会局

案奉钧局三十二年六月八日未列字第零三八一号指令内略“该校音乐演奏会及话剧券资收入除去院租及演出税捐等费尚有募款四三六八四．二〇元，复查重庆市政府取缔募捐办法第七条规定‘凡募集捐款所有事务开支费用应以自筹为原则，如遇必要时得在募款项下酌予开支，但不得超过捐款数额百分之十’。而该校列报之招待杂支两项竟达一〇二三七．五〇元，以致券资盈余仅三三四四六．七〇元，核与上项办法规定不合，仰依法具报，再行核办。”等因奉此，自应遵办，现将招待杂支用费由券资项下开支三六八四．二〇元，不足之款由本校□□□□弥补券资盈余计四万元整。用途支配列表呈请

钧局鉴核示遵，实为德便。谨呈

重庆市社会局局长包

私立育才小学校校长　陶行知（盖章）

1943 年 6 月

复印件存华中师范大学教育学院

【注释】

①标题为编者拟。时间为编者考定。

趁火打劫的手续费[①]

——致吴树琴

琴：

从前寄来的译稿两篇：一是《少年医生的故事》，一是《一个破了的翅膀》，都给你改好寄去了，怎么三封信来都没有提起？今天来信说是有两篇，实在只是一篇，现已改好，立刻寄给你，请你查明示复。

失火我自己失掉绒毛毯（晓光不远数千里带来的）、汗衫一件、白土布裤一件，都是趁火打劫的手续费吧。

到成都去，那是五个月后的事，并不是现在。

本来和冯先生[②]一起到北碚来，昨天他告诉我，他不去了，我也因不

知几时审问失火案，故六月十五日也不预备来。能来时再写信告诉你。

明天有人生儿子请客，中饭要去南岸吃酒。沈广鑫要到成都去，也好，我要把他安顿好了再来。否则，小孩们真是不安。

衔

卅二、六、十四

原件存吴树琴处

【注释】

①标题为编者拟。

②冯先生，即冯玉祥。

请提修改意见及投票[①]

——致孙敦乐

敬启者：

本社原拟召开社员大会，进行修正章程，改选理、监事，讨论社务开展等项事宜。惟因交通阻滞，而社员又散处各地，召开社员大会实感困难。

现已呈准社会部，采用通讯方式以利进行。兹将依照政府颁布《非常时期人民团体组织法》修正，并呈经社会部准予备案之本社章程草案及社员名单、本届理监事选举票、建议书各一份，随函奉上[②]，务请于信到三日内，将台端对于修改章程、推进社务之意见及所投之选举票，寄还重庆和平路管家巷二十八号本社驻城办事处。至为盼祷。此致

孙敦乐先生

生活教育社理事会理事长　陶行知

三十二年六月廿八日

复印件存华中师范大学教育学院

【注释】

①标题为编者拟。此系陶行知致生活教育社各社员函。

②附件略。

节约办校庆[①]

——致陶晓光

晓光：

宏已于月底到渝，谈及你与鸿韬、铁夫[②]诸同志拟于六月十五日左右到渝，甚为欢喜。

今年节约，四周年不预备庆祝，你们来时不能看到往年的热闹，但寿面一碗，总是有的。

关于高鸿仪小朋友入育才事，现在不能决定。育才容量只有一百五十名，现在是随便收了一百九十人，挤得太满，生活过得不好。将来整顿后，可以新陈代谢时再商量。

现有一事奉托：音乐组现有四架小提琴，练习得差不多。拟增加大提琴（cello）二架、中提琴（viola）二架。听说成都南门外有位方木匠，有做现成的出卖，价钱并不高。倘使四架共在二千元至五千元，请你托倪尚达或其他同志处暂借买好带来，并写信告诉我实价用去几多，即刻汇款清还。倘使太贵，则至少每种买一架。若超出千元，则六千元亦可勉强负担。听说大提琴（cello）只要五百元，那就算是经济了。请找一内行偕去。如多化一二百元而可以买得更好之物，则以买较精者为是。

你送我的毛毯被发火难财者抢去，稍觉可惜。祝你们康健！

衔

卅二、七、六

原件存陶晓光处

鸿韬要的字不日可写。

【注释】

①标题为编者拟。

②鸿韬，即陈鸿韬，时任成都航空子弟学校校长。铁夫，即易铁夫，时任成都高琦中学教导主任。

古圣寺依旧是可留恋[1]

——致吴树琴

琴姑：

古圣寺依旧是可留恋。虽然我的人生观是不恋，其实要说一定不恋也不对，更近情理是恋而不恋，不恋而恋。紫薇花是盛开了，被豇豆架包围。好像是几位美人被人群中的高个子遮住，我立刻为它们解了围，还了它们的自由。葡萄藤也长得茂盛，给它造了梯子，使它攀上棚子去完成庇荫的任务，同时长得好些。灯笼草，去岁下了十颗种子，活了四窝，伏在地上像杂草一样，象征一个人倒了霉。我们弄了几根麻绳吊起来，它们不久便可以攀上屋顶，像一串一串的翡翠小灯笼垂下来，那是多么地好看啊。仙人掌也开了一枝花，不知被谁窃去，还有一个小蕊，不久会开的。白荷花也有一两枝像白衣仙子在绿波上跳舞。最美的是，昨夜正要睡的时候，月亮从树林的缝里射出温和的银光，待我出来看时，它已升上树尖。升上半天，显出至美至善的姿态。此地没有臭虫，蚊子有帐封锁，被已洗，棉已晒，霉气清了，可以来休息一天。若高兴，做几个南瓜馃吃，倘有气力，多做几个，与大家同乐一番，更有意义。江水若涨，则在温泉过江步行，较为稳妥。敬颂

康健！

衔

卅二、七、廿三

原件存吴树琴处

【注释】

①标题为编者拟。

每天译一首诗教小孩们[1]

——致吴树琴

树琴：

接到八月一日的信，使我十分感激。读到你预备用你的流汗钱为我做衣服，我是忍不住流了几点眼泪。但是让你，忍心地让你为我做一件吧，一年四季都可以穿的，使我觉得随时随地都有你和我在一起，而且觉得光荣、兴奋。

你对你的新职务兴趣怎样？责任是加重了，要十分谨慎。

静霞[2]未见来，来时如缺钱，自当照付。我怕托她买书是不大行。

国宝丹甚好，决定随身带。你所说的八卦丹、十滴水我也要去弄来。热时我不出去，早晚凉些才去看朋友。白天多在屋里计划、写信、休息。这些日子忙的是整理账目，以备查账。美国援华会补助费的收支，经过会计师审查，费了三千元审查费交出去了。

我每天翻一首诗教小孩们，借以练习写作，先将《煮粥诗》寄给你。你翻的那首《箭与歌》，我也想教他们，请把英文《箭与歌》与汉文译稿费神寄来。我把研究所的账及生教社的账及育才的投资办好，便要返校。那时，廿左右，我们又可见面了。我希望那时能好好地休息数日。

晓光说廿五来，已经十多天了，还未到，有点挂念。

梅仙做事尚起劲。但胭脂瘾老是除不掉，今天又擦得通红出去看朋友，令人气煞。这大概是很难改的了。敬颂

康健！

衔

卅二、八、七

原件存吴树琴处

【注释】

①标题为编者拟。

②静霞，指晓庄学生陆静霞。

晓光办的事代表我的精神[①]

——致吴树琴

琴姑：

晓光昨天来了，带了他奋斗得来的大提琴来了。他为着要代育才买这个大提琴，真是历尽千苦万辛，可以代表我的精神。他还带了一些吃的东西来，其中我想有你的一份。

陆静霞明天去桂林，今天把四百元送了来，还有化学书名。早晚风凉些，我可以买买看。郑板桥的《岩竹诗》译好[②]了，昨晚教给孩子们。今抄上一份，请赐收一读。汉文原诗是值得背的。敬颂

康健！

衔

卅二、八、九

原件存吴树琴处

【注释】

①标题为编者拟。

②指把《岩竹诗》译成英文。

育才学校受灾报告[①]

——致于去疾

去疾[②]局长吾兄大鉴：

久未晤教，忽奉华翰，拜读之余，如吃甘蔗。火灾[③]劫余，累兄远问；高谊如云，中心感奋。起火原因，各执一是，浑浑沌沌，喉咙有刺，缪不与问。院免起诉，纠纷两月，幸能相恕。科学之眼，追踪火神，“是”无二个，经路可侦。汹汹之际，我独平心，半月之中，真相自明，证物满场，莫可遁形。火自下起，先梁后板，火力不足，焦不透板。若自上起，先板后梁，火力不足，焦不透梁。前后左右，俱以此推，画线求点，过无可诿。事已了结，原不再说，承兄垂问，报告宜确。估计损失，二十五万，卖画演奏，一扫而光。两月米粮，三冬被衣，全副石象，数架书籍。电灯飞走，原来无翼，应有尽去，复兴宜计，废墟之上，开辟新地，登高

而呼，仰仗大力。专此奉达，敬祝胜利。

教弟　陶行知启

卅二、八、十

出自《江苏教育史志资料》，1991年第3期

【注释】

①标题为编者拟。

②于去疾，时任陕西省盐务总局局长。

③火灾，指重庆管家巷28号育才学校办事处失火。

借集体力量战胜易发脾气[1]

——致吴树琴

琴姑：

八月十日的信使我又喜又惊。喜的是你会学我的好处，不学我的坏处；惊的是你不出我所虑，要为着新工作而紧张甚至于害病，我这容易发怒的习惯非克服不可。于人于己，两受其害，我希望借着集体的力量来战胜它。

《箭与歌》今天就拿来教小孩。末了一段，晓光[2]读了，觉得没有原文流利，我随手改成："好久好久以后，在一棵橡树上，我寻着了这枝箭，依旧无恙；我寻着了这首歌，从头到底，在一个朋友的心里。"

你觉得这样改，行不行？

晓光带来的糖果，有牛奶糖、葡萄干、梨糖、美国苹果。我每样给你留一份。

本月二十一日是礼拜六，我一定会来温泉和你畅聚两日，借资休息。

敬颂

康健！

衔

卅二、八、十二

原件存吴树琴处

曹操之《短歌行》，王建之《新嫁娘》，都是这几天翻成〔给〕小孩子的，寄来给你看看。我觉得不甚满意。

【注释】

①标题为编者拟。

②晓光，即陶晓光。

演讲破纪录[①]

——致吴树琴

树琴：

你要的书，我大略看了几家旧书铺，都没有。我日内要把书名开出来，托人挨家去问，到我回来时，你就可以知道真消息了。你记得杨森总司令去岁对学校捐款之后，有电约我到他府上去演讲，我因病不能去，心里好像负了一笔债。前月我去信想践前约，毕竟于十四日，他们派了汽车接我们到山洞去，对他的将近二十位青年孩子演讲（到齐有三十位）。那里风景好。我上午讲了两个题目，下午讲了四个题目。他们听得十分用心。我讲的这样多，是破了近年的记录，可见我的身体是好了一些。他们预备了一餐盛宴，还开了一个会欢迎我，节目中有《杨森家庭歌》，大家唱得很好。陶宏今天到了。晓光想在北泉自修，请你与黄先生一商，可否为他借一间小房。拜托拜托。

敬祝

康健！

衔

卅二、八、十六

原件存吴树琴处

【注释】

①标题为编者拟。

译诗当点心[①]

——致吴树琴

琴姑：

现将杜牧写的《赠别》奉上，还有我的试译稿。我决定每天译一首，或从汉译英，或从英译汉，风雨无间，期以卅年，可得一万首，贡献给朋友，现代的、后代的当点心吃。你赞成吗？生活教育社明早开票。我廿一日来温泉。敬颂

康健。

衔

卅二、八、十九

原件存吴树琴处

【注释】

①标题为编者拟。

从北碚到渝后[①]

——致吴树琴

树琴：

我于三十一日下午二时从北碚坐公共汽车来渝。路上抛两次锚，将夜才到。因为米好，晚上吃了一碗管家巷难以吃到的稀饭，觉得一路的疲劳都消失了。

九月一日一面派了马国璋、连正名[②]到农贷训练班交涉了六个防空洞的地位，并为魏寿陵送信给史良律师，为他作上诉的辩护，一面偕晓光去访朋友，如李组绅及李景熙，并参加早晨六时冯先生在宝元渝[③]之演讲会。李景熙先生捐助一万五千元为复兴美术馆之用。然后由晓光代力扬之友打听飞机购票之消息。机少人多，坐飞机难于上青天。二日访顾季高、鲁佩璋二先生均不在部，顺便买了一些书，有一本是《世界作家》，内容相当丰富，化了400元。译成《斑鸠诗》及《镰刀舞歌》。《镰刀舞歌》现寄给你，可用原谱唱。冯先生也要加入朗诵会，我说次日背不出是要自动不吃晚饭，他毅然答应了。

今天在家整理可以找到材料的书。打字机修理好了。陶宏已于今日到。他和我将集中精神用这打字机，为育才开一新的发展途径。敬祝
康健！

衎

卅二、九、三

原件存吴树琴处

【注释】

①标题为编者拟。

②马国璋、连正名，育才学校绘画组学生。

③宝元渝，重庆一家公司的字号。

一天推销入场券十分之九[①]

——致吴树琴

树琴：

我昨天做了一件令人难信之事——一天之中将黎国荃提琴独奏会之入场券推销了十分之九，即二百七十张。这一次，卖票就算是我包办了。学生有些讨厌勤务，让他们休息休息也好。

前天陶宏带了些红烧肉来，一直吃到今天才吃完，还有一些油明天可以拌饭吃。晓光屡屡称赞肉香，可见他也是喜欢吃，你有空时可以烧点，请他尝尝。

我现在每天要费一些时候搜集育才故事，写成英文以便开源。不久，物价再高涨，希望就在美国朋友了。

衎

卅二、九、五

原件存吴树琴处

【注释】

①标题为编者拟。

一面休息 一面讲学[①]

——致姚雪垠

雪垠先生大鉴：

奉书至感，当即转致焕老[②]。日昨又晤商，知其期望甚切，景仰甚深，且谓城中人多分心可虑，拟于十六日[③]早派汽车迎接先生到歇台子，一面休息，一面讲学。并望先生酌带参考书，俾可印证。除小说外，对于诗之发展，彼亦感需要。原函附上。如何，尚希卓裁示复。敬祝

康健！

弟衔

卅二、九、八

原件存姚雪垠处

【注释】

①标题为编者拟。

②焕老，即冯玉祥。

③“十六日”，旁注有小字“何日去住请示知”。

敦请为育才提供资助[①]

——致毕来思

亲爱的毕来思[②]女士：

几乎可视为奇迹的一件事是：我能在爱德华·卡特博士离华前夕与其会晤，并趁机向您奉上可供朋友对我们的实验作进一步了解的材料。因准备材料之事极为仓促，所余时间过于短暂，不能写一封长信详告有关情况。

首先，请让我代表育才难童及全校员工，向美国援华联合会、美国援华会及美国救济中国战争孤儿委员会给予我们慷慨而及时的捐助，致以衷心的感谢。我们特别要感谢您和罗格女士以及卡特夫人，对我们的规划体现的善意兴趣，以及为促其实现而给予的热情支持。

承蒙艾德敷先生的好意，我曾于 1 月 31 日委托他奉上规划报告一份及

育才学校生活照片数张，希望对您了解情况有些帮助。

随函附上与美国援华会资助有关的业经合格会计师审计的：1943 年 1 月 1 日至 6 月 30 日育才学校半年收支报告副本一份；从您处收到分期付款的清单一张；育才生活照片 24 张；我校学生绘画课创作的 13 份木刻复制品；拙作 7 首歌曲；《育才三方针》《育才十字诀》各一份。

迄今为止，我们已从您处收到 10 500 美元，折合中国国币 250 225.81 元。此外，我们还直接从美国援华联合会重庆办事处收到火灾救济金国币 50 000 元，以及贵会补助金临时存款的银行利息总计国币 2 206.36 元。银行结余及手头现款结余，共为中国国币 62 313.57 元。

1943 年 8 月的支出为国币 100 000 元，而 1942 年 1 月的支出则为国币 12 516 元，1942 年 12 月的支出增为国币 50 379.80 元。在以上 100 000 元中，约 1/10 来自中央赈委会，1/10 弱来自中国救国会，3/10 来自美国援华会和美国援华联合会，5/10 强来自在华的“育才之友”（但此款须逐月筹集）。生活费用的不断上涨，使我们无法多招学生。9 月的预算为国币 110 000 元。较保守的估计是：中秋节后生活费用将会猛增。12 月份我们的预算可能达到国币 150 000 元之多。我们恳切期望于年终前（最好不迟于 10 月），您每月能为我们提供 2 000 美元。约有 30 名年龄较高，且培养前途不大的学生，将转往他校，腾出空额来招收年龄较小的儿童。我们计划音乐组与自然科学组各招收 10 名及 20 名年龄均在 10 岁以下的幼童。

毋须甚久，我将寄上由儿童谱写的歌曲、育才生活故事及可能到手的照片。

请向卡特夫人、罗格女士及其他朋友代致问候，并祝您的伟大工作取得成功。

挚友　陶行知

1943 年 9 月 9 日

复印件存华中师范大学教育学院

【附录】

附录一：1943 年 1—3 月期间育才活动报告

一、一般活动

(1) 在 1 月份，根据教育部的规定，举行了各课程的期终考试，然后放寒假。因我校是难童学校，多数学生是无家可归，因而为学生安排了春节活动。活动之一是，动员留校学生观看巴拉兹原作的戏剧《莫扎特》的演出，希望他们从这位伟大音乐家的一生中获得教益。

(2) 进行了两次中国春节庆祝活动；还有为期2天的学校综合展览会，以招待附近村民。

(3) 选派热心民众教育的精干人员，与当地中心学校合作，引导农村初小学生担任小先生，与他人共享真理。此外，还为文盲建立“学习岗”，以便将教育普及到更大范围的民众中去。

(4) 参加编辑《育才丛书》的作者们开了几次会，会上彼此交流了经验，并讨论了各自在工作中遇到的问题。

(5) 建立了一个“生产消费合作社”。

(6) 组织了一次联合运动会，参加者有来自外校的学生和其他村庄的农民。

(7) 开展了土地运动，以使我校的每一寸土地都用于种植蔬菜。

(8) 所有在校女生，于3月8日参加妇女节庆祝活动。

(9) 每周进行一次新闻时事测验，以资强调。

二、分组活动

(1) 音乐组：①为向市内音乐家学习必要的理论和技能，音乐组学生于1月份赴重庆参加了现场观摩；②2月中旬，中央训练团青年训练处赞助举行了一次音乐会；③音乐组学生在3月间，在中央训练团行政人员训练处的赞助下，举行了一次音乐会；④学生谱曲20首。

(2) 戏剧组：①首次在国内舞台上演出小歌剧《橘子舞》；②春节演出话剧《儿童团》及《橘子舞》；③3月初赴重庆进行现场观摩，并安排演出董林肯先生创作的话剧《小主人》。

(3) 文学组：①春节期间演出名剧《伪君子》；②邀请重庆主要权威人士参加“儿童文学”讨论会，并为《战时教育》（月刊）编辑“儿童文学”专刊；③3个月内写了文章30篇、诗2首。

(4) 绘画组：①举办了一次新年儿童绘画展览会。②3月19—21日，在基督教青年会举办了一次育才之友中国画展览会；3月20—23日，在励志社举办了一次由绘画组学生创作的木刻、中国画、水彩画展览会；3月20—23日，在我校儿童美术馆举办了一次育才之友木刻及世界著名美术品照片展览会。

（5）社会科学组：春节期间演出《莲舟》和《我们的总部》两剧。

（6）自然科学组：2 月中旬，学生被分派到战时首都近郊的各工厂（包括化工厂、发电厂、机械工厂等），接受了若干现场训练。

出处同前

附录二：1943 年 4—6 月期间育才活动报告

一、一般活动

（1）4 月 4 日举行了盛大的儿童节庆祝活动。庆祝大会还邀请了村庄儿童及其父母、亲友参加。

（2）举行了演讲、作文及国内外时事知识的竞赛。

（3）强调了 5 月份有关事件的研究：①就 5 月份有纪念意义诸日的问题发表了演讲；②5 月 4 日举行了以《学生运动之意义》为题的一般性讨论。

（4）6 月 7 日向鄂两前线陈、孙两将军及全体战士发出一份贺电，祝贺他们在最近取得的抗击日寇的胜利，并于“龙舟节”（为纪念伟大诗人屈原，现在又名之“诗人节”）汇去国币 10 000 元，以此作为我们的一份薄礼。

二、分组活动

（1）音乐组：4 月 3 日和 4 月 4 日，接连两天在银行俱乐部举行音乐会，以庆祝儿童节并响应以 5 月为“音乐月”的全国号召；4 月 5 日，在中央广播大楼举行了一场音乐会，招待战时首都知识界人士；音乐会同时进行了转播，并灌制成了歌曲唱片；4 月 18 日，向南洋、印度、美国及苏联播放我校演唱的歌曲，并灌制了更多的唱片；4 月 19 日，在中国农民银行举行了一场音乐会；5 月 1 日，应军事委员会政治部的要求，在北温泉举行了一场音乐会，招待英美军事官员。上述所有音乐会的节目，包括乐曲、歌曲，有些是由世界闻名的音乐大师创作的，也有一些是由我校儿童自己创作的。在 4 月至 6 月三个月内，由学生自己创作的歌曲共计 22 首。

（2）戏剧组：从 4 月 8 日开始。四幕剧《小主人》在重庆舞台上连续演出了 7 个夜场。儿童节那天，在中苏文化协会赞助下，我校儿童为中苏儿童友谊会演出了《儿童团》和《丰收舞》。4 月 19 日，在中国农民银行再次演出了《儿童团》。4月底，《小主人》在北碚连续演出了5场。所有上述演出的观众达15 000人次。5月《小主人》在重庆附近的合川县城连续演出了4场，观众达5 000人次。

(3) 文学组：以下每个纪念日都举办了诗歌朗诵晚会：中国龙舟节、中国爱国诗人屈原诞生2221周年、高尔基逝世7周年。举办了一次故事晚会。撰写30篇文学作品。

(4) 绘画组：5月，负责美术组的许士骐征集到了13尊石膏半身塑像，并携回儿童美术馆供研究学习；6月5日，因邻居不慎引发火灾，本组及儿童美术馆部分受损，全部石膏塑像及部分收藏品被焚毁，损失达国币250 000元。重建工作正在全力进行之中。

(5) 社会科学组：①派遣志愿人员每星期两次赴自贡市，为那里的一所小学提供帮助，包括教学生唱歌、绘画；②派遣志愿人员到本地集镇从事同一目的活动；③举行了故事晚会，以庆祝苏联抵抗纳粹侵略两周年。

(6) 自然科学组：本组一个学生叫吕长春，他与音乐组的一个学生合作，用废旧材料制作了两套简单的幻灯，为在农村推广群众教育增添了一个良好的工具。

出处同前

【注释】

①标题为编者拟。本函及其附件均用英文写成，由杨汉麟译校为中文。英文原件收录于英文卷。

②毕来思（Mildred Price）女士，时任美国援华会总干事（执行主任）。陶行知访美时与她相识，她对陶行知的难童教育事业给予了较大的支持。

口信已转达焕公[①]

——致姚雪垠

雪垠先生大鉴：

奉到由小朋友转来口信，业已转达焕公。彼对隔一天讲一次表示赞同并谢忱。十六日早六至九时光景，冯府派汽车来迎接。专此奉达，敬颂

康健！

弟陶行知启

卅二、九、十三
原件存姚雪垠处

【注释】

①标题为编者拟。

《孤星泪》吸引我[①]

——致吴树琴

树琴：

昨日把学校和新村之地确定了之后，将丈量申请书送去，于二时来渝，中途抛了一回锚，到六时才抵两路口车站。城中汽车太挤，走回管家巷吃了四碗菜粥，疲倦都恢复了。李震的书，刚才已令梅仙送去。其余的事将于一二日内代你做完。事多不能多写。草此先报平安。《孤星泪》[②]一路停车必读，好像着了迷，从前没有一本小说如此吸引我，其中实有道理。将来相见时，又可为你解说了。但昨天在此书中也见了一点不满意处。

敬颂

康健！

衙

卅二、九、廿一
原件存吴树琴处

【注释】

①标题为编者拟。

②《孤星泪》，即《孤星血泪》，作者为英国作家狄更斯。

创造使人乐而忘忧[①]

——致吴树琴

树琴：

您委托之事，都已照办了。胡伯雄厂长已有函去，商让沙滤器。伍献文[②]、时光荣[③]二先生处已去函婉谢，并说明庙小僧多之苦，冒然多收，有碍儿童健康，反而要辜负诸友付托之重。李震弟之书，次日即派梅仙送去。图章已刻好，容我带来。杨仲明字月笙，信已写好，兹奉上，请寄恒恩。

近读《罗丹传》，有一警句，深合我的态度。他说："美术家立下一伟大榜样，即崇拜自己的事业，要把事业做得美而得到其中之乐趣，即是真正之酬报。"的确，我是崇拜自己的创造，故能乐而忘忧。近来我觉得还不止此，我崇拜您——妻子兼爱人的夫人，故更为幸福之人。前天下午本拟与军光[④]来碚，而下午忽无校车。本想今早来，又因校车坏了，待修，不果行，五日有约会，只好六日来。倘使车子无问题，我们快又相见了，您觉得高兴吧！

衔

卅二、十、二

原件存吴树琴处

【注释】

①标题为编者拟。

②伍献文，著名生物学家，时为中央大学教授。

③时光荣，时为新亚药厂华西分厂驻重庆经销处经理。

④军光，即张军光。

深望助育才渡过难关[①]

——致康心如

心如[②]先生赐鉴：

顷问趋访，适因会议，未及聆教为怅。弟因明晨赴碚不得不走笔奉商，幸赐垂鉴。近数月来，物价继续高涨，敝校每月预算已达十一万，可靠之款，只有五万元，余数则须逐月筹措，不胜奔波之苦。敝校董事会有鉴于此，拟集中精神，争取时间，筹集巨款，以立永久之基。月前曾推冯焕章先生致书我公，说明此义，谅蒙洞察。现在生活更为艰难，倘不未雨绸缪，必致减少营养，影响健康，深望予以厚助，俾得渡过难关，向着创造之大道上迈进。如蒙慨予设法，则敝校若有万一贡献，皆我公及诸友好大力提倡之所赐也。专此奉商，只候复示。敬祝

康健

教弟陶行知再拜

卅二年十月五日

附件　致育才之友书一通[3]，尚希指教。

复印件存华中师范大学教育学院

【附录】

邵力子致康心如函

——介绍陶行知前去面谈

心如先生赐鉴：

陶行知先生为其所创办之育才学校筹募基金事，拟晋谒左右，请求赐助，谨为介绍。

陶先生多年为教育努力，育才学校尤在教育界有异彩，必为先生所乐予援手者。一切由陶先生面谈，不多述。

敬祝

健康！

弟邵力子拜上

六月廿二日

【注释】

①标题为编者拟。

②心如，即康心如，时任四川美丰银行总经理、重庆银行公会主席、临时参议院议长。

③附件略。

育才创造之神回来了[1]

——致陶宏

峰[2]：

你为《儿童音乐专号》写的莫扎儿特幼年生活，放在哪儿？若你误带成都，请即寄来，以便付印。也许是在管家巷，待我去找。但我记得你从那儿拿去修改后，就没有还我。是不是？

育才的创造之神业已回来，音乐组昨晚开了一次最好的晚会，各组都种下新生命，全校一致向上，努力创造，教师、同学、工友同心协力，令人感奋。开校以来精神之佳，未有如此之盛也。我于十五日下午又向指导会宣读《创造宣言》，十六日早晨在朝会上向全体学生宣谈，十六夜竹因主持创造壁报于夜深十二时出版，今晨宣布创造奖金一万元：甲等奖五名，各一千；乙等奖五名，各五百；丙等奖十五名，各一百。新小学教师已开始培养，春季定招小学生一百名，你第二次来，将认不得这新生命之生长也，特此报喜！

衔

卅二、十、十七

原载《陶行知先生逝世二周年纪念特辑》，1948 年

【注释】

①标题为编者拟。

②晓庄学校于 1930 年 4 月遭封闭后，陶行知被通缉，于 1931 年秘密派人接两个大孩子到上海避难。为安全计，陶宏化名吕峰，晓光化名吕潮。

让舒容小朋友继续留院[①]

——致赵君陶

赵院长[②]赐鉴：

舒容小朋友在您爱护之下，他的母亲至为感激。但他的母亲在新亚做女工，经济至为困难，我这次来看吴先生[③]，知道她的实情，希望您对于舒容继续容其在院生活求学以苏其困苦。将来舒容长成，有贡献于国家社会，实院长栽培之赐也。专此奉托。敬颂

诲安！

陶行知拜启

卅二、十、十八

有暇过我一谈，不吝指教尤感，每月七日至十七在育才。

复印件存华中师范大学教育学院

【注释】

①标题为编者拟。

②赵院长，指赵君陶，曾任重庆土主场保育院院长。
③吴先生，即吴树琴。

今天时间配得巧[①]

——致吴树琴

树琴：

我今天时间配得很巧，一路看过碉堡，修理得不错，又会到王仲济（家楫）所长，为田绍英先生介绍一位朋友，到北碚才十一时，便在兼善餐馆吃了中饭再去买票，正好赶上车，到了两路口，又即刻有特别快车到较场口。小桃[②]那些衣服是虫蛀的，不是老鼠咬的。请你与别的毛衣隔离，毋使染着。他说没有用了，我想设法补起来，一定还有用。三桃今天几时走的，他不要睡，想玩一玩。梅仙[③]这些日子是早出晚归，大概是像找到事了。敬祝

康健！

衔

卅二、十、十八

原件存吴树琴处

【注释】

①标题为编者拟。
②小桃，即陶晓光。
③梅仙，即吴梅仙。

庆祝“十月革命”二十六周年[①]

——致加里宁主席、斯大林大元帅暨苏联全体人民

加里宁主席、斯大林大元帅暨苏联国全体人民公鉴：

辉煌的“十月革命”，今天第二十六周年了。在扫荡法西斯纳粹兽军的胜利中，迎接着它，全世界都感受着欢欣鼓舞。我们能够忖度，你们的欢忭，更会是怎样的诚恳；你们的庆祝，更会是怎样的热烈了。

亲爱的盟友们，你们替全人类树立了崇高的楷模。你们是真正的民主精神的领港。你们的成功，你们的胜利，决不是偶然，决不是神话；而是

真正地发挥了人民的力量，发挥了“人”的力量。我们由衷地对你们表示庆祝。

我们知道，你们是很关切我们的。远自贵国革命成功以来，近则自我们发动了抗日战争以至现在，你们在精神上、物质上，都给予了我们以很大的帮助。我们誓将以同等的胜利和成功，来使你们也为我们欢乐。我们要加紧鞭策自己，力求本民族的解放，更进而于全人类的解放上，切实地有所贡献。

亲爱的盟友们，你们是崇高的楷模，真正的民主精神的领港。我们要尽力地效法你们，追随你们，以你们的光辉的成就，作为我们的水准。今天在这个最可纪念的日子，我们谨以无上的真诚表示庆贺。

我们没有什么礼物可以奉献，仅在一面锦旗上，写出了几句粗率的诗。但这也正是，我们还须得竭尽自己，是我们的一个决心的表示。真正可以奉献给你们的礼物，我们还须得创造的〔出〕力量来，对于法西斯毒素的肃清，世界新秩序的建立，全人类福利的增进上，切实地能够有所贡献。值得奉献给你们的，怕只有这样的礼物吧！

亲爱的盟友们，请你们接受我们这点菲薄的意思。敬祝

你们的晖光日增，胜利无际！

中国文化界冯玉祥、陶行知、邵力子、郭沫若、沈钧儒、茅盾等谨上

一九四三年十一月七日

原载《中苏文化》第 14 卷第 7—10 期合刊，1943 年

【注释】

①标题为编者拟。此信系本次新增。

一言一动都是拿自己来塑像[①]

——致一位朋友

××吾友：

光明，

磊落，

在人中做一个人（不能做低于人的你所自命的“可怜虫”），在朋友中够得上朋友。

一言一动都是拿自己来塑像——塑一个像样的像。

把金刚化为烂铁的企图是徒劳。

你的错误的脚迹是当作祭品献与火神了。

向上的意志会引导你转向正确的大道前进。

刚写到这里，忽然看见一只蟋蟀跳上我的热水瓶，我说：让我来解放它吧。话未说完，只听得“拍”的一声，它已经跳入大自然去，何尝等待别人来解放呀。

陶行知

卅二、十一、八

出自《行知书信集》，安徽人民出版社 1981 年版

【注释】

①标题为编者拟。

戴爱莲将拜望你[1]

——致吴树琴

树琴：

三桃[2]已经不发烧了，因此我就乘车到了重庆。

戴爱莲[3]先生处我买了十个鸡蛋、十只桔子、半斤牛奶糖，用纸盒装并用了你的名义送给他。她说到温泉来拜望你。

这封信只是报平安，以后再谈。敬颂

康健！

衔

卅二、十一、八

原件存吴树琴处

【注释】

①标题为编者拟。

②三桃，指陶行知第三子陶刚。

③戴爱莲，年轻时侨居英国，为了参加抗日战争，毅然抛弃在英国的舞台生活。回国后又放弃大学里的高薪职位，应陶行知的邀请，任育才学校舞蹈组教师。

已托肖生接三桃回校[1]

——致吴树琴

琴姑：

昨日匆匆告别，至怅。汽车路上抛锚，黑夜始到。到则去“可日香”吃牛肉面，而已经打烊。幸而三桃之病将愈，我在医院看他时，已能起床。当即写信与肖生[2]，嘱其天晴派滑竿接他回校。

今日渝地下雨，地难走。稍晴，即将是光荣之钱送去，并买令弟所要之书。请把通信处寄来，以便代为寄出。敬颂

康健！

衔

卅二、十一、十八

原件存吴树琴处

【注释】

①标题为编者拟。

②肖生，即马侣贤。

武训先生诞辰[1]

——致育才之友及生活教育社同志

我所最敬爱之朋友与同志：

本年十二月五日，为武训先生诞生一百零五周年纪念日。武训先生以一个乞丐，赤手空拳、单身匹马创立了柳林、临清、馆陶三个学校。他一生一贯的精神是做工自养，讨饭兴学。他是普及教育之先导，私人兴学之表率。他的诞辰是苦孩子的圣诞，老百姓自动的兴学节。为了纪念这一平凡而伟大的先贤，育才学校音乐组于四五六三日下午七时，在广播大厦举行音乐演奏会。节目除世界名曲外，有武训大合唱，根据武训先生自作歌，由小孩们制谱演奏并向全国广播。绘画组将其生平事迹刻成版画，在儿童美术馆公开展览。音乐会与展览会欢迎捐资兴学的朋友与同志光临指教。从现在起，约请各报登载关于武训兴学之文章、诗歌，并约请熟悉武公生平者赐稿。本社之《战时教育》预备在会后出专号。我们在渝同志将

向政府建议，以十二月为兴学月，一日至七日为兴学周，十二月五日为兴学节。我们希望每位育才之友、生活教育社同志，在兴学月一个月内，每天要对一位朋友费十分钟谈武训兴学精神及事迹，并推动这位朋友有力出力、有钱出钱、有知识出知识，以帮助他心里所欢喜帮助之任何学校或任何个人求学；在兴学周一周内（一日至七日），希望每位朋友及同志每天除为全国教育尽力外，要对一位朋友费五分钟谈育才学校难童教养，并推动这位朋友在精神上或物质上帮助育才学校发展；在兴学节一天之内（十二月五日），希望每人至少费一小时，针对着兴学运动作有效之推进。现在我们对于您们的具体请求是：

（一）同意我们关于兴学月与兴学周、兴学节之建议，并加以指教与倡导；

（二）一年一度为教育献金；

（三）倘使可能，希望您能亲来参加纪念会。

敬颂

健康！并祝

武训精神普及全世界，照耀万万年！

生活教育社理事长
育才学校校长 陶行知拜启（印）

卅二年十一月廿六日

复印件存华中师范大学教育学院

【注释】

①标题为陶行知自拟。

武训诞辰将举办盛大音乐会①

——致吴树琴

琴姑：

您对于是光荣先生要还之二百元，已于到渝第二日还去，请可放心。

武训诞辰我们将有空前的音乐会出现。十二月四、五、六晚上七时，在广播大厦举行，希望您能来参加，最好是四号来，不胜欢迎之至。温泉本月房租未付，乞为代垫，付与黄校长转去。

敬颂

康健!

衔

卅二、十一、廿八

原件存吴树琴处

【注释】

①标题为编者拟。

依照手续办理也是一种教育[①]

——致李凌

绿永[②]同志：

领款之事是一种处理公务而有标准之手续，使学生严格依照办理也是一种教育。收据倘不合式，则董事会派会计师查账时，其麻烦无比，要退还纠正不算，还给会计师一种不宜有之印象。并不是我特予困难，实在是现在领款虽小有不便，而将来却省掉查账时之大不便也。务希嘱诸生力行下列办法：

（一）每月用款制一详细预算，于月底领款时交来。

（二）八号以后之预算，请分别经常、临时于日内交下核定。

（三）每月之款，一星期领一次，于星期六早晨起早来，在管家巷早餐，如此则不致走白路。所以要分星期领，一是我想多知道一些音乐组的事，可以顺便报告，二是我有信也可顺便带去，三是领钱少些可以防止失去。

（四）照预算领款时，须有会计及经手人图章，不在预算上之临时请款，须有您的图章，并须有您核准之详细特别预算。

（五）买东西发票须有印花、育才学校抬头、验收人、出纳、主管人、经手人盖章。

（六）领款人须年纪较大、平日做事负责者，不可平均轮流。

（七）账目每天登载，不可拖延。

以上诸端，初看颇觉琐碎，但是学生必须有之训练。得到此种训练，终身受用不尽。再，收条写字要令学生写得端正清楚，纸张亦宜裁得端正，这是无声之乐，也可说是办事音乐化。办事美术化，是诸生所应受之教育之一小节，但是必要之一个螺旋。谢谢您耐烦地看这封琐碎的信，还要拜托您详细告诉同学们知道，一劳永逸。捐款来的不多，厨房暂时不做，只在原有房中立灶，核准一千元。将来款多时再设法。余照准。

敬颂

康健！

衔

卅二、十二、八

复印件存华中师范大学教育学院

【注释】

①标题为编者拟。

②绿永，即李凌。1943—1946年，任育才学校音乐组主任。

刚才得空报平安[①]

——致吴树琴

琴姑：

昨日九时半开船，中途水浅，至二时始到渝，史宅[②]公祭及利他[③]聚餐皆错过。到管家巷始知晓光打电话与你，派人到临江门去找他，哪知他在黄家垭口打电话，又错过。俟晓光回，始知啸天先生寻我，我即去寻他，幸而于十时寻着，各方面办交涉，得到款子，已是早晨二时矣。八时起床，即忙到现在，衡老[④]诞辰，诸友强我主持席，散会时已五点钟，接着赴李绍涵宴，刚才得空报平安。余容后述。

敬颂

康健！

令弟之书明日去买。

衔

卅二、十二、廿一

原件存吴树琴处

【注释】

①标题为编者拟。

②史宅，史良之家。

③利他，指利他社。

④衡老，即沈钧儒。

经济益感困难，精神反觉兴奋[①]

——致卢作孚

作孚先生赐鉴：

久未晤教，不胜系念。敝校上期经先生等大力厚助，已能收支相抵，弟乃能免于奔波而专心致力于办学。不幸下半年物价迭次增长，迄今每月突破预算六万五千元，经济益感困难，精神反觉兴奋。《创造宣言》及四年来不能下笔之校歌，反于此时落笔而成，亦奇事也。现当年终结账，分配公益，先生交游至广，如大明、川盐、川康、美丰及其他事业主持人皆属至友，深望鼎力进言，各去一恳切之函，代为育才申请，则登高一呼，众心响应。倘得巨款厚助，收支再度平衡，弟乃能于办学之余，写文公诸同好，当更有意义也。专此奉恳，伫候复音。敬颂

康健！

教弟　陶行知拜启

全济密迩敝校，前请孙越琦先生□〔调〕就全济出产捐助十吨[②]，业已首肯，而复书有难，尚望代进一言，敝校可派人至全家沟去挑，倘有困难则减为六吨，不足当在附近购买。

卅二、十二、廿二

附上《创造宣言》，尚希指教。敝处有若干份，倘需要赠送亲友，可以奉上。

原件存民生公司档案室

【注释】

①标题为编者拟。此函原件由四川省万县港务局刘文述提供。

深望再予助力渡过难关[①]

——致康心如

心如先生赐鉴：

久未晤教，至为系念。敝校前为增加难童学生营养，贯彻发展计划，

曾由育才之友冯公焕章致函左右代为申请，谅蒙鉴及。上期承公赞助及诸友提倡已可收支相抵。但自七月以后，物价迭次突涨，又经火灾，经济益感困难，每月突破预算六万五千元，势须弥补，方可维持。素仰先生爱护敝校无微不至。当兹年终结算分配公益，深望贵行予敝校以雄厚之助力，俾能渡过难关，实现理想。倘蒙俯允，则敝校预算再度平衡。弟乃可节省奔走之劳而专心致力于教育本身事业，公私交感宁有涯误。专此奉商，祗候复音。

敬颂

康健

教弟　陶行知拜启

民国卅二年十二月廿二日

复印件存华中师范大学教育学院

【注释】

①标题为编者拟。

关于育才学校的创办[①]

——致育才之友

育才学校敬爱的朋友赐鉴：

育才学校承诸位朋友指导，加以厚助，以能在艰难中逐渐长大，高谊如云，最为铭感。现为发展起见，特将经过情形、最近计划扼要报告，尚希指正。育才学校之创办，由五种动机结晶而成。

第一，是爱迪生[②]幼年生活。他在十二岁的时候，就开始干科学试验，他常把化学药品带到学校去，而且是欢喜动手。对于先生上的功课，觉得干燥无味，不大注重，所注重的只是他自己愿意玩的化学把戏。那时美国的教师，也像今日中国教师一样的古板，过不了三个月，便以“坏蛋”之罪名，把爱迪生开除了。爱迪生幸亏有一位好的母亲。她说我的蛋并不坏，指定家中之地下室给爱迪生做实验，只吩咐他不要把毒药放在厨房、饭厅里去。她自己教他英文、历史、地理，化学实验则让爱迪生自习。爱迪生因为得到一位了解自己的贤母，所以仅仅受了三个月的学校教育，也能成为一位现代的大发明家。爱迪生幼年的故事，给了我两个深刻的印象：一是科学要从小孩学起，二是科学的幼苗，要像爱迪生的母亲一样的爱护才能保全。

第二，是法拉第[③]之幼年生活。法拉第是发电机原理的发明者，他幼年是在一个书铺里做徒弟。他订书订得慢，别的徒弟到利波老板那里去告状。利波对众徒弟说："你们有所不知，法拉第是一面订书，一面吃书。书订好了，头脑也吃饱了。你们当中如果有人像他这样用功，我也就马马虎虎。"当法拉第装订一部《百科全书》，翻到电气一章，只有两面，他看完觉得不够味，说我将来要写一本《电气》。法拉第的科学生活虽得力于进了皇家学院以后，但当他做徒弟的时候，倘使遇不着利波老板的识拔、宽容，这根科学的幼苗是早已会被人摧残了。没有法拉第，便没有爱迪生，没有普照世界的电光。我们感谢法拉第、爱迪生的时候，不能不想念利波啊。

第三，是法国邮船上之所见。民国廿七年，我从埃及坐了一只法国邮船回国，出了红海，看见一位三岁光景的外国小孩在甲板上跳舞，细看才知道他是配合着所开放的留声机片跳舞。他是很快乐地在甲板上活跃，因为留声机是开放着一支快乐的曲。我异想天开，竟要求换一张悲哀的片子，看这孩子表情有何变动。当这悲哀的片子一响，孩子立刻变容，如泣如诉，好像是失掉最亲爱的人一般地舞去。我再问有革命的片子否？开留声机的朋友说："《马赛曲》[④]如何？"我说甚佳。《马赛曲》一开，小孩立即拿着拳头冲锋，作种种战斗表演，甚至做出向客人攻击之姿势。我看了之后，下一判断，小孩之音乐天才，三岁便可测验，测验确实，便应及时培养。

第四，是湖北临时保育院之所见。汉口沦陷前二十天光景，我们看见一位害癞痢的小朋友[⑤]在那儿指挥许多小朋友唱歌。我请了一位音乐家教给他音符和拍子，他三天竟能将一支不曾听过的歌，用音符记录下来。一个没有音乐才干的人，是三年也不见得能学会。

第五，是在重庆临时保育院所受之感触。廿七年十一月，参观临时保育院。院长告诉我，常有达官贵人、大学教授来院选择干儿子，当着难童说，这个秃子不要，这个麻子不要，这个嘴唇缺的不要，那个长得好我要。这些失掉父母的难童，如今还要受这难受的刺激，听了令人愤慨。当时我表示：我若来选，只问他有无才干。倘使有才干，虽是秃子、麻子、缺嘴唇都要。我不要他们做干儿子，只是为民族培养人才之幼苗。

这五个印象，当我第二次回到香港的时候，联合起来了。在廿八年一月的一天晚上一时，我就草拟育才学校之创学的计划与预算，次日即持以与赈济委员会许静仁先生协商，承许先生批准，由该会担任全部经费，我则用全部时间办学。三月入川，即物色教师，派遣测验团，用智力及特科测验分赴各地选择难童，为时四个月，费钱五千元，用现在物价计算，几乎是用了五十万元来选拔学生，这慎始的工作是认真地做了。

全校学生一百五十余人，系从十五省流亡之难童中选拔而来。教育方针除依部章指导其一般功课外，从小便注意发现其特殊才能与兴趣，而加以适当之培养。在这三年半中，普修课已从小学办到初中程度；特修科已建立自然、社会、文学、音乐、绘画、戏剧六组。我们要接着筹备工艺组、农艺组，以期因材施教，务使各得其所。但自廿九年秋季以来，物价逐渐高涨，赈济委员会所任经费虽有增加，但存总数之比例，则从全数下降至半数，三之一，现在则降至七分之一了。到前年四月初，已到山穷水尽，难以维持。朋友们劝我停办，并且说小学太小，缓不济急，加以经济困难，不如改行。但在前岁四月六日早晨五时，我把这三个问题统统想通了。我第一答案是：小中有大。倘使我们能够保存一个爱迪生，则我们的心血就不算白费了。我第二个答案是：虽缓而急。从秧苗看到黄金谷之收获，虽是一个迂缓的过程，但秧苗已长，必得分栽，十天不雨，尽成枯槁，岂不是当今之急务么？我第三个答案是：中华民族有的是钱。无论怎样穷，只要认清人才的幼苗，应该从小培养，总是有钱来维持这个学校。那时我脑中有山东武训先生的画像出现，我对自己说，武训先生以一个乞丐而创办柳林、临清、馆陶三个义塾。我和我的朋友的社会关系都比他好，连一个学校也不能维持，那何以对得起小朋友，又何以对得起中华民族。当时就下决心要坚持到底。除非我自己、我的朋友、整个中华民族都没有饭吃了，那时也只有大家饿死，而没有自动停办。下了决心之后，就立刻写信给朋友说明这个道理，就有好多朋友热心赞助，连当初劝我停办的，也劝我再干了。特别是菲律宾的朋友，每月差不多接济我们一万元。学校不但能维持，而且还有了一些小发展。我在这里想补说一句：前岁四月六日以后，育才学校是在朋友们的博爱精神下长进着。

但是香港失守以后，继之以新加坡、马尼拉之沦陷，南洋接济完全断绝。经济断绝决不是绝望。我们二十几个月以来，是在造浮桥，要想渡过难关。去年《表》之公演、音乐演奏等等，都是过渡的浮桥，而不是黄河的铁桥。今年四月六日，为了要纪念这一可纪念的日子，就又下了决心要建立一个更稳固、更进展的经济基础。

（甲）建立工艺组

（工程师之苗圃，培养工程师之幼苗）

开办费（连工厂设备） 400 000 元

经常费（第二年起逐渐自给） 370 000 元

（乙）建立农艺组

（农艺家之苗圃，培养农艺家之幼苗）

开办费（连购地基面积） 300 000 元

经常费（第二年起自给） 100 000 元

（丙）扩充音乐组

设备费（加钢琴二架） 100 000 元

学额（加收十岁以下小孩十名公费）50 000 元

（丁）建立自然科学馆 300 000 元

（戊）建立图书馆 300 000 元

总计 1 920 000 元

我们想在一个月内，至多三个月内筹足这一百九十二万的款子，奠定育才学校经济基础。我们不预备向社会作广泛的募捐，只希望个人的少数朋友，从了解育才学校的一切，成为育才学校之真心朋友，而给育才学校以大力之赞助。我们所以提出这个请求，一半是由于武训先生精神在后面推动，一半也是由于小孩们努力向上，可以造就，还有许多埋藏在一般苦孩中之人才幼苗，急待培养，不忍不为他们请命。倘蒙慨允赐助，则我们可以用十年树木之方法，完成百年树人之大计。本校对于民族、国家倘有少许之贡献，是诸位友好爱护之赐了。

育才学校校长陶行知再拜

1943 年 12 月写

复印件存华中师范大学教育学院

【注释】

①标题为陶行知自拟。

②爱迪生（1847—1931），美国著名发明家、企业家。

③法拉第（1791—1867），英国著名物理学家、化学家。

④《马赛曲》，法国资产阶级革命时期的歌曲，1879 年定其为法国国歌。

⑤指陈贻鑫。

一九四四年

送了三本书[①]

——致吴树琴

琴姑：

昨日晚六时到渝，在两路口候车，直到七时才到管家巷，总之，是平安地到了。

在北碚为育才小学校址打听了一个地方，并就便去参观了大概，倘使得到文白先生的帮助，便可以成功，不久当去与张部长一商。

今日去找郜爽秋，哪知他搬到莲花池去了。明天再去为你接洽。

利他聚餐，每人送一包礼物，大家抽签。我送了三本书：二本《科学名人传》，一本《西北东南风》。我抽到了一盒外国式的鸡蛋。可惜不能留，否则要拿来送你。敬颂

康健！

衔

卅三、一、五

我一定买一本日记簿来为你祝寿，遇着要事即作笔记。自元旦记起，簿来即誊，连续记个不断，也是一种好训练。

原件存吴树琴处

【注释】

①标题为编者拟。

感谢为育才提供资助①

——致毕来思

亲爱的毕来思女士：

您12月7日的来函及一月份1 000美元汇款，均已于一周前收到，在此谨致衷心的谢意。信中询问："是否希望我们以他种方式提供此等款项?"此问题经考虑后，次日我即电告：请将2月份的拨款购买哈里弗鱼肝油及胶囊并航寄我们，这将大大有助于恢复众多儿童的身体健康并改善育才学校的财政状况。我还曾请求您：在我们进一步提出要求前，暂停待付之款，以使我有时间考虑接受贵会补助的某种（或某些）最佳方式，从而使得我们照料下的儿童，能获得最大的利益。

2月7日，布朗内尔先生曾通过一位朋友转交给我中国法币90 000元，他希望将其中39 024.38元按官定外汇比率（政府补助1 000美元的100%折合价）折合1 000美元，由我校转交给布朗内尔夫人，余额作为给学校的捐款。因此事能令双方受益，故我已同意这一建议。见此信及我所出具的1 000美元收据后，请即将同等款额交与玛丽·赫斯特·布朗内尔夫人，该款请在给育才的3月份补助款额中扣除。仅希望布朗内尔夫人或其代表出具1 000美元收据，俾能以之出示吾友。

根据协议，该款应于3月底交付。如您认为上述支付办法欠妥，或有其他原因不同意我的这一请求，则请自便处置，但望给我发一加急电报，简复"允"或"不允"即可，以便考虑应否将原款退还吾友。

若上述建议均未蒙俯允，则请照常拨付或以您认为合适的其他方式拨付每月资助款额。如是，则请将我出具的2月份及3月份收据予以销毁。

至于按季度拨付的9 000美元，我们至今仍未收到。艾德敷先生曾说，究其原因，可能是我们没有招收新生，而这是中国儿童福利委员会作为增加拨款的一个条件规定了的。不知是否可以要求计划委员会取消这一规定。因为仅物价增长这一因素，即可证明您增加对我们的补助是正确的。我们将尽力招收新生，但无论如何，不要以此作为增加补助的一个严格条件。上周，我们已增添了10名高智商的新生，其中两名被吸收进了音乐组。

盼早日电复，并致良好的祝愿。

您的挚友　陶行知

1944 年 2 月 9 日

复印件存华中师范大学教育学院

【注释】

①标题为编者拟。本函用英文写成，由杨汉麟译为中文。英文原件收录于英文卷。

创造民主社会，争取妇女解放[①]

——致吴树琴

最亲爱之树琴夫人：

现在是三八前夜，我知道这封信定能于明日达到你的手中，想以最诚恳之情绪向我最敬爱之夫人致敬，并祝大家创造民主社会，争取妇女解放。

衔

卅三、三、七

维清[②]来泉之便，送上核桃糖两包。

原件存吴树琴处

【注释】

①标题为编者拟。

②维清，即江卫青，育才学校工友。

不知能否惠赠明信片一套[①]

——致史密斯

亲爱的先生[②]：

获悉印有英国绘画的明信片业已到达贵处。这一消息令我校开办的儿童美术馆的小美术家们钦慕不已（附告：我校系为招收天才难童而创立的学校）。不知阁下能否向我校儿童美术馆惠赠有关明信片一套？我可以向阁下保证：我们的小艺术家，必能充分发挥其作用，并对阁下的慷慨馈赠深表感谢。

特此预致谢忱。

您的挚友、育才学校校长　陶行知

1944 年 3 月 10 日

复印件存华中师范大学教育学院

【注释】

①标题为编者拟。本函系用英文写成，由杨汉麟译为中文。英文原件收录于英文卷。

②先生，指收信人史密斯（Stanley Smith），时任英国驻华大使馆新闻专员（秘书）。

请赐交各县县长介绍信[①]

——致清源

清源专员惠鉴：

敝校筹募基金，荷蒙慨允具书介绍各县县长，提倡并感召巴县士绅乐予厚助，使敝校经济基础得趋稳固。高谊如云，全校感奋，惟急待尊书出发，特托敝校自然组主任陈元直先生前来领取。务希将各县县长介绍书，赐交带回，是所切盼！另奉上收据簿三册，以备我公随时提倡之用。专此奉恳。敬颂

勋安！

弟陶行知

卅三、三、廿

原件存南京晓庄学院陶行知纪念馆

【注释】

①标题为编者拟。

致敬刘振山和吉星文二将军[①]

——致陈元直

元直[②]同志：

接读三月二十二日快函，敬悉马到功成，至为欣慰。社会不负有心人，于此可见一斑。我年来在极困难之环境中，越挣扎越奋发，即我中华

民族之正义感与慷慨性，令我愈战愈强，愈乐观。

刘振山及吉星文二将军为卢沟桥抗战先导，功在国家，德在人心，本校理宜慰劳，请与晓光同去代表全校向其致敬；送《育才手册》，请其指教。问其留渝时期，倘有一星期之久，可派人至广播大厦借礼堂开演奏会慰劳，同时约请育才之友参加，大家都送票，名单根据捐册存根（在我房里黑布幕中之第一竹箱中），不卖票，用不着登报，也用不着海报。送票信即印，信封即写。也许五天可准备，至快怕要三天。特别是对于感召亲友，有提倡力量之育才之友，须送两张或四张票。票即须印。不卖票。样式如下，望大家修改。

育才学校

音乐晚会

地点　上清寺广播大厦

时间　月　日　午　时

招待育才之友

每券一人

致育才之友信大致如下：

本校订于　月　日　午　时举行音乐晚会，欢迎刘振山、吉星文二将军。务希届时

光临

育才学校校长　陶行知拜订

请持入场券凭号入座。

地点　上清寺广播大厦。

对刘、吉二将军只能慰劳，不宜向其募捐，他们也无钱可捐。倘他们自动乐捐，固不必谢绝，不过，向劳苦功高之将士募捐有所不忍。我意何元干先生倘若了解我们精神，可以请其捐一笔较大之款。

我原定廿八夜回渝，至迟廿九日午刻可到。今日感冒，睡了半天。原拟今日去开荒，又耽误了。倘刘、吉二将军行期在即，望快函示知，倘身体复原，可以赶来。如是，则音乐晚会太匆促，开不成，则约其前赴观音

桥，由竹因同志引导，临时当场演奏，以娱嘉宾。专复。敬颂
胜利生更大之胜利！

衔

卅三、三、廿三

留 20 张前座之入场券由我分送，倘晚会定在 29 晚以后。

出自《行知书信集》，安徽人民出版社 1981 年版

【注释】

①标题为编者拟。

②元直，即陈元直。曾任育才学校教师、教导主任。

为育才学校申请创造性救济[①]
——致克里普斯夫人

亲爱的克里普斯夫人[②]：

首先，请允许我对您和贵组织表达我们衷心的感谢，感谢你们在中国漫长的解放斗争中为中华民族付出的一切。我相信，你们会很乐意听我给您介绍在中国战时首都[③]成立的一所学校。这所学校一直致力于教育和养育在这场浩大的战争中失去父母和家园的难童，从这所学校的全名“培养难童中人才幼苗的育才学校”，您就能一眼看出我们之奋斗的目标。学校里的学生通过智力测试和其他特殊才能测试选拔出来，他们来自战时儿童之家、孤儿院和其他一些战争第一阶段兴起的儿童自发组织。我们的学生花三分之二至四分之三的时间学习普修课程，花四分之一至三分之一的时间学习符合自己特殊兴趣和才能的特修课程。因此，为了满足学生的不同需求，我们将他们分为七组，包括音乐组、绘画组、戏剧组、文学组、芭蕾组、自然科学组和社会科学组。

最初学校共招收了 150 名难童，按上述方法选拔和分组学习普修课程和特修课程。学校负责所有的花销，包括伙食费、衣物费用、住宿费、学费和医疗费用。由于物价上涨，我们不得不招收一些能自己承担部分学费的学生。今年春季，在册学生总人数已达到 320 名。我们还通过小先生制度帮助 1 158 名未能进校上学的儿童和成人接受教育。

因为物价飞涨，我们的教师和学生不仅吃不饱，而且没有足够的科学设备保证正常学习。因此，我谨代表育才学校向您申请经济援助，以改善学校全体师生的生活状况，添置科学设备，保证教学活动的有效进行。我们申请的这笔救济将用于以下项目：

(1) 添置科学设备

5 000 000 元

(2) 将 60 位教师的月薪从 3 000 元涨至 10 000 元，共计 12 个月 5 040 000 元

(3) 改善 316 人的伙食，包括学生、教师、家属及其他工作人员，每人每月 1 000 元，共计 12 个月 3 792 000 元

(4) 弥补每月 170 000 元的赤字，共 12 个月 2 040 000 元，总计 16 072 000 元 (实计 15 872 000 元)

随函附上《育才学校情况介绍》《育才三方针》《育才十字诀》《育才学校的创办》以及美国援华联合会项目主任甘霖林[④]撰写的《育才学校报告》等材料各一份，希望这些材料和这封信能让您了解育才学校的真实情况，并对学校的办学宗旨、付出的努力以及当下的困难有所知悉。这笔创造性救济资金能让全校师生吃上营养的食物，保障身体健康，能让教学活动顺利开展，最终能让这次试验更有成效、更加成功。如蒙惠赐，将不胜感激!

静候佳音，恳请函复为盼!

非常尊敬您的育才学校校长陶行知

1944 年 4 月 10 日

复印件存华中师范大学教育学院

【注释】

①标题为编者拟。该文原为英文书信，现为中译文，由杜小双翻译。英文原件收录于英文卷。

②克里普斯夫人 (Lady Cripps)，英国海外援助组织者，时任英国援华会主席。抗战期间，英国援华会给予了中国多方面的救济。

③战时首都，指重庆。

④甘霖林 (Lennig Sweet)，时任北京基督教青年会干事。

我是一只狮子[①]

——致吴树琴

树琴：

这一个月来，只有今天晚上才觉得是恢复了康健。我现在觉得我是一只狮子，在人们都睡着了的时候，巍然雄视一切，为夜之主，有整个的宇宙待我整顿。我是何等的高兴啊！

从上清寺花生大王那里买了三包花生回来，在都邮街下车，遇着洞若。我们同去“三六九”，他吃了一盘锅贴，我吃了一只火腿粽子。回到家里，大家都睡了，洞若自告奋勇，加盖三百五十封信之图章。现在他正坐在我面前，一面做这工作，一面研究做这工作的心理，我于是即有时间写这封两星期未写的信给你。

为什么跑到上清寺买花生？因为重庆会炒花生的只此一家。从它手里出来的花生是有特别的香味，炒的方法已经达到艺术的境界。其次是因为我已恢复了健康，有力量追求艺术的花生，有力量追求一切真善美和真善美的一切。

这次到渝最令人感动的是徐佩镕[②]先生自动地将亲友们为他的老太太筹的慈幼纪念基金，全数给了我们。我来之日，即先交十万，昨天又交一万零七百六十五元五角，而且是亲自送来。看见我们在准备国画展览，又预定了一张画，我们要将画送给他，他坚决要买，看来是只好让他买了。

我们现在做两件事：一件是育才之友国画展览；一件是每月音乐晚会。由陈元直和马肖生分别主持，王有德、张旭东助理，技术方面则由绘画、音乐二组分头准备，大致可望成功。

现寄印刷品三件给你，从这些上面，你可知道画展、音乐晚会及徐母吴太夫人慈幼纪念基金之处理之大概情形。我希望于画展后来碚，音乐晚会前返渝。演戏定于五月，仍在北碚举行。

本来星期日已愈，到南温泉开伊利诺大学[③]同学会，遇雨受冻，延至昨日才就愈。你给我的鱼肝油，我一直不断地吃，似觉有效。星期日受冻后，咳嗽没有以前厉害，今日已完全不咳了。海带也是每天吃。这两样东西大概成了我的卫队，会护我重入健康之国。祝你
康健！

衔

卅三、四、十一
原件存吴树琴处

【注释】

①标题为编者拟。

②徐佩镕，时任冠生园经理。

③伊利诺大学，位于美国伊利诺斯州。陶行知曾在该校学习，获政治学文科硕士学位。

乐园苦海皆为自己造成[①]

——致安娥

安娥[②]先生惠鉴：

接奉四四来信，得悉贵恙多时，至为系念。

大为[③]之信，不易辨认。我因为筹措经费，建立经济基础，争取生存，常住重庆。致孩子们生活学习不易兼顾，不免有些闲言冷语，大为感到不安，所以有离开之意。我在半月之内，将回校一行，再与大为面谈，以定去留。但无论去留，我当尽力之所及帮助，以成全其志，而少纾你病中之遥念。不过，我以为境由心造，一心向上，则可造成乐园；若心魂不定，中无所主，则可造成苦海！乐园和苦海皆为自己造成，我可以使大为避开苦海而创造乐园，使他得尝人生共同创造之乐。

贵恙（肋膜炎）似宜以静养为宜，而易于康复。专此奉复。

顺颂

痊安！

陶行知谨启
民国卅三年四月十三日
复印件存华中师范大学教育学院

【注释】

①标题为编者拟。

②安娥，原名张式沅，曾用名何平、张菊生，河北获鹿人，诗人、剧作家。

③大为，即田大畏。

画展和音乐晚会[①]

——致吴树琴

树琴：

来书收到，所需计算仪，日内去打听。画展已开幕，昨日订画廿余幅，计十三万，今日一幅未订。开销甚大。预计所得，学校除开销外，可收六万元。音乐晚会原为每月最后星期三晚举行一次，现因贷金米突涨，加演一次于每月最后星期五举行。故本月廿六、廿八两日需在此照应。而且廿日、廿三日，有朋友结婚，不能不参加。冯子源结婚在廿号，邢锦堂结婚在廿三号，两位都系学校好友，必须致贺。你能于廿二来渝一游否？请先示知。敬颂

康健！

衡

卅三、四、十六

原件存吴树琴处

【注释】

①标题为编者拟。

宁缺毋滥，以养成认真之态度[①]

——致陈贻鑫

贻鑫[②]同学：

来信于到渝时收读，当时未能奉复。昨晚陈根度先生来，说及明日不能开会，因为纪念碑不曾完成[③]，明年再请我们。因此你们不须来了。集中精神准备五月三十一日之节目。创作要先由专家听过，而后演奏才不致出岔子。宁缺毋滥，以养成认真之态度。创作是要完全独出心裁，依文章而论，我们知道，是不好有抄袭，大概音乐也是这样。倘使连一篇创作也不能通过，也只好付之阙如，然后才能提高作品。所以应该以练习名曲为主，倘使连一篇创作也没有，即完全以名曲演奏，如此方无毛病。昨日之会，你的报告太略，请详予示知。此信请先奉黎、李[④]二先生一阅，倘得他们同意或修正，再向同学公布。

请将薪金单开来，以便拨发。

我昨日才到，诸事料理好，当来观音桥一谈。

翟淑霞是什么日子、什么时间返组，望确示知。方先生的信，她是什么时候交到的？敬祝

进步！

衔

卅三、五、十二

复印件存华中师范大学教育学院

【注释】

①标题为编者拟。

②贻鑫，即陈贻鑫，陶行知和任光在汉口战时儿童保育院发现的有音乐天才的儿童。

③指当时曾要在北温泉为抗日英雄张自忠将军立纪念碑，揭幕时请音乐组参加演唱纪念歌曲。后因故未举行。

④黎、李，指黎国荃、李凌（绿永）。

读《堪底达》[①]

——致吴树琴

树琴：

我读完了《萧伯纳传》之后，就希望读一读他所写的《堪底达》。我曾经说过一半句，不知道你注意到没有？后来到古圣寺去找《堪底达》，堂堂的一个育才图书馆连《堪底达》都没有，这使我害羞。我之所以要读《堪底达》，是因为我觉得你有一些《堪底达》特点。十一日走到北碚时，早车已开，要等到十一时半才有车。我乘空到旧书铺里大索《堪底达》。是在北新书局的书桌上，有一本书直对着我发出光辉——《康蒂妲》！细看是萧伯纳著，英文名 Candida，就是我所要找的《堪底达》。车上每停一站就读，到两路口时，已读完两幕。回管家巷，洗了澡，爽快，又把第三幕一口气读完。我真幸福啊！得到“康蒂妲”做太太。又读了萧伯纳写的《康蒂妲》。卅三年五月十一日，是我幸福的一日，几乎可以比得上廿八年十二月三十一日[②]。你看到这里，一定想念着我会带来给你看的这本宝贵的书吧！

今天毕竟下了雨。雨是生命的泉源，特别是今年这个时候再要不下雨，那真是有些难以生活了。

令弟[③]之款有浙江银行可汇（在新生路），但是你写的地名不清楚。夏口是夏口，还是百丈口？请你快写信来，以便寄去。

敬祝

康健！

衔

卅三、五、十三

原件存吴树琴处

【注释】

①标题为编者拟。

②即1939年12月31日，这一天，陶行知与吴树琴举行婚礼。

③令弟，指吴树琴的弟弟吴恒智。

保护好贝多芬、莫扎特曲谱[①]

——致陈贻鑫

贻鑫队长：

现奉上：

（一）Beethoven　曲谱 Sonaten Vol. I，PP. 214[②]；

（二）Beethoven Sonaten（Sonaten，Sonatan）Band2，PP. 299[③]

（三）提琴弦弓五把。

请开收条，须由你和李先生[④]盖章。上次陈复君拿去之 Mozart[⑤]，也须开详细之收条。保护，保护，保护！这部保护得好，以后源源送来。外宾要来参观，清洁！检查 Mozart 曲谱有无损坏，报告。

衔

卅三、五、十六

复印件存华中师范大学教育学院

【注释】

①标题为编者拟。

②即《贝多芬奏鸣曲集》第一卷，共214页。

③即《贝多芬奏鸣曲集》第二卷，共299页。
④李先生，指李凌。时任育才学校音乐组主任。
⑤Mozart，即莫扎特。此处指莫扎特所作之曲谱。

《康蒂妲》还是一种教育[①]

——致吴树琴

树琴：

奉上茶叶一包，可以清心除烦。百丈口之钱，今日去汇。令弟结婚贺诗，即去买纸写。康蒂妲[②]是一个人、一本书、一出戏，还是一种教育。现在有一位朋友，须受这种教育才能得到正确的幸福，故先赶去做一种危急的关头的参考，然后再送来给你欣赏。

衔

卅三、五、十七

我床上的臭虫已经肃清，爽快之至。

原件存吴树琴处

【注释】

①标题为编者拟。
②《康蒂妲》，英国戏剧家萧伯纳的剧作。

参加追思会[①]

——致吴树琴

树琴：

今天赶上第一班车，六点卅分，到渝已是十时半，从两路口到都邮街，等车倒费了半小时，索性吃了午饭再到管家巷。睡了半小时（先洗了一个澡），再赴沈奎杓先生追思会。（基督教不赞成追悼，他们的意思是死后可以升天，死是走完了一段路，无可哀悼）会毕，请音乐组同学吃晚饭，检讨了一些小毛病，没有指出名字，所以大家笑容满面地接受了。饭后我把他们十四人分两队坐二船返江北，每船二男五女。他们知道我的办法：不许大家坐一只船，以免全军覆没。我的身体还好。没有发寒热。多谢你一天看护即告痊愈。特报平安。

衔

卅三、五、廿九

原件存吴树琴处

【注释】

①标题为编者拟。

对育才学校概算的说明[①]

——致艾德敷

亲爱的艾德敷[②]主任：

您5月24日的大札，已转来北碚由我作复。我校申请的1944年10月1日—1945年9月30日经费概算，是以过去9个月经费支出月平均增长额为依据的。我校1943年8月的预算，为中国法币100 000元；而1944年5月，则已增至中国法币300 000元；月增长额为中国法币22 000元。迄至1944年10月止，预算可能跃至中国法币410 000元；至1945年9月，预算则可能高达中国法币674 000元的数额。因此，1944年10月—1945年9月，全年之总预算，应为中国法币6 504 000元，亦即每月为中国法币542 000元。我们希望：预算的2/3在国内筹集，余下的1/3（即中国法币2 168 000元）则由贵会给予补助。

上述说明，系本人代表育才学校，对1944—1945年度概算所作的解释。

您的挚友、育才学校校长 陶行知

1944年5月30日

复印件存华中师范大学教育学院

【注释】

①标题为编者拟。本函用英文写成，由杨汉麟译为中文。英文原件收录于英文卷。

②艾德敷（Dwight W. Edwards），时任美国援华联合会驻华办事处主任。

请准购熟料报纸一百令[①]

——致仲伦

仲伦处长吾兄大鉴：

敝社前请购之报纸，已经印出武训先生画传用完。现拟续印一万册，以供各方提倡教育之需要，并拟每月出新书一册及月出《战时教育》一期，特备函恳请准予购买熟料报纸一百令，以便出版书籍、月刊之用。倘蒙俯允所请，不胜感激之至。专此奉商，敬颂

时安！

生活教育社理事长　陶行知

1944 年 5 月

复印件存华中师范大学教育学院

【注释】

①标题为编者拟。

近来育才经济之进展[①]

——致陶宏

宏[②]：

前后汇来一万元（邓），又八千元（熊），俱已收到，至为感激，请代向邓、熊二先生致谢。《育才手册》已由晓光寄你，收据簿则由友人带去。比你所要之数少五本，只好等到有朋友来时再送上，现在每月最初及最后星期三晚八时举行音乐晚会，同时广播，你有空时，可以听听，以辨其进退。音乐会采取基本会员方式，会费足以支持音乐组。但每月为此事亦须费些人力。

现在每天开门一万元，可靠收入是五千光景，其余是要每月筹措。现在有七个人经常在渝为经费而奔波，我只做他们的参谋，非我不可的地方才亲自去。最近徐佩镕先生之太夫人逝世，移赙仪捐与育才十一万余元；马雄冠先生之太夫人逝世又捐来十万元；沈天灵先生之尊翁逝世，于念九日开追思会，亦捐与育才，但数目未定。美国援华会[③]去年因育才未招生，保留未付美金九千元，不久可以照付。新近听了一个朋友的消息，即将贷金米改为限价米，每月即可节省一万七千元，用于增加营养。这是近来经

济之进展。至于画展得八万，公演得四万，勉强够一个月之亏。农场已种含羞草三百盆，要扩展至一千盆，预备卖二百元一盆。

《武训先生画传》已再版，《育才手册》亦已再版，加上了新材料。每种寄样本给你，倘有大宗订购，《画传》每本五十元，邮费在外；《育才手册》每本十五元，邮费在外。

小黑长得聪明了，比从前也健康些。一天，她问我，为什么忘了她的生日而跑到北碚去。我说：这大概是因为人老了，记性不好。她说：老的时候，头发白了，就要睡觉了。我问她：怎样睡呢，我们不是天天都要睡觉吗。她说：人老了，要睡在棺材里，不会再醒。我说：我的头发白了没有。她说：没有。要像陈嫂子的妈妈的头发那样白，就快要睡觉了。我说：要活多少岁才像陈老太太的头发那样白。她说：我去问陈老太太。我说：好，你问陈老太太高寿几多，如果她听不懂，就问她今年多大年纪。她跑下楼一忽儿回来说：陈老太太七十岁了。我说：那很好，我还要过廿多年才睡觉咧。我们还可以玩廿多年。明天补请客，为你补做生日。她很高兴。卅日我和小黑到松鹤楼去吃了一次汤包和熏鱼面。这是我们的生活。醉霞晚上学会计，日里教小黑，也很好。你如果要在重庆服务，我当代为接洽。敬祝

康健！

衔

卅三、六、五

原件存陶晓光处

【注释】

①标题为编者拟。

②宏，即陶宏，陶行知长子。

③美国援华会（CAC），抗日战争时期美国援华联合会（UCR）成员之一，曾对育才学校给予定期捐助。

请参加音乐晚会[①]

——致笪移今

移今先生：

奉柬敬悉。惠约于中缅文化协会与郑振汉先生相见，至为感激。但七

日六时适有他约，不能前来会餐，甚歉。该日八时，敝校在上清寺广播大厦举行音乐晚会，务希代约张先生同临听乐，不胜欢迎。敬颂
康健！

弟陶行知启
卅三、六、六

【附录】

关于举办育才之友音乐会启事

迳启者：育才学校于每月最初及最后星期三晚八时，在上清寺广播大厦开音乐晚会，原由育才之友为基本会员，但会员不尽到本会，本社商得育才同意，倘有空座得由本社社员优先列席听乐。贵同志如爱好音乐，该校至为欢迎，倘贵邻有本社同志，深恐通知未周，亦请代为邀约赴会，共同欣赏。六月七日晚会以贝多芬曲为主，辅以育才自作曲。依上次晚会经验，缺席颇不乏人，谅无向隅之虑。此致
胡文金、沈江流、谭得光、廖冰兄同志

生活教育社驻渝办事处主任方竹因启

卅三、六、五
复印件存华中师范大学教育学院

【注释】

①标题为编者拟。

请将生产基金使用情况详细报来[①]

——致王瑞符

瑞符[②]同志：

久别，甚念。本社生产基金，前存在同志处运用，予卅二年一月结算，共计国币叁千叁百叁拾壹元。于今一年又半，未见只字报告。经营公款，点滴为公，务望于接信后，即补具详细报告书，于六月底以前寄来，以便报告监事会审核。在这一年又半中，究竟生利若干？如何将息款付来应用？此项基金原本同志是否仍要运用？务希切实具复，是所至盼。专此奉达，顺颂

时祉！

衔

卅三、六、十

复印件存华中师范大学教育学院

【注释】

①标题为编者拟。

②瑞符，即王瑞符，江苏盐城人。晓庄学校大学部毕业。抗战期间，任育才学校、晓庄研究所、生活教育社驻渝办事处主任。

一位大脚女子做的诗[①]

——致吴树琴

树琴：

昨天别后，托卫青买了一双草鞋，套在脚上，坐汽车回来，没有弄湿。

肉松的办法最好，很合我的口味。有了肉松，我可以节约了。这里的肉松还可以吃三天。请你见信就为我再制一罐，由江卫青带来。他大概星期二三返校，星期四即可由温泉返渝。

美国款的补发，办成功了，这使我少一些忧虑。

今天看见一首诗，很好，特别是出于一位女子的手笔。从前有一位姓李的女子，美貌为赵钧台所看中，想娶她为妾，却嫌她土重（大脚）。媒人说，她会做诗咧。赵乃以弓鞋为题目试之，女即写诗以答：

三寸弓鞋自古无，观音大士赤双趺（音夫，足也）。
不知裹足从何起？起自人间贱丈夫！

这真骂得痛快。

衔

卅三、六、十

原件存吴树琴处

【注释】

①标题为编者拟。

多找几位育才之友[①]

——致吴树琴

树琴：

你为我第二次做的肉松，已由卫青带来，正好接着吃。这是最经济的办法，也是最合营养的办法。试验这些日子，没有丝毫厌倦，大概可以经常地照办了。淑蕙送了两件礼物来，内中一件是牛肉松。待猪肉松吃完，就吃牛肉松；牛肉松吃完，我就回来了。原想今天回来过节，恰巧此地专员、县长会议，想和他们认识，多找几位育才之友。同时五周年纪念还未好好发动[②]，其实是老朋友都一而再，再而三的打扰了，只有找新朋友；而新朋友是要慢慢地进行，急不来，因此五周年纪念是不会有很大的效果。音乐组的衣服已经做好，恰恰十八件，每件八十元。梅仙的事，荼香已经在联营公司打听到。日前和她的大女儿与毓美来看我，问我梅仙住处，我说在渔洞溪，不知搬了没有。事后叫淑蕙写信去问，至今没有消息。但史佩甲说前天汪凤翔来与进文书局结账，书款两清，可见他们是收〔有〕了新的经济基础，大概是没有特殊困难。我希望最近的将来，能〔到〕北泉休息一两天。这次来，希望住客房，使你不致因我来而感觉拥挤，反而令我不安，敬祝康健！

衔

卅三、六、廿四

原件存吴树琴处

【注释】

①标题为编者拟。

②指纪念育才学校创立五周年。该校开办于1939年7月20日。

我们的生力军[①]

——致吴树琴

最亲爱的树琴：

这次过诗人节，总觉得有点美中不足。细想起来，是你连一封信也没有来。陈根度先生加入了我们的武训团，一下决心便把香烟戒了，昨天端午，一早就带了十封信到沙坪坝去化缘了。他要学英文，我为他开了蒙，一学就是四课，字母、数字，还有两课都学会了。我叫他在我房里吃饭，他一定不肯有特殊待遇。像陈先生这样的人，真是我们的生力军。

今次来渝，在备忘录上先后写了五十三件要做的事，检点之下，只做了廿二件，真感光阴太不够呀。

我把五周年纪念的信发了之后，英国援华会及李约瑟先生科学仪器之申请书发出之后，县长、专员请了之后，预备来看看学校，看看你。敬祝康健！

衔

卅三、六、廿六

原件存吴树琴处

【注释】

①标题为编者拟。

竭诚欢迎您给本校以资助①

——致国内外育才之友

亲爱的先生们：

我兹代表为招收具有天才难童而创办的育才学校，向你们申请财政支援，以期改善我校儿童营养，添置进行有效教育所需设备，为招收若干新生作好准备，以及改进我校教师生活条件。仅从维持学校的现状考虑，1944 年下半年，我们需要中国法币 1 440 000 元，即财政赤字为中国法币 1 222 000 元。这笔款子我们希望向国内外的朋友们筹集。在改善我校儿童的营养方面，我们需要每月另行增加 28 000 元；在提高薪金方面，则每月另需增加中国法币 35 000 元。为了增招新难童，必须逐月增加 10%，以免中途发生财政危机。我们如能获得增招 100 名儿童所需的充分可靠的财政援助，则育才学校就能办得更为有效。无论是着眼于改善学校现状，或者是维持现状，我们均竭诚欢迎您给本校以资助……

随函附奉《育才概况》《育才三方针》《育才十字诀》《育才财政状况》各一份。我期望这些材料以及我本人的这封信，能让您看到育才学校的真实情景，并对育才的抱负努力有所了解。如蒙相助，使育才能对学生实施更为有效的教育，并在科学教育方面，进行更为富有成效的实验，则不胜感激。敬希早日赐复，并伫候佳音。

育才学校校长　陶行知

1944 年 6 月 30 日

于重庆和平路管家巷 28 号育才学校

复印件存华中师范大学教育学院

【注释】

①标题为编者拟。本函用英文写成，由杨汉麟译为中文。英文原件收录于英文卷。

今早理了三小时的账[①]

——致吴树琴

树琴：

昨日坐在胜利食店，一直到十一时才动身，还是到北碚坐车，六时半才到渝。被已洗得清洁如雪，这是要感谢醉霞的。宏已到。小黑很感谢你，因为肉松实在美。梅仙有信来报告，已平安地生了一个男孩子，他们可以支持两个月，希望两月后介绍一件事。陈根度先生已得杜月笙先生许可，愿为基金委员。今早理了三小时的账，现在向你报平安。敬颂

康健！

衔

卅三、七、七

令弟所在地通汇事当去探听再告。

原件存吴树琴处

【注释】

①标题为编者拟。

望你仍以最大力量助我[1]

——致陈鸿韬

鸿韬同志：

育才基金承你和朋友们鼎力赞助，公私交感。育才有这样热忱的砥柱，是不怕没有建树了。但物价飞过一千倍，而我们可靠收入只及五十倍，而每月所需的预算，则不能低于一百倍，故至今尚只剩一个鼻孔浮在水面上游泳。固然，我们希望你于七月十五日给我们一个数目，俾能在纪念时报告，但希望你不要结束。希望你十五以后至月底，仍以最大力量，助我建立不拔之基。十五以前则争取时间，兼程并进，取得最大数字，建立最高纪录，予我们以最有力之感动，以创造不可磨灭之贡献。

专颂

胜利！

行　知

卅三、七、八

出自《行知书信集》，安徽人民出版社 1981 年版

【注释】

①标题为编者拟。

蓝田的安全无碍[1]

——致吴树琴

树琴：

蓝田[2]是否安全，我已问过两位湖南人，他们都说无碍。近日又听得敌人在衡阳四十里以内已无踪迹。专此告慰。敬颂

康健！

你的款子已于昨日存去。

衔

卅三、七、十

原件存吴树琴处

【注释】

①标题为编者拟。

②蓝田在湖南省新化县。当时吴树琴之弟吴恒智在蓝田师范学校学习。

育才五周年纪念之新法[①]

——致吴树琴

树琴：

近日甚忙。五周纪念，现已得新法，须从新做起，或更有效。其法系助十万、五万、三万、一万、五千者，赠以画及字与造像，予以差等之分别。介绍人亦可得。大家均以此法甚佳。我廿前或不能赶到。兹有给叶浅予[②]先生信，请托人或派人送去为盼。敬祝

康健！

衔

卅三、七、十五

原件存吴树琴处

【注释】

①标题为编者拟。

②叶浅予，著名漫画家。

大水不宜出门[①]

——致吴树琴

树琴：

我原想于廿前回校并举行“7·21”九周纪念。因纪念金发动，甚为匆忙，每天总有一点钱来，非我在此接洽不可。方先生、晓光赴校；徐先生[②]及陈根度先生出发到外县。我就难以离开，你所说的日子，我想试试看，但尚不能一准来。特别要紧是大水时，到校须在温泉过渡步行。大水赴碚、赴金刚碚〔碑〕都宜步行，并请以此意告诉吴珊[③]小姐及潘先生[④]。他们人地生疏，不知水性，应该详为告知，免受不测。尤其是大水时，你动不如静，在泉休息为佳。肉松天气大热不可弄，我吃时心亦不安。秋凉

再麻烦你。敬颂
康健!

衔
卅三、七、十八
原件存吴树琴处

【注释】

①标题为编者拟。
②徐先生，指徐树人，时任育才学校重庆办事处主任。
③吴珊，吴树琴在中法大学药学专修科的同学。
④潘先生，指潘家寅，吴珊的丈夫。

望解囊支持敝校经济[①]
——致育才之友

××先生惠鉴:

窃惟治平有道，树人为先；教养多端，恤孤是重。痛自强寇肆虐，国土沦胥，横遭杀害而死难之同胞，固已不知其几千万人矣；其侥幸不死，受尽流离颠沛之惨苦者，更不可以数计。行知不谅其愚，奔走呼号，冀与同德同心之友，尽厥绵薄，于是有育才学校之设。学生系从十五省男女难童选拔而来。教育方针，除遵照部章课程修习外，尤注意其特能与兴趣，加以适当之培养。其办法略具《育才手册》。五年以来，缘于物价之飞腾，致令根基之难稳，遂乃无时无刻不在艰窘之中。其间所可得而解慰者，诸生虽属童年，深知奋发。方今建国人才，正殷培植，夫亦安忍令此莘莘向上之学子中途而废耶？本年七月二十日，为育才五周创校纪念之期，念百年树人之任重，虑经济基础之未固，爰拟再接再厉，以期终底于成。仰惟大雅，宏济多方，不遗在远；已往或精神支持，盛意可感；或一再推爱，功同雨露。惟物价迫人更甚，人才幼苗宜惜。老子云：“既以为人己愈有，既以与人己愈多。”倘荷本此精神，鼎力提倡，并感召亲朋，仁囊竞解，使敝校经济有赖，已收待收之千百可爱苦儿，不致成为废材，则其造福之大，影响所及，岂惟敝校之幸，将见举国人士，闻风兴起，则其有裨于教育普及，文化提高，宁有限量。今请本校×××先生趋访，务希赐见玉成。专此奉商，顺颂健康！

私立育才学校校长　陶行知拜启

复印件存华中师范大学教育学院

【注释】

①标题为编者拟。此信写于1944年7月中旬。

请对陶晓光出境事以指点和帮助[1]

——致多萝茜·尼德汉

多萝茜·尼德汉[2]博士：

我的儿子陶晓光将于一周内赴加尔各答中国航空公司任职。他携带有中英文书籍若干种，包括育才学校铅印刊物及其自学所用参考书。据说旅客携带书籍出境，特别是英文以外的外文书籍出境，往往被扣留作详细检查。为便陶晓光能进入印度国境，而不致遇到不必要的耽搁，如蒙给他以指点和帮助，则感激不尽。顺致

深切谢意！

您的挚友、育才学校校长　陶行知

1944年7月27日

于重庆和平路管家巷28号育才学校

复印件存华中师范大学教育学院

【注释】

①标题为编者拟。本函系用英文写成，由杨汉麟译校为中文。英文原件收录于英文卷。

②多萝茜·尼德汉（Dorathy Needham），英国著名学者李约瑟的夫人，时为英国科学委员会驻华代表团成员，在中英科学合作馆任职。

你看了《希德》必定高兴[①]

——致吴树琴

树琴！我所敬爱之夫人：

现在是早晨五时十四分。太阳正放出兴起之光芒，在深蓝之山顶与淡蓝之天空之间，画了一笔橙色之画。我刚才洗了一个澡，凉水澡。清风吹在身上，十分爽快。在这样的景况中，我写这十天以来想写而没有工夫写的信。

你做的肉松来得真巧，恰恰接着上次正吃完之时而来。它已经化成我的血，我的精神。但是这次送来的肉松是叫我心里不安。你是违反我的心愿送来的。我知道你在那热烘烘的火炉边要站两个钟头才能做成它，这是以你的健康换来我的健康。我一吃到它，立刻有炉边流汗的少妇之像显在我面前，教我难过。当然，我得了这滋养，是加倍努力工作，以为小孩、大众服务。可是我求求你，等到秋凉再做，现在不要做了。

你送我的白夏布的短袖上衣，是最合时合式合身合意的礼物。每逢流汗回寓，冲了凉水，就披上这宝衣、凉衣、仙衣，怪爽快，快乐得如同一个神仙。学生说，我们的校长如今漂亮了。

潘先生送来两瓶酱油。他们缝的衣服还没有送来。

现在太阳在山顶上现出了圆圆的脸，热气已经一阵阵地侵入我的凉房，叫我全身不耐，我再写几句，就要停笔了。啊！我有点呆了。只须把东窗关上，不是可以拒绝太阳的捣乱吗？对！就这样干。我还是可以写下去。

我又冲了凉，披上夏布衣，写。

廿六日五时半光景，渝市大风，飞瓦走石。一忽儿我想到小孩们正在渡江，几乎把我吓坏了。假使他们正在中流遇着这风，那不是要全军覆没了吗？侥幸这晚音乐会开得特别好，客满，外宾很多，舆论甚佳。他们在风暴来时，正走到江边，就在茶馆店中暂避，一直等到风平浪静才过江。夏天水大，狂风无信，我们因此报告会员，八九两月晚会暂停。

汗衫、背心遵嘱上街访问，多要九百元至一千六百元一件。最后在陕西街路边碰到，每件二百七十五元，一共买了四件。我还买了一套粗夏布衣裤，花了二百五十元。

我要等六路同人及晓光出发了才能回来。这次回来想多休息几天。

衔

卅三、七、廿八、六时六分

再写几句。我想看《桃花扇》，托人访问十几家旧书铺都没有找到。最后找着了，只租不卖，押租四百元，租金一星期三十五元。我照办，是等于花了四百元把它买了来。前后花了十天光景仔细读完。因为我欢喜《桃花扇》的词，必须精读，才费这多时间。以后有空，还要读几遍。

淑惠从前借了一本写西班牙生活的剧本叫做《希德》（*Le Cid*），我不是说好得很吗？这次她买了一本送来。我前天一口气把它读完了。实在好。你看了必定高兴，《希德》是法国人 Pierre Corneille 写的。你记着，有机会就看。祝你

康健！

衔

卅三、七、廿八、六时廿分

我现在预备写字了。图章已经刻好。吕凤子先生为我刻了一颗大的，谢仲谋先生为我刻了一颗小的（附印拓三方略）。

原件存吴树琴处

【注释】

①标题为编者拟。

晓光飞往印度了[①]

——致吴树琴

树琴：

钥匙由江卫青带来。

昨夜接来信，今早拿了三千元去见恒勤，他说刚才汇了八千回家，可以再寄二千与恒智。故现在拟先汇五千去。当时电话与湖南省银行，据说蓝田尚不通汇，而新化可通。当即托恒勤先汇五千至新化，转交蓝田师范学校恒智。并电蓝田恒智知道汇款与新化。明早再问恒勤结果如何。

晓光昨早七时起飞[②]，我和宏等亲送至机场。他对您的礼物，感谢之至。

咳已就愈。前日滑竿到碚赶上七时车，甚好。敬颂

康健!

衔

卅三、八、十

原件存吴树琴处

【注释】

①标题为编者拟。

②陶晓光此行系去印度加尔各答中国航空公司工作；同时受任为育才学校驻印度代表，为育才在印度举办展览会，开展宣传，并在华侨中发展“育才之友”，为育才学校募捐。

谢仲谋国画展将开幕[①]

——致吴树琴

树琴：

今日、明日两天，恒智五千元业已汇新化上梅中学驻新办事处章昭雍[②]转恒智收。此款业已于昨日电汇而去，大约五日之内可到。今夜复由恒勤发一电与恒智，俾可早知此款之汇到。电汇费连二千元由家拨还恒勤。你任三千元。姜维清来期未定，只得将锁匙先行寄来。

卢广[③]的父亲送了我一个象牙图章。这图章我将送给你，并托谢仲谋先生代刻。

潘家寅昨天来，谈的结果很好。管家巷拨一小块空地给他做酱。育才投资廿万即可合作。第一步育才任推销，可得十分之一。

明日起，育才主办谢仲谋国画展览开幕。此展不卖画，不卖票，纯为介绍性质。费用由朱亚强[④]先生担任。专此，敬颂

康健!

衔

卅三、八、十一

原件存吴树琴处

【注释】

①标题为编者拟。

②章昭雍，吴树琴在安徽隆阜第四女子中学的同学。

③卢厂，育才学校绘画组学生。
④朱亚强，育才学校绘画组教师。

送你一本《英文观止》[①]

——致吴树琴

树琴：

海峰的箱子平安到达管家巷，浦云[②]还没有来取。锁都破了，我亲自督导写了一个清单，交与陶宏，让他点交给浦云。

我找了一本《英文观止》给你。汉译有错，我改好了再送给你。

你的图章[③]刻好了，古雅如石刻。敬颂

康健！

衔

卅三、八、十七

原件存吴树琴处

【注释】

①标题为编者拟。
②浦云，即程浦云。原晓庄学校学生，当时在银行工作。
③指谢仲谋刻的图章。

车与船几乎同时到[①]

——致吴树琴

树琴：

今日滑竿到北碚，即去登记。登记好即买票上车，很巧，路上不甚滑，五时即到渝。到渝时，宏、刚到。他们今天真正苦，汽船在澄江镇不停，走到北碚再买票到渝，所以与我几乎同时到。我也到过北碚买船票，雨大，人挤，我乃改去车站坐车。厚生[②]已谈，目的达到。现在返家之前，写一封信祝你好。

衔

卅三、九、十二

原件存吴树琴处

【注释】

①标题为编者拟。

②厚生，即刘厚生，育才学校戏剧组教师。

望回来养病[①]

——致陶晓光

晓光：

来信三封均已收到。兹将《拉纤》[②]二幅附上。

你的努力，全校兴奋。养病事[③]，此地已向李总经理进行，勿念。惟需要公司医生之决定，故须与医生商量，可留印即留印休养，如不可，则难办到。我希望你回来养病，可往高原干燥之地带休养，印度不适。

展览会所得之款项，可交与福时[④]或沈天灵先生之兄，以便必需之购物，不要汇来。小提琴 G 弦没有了。你回来拉小提琴，少量带一点来自用。

学校正进行舞蹈组之设立，由戴爱莲女士主持。生教社在渝地设立两所补习学校，已开始招生。育才本期约有新生五十名，已开学。管家巷或许将办一完全小学。绘画组如有可能，或将迁往沙坪坝附近。音乐晚会已于前日举行，同时招待儿童福利会会员与参政员[⑤]，情况热烈，听众有四百五十人。绘画组将于十月十日开一画展。

宏日内离此赴蓉。陶城考取了交大，但赶考亦赶成了病。福时弟均此。敬祝

康健!

衔

卅三、九、廿一

原件存陶晓光处

【注释】

①标题为编者拟。

②《拉纤》，育才绘画组教师梅健鹰的木刻作品。此作刻画了嘉陵江船夫的拉纤生活，在加尔各答举行的育才学校绘画、木刻展览会上，受到赞赏，并被要求订购。

③陶晓光 8 月飞抵印度加尔各答后，即病倒，中国航空公司决定让他回国。他坚

持在加尔各答为育才学校举行了绘画、木刻展览会，并到噶伦堡、大吉岭发动华侨为育才捐款。后健康情况好转，公司收回了成命。

④福时，即王福时。原晓庄学校学生，当时在印度为国内经营图书进出口事业。

⑤参政员，指国民参政会参政员。

坐船须学会游泳[1]

——致吴树琴

树琴：

今天居然坐着璧山船来到重庆了。夏先生也以为坐船舒服，到了北碚，不肯下船，一直坐到牛角沱才下船。

以后坐车是更困难了，非坐船不可。坐船就必须会游泳。你的责任更重了，必须耐心地把我教会。倘若不然，一旦出了事情，何以对得起育才？何以对得起中华民国之新教育运动？何以对得起民主新世界之教育建设与创造？因此，我下次要你教我的时候，你是不好推却了。

亚强先生送了两包茶叶来，外面包的是和晓光那 Chocolate[2] 糖包的一样，是用锡箔包的。下次来的时候，准带一包来送你。

淑惠刚在此地，说要送你月饼，过了中秋送月饼，也很欢迎吧？敬颂康健！

衔

卅三、十、三

原件存吴树琴处

【注释】

①标题为编者拟。

②Chocolate，指巧克力糖。

为校务会议贡献意见数则[1]

——致育才全体同志

全校同志、同学、同工：

今次召开校务会议，我因要事留渝，不能出席，至感不安。依章请马副校长主持。现扼要贡献意见数则，以供参考。

（一）校务会议为校内最重要之会议，希望针对全校应兴应革，依所赋职权，充分发挥宏论，议而决，决而能行，以为全校谋幸福，求进步。

（二）校务会议是民主教育之组织，希望列席者不但是为会议而会议，而且是为民主的学习而会议。一切提案宜有整齐形式，兼提出理由及具体办法。

（三）凡检讨，不是为检讨而检讨，乃是为更高的创造而检讨。

（四）我们要创造的民主，民主的创造。我们不要庸俗的、形式的、空谈的民主，也不要太看重个人的、英雄的、少数人的创造。一方面，我们要用创造的生活来充实民主的内容；又一方面，要用民主来解放大多数人的创造力，把创造力发挥到最高峰。

（五）会议前希望大家看《校董会章程》《校务会议规程》及以前通过之重要章则与《育才手册》，使所议不致抵触。对于何者属于建议，何者属于决议，皆能顺性处理。

（六）关于机构之改革。有对内、对外两方面要顾到。名称勉与部章相符，精神须内外一致。例如训导部主任是部章所规定，我校则有训导委员会，若由训导委员会主席兼训育部主任，便可做到内外一致。

（七）关于筹集经费、协导校友、增进福利三事。以前组织系统表上未列，实际上是在重庆办，是否可组委员会或设处隶属校长室，请大家考虑。

（八）关于教育方针。扼要的说，约有五点：甲、已发现有特殊才能者采取即专即博之原则；乙、未发现有特殊才能者采取先博后专之原则；丙、中途发现所入之组不合性情，或发现另有更高之才能时，得以转组；丁、普修课依部章分阶段；戊、特修课依各本组之性质定进程，不做普修课之尾巴。上述方针，以往没有很好执行，原因是初选未尽正确，执行时未尽坚决，但尚未有客观事实与理由摇动创校者之信念。倘要修改方针，必须根据客观事实，提出数目字，来做考虑与讨论的参考。

（九）关于预算。以往是有两个预算，交互为用：一是紧缩预算，以量入为出为原则；二是较宽预算，以量出为入为原则。实际上，支款在寻常情况下，是根据紧缩预算，筹款是根据较宽预算。每月超过紧缩预算之支付，皆以筹款新增实收之数行之。故讨论紧缩预算宜严格根据实际收入，讨论较宽预算可根据合理需要，以示努力筹措之目标。

（十）希望大家相见以诚，各出心得。会议之前，充分准备；会议之

时，虚心交流；会议之后，一一实现，皆同大欢喜，共同创造新校风、新人才，使能负起民主新世界、民主新中国所赋予之大任。敬祝
会议成功。

陶行知敬启

卅三、十、十三

出自生活教育社编《陶行知四周年祭》，新北京出版社 1950 年版

【注释】

①标题为编者拟。

慎重保存收据[①]

——致吴树琴

树琴：

一、恒智之款业已由湖南省银行电汇。电汇是最可靠了。收据奉上，务须慎重保存，俟恒智来信收到款子，才可废置。

二、表已修好。但文华无保险之袋，只好由我自己带来。

三、你代朋友要的书，叫他自己向生活书店要或买。理由见面时奉告。若不是知己，不要给人看。

衔

卅三、十、十九

原件存吴树琴处

【注释】

①题目系编者拟。

扩招 100 名难童的计划与预算[①]

——致甘霖林

亲爱的甘霖林[②]博士：

十分高兴地收到您 10 月 17 日充满友情的来信。上次晤面时，您表示担心：我们可能变成“中国的达特默思”[③]。此事点燃了我内心本能的

对难童的炽热感情之火。而这种感情，在不断上涨的物价重压之下，以前只能在心中潜藏；近三日，我因感冒卧床未起，得以有足够的闲暇来进行一番创造性的思索，进而作出了一个新的决定：育才学校将永远服务于贫苦儿童、不幸儿童、无人关心的儿童、无父母的儿童，尤其是当前的难童。

随函附上一项貌似新颖，实则久经耽搁而未能付诸实施的计划预算。此预算旨在额外招收 100 名有天赋的难童，尤其是来自战区的难童。预算包括人均 2 500 元的日常费用。第一年的经费总额为中国法币 4 500 000 元。除去购置蚊帐的费用外，1 300 000 元的固定经费，必须在新生入校前备齐；日常费用 250 000 元则可按月拨付。

此外，日常费还要每月增加 10%，以对付偶尔发生财政危机。

目前从湘桂前线正有成千上万的难童蜂拥而至[④]，时不我待。为拯救儿童而奋斗，亦即为拯救中国未来而奋斗。对获得救助的儿童施以适当的教育，无异于给我们的后代注射一剂精神上、智力上的“盘尼西林”[⑤]，这有助于使中国在一个更好的民主世界中作出有益的贡献。

计划已经制订。如果筹措的经费充足，我校能够招生 1 000 名；反之，只能酌情少招学生（比如说收 100 名或十几名）。前天（即 18 日），周宗琼先生答应资助两名儿童。今晨，贺市长[⑥]又给我们特别许可：让我们在“抗建堂”演出戴爱莲教授的舞蹈和我们自己的音乐，以筹措经费，时间定于 11 月 3—7 日下午 8 时。如满座，义演所得可以资助 18 名。我校校舍及工作人员尚有多余，足以照顾这 20 名新生，开支可少于我此次所呈交的预算。恳切希望贵会给我们财政支援，使我校至少能够再多招收 100 名儿童。

但愿我们的共同理想能尽早实现。

您的挚友、育才学校校长　陶行知

1944 年 10 月 21 日

复印件存华中师范大学教育学院

【附录】

附录一：关于新收 100 名天才难童计划预算表

	数量、单价（国币元）	总计（国币元）
双人床	50×5 400	270 000
双人桌	50×1 600	80 000
双人凳	50×400	20 000
脸盆	100×180	18 000
蚊帐	100×1 300	130 000
被褥	100×4 000	400 000
参考书		50 000
工具		30 000
实验设备		100 000
医疗设备		50 000
乐器		200 000
庙宇（作校舍用）修缮费（含浴室、厕所与厨房设备）		100 000
总计		1 448 000
人均费用（整数）		15 000

附录二：日常费用表

	人均月开支（国币元）	100 名儿童月总开支（国币元）	年总开支（国币元）
1. 伙食	1 226.00	122 600	1 471 200
2. 服装	400.00	40 000	480 000
3. 毛巾（每年 4 条×90）	30.00	3 000	36 000
4. 帽子（每年 2 顶×60）	10.00	1 000	12 000
5. 鞋子（每年 3 双×22）	66.00	6 000	79 000
6. 肥皂（每年 12 块×40）	40.00	40 000	48 000
7. 牙刷（每年 3 支×40）	10.00	1 000	12 000
8. 课本（每年 2 套×90）	15.00	1 500	18 000
9. 医疗费用	100.00	10 000	120 000
10. 材料	50.00	5 000	60 000
11. 照明	50.00	5 000	60 000
12. 零用钱	40.00	4 000	48 000
13. 教师薪水（10 人×2 000）	200.00	20 000	240 000
14. 教师伙食（10×1 226）	1222.00	2 260	147 120
15. 校工工资（2×1 000）	20.00	2 000	24 000
16. 校工伙食（2 人×1 226）	24.52	2 452	29 424
17. 行政费与杂费	90.00	9 000	108 000
总计	2 493.52	249 412	2 992 944
总计整数	2 500.00	250 000	3 000 000

附录三：新生月开支表

	入校后	入校前
1. 伙食	1 471 200 元	300 000
2. 衣服	180 000 元	36 000
3. 毛巾		12 000
4. 帽子		79 000
5. 鞋子		48 000
6. 肥皂		12 000
7. 牙刷		9 000
8. 课本	9 000 元	
9. 医疗	120 000 元	
10. 材料	60 000 元	
11. 照明	60 000 元	
12. 零用	48 000 元	
13. 教师薪水	160 000 元	80 000
14. 教师伙食	97 120 元	50 000
15. 校工工资	24 000 元	
16. 校工伙食	29 424 元	
17. 行政费		36 000

【注释】

①标题为编者拟。本函用英文写成，由杨汉麟译为中文。所收附录系原函附件。英文原件收录于英文卷。

②甘霖林（Kenning Sweet），美国人，时为美国援华联合会驻重庆负责人，对提供给育才学校的经济援助支持颇多。

③“达特默思”（Dartmouth），指美国的达特默思学院，该院创办于 1754 年，起

初专门招收贫困土著印第安青年入学。1769年改变初衷，逐渐变为一所门类齐全的文理科大学，甘霖林在信中担心育才变为一般正规大学，而非为穷人子弟办的学校。

④指日寇发动湘桂战役后，国民党军队节节溃败，难民与难童于是骤增。

⑤盘尼西林，青霉素的旧称。

⑥贺市长，指国民政府重庆市市长贺耀祖。

筹新款，举新事①

——致民生公司

最近湘桂战起，敌寇加紧进攻，受害难童，何止百万。全国儿童福利工作人员会议，有见及此，议决派人分赴前方抢救难童。抢救之后，即须教当其才，以免耽误。倘能及时从抢救难童中，选拔其具有特殊才干者加以适宜之培养，将来蔚为有用之材，未始非保存民族元气之一助。本校原为教养难童而设，自当设法扩充名额，以招致优秀难童，而宏造就。惟必需筹定新款，以举新事。爰请舞蹈家戴爱莲先生领导，由中国舞蹈艺术社及本校音乐组合作，定于十一月三日至七日晚八时，在黄家垭口抗建堂举行舞蹈音乐会，筹募增加难童学生经费。素仰先生爱护难童，不遗余力，特送上四〇〇元入场券十张共计四千元，函请鼎力提倡，感召亲朋，慨予购销，俾得集腋成裘，以宏人才幼苗之造就。台端在抱，慈幼为怀，谅必乐予赞襄，共成盛举。专此奉托，伫候福音。敬颂

时祉。

此致

民生公司

育才学校校长陶行知

十月二十三日

复印件存华中师范大学教育学院

【注释】

①标题为编者拟。

谈一谈未来的美梦[①]

——致吴树琴

树琴：

亲爱的树琴！照现在预计，违背我的心愿，客观的情况是不许我在十一月一日到北温泉来受你庆祝，也可以说是来向你道贺，贺你得到一身兼老师、母亲、朋友的丈夫。但是这一天我们两个人实在应该在一处过一点甜蜜亲爱的生活，谈一谈未来的美梦：例如两年后，和平大概会降临人间，我们如何完成环游世界之壮举？而后在英国或美国或苏联住下，你完成着你的专门学习，我从事着我的著作，以版税、稿费自食其力，以卖讲达到间时旅行之目的。当我上街买菜，你课后返家烧饭，在外国吃中国晚餐这是多么有味的事啊！有时吃饭的时候，遇着朋友或育才、晓庄学生从中国来访，我再上街买菜，你再下灶烧饭，我们大家在外国吃中国晚餐，那又是多么有味的事啊！有时我们同去拜访十年前认识的侨胞或外国的朋友，当你听到“陶先生，久违了，这位就是你的夫人吗?”你该作何感想？你不是听我说过或看过我带回的照片、风景片吗？倘使我们能携手同游全世界名山大川，同访林肯墓，二四七四八号墓[②]，史大林格勒无名英雄墓[③]以及现在还活着手创世界和平的人们，思想家、发明家、诗人、美术家，尤其是各国的大众，正在向前创造之大众，从那里取得理想、感动力，返国帮助新中国之创造，那又是多么丰富而有意义啊！

树琴：有志者事竟成。准备吧，两年的准备一年完成吧。

敬贺

你进步无边，幸福无量！

衔

卅三、十、廿九

来看舞蹈音乐会是有意义。我将被窝洗得一尘不染地欢迎你来。一天，你的丰采玉貌忽然出现于陪都，照耀在我的寓所，使它充满着慈光，我将会十分高兴。

原件存吴树琴处

【注释】

①标题为编者拟。

②二四七四八号墓，指伦敦海德公园马克思墓。

③史大林格勒无名英雄墓，指苏联人民为抗击德国法西斯侵略，保卫斯大林格勒而英勇牺牲的无名英雄墓。

送给你的精神勋章[①]

——致陶晓光

晓光：

你的十月十日、十月十八日、十月二十二日、十月二十八日的信，一至六号画展图片，十三张朋友们礼物，统于前昨两晚先后收到。第一高兴是你的健康恢复了，这比一万万黄金还重要。第二件高兴是你的辉煌的战果——物质，更重要的是你为育才取得许多位宝贵的朋友。今天朝会我向全体报告你的奋斗，张震[②]先生说，让我们今后努力向晓光先生看齐！这是他们所能给你的最高勋章。今早已托新行向昆明诸友进行接洽。

海峰[③]带的礼物已收到。琴弦、彩料待我托英大使馆在印 China Relation Office，8 Council House Street，Calcutta[④]带来，你可先接洽。

我为冬衣忙，不能多写，希望短短信，常常寄，便足以自慰了。

英国大使馆文化代表 Mr. John Blofeld[⑤]现在印度，月底回华，我同时写信介绍了你，你须即日与他接洽，他可能帮助我们带东西来。Mr. John Blofeld，C/O[⑥]China Relation Office，地址同上。

衔

卅三、十一、十三

原件存陶晓光处

【注释】

①标题为编者拟。

②张震，时任育才学校绘画组生活指导。

③海峰，即程海峰，时任中国国际劳工局局长。礼物，指育才在印捐得款项的国内提款单，多数为昆明的提单。

④即加尔各答议会大厦大街 8 号中国关系处。

⑤即约翰·波罗费尔德先生。

⑥C/O，Care of 之缩写，意为（信）由……转交。

我们送给你的精神勋章[1]

——致陶晓光

晓光：

昨日托永利转上一信，据说明日起飞，大概与此信同到。

你的十月十日、十月十八、十月廿二、十月廿八四信先后于前两天几乎同时到。一至六号图片及十三张礼物均收到无误。昆明的礼物已托新行代收去了。这给了我们无上的兴奋。我在朝会报告并与绘画组座谈。张震同志现任绘画组生活指导，提议：大家向陶晓光先生看齐。这就算是我们送给你的精神勋章。

英国大使馆文化代表 Mr. John Blofeld 现在印度，请即去见他，他可能帮我们带东西来。现开上三方面人，你可去接洽：

①Mr. John Blofeld，C/O China Relations Office，8 Council House Street，Calcutta.

②China Relations Office，同上。

③ Mr. W. P. W. Barnes，Friends Ambulance Unit，China Conroy，Gndia Office，1 Upper Wood Street，Calcutta.

上面三处，我今天同时写信介绍了你。Barnes 先生主管育才鱼肝油精，至今未到。现买外汇 200 盾，今寄与他作寄费，倘有余请他留下，为难童买物。待我再开单来。

Blofeld 先生月底回华，你须即日与他接洽，托他帮忙，大致有希望。

附上书单，请酌量购买，托 Mr. Barnes 用印币余款买。

敬颂

康健！

衔

卅三、十一、十五

复印件存华中师范大学教育学院

【注释】

①标题为编者拟。

谢再资助100名难童进育才学校[①]

——致甘霖林

亲爱的甘霖林博士：

现委托唐坤珩先生代表我到贵会领取8、9月的补贴余额，倘10月亦有，可一起领出，以及11月的140 000元补助。

从王夫人[②]那里得知：您的提议儿童福利委员会[③]已通过，再资助100名难童进育才学校。此举将有助于早日实现我们的共同计划，是必信无疑的。因为若干物品涨价不止，例如一个面盆在我的预算中，价格仅为180元，但转瞬之间，现已涨到280元了。所以我们希尽快预支固定经费1 448 000元[④]，以便事先为新生购置必要的设备，防止以后经济拮据。

我校新计划备蒙关怀，所申请的资助，万望鼎力相助。

谨致谢忱！

您的挚友、育才学校校长　陶行知

1944年11月15日写

复印件存华中师范大学教育学院

【注释】

①标题为编者拟。本函系用英文写成，由杨汉麟译为中文。英文原件收录于英文卷。

②王夫人，指王昆仑夫人曹孟君，时在妇女指导委员会、战时儿童保育会任职。

③儿童福利委员会，美国援华联合会协调委员会下属的机构之一，它有权通过或否决有关为中国儿童福利拨款的提案或申请。抗战胜利后，曾敦聘陶行知担任该委员会委员。

④是月28日，即收到美国援华联合会为增招100名难童而拨付的开办费1 440 000元。

陈贻鑫自传之说明[①]

——致魏璐诗

亲爱的魏璐诗博士：

随函奉上陈贻鑫的自传，所应说明的三点是：（1）贻鑫在被录取之前，便曾被我校流动考试委员会中的音乐家拒绝录取，其因即患有癫痫病。因我忆起他指挥合唱队的才能，并坚持要寻找这位秃头的小音乐家，他才终被我校录取。（2）他的头疾已经痊愈。这应感谢冯大帅的同情[②]，是他从泸州请来一位信奉基督教的医生刘大夫；还要感谢基督教青年会总干事黄次咸先生的好意，是他惠赠醋酸铊给贻鑫，使其病发完全脱落，长出新发。现在贻鑫已不是秃头了。（3）贻鑫才华出众，既精于作曲，还善于向比他更小的一代人教授音乐。

您的挚友、育才学校校长　陶行知

1944 年 11 月 15 日

复印件存华中师范大学教育学院

【注释】

①标题为编者拟。本函用英文写成，由杨汉麟译成中文。英文原件收录于英文卷。

陈贻鑫，育才学校学生，颇具音乐才华。同月 9 日，魏璐诗向陶行知索取陈贻鑫自传。陶在交付自传时附函作此说明。

魏璐诗（Ruth Weiss），女，奥地利人，抗战时期来华，在“国联”驻重庆新闻宣传处任职。1949 年后，加入中国籍，任全国政协委员。

②冯大帅，指冯玉祥将军。

希在运输方面尽可能提供方便[①]

——致印度加尔各答中国联络处

亲爱的先生：

承蒙代为收集《乐谱》17 本，并通过约翰·布洛菲尔德[②]先生转交本校。我校音乐组全体师生及我本人对阁下的好意及大力资助，特致衷心的谢意。兹奉寄 144 卢比汇票一张，请向中国银行兑取，借以清还阁下的有关开销。

次子陶晓光亦曾为我校音乐组及绘画组分别谋得琴弦及水彩颜料若干（均系为难童购置之物）。他近日将登门拜访，如蒙设法将他所购之物送到重庆，我将感激不尽。因此类物品均系我校所急需，故希在运输方面尽可能提供方便，使之早日装运。

谨致谢忱。

您的挚友、育才学校校长　陶行知

1944 年 11 月 15 日

复印件存华中师范大学教育学院

【注释】

①标题为编者拟。本函系用英文写成，英文原件收录于英文卷。由杨汉麟译为中文。

②约翰·布洛菲尔德（John Blofield），英国驻重庆使馆外交官员。

催运育才学校所需营养品[①]

——致巴恩斯

亲爱的巴恩斯[②]先生：

收到您 8 月 3 日来函，所告美国援华会毕来思女士拟送我校纳维妥油和奥利菲两种营养品一事后，本人当即函请阁下将有关物品交中国航空公司迳交重庆，然迄今仍未收到。现随函附奉 200 卢比汇票一张，请向中国银行兑取此款，以支付任何有关费用。倘有结余，请代为保存，以便为我校难童在印度购物。购物单稍后再另行奉寄。

顺致谢忱！

您的挚友、育才学校校长　陶行知

1944 年 11 月 15 日

复印件存华中师范大学教育学院

【注释】

①标题为编者拟。本函用英文写成，英文原件收录于英文卷。由杨汉麟译为中文。

②巴恩斯（W. P. W. Barnes），印度人，时任职于中国护运队印度办事处。

布与棉花总算解决了[①]

——致吴树琴

琴姑：

我吃了五粒 Sulphaziazole[②]，肋骨痛即愈，咳已断，我甚高兴。

你写给我的一件需要改革的事，已经完成了。

晓光打了胜仗，病也好了，留在印度工作。

他为学校捐了四十三万元法币与三千多卢比，还买了廿五种唱片，十七套水彩颜料，几十套琴弦。张震先生说，让我们向晓光看齐！我把这话写给晓光，说这是我们给他的最高勋章。

我的战报是这样：米的仗没有打胜，布与棉花是提前从美国援华会支了一些钱来。今天总算是把布与棉花解决了。保育会也帮了大忙，给了保育生每人一套棉衣。

小黑出麻疹，并发肺炎，由但功泽先生介绍邹阶平先生为他看。我本想回乡来几天，但是他这病需要我策划帮忙，要等到他向恢复健康的方向进步时，我才可以动身。祝你

康健！

衔

卅三、十一、廿四

原件存吴树琴处

【注释】

①标题为编者拟。

②Sulphaziazole，译为“消发地亚净”或“消发噻唑”“磺胺噻唑”，一种消炎片。

请为育才捐款购置中西图书[①]

——致程潜

颂云[②]先生赐鉴：

敬启者，敝校在力图员生冬暖，维持最低营养、兼筹并顾、经济极端困难之际，从事于一件似乎可以缓而实迫切之工作，即为幼年研究生及编辑教材读物工作人员准备基本参考图书，俾能取得丰富之精神作料，而烹饪出更丰富之文化食粮，以贡献于儿童大众。计划以晓庄研究所值价一百万元之图书作基础，再补充卅万元新书，即可开始。市上有最新之《大英百科全书》一部，为参考所必需，售价十五万二千元，以现在空运价格计算，运费已不下二十万元，故数字虽大而实价尚廉。因恐他人购去，已冒险提用十二月买米之钱先行垫出购得，无虑飞去。但此款急需归还，否则将会弄成“头脑吃饱，肚皮挨饿”之矛盾现象。此外尚需选购中西图书一百种，价值十五万元，两共叁拾万元。一般社会很难了解这计划之重要，故希望少数知己朋友鼎力赞助，共观厥成。如有卅位朋友同意，则或多或少，每人平均筹助一万元即可一举而成。倘难一次交足，则按月分交亦

可。敝校得此厚助，可以保证幼年研究生之专题报告及儿童民众读物可以源源而出，以就正于有道，贡献于社会。素仰先生乐育为怀，新知是宝。谅必乐于玉成也。专此奉商，祇候福音。敬颂
康健！

陶行知拜启

卅三、十一、廿九

复印件存华中师范大学教育学院

【注释】

①标题为编者拟。

②颂云，即程潜（1881—1968）。抗日战争时期，任第一战区司令长官、河南省主席。1947年任湖南省主席。1949年8月，宣布起义。1949年后，任全国人民代表大会常务委员会副委员长、湖南省省长。

努力奋起创造[①]

——致陶晓光

晓光：

你的十一月七日信四天前就收到了。十月八日、十月十日、十月廿日、十月廿八日四函，几乎同时于本月初旬收到，业已照你的办法复信，想已收到。昆明的款托新行代收，昨天已汇到十六万〔元〕，全数拨作增加副食费之资金，以纪念诸友之爱护，使大家知道一粥一饭来处不易，努力奋起创造。颜先生带来的画片、琴弦，甚为得时，皆大欢喜。十二月二日中央大学请舞蹈组、音乐组去开会，同时许士骐、梅健鹰先生主持绘画组的画展，你寄来可以展览的礼物都拿去了。也学你的办法，不卖票，不卖画，只请人做新的育才之友，用精神或物质帮助学校。今日开第七次音乐晚会，已下请帖请颜先生来听乐。朱启贤先生的通信处为 Chu Chi-Hsien，622 West 114 Street，New York，N. Y.，U. S. A.[②]他能帮助你取得美国大学许可证。你仍宜以研究无线电十年的姿态出去。这样，仉尚达和我都能证明你有大学毕业程度及研究深造之基础。到了美国有必要再换科，最好是以科学为主科，以艺术为副科，可以把你造成更有益的人材。再写信给朱先生时，你可用 Fellow of the Acading of National

Scienes, Research Fellow of the Radio Institute of[③] 中央无线电修理厂。同时我将请陈国钧司长写信给中航总经理许允给你较轻之工作或许你半天服务。这样才于你适合。

原想收信即复。无奈那时小黑正发麻疹，兼害肺炎，由我督医，醉霞看护，文华请医生、买药，经过十天之久，并得良医邹阶平先生之有效治疗，才使这小小生命平安地挽救过来。他已经是得到了最后胜利，以后只是给他滋养品使他长得健壮。诸友谢信，要过了武训兴学节才能发。这次庆祝他的生辰，有我写的武训颂，或者有舞蹈组的武训舞。育才再增难童一百名，完全由援华会担负经费，连物价涨高都预算进去了。开办费昨天收到。这是一大胜仗。

衔

卅三、十一、廿九

原件存陶晓光处

【注释】

①标题为编者拟。

②美国纽约州纽约 114 街西段 622 号朱启贤。

③译作国家科学院会员，（中央无线电修理厂）无线电研究所研究员。

向中学救济委员会请款[①]

——致库勒

亲爱的库勒[②]先生：

今晚顷接 11 月 27 日惠书，您的忠告令我深深感动。

今秋以来，我校师生人数均有大幅度增加。现注册学生 280 名，包括正式生 182 名、作实地观察和调查的学生 10 名、业余补习的 88 名。我校教师除办公室秘书和小学教师外，已达 50 人这一整数。其中有留学生 9 人，大学毕业生 33 人，大专毕业生 3 人，高中毕业生 5 人。其中专职教师 30 名，兼职教师 20 名。音乐组和绘画组及业余补习中学各班级教师多为兼职，其他各组教师系为专职。不过，我们确信，工艺美术组的兼职教师，已是在目前情况下，尽我们所能做到的最佳安排。他们极言献身，成为我校计划中不可分割的精华部分。因为我校薪金太低，所以几乎所有

（或曰绝大部分）教师均过着独身生活。我校的兼职教师与专职教师，领取同样数额的薪金（鉴于支付往来车费所需）。这是我校兼职教师与其他学校兼职教师的区别所在。我们的兼职教师与专职教师，具有同样的献身精神，他们属于育才最好的朋友之列。我校教师数量比普通中学教师的数量相对要大些，因为我们要让教师有 1/3 甚至 1/2 的时间，用于在职进修，因我们的试验是全新的，我校的教师必须比其他学校的教师学得多些，否则学生就可能走在他们的前头。我校教师为数较高的另一原因，是我们准备在最近的将来招收更多的天才难童，还可能在其他地区建立同类的新学校。我们希望：在新生入学前再增聘 10 名高素质的教师。

此外，我想借此机会应马瑟秘书之求，就 1943 年第二学期和 1944 年第一学期的收支，以及 1944—1945 年度的预算报告如下：

1943 年第二学期和 1944 年第一学期收支

1943 年 7—12 月	1944 年 1—6 月
收入 1 169 989.18 元	收入 3 572 119.24 元
支出 1 106 806.50 元	支出 2 482 997.70 元
	指定偿债基金 1 056 000.00 元
结　余 63 092.68 元	结　余 32 621.54 元

1944 年 7—12 月预算

月	估计支出（国币元）	可靠收入（国币元）	估计需要募集的款额（国币元）
7	372 000	240 000	132 000
8	394 000	240 000	154 000
9	416 000	240 000	176 000
10	438 000	345 000	93 000
11	460 000	345 000	115 000
12	482 000	345 000	137 000
合计	2 562 000	1 755 000	807 000

1944 年第一学期的预算，是基于以下考虑制订的：将 1943 年 8 月以来月平均增长额 22 000 元连续加上，直至 1944 年 1 月达到 482 000 元，以后逐月递增。

1944 年 10 月以来，可靠收入已经增加到每月 345 000 元，从而减少每月高达 105 000 元的赤字数额。

到现在为止，我们已从贵会领得的款数如下：1月5日：特别赠款20 000元；1943年11月、12月补助15 000元；3月14日：1月、2月补助15 000元；4月8日：3月、4月补助15 000元；6月29日：5月、6月补助15 000元；10月18日：7月、8月补助15 000元。总计95 000元。

20 000元特别赠款已用于购买药品和特别营养。两月一次的15 000元补助（即每月7 500元），已用于增加教师的薪金；每人每月增加300元。受益于贵会的教师共25名。

我们的月薪是1 500元。将月薪增到至少3 000元，实为当务之急。根据我校的50名教师计算，我们向贵会申请每月增加补助75 000元，以解除我校教师的后顾之忧，从而安心工作。须知他们目前正是在如此艰苦条件下，以最大的献身精神为我们的下一代服务。

有关育才教师详情，稍迟在我返校后容另行送呈。关于聘请注册会计师审计育才收支账目，大约需耗资10 000元。对此项开支我们迟迟难下决心。但您如认为实有必要，我们仍当遵嘱办理。

您的挚友、育才学校校长　陶行知

1944年12月5日

复印件存华中师范大学教育学院

【注释】

①标题为编者拟。本函系用英文写成，英文原件收录于英文卷。由杨汉麟译校为中文。

②库勒（Arthur B. Coole），美国人，时任职于美国援华联合会协调委员会下属的中学救济委员会。

我有好的计划[①]

——致吴树琴

树琴：

多谢你的信，多谢你的药，多谢你的鸡蛋钱。小黑打了胜仗，已经差不多复原了。对于时局，你不要着急，我有好的计划，请你放心。马先生明天就要去进行，我来会详细地告诉你。你现在可以放心做工作，看书，安心地睡觉，但是不必和别人谈。

我本想明天来，现因要事还须留几天。敬颂

康健！

衔

卅三、十二、七

原件存吴树琴处

【注释】

①标题为编者拟。

武训精神与教育为公[①]

——致育才之友及生活教育社同志

我们最敬爱之朋友与同学：

本年十二月五日为武训先生诞辰一百零六周年纪念日。为了纪念这一平凡而伟大的先贤，我们假江苏同乡会举行了盛大的晚会，并决定要为育才学校筹集武训先生纪念金。武训先生以一位乞丐，赤手空拳，单身匹马，创立了柳林、临清、馆陶三个学校。他一生一贯的精神是做工自养，讨饭兴学。他是普及教育之先导，私人兴学之表率。他的诞辰是苦孩子的圣诞、老百姓自动的兴学节。尤其是在今日敌寇逼近贵阳，千千万万难民横遭颠沛困苦、朝不保夕的时候，我们需要武训先生那种跳出自己小圈而为大众谋福利的精神，来打破重重难关，我们要有千千万万武训先生的化身，才能打退敌人，完成抗战建国之大业。育才学校想在这个生死关头为中华民国新生的一代多出一些力。十月间有加选特才难童三百名之议，想于抢救之后，略尽抢救之力。近得美国援华会允助一百名经费，周宗琼先生允助两名经费，本校舞蹈音乐会筹得八名经费，不久就要派新生测验团出去选拔，同时仍多方号召，以期完成增加三百名之计划。但育才的母体，在精神方面虽属丰富，而在物质方面是极感先天不足。现在经常费每月缺少十万之巨，若想对设备有所增加、营养有所改良、衣被有所补充、待遇有所改善，则非每月增筹五十万元不可。我和七八位同志，原想在真的教育工作上帮助青年、小孩进步，而时间大部分为筹款所吞没，这是最可伤心的事。倘使各位朋友同志每次经常地对于育才量力乐助，其最大之贡献，必是把我们从筹款的奔波里解放出来，使得我们能把整个的精神都放在培养幼苗之工作上，那我们就要感激不尽了。武训先生纪念会上，任宗德先生慨允每月赞助一万元，像任先生这样的朋友，我们需要五十个。陈根度先生每月赞助五千元，屠公泽先生认捐一次六万元，像陈、屠二先生这样的朋友，我们需要一百位。沈天灵、臧其吉二先生各人每月赞助二千元，像沈、臧二先生这样的朋友，我们需要二百五十位。张西曼先生赞助一万元，像张先生这样的朋友，我们需要六百位。仇玉璞先生是邮政局的职员，我们每月从他那里收到挂号信，信中附来五百元，从不间断，像仇先生这样的朋友，我们需要一千位。和任先生同时允许帮助我们〔的〕是一位书铺里面就要毕业的十六岁的徒弟钟毅先生，每月乐助一百元，像钟先生这样的朋友，我们需要五千位。这次武训先生纪念会，由于陈根度先生之倡导，当场诸友认捐四十余万，像这样□□的诸友就地□开，只要有十五个地方响应，便能完成我们的计划。我们不但希望诸位给我们物质帮助，并且希望介绍愿意帮助我们的新朋友。不过，千万不要为了育才而放弃了更应受你帮助的别的学校或个人。我们最大的目的不是单为育才，而是推动每一位朋友有力出力，有钱出钱，有知识出知识，以帮助他心里所欢喜帮助的任何学校或任何个人求学，并针对着教育为公的运动作有效之奋斗。接信的朋友，也许处境比我们更困难，那么，请求不要捐款，并且不客气地把情形、困难告诉我们，我们也愿意量力帮点小忙，我们就在这样的精神中互助吧。奉上武训先生纪念金总额及用途及育才学校节略，借资参考，乐助单如蒙赐填，请交和平路管家巷二十八号，为祷！专此奉商，祇候福音。敬颂康健！

生活教育社理事长
育才学校校长 陶行知拜启

复印件存华中师范大学教育学院

【注释】

①标题为编者拟。本函写作时间由编者考定为1944年12月上旬。

育才学校招收新生的准备情况[①]

——致甘霖林

亲爱的甘霖林博士：

为招收100名新生，我所拟定的准备工作计划实施情况，现呈报如下：

一、已于12月7日派两代表到南充寻找应急校址[②]。如果留在本地并无困难，我们已准备一座可应同一用途的庙宇。二、在我们获悉您批准我们的申请后，我们即着手物色所需要增聘的教师。我希望于本月20日前结束遴选工作。三、考试委员会将于18日组成。四、智力测验业已准备就绪，有关操作人员正在接受训练。五、报名申请单已送往南岸两处难民营。我们决定在22日举行第一次考试，以使得考试及格者能欢度今年的圣诞节。六、我们正在跟全国赈委会、保育会、中国儿童福利协会磋商关于考试选拔他们所属儿童的最佳方式。

我希望是从12月份起，能够收到每月的日常费用之拨款。因手头无其款项可资垫付新聘教师的薪金、考试委员会及新难童的旅费等开支。这些难童可能在圣诞节以前到校，他们的人数尚难确定。

敬希早日赐复，并预致谢意。

您的挚友、育才学校校长　陶行知

1944年12月13日

复印件存华中师范大学教育学院

【注释】

①标题为编者拟。本函系用英文写成，英文原件收录于英文卷。由杨汉麟译为中文。

②指湘桂战场失利，日寇进攻贵州，重庆告急，各机关团体纷纷制订应急疏散撤离计划。

在难童中选拔科学幼苗[①]

——致陶晓光

晓光：

今天可以告诉你好消息，昆明的款子四十二万二千元，是完全由新行代为收到了。连重庆的支票，总共是四二三二九〇元都存好了，全数拨作增加副食费之资金，以纪念诸友之爱护，使大家知道一粥一饭来处不易，努力奋起创造。

颜荣生[②]先生带来的画片、琴弦，甚为得时，皆大欢喜。

十二月二日，中央大学请舞蹈组、音乐组去开会，同时许士骐、梅健鹰先生主持绘画组的画展，你寄来可以拿去展览的礼物都拿去了。也学你的办法，不卖票、不卖画，只请人做新的育才之友，用精神或物质帮助育才学校。

我现在已托绘画组印武训先生像，题上我写的武训先生颂，分送诸友，不久可以寄来。

十一月二十九日开第七次音乐晚会，颜先生已两次请他听乐看舞，但我自己尚未与他见面。许士德[③]先生已到，可是舒元玺刻的《小孩》像已毁，请你把原画寄来。我们在武训兴学节开了画展，请他另选一张，他说，硬是要《小孩》画，所以只得请你寄来，或不得已叫舒元玺重刻，但她已退组，不知有无存稿，还是你寄来好。

昨天 China Relation Office 送来两大包东西，知道关系已经建立起来，甚佳。照单点验，无讹，至慰。唱片、颜色、琴谱数都不错（弦因数多，未点，想来是不会错的）。

朱启贤先生的通讯处为：Chu Chi-Hsien，622 West 114 Street，New York，N. Y.，U. S. A.[④]。他能帮助你取得美国大学许可证，最好是以科学为主科，以艺术为副科，可以把你造成更有益的人材。

育才有几件事可以报告：

（一）美国援华会派甘霖林先生来视察，曾作一详尽报告寄美，登载起来，援华会引为补助事业中之最光荣者，你闻此讯，谅亦甚慰。

（二）美国来款，补助学校再在难童中挑选一百名，物价高涨，亦加防备，开办费已收到，这是大胜仗。现已组测验团开始选拔。我希望英、苏对本校有同样的办法，先正向英国进行。

（三）舞蹈组成立，戴爱莲先生主持，在渝市开舞蹈音乐会，得九十万，除纳税开销，余二十四万，招难童八名。

（四）武训纪念（一〇六周年生辰）会，这次庆祝他的生辰，有我写的《武训颂》。当场诸友认捐四十一万，补助寒衣。尚少四十万元另筹。

（五）音乐组已请黎国荃先生为主任，夏之秋、巫一舟先生新加入，共有专门教师八人，急需管乐器，可募集托 CRO 带来。

（六）在此吃不饱饿不死之关头，仍顾到文化食粮，以晓庄研究所之书为基础（现已值二百万），再加购四十万元参考书，培养幼年研究生及出版教材。朋友已集十五万元，使我买到十四版《大英百科全书》，这是全国学校少有之事了。

（七）近推进自然科学，难童中要提拔半数科学幼苗，须筹一百二十万元自制仪器，请尽量捐集小件仪器托人带来。侨胞中有人建立永久纪念，如科学馆、图书馆，最为欢迎。

（八）敌到独山[⑤]时，小有不安，我有备无虞。此刻敌被打退出黔境，师生仍专心学习创造。

（九）小黑发麻疹兼肺炎，我在此督医，路线十分正确，一星期前，已告痊愈。现尽量滋补，较前肥胖了。这是经济大战中之一小小胜仗，我甚得意。

（十）洞若已陷入精神病，可虑。祝你

康健！

行　知

卅三、十二、十五

原件存陶晓光处

【注释】

①标题为编者拟。

②颜荣生，时为国民政府驻印度外交官员，作为新的育才之友，曾为育才学校在印度华侨中募捐给予协助。

③许士德，捷克驻重庆大使馆武官。他参观了育才学校在印度加尔各答举行的绘画木刻展览会，选订了一幅舒元玺同学刻的木刻《小孩》。

④Chu Chi-Hsien，622 West 114 Street，New York，N. Y.，U. S. A.，即美国纽约州纽约114街西段622号朱启贤。

⑤独山，位于贵州省南部。

代表育才学校提出两项申请[①]

——致甘霖林

亲爱的甘霖林博士：

遵奉12月18日通知，本人谨代表育才学校提出两项申请：

第一，修正本年度概算。为维持目前学校运作所做的概算中，下列各项实属过低：（1）我校工作人员的基本薪金不能叫人满意。迄今为止，虽偶有所增加，但每人仍仅有月薪中国法币 1 500 元。将月薪增至最低的 3 000 元，实属当务之急。我校领薪教师 50 名，为他们增加薪金，每月需增加拨款国币 75 000 元。自 1—9 月则需增加中国法币 654 000 元。（2）9 月份以来，供应学校及民办孤儿院的限价米，每担价格已从中国法币 1 100 元猛涨到 3 000 元。我校每月消费这种米 34 担，超出月概算中国法币 64 600 元。我们需增加中国法币 581 400 元的拨款，方能使 9 个月的预算获得平衡。（3）10 月份以来，限价衣料的价格已上涨了 15%，使我们的冬衣概算赤字达中国法币 500 000 元。加之夏衣费的赤字，我们需要增加中国法币 700 000 元的拨款，方能弥补服装的亏空。（4）我们需要每月中国法币 50 000 元，用以提高难童最低营养标准，9 个月共国币 450 000 元。为使表述更为清晰，兹将申请获得的各项费用列表如下：

增加基本薪金	中国法币	645 000 元
平衡米价猛涨	中国法币	581 400 元
平衡服装价格猛涨	中国法币	700 000 元
提高基本营养标准	中国法币	450 000 元
申请修正维持费概算总额	中国法币	2 376 400 元

上述数额不能用原定用以防备物价上涨 15%的补贴所抵销，因为限价米及衣料价格暴涨，对物价上涨总指数并无任何显著影响，而工作人员的薪金及营养基本标准，却规定得过低。

第二，实施“创造性救济新方案”，育才学校需要新办一个农艺组和一个工艺美术组来完成其全部计划。为使两个组能够设立，特作出规划如下：挑选难民中的科学家作教授，挑选难民中有能力的工人和有才干的残废军人作工匠、农人的领班；有才能的、青春期前的儿童，来当学生兼学徒。我们的目的在于：使有创造才能的人能够进行创造性的研究和创造性的工作，以实施创造性的救济。这样，救济便可转变成为一种创造的力量。这两个新的组，将根据“工学团合一”的原则进行运作。它们是通过民主方式将科学精神渗透其中的工业或农业合作社。农业组将在蔬菜、水果、畜牧、造林及农产品加工方面，开展实验和生产活动。工艺美术组则将在电气、机械、化学及民用行业等方面开展实验和生产活动。将建立各种车间及实验室以进行生产及研究活动。在生产方面，我们的目标是生产农具、简单机器、科学仪器、日用化工产品。在获得创业经费后，两个组将尽力争取在 1945 年 10 月前实现自给。

基于以上原则与考虑，我们为开办农业组申请中国法币 3 000 000 元赠款，为开办工艺美术组申请中国法币 7 000 000 元赠款。待育才成为羽翼丰满、献身于真理、博爱和服务的大学之日，这两个组将是农学院和工学院的基础。

上述总的原则如蒙赞同，我将另行呈奉一项详细计划。

您的挚友　陶行知

1944 年 12 月 23 日

复印件存华中师范大学教育学院

【附录】

育才学校创立农艺组计划大纲

（一）旨趣

开发埋藏在一般及贫苦儿童中之农业特才，以培养农业家之幼苗，使而建立地尽其力，民足其食之初基。

（二）选拔

选拔学生之标准：（甲）身体健康；（乙）愿意助人；（丙）欢喜动手；（丁）高兴用脑；（戊）迷于农事而不肯放手。

（三）试学

学生中选后，须经过一月至半年之试学，以观其兴趣是否持久，学习是否有恒，人格是否坚定。

（四）课程

普通课依照部定标准，提取精华，进行在国文、外国文、历史、公民上，予以严格而活泼之训练。生物学尤应注重。特修科占时四分之一，逐年酌量增加，约分三级：（甲）实践方面：子、园艺游戏；丑、农事实验；寅、农场实习。（乙）理论方面：子、发明故事；丑、教科用书；寅、理论探讨。除上述功课外，贯彻三级者，有农业座谈参观，以造成农业气候，使学生受不断之熏陶。

（五）方法

运用教学做合一与手脑相长之原则，使学生由迷而悟，由悟而更迷，由更迷而大彻大悟，以达到创造之境界。

（六）教师

（1）专科教师；（2）理科教师；（3）普通课教师；（4）生活教师，以组主任一人总其成。

（七）学生

选拔高小一年级一班二十人，初中一年级一班二十人，合自费生二十人，公费生二十人，每人予以学额，俾贫苦有才之小孩不致向隅。

（八）地点

设在农场与大学农科及生物学系所在地，使人才、设备、观感可以倍加丰富。

（九）预算

甲　支出之部

子　开办费

一　建筑修理费　运用旧屋　约计 10 000 元

二　床铺桌凳　10 000 元

三　四季衣服被垫二十人（限公费生）40 000 元

四　农场田地及设备费 210 000 元

五　图书及藏书阅书设备 20 000 元

六　医药及其他设备 10 00 元

总计　300 000 元

丑　经常费

一　薪给及公费（四人）28 000 元

二　工资（五人）10 000 元

三　学生伙食、零用、医药、课本、灯油 60 000 元

四　行政费　2 000 元

总计　100 000 元

乙　收入之部

子　自费生二十人，一切自备，另缴学费全年一千元，20 000 元

丑　公费生学费每名每月五百元（由乐捐者）

共六千元　120 000 元

寅　农场出品　50 000 元

卯　特别捐及补助费　210 000 元

约于 1945 年 1 月 31 日拟

复印件存华中师范大学教育学院

【注释】

①标题为编者拟。此函用英文写成，英文原件收录于英文卷。由杨汉麟译为中文。

为晓庄研究所申请创造性救济[①]

——致甘霖林

尊敬的甘博士[②]：

此时刻是圣诞凌晨四点，我刚刚起床不久。一个想法促使我起床提笔给您写这封信，这个想法与创造性救济、智慧的前沿和伟大的基督之爱相关。我喜欢与黎明比赛，我也很庆幸自己比太阳抢先一步起来。

创造性救济足以带来创造性人才的解放，因为这笔钱能给予他们足够的食物和阳光，让他们得以走向智慧的前沿，将造物主的创造性工作进一步拓展。当这种智慧转化成巨大的力量，将世界和人类变得更加美好之时，我们就拥有了最高境界的基督之爱。如果这种创造性人才解放自己的机会不局限于少数人，全世界或全民族的广大群众都可以拥有，那么这个民族或者整个世界都会实现最高形式的创造性民主。

在漫长的抗战中，数以千计的学者精英包括许多尚不知名的高水平、有潜力的科学家目前极度贫困、生存堪忧，我已被迫改行从事其他不合适的职业。战争开始前，尤其是战争爆发以后，更有成千上万的青年才俊因贫困无法上大学，继而因为没有大学文凭被研究机构拒之门外。他们被迫过着比学者更艰辛的生活，将大好青春浪费在一些屈才的职业上，或者过着难民生活，得不到任何机会和鼓励，无法施展才华。最后，在权威、偏见、穷困、上级和霸主的忽视、繁重的工作、不良的教育理论、古老的传统等重重压迫之下，大批学徒、劳工、工匠、农民、女仆和贫苦儿童的天赋和才能被压抑埋没，正待觉醒。只要民主的轻声呼唤，便能觉醒。

1938 年 12 月 15 日，晓庄研究所正式成立，开始着力解决上述问题。我们利用非常有限的资源，开展了两个项目，一是育才学校，您应该听过。我要告诉您的是，育才学校的诞生源于它的“母亲”晓庄研究所。育才学校只是由该研究所的教育处赞助开办的一个试验学校。这位“母亲”是一位无名的战士，更确切地说是一位无名的保姆。她还孕育了第二个鲜为人知的“儿子”——由科学处分管的内燃机实验室。负责跟实验的研究员李华教授为开展试验倾尽了所有，在这里我很高兴地告诉您，该项试验已接近成功，新的内燃机模型已基本完成。

晓庄研究所为秉承最初宗旨，计划增聘10位不同领域的教授学者，从有潜力的贫穷难民青年中选聘尽可能多的研究人员，并从育才学校选拔人才组建青年研究员队伍。我们研究所目前拥有2 000 000元的书籍，但我们需要更多的资金增聘工作人员、添置参考书籍、新建实验室。我希望能为晓庄研究所申请到2 000 000元的援助资金，助力研究所扩大其研究范围、优化服务成果，这将带给我们极大的鼓舞。若现有资金不足此数额，我们接受任何数量的大笔款项或分期款项。如果您认为将这笔资金给育才学校更合适，我们也没有异议，我们可以将研究所作为育才学校的上级组织并入其中。不过，在现阶段，我们更希望晓庄研究所能作为独立机构运行，并直接接受您的援助。

我非常确信，如果您将现有资金的一半或者全部用于援助中国的创造性救济，不出几十年，您会看到这个生灵涂炭的国家创造奇迹，看到她对世界和全人类做出不可估量的贡献。岂不壮哉?

您永远真诚的朋友

晓庄研究所所长

陶行知

1944年12月25日

复印件存华中师范大学教育学院

【注释】

①标题为编者拟。该文原文为英文，英文原件收录于英文卷，本译文由杜小双翻译。

②甘博士，即甘霖林（Lenning Sweet），时任北京基督教青年会干事。

不参加所说之事[①]

——致吴树琴

树琴：

你的两封信都收到了。我决定卅日来泉，至迟卅一日来泉。如果卅一

日来，我们当天就去古圣寺。你所说的事情，我不必参加，也无钱参加。专此奉复。敬颂
康健！

衔

卅三、十二、廿七

恒智的二千元，已于昨日电汇溆浦师范学院去矣，知念，并以奉闻。

1944 年 12 月 27 日写

原件存吴树琴处

【注释】

①标题为编者拟。

介绍陈根度先生来访[①]
——致育才之友

××先生：

敬启者，行知宜为陈根度先生致一简短介绍词。彼参加“一·二八”之战，受毒双目失明，继参加“八·一三”之战，失去一腿。今目已重明，而腿则一去不可复返，然而为社会服务，仍能日行数十里，不以为倦。近鉴于敝校在艰难中求进，复作第三次牺牲为难童谋福利，令人感动。上海许啸天先生曾赠一诗，行知尚能记忆，特录其诗，以见其志，诗曰：

两战淞滨勇少年，宁愁敌焰惨靡天。

断胫杀敌成名将，留得双眸看凯旋。

根度先生代表趋访，谅我公必有相见恨晚之感也。即颂时祉！

弟陶行知拜启

1944 年写

出自《行知书信集》，安徽人民出版社 1981 年版

【注释】

①标题为编者拟。抗日荣誉军人陈根度热心到四川各地拜访育才之友，为育才学校宣传、募捐。1944 年陈根度临行前，陶行知写了这封介绍信。

一九四五年

寄奉墨西哥摄影木刻[①]

——致吴树琴

树琴：

昨日正拟到碚，坐车之时，而船已到。船上遇陈堃杰先生，由彼介绍船经理，在船上睡了一觉，便到了牛角沱，赶到任公馆正是五时。特报平安。墨西哥摄影木刻奉上。敬颂

康健！

衔

卅四、一、十六

原件存吴树琴处

【注释】

①标题为编者拟。

请勿按新来难童“人头”拨款[①]

——致甘霖林

亲爱的甘霖林博士：

随信附上胜利饭店 1 050 支票一张。

您 1 月 18 日来函，给我出了个不易解决的难题。我希望您能够不坚持对新来难童按人头计算拨款，因为甚至从去年 11 月开始，我们就已为准备接受新难童而超支，而这些超支费用是不会纳入常规开支之列的。在新难童到校前我们已不得不动用目前的津贴来完成下列准备工作：

一、10 000 名学生的 10 000 份一般智力测验试卷。二、挑选 6 名工作

人员组成测验委员会。三、测验委员会两个月的旅费及薪金。四、预先聘请并培训10名教师，支付其薪金及伙食费。有的从12月即已支付，而从本月起，所有教师的薪金及伙食费均须支付。五、必须立即提供冬装材料，棉织品管制局刚刚批准了我们有关购买物计划。六、最后，如果毛巾、帽、鞋、牙刷等能够现在购置，我们就省钱不少。

在查阅我10月20日呈交的日常费用项目表时，我发现其中只有伙食、照明、课本、零用钱等项，在新难童入校时是应按人头计算费的。因而我请求继续每月付给我们250 000元，以便为招收新难童作好必要的准备，而不要从首次拨款应有数额中扣除以前已付款额。将此款保留到新难童到来之时才拨付，结果只能推迟他们的到来。因为，如果将有关拨款真的推迟了，我不得不花费太多的时间去弥补财政缺口，而将这些时间用在难童身上，应当是更为有益的。

关于我1944年12月23日信中，请求增教师薪金及米贴所包括的时间之事，我想说明一下，这段时间指的是：1945年1—9月（含9月）。

据您来信告知，我们为提高最低营养标准而要求每月50 000元拨款的申请已被否决，理由是新难童尚未到达。我重温了我12月23日的信，发现在“难童”前并无“新”字。我当时指的是已经在校的难童，以别于自费儿童。当儿童福利委员会下次开会时，希望您请求他们重新考虑我的有关申请。

您的挚友、育才学校校长　陶行知

1945年1月19日

复印件存华中师范大学教育学院

【附录】

育才学校新难童
全部到达之前的日常费用

测验费	360 000元（可以减少）
冬装费	300 000元
教师薪金（3个月）	75 000元
教师伙食费（2个月）	36 780元
测验委员会车费（2个月）	120 000元
测验委员会旅馆费（2个月）	72 000元

测验委员会伙食费（2个月）	150 000元
总　计	1 113 780元
4个月（11月—2月）的收据	1 000 000元

【注释】

①标题为编者拟。本函及其附录均用英文写成，英文原件收录于英文卷。由杨汉麟译为中文。

分享江津米花糖[①]

——致吴树琴

树琴：

一、江津泰和斋之米花糖，陆雪樵送，分一些给你。

二、我买了一点毛织布，请你〔妥〕为保存。

三、你的毛毯奉上。

四、我廿七到璧山，廿八或可到泉，倘不能，廿九日一定到。敬祝康健！

衔

卅四、一、廿四

1945年1月24日写

原件存吴树琴处

【注释】

①标题为编者拟。

遵嘱附上各种概算[①]

——致甘霖林

亲爱的甘霖林博士：

欣然收到由他人转交的您1月25日的来函。遵嘱随信附上育才农艺组、工艺美术组及晓庄研究所的概算。根据保守的估计，捐款及基金的月息为8%，此数可应付日常开支。拨款大部分须用作工艺美术组的开办费，小部分用作农艺组的开办费。

将受援助者有：农艺组学生 40 人、工艺组学生 40 人、熟练工人 5 人，晓庄研究所专职研究员 5 人、兼职研究员 5 人、研究人员 10 人、青年研究人员 20 人。

您在信中提及，我们申请的数额有一处错误。我于 12 月 23 日信中申请的数额是：农艺组：3 000 000 元；工艺美术组：7 000 000 元。我于 12 月 25 日信中申请的数额是：晓庄研究所：2 000 000 元。希望 1 月 25 写给我的尊函副本能予更正。

我将于 2 月 5 日返城，届时切望收到 1 月的 1 号、2 号拨款。如有可能，尚望收到为冬装材料涨价、米涨价及提高教师薪金所提供的拨款。

谨致良好的祝愿！

您的挚友、育才学校校长　陶行知

1945 年 1 月 31 日

复印件存华中师范大学教育学院

【附录】

附录一：育才学校开办农艺组概算

(1) 开办费

学生　40×15 000 ＝600 000 元

教师　5×15 000　＝75 000 元

工人　2×15 000　＝30 000 元

建筑　＝300 000 元

设备　＝300 000 元

合计　1 305 000 元

(2) 日常开支　每月 40×3 000　120 000 元

包括学生伙食、服装、杂项开支，教师薪金及伙食，工人工资及伙食、医疗费、行政开支。

(3) 收据

美国援华联合会为开办费拨款　1 305 元

美国援华联合会为捐助拨款　1 695 元

合计　3 000 元

(135 600 元的月息 8%可敷日常开支)

(4) 农场生产将应付由通货膨胀引起的物价增涨并照管未来的维持及发展。

附录二：育才学校开办工艺美术组概算

(1) 开办费

学生	40×15 000	=600 000 元
教师	5×15 000	=75 000 元
工人	5×15 000	=75 000 元
建筑		=500 000 元
设备		=3 750 000 元
合计		=5 000 000 元

(2) 日常开支

包括学生、教师、工人、材料、医疗以及行政方面的所有开支。

每月 40×4 000=160 000 元

(3) 收据

美国援华联合会为开办费拨款	5 000 000 元
同上为捐助拨款	2 000 000 元
合计	7 000 000 元

(160 000 元的月息 8%可供日常开支)

(4) 商业服务将应付由通货膨胀引起的物价上涨及长远的维持及发展，予以关照。

附录三：发展晓庄研究所概算

(1) 开办费

书籍及设备（已提供）	2 400 000 元
建筑（已提供）	300 000 元
合计	2 700 000 元

(二) 日常开支

	人数	每月金额	合计
研究员	5	10 000 元	50 000 元
研究工作者	10	5 000 元	50 000 元

青年研究人员	20	500 元	10 000 元
所外研究项目津贴	5	3 000 元	15 000 元
每月添置设备及书籍			35 000 元
行政开支			10 000 元
合计			170 000 元

(3) 收据

研究所提供的开办费	2 700 000 元
原来每月收入	10 000 元
美国援华联合会作为捐助的拨款	
2 000 000 元的月息	160 000 元
作为日常开支的总收入	170 000 元

(4) 出版物销售、版税、专利，将应付通货膨胀及长远的维持和发展，予以关照。

复印件存华中师范大学教育学院

【注释】

①标题为编者拟。本函及其附件系用英文写成，英文原件收录于英文卷。由杨汉麟译为中文。

请为马思聪义演推销请柬[①]

——致魏璐诗

亲爱的魏璐诗博士：

享有世界声誉的中国最有才华的艺术家马思聪先生，将在 2 月 13、14、16 及 17 日下午 7 时在育才学校主持下，为该校新入学难童举行小提琴演奏会，每次均有新节目出台。我们每晚为育才的朋友们保留 100 个最好的座位，凭请柬（而不是门票）入场。现我托陈元琪（音译）先生送上足够您应付所需数量之请柬，以供您邀请对小提琴演奏会有兴趣，并关心天才难童教育的朋友们前来参加。如被邀参加的每位朋友，对每场演奏能提供不少于 5 美元或等额数的捐款，我们将不胜感激。我盼望您能尽力为育才邀请到 50 位盟国朋友，起码不少于 20 位。我希望本月 5 日我从北碚回来时，从您那里听到好消息。我期待的结果是：在400位受到邀请的朋友们的共同努力下，筹集到的款额，足供维持新招收的40名难童的一年的开支。

您的挚友、育才学校校长　陶行知

1945年1月31日

复印件存华中师范大学教育学院

【注释】

①标题为编者拟。本函用英文写成，英文原件收录于英文卷。由杨汉麟译为中文。

为马思聪演奏会忙着①

——致陶晓光

小桃：

我好久没有称呼这个名字了。你该记得这是最爱你的祖母为你取的名字。你看见这两个字，就像是奶奶喊你。

你的家属津贴十二月卅日已经取了两个月，共一六五九二元。二月十日已将一月份的津贴取来，还有半月薪水的借支，共计一三九一一元。总共三〇五〇三元，是存在新生实业社，为你将来留学之用。

你在印度开展览会开支余下的卢比，作为补助你医药费之用，写个收条寄来。

舒元玺刻的《小孩》，已经交给许士德先生，他很欢喜。

学校正式收据，武训木刻及我自己的字，我想在一星期内寄给你。

你上次给寄来的琴弦（恐怕不是你寄而是英大使馆代买的），经过几次调查，当中没有A弦，E弦多了一倍。现在急需Cello & Violin的A弦，请你赶快买一点，托China Relations Office带下。

我正为马思聪先生演奏会忙着。育才音乐组有五个人，有去法学习的希望。祝你

健康！

衔

三四、二、十四

原件存陶晓光处

人生需要刺激，需要鼓舞，更需要奋斗！

【注释】

①标题为编者拟。

对你们的厚意表示感谢[①]

——致黄次咸

亲爱的黄先生[②]：

本月 17 日，由于我们临时通知取消租用贵会礼堂的合同，使该晚 6—8 时的演出未能满场。而您却慷慨地免了向我们索赔因此造成的差额。对此，我谨代表育才学校的难童，并以我个人名义，向您致以衷心地感谢。并请您代向韦先生（Mr. Way）致谢。他的厚意同样令我们感激不已。

您的挚友、育才学校校长　陶行知

1945 年 2 月 23 日

复印件存华中师范大学教育学院

【注释】

①标题为编者拟。本函系用英文写成，英文原件收录于英文卷。由杨汉麟译校为中文。

②黄先生，即黄次咸，时任基督教青年会总干事。

感谢惠赠象棋、台球等文体用品[①]

——致道格拉斯

亲爱的道格拉斯[②]先生：

正好在旧历新年除夕之前，我收到了由您惠赠的象棋二盒、台球六只、羽毛球三只，以及彩色蜡笔二盒。谨代表育才学校难童并以我个人名义，向您表示衷心的感谢。

上述新到珍品，在我校娱乐室及运动场深受喜爱，引起一片欢腾。

由于打听礼物馈赠人耗费了一些时间，致使此信未能早日奉达，务望原谅。切盼不久后能面谢。

您的挚友　陶行知

1945 年 2 月 25 日

复印件存华中师范大学教育学院

【注释】

①标题为编者拟。本函系用英文写成，英文原件收录于英文卷。由杨汉麟译校为中文。

②道格拉斯（Frederick Douglas），美国人，任职于美国驻中国大使馆新闻处。

有 22 名难童成功地通过了测验[①]

——致甘霖林

亲爱的甘霖林博士：

本人无不欣慰地向您报告：我们有 12 月 23 日—2 月 25 日间对 290 名儿童连续进行了 6 次测验，其中有 22 名难童成功地通过了我们考试委员会制定的标准。此事看来进展很慢。

直到上星期五我们才接到保育会的介绍信，允许我们从各地儿童保育院选拔儿童。这将使我们能制定出一个现场测验的计划表，并在近日内即付诸实施。

我们希望，持有手头所有这些介绍信，我们能加快工作进度，将来进展得更快。

我计划明天去北碚。当我 3 月 5 日返回时，希望为我校提供的 2 月份拨款已准备好。

承蒙您将在我校及北温泉所拍影片见示[②]，不胜感谢。该片经复制后当立即奉还。

您的挚友　陶行知

1945 年 2 月 26 日

复印件存华中师范大学教育学院

【注释】

①标题为编者拟。本函原系用英文写成，英文原件收录于英文卷。由杨汉麟译校为中文。

②指甘霖林在古圣寺和北温泉所拍的有关育才学校的照片及制作的幻灯片。

吁请支持实施国际难童学校计划[①]

——致甘霖林博士

亲爱的甘霖林博士：

顷接3月16日手示。此信确实行程太慢，在农村尤其如此。

一、国际难童学校将实施一年级到六年级的小学教育；

二、从五年级开始职业教育和职业准备，其性质和细节将由理事会根据主席推荐予以决定。

三、文教设备包括：

a. 教师及学生的参考书；

b. 乐器；

c. 医学仪器；

d. 农具；

e. 木工工具；

f. 基础科学设备；

g. 其他生产工具及设备。

我在向您提出申请之前还没来得及确认每一项的费用，再者我也想给理事会主席更多的考虑空间。

希望这能符合您的心意。

您真诚的朋友

陶行知

1945年3月20日

【附录】

国际难童学校

一、启动资金

	数量	单价	总计
9. 双人床	50	8 000	400 000
10. 双人桌	50	2 400	120 000

11.	双人长椅	50	600	30 000
12.	水盆	100	300	30 000
13.	蚊帐	100	2 000	200 000
14.	床品	100	6 000	600 000
15.	文教设备			620 000
16.	房屋及修缮			1 000 000
	100 名儿童总计			3 000 000
	人均费用			30 000

二、日常费用

		人均每月费用	100 名儿童每月费用	一年费用
17.	伙食	1 500	150 000	1 800 000
18.	衣物	500	50 000	600 000
19.	毛巾	40	4 000	48 000
20.	帽子	20	2 000	24 000
21.	鞋子	80	8 000	96 000
22.	肥皂	50	5 000	60 000
23.	牙刷	20	2 000	24 000
24.	教科书	20	2 000	24 000
25.	医药	100	10 000	120 000
26.	材料	60	6 000	72 000
27.	照明	60	6 000	72 000
28.	零用	50	5 000	60 000
29.	教师薪酬	300	30 000	360 000
30.	教师伙食	150	150 000	180 000
31.	工人工资	30	3 000	36 000
32.	工人伙食	30	3 000	36 000
	总计	3 010	301 000	3 612 000

（为抵消通货膨胀每月增加 10%）

复印件存华中师范大学教育学院

【注释】

①标题为编者拟。本函及附件原均系用英文写成，英文原件收录于英文卷。由杜小双译成中文。

1945年初，陶行知在国际援华机构的帮助下，计划开办一所国际难童学校，后因经费问题未能实现。

为奠定难童学校的基础而提供帮助[1]

——致甘霖林

亲爱的甘霖林博士：

金先生（Mr. King）已向我通报了贺夫人[2]与您的会晤一事。此处我仅想就有关南岸[3]难童的母爱和收容机构的照顾问题，发表自己的意见。

一、南岸的难民家庭，几乎已陷入绝境，成人与儿童都在遭难。如果孩子得到好些的照顾，则对母亲和孩子均不啻是一个安慰。二、母爱不可能是对付一切反社会倾向的万应灵丹。当母子均因缺乏生存手段而备受饥寒煎熬之苦时，他们都可能与社会对抗。但这种态度可依据人们的物质援助及表现的同情心而得到相应的缓解。三、这种援助是应直接给予家庭呢？还是通过某种机构提供为好呢？这个问题，只能通过仔细的比较和调查来回答，而不应依据一条一般原则来处理。如果某个家庭是受过教育的，尤是母亲受过教育。那么，我建议将救济物发给家庭来援助儿童。反之，我建议将儿童送往一所管理良好的机构收容。四、将儿童置于某种使其身心均能成长的环境，肯定优于将他关在只有身体受到照顾的家中。五、在贺夫人指导下的一个机构决不会在一般水准之下，并且完全有理由推断，这样一个机构，将远胜于南岸难民所建立起来的最好的家庭。六、轮船不容许我信笔写去。我希望您会认识到，为奠定难童学校的基础而提供帮助是可能的。

您的挚友 陶行知

1945年3月24日

复印件存华中师范大学教育学院

【注释】

①标题为编者拟。本函用英文写成，英文原件收录于英文卷。由杨汉麟译为中文。

②贺夫人，即倪斐君，为重庆市市长贺耀祖的夫人，参与筹办国际难童学校的工作。

③南岸，指重庆市南岸，当时为难民聚居地。

随函附上育才学校1944年度财务报告[①]

——致甘霖林

亲爱的甘霖林博士：

随函附上育才学校1944年度财务报告两份。它们业已由注册审计员白清新（音译）先生审计过。

我注意到，您还需要另一份有关1943年的审计过的财务报告，以便为您的重庆办事处存档。该报告将在近日内由审计员提供。

您的挚友、育才学校校长　陶行知

1945年3月28日

复印件存华中师范大学教育学院

【注释】

①本函系用英文写成，英文原件收录于英文卷。由杨汉麟译为中文。

原函附有《育才学校报账单》一纸，从略。

儿童康健比赛办法[①]

——致农村服务工作委员会

农村服务工作委员会大鉴：

你们三月廿六日的信，业已收阅，你们对于儿童节的农村服务的热忱，将有无限的收获与安慰。我们已经大胆地将你们的计划扩大了。为着兑现尚无十分把握，寄上的几项办法，希望不要公布。不过心里有此打算争取时间力求实现而已。今天已有小胜利，晚上有几位同学要把二百封信准备好，以便明早派人分发。康健比赛宜分两组：一为小康之儿童，一为贫苦之儿童，各自比赛，而不相互比赛，否则贫苦家庭之营养欠缺，势必为小康独占优奖，反失提倡之意。细想此事难办，要慎之又慎，仍恐得罪于人。

礼物三号可送到。敬颂

学安！

陶行知

卅四、三、卅

原载《民主教育》第6期，1946年4月1日

【注释】

①标题为编者拟。原与《儿童节礼物》共一标题：《去年村童小欢喜，今年应该胜去年》。原副题为“二封未曾发表的信”。

替乡下小朋友征求节礼[1]

——致朋友及小孩们的朋友

我们的朋友、小孩们的朋友：

儿童节四月四日快到了[2]，城里少数的小孩子不消说大概是很热闹地准备过节了，乡下的小孩从来没有人想到也不知道什么是儿童节。我们这次要把儿童节介绍给乡下的小孩，特别是看牛的，割柴的，拾狗屎的，挑煤炭的，做徒弟的，没有父母的，吃不饱穿不暖、受人歧视的小孩子，使他们至少能享一天的快乐和一年的学习工具。十几年前，我曾写过一首小诗：

乡下人送来的礼，
是麦是米；
城里人送来的礼，
是尿是屎。

我们城里人除了这两样礼物外，似宜增加一点，最好乘着儿童节送一些好玩、好吃、好用的礼物给乡下的小孩子，使他们得到一点小小的幸福。我们的建议是：

（一）送一千位小孩每人一包糖。

（二）送一千位小孩每人一支笔。

（三）送一千位小孩每人一本簿子。

（四）送一千位小孩每人一本小书。

（五）送健康比赛优胜小孩十名：衣帽十件。

（六）送讲演比赛优胜小孩十名：好书十本。

（七）送一百名出征军人子女和最努力的小先生：手巾、肥皂、笔墨、

纸张、书本各一套。

（八）送一千位小孩及其父母看一次电影。

（九）为一千位小孩预备必不可少的家常用药。

朋友们：这是很值得参加的一件事，让我们大家各尽所能，来共同完成一件虽小而大的事——使乡下的小孩得到真正的快乐。倘蒙赞同，实物或代金，多少都听尊便，敝校同人愿任送递、分配、报告之役。时间太迫促了，希望各位朋友将实物或代金于四月二日十二时前交下，我们才来得及把诸位的盛意达到乡下的小孩。

敬颂

康健！

育才学校校长陶行知　拜启

原载《新华日报》，1945 年 4 月 2 日

【注释】

①标题为编者拟。此信在《新华日报》刊出时的题目为“替乡下小朋友征求节礼的一封信”。此信刊出时未标明写作日期。后此信又曾在 1946 年 4 月 1 日《民主教育》第 6 期发表。

据 1945 年 4 月 4 日《新华日报》报道，陶行知发起为乡下儿童送礼事，截至 4 月 3 日，已募到 15 万元，还有许多饼干、铅笔等物品，中央大学学生共募 7 000 元，《新华日报》同人捐 5 000 元。

②旧中国儿童节为每年四月四日。

为乡下儿童号召送礼相当成功[1]

——致吴树琴

树琴：

这一回为乡下儿童号召送礼相当成功：得到代金十四万元，为印刷课本教材之用，铅笔一千一百廿枝，糖果十盒，书籍、拍纸簿、信笺各数十份，药品二十一种，皆为日常所需而且是相当丰富。明天尚有礼物可收，内中有饼干，包好的，数量不少，要明早送管家巷，怕要到四月四日下午才能送到乡下分发。我的身体今天算是复原了。这里事太多使我不能于儿童节赶来。如此我要到十一日以后才可来泉。晓光[2]托你把樟脑放下箱。

恒智[③]的书要四月五日才能办。白色西装，万芸[④]先生有颜料，大概四五千元可染，明天由他亲自取去。淑惠[⑤]入院要养三星期，于下周开刀。梅仙[⑥]进城甚窘，我代你送了她一千元，我给了小孩儿童节礼一千元。我自北碚来之前，她已在管家巷住了两天，她向我借住两个月，我告诉她不可能，她只好回去报告汪凤翔了。敬颂

康健!

衔

卅四、四、二

原件存吴树琴处

【注释】

①标题为编者拟。

②晓光，即陶晓光。

③恒智，指吴恒智，吴树琴的弟弟，曾在蓝田师范学院工作。

④万芸，时任重庆任上海大众棉织厂厂长。

⑤淑惠，即吴淑惠，吴树琴的妹妹。

⑥梅仙，即吴梅仙，吴树琴的妹妹。

儿童节礼物[①]

——致陈元直、廖意林

元直、意林二同志：

这次为乡下儿童发动儿童节送礼是出人意外的成功。今天中央大学学生看到报上所说，踊跃响应，特派同学送来将近万元。这是多么令人感动啊。我们的口号是：

（一）给乡下小孩一天的快乐。

（二）给乡下小孩一年的学习。

所谓乡下小孩是整个的，不能遗漏掉守牛、砍柴、挑煤、拾狗屎、小徒弟、佃农的孩子、无父无母的孩子、受人歧视的孩子，特别要紧的是抗属的孩子。

帽子六顶有五顶是买的，小鞋也买了六双，手巾买了四条，洋娃娃买了六个，如已发动比赛而不好停止，则每人给一样奖品，使得皆大欢喜，不要令人向隅。因为在不平等的境遇中，比赛是不公平的。

我希望抗属的小孩能得到好的礼物。

竹因同志昨带上五万元，彭松[2]同志今带上十万元，这是为着要给乡下失学小孩一年的学习材料与文具，不主张零用，全数预先买纸，以便印刷课本与教材。课本照北泉小学式样，但宜用绿色，以便用红笔批改。

参加的小孩宜有详细之登记，包括姓名、年龄、男女、住址、有无父母、家庭状况、经济情形、工作性质、志愿。动员农村工作人员，分头用卡片登记。倘为时已晚，先登记姓名村庄，次日即赶填。

用款与礼物分配均宜写明保存并编统计报告，以便将来很快地印发给捐物捐钱的朋友，而昭大信。

跳出学校之小圈而为乡村儿童服务，特别是为不幸的儿童服务，如糖果不够，本校年长的小朋友可不发；再不够，本校的年幼小朋友缓发。尽量地优待校外的小朋友。

截至现在（四月三日晚九时）止，共收到二十三万四百六十二元。买礼物交校本部用八一四〇元，方竹因同志带校本部五万元，彭松同志带校本部十万元，共十五万元为乡下小孩印课本教材。又付高峰寺农场[3]招待小朋友六千元，付国际难童学校二万五千元招待南岸难童。结存四万九千三百二十元，留付印工装订费。敬祝
康健！

陶行知

卅四、四、三

原载《民主教育》第6期，1946年4月1日

【注释】

①标题为编者拟。原与《儿童康健比赛办法》合共标题：“去年村童小欢喜，今年应该胜去年”。原副题为“二封未曾发表的信”。

②彭松，时为育才学校教师。

③高峰寺农场，育才学校师生开辟的农场。

必得亲自题款感谢侨友[①]

——致陶晓光

晓光：

三月三日及三月廿日的信先后收到，未能立刻作复，不胜怅怅。这三个星期来，有点感冒，一直到今天才可算是痊愈，而且要带病考学生，筹备国际难童学校，在病床上又想出在儿童节要为乡下一千苦孩筹备一天的快乐和一年的学习，而且又不得不在病床上为这个好办法督战，因此就把你的回信一直搁到今天。

噶林堡和大吉岭[②]侨胞待我们高谊如云，我总想除了正式收据和谢函之外，送这些朋友一点小小礼物，不知道这样一来，倒把谢函及收据耽误而使你难过。有时太认真反而弄得不周到。我的计划是刻一张武训像送他们，后来又写成一首《武训先生颂》，又想印在像的旁边，印得不好，又重印，待印成预备亲自题款又病了。我必得亲自题款以答侨友之厚意。三番五次提起笔来，即被急事打断。所谓急事，多半是和米价赛跑。国内物价新年以来，几涨三倍，这事是号召了我们的一切力量来应付，故把侨胞的谢信、收据一直耽误到今天。我要说侨胞的捐款到时，正好帮助了我们过难过的年关，而且增加了营养。今天病愈，我排除一切，将木刻完全题好，收据及信是早已备好，想了一下还是完全寄给你，因为噶林堡及大吉岭，你没有详细地名，不便直接寄。但同时我写了两封信告诉他们款于年底收全，并说收据及纪念品由你转寄。

琴弦是完全的，内有一大包误放在另一处，现在找着了，据黎先生[③]说，够用到明年。

你的证明信，今天不能办，要过两天才考虑，因为有筹款的急务要进行。

你的衣箱已托吴先生[④]放樟脑。朱启贤先生在 Teachers College Columbia University New York，N. Y. U. S. A.，他的英文名字 Mr. Chu Chi-Hsien.

祝你

康健！

衔

卅四、四、八

出自《行知书信集》，安徽人民出版社1981年版

马铸材先生之正式收据等，全份已抽出，直寄丽江铸记。

宏兼蓉美国新闻处事，在中大尽义务，经济尚好。城在交通大学。刚也可。洞若已陷入精神病，可惜。

【注释】

①标题为编者所拟。

②噶林堡，即噶伦堡，印度东北部边境城镇。大吉岭为印度东北部城市。

③黎先生，指黎国荃。

④吴先生，指吴树琴。

育才学校正面临严重的财务危机[①]

——至甘霖林

亲爱的甘霖林博士：

育才学校正面临着一场极严重的财务危机。现特向您呈报若干主要数据，在采取最佳方式解决目前的困难，并防止更严重的发展之时，这些数据也许有助于您考虑及作出判断。同时，我还想提出供您参考的几个建议，并报告几件有待尽快加以重新考虑和处理的具体事宜。

今年一月，我们从590 000元的预算起步，经过周期性物价的飞涨，我们被迫于四月份采用1 678 000元的最低预算。这意味着：第一季度预算增加283%。仅四月份赤字，就将达到841 000元。从1月10日以来，我们的亏空总额已高达1 500 000元。

物价的第一次暴涨发生在1月10日前后；第二次在2月20日前后；3月份以来，就米价而言，略有回跌。但我们有理由相信，米价在5月份将再度上涨。

鉴于上述情况，修正所有机构（包括育才）的预算，实为当务之急。我认为，如果修改一事可行，则应从1月开始，而不应迟于2月。不知您是否赞同：较好的办法是为各服务机构提供金本位的预算；并逐月照当月兑换率支付。金价自身也会上涨，但一般而言，比其他物价升得较慢。这样做，将减少重新分配的麻烦，同时使各服务机构无时不为财务困难而焦头烂额的窘境，得到缓解。

招收新难童的预算，是1944年10月24日编制的。我们于11月28日收到开办费拨款。租借回龙寺一事，迟至1月才得到地方政府批准。下列开办费主要项目，已经超过原来的预算：

	原拨款	实际费用	超支赤字
庙宇修理	100 000元	300 000元	200 000元
双人床	270 000元	400 000元	130 000元
双人桌	80 000元	130 000元	50 000元
蚊帐	130 000元	200 000元	70 000元
总计（国币）	580 000元	1 030 000元	450 000元

我们希望，您能够向我们支付上述达450 000元的超预算款项。

10月份粮食的预算，是根据官价计算的，每担米3 000元。仅有22名难童，被批准食用官价米；40名新难童，尚未被批准，故仍继续食用每担10 000元的市价米；38名难童现在招收进来，仍需食用市价米直到秋季开学。此外，从3月份开始，副食品（包括燃料、食油、食盐、蔬菜、肉、水等），也已从去年10月份估算的每人566元增加到每人1 200元。除大米外，人均每月副食品应增加到2 000元，对师生职工才比较合适。

新难童每月的伙食费已经算出，附呈参阅。从1—4月看，伙食总拨款额为90 400元。由于在政府批准难童食用官价米之前仍须购买市价米，加之副食品价格的上涨，新难童4个月的实际伙食费用将达338 544元。因此，以前的伙食拨款只剩下151 856元。如果美国援华联合会不为我们支付4月份的拨款，则此项余款远难应付全部开支。

上面提及的其余38名新难童，在9月份以前，他们不可能吃到官价米，5月份副食品价格，估计增至每人2 000元，故每人伙食费将为4 640元左右；而根据10月份预算，则仅为1 226元，以致须增加拨款129 732元。在我斗胆招收这批新难童之前，首先必须得到您增加拨款的批准。

至于我向英国援华会提出的申请，我盼望您尽力支持下列要求：（1）添置科学仪器，5 000 000元；（2）提高教师薪金，从3 000元增至10 000元。教师60人，每月合计420 000元。（3）改善营养，1 000元×316，每月合计316 000元。

您似乎并不赞同我争取添置科学仪器的努力。然而这却是我计划的精华所在。我需要这笔钱自己动手制作简单仪器。如果这一规划搁浅，则育才学校的整个计划失败便难以幸免。我希望您将尽一切努力，来帮助我的实验取得的硕果，并尽我们所能，造福于人类。

您的挚友、育才学校校长　陶行知

1945 年 4 月 27 日

复印件存华中师范大学教育学院

【注释】

①标题为编者拟。本函用英文写成，英文原件收录于英文卷。由杨汉麟译为中文。

加强自然科学组[①]

——致育才之友、爱护科学之友

育才的朋友、爱护科学的朋友：

现在有一件最重要的事向各位朋友报告，希望不吝指示，乐于协助，共观厥成。

整个世界都是向着科学猛进。我们中国必须领受科学的洗礼，才能在科学的世界中适于生存。但是要想创造科学的中国，必须培养科学人才的幼苗，才能达到目的。本校七组之中，有一自然科学组，原想以科学人才之实验苗圃自任。去年经校董会议决，以后本校方针要加强自然科学组，并扩充其名额为全校学生数百分之五十。今年招收新生，即特别注重数学程度并提高智慧测验标准。最近在北温泉租得临江楼房屋一座，足敷初步发展之用。这个地方系一个学习科学最好的环境，择要地说，约有四个优点：

（一）北温泉有最好的植物园可供学习；

（二）缙云山有丰富的植物可供探讨；

（三）北碚有宏大的博物馆可以参考；

（四）三峡有工矿农场及各种研究所、调查所、实验所可以观摩研究。

在这样一个科学环境之中，把我们的自然科学组建立充实起来，以培养科学人才之幼苗，是可能有相当的贡献。

现在一切条件业已具备，只缺少基本之图书仪器设备：

（一）图书室科学图书杂志；

（二）生物实验室仪器设备；

（三）物理学实验室仪器设备；

（四）化学实验室仪器设备药品；

（五）简单仪器标本制造厂机器工具设备。

为答谢诸友乐助盛意，谨订纪念办法如下：

（一）凡乐助上列五单位中任何一单位之全部装备者，即以乐助人或其指定之名义名之，并画像以永纪念；

（二）凡乐助仪器、机器、工具、图书价值或代金上万元者，均刻碑纪念；

（三）凡捐现金实物者，均在成立纪念册中留名纪念，借表谢意。

这是一件富有意义的事业。我们拟即日搬入临江楼，想在一个月内集中力量把基础打好。深望大力提倡并感召亲友酌予厚助，以宏造就。倘蒙允许，不胜感谢。专此奉商，敬颂

康健！

育才学校校长　陶行知拜启

三十四、五、二

出自《行知书信集》，安徽人民出版社 1981 年版

【注释】

①标题为编者拟。

请协助申报“创造性救济方案”①

——致艾德敷

亲爱的艾德敷主任：

我有幸于 1944 年 12 月 23 日向甘霖林主任呈报两项申请。“申请Ⅰ”已蒙迅速加以考虑②，对此我愿表示衷心感谢。“申请Ⅱ”即关于创办农艺组和工艺美术组的申请，并未提交儿童福利会召集的会议讨论。本人由衷希望，您能将此申请提交儿童福利会下次会议，并鼎力推荐，使其得以通过。现将“申请Ⅱ”的主要内容稍加修改后引述如下：

“申请Ⅱ：创造性救济新方案。育才学校需要新办一个农艺组和一个工艺美术组来完成其全部计划。为使两个组能够形成，特作规划如下：挑

选难民中的科学家作教授，挑选难童中有特殊才能的手工艺人、工人和残废军人作工人、农人的领班，挑选青春期前有才能的（例如10～13岁）的少年儿童来当学生兼学徒。我们的目的在于使有创造才能的人能够进行创造性的研究和创造性的工作，以实现创造性的救济。这样一来，救济就转变为创造力。这两个新的组将根据‘工学团合一’的原则进行运作，它们将是通过民主方式，把科学精神渗透其中的工业或农业合作社。农艺组将在蔬菜、水果、畜牧、造林和农产品加工方面开展实验和生产活动。工艺美术组则将在电气、机械、化学、民用及地方手工艺等行业方面开展实验和生产活动。将建立各种车间或实验室，以进行生产及研究活动。在生产方面，我们的目标是生产农具、简单的机器、简单的科学仪器或日用化学品。在获得创办补助金后，两个组都将尽力争取在1945年10月前达到自给。根据这些原则和考虑，我们为开办农艺组及工艺美术组各申请开办费和基本建设费中国法币3 000 000元及7 000 000元。”

在原来的申请书中，“赠款”一词实为误用。我用该字，原指“基本建设费用”。正如您已经看到的，我在上面的引文中和本函所附的预算中已作了改动。

我准备挑选的儿童，年龄限制是青春期以前。为了使之更清楚些，我已经在“青春期前”后面加了“10～13岁”字样。

所附预算是根据半年前的物价估算的。如有可到手之款，我希望预算能翻番。不过，倘若更多的款项难于获得，我认为这项预算在压缩规模的基础上，还是可行的。中国有句名言，是“一生二，二生三，三生万物”。我想开始少些，总比没有要好。育才学校缺少一个保育室来培养难童中年轻的工农业人才，就会像一个残缺不全的畸形人，就不能指望作出新中国所需的那种有益的、健康的贡献。正是基于这一考虑，我请求您向中国儿童福利会推荐这个申请，并望大力相助，使它能够通过严格审查的各个阶段，以使我们能赢得一个胜利——不仅是已经在育才和可能来育才的难童们的胜利，而且是争取新中国更大进步的一个胜利。

您的挚友、育才学校校长　陶行知

1945年6月1日

复印件存华中师范大学教育学院

【附录】

预算请求表（1945—1946）

致：美国援华联合会及美国援华会主任艾德敷（重庆上南纪马路218号）。

制表人：育才学校校长陶行知。

一、机构所在地点：中国，重庆，北碚

三、负责实施所报计划的团体或个人：陶行知亲自领导的生活教育社。

四、1944—1945 年美国援华联合会资助款额：

10 862 300 元（3 000 000 元，4 464 300 元，1 448 000 元，1 950 000 元）

五、申请资助款额：81 665 200 元（以 5 月份拨款数额为基数，逐月递增 15%）

1945 年 10 月 1 日—1945 年 12 月 30 日	9 778 100 元
1946 年 1 月 1 日—1946 年 3 月 30 日	14 871 300 元
1946 年 4 月 1 日—1946 年 6 月 30 日	22 617 500 元
1946 年 7 月 1 日—1946 年 9 月 30 日	34 398 300 元
总　计	81 665 200 元

六、预期该机构将获得如下财政援助

1. 中国政府全国救济总会　　180 000 元
2. 中国私人渠道——育才之友　　3 600 000 元
3. 国外（不包括本申请），英国援华会
或其他可能来源　　4 260 000 元
4. 收费、租金、产品出售　　800 000 元
5. 本申请　　920 000 元

本年度所需资助款总额　　91 425 200 元

七、下面写明为何此款须向美国援华联合会申请而不能自他处获得：

过去（1944 年以前），在中国的育才之友是本校的主要资助者，但由于营业条件日趋恶化，它们的财力无法应付不断加重的通货膨胀，而英国援华会只同意对我校教师提供资助（每人每月的资助从 4 425 元增加到 10 000 元），眼下增加政府补助亦无希望。因此，我们恳切希望美国援华联合会能资助 81 665 200 元。这一数额是以美国援华联合会 5 月 1 400 000

元拨款数为基数，逐月递增 15 名来估算的。估算数额是：1945 年 10 月 2 815 900 元；1946 年 9 月 13 100 600 元；全年总额 81 665 200 元。

八、以下为儿童福利中心的费用预算，仅列主要费用项目以及工作人员数目：

1945 年 10 月 1 日—1945 年 12 月 30 日	9 778 100 元
1946 年 1 月—1946 年 3 月	14 871 300 元
1946 年 4 月—1946 年 6 月	22 617 500 元
1946 年 7 月—1946 年 9 月	34 398 300 元
总　计	81 665 200 元

1. 全部建筑
2. 维修　1 000 000 元
3. 250 名儿童的生活补助
(1) 伙食　22 500 000 元
(2) 服装　9 250 000 元
(3) 被褥　800 000 元
(4) 必需品　6 400 000 元
4. 生产工作
(1) 设备　1 000 000 元
(2) 材料　1 000 000 元
(3) 运输　240 000 元
5. 教育计划
(1) 书籍　1 800 000 元
(2) 设备　750 000 元
(3) 杂项　500 000 元
6. 薪金
(1) 工作人员：教师 61 名（家属 17 人）　21 560 000 元
(2) 佣工工资：学校及农场工人 40 名　6 000 000 元
7. 总务
(1) 办公室费用　1 200 000 元
(2) 旅费　240 000 元
(3) 照明、水、燃料　3 625 200 元

8. 福利计划

(1) 医疗	3 000 000 元
(2) 娱乐	600 000 元
(3) 杂志等	200 000 元

九、下面写明，打算用申请所得的款项达到什么目的：

从美国援华联合会所得之补助将使我校 61 位教师能继续帮助 250 名极穷苦的难童成长，各自才能进行学习；同时还可帮助 1 500 名农民及其子女增进健康、获得基础知识，以及满足他们求学、上进的迫切愿望。

出处同前

【注释】

①标题为编者拟。本函及附录均用英文写成，英文原件收录于英文卷。由杨汉麟译为中文。

②指修正育才学校年度概算的方案。

侨胞捐款，难关渡过[①]

——致陶晓光

晓光：

你上月（四月廿五日）来的信，我今天才能回复，实在抱歉。现扼要答复如后：

一、朱启贤先生在哥仑比亚大学有办法，先进哥仑比亚为宜，外汇亦托他办理为宜。你写信给他。

二、张瑞芝先生的关系最好，首先可做他的职员，请你自己写信。我不久可遇他的公子继志，问明通信处，你信上有他的通信处，我再问有无改变，我也写信给他。

三、噶林堡、大吉岭侨胞是我自己分别写的亲笔信，因为要给你知道，所以用复写纸合起来抄了两份，一份留底，一份寄你。分别写给他们的信，是很整齐而有礼，望你放心。

四、捐款人一律看待并不是原意。因为一面打经济战，一面准备来不及，所以先把武训像送出，再预备托许世英或冯玉祥先生写字送几位厚助之友。不久当寄去。

五、你的衣服在温泉者已由吴先生[②]代晒，并放樟脑；在渝者闻醉霞已代晒，我下次返渝，当代晒。

六、梁子质[③]先生于六月二日曾由昆明托人代寄一信来。抄一份送你看。诸友关系当努力维持。亦请莫灰心，助我维持。

七、一月五十七万之预算已跳至五月之一百八十万。因应付裕如，难关渡过，尚能发展自然组。

八、《自然组致育才之友书》给你一份，看看有无可以为力之处。

九、周宗琼[④]女士独任化学实验室，卢绪章[⑤]先生独立担任简单仪器制造厂；其他可进行，亦不必勉强，给朋友看看，当作消息也行。

十、马铸材先生当照办。

敬祝

康健!

衙

卅四、六、十四、诗人节

原件存陶晓光处

【注释】

①标题为编者拟。

②吴先生，即吴树琴。

③梁子质，印度噶伦堡的华侨领袖之一，曾热心提倡并给育才捐款。

④周宗琼，育才之友，曾给陶行知后期的教育事业活动以大力支持和帮助。

⑤卢绪章，育才之友、广大华行总经理，曾给陶行知后期的教育事业以大力的支持和帮助。

愿来延面领明教[①]

——致毛泽东、周恩来

毛、周：

目前已届对日抗战最后严重阶段，不幸内战危机日度日紧，全国有心之人，言之莫不痛愤。如何遏止狂流、恢复一致对外、适应世界大势，而纳国家政治〔于〕民主正轨，站在各方面，忝作有力之严正表示：儒等爱国不敢后人，于此危机关头，自当一本初衷，追随国人，益努力于救国事业。

两先生及各位友好，多年来坚持国家、人民立场，力促国家社会进步，群伦崇行，国人依赖。倘得舟车之便，愿来延面领明教。

沈钧儒
张申府 叩
陶行知
1945年6月下旬拟
复印件存华中师范大学教育学院

【附录】

毛泽东、周恩来回电

沈钧儒、张申府、陶行知：

得电欣悉三先生拟来延赐教，无任欢迎。何日命驾？乞示行期。

毛泽东、周恩来
1945年6月30日
复印件存华中师范大学教育学院

【注释】

①标题为编者拟。本件系沈钧儒、张申府、陶行知三人联名致毛泽东、周恩来的电文，由陶行知起草。发电日期已不可考，编者推定大致在1945年6月下旬。陶行知等3人的此次延安行之愿，因故未能成行。

希检收托陈先生所带之物[①]

——致吴树琴

树琴：

肥皂买了一块，不知好坏，试用一两次，觉得不差，现托陈先生[②]顺便带上，务希检收。我若无远行，十五左右可回碚。余托陈先生面述。敬颂

康健！

衔
卅四、七、四
原件存吴树琴处

【注释】

①标题为编者拟。

②陈先生，即陈根度。

溪头来电及处理[①]

——致吴树琴

树琴：

夏天用冷水抹身，最为舒服，尤其是在最后几分钟，把双脚浸在冰冷的水里，真是舒服之至。你是常常这样做，足见你是会享福的。当然，这只是一点清福。我从前也有这样发现，现在受了你的鼓励，在城里天天如此干，好一比是把最好吃的一块肉放在最后吃，很有意思。

高峰寺农场有好的番茄运来。我每天买三四斤，一面自己吃，一面请来客。生吃是最有味。我买了四两干酒，备作消毒之用。前天我一个子就吃了十一个，整天没出房，几乎把番茄当饭吃、当茶喝了。昨天你转来溪头[②]电，读了不胜感慨。今早六时即去海峰处和他商量把兆棠叔[③]找来会谈，哪知海峰未回局，一直候到十时他才来。当即电约恒勤来商，打听到乡长的名字，先打了一个电报给文采校长，再请恒勤兄到复兴关约兆棠叔于明早八时在冠生园商量。我的电文如下：

“屯溪安徽中学姚校长鉴：溪头乡长徐敏向吴宅索诈，辱侮兆棠叔，捆绑灿如翁[④]，横行乡邦，目无法纪，请商张主任[⑤]主持正谊，解除虐待，查办徐敏以平公愤。文濬。”

刚才恒勤兄来，会见起婶，未见起爷[⑥]，探知其已于今日发一长电与张宗良弟。明日再根据令尊电发一电去，不拟来冠生园，因彼头上生疮，很难行动。我想有他和我的电接连而去，必能发生效力也。祈勿挂念。

衔

卅四、七、十一

顷托恒勤兄发一电与尊翁，文如下：

“屯溪转万安溪头吴灿如翁：电悉，至愤！嘱事遵已电友进行，兆叔当加电，琴祖〔祝〕平安。行。”

两电皆用急电发出。

衔 又启

马先生明日返校，因无人换防，我恐不能于廿日左右来泉。

附上《联合国宪章》英文稿一册，你有报纸上登载之中文本，自八号起，可以对照看，有不懂处可以写信问我，或等我回来问我。英文本请妥为保存。

原件存吴树琴处

【注释】

①标题为编者拟。

②溪头，村名，在安徽省休宁县。吴树琴的家乡。

③兆棠叔，即吴兆棠，吴树琴堂叔。

④灿如翁，即吴树琴父亲吴灿如。

⑤张主任，指张宗良，时任皖南行署主任。

⑥起婶、起爷，吴树琴对吴兆棠夫妇的称谓。

望勿疏忽为要[①]

——致吴树琴

树琴：

托陈根度先生带的肥皂，接来信知道你已经收到。托郭甫带的两个玻璃杯已收到否？后来伍必端又为你带了一封信，告诉你，令尊需要的电报业已打去，并寄了联合国英文宪章，备你和八日以后报上所载的对照看。现在托罗刚带一盒糖精，二盒龙井，收到时，请即告知。报载：十四、十五、十六三日有热流从印度来，室外可到 140 度，室内可到 120 度，来往务须戴帽或带伞。听说十六以后可降至 60 度，忽热忽冷，易于害病，十六以后须将被及毛线衣放在手边，望勿疏忽为要。敬颂

康健！

衔

卅四、七、十四

原件存吴树琴处

【注释】

①标题为编者拟。

什么事都要训练[①]

——致吴树琴

树琴：

刚才接到十六日的信，知道你已经把那百孔千疮之蚊帐为我补好。我期望着蚊子再也不能扰乱我的甜睡。什么事都要训练，洗东西没有训练，便是破坏东西。陈嫂我训练几次之后，是一个很细致的女工了。这帐子经过此次粗手之磨折，它的寿命可说减了一大半。治国平天下也无二理。你的复兴功劳自有意想不到之报酬。

江维清运玻璃化学器具到临江楼。请你费点神于十八日帮助陈列在化学室里。这工作要十分细心，否则打破一样便是几千甚至几万元。敬颂
康健！

衔

卅四、七、十七

附上玻璃〔杯〕再一次两个及白糖一斤。

原件存吴树琴处

【注释】

①标题为编者拟。

健康尚佳，精神亦好[①]

——致吴树琴

树琴：

这次进城算是打了一个不小的胜仗。明天可以知道结果。

卅号在国泰左近两处过磅，体重增至一百二十八市斤，比七月初增加十一市斤。这令我担忧。从前是担忧减轻，现在是担忧加重。但是健康尚佳，精神亦好。我当努力不吃油，让自己把我身上储藏的油吃光了再说。

鞋带一双奉上，附在信里。

李志熙先生送你一件香云纱的旗袍料，因为你曾说要买一件，所以没有退还。我明天预备请他，并向他致谢。

你的指头怎样了？好了吗？甚念！

衔

卅四、八、二

顷托恒勤兄发一电与尊翁，文如下：

“屯溪转万安溪头吴灿如翁：电悉，至愤！嘱事遵已电友进行，兆叔当加电，琴祖平安。行”

两电皆用急电发出。

衔又启

马先生明日返校，因无人换防，我恐不能于二十日左右来泉。

附上《联合国宪章》英文稿一册，您有报纸上登载之中文本。自八号起，可以对照看，有不懂处可以写信问我，或等我回来问我。英文本请妥为保存。

原件存吴树琴处

【注释】

①标题为编者拟。

我们开始吃豆浆[①]

——致吴树琴

树琴：

自昨天起，我们已开始吃豆浆，我忘了报告你。现在豆浆放在我面前，每人有小碗三碗，质量甚好。觉得两小碗够了。鞋带忘附在信里，现在加寄给你。敬颂

康健！

衔

卅四、八、三

原件存吴树琴处

【注释】

①标题为编者拟。

教育方针：好学、有礼、站岗位[①]

——致吴树琴

树琴：

兹送上李志熙君送来衣料一件（我还是自己带来），务希检收。我算不定最近可以回来。但是事情尚多，不知能赶办否？近日吃东西，稍加控制，体重未加。现在我用七个字，在四大方针下进行教育：“好学、有礼、站岗位。”觉得是一个简而易行的办法。敬颂

康健！

行　知

卅四、八、七

现在已经是早晨四时，晚上和甘烈君、钟心民、罗亦明[②]四人，一直工作到现在，预备材料，以为今日下午援华会开会之用。即刻就要睡了。

原件存吴树琴处

【注释】

①标题为编者拟。

②甘烈君、钟心民、罗亦明，均系育才学校学生。

请女同学来代表献诗[①]

——致刘清扬等

清扬、存初、孟君[②]三先生：

承嘱草拟冯夫人五旬大寿诗[③]，现已完成，托史军小朋友送上[④]，尚希哂收。

今天为冯夫人诞辰五旬纪念，陪都妇女包办庆祝，似有专政嫌疑。男子们偶语，颇有怨言，尤其是邓初老[⑤]，对妇女专政，想要造反。但秀才造反，三年不成，你们不必惊慌。我本想亲来祝寿，亦是孤零零一个子，颇沉寂寞，不得已请代表来恭贺。继思男同学做代表亦不合适，还是请女同学来代表献诗。请你们指教。

并祝

寿星长青不老！

陶行知

卅四、八、八

出自《行知诗歌集》，大孚出版公司 1947 年版

【注释】

①标题为编者拟。所献诗歌名为“李德全先生五旬大庆”。

②清扬，即刘清扬，张申府夫人；存初，不详；孟君，即曹孟君，王昆仑夫人，《现代妇女》主编。三人均为当时妇女界领袖，是冯玉祥倡导的利他社成员。

③冯夫人，即冯玉祥夫人李德全（1896—1972），著名妇女领袖。抗日战争时期，积极从事战时儿童保育工作。1949 年后，任卫生部部长兼中国红十字会会长等职。李德全 50 诞辰献诗系陶行知应利他社委托代拟。

④史军，育才学校女学生。

⑤邓初老，即邓初民（1889—1981），著名政治活动家、学者，时任民盟中央委员兼民主教育委员会副主任。1949 年后，曾任山西大学校长、山西省副省长、民盟中央副主席等职。

可圆同游黄山之梦[①]

——致吴树琴

树琴：

自九日起天天想回来，一直到今天都不能脱身，恐怕要过了廿二日以后才能来了。昨天买了一份联合国的歌，今寄来与你，想是欢迎的吧。日本是真的投降了，同游黄山之梦大概半年以内可以做到吧。上海、南京、北平、日本，我都想重游。还有四大同盟国[②]该在游学日程上。敬颂
康健！

衔

卅四、八、十六

〔从〕英国代买到高度显微镜一架。

原件存吴树琴处

【注释】

①标题为编者拟。

②四大同盟国，指苏、美、英、法四国。

来泉时间[①]

——致吴树琴

树琴：

我廿三日来泉，也许廿二日可来。总之，你以为我廿三日来最可靠。

敬颂

康健！

恒智[②]处代付六千元。

陶城须要晓光之计算尺，倘在箱中，请交他用。

衔

卅四、八、十九

原件存吴树琴处

【注释】

①标题为编者拟。

②恒智，即吴恒智。

吁请支持民主教育新计划[①]

——致毕来思女士

亲爱的毕来思[②]女士：

庆贺胜利！[③]

下半年育才学校的预算无变化。将民主教育带给四亿五千万人民这一新计划正在实施中。新计划受到了生活教育社和育才学校校长（即我自己）的联合赞助，并制定了四年计划。第一年计划对象为六百万人，四年实验规划包括对卫生、劳动、科学和民主做准备的研究。我们将设立一个研究院研究问题和方法，十个培训中心培训职工和教师，一百个示范中心，印刷一些资料包括书籍和期刊。我们还计划补助五千个实验中心，所需总额为两百万美元。我们能筹集一百万，希望您能给我们拨款一百万。

您的朋友

育才学校校长

陶行知

1945 年 9 月 21 日
复印件存华中师范大学教育学院

【附录】

毕来思致陶行知函

亲爱的陶博士：

接到您 9 月 21 日来电，谢谢来信。就我的理解，电报内容如下："庆贺胜利！下半年育才学校的预算无变化。将民主教育带给四亿五千万人民这一新计划正在实施中。新计划受到了生活教育社和育才学校校长（即我自己）的联合赞助，并制定了四年计划。第一年计划对象为六百万人，四年实验规划包括对卫生、劳动、科学和民主做准备的研究。我们将设立一个研究院研究问题和方法，十个培训中心培训职工和教师，一百个示范中心，印刷一些资料包括书籍和期刊。我们还计划补助五千个当地实验中心，所需总额两百万美元。我们能筹集一百万，希望您能给我们拨款一百万。"

上述内容是否是您要说的，请尽快告知，因为我们需要着手开始处理此事来帮助您。关于用女童子军的一万元拨款来支持您的工作，卡特夫人已经跟她们谈过了。

关于生活教育社的情况，您能给我们提供一些详细的信息吗？如何涉及六百万人，也请您详细说明一下。研究院谁来办？培新中心的职工从哪里聘用？一百个示范中心又由谁来负责？他们的项目有哪些？您说您将补助五千个当地实验中心，您怎样聘到职工？您怎样对他们的工作进行监督？他们有哪些项目？它们将设置在哪些地方？给我们提供的信息越详细，对您筹集资金越有利。您想从英国和加拿大获得一些援助吗？

道格拉斯先生给了我一些贵校的照片，学校很漂亮。你们当中有人将"宝箱"中的书籍分发出去，我们很高兴，你们这些照片有助于更多满载的"宝箱"送到中国来。您需要什么书就告诉我们，我们可以将这些书装在"宝箱"里给您寄来。我们还可以给您寄送其他物品，如铅笔、纸张、绘画书、颜料等。事实上，任何物品都可以放进与你们之前收到的箱子一样大小的箱子里。

道格拉斯先生很看好您和您的工作。我建议您去看看"临时国际新闻处"（即过去的"美国战时新闻处"），请他们给您和您的工作做一些宣传。

美国红十字会的阿瑟·凯尔文先生昨天来过我们办公室，我告诉他你们需要哈里弗鱼肝油，而我给你们送的哈里弗鱼肝油您一直没收到。他说你们应该去救济机构求助，如“国际救济委员会”，让他们把库存的鱼肝油给你们一些，那是美国红十字会给他们的。他一开始还说，你们应该去找教育部的委员会，但我觉得教育部对你们的孩子能否得到鱼肝油一事不会感兴趣的。然而，我可能想错了。如果你们去找国际救济委员会或教育部委员会无果，不妨去找找凯尔文先生，告诉他你们的需求。

您打算将总部迁出重庆吗？我们期待您寄给我们的宣传资料。道格拉斯先生带给了我们一些，但那些我们已经有了，我们需要一些新的资料，希望您能寄来。

我们祝贺您，并期待您的来信。

您最真诚的朋友

美国援华会执行主任

毕来思

1945 年 9 月 27 日

【注释】

①标题为编者拟。此函系用英文写成，英文原件收于英文卷。译文出自周洪宇等编译的《生活教育——陶行知英文著作精选》，湖北教育出版社，2016 年版。

②毕来思，即 Miss Mildred Price，美国人，时任美国援华会执行主任。

③庆贺胜利，指庆贺抗日战争取得胜利。

送你《大公晚报》[①]

——致吴树琴

树琴：

顷看《大公晚报》，见有一段和日本女子谈话的记载，送来给你，想你是高兴看的。这几天有点小伤风，昨已愈。你要我做的事，还没有做；朋友说，稍迟更好。中秋能不能回来，现尚不能定。敬颂

康健

衔

那件夹毛背心来得及时，我现在便是穿着这背心写信。多谢你的关心。小林的信和照片都来了，他母亲该欢喜了。

1945 年 9 月下旬写
原件存吴树琴处

【注释】

①标题为编者拟。

助我办普及教育亦佳[1]

——致吴树琴

树琴：

前几天接到你给我的信，甚为喜悦！纪念戒指业已由你收到，甚慰。淑蕙[2]举一子，母子无恙。你对于她的同情，是你的高尚处。新亚[3]提早结束，当代为留意他事，倘无好职，则助我办一个时期的普及教育亦佳。你意如何，请示知。恒智有信要我约期与他相见，现大会将毕，不日当相约也。敬颂

康健！

衡

卅四、十、十五

原件存吴树琴处

【注释】

①标题为编者拟。

②吴淑蕙，吴树琴的三妹。

③新亚，即新亚药厂华西分厂，吴树琴的工作单位。

请来渝晤谈[1]

——致吴树琴

树琴：

前托马先生带口信，望你于星期六来渝一谈，可以来吗？恒智星期日要进城，你们也可见面。

倘使有船，最好是来一趟。敬颂

康健！

衔
卅四、十、十九
原件存吴树琴处

【注释】

①标题为编者拟。

如果发生意外，谁应负责[1]

——致陈诚[2]

我们的小孩，都是抗日战争中失去父母的孤儿，正在安心学习。为什么校舍被你们突然派武装侵占，守住大门，荷枪实弹。如临大敌，如果发生意外，谁应负责。

1945 年秋写

出自江苏省陶研会编《纪念陶行知》，湖南教育出版社 1984 年版

【注释】

①标题为编者拟。本篇摘自操震球《和陶行知先生在一起的日子里》一文。系片断。

1945 年春，育才学校在北碚北温泉附近租得临江楼房屋一座，作为自然科学组的校舍。可是。邻近的中央陆军测量学校却派遣武装士兵，试图强占校舍。陶行知写了一封信给当时的军政部长陈诚。经多次催促，武装部队终于悄悄撤走。

②陈诚，时任军委会政治部部长。

论中美两国关系[1]

——致美国杜威博士

杜威博士：

我现在想起你在去年六月十日写给我的一封信。那封信里说：

“我很高兴看到美国对于受难的中国有着一点小小的帮助，我希望将来美国对于中国会有更多的帮助，不但是在军事方面，而且是要站在民主社会与民主教育的立场上，给予中国所需要的帮助。现在整个世界是联成一体，除非是民主的目的与方法在全世界每一个角落里都建立起来，我恐

怕它们在美国是不会长久地茂盛下去。”

读了您这几句话，我知道您是中国最知己的朋友，明白中国最需要的是什么，而且说明世界与中国如不民主，会影响到美国的民主。

的确，中国最需要的是民主。您那封信是写在日军打通平汉线，发动湖南新攻势之后，若是在今日，您必定不再提到军事的帮助，而要着重提在中国第一需要的民主了。民主是政治的盘尼西林，能肃清一切中国病。民主是精神的输血，能给中国人民一切新的生活力，不但能团结成一个巨人，足够接受日本军队之投降，而且还有力量创造出一个独立、自由、幸福的国家。

所以，美国以一个民主先进的资格，帮助中国民主是再好没有的一件大事。我向美国朋友建议，您一定同意，凡有益于中国民主的事都可以干，凡有害于中国民主的事都不可以干。

美国和中国素来是好朋友，除了军火商人、亲日派、反苏反共派之外，美国对于中国是有丰富而不偏的同情。尤其是自从一九四一年年底，我们从朋友转变而为共患难的盟友之后，执政的如罗斯福[②]、华莱士[③]、史汀生[④]，在野的如先生和整个美国人民，都希望中国朝着民主的路线迈进到最后胜利。那时威尔基先生来华，发现中国对美国有着“善意之无尽宝藏”。这是何等可贵的友谊啊。我们愿意美国永远这样，做整个中华民族的朋友，不做一党一派的朋友，使这“善意之无尽宝藏”，成为两国人民友谊之永久纪念。

可惜得很，这“善意之宝藏”是受了伤害：赫尔利[⑤]大使在华盛顿接见记者之偏见之谈话，把它打了一个大洞；魏德迈[⑥]将军说明租借军火可以自由使用，又把它打了一个大洞；美军在中国海岸登陆，沿铁路布防，甚至用飞机帮助一党运兵，最近不惜参加中国内战、扫射平民，是接二连三地把“善意之宝藏”的漏洞越打越多，越打越大了。我担心中国人民对美国的善意快漏完。首先要停止军人打洞，其次要赶快修补。这是一件救命的事：救美国人，救中国人，甚至是救全世界的人。我们必得急起直追，与这个大灾难赛跑，尤其希望先生和我们中国爱好和平人士，号召、领导完成这件大事：停止美国军人参加中国内战以停止中国内战，并避免世界第三次大战。

这一切我当初就怀疑有军火商人及法西斯残余从中作祟。近见华盛顿十月三十一日电，知道克洛克在《纽约时报》著文论及美国过剩军火与中国内战之关系，并主张销毁过剩军火，可说有远见之明。我进一步主张，把这次大战所缴之军械及过剩军械之能熔为农具、工具者，一齐改造为利用、厚生之器，没收之军火及生产过剩之军火，除开筑路等所需外，一律毁除。否则，中国内战受其鼓励，必致蔓延，乃至百业破坏，市场毁灭，中美两国人民都受其害，而且对于世界和平也是一个很大的威胁。

近年美国在渝青年，因为我曾在美国留学，常有人来找我谈，因此认识了好多朋友。他们分到香烟，吸不完，也送一些给我。您知道，我是不曾学会，就转送给一些不抽烟便写不出文章的朋友。有一次我把美国骆驼牌、幸福牌的香烟送给一位历史学家⑦，并写一首诗附去：

这礼物来自罗斯福之国，
里面包着四大自由。
愿您用智慧之火点着，
喷出民主自由来。

我把这首诗公开给美国的青年朋友们，他们觉得送香烟给我的朋友是有意义，便开始送更多的烟，并高兴常常来。这样，在我们中间便存在一种好的友谊。日本投降之后，他们流露出一种想家的心思。当然，争取自由之战已经打完，为什么不想回家看看母亲和年轻的妻子、爱人呢？哪个愿意留在这里被调遣去打中国的朋友，或给中国的朋友打死呢？所以为美国的服役青年的远大前途打算，也应该让他们回家了。

我看中国的不够民主，影响了美国，影响了美国的政策。走出了华盛顿、林肯传统的正轨，有些违背罗斯福总统四大自由的方针，甚至于走进中国内战的漩涡，这是应当悬崖勒马的。但是美国对于中国和世界的影响更大，现当世界大战结束，美国正应当用全部力量领导建立全世界和平机构。但是提倡军训，这不是刺激各国在军训和军国主义上比赛吗？原子弹的原理与制造，正应当由国际共管以保和平，使得全世界科学家，可以用他们的心思，将其力量控制以为人类造福。而美国宣布出来的政策，是要保守秘密，这不是要刺激各国分头在追求秘密上去竞赛吗？这不是叫全世界的科学家丢掉建设性的创造，而走上破坏性的努力吗？何况这样秘密只能保守很短的时间。科学发达之国，如英、法、苏联，可能很快地找到这秘密，又何必保守这秘密而使世界和平、团结受到过分的威胁？

我相信先生和爱好和平的美国朋友，已经是在那里想法克服这些反和平的趋向。记得中国抗战初起，日本百分之五十四点五之军需材料是从美国那里来的。您曾邀约罗素、爱因斯坦、罗曼·罗兰、甘地诸先生，共同号召全世界人民抵制日货并阻止军品输入日本，这一伟大的正义的号召，到现在还是深刻的印在我的心里。我希望先生用同样的精神来号召：

（一）停止美国过剩军火输入中国。

（二）停止美国军人参加中国内战。

（三）停止美国干涉中国内政。

（四）在完成日本缴械任务时，撤去美国在中国之军队。

积极方面，我们希望先生，对于我们的民主运动多多指导，在民主的新世界中，中国对于民主的修养实在是落后得很。我们想急起直追，向先进国学习。我们只求孙中山先生的三民主义和林肯先生的民有、民治、民享的政治，罗斯福先生的四大自由能够实现，中国就有光明远大的前途了。我现在正想站在教育的岗位上，推动全民教育，以帮助真正民主的实现。希望您常常指教。

受业陶行知拜启

（十一月六日译成中文）

出自《行知书信集》，安徽人民出版社 1981 年版

【附录】

附录一：杜威致陶行知函

亲爱的陶博士：

从你的老同事朱教授处得到你的消息后，一直感到欣慰。得知你的健康状况仍然很好，你的教育工作甚至在你所处的困难条件下还在继续进行，非常高兴。美国正在为你们遭难的国家尽一点力，这是我觉得欣慰的事，而我盼望——我肯定你也盼望——那样的时候来临。届时不仅在军事方面，而且在带根本性的各个方面，我能够为一个民主的社会、一种民主的教育做比过去多得多的事。如今世界结合得非常紧密，除非民主的目的和方法在全世界普遍确立起来，否则，我恐怕这些目的和方法在美国也不会长久盛行不衰。

致最佳祝愿和问候。

哥伦比亚大学名誉教授

约翰·杜威

1944 年 6 月 10 日

附录二：朱启贤致陶行知函

陶先生赐鉴：

阅报知，尊驾抵沪筹办社会大学，至为快慰。育才如何？何人代为负责？晓光弟现在何处？出国有无希望？至念。贤抵美两年余进步不多，思之愧汗。论文刚开始写（《科学的哲学与教育》，题附奉上），但愿明年春能写完。如国内有事可作，希望明年夏天回去（过欧洲）。

报载先生致杜威老翁信，此信他没收到，不知何故？他应蒋梦麟约原定今年八月间赴华讲学，并参与中国教育改造之设计。唯现在身体欠适，届时能否成行，殊难一定。

日前克伯屈翁来舍下，讲论《民主，民主教育与中国教育问题》，甚精要。附奉讲稿，如译出发表，乞将该杂志或报纸剪寄两三份来，为祷。

贤去年八月托汪如川（他在经济部资源委员会做事）及刘英（他在重庆海关做事）二君代买第三年度外汇（内子刘静和买第二年度的）迄今尚无结果。所有法定手续均一一遵照办理。兹拟再次催促望当局“依情依理依法迅即批核准予以国币二十元合美金一元之申请时之汇率购买”。（燕大校长司徒雷登等曾为此事电孔。）附奉贤及□□之呈文各一件，乞托人转递（闻冀先生在沪中行研究处，确否?）为祷。

余容后详，谨颂

健康

后学　朱启贤叩

附：1. 克伯屈翁讲稿

2. 论文题及内容要点

3. 呈财政部文两件

4. 附给申府先生信一纸，乞转。

【注释】

①标题为陶行知自拟。

②罗斯福，即富兰克林·德兰诺·罗斯福（Franklin Delano Roosevelt，1882—1945）。1933—1945 年连任四届美国总统。

③华莱士，当时美国进步党领袖。

④史汀生（Henry Lewis Stimson，1867—1950），曾任美国国务卿。

⑤赫尔利（Patrick Jay Hurley，1883—1963），曾任美国陆军部长。
⑥魏德迈于抗日战争后期，任驻华美军总司令。
⑦指陶行知送美国香烟给蒯伯赞。

选书以值得翻译者为度[①]
——致陶宏

陶宏：

借信知道你那里有书可买，甚佳。选书标准以值得翻译者为度。数目贰拾万皆可。专复。敬颂

康健！

衔

卅四、十一、廿二

汪骏君以你介绍，得见，托以《民主》[②]在北平翻版，现已见到五期，每期五千。沪上已翻三千，此地七千。Daine's *Common Science*[③]若有请买一本。你的通信处必须正确报告。

原件存陶晓光处

【注释】

①标题为编者拟。
②《民主》，即《民主星期刊》。
③Daine's *Common Science*，即丹尼著《通俗科学》。

请代打材料[①]
——致陶宏

宏：

请将下面的英文代为各打四份。并英国文学研究之62—63一首，从I heard打起，全首。130—131一首，及World Writers及1507 Time，Hearts Throbs，P. 145Today又请代打[②]。

衔

1945年11月下旬写

复印件存华中师范大学教育学院

【注释】

①标题为编者拟。

②英文单词顺序为："我听见""世界作家""时间""心的跳动""今天"。

诗歌集出版事宜[①]

——致朱培臣

朱培臣[②]兄：

介绍郭富昌先生代表奉商出版敝著《行知诗歌集》，务希玉成为盼。

育才学校校长

陶行知

1945年12月8日

【附录】

奉还诗歌集原稿

本厂奉令结束，兹将诗歌集原稿奉还，即请查收为荷，此致

陶行知先生

中央印刷厂重庆厂启

民国三十五年五月廿日

【注释】

①标题为编者拟。此系陶行知在自己名片上写的介绍信。

②朱培臣，就职于中央印刷厂重庆厂。

也许我们不能再见面[①]

——致吴树琴

树琴：

我现在拿着昨晚编好的诗歌全集，去交给冯亦代先生出版，然后再到长安寺去祭昆明反内战被害烈士[②]，也许我们不能再见面。这样的去，是

不会有痛苦，望你不要悲伤。你有决心，有虚心，有热心，望你参加普及教育运动，完成四万五千万人之启蒙大事，以奠定天下为公之基础，再给我一个报告。再见。

衔

卅四、十二、九

原件存吴树琴处

【注释】

①标题为编者拟。

②反内战被害烈士，指在“一二·一”惨案中牺牲的烈士。

我预备死而不死[1]

——致吴树琴

树琴：

一日来此，吃了桐油，吐到半夜始止，但头痛倒好了。武训先生纪念会自五日开至九日，连续举行六次，不下五千人，印刷品上可以明白一切。

九日追悼昆明死难师生，到千余人，甚为悲壮。我于八日连夜将诗集九册整理完毕，交与冯亦代出版，深恐次日遇险，故于开会前交去，一月内可以出齐。十日、十一日续行公祭，现已结束。此会对联数百副，中有极佳者，如：

“凶手审凶手，自问自答；同胞哭同胞，流血流泪。”

我曾于九日写一遗嘱与你，另一遗嘱与生活教育社同志，放在桌上给你们，今已顺利过去，原稿我自带来。这次我预备死而不死，今后尚有为民族、人类服务之机会，而又能与你再见，真是幸福。我当加倍努力，以无负于此幸福也。敬颂

康健！

衔

卅四、十二、十一

原件存吴树琴处

【注释】

①标题为编者拟。

来过圣诞节[1]

——致吴树琴

树琴：

离渝时间要看时局而定。我想在二月间动身，大约不会在二月十五以前离渝。你可以与厂方说，希望技术人员在二月十日以前接事。

我希望你于十二月二十五日（二十三是星期日可动身）来过圣诞节，一直到一月三日回碚，可以吗？请即决定告知，以便安排别的事情。敬颂康健！

衔

卅四、十二、十七

时局可望好转。

原件存吴树琴处

【注释】

①标题为编者拟。

从容处理药厂[1]

——致吴树琴

树琴：

接到你的信，知道你廿三日不预备来，要到廿八日才能来。你是一位最负责的工作者，我十分诚恳地向你致敬。今早又接到你的信，知道你的药厂计划有所变更。我想你不要拖泥带水也很对。但是用不着急急忙忙地处理，也不必太硬性地处理。搬到厂里去过一些日子也未为不可。最好是先搬到厂里再从容处理，以免急促，诸多辛苦。如可能，望廿八日来，有些东西看。一月回去再结束，如可能就如此办，否则便宜行事，告诉我。我年底不能来。敬颂

康健!

衔

卅四、十二、廿四

来渝莫多带现款，请函渝发行所发款如何，我想如此更稳。

原件存吴树琴处

【注释】

①标题为编者拟。

请拨房屋为生活教育总社等迁沪[1]

——致宋子文[2]

敬启者：敝社于民国二十七年在广西成立，并于社会部正式立案，宗旨在研究最有效之教育方法，以谋求教育之普及与生活之提高。社员二千余，分布在全国，推动普及教育并为教育界及一般民众服务。现已建立研究所一处，出版教育刊物两种。兹拟将总社及研究所、编辑部迁至上海，素仰院长提倡教育，不遗余力，务希指拨房屋，借资扩充，加深研究，以为普及教育效劳。倘蒙惠允，不胜感祷。此上

行政院院长宋

生活教育社理事长　陶行知（印）

1945 年 12 月

复印件存华中师范大学教育学院

【注释】

①标题为编者拟。

②宋子文（1894—1971），宋庆龄之弟，曾任国民政府财政部部长等职。

希望您伸出友谊的手来[1]

——致杜威

杜威博士：

您是一位民主战士，同时也是一位民主和自由的保卫者。希望通过

您，通过您的国际威望和影响，伸出友谊的手来，有力地支援我们民主党派和为民主与自由献身的战士，以抵抗国民党的血腥屠杀。国民党的独裁统治是世界上最残忍、最野蛮的法西斯暴力，它企图使中国人民永远处在水深火热之中！我们觉醒了的人民，坚决为争取中国的民主和自由而斗争，使中国也能像二百年前的美国那样，在林肯总统的领导下，把民主、民治、民享的权利归还给人民，使和平、民主与自由永远植根于中国的土地上。

杜威博士！过去我曾聆听过您的教益。今天我作为您亲密的朋友，我愿把我的祖国从黑暗的统治中解放出来，同时把我的祖国建设成为一个具有充分民主自由的国家，把当前统治中国的法西斯细菌永远消灭。做为您的亲密的朋友，希望通过您，用您的威望和影响，使美国政府制裁国民党政府的倒行逆施，迫使他接受人民的愿望，使我国实现联合政府的原则，从而走向和平民主新的未来！如能这样，则国家幸甚，人民幸甚！

您的亲密的朋友陶行知

1945 年 12 月口授

原载北京《文史资料选辑》第 28 辑

【注释】

①标题为编者拟。本电文摘自汪刃锋《和陶行知先生在一起的日子》一文，收电单位为“美国加利福利亚世界人权保障同盟”。

1945 年昆明“12·1”惨案后，“重庆的天空也是乌云滚滚”。汪刃锋回忆说：“一天夜晚，陶行知回家路过我的床前，叮嘱我说：‘汪先生，我进屋睡一会觉，等夜里十二点后，请你进屋叫醒我，我有件事要请你帮忙给办一办。’”汪刃锋按时叫醒了陶行知。陶行知仍有倦意，客气地对汪刃锋说：“对不起，汪先生，我就不下床了，我口述，请你给我记一份材料。”“我记录完毕，又给陶先生重读了一遍，陶先生听后作了修改，然后签了名，让我送到《民主报》社用电报发出去。”

一九四六年

为民主运动及普及教育奋斗[①]

——致友人

顷收到先生一月十二日致行知大札，借悉台端愿为民主运动及普及教育奋斗，至为钦佩。兹检奉表格二纸，尚希照填赐下，以便转交。前述介绍人可填写陶行知及史良二先生，并约于一月廿日上午八时，在管家巷廿八号叙谈，借聆教益，届时尚希驾临指教为盼。专此奉复。敬颂

康健！

表格二纸（略）

弟陶行知　拜启

1946年1月中旬写

复印件存华中师范大学教育学院

【注释】

①标题为编者拟。本函收信人姓名阙如，写作时间为编者考定。

社会大学已创办[①]

——致陶晓光

晓光：

你先后寄来的信，都已收到，近数月来，工作非常忙碌，以致不能静坐下来给你写信，心下感到不安。

捎来的琴弦和琴谱以及50元美金都已先后收到。送给我的长统皮靴，很适用。巧克力糖一包，亦收到，还没有吃。谢谢！

喜知你能去美深造。关于公司离职事我就去与沈总经理谈。担保学费

事，我在朋友商业机关里，或许能有办法，数日内可以给你答复。朱君答应在经济上给你支持，此款存在美国银行较妥，不必寄印。去美旅费，需要多少？可能先请朱君寄点旅费给你。

学校的存款为购物便利计，请你去向陶斋先生接头，暂存他处。

《民主星期刊》[②]自十月出版，至今已发行到十六期，并且分别在各地翻印，桂林五千份，北平五千份，青岛七千份，重庆五千份。本市推行工作没有进行得很好，目前正想为此事努力开展。

《战时教育》改名为《民主教育》[③]，印二千份。为推行普及教育，纪念武训先生诞辰一〇七周年纪念时，《民主教育》副刊《普及教育》印了一万份。目前为普及教育运动发起三卖[④]兴学，我和冯先生发起，同时亦请郭沫若先生参加，工作渐有进展。

本城失学、职业青年，要求利用夜间空时进行学习，已自动创办成“社会大学”[⑤]。他们推举我和公朴为正副校长。未招生，报名考试及格者已有一百余名。十五日开学，十六日已正式上课。目前仅有五个系：文学系、政治系、教育系、新闻系以及民间艺术系。报名的人很多，限于管二八[⑥]地方过小不能容纳，现将火场重建，不久，可望增至三百人。

育才本月经费，要用到四百五十万左右。目前平价米已取消，又感到经济困难，但一定是可以克服的。

最近在化龙桥租到房屋十余幢，预备将自然组、音乐组、舞蹈组集中在那里，戏剧组和剧团在管二八，正筹备在火场上建筑一个简单的舞台，可以随时演出。

希望能在印度侨胞中为普及教育运动发起筹款，希望侨胞能得到武训的精神。大的做大武训，小的做小武训，有钱的做富武训，没钱的做贫武训，男的做男武训，女的做女武训。

另寄上《民主星期刊》自第一期至第十六期一份，《普及教育》一、二期各一份，《武训先生诞辰纪念大会会刊》一份。

上海朋友的关系，介绍在下面。

卢绪章，上海爱多亚路 1 号广大华行。

陈一飞，上海广东路 369 弄 3 号。

育才办事处，上海闸北虹口路 18 号《现代妇女》社办事处和育才办事处。

争取时间在华侨中（在印住家及有事业者）组织生活教育社加尔各答

分社。《民主星期刊》可找印度朋友翻印或部分翻印，翻印费可在存款中支。祝你

健康！

衔

卅五、一、十九

原件存陶晓光处

【注释】

①标题为编者拟。

②《民主星期刊》，陶行知为发行人，邓初民为主编，1945年10月创刊，民盟重庆市委机关报。

③《战时教育》于1945年11月1日改名《民主教育》。

④三卖兴学，指用卖字、卖画、卖演讲的收入捐作办学经费。

⑤社会大学，1945年12月陶行知等在重庆筹办，1946年1月15日开学。

⑥管二八，指重庆市管家巷二十八号，育才学校重庆办事处和社会大学校址。

光大武训精神，普及全民教育[①]

——致武训之友、普及教育之友、育才之友、生活教育社同志

武训先生之友、普及教育之友、育才之友、生活教育社同志公鉴：

武训先生诞辰一〇七周年纪念于三十四年十二月五日至九日在重庆江苏同乡会举行了六次大会，到四千人，连续通过主席团临时动议如下：

武训先生讨饭卅年，办了三个学校。他的伟大精神是尽其在我以为人群造福。中国八年抗战，不但得到最后胜利，并且荣列为五强之一，这是千载一时之好机会，我们应该抱着民主统一和平建国之方针，奋发图强，使我们老百姓可以安居乐业，在国际间亦可以一个现代文明国家之姿态出现，以贡献于幸福世界之创造。自强之道，不一而足。普及教育殊属重要。中国要想造成一个好学的民族，需要一百万位武训先生，开办三百万所学校及读书处，平均每校每处普及一百五十人之教育，才能叫整个中华民族四万万五千万人，家家读书，人人明理。大家活到老学到老，才能保证整个民族继续不断之进步。现在本着这个意思，向大会提议：

一、呈请政府定每年十二月五日为兴学节；

二、发起组织陪都普及教育促进会，由大会签名之成年人为发起人，主席团为筹备员并向全国各地推动组织各地普及教育促进会，再由各地促进会派代表组织全国普及教育促进总会；

三、希望到会人士有力出力，有钱出钱，有知识出知识，随时随地，感召亲朋，提倡参加协助普及教育运动，共观厥成；

四、生活教育社所订本年十六条计划由大会出席人士量力助其实现。

上述议决案中关于本社之十六项计划，承纪念大会予以批准并承号召，量力助其实现，至为感谢。查本社十九年来致力于教育为公，不敢懈怠。窃以为纪念武训先生，不在表面之仪式而在得其精神，使之见于实行，故拟乘其诞辰，发动全民教育，期能树之风气，举国响应，则家家读书，人人明理之目标，十年之内，不难透达。本社一年计划要项，列举如下：

一、动员全国社员就地推进普及教育运动；

二、举行普及教育研究会十二次；

三、举行普及教育讲习会十二次；

四、在全国扼要地点建立普及教育实验区十处；

五、特约学校五百所散布全国试行小先生普及教育；

六、出版普及教育半月刊二万份，使二千县每县可得十份；

七、出版《老少通千字课》一百万部，计四百万册；

八、出版老百姓文库十万部，每部一百本，计一千万册；

九、出版老百姓日报一万至十万份；

十、出版小先生指导书十万册；

十一、出版武训先生传十万册；

十二、编武训兴学歌曲一套；

十三、编武训舞一套；

十四、编武训话剧一本；

十五、编武训电影一本；

十六、组织武训歌舞剧十队。

上述计划中有稍出开办费即可自力更生者，有经过一时期即有余利补助他项事业者，有经常必须化钱才能支持发展者，估计今年须筹五千二百万元即可完成整个计划，并可为中国至少增加一百万好学之国民，深望感

召亲朋，慷慨乐助，合力提倡，共成盛举。倘蒙俯允，不胜感盼。一年成绩，定于本年十二月五日报告，并以奉闻。敬颂

健康！

生活教育社理事长
育才学校校长 陶行知 拜启

三十五年二月一日

助款请交重庆和平路管家巷28号生活教育社，随取正式收据。

复印件存华中师范大学教育学院

【注释】

①标题为编者拟。

千万不要耽误豆浆报账[①]

——致育才全体同学

全体同学：

一月份豆浆报账，十二月二十四日催交，限于年底报来，迄未照办，至为焦急。兹附上豆腐浆报账表格一张，请照表填算清楚，连单据于本日下午六时前送下。千万不要误事。以后每月一定要在三号前报上月之账，如果误事，则巴县学生救济会半年之豆浆补助费，一旦落空，难以恢复，危害公众健康，则管豆浆之事与账者不能辞其责。专此通知。

敬祝

健康！

进步！

陶行知

三五、二、七

复印件存华中师范大学教育学院

【注释】

①标题为编者拟。

你的热忱激励了我们的热忱①

——致陶晓光

晓光：

你的热忱激励了我们的热忱。你寄来的《中国日报》②特刊校样，悬挂在管家巷，受到许多人的称赞。

冯焕章先生有于两个月赴美之说。敬颂

康健!

衔

卅五、二、十六

原件存陶晓光处

【注释】

①标题为编者拟。

②《中国日报》，印度加尔各答两家华侨报纸之一，社长为瞿肖佛。为在侨胞中宣传普及民主教育，陶晓光为该报编辑了纪念武训特刊。

希赞助恢复山海工学团①

——致卢绪章

绪章吾兄大鉴：

久未晤教，殊深悬念。近在张经理处得知吾兄近况，甚为欣慰。山海工学团原为普及教育之发祥地，是弟所创办。现在农友来信②，希望恢复，特派俞文华君来沪筹备。望兄赐以厚助，先请赐付贰拾万元，俾得开始筹备，将来有成，工以养生、学以明生、团以保生之教育得以普及全国，为老百姓服务造福，实吾兄之助也。专此奉托。敬颂

康健!

弟陶行知拜启

卅五、二、十八

复印件存华中师范大学教育学院

【注释】

①标题为编者拟。

②抗日战争胜利后，夏家宅、沈家楼、孟港巷三村农友联名写信给陶行知，要求恢复山海工学团。

证明陶晓光为育才驻印代表
——致驻印诸友[①]

兹委托

育才学校驻印代表陶晓光君主持本社在印宣传普及教育运动之要义，并代收侨胞捐款。特此证明。此致

驻印诸友

生活教育社理事长　陶行知

民国卅五年二月十九日

复印件存华中师范大学教育学院

【注释】

①标题为编者拟。

我们不但被打，还变成了被告[①]
——致陶晓光

晓光：

二月十九日和二十三日的信都早已收到，只因这里的朋友不但被打，还变成被告[②]，弄得日无暇晷，所以没有早日回信。这两天空一点，写几行信给你，使你放心。

《中国日报》被炸，请你代表我向瞿肖佛先生及日报诸友慰问，并谢他们为生教社之赞助。

生教社之存款存在温万庆先生处如何？请将他的英文名字与地址详示。

你所翻印出来而寄来的社章是正确的，并不错。后来寄给你的是未修改的老章程。因此你可以放心。

郭、施、李[③]诸先生见面时当代你慰问。

书报当代办。只有《老少通》要候到出版再寄。

陆芝平先生带来100盾的等值三万元，业已收到。

夏新华之衣包一包仍未来取，得便可通知其来取。

缅甸、仰光的朋友，如可能代为普教捐款，只要是可靠，就请你将印度印好之印刷品托其带去进行。请将负责人姓名、地址示知。

你的事我和冯先生谈过，他愿意考虑，但他自己连二中全会也未出席，不知几时能出国。你有志竟成，不必过于心急。

达之当代致慰。敬颂

康健！

衔

卅五、三、四

原件存陶晓光处

【注释】

①标题为编者拟。

②1946年2月10日，重庆各界人士在较场口集会，庆祝政治协商会议闭幕和“双十协定”签字，郭沫若、李公朴、陶行知、施复亮皆为主席团成员。会议刚开始，国民党特务即大打出手，李、郭、施皆被打成重伤。时称“较场口事件”。事后，特务头子刘野樵反而向法院控告陶行知，说陶带领育才学校破坏会场，打伤了人。后在史良、林享元等人干预下，法院被迫停止审判。

③郭、施、李，指在“较场口事件”中被打成重伤的知名民主人士郭沫若、施复亮、李公朴。

商在国内登报鸣谢捐款事①

——致陶晓光

昨日冯金辛先生带来拾万元和日前向公司②领来的年底借支款八万元，共十八万元，一齐代你存入了重庆广大药房，并可在上海取用。上海外滩中山东一路一号广大药房卢绪章先生，是我好友，你到沪，如有需用，可持此函向卢先生商量。存款单存在吴树琴先生处。

生活教育社捐款可交加尔各答 Mr. P. Y. Liang, China House, 12 Russell Street，并向其取具法币收据，在渝广大药房取款。介绍片附上，请与梁先生一商。汇率以市价为标准，以期两不吃亏。你看如何？

登报致谢事，请与经手捐款人商量，在国内报纸上登载，以免有意外的麻烦。国内报纸流行甚广，登后每人寄一张来，以昭大信。

中航同仁的捐款由生活教育社备函致谢并不麻烦，明日该函及捐款人姓名数目可以寄出给你。

绘画展览纪念旗、签名单[3]，均收到。生教社三月十五日十九周年纪念会挂出，以志你立功国外之特殊努力。你那篇画展特写，当与纪念旗共同保存。

胡同炳的信，我叫他寄到上海西藏路慕尔美国援华联合会艾德敷先生留交陶行知先生之世兄陶晓光收。我四月十日左右或可到沪，也在那儿打听我的住处。敬颂

康健！

衔

卅五、三、六

原件存陶晓光处

【注释】

①标题为编者拟。

②公司，指陶晓光当时所在工作的中国航空公司，简称中航。

③纪念旗、签名单，皆为1944年9月9日育才学校在印度加尔各答举行绘画木刻展览会的纪念品。

以我名义在印度登报鸣谢捐款[1]

——致陶晓光

晓光：

中航公司在印诸友捐款谢函及芳名录附信寄上，请即张贴，以申谢忱。芳名上有候、呵、肇、赓数字，恐系侯、阿、肇、赓之误，问明须改正者请改正。

各友捐款如必须在印登报，即以我的名义登报鸣谢。字句式样皆以我致中航诸友信及芳名录为准。但每类最后一人之下加诸先生，再写有姓无名的先生如胡先生，再写有姓无名的小姐、太太，如金小姐、张太太，再写无名氏，再写各乐助若干盾[2]。

登报不用你的名义，则不容易寻你麻烦。

款可交广大药房梁先生，Mr. T. Y. Liang, China House, 12

Russell Street。问他要一封信给重庆广大药房张经理划交生活教育社。昨已将介绍片寄你，请你去接洽。

最好还是与经手人一再商量，允许在国内登报鸣谢；万一坚持，则纯粹用我名义登报，与你无干。

敬颂

康健！

衙

卅五、三、七

原件存陶晓光处

【注释】

①标题为编者拟。

②盾，原系荷兰、印尼和越南货币名称，这里指印度货币卢比。

殴打先生乃率天下而禽兽也[①]

——致洪深等

浅哉、震亚、文淑[②]诸先生：

惊闻先生等以劝阻少数特殊学生之暴行横遭侮辱，浅哉先生并被凶殴[③]，师道尊严，扫地尽矣，如此教育，岂不率天下而禽兽也。特电慰问，毋任愤慨。

陶行知、邓初民、翦伯赞

原载《新华日报》，1946 年 3 月 11 日

【注释】

①标题为编者拟。

②洪深，字浅哉，著名戏剧家，时任复旦大学教授；潘震亚、胡文淑，均为复旦大学教授。

③1946 年 3 月 2 日，北碚复旦大学农艺系一年级学生庄明三，在《谷风》壁报上对学生游行问题发表不同看法，遂被少数“特殊学生”辱骂、搜身和审问，潘震亚、胡文淑等教授劝阻无效，并遭辱骂，洪深教授甚至受到毒打。此事件引起各界人士关切，陶行知等遂发电慰问。

人生志在创业[①]

——致陶宏

宏：

你的二月十九日的信，一直到现在才有时间答复你。只要岗位不变，两条路线任何一条都可以走，让客观的机会来决定吧。暂时只可如此，将来稍微好转，是要用主观配合客观关系来争取。

我大概三星期内要到上海去。房子可能在上海租一座拥有八十间之洋楼，但必须我自己去才能确定。租金很少，地点亦适中。你是在我到沪后再去，比较稳当。但人生志在创业，等人也不见得十分对。同炳[②]来信，本月京沪之米从每石一万余涨至三万余，可怕得很。我不能不考虑：还是留川好呢？还是东迁呢？

育才在动荡中，迁移再迁移，此时文先生[③]来是否适合，大成问题。将来育才要演变而为大学，等到 Endicott 先生回华之时，我想他将能在我们这里得到一种教学之乐。请将我的意思转达给他，感谢他的盛意，预约将来之共同创造。

指示剂俟有便当为带来。

小黑的信一直没有复，乘兴给她几句话。请为转达。

淑蕙给醉霞一信，一并转上。

赴沪前当再来信。晓光有三月中旬到沪消息。敬祝

康健！

衙

卅五、三、十四

原件存陶晓光处

【注释】

①标题为编者拟。

②同炳，即胡同炳。

③文先生，指加拿大文幼章博士，即文中提到的 Endicott 先生。

不必再到周宅领款①

——致胡同炳

同炳：

冯先生委托管理冯村地产之信今奉上，以便执行。周文敏先生之垫款，原为救急，今既每月由渝直接汇来拾万，则以后不必再到周宅领取，除非有万不得已之需要。专此奉达。

敬颂

康健！

衔

卅五、三、廿

复印件存华中师范大学教育学院

【注释】

①标题为编者拟。

再度发起募集儿童节礼物①

——致朋友及小孩们的朋友

我们的朋友、小孩们的朋友：

儿童节四月四日快到了，城里少数的小孩子，不消说大概是很热闹的准备过节了。乡下的小孩从来没有人想到，也不知道什么是儿童节。我们去年把儿童节介绍给乡下的小孩，特别是抗战军人的小孩，看牛的，割草的，拾狗屎的，挑煤炭的，做徒弟的，没有父母的，吃不饱、穿不暖，受人歧视的小孩子，使他们至少能享一天的快乐和一年的学习工具，承各位朋友乐助代金二十三万四百六十二元和丰富的礼物，结果是举行了一个一千二百多人的盛会，七百多个苦孩子得到了礼物，并且建立了三十八个识字班，为一千余人进行经常的教育。今年我们预备继续这个运动：给乡下小孩一天的快乐、一年的教育，希望各位朋友踊跃捐助，共成盛举。

朋友们：这是很值得参加的一件事，让我们大家各尽所能，来共同完成一件虽小而大的事——使乡下的小孩得到真正的快乐。倘蒙赞同，实物或代金，多少都听尊便，时间太迫促了，希望各位朋友将实物或代金于四月一日十二时前交到重庆和平路管家巷二十八号。外省的朋友如能捐款各向附近乡村小孩送礼，以扩大区域，为全国小孩送礼，尤为盼祷。

原载《新华日报》，1946 年 3 月 26 日

【注释】

①标题为编者拟。此信摘自《陶行知发起募集儿童节礼物》一文。文前刊有以下一段话："育才学校校长陶行知氏去年曾发动募集礼物，送给乡间小孩，收效颇大。今年的儿童节又要到了，陶氏再度发起，吁请城市儿童多多捐助，'给乡下小孩一天的快乐、一年的教育'，兹摘录陶氏的一封公开信如下。"

据 1946 年 4 月 4 日《新华日报》载，截至 4 月 3 日，已收到现款 89.95 万元，认捐 26.27 万元，钢笔尖 1 050 个，毛笔 335 支，铅笔 5 145 支，等等。

筹建生活教育社成都分社[①]

——致陶宏

宏：

文先生[②]的信和十二本书都没有收到。你说他十九号返蓉，请问他信和书放在那儿，令我好派人去拿。

文帆来，带来你的一包制稿材料，放在一只竹箱里，竹箱外面粘上你的名字。

科学稿子还未收到，请赶快寄来，因为我至迟四月十五日以前会离渝。

上海生活太高，育才一时搬不动，现集中在化龙桥与管家巷，你能来担任一方面么？此地薪水不久可升到二万五千元。"社大"亦需人。可来即来。上海我不劝你即去，生活无保障，物价三倍于此。倘一定要赴沪，容我去后代找好事再去。在蓉等不如在渝等，多少每月有些收入。顷已发动为乡下苦孩子送礼，送你一张，蓉友如有意，可参加。

生活教育社重庆分社卅一日成立。成都分社请即日邀社友（以留蓉半年以上者为基本）筹备、成立，使你来后，事业仍可发展。有志有为之新社员，可酌量介绍。敬颂

康健！

衔

卅五、三、廿七

前两星期曾给你一信寄中大转，收到否？

原件存陶晓光处

【注释】

①标题为编者拟。

②文先生，指加拿大文幼章博士。

但愿不知老将至[1]

——致陶晓光

晓光：

三月二十八日来信及捐款名单，均已收到。《鸣谢启事》已于今日登《民主报》，并分包共寄十五份给你，请分发诸友，并致谢忱。

上星期为着乡下苦孩儿童节，发起了一个运动，要给他们：

一天的快乐，

一年的教育。

响应的有七百七十多人，共得捐款一百三十余万元，药品、糖果、书籍足足值得一百万元，足见大家对于乡下儿童已有精神的联系。本校在朋友间的信用，与时俱增了。儿童节日管家巷有五百孩子参加，化龙桥有一百孩子参加，高峰寺有一百人，古圣寺有一千人。至于晓庄学校的佘儿岗小学、山海工学团及新安小学还没有报告来。

我可能在本月十号至十五号间去上海，你到上海住处的事，等我到上海看了以后，再写信告诉你。据说上海物价较内地要高三倍。目前重庆的物价亦在继续上涨。

有新社员愿缴五十年社费，欢迎之至，可算是终身社员。

今天是集体武训节，夜间有晚会，为慰劳儿童节出力的朋友。冯先生送了一幅字来，恭喜我五十岁，说：

古今两大叫化子，

乞讨兴学救赤子。

利他无我超孔子，

祝君高寿一百几。

冯先生后来自己到此，为他弄错了我的年纪，我答复了一首诗：

如果我是五十岁，
祝您花甲才初度。
但愿不知老将至，
发愤忘食给人助。

下次再谈，一去上海，就给你信。祝
健康！

衔
卅五、四、六
原件存陶晓光处

【注释】

①标题为编者拟。

我已飞抵南京[①]

——致陶宏

陶宏：

我十一号离渝时，你的科学发明译稿尚未到。事前征得大公出版公司同意，交郭富昌[②]将要接管之安庆印刷厂印刷。依版税办法办理，照定价百分之十五。我想不要卖稿，版税最好。需款用时，可预支版税，或写信给我，垫点用皆可。

我十二日早八时三刻在白市驿[③]起飞，十二时三刻到京[④]。不日赴沪。来信暂由上海西藏路316号慕尔堂美国援华联合会艾德敷先生留转。敬颂
康健！

衔
卅五、四、十三
原件存陶晓光处

稿如未寄，请寄管家巷28号马侣贤先生交郭富昌收。我已关照马先生和郭富昌每天留心这稿件之来到。

【注释】

①标题为编者拟。

②郭富昌，原育才自然组学生，安庆印刷厂为其父所经营。

③白市驿，重庆北郊飞机场所在地。

④京，指南京。

小孩自动教小孩[①]

——致施剑翘

剑翘先生大鉴：

佘儿岗小学即“自动学校”。开办时我曾赠诗致贺：“有个学校真奇怪，大孩自动教小孩，七十二行皆先生，先生不在学如在。”该校已有小孩教大孩之事实，建议把大字改掉。从此第二句便成了“小孩自动教小孩”，这样的学校是值得帮助的。冯先生不久出国，他和我们有卖字兴学之计划。深望广为介绍，以所得就近交该校，以宏造就。现介绍胡校长同炳奉访，倘蒙争取时间助成，不胜感盼。敬颂

大安！

陶行知拜启

原件存南京晓庄学院陶行知纪念馆

【注释】

①标题为编者拟。此信写于1946年4月14日。

告知上海情形[①]

——致翦伯赞

一到上海，就被青年所包围。上海的青年真可爱，他们希望和平，希望民主，和重庆的青年没有两样。可是，他们遭遇的压迫，和重庆的青年也没有两样。

……我希望你能来上海，房子不成问题。我正以鹰眼狮爪替你注视，并获得房子。……

以后来信交吴树琴先生收。

1946年4月18日写

出自江苏省陶研会编《纪念陶行知》，湖南教育出版社1984年版

【注释】

①标题为编者拟。本函摘自蒭伯赞《我和行知先生》（写于陶行知逝世后不久）一文，为书信片断。写作时间据周洪宇、刘大伟《陶行知年谱长编》确定。

沪宁见闻[①]

——致陶宏

陶宏：

你的信与小黑的照片收到了，从重庆转来。我十一日从重庆到白市驿，马路狭而斜，甚坏且险，交通部卡车在我们前面翻倒，死一人，重伤七人，轻伤十三人。他们的飞机原来要坐四十余人，结果只有十七人飞来。80 批飞机候到晚才到，只好在驿住一夜。十二日八时三刻起飞，天气晴朗，一路无风。十二时三刻到京，住莲子营 60 号姚公馆，电话 230013。十四日到晓庄扫墓，农人、小孩分四批到中央门、迈皋桥[②]一带来迎接我们，见了从前幼稚园的孩子，已经生了小孩，等候我们开办幼稚园了。晓庄在焦土抗战的命令下，一切房屋都烧光了，树木都砍光了，只留得你祖父母墓两棵树岿然并存，欣欣向荣。这不能不归功于坟亲家丁府[③]及农友爱护之功。南京只有正统报纸，殊无民主之气象。十八日来沪，住许士骐先生老兄德臣先生家，吕班路 53 号，电话 80501，甚为便利舒适。此地民主力量甚旺。昨日有教师千余人欢迎我于育才中学（市立），我讲《民主生活与民主教育》，许多熟人都见面了。生活教育社上海分社不久将成立。育才房屋在物色。社大让上海朋友发起，我任顾问。

陶城已于昨日到沪。

科学发明稿未收到。

敬颂

康健！

衔

卅五、四、廿二

原件存陶晓光处

【注释】

①标题为编者拟。

②中央门、迈皋桥，地名，中央门为南京市城门之一，迈皋桥位于中央门和晓庄两地之间。

③坟亲家丁府，指晓庄农友丁大奎家。陶行知父母及胞妹的坟皆在丁家的山地上，故称丁家为坟亲家。

故人之多出我意料之外[1]

——致姚文采全家

文采
淑文[2] 两位同志 启厚[3]
启安 两位同学：

在京小住，承你们厚待，盛情可感。十七日大风，午后四时半到沪。住吕班路 53 号，电话 80501。主人许德臣先生为士骐先生老兄，歙县同乡，其好友亦如白鹭主人[4]，故吾等在此，亦无风尘之苦而有人生之乐。近日忙于访友演说。沪上情形尚佳。故人之多出我意料之外。得暇能来沪一游否？士骐先生府上驻兵事，尚希积极代为进行，以期解此倒悬。专此致谢。敬颂

康健！

行　知

卅五、四、廿二

出自《行知书信集》，安徽人民出版社 1981 年版

【注释】

①标题为编者拟。

②淑文，姚文采夫人。

③启厚、启安，姚文采长、次子。

④白鹭主人，指姚文采。

请求先予山海工学团登记[1]

——呈上海特别市教育局

窃行知等鉴于乡村教育之重要，于民国廿二年十一月一日创私立山海实验乡村学校（一名山海工学团）于本市大场区孟家木桥。淞沪战起，被迫停课。兹于四月二十三日举行复校会议，决即日兴工建筑校舍于大场区

沈家楼，定五月□日复校，聘定马崇儒为校长。本应将前情立案证件呈钧长，申请复校登记。惟属校校具图及案件均因战时交通工具缺乏，未能迁出，与校舍同付一炬。至今所能获得证明者惟属校出版之山海工学团一书内，载有属校之立案证件。本市各图书馆原均列是书，今尽在战争中散失，只重庆尚有。乡村教育之荒废，八年于兹，文盲遍地，急宜恢复，似不能刻待。为此，一面恳请钧长谅情，先予复校登记，一面航催将是书寄沪，俟书一到，立即备文补呈。是否有当，理合呈请钧长核示。兹将校长履历表一份随文呈送，敬请先准予复校登记。

谨呈

上海特别市教育局长顾

1946 年 4 月下旬

复印件存华中师范大学教育学院

【注释】

①标题为编者拟。1946 年 4 月 23 日山海工学团代表访问陶行知，此后陶行知即作此呈文。

生活教育社上海分社成立大会邀请信[①]

——致××先生

××先生大鉴：

敝社宗旨，在探讨推行最合理、最有效之新教育原理与方法，并促进自觉性之启发、创造力之培养、教育之普及、生活之提高。素仰：

先生提倡教育不遗余力，同人欢迎。

先生入社共同努力，并请介绍同志集思广益，共观厥成。兹奉上《教师生活》一份、入社书五份，以便应用。十二日下午二时，上海分社在新闸路小学举行成立典礼，亦希约集入社新友莅临，不胜盼祷。敬颂

康健！

生活教育社理事长　陶行知

1946 年 5 月上旬写

复印件存华中师范大学教育学院

【注释】

①标题为编者拟。本函的写作时间为编者考定。

请到行政院找陈先生[①]

——致许士骐

士骐[②]吾兄：

晓光已到沪。令媛飞机[③]，请持罗隆基先生与弟函去见行政院陈克文先生。倘陈已离渝或不成功，即持函见史良先生（枣子岚垭犹庄）。请与马肖生先生同去见陈、史，俾认识了，下次有需要时，可以托人。弟在令兄处如在自己家，甚安。专此。

敬颂

康健！

衔

卅五年五月十二日

1946年5月12日写

复印件存华中师范大学教育学院

【注释】

①标题为编者拟。

②士骐，即许世骐，安徽歙县人。在国民政府卫生部任职，曾任晓庄学校指导员，义务在陶行知办的晓庄学校授课。

③令媛飞机，指许士骐之女欲乘飞机离渝赴沪之事。

请惠允育才学校演奏会[①]

——致重庆社会局

径启者：敝校音乐组东下在即，为答谢陪都[②]各界人士雅爱，特定本月二十四、二十五、二十六日假江苏同乡会举行音乐演奏会三日，并为弥补开支，略定票价壹仟元、壹仟五佰元两种（捐税在内）。节目有《小夜曲》《寂寞之夜》等。届时除请光临指教外，并恳惠允演奏及价购票券为荷。

私立育才学校校长 陶行知

三十五年五月二十二日

出自重庆社会局档案

【注释】

①标题为编者拟。

②陪都，指抗战时期的首都重庆。

民主同盟请拨房舍[1]

——致吴国桢

一昨晤教为快。关于民主同盟请拨房舍问题，兹又查有善钟路 A91 号、B89 号两处亦尚合用。希酌拨一处即可。该两处均有封条（一为 23 号封条，一为 38 号封条）未启也。如何即乞裁夺为幸。手叩

政安！

此上

吴市长勋鉴

陶行知
梁漱溟 谨启

廿五日

写于 1946 年 5 月 25 日

出自《梁漱溟往来书信集》，上海人民出版社 2017 年版

【注释】

①标题为编者拟。

请早予指拨房屋[1]

——致吴国桢

吴市长[2]赐鉴：

房屋分配委员会据说分配计划系于四月卅日以前申请者为限。弟欲说明者，中国民生同盟与宋院长[3]交涉在四月初，宋院长除口头答应外，于

四月廿九日交分配委员会办理。宋院长通知同盟信于廿九日发出，现在尊处，可以复查。现同盟办公人员甚至政协代表，无处办公，甚而以打地铺过活，需要房屋甚急，深望参照所开房屋号数早予指拨，以应急需，不胜盼祷之至。专此奉商，幸赐复示。

敬颂

康健

教弟 陶行知拜启

卅五年五月廿八日

复印件存华中师范大学教育学院

【注释】

①标题为编者拟。

②吴市长，时任上海市长吴国桢。

③宋院长，即宋子文，时任国民政府行政院院长。

恳商租用夜间课堂十间[①]

——致山东同乡会

查我国积弱原因虽多，而教育不普及、科学不发达，社会生活处于停滞不前，使侵略者有机侵入，亦为重要原因之一。兹经八年抗战，幸而胜利。然痛定思痛，务谋有以补救，使教育能普及、科学得发达，人人能为建设新中国而努力。本社本此特别需要，拟开办夜校，谋将本社[②]在沪新旧社员，利用公暇而进修，以为普及教育服务，约需夜间课室十间，租借匪易。素仰贵会热心教育不遗余力，拟向贵会恳商租用夜间课堂十间。如蒙俯允，使各社员能及时学习，则感德无涯矣。专此奉商，敬恳玉成，见复为荷。

此致

山东同乡会

生活教育社 理事长 陶行知
理 事 陈鹤琴

三十五、五

复印件存华中师范大学教育学院

【注释】

①标题为编者拟。
②本社指生活教育社。

先介绍新同志[①]

——致庞曾漱

曾漱[②]先生：

孔令宗先生为生活教育社老同志，竭诚奉访代商苏州分社筹备事宜。弟意先着手介绍有力新同志，俟我廿九日来苏，能约集一处会谈共商进行为佳。不日当奉函接受王校长[③]约，来苏参加廿九日毕业典礼，希代为转告。敬颂

康健！

行　知

卅五、六、十九

出自《行知书信集》，安徽人民出版社 1981 年版

【注释】

①标题为编者拟。
②曾漱，即庞曾漱，育才学校文学组教师。
③王校长，指王季玉。

致美国人民书[①]

中国的内战是否会继续下去，几乎是完全决定于你们美国人。在这一内战中，无数中国人民将遭杀戮，大批城市和乡村将被毁灭，中国人的理想和希望将被遏止，经济的发展将毫无希望，国际贸易将遭破坏。处此情况之下，美国将失去中国的市场，世界职工运动将失去一支强大的中国工运友军，科学、文化与教育均将停滞不进。换言之，中国将不能成为美国所希望的友邦。

我们知道美国愿对中国的复兴与建设给予帮助。我们知道，美国已决定采取下列诸步骤：（一）以巨额借款给予中国；（二）继续租借法案；

（三）将剩余军事用品售与中国；（四）海陆军留驻中国；（五）派军事顾问团来华。

我们认为在这个时候给予这样的帮助，是会造成对我们极大恐怖的；而对我们的恐怖，恐怕很难不影响到你们美国人吧。

中国人完全知道自己的责任。他们相信没有一个强有力的联合行动，政治和经济的民主是不会获得的。中国人民已从美英法及其他民族的民主奋斗史上接受了许多宝贵的教训。

但是，对于美国对中国内战的支持，中国人民却不能担负责任。他们曾对马歇尔将军表示尊敬与友谊，他们重视马歇尔将军在今年一月前的努力曾给中国以较大的和平与民主的希望。然而，过去的六个月来，马歇尔的伟大贡献却经常不断遭到反动派的阻挠和破坏。这种反动势力，正用一切恐怖手段对付中国人民，要把中国人民推进内战的火坑中去。他们宁愿毁灭国家，也不愿接受人民的意愿。此类反动势力，不但反对中国的民主，抑且反对美国和世界其他地方的民主势力。他们不但企图破坏中国内部的和平，抑且企图破坏美国与苏联间的和平。

这种反动势力，今天在中国国民政府中掌握着优势及领导地位，他们将孙中山的三民主义改变成了法西斯主义。他们近来封闭报馆，拘捕学生。他们把一切民营事业送上破产的悲境。

美国是经过这一反动势力所把持的国民政府来帮助中国的。我们对于这样的帮助，难以表示欢迎。中国所需的帮助，是建设上的帮助。但是，今天美国给予国民政府的帮助，却是破坏性的帮助。你们的意图是促进中国的和平与民主，结果却是鼓励了中国的战争和法西斯。

中国的反动势力不能没有外国的支持而单独进行内战。所以，他们要用种种方法来骗取美国的帮助，他们还伪造种种事实来欺骗美国人民。

我们信任人民的主权，所以我们直接向你们提出呼吁，我们要求你们阻止你们的政府来破坏中国人民争取和平民主的机会，借以维护我们二国人民友善的互利的外交、经济和文化诸关系。

签名者（在油印稿上端）

顾均正（开明书店编辑）

巴　金（文艺工作者）

林　柯（戏剧工作者）

郭沫若（文艺工作者）

宦　乡（《文汇报》主笔）
王　梓（《文汇报》记者）
张如达（《文汇报》主笔）
陈尚藩（《文汇报》记者）
宋之的　吴祖光　陈白尘　于　伶　夏　衍（剧作家）
冯乃超　马凡陀　徐　迟（诗人）
丁　聪　张光宇　沈同衡　陈烟桥　左　拉（漫画家）
刘友瑾　白　澄　贺　路　白　杨　秦　怡（演员）
史东山　蔡楚生　司徒慧敏　吴仞之（导演）
周建人　郑振铎　沈体兰（教授、燕京大学秘书长）
沈志远（前北平大学教授，《理论与现实》主编）
胡　绳（生活书店编辑）
茅　盾（中华全国文艺协会理事）
冯乃超　郭沫若　田　汉（同上）
余所亚（《文汇报》编辑）
孙晓村（法政学院教授）
吴觉农（兴华制茶公司总经理）
曹孟君（《现代妇女》主编》）
沙千里（律师）

1946 年 6 月 29 日

原件存南京晓庄学院陶行知纪念馆

【注释】

①标题为编者拟。此函系油印件，由陶行知起草，上海文化界知名人士签名，另有外籍人士 15 人签名，字迹模糊不清，从略。本件由唐文权提供。

电贺美国独立纪念日①

——致美国人民

美国人民：

我们——以下签名的中国人民团体，特别兴奋地向你们祝贺贵国独立纪念日。从非常强调基本人权的美国《独立宣言》，以及从阿布拉罕·林肯总统对《独立宣言》极其深刻的含蕴所作出的杰出解释之中，我们受到极大鼓舞。对此，矢志不渝地为在中国建立起一个民主共和国奋斗了60年的中国人民②，真诚地向你们致以谢意。

自“珍珠港事件”以来，中美两国人民已经在反对帝国主义和反民主势力的共同斗争之中，结成了同盟。我们的联合努力，已经取得了胜利。这些胜利给了我们新的机会，去争取和平、进步和国际合作。我们期待中美两国人民一如既往地友善与互助，以从亚洲根除战争带来的祸殃，一个民有、民治、民享的政府，必将在我们的国土上坚固地、真正地建立起来！

上海人民团体联合委员会执行委员会

中国和平运动促进委员会

1946年7月4日

英文复印件存华中师范大学教育学院

【注释】

①标题为编者拟。本件系陶行知为中国和平运动促进委员会和上海人民团体联合委员会执行委员会草拟的英文贺电，由杨汉麟译为中文。拟稿时间为编者考定。

②自孙中山1886年始致力于国民革命以来，凡60年。1925年3月12日，孙中山病逝，其遗嘱云：“余致力国民革命，凡四十年。”

请协助排歌舞①

——致张本志、胡凤文

本志、凤文②：

新书业同人联谊会请你们排一二个歌舞，于五日演出，如果可能，甚佳。兹介绍干事丁于先生前来接洽，务希允许。敬颂

康健！

衔

卅五、七、四

复印件存华中师范大学教育学院

【注释】

①标题为编者拟。

②张本志、胡凤文，均为育才学校戏剧组学生。张本志系四川方言话剧《啷格办》的作者，此剧系根据陶行知建议编写。

晓庄契据完璧出现[①]

——致胡同炳

同炳：

好消息！晓庄契据完璧出现，现已托翁先生全部带到姚公馆。望你驻城帮助姚先生奔走，争取时间，集中精神，确定产权，以完成这一任务。陈光甫先生处，我当去看他，多少要有些成就。敬颂

进步！

衔

卅五、七、十四

复印件存华中师范大学教育学院

【注释】

①标题为编者拟。

告诉他“我父亲要我自立”[①]

——致陶晓光

晓光：

Frledman[②]先生刚才打电话来，说你的翻译要得，望你于今晚或明早到 Hamilton House[③]（在福州路江西路口）C1004 房里去找他。我还没有说你是谁。你可以告诉他 My father wants me to stand on my own feet[④]。附名片介绍一张，你可持去。他那儿有一本书借给我看，望你带来。敬颂

成功！

衔

卅五、七、十五

原件存陶晓光处

【注释】

①标题为编者拟。

②Frledman，即 Jullian R. Friedman，中译名为傅理曼，时为美国驻华大使馆劳工参赞。

③Hamilton House，即汉弥顿大厦。

④这句话的中文意思是：我父亲要我自立。

为民主斗争前仆后继[①]

——致育才同学会上海分会全体同学

育才学校同学会上海分会全体同学鉴：

今日诸位同学成立上海分会是值得高兴的一件事。从此以后，大家为生活而团结，为学习而团结，为互助而团结，为服务而团结，为争取民主而团结，一定是把生活过得更好、更丰富、更有意义。现在民主斗争已经到了最尖锐的阶段，反民主分子不惜用恐怖手段来抵抗那不可抗拒的大势。李公朴先生（育才之友）便是这样地牺牲了。我提议再接再厉，前仆后继，屡败屡战，以底于成。我提议每逢死了一位民主战士，即以感召培养一万位民主新战士来顶补，死了一百位民主战士，即以感召培养一百万位民主新战士来顶补。因此我们纪念公朴先生的最好的办法，是立志把自己造成一位英勇的民主战士。不但如此，还要做民主酵母，使凡与我你他接触的人，都发起民主的酵来，成为一个个的英勇的民主战士。只要我们肯得为民主死，真民主就会来到，而中华民族也一定可以活到万万年。让我再详说英勇的民主战士是怎样培养出来。第一套功夫是“仁者不忧，知者不惑，勇者不惧，达者不恋”。第二套功夫是“富贵不能淫，贫贱不能移，威武不能屈，美人不能动”。有了这些德性，无论遇着什么关口，也会胜利地通过。虽杀身亦成仁了。我们应该在这些德性上面努力进修，共同勉励。四天之后即是校庆，倘使我们当中都锻炼好了这样的人格，那才是值得庆贺了。

陶行知

卅五年七月十六日

原件存陶晓光处

【注释】

①标题为编者拟。

为新中国之新教育继续奋斗[①]

——致育才学校全体师生

绿芷、博禹、意林、微林、公泽、永扬、冷云、蒋路、启刚、让能、再为、彭松、百令、淑怡诸位同志[②]：

七月十三日的信刚才收到，至为感谢。下关事件发生后，也接到你们的慰问信。大家，尤其是我，从这些信里，得到了无上的鼓励，使我知道我努力的方向没有错，也不是孤军奋斗。我今天也知道，我向援华会提议增加预算和增加薪金的建议已经通过，每月薪金加二万元，合计五万元。究自何月起，容我问明再行奉闻。自四月份起最好聚起来做点有益的生产，每月可以多得营养，这只是一点有胜于无的补助。希望它能给大家一点小小的安慰。从重庆来的报告都使我兴奋。由于各位同志、同学、同工的集体合作，育才是比我在渝时办得精神好，我在此向大家致敬。

公朴去了，昨今两天有两方面的朋友[③]向我报告不好的消息。如果消息确实，我会很快地结束我的生命。深信我的生命的结束，不会是育才和生活教育社之结束。我提议为民主死了一个，就要加紧感召一万人来顶补，这样死了一百个就是一百万人，死了一千个就有一千万人，死了一万个就有一万万人肯得为民主牺牲，而中华民族才活得下去。此地我们现在第一要事，是感召一万位民主战士来补偿李公朴之不可补偿之损失。只有这样才是真正的追悼。平时要以“仁者不忧，知者不惑，勇者不惧，达者不恋”的精神培养学生和我自己。有事则以“富贵不能淫，贫贱不能移，威武不能屈，美人不能动”相勉励。前几天，女青年会在沪江大学约我演讲《新中国之新教育》，我提出五项修养：一为博爱而学习，二为独立而学习，三为民主而学习，四为和平而学习，五为科学创造而学习。这些也希望大家共勉并指教。

我这封信是写给全体的。只因为诸位写了信给我，也就是同时给了诸位的回信。肖生、竹因以及其他没有写信的朋友，都希望使他们知道这信的内容，麻烦之处，容当后谢。

敬颂

康健！

陶行知

卅五、七、十六

复印件存华中师范大学教育学院

【注释】

①标题为编者拟。

②信首所列诸同志均系育才学校教职员。

③两方面的朋友，指共产党人和民主人士。

联系开会地点[1]

——致唐森

亲爱的唐森先生：

传信人王先生将代我把信送给耿丽淑女士[2]，不知您是否乐意将原拟借给我用的汽车，供他一用？

此外，委员会开会能否在贵处举行？哪一天的什么时间对您方便？答复请交传信人带回。如果贵处不方便，请代我们与基督教女年会联系。

您的挚友　陶行知

1946年7月23日

复印件存华中师范大学教育学院

【注释】

①标题为编者拟。本函系用英文写成，英文原信收录于英文卷。由杨汉麟译校为中文。

唐森（Peter Tonnsend），时在中国工业合作协会国际协会任职。

②耿丽淑女士（Talitha Gerlach），美国人，陶行知访美时结识。

全卷附录

江苏教育最急要之问题[①]

——黄炎培复陶行知

（上略）承问弟所认为江苏教育上最急要之问题，此则枨触余心，极愿掬以奉告者。盖江苏最急要之问题，无过于教育与职业之联络。兄亦知近两年吾国满地青年，学成弗用，任何等级之学校，毕业生除升学外，别无生路（惟师范学校较好）。以前不过吾辈鉴于教育之不切实用，奔走呼号，希图醒悟。今则不幸言中，情见势绌，无可为讳。江苏省教育会因此实地调查各中等学校出路，编为统计，警告世人（去年所调查刊在《教育研究》中，今岁所调查见临时刊布第十二号，均附寄上），皆系最近实况。此次北京教育会联合会，以向各省，则中学毕业生，有仅十分之一升学者，（直隶）有不及十之一者，除升学外，皆兼无所事事也。即有事，大都为小学教员。夫中学毕业生而适于为小学教员也，则师范学校岂不可废，况自最近教育部颁行检定小学教员令后，此路亦已断绝。盖各种学校皆有学成无用之恐慌，而最恐慌者莫中学若。此问题之解决方法，一方面在提倡职业教育（修正学制亦一重要问题），一方面在使普通教育所有教授材料、训练方针，一一务合于实际，求切于社会之需要。此事改革，诚非易易，要当尽力做去。若今之教员与校长，往往但求教学生至毕业为止，而学者亦但求博得毕业虚名为止，至所教所学之是否适于所用，两俱不问，无惑乎有此结果也。依此现象，所谓教育者，不惟不能解决世界最重要之生计问题，且将重予生计问题之困难。幸而教育未发达未普及耳，苟一旦普及，满地皆高等游民，成何世界。吾为此惧，窃愿集合同志，竭吾今后数十年精力，谋所以补救。兄课余倘能注意及此，留心搜集关于解决此问题之参考资料，于学成后归以饷我，感甚，感甚。弟所认为唯一重要问题者此也。（下略）[②]

1916.12.5

出自《黄炎培日记》，华文出版社 2008 年版

【注释】

①标题为编者拟。

黄炎培在信前注："安徽陶君文濬，留学美国古仑比亚大学教育科，思力精邃，又纯朴无习气。近应考博士，命题涉及中国教育，属搜集资料。复书如左。"

②"上略""下略"系原文所略。

特派易生作霖前来与会[①]

——张謇复陶行知

敬复者：顷奉手教，具悉。本社本年年会，定于八月二十日至二十六日在京举行。徒以事冗，不克诣会，特派易生作霖前来与会。易为敝县县视学，亦愿乘此便赴社设之"施行教育心理测验讲习会"听讲。八月三日即将北上。所有尊函询发之乘车免票凭证，即乞转商车站，先期填寄转给，俾该生得早日来京。如荷通融，则不仅该生之厚幸已也。再该生宿舍，如能代为准备，尤所纫感。敬希示复。并颂大安。

1923.7.13

出自《张謇存稿》，上海人民出版社 1987 年版

【注释】

①标题为编者拟。

请王伯秋代表敝会出席[①]

——朱其慧、晏阳初致陶行知、徐则陵

陶行知、徐则陵两先生大鉴：

日前由傅葆琛博士出示尊函，得悉贵校为筹设乡村师范及附属小学校事开会进行，计划周详，倾服无似。旋奉十四日手书，知改订会期，并荷不遗在远，招与斯会，声气应求，尤深欣感。但敝会近因乡村平教，积极进行，傅君为乡村平教主任，擘划一切，正赖主持。其慧、阳初负有同一任务，均难如命前来，参与盛会，同抱歉忱，殊为惆怅！顷已另函王君伯

秋，请其就近代表敝会出席。现敝会于华北方面，乡村平教试验区域，拟先暂从宛平县入手，定于本月廿七日（星期四）开一宛平县绅董平教大会，并同时即组织宛平平民教育促进会。进行之手续：（一）由县知事定期召集各区绅董，开平教运动会；（二）由绅董自动地认定试验区域；（三）试验区域确定后，即以该区为全县试验场，随时召集各区小学教员或绅士及区内热心平教愿尽义务者，轮流到目的地练习，以备回村后筹备全县平教运动；（四）由县知事通令各区警察所长、区董等，督促进行，一面即属以调查学龄儿童及年长失学之人民。兹定据以上述办理之梗概，至试验区域认定后，实施之手续，则分为：一、全区之平教运动；二、中央训练；三、分段指导；四、实行普及，一面为试验实地之进行，一面谋彻底调查之准备。由区及县，从小至大，就一区试验之期间，潜为他区造就平教人才之训练。首先尤注重于识字运动，揭橥宗旨，以开通风气，联络感情，采集地方之优秀，因势利导，引起同情，然后调查研究，方能彻底推行，免除障碍，改良乡村生活，庶易成功。其他如西山、海甸两处，现亦正在筹备计划中。又保定各县村庄，已实施平民教育，定于廿八日由傅葆琛博士偕阳初亲往调查，以决定保定方面乡村平校试验区域。此次尊处会议结果情形，并希详示，俾资考镜，专此奉复。敬请
教安

熊朱其慧、晏阳初谨启

1924 年

出自《晏阳初全集》，天津教育出版社 2013 年版

【注释】

①标题为编者拟。

世界教育会议概况①

——凌冰致陶行知

知行吾兄：

我们昨天晚上由爱丁堡来到伦敦，一切诸称顺适，你可放心。此次世界教育会议，到会者一千数百人。英美之代表几占百分之九十。我们只有五个人，形式上未免太难堪了。日本也有十个代表。此次选举结果，我国

被选为董事者二人，日本只一人。郭先生[②]被选为董事，任期二年。冰被选为董事，任期四年。郭先生仍被推为董事部副会长。一切详情另外有详细报告，我不必再写了。

此次会议规则，禁止会员讨论政治及宗教问题。所以上海事件[③]，我们实在是无法在会内提出。但是我们在会外竭力宣传，并散出印刷品多件（由此地中国学生会代办）。结果到会人十分满意。冰于上星期日（七月十九日）到弭战会讲演上海事件，听众颇皆动容。冰讲罢后，他们临时提议并全体通过议案一件，要求他们的政府对于上海事件当予以公正之处理，并从速将领事裁判权交还中国。此外，我们对于他国代表私人谈话，或向各报馆记者谈话，俱能将此事真相尽力宣传，给他们一个很深的印象。今将冰之讲演稿寄上一份，请你看看。并祝你健康。

弟冰上

七月二十九日

原载《新教育》第 11 卷第 2 期，1925 年 9 月

【注释】

①标题为编者拟。本篇摘自陶行知 1925 年 8 月 21 日在中华教育改进社第四届年会学术会议上的发言。

②郭先生，即郭秉文。

③上海事件，指五卅惨案。

蛮子山开矿事宜[①]

——江苏省农矿厅复陶行知

径复者：接准函开，近有龚毓湘、蒋焕卿等拟在蛮子山开矿，与晓庄乡村师范学校科学馆、北固乡联村公立医院及国技研究分社等基地接近，阻碍公共事业，殊与矿业条例第十三条第四项不合，前曾分别呈函农矿部建设厅均经准予禁止开采在案，现恐蒙蔽，复领用特函恳禁止等因，查该处矿业并未有人来厅呈请探采，准函前因相应，函复即希查照。此致

南京晓庄试验乡村师范学校

原载《农矿公报》（江苏省农矿厅），1928 年第 1 期

【注释】

①标题为编者拟。原题为《函复晓庄试验乡村师范学校校长陶行知函为龚毓湘等拟领矿照在蛮子山开矿有碍乡村公共事业之进行请准予禁止查该处矿产并未有人来厅呈请开采希即查照文》。

让出矿区四十公尺[①]

——江苏省农矿厅致陶行知

径启者：案查矿商袁甘伯在前注册局报领江宁老山煤矿与贵校科学馆公立医院及国技研究分社等基地接近，阻碍公共事业一案，前经敝厅令派技士杨倬孙会同 贵校及矿业权者重行调查，转呈候核在案。兹奉农矿部指令第八四五号内开呈折均悉，原卷二宗亦经照收。据称晓庄学校各项新建筑皆系十七年八月至十一月于前全国注册局派员查勘以后所建，而矿商袁甘伯已于同年八月领到执照，是袁商矿权确定于先，该校本不宜在矿区内有所建筑。惟念该校工程未可，遽令改变，致弃前功，仰该厅传饬袁商会同晓庄学校将该校附近矿区让至距校基四十公尺以外，另绘新图呈部换照为要。此令等因奉此除通知矿商袁甘伯遵照办理外，相应函达即希 查照为荷。此致

南京晓庄试验乡村师范学校校长陶

原载《农矿公报》（江苏省农矿厅），1929 年第 11 期

【注释】

①标题为编者拟。原题为《函晓庄学校奉农矿部令将袁商所领附近该校矿区让出四十公尺希查照文》。

生活教育，此中有消息[①]

——汪达之致陶行知

行师：

前函谅早达览。

先后由建培兄寄药品一箱，及尊著诗歌一册统收到。

药品分赠相邻和佃户，颇感实惠。从此事件中益见给以迂缓的、呆板

的学校形式的教育，远不如给以药物的衣食的迫切而现实。生活教育，此中有消息。

承赠大著，并题以“艰苦卓绝”。诚愧不敢当！

新安于上月十六开学，十九日招家长谈话。二十一日新生活开始（是日日蚀，先一日以儿童通讯学校临时刊发关于日蚀消息，另撰一文投登本县日报。次日初见日蚀，在午后一点五分，所蚀部分甚微）。

人数仍无增减，编制方面是高中年级一工作室，由我负责主持。低年级一工作室，由两年长小朋友负责主持。两周以来，各已就绪。目前的紧张工作，是整地种菜。我们有一个决定，自种之菜可食后，即不再买菜。种不好菜，就不吃菜。所以目前种菜工作最忙。已种的有韭菜、菠菜、蒜、黑白菜。将种的菜有黄芽菜、寒菜、豌豆、蚕豆、葱。约计上半个月以三分之一的时间精力来做此项工作。下半个月，即以此时间精力挹注于戏剧表演。戏剧苦无适当剧本，甚盼广为介绍。八月里，为解决用水问题，开一口井，计工资约二十几元。井泉甚好，清水满贮。可是问题并不算解决，水味有些咸苦。现正找解决的办法，尚未得到结果。

屋漏的地方很多，已大加收检，工账俱未清楚。尚有破屋两处，岌岌可危。紫藤花架，年久朽烂，天寒多风，危险更多。已招工估计，非四五十元不可。因危险情势分明，无力拆修，不安更甚。

本年租息，卖价三元四角，玉蜀黍两元不上，蒲草近则两千文，亦无人问津。货价锐减，而拖欠更多。现正第二季，是收玉蜀黍。因遭天旱，仅有对折收成。佃户受苦，我们视作唯一指望的经费，大遭打击了。前函所列预算，不敷甚多，吾师将何以救济？

民众夜班，准于十月间成立，因需要甚切之故。迟当详告。

伙食已无款，甚望汇款快来！并请告明此后准于何日，可以汇到，以便有个预算的把握。匆草不尽。敬祝康乐！

1933.9.1 夜

出自汪达之编著《生活的书》，上海儿童书局 1934 年版

【注释】

①标题为编者拟。

这种气概是中华民族的新生命[①]

——汪达之致陶行知

行师：

七个小光棍，拼命要南征。

旗帜一打好，择期就启程。

小光棍的旅行团，是已九分地决定要到上海去观光了。我们不能筹出多少旅费，是准备着讨吃。我告诉他们："饿肚子行乞，不是一件容易的事。"但他们笑着回答："只要眼睛饱了，管不得肚子暂时饿了。"他们这种气概，我觉得是中华民族的新生命，也就不顾一切地来规划这件事了。

旅费、船费去的不成问题，来的也有办法。车费已去函交涉全免，万一不成，四等车儿童团体票，也很有限。伙食费，预算每天每人二角。从淮安直到上海的费用，大约不成问题，到了上海，又将怎么办呢？真要学伍子胥吹箫的办法吗？我想时代差得很远了，当不至于到此地步。我已以学校名义，给黄警顽先生写了信去，一则要参观商务印书馆；二则也希望他为儿童幸福的缘故予给一点援助。天厨味精厂吴蕴初先生处，我也去了信，要求参观他的工厂，因为吴先生是个贫寒学力出身，可以给孩子们一个鼓励的榜样。时事新报馆也去了信，一则他颇有言论界的地位，让孩子们去参观一下，认识认识；再则希望他们借此传个信号出去，给中国的被牢狱封锁着一般的儿童们，一个新鲜的刺激。

我想这就是"社会即学校"的一个步骤。但是，行师，是不是这样简单呢？

他们的旅行生活计划是：演会、晚会、写日记，照在学校一般的排列。每天都有轮流的主席，有两个固定的记录。此外的事务，分成四部：一是交际，二是账务，三是行李，四是医药。约定每天要有一份报告信寄回来。事实上恐怕时间不够支配，做不上来，但规定着待做到如何程度再说。参观目的，工厂、学校、其他文化机关，当再拟一个参观日程，到沪后，留待吾师斟酌。

行师，您将怎样招待这个小光棍团呢？

正是我们没有钱吃饭的时候，幸好本年收的玉蜀黍面，救了我们的驾。平常三餐吃两顿，现在三顿都是玉蜀黍面！

昨天纯才兄寄来了二十元。

双十节，过得很好，居然能演到九幕剧，来观光的把屋子挤得满满地，这分明是暴露着没有娱乐机会的恐慌，现象如是。我在广众之前，将吾师允我迟则半年之久为置一架电影机的好消息，坦坦白白地告诉了他们。也好让他们都有一个“望梅止渴”的机会。

教局长已调换朱文升，中大教育系学生，现尚未视事。

民夜班事，房子虽借好，但坏蛋仍在捣乱。拟俟旅行团回校后，即进行开学。匆上。敬祝康乐！

1933.10.17 夜

旅行团行期本月二十二日（星期日）乘镇淮班轮南下，二十四五日可到沪，在何处访您呢？

出自汪达之编著《生活的书》，上海儿童书局 1934 年版

【注释】

①标题为编者拟。

先生所灌唱片销路尚佳①

——英商电气音乐实业有限公司致陶行知

敬启者

先生所灌唱片销路尚佳，但至本年六月底结算，在此期间贵版税所得额尚未能超过前预支款数目。兹将清单奉上，祈查收是荷！惟望商业情形转佳，贵片之销路猛增，于下次附奉清单时有版税奉上也。此致

行知先生台鉴

英商电气音乐实业有限公司启

廿四年八月一日

原件存南京晓庄学院陶行知纪念馆

【注释】

①标题为编者拟。唱片为灌制的《锄头舞歌》和《镰刀舞歌》。

愿与救国会诚意合作与共同奋斗[①]

——毛泽东致章乃器、陶行知、邹韬奋、沈钧儒

章乃器、陶行知、邹韬奋、沈钧儒四位先生并转全国各界救国联合会诸位先生：

我们最近才从报纸上看到章、陶、邹、沈四位先生在七月十五日发表的《团结御侮的几个基本条件与最低要求》，并且还看到了全国各界救国联合会的宣言和纲领。这些文件已经在我们这里引起了极大的同情和兴奋，认为这是代表全国最大多数不愿做亡国奴的人民之意见与要求。因此，我特代表我们的党、苏维埃政府与红军，向你们致送热烈的敬礼！同时并向你们及全国民众申明：我们同意你们的宣言、纲领和要求，并愿意在你们这些纲领和要求下面，同你们同一切愿意参加抗日救国的党派、团体和个人诚意合作与共同奋斗！

我们很感激你们在这些文件上，对我们所提出的一些善意的批评和希望！因此我们在这里似乎不能不郑重地答复你们，并简单说明我们最近的一些主张。

你们说："我们所希望的，中国共产党要在具体行动上，表现他主张联合各党各派抗日救国的一片真诚。因此，在红军方面，应该停止攻袭中央军，以谋和议进行的便利。在红军占领区域内，对富农、地主、商人应该采取宽容态度，在各大城市内，应该竭力避免有些足以削弱抗日力量的劳资冲突。这样，救亡联盟战线的展开，才不至受到阻碍。"诚然，我们应该这样作，我们现在已经是这样作。我们从来就在行动上忠实于自己所提出的每一个主张。当着我们在"九一八"后屡次向全国各派提出合作抗日的主张时，有人说，我们的这种提议，仅仅是一种宣传作用，实际上并不会如此作的。然而几年来的事实，证明这种说法是一种完全的诬蔑。我们曾经和十九路军与福建政府合作过，最近西南诸领袖通电抗日，我们又宣言愿意与他们密切合作。同时又向中国国民党，向全国各军政领袖，向全国各党派团体致送了我们关于合作抗日的提议，并准备和他们立即进行谈判。这些事实都证明我们不只是在口头上，而且在实际行动上，愿意联合各党各派为祖国生存而奋斗的一片真诚。

一年多以来，我们为着实现北上抗日的目的，是经过了长期艰苦的奋斗。虽然我们已经转到了华北，但至今还没有实现"集中河北，首先与日

本帝国主义直接作战”的愿望，在今年春季渡河入晋后，本来可以实现这个愿望的，然而不幸又遇到十余万中央军沿同蒲路线的层层封锁，在当时我们虽然可以集中力量冲破这一封锁线而至河北平原，但这必使双方都受到极大的牺牲。我们为着避免这种无意味的内战的牺牲，不得不暂时回渡陕北。在回渡以后，我们还是不记一切仇怨，重新向南京政府，向太原阎百川先生、河北宋明轩先生致送了我们集中河北抗日的愿望，并要求他们谅解。虽然至今还没有得到他们满意的回答，但我们也无理由因此就放弃素来这一抗日的主张。

当着整个民族生命将被斩绝的时候，我们已无兴趣进行任何中国人打中国人的内战。只要中央军不进攻我们，不阻止中国军队抗日，我们绝不愿意进攻中央军以及其他任何军队。

只要中央军及其他任何军队抗日，不压迫民众爱国运动，我们将竭诚地拥护他们，并愿以全力援助他们。

在抗日反汉奸与爱国运动自由的条件下，我们愿意与任何军队任何党派合作。

× × ×

有人怀疑红军现有的力量不能单独抗日，还有人说：“抗日必须全国统一与全国一致为先决条件。”甚至还有人说：“局部抗日是于中国有害的。”然而我们不这样想。我们看了东北义勇军能够长期英勇抗战，据敌报说，敌人损失了十余万生命与数万万金钱，而且相当牵制了推迟了日本帝国主义对中国本部的进攻。他们虽然还没有最后战胜敌人，但他们对于全国民族已经有了极大的功劳和帮助。到今天没有一个人能说东北义勇军不能单独抗日的话。红军与东北义勇军比较，在各方面都不会更弱，华北民众比东北的民众也不会更坏，如果不是有意地蛊惑民众，为什么能说红军不能单独抗日呢？上海战争与长城战争的失胜，其原因怕是由于这些战争领导者的动摇，不坚持不采用高度的运动战，与不能和民众进行广泛地合作吧！然而这些缺点在红军是没有的。所以我们认为红军是能单独抗日的，而且不至于失败，至少是能长期抗战的。以红军现有的力量，单独的最后的战胜日本帝国主义，是不可能的。但以红军现有的力量单独和日本帝国主义作战，是可能的。红军在长期对日抗战中，必然能够联合全国一切愿意抗日的军队与人民共同作战以取得胜利。

说必须集中全国一切力量，才能最后战胜日本帝国主义，是对的。但必须全国一切力量集中之后才能开始实行抗日，就是不对的。因为一部分力量也是能够抗日的。因为敌人是不让我们将一切都准备好了之后，才去抗战的。敌人已经将中国的中央与地方政府监视得不能动弹了，敌人已将中国的土地一省一省的狼吞虎咽了。在如此情形下，只有抗战发动后，才能进行全国的总动员。至少总动员开始，抗战也必然要同时开始。在“和平”的情况下来实行全国总动员，怕已经不可能了吧？即如你们向各方所要求的爱国运动自由，很明白，当局如允许这种自由，敌人就会用武力来压迫，战争就不可避免。情形是愈来愈坏的，现在不立即向日抗战，将来要实行全国一致的抗战与全国总动员是愈加困难的，到最后甚至是不可能的。满洲与华北一部分，现在就不能去动员了。将来大批汉奸军队的组成，与大半个中国被敌人直接统治，各重要城市与交通要道被敌人控制，那时候我们的动员范围就只能有小半个中国和乡村了。现在还能借口统一中国与准备不周来推迟对日抗战吗？我们不反对真正的准备，我们所反对的是借口准备来实行不抵抗主义。

任何对日抗战，绝不会妨害准备工作与全国的动员。任何抗战的本身，对全国恰是一个极大的动员，看过去上海与长城战争在全国的影响就可知道。而在平常时期，在敌人监视下，几年所能秘密进行的准备工作，在抗战发动后甚至只要几星期就可能做到。而秘密准备的力量，绝不会超过失去的力量与敌人准备的力量。

有人说：我们单独抗日是捣乱了他们整个的抗日步骤。但我们不知道他们有什么整个的抗日步骤？我们只能要求走在后面的赶到前面来与我们的步骤一致，只能要求还没有准备立即对日抗战的军政领袖与党派，立即对日抗战与我们的步骤取齐，我们没有理由放弃与停止自己的抗日主张和抗日行动，去与他们的步骤和主张一致。

我们认为抗日战争，是长期艰苦的战争，是要经过千百次的大小战役，才能最后战胜敌人。我们相信在长期艰苦战斗中，全国一切力量必然能够完全动员起来集中起来。然而现在我们不能等到全国一切力量完全动员起来集中起来之后，才来开始对日作战。

因为上述的理由，所以我们要求立即对日抗战，我们要求红军立即集中河北首先对日直接作战。我们反对在任何借口下推迟与阻止抗日战争的主张。我们诚恳地希望你们援助我们这些要求实现。

× × ×

为着集中全国的力量对日抗战，我们已经在各方面修改了苏维埃的法律和政策。除开将工农苏维埃政府与工农红军改为人民苏维埃政府与人民红军之外，在选举法上已经规定一切小资产阶级、知识界、自由职业者、专门家和小工商业主均有选举权与被选举权。宣布了一切抗日不反对苏维埃政府的党派、团体和群众组织，在苏区享受民主自由的权利。欢迎一切愿意和我们共同抗日的党派、团体派代表参加苏维埃政府，共同负责。我们已经规定不没收富农的土地财产，当着富农起来抗日时，我们还不拒绝与他们联合。一切商人和大小资本家的财产工厂，均不没收，并保护他们的营业，援助他们的发展，以增加苏区抗日的物资。对于一切积极参加抗日的军官和地主，均不没收他们的土地财产。对于一切失业的军官、士兵、知识分子、专门家，欢迎他到苏区来，给予他们以工作和发展天才的机会。对于一切俘虏过来的大小军官和士兵，一律优待，愿意回家的发给路费，愿意抗日的给以工作。在取消一切苛捐杂税后，政府只征收一种极轻的统一累进税。以上是我们已经确定并在苏区已经执行的几个政策。我们绝不仇视各阶级的愿意抗日的人们。

至于将来，红军为着对日作战进入友军的区域，那么，只要红军当时的给养有保证，红军愿意遵守友军一切关于社会的法律和命令，不干涉友军地方的一切行政事件。

关于劳资问题，在苏区我们已经规定最低的改善工人生活待遇的条件，根据各企业的情形由劳资双方协商同意签订合同，共同遵守。避免一切不必要的罢工怠工等纠纷。过去工人监督、工人管理等法律，已一概取消，并劝告工人不提出过高的、超过企业担负能力的要求。在非苏维埃区域中，我们虽然拥护工人生活状况的改善，但同样我们不故意地加紧反对资本家。我们还相信，在收回海关，反对帝国主义侵略的斗争中，工人和资本家是都能得到好处的。相反，在帝国主义侵略继续深入的情况下，工人和资本家的状况，就都没有改善的可能。工人与资本家所有的共同利益，是建立在反帝国主义侵略的基础之上的。

至于在豫、鄂、湘、赣、闽、浙等处，我们有些游击队没有遵照我们最近的这些法律执行，那是因为各种阻碍我们这些法律和命令还没有送给他们的缘故。此外在那里“围剿”的紧张情况与他们被杀戮的残酷程度，引起他们在某种程度上采取报复手段，也是有的。然而我们认为这是错误的。我们很愿意立即去纠正他们这些错误，或者在抗日的条件下使“围剿”和游击同时停止，但现在可惜的我们还不能做到这一步，而且决定的权力还不在我们。

我们现在可以正告你们！我们认为苏维埃和红军是属于人民的，我们绝对地尊重与执行人民对于我们的批评、意见和要求，并准备在各种问题上听凭一切不愿做亡国奴的人民之民主的裁决。

× × ×

目前在各地方的救国运动与救国团体，我们的党员自然是应该参加的，我们愿意经过这些团体和运动贡献我们所有的力量，并在这些团体中和各党各派及一切不愿做亡国奴的人民，共同为挽救中华民族的灭亡而奋斗。但我们的党员绝对遵守服从这些团体的章程、纲领和大多数通过的决议。在行动上我们绝对服从多数——即使有时候，我们在原则上不同意多数的意见。我们的党员不反对不嫉妒这些团体中的其他各派取得群众的信仰和领导地位，相反，我们愿意拥护各派坚决抗日的领袖充分在群众中发挥他们的才能，并在他们的领导之下工作。因为要战胜我们最大的敌人，我们不只是需要自己的胜利与发展，而且需要一切同盟的友军之胜利与发展。我们在联合战线内部的口号是：“一切党派、一切阶级在抗日反汉奸的目标下联合起来!”因此，我们认为在联合战线里面，提出打倒某某阶级某某党派的口号是错误的。在国民党和国民政府里面，我们认为还有不少的领袖、党员和官吏是能够抗日的，我们愿意与这些人联合起来。因此，现在笼统地反对国民党及其各级政府，我们认为是不适当的。在救国运动中某些青年的宗派主义，包办、利用、劫持甚至强迫群众的工作方式，并不为我们所赞成，我们是反对这些东西的。现在对于我们有兴趣的与为我们所重视的，是各党各派在抗日救国这一个问题上，能够大体和我们一致，在其他问题上的不一致，已经不应该为我们过于重视。但有些人过于重视这些不一致的问题，或者是许多纠纷的来源。如果我们的党员在救国运动中犯了这些错误的，我们自然愿意纠正他们，但同时我们也愿各党各派的领袖与一切热心救国的青年相互的彼此勉励。

我们相信，大家在抗日救国的主要问题上取得一致，在一切细小问题及一切其他问题上的不一致，彼此互相宽容，全民族的联合战线是一定能够成功的，是有光明伟大的前途的。依靠联合战线的力量，不独能彻底战胜日本帝国主义与汉奸，而且能使中国从一切帝国主义的束缚下解放出来，并经过联合的阶段以至可能达到中国真正的民主的统一。因此，我们认为联合战线决不是短命的暂时的苟合。在联合战线内部个别的动摇、叛变与退脱，当然在各个时期都是不能免的，然而这并不会是联合战线的破裂。现在的联合战线其所以比一九二七年的联合战线有更明显的前提与稳固的基础，就是现在的民族危机比一九二七年前有了更加百倍的严重，一九二七年的联合战线还是对内（北洋军阀）作战，而现在已是对外作战了。一九二七年退脱联合战线的人，还可以在中国建立半独立性的政府，而现在以后退脱或索性不加入联合战线的人，已经就不能建立半独立性的政府了，甚至永远不容在中华民族的集团内立足了。还有一九二七年的经验，对于各阶级都不会是空过去的。世界的情势、中国的情势，比一九二七年都有了极大的变动，而这种变动对于中国的民族联合战线正是有利的。所以我们对于现在联合战线的前途，完全不悲观，没有理由悲观。因此，我们在联合战线里面，也更不怕被其他党派利用，我们所有的是彻底的坚决的抗日主张。

我们准备和一切坚决抗日反汉奸的党派团体诚意合作到底！

× × ×

但是，现在最严重的问题，是一些人还在那里继续进行他们个人的武力统一中国的计划。很明白，武力统一中国，就是无穷尽的内战。从袁世凯以来历代军阀，执行这一政策所受到的失败，我们就可以知道这些人的前途，是如何的暗淡！而在目前执行这种计划，危害中国民族的程度，是超过以前任何时代的。然而不幸，竟有人从旁歌颂这种计划。还有人甚至将所谓“统一战线”与民族联合战线对立起来。他们要打倒联合战线。很明白，这是联合战线不能顺利开展的最大原因。

你们说，过去的争论是在抗日的方法与手段问题上，安内与攘外的先后问题上。但我认为这些表面上似乎是方法与手段问题上的争论，而实质上则是某些人在汉奸与民族英雄之间动摇的问题，在抗战与投降之间选择的问题。那些主张先“安内”的人未见得就不清楚，“安内”的结果会要引来什么东西？而他们硬要主张先“安内”的原因又在哪里呢？

我们不反对统一，我们所反对的是内战，是汉奸，我们认为现在统一中国的道路，只有一条，就是各派平等的联合，对日抗战，与实行大家听命于人民的民主制度。如果离开这条道路，而企图用内战与武力去征服一切敌对势力的方法来统一中国，那不会是中国的统一，而会是中国的分裂的灭亡。为着这个原因，我们现在反对这个企图。我们现在拥护平等的联合，抗战与民主统一中国的道路。这是目前和平统一中国的唯一道路。我们准备遵守与服从真能代表全国人民的代表机关之一切决议，我们准备将一切重要的问题提交这样的代表机关来公决，就是苏维埃制度是否在全国被采用或被取消的问题，我们也愿意提交全国人民作民主的公决。

但我们必须向你们声明，南京政府五月五日颁布的宪法与国民大会组织法选举法，我们认为是反民主的。根据这些法律组织的“国民大会”，我们不能承认它有代表全国人民和民意的权利，因此我们不能参加这种“国民大会”的选举，我们与人民也没有义务服从这种“国民大会”的决议。我们认为这种“国民大会”的存在是有害的。但我们愿意参加一切基于民主原则产生的真正的人民代表机关。

最后，我们希望你们及全国一切救国团体派代表来参加苏维埃政府！希望你们介绍与各派进行关于合作的谈判！一切愿意和我们谈判的代表，请直接来苏区，我们保障他们的安全。同时只要有安全保障，我们也愿意派代表到全国各地进行谈判。

我们很荣幸地签字于各界救国联合会的纲领之后！

敬致

民族革命的敬礼！

毛泽东

1936年8月10日

出自《中共中央抗日民族统一战线文件选编》，档案出版社1985年版

【注释】

①标题为编者拟。

更广大的努力与更亲密的合作①

——毛泽东致陶行知等

乃器、行知、钧儒、韬奋先生：

先生们抗日救国的言论和英勇的行动，已经引起全国广大民众的同情，同样使我们全体红军和苏区人民对先生们发生无限的敬意！但要达到实际的停止国民党军队对红军进攻，实行停止内战一致抗日，先生们与我们还必须在各方面作更广大的努力与更亲密的合作。

我相信我们最近提出的民主共和国口号，必为诸位先生所赞同，因为这是团结一切民主分子实行真正抗日救国的最好方策。

附上我们八月二十五日致国民党书，请求诸位先生予以审察，并以高见惠示我们。

国民党军队继续对于红军的进攻与一切野蛮法令的尚未撤废，到今天仍然把我们与先生们远远地隔离着，彼此不能经常共同讨论与交换抗日救国的具体意见。这也就不得不使诸位先生对于我们今天所执行的抗日统一战线的方针与实际行动，尚有若干的隔阂与误会。因此，我委托潘汉年同志与诸位先生经常交换意见和转达我们对诸位先生的热烈希望。

此致

抗日救国的敬礼!

毛泽东

“九一八”五周年纪念日

出自《韬奋全集》，上海人民出版社 1995 年版

【注释】

①标题为编者拟。此信系 1936 年毛泽东委托潘汉年致陶行知等四人的信。潘汉年是当时中国共产党同南京国民党谈判的代表。

请政府立即释放七先生①

——旅美华侨告海外同胞书

海外各界父老兄弟姐妹鉴：

据中外报纸消息，民国二十五年十一月二十三日，全国各界救国联合会领袖沈钧儒、章乃器、王造时、邹韬奋、史良、李公朴、沙千里七先生在上海公共租界及法租界被捕，即引渡上海市政府。据沪市政府二十五日发出正式谈话，谓沈、章诸先生被捕原因，系“肆意造谣，勾结‘赤匪’，妄倡人民战线，煽动阶级斗争，密谋总罢工，倾覆政府”云云。旋九八老人马相伯先生亦被迫入京。

全国救国联合会系全国各界爱国团体之联合组织，沈、章诸先生奔走呼号，目的纯在抗日救国，不仅得全国人民之敬佩，且得全世界之同情。抗日救国不仅我全国同胞之公意，亦我全国人民之天职。若谓沈、章诸先

生有罪，是我四万万同胞均为有罪也。

吾人久读救国联合会及沈、章诸先生之文字，他等主张民族解放斗争则有之，煽动阶级斗争则无有；主张督促政府抗日则有之，主张推翻政府则无有；主张援助上海日纱厂工友罢工则有之，煽动总罢工则绝对无有。上海市政府必以莫须有之罪状，逮捕爱国领袖入狱，实使吾人大惑不解。至所谓“勾结赤匪，煽动阶级斗争”云云，均系上海市政府恶意之宣传。救国会及沈、章诸先生主张民族联合战线，主张各党各派联合，主张停止一切内战，主张停止剿共内战，均为全国人民之公意，亦复兴民族之大道。今日非抗日无以救亡，非联合无以抗日，其理至明。上海市政府谓诸先生“削弱人民对政府之信仰”，救国会及诸先生主张团结御侮，目的实在促进政府与人民合作，一致救国。今上海市政府在日寇进攻绥东，举国呼号团结御侮之际，逮捕抗日救国领袖，此种自毁长城之行为，正破坏人民与政府之合作，固使日寇快意，实使国民痛心。政府真意何在？不能不使我人民疑骇万状！

吾人深信全国救国联合会及沈、章诸先生团结御侮，联合抗日之主张，乃全国不愿亡国之同胞一致之主张；对上海市政府逮捕七人并累及九八老人马相伯先生事件，引为莫大之憾事。若沈、章诸先生救国有罪，全国救国同胞谁不自危？吾人虽不知此种不幸事件之由来，究系政府之政策，抑系少数亲日分子播弄所引起，但吾人必须向我政府为赤诚之呼吁：如政府有爱护国家爱护人民之诚意，在此国难严重之日，即应改变外交政策，对内保护爱国运动，而首先须释放沈、章七领袖及马相伯先生。

自此不幸事件发生后，海内外同胞无不惶骇，世界舆论及我中国之伟大友人，如美国杜威、英国罗素诸先生，亦发起营救。同人不忍爱国志士竟在铁窗之中，尤不忍政府与人民长此隔阂，特发起援救爱国七领袖及马相伯先生运动，一致向我政府要求：

一、请政府立即释放沈、章、王、邹、史、李、沙七先生，并立即允许马相伯先生返沪；

二、请政府确认日本为全国之公敌，救国为国民之权利及义务；

三、请政府立刻对日抗战，切实保障人民救国运动。

凡我侨胞赞成上述者，即请签名于后，共本良心之主张，促进团结抗日之实现，祖国前途实利赖之。

发起人（以姓名笔划为序）：

王德崇　伍锐勋　吕超然　余辛日　李俊龙　李圣策　李信慧
周之廉　胡秋原　胡家健　柳无垢　徐永英　陶行知　陆　璀
陈其瑗　陈东原　陈光润　陈光耀　陈星南　陈庆云　陈耀槐
曾炳钧　曹松涛　黄玉莲　梅翊强　盛　芳　杨西孟　刘维炽
雷家捷　潘楚基　齐津林　苏　廷　冀朝鼎
（尚有签名要求释放救国领袖者三百余人，姓名从略）

出自周天度、孙彩霞编《救国会史料集》，中央编译出版社 2006 年版

【注释】

①标题为编者拟。

为民族解放运动努力①

——沈钧儒等狱中来信

行知、璀两同志先生：

接到你们二月十八日的信，我们是如何的快乐、如何的兴奋。我们所引为遗憾的，就是我们自被捕以来，被迫而不能从事于救亡运动，坐视你们及全国同志艰苦奋斗而不能出力。

回想我们被捕到现在，转瞬就要满四个月了，其间的曲折经过或许在数万里以外的你们还不很明了，我们不能不向你们作一个简单报告，以慰你们的远望。

去年十一月廿二日深夜二时左右，上海公安局的侦缉队临时会同捕房的探捕，将我们七人逮捕了。没有法院的拘票、捕房也没有奉到中国当局什么公文。我们于是像被绑票一般捉入捕房了。二十三日，捕房将我们送解法院，公安局代表当堂请求移提，但法院以犯罪事实未明，请求原因复杂，既没有证据，又没有拘票，遂裁定将我们交付辩护律师保释出外，命公安局详具事实，改期再行询问。

不料法院马上受到了外界的影响，不顾对律师的裁定，不待定期的开庭，突然出尔反尔，签发拘票，于是我们于当天（廿三日）深夜一时左右，又被公安局的侦缉队与捕房的探捕拘入捕房了。这一次当然是预先已经安排好了的。结果是法院非法把我们交公安局提解过去。

我们押在公安局共有十天，并且曾经讯问过一次。所谓“勾结赤匪”

“煽动工潮”“推翻政府”“危害民国”，一概没有证据，并且根本上我们没有这种嫌疑，当局把我们怎样办？几费心思，终于十二月四日把我们押解苏州高等法院，罪名是“危害民国嫌疑”。

我们自被羁押在苏州高等法院看守所以来，先后曾经检察官侦问过六次，所问的问题与我们所答的大概，兹分述如下：

（一）推翻政府问题——我们向来主张全国团结，在中央领导之下，抗日救国。因为看见日本帝国主义的侵略日益迫切，我们督促政府抵抗则有之。我们不但没有推翻政府的企图，抑且无反对政府的意思。

（二）“勾结赤匪”与停止内战问题——我们为主张抗日救国，所以主张全国团结；因为主张全国团结，所以不愿内战发生，以分散抗日的力量。在去年西南问题没有解决的时候，我们表示西南应在中央领导之下，一致抗日，不应引起内战。至于剿共问题，我们也只表示如共党能在中央统一指挥之下，对日抗战，那么为节省国力的消耗，增强对日的力量计，似应停止剿讨。

（三）人民战线与联合战线——我们主张民族联合战线则有之，绝对没有主张人民阵线。人民阵线是以反抗法西斯为出发点，而联合战线则以全民族联合抗日为出发点。我们完全因为鉴于国难的严重所以主张全国同胞，不分党派，不分阶层，不分性别，联合起来，团结起来。至于日本报纸说我们倡导人民阵线，那是他们想离间我政府与民众间的感情，以便其“分而治之”的侵略阴谋。

（四）煽动工潮——去年上海日商纱厂的罢工，大家都知道是因为工人不堪日本资本家的残酷剥削、为经济所迫。我们事前毫不知情，自然谈不到煽动。我们不过在罢工发生之后，看见工人的饥寒交迫，惨不堪言，稍有募助，以资救济。因为力量薄弱，计前后我们所捐，总数还不到千元。这也完全本着人类互助之义，同胞相救之情，没有一丝一毫其他的意思。

（五）救国会组织问题——我们承认我们是救国会的负责人。救国会的宗旨完全是团结御侮。救国会的行动都是苦心孤诣要联合全国的力量，在中央领导之下抗日的。救国会是要救亡图存的，而不是危害民国；是要拥护政府抗日的，而不是要推翻政府的。我们相信救国无罪，所以我们相信我们无罪。

（六）西安事变问题——西安事变发生在我们被捕后二十天，我们当然毫不知情。至于要求释放我们，那是出于他人的意思，我们绝对不能负责。

侦查期间原为两个月，依法得延长两个月。我们的羁押，曾经延长过一次，所以到下月三日无论如何侦查要告一结束了。如果不起诉，我们不久便可恢复自由；如果起诉，那么起码要再拖延五个月以上。依法律而言，四个月来侦查的结果，我们没有丝毫犯罪证据，当然不应起诉。但万一如有意外变化，检察官居然提起公诉，那不但是我们私人的不幸，并且是司法独立的不幸，团结御侮前途的不幸。我们认俯仰无愧，唯有坦然处之而已。

其次，我们要报告你们一些在狱中的生活。依据看守所男女有别的规则，史良先生与我们是分开羁押的。她是押在看守总所。我们是押在分所。我们住的分所是新造的几间房子，与别的犯人隔开，中间还有一个小院子。我们六人分三间房子居住，沈、王一间，李、沙一间，邹、章一间。另有一间为我们吃饭看书及接见之用。因为我们心地坦白，所以精神非常愉快。我们定了一个羁押生活表，早晨起来须作健身运动；饭后或散步或谈话或唱救亡歌曲；下午五时则在院子里打排球；其余的时间，则著作的著作，翻译的翻译，看书的看书，写字的写字。每人轮流值日，并公推沈为家长，章任会计，王任文书，李任事务，沙任卫生，邹任监察并协助文书与事务。看守所的人员对我们都很同情。其间因为西安事变，时局严重，曾停止接见家属有两个多月。现在可以接见家属了，但朋友仍不能进来。

你们恐怕最关心我们的身体。我们可以高兴地告诉你们说，我们个个的身体都比从前强健，个个的精神都比从前旺盛，我们的身体虽不自由，我们的精神却被强迫长期休养了。请你们勿念。我们养好了身体，出来更可以为民族解放运动加倍努力奋斗。我们心里不安的，倒是怕你们太劳苦呢。

行知先生自称为监牢候补犯，一点也不差。如果没到国外去，这次捉入监牢决不会比八人少一个。什么时候回来，我们认为至少须看我们的事件如何解决而定。如果我们宣告无罪，恢复了自由，足见国内局势已经转好，我们到那时还许赞成你们回来。如果我们还是要继续坐牢，那么我们认为你无回来候捕之必要，你们还是在国外做救国工作为好。……敬祝为民族解放运动努力！

沈钧儒　韬　奋　章乃器
李公朴　沙千里　王造时
一九三七、三、十九
原载纽约《先锋报》，1937年5月1日

【注释】

①标题为编者拟。

依法声请撤消"七君子"案[①]

——沈钧儒等呈司法行政部

为依法声请将案撤消事。

窃查声请人等于民国二十五年因组织救国会，经江苏高等法院检察官以违犯《危害民国紧急治罪法》第六条之嫌疑提起公诉。迨去年七月卢沟格战衅既启，敌人之谋我益著，我政府决定国策全面抗战。即经将声请人等准予完全恢复自由，足证声请人等畴昔言行确无背国策。嗣于同年九月《危害民国紧急治罪法》复经修正，法意精神尤与原法截然异趣。该检察官曩以该法对声请人等起诉自更完全不能适用，依法应将本案撤消。为此具呈，依法声请鉴核，准将本案即予撤消，以资结束而维法纪。实为公便！谨呈

司法行政部

声请人　沈钧儒　印
邹韬奋　印
王造时　印
陶行知　印
沙千里　印
史　良　签
住所：重庆大梁子青年会十七号
出自周天度、孙彩霞编《救国会史料集》，中央编译出版社2006年版

【注释】

①标题为编者拟。约写于1938年。

站在国家民族立场[①]

——李公朴致诸友

家长、千公、申府、炳兄、存初、行知、曹姊等诸友均鉴：

来昆明后即与印老[②]晤面，旋与各方新旧知好逐渐晤谈，龙主席[③]亦与作一次长谈，所得印象尚佳；昨复于宴雷次长时，我亦被邀作陪，当时又得与此间许多军政负责人见面，蒋梦麟先生亦于是时晤面。从各方面观察，此间友好，尚不乏人。所谈问题，亦较重庆易于具体明了。友好对我们生活亦颇关切，特别是许多老友，仍对我们期望甚殷。咸以在此国家民族危亟存亡之时，吾人须本过去精神，速谋挽救，发聩启聋，责无旁贷，此固令人兴奋者也。现正与此间部分知好商谈推动此间工作之办法，原则上，首先从我们自己有关之朋友做起，逐渐及于他人，并本诚恳坦白之态度，站在国家民族利益立场，大公无私，不偏不倚，以冀对贤明当局有所贡献。以后情形如何，当再续告。从印老处转来手示已悉。以后尚需随时将各方面情形见告。华北战况以及中条山情形，仅见及《大公报》之评论，其他均不得知。香港方面，金仲华等离开《星岛日报》，不知其究竟情形如何？重庆动向，有无更坏或较好之现象？均盼有以示知。

最近曼筠因医病关系，将来昆明一行，来时当嘱其前来看您，如有信件，可交彼带来；日前之《怒涛》画册，亦盼能设法从周先生处取得交曼筠带来。由《国新》发出您对于加强中苏邦交之建议，已见及《仰光日报》刊出，对我们九人致史函，亦曾提及，但未谈及内容。近闻重庆某报纸，如《中国人》，对此问题大肆宣传，并闻香港方面亦有刊载，以致有些不明内中情形之友好，议论亦多。此种情形，亦希能对已知此事而尚不明了（我们本意）者，加以解释。以后来信可寄交“昆明小富春街太阳巷A六号岳质君转方正启”，内可写“朴弟”。此外关于来函中所谈及筑读知经理事，因遇筑时很仓促，未及同任何人晤面，现又托人调说，结果如何，将嘱曼筠前来面告。此次仍与庶民偕行，今后究到何处，现正办理手续，可能时，拟到此间县区作一短时视察，他去恐尚待相当时机。我们在此生活均好，希释念。重庆时寒时热，又加警报频传，尚希珍摄保重，必要时，仍需忙里偷闲，到乡间一舒心怀，对健身实大有裨益。昆明多名胜，我们常于警报中饱游风景地，评山论水，一若追怀古人而已忘却现实者，我们自命为“达观”，是乎？否乎？一笑！俏此。敬祝健快！

附仰光报一纸，请参阅。

朴如　顿首

六月五日下午五时

庶民谨附笔问好！

出自《救国会史料集》，中央编译出版社 2006 年版

【注释】

①标题为编者拟。此信 1941 年 6 月 5 日自昆明寄往重庆。

②印老，即李根源，字印泉。云南护国运动组织者之一。

③龙主席，即龙云，云南省政府主席。

庆祝生活教育社十五周年[①]

——延安新教育学会致函陶行知

生活教育社陶行知先生：

三月十五日，是晓庄成立十五周年纪念。谨代表本会同人，向您和生活教育社诸位先生致以崇高的敬礼和最热烈的庆贺。

十五年前，先生不辞艰苦，创办晓庄学校，提倡乡村教育，掀起了乡村教育的大浪潮，波及全国各省，晓庄变成了乡村教育运动的大旗。先生手执这面大旗，披荆斩棘，为中国乡村教育运动开辟了一条大路。

继而先生在艰苦困难中，创办自然学园，设立儿童科学函授学校，编辑儿童科学丛书，提倡“科学下嫁”运动，这又给中国自然科学大众化通俗化运动造成一个开端。

同时先生又创办工学团。发起和组织普及教育促进会，倡导小先生制，推动普及教育运动，使之推行到农村去，推行到工厂去，以谋劳动大众得到享受普及教育的机会，中国普及教育运动因此而增进了新的血液。

“一二·九”以后，先生提倡国难教育；抗战以来，先生及生活教育社诸位先生到处奔走，宣传抗战，继续提倡实行战时教育，坚决主张战时教育应为抗战建国服务。这就进一步促成了教育运动和政治运动的汇流。

先生自从事教育事业以来，就打起反老八股和洋八股的旗帜，向传统教育和洋化教育进攻。创立生活教育的理论，主张教学做合一，注重理论

和实践的联系，力图打破劳心与劳力的分裂，像先生这种进步的教育主张，正是对症下药，为治疗中国教育弊病的良方，而先生献身教育事业，不辞艰苦不怕困难的精神，更足以称为教育界的模范。

先生的教育主张及十五年来所辛苦经营的事业，在中国教育史上，实占了光辉的一页。这不仅是对摧毁中国传统教育起了很大的革命作用，同时也是为中国新教育树立了一块基石。我们恳切地希望先生和生活教育社诸先生，本着晓庄精神，本着生活教育精神，团结全国教育界人士，为中国教育而进一步努力。

本会成立的宗旨，即在团结全国教育界人士，以谋中国新教育理论以实际的建设，争取抗战建国的胜利完成。同人等不敏，愿与先生和生活教育社诸先生以及全国教育人士携手并进，共同为中国新教育之建设而努力。目前本会同仁正在研究生活教育的理论与实际，并决定编印先生的教育论文选集，以资宣扬生活教育的进步主张。本会成立不久，一切都在草创与摸索之中。尚祈时赐教言为幸。

此致

敬礼！

新教育学会：理事长　徐特立

副理事长　范文澜

原载《解放日报》，1942 年 10 月 9 日

【注释】

①标题为编者拟。

无缘聘用李信慧、艾芜任教①

——致黄炎培、陶行知

黄任之、陶行知先生赐鉴：

尊致敝校校长书敬悉。承介李信慧、艾芜先生来此任教，本当延揽以副雅意，惜尊书到达为时已晚，现敝校教员均经聘就，苦无机缘，足资惜重。兹特先为存记，将来遇有稀缺，再行奉邀，尚希鉴谅是幸。专复顺请

大安

八月十一日

原件存重庆档案馆

【注释】

①标题为编者拟。此信从档案名推测应为1945年写。

请求贯彻和平建国之大义[①]

——陪都各界反内战联合会致毛泽东

润之先生钧鉴：

八年以来，先生领导贵党努力抗战，在敌后守土卫民，勋劳卓越，中外同钦。八月间应蒋主席电邀，翩然莅渝，共商国事，拳拳之诚，实为天下所共见。而商谈期间，复一再表示愿在蒋主席领导下，为和平建国而努力，尤予全民以莫大之慰安，不意商谈纪要甫告发表，而内战已突然爆发，人民于水深火热之余，后遭妻离子散之祸，惨痛之情，何难想见！同人等认为以政治解决政治，其势甚顺，而其道亦不甚难，凡会谈纪要中所已决定之事项，协力促其实行，其未决定之事项，由政治协商会商讨决定，则一切纠纷即可迎刃而解，时至今日，万不宜诉诸武力，使治丝而益纷。同人等懔国亡无日之戒，爰成立本会，除已另电国民政府蒋主席有所呼吁外，特向先生请求，务希即行停止武装冲突，促进政治协商，以贯彻和平建国之大义，国人幸甚，同人幸甚。

彭一湖　梁漱溟　张东荪　罗隆基
张申府　宋云彬　沈钧儒　章伯钧
章乃器　刘清扬　胡厥文　柳亚子
史　良　李公朴　蒋匀田　周鲸文
杜国庠　廖国镇　郭沫若　冯乃超
陶行知　刘王立明　曹孟君　郭思明
甘祠森　黄墨涵　何公敢　侯外庐

1945年12月24日

原载《新华日报》，1945年12月26日

【注释】

①标题为编者拟。

愿和平建国大业早日推行[1]

——陪都各界反内战联合会致蒋介石

介公主席勋鉴：

我公领导抗战，历尽艰辛，终获胜利，不特全民敬佩，举世盟友亦同深钦仰，其后一再电邀中共领袖毛泽东先生来渝共商国事，谦冲礼让，感人尤深，孰意商谈纪要甫经发表，而战争烽火已遍布全国。噩耗传来，四方震惊，人心惶惶，不可终日。同人等认为此次战争，其意义较之往昔迥不相同，而祸患更有难堪设想者。我公明智，必在洞烛之中，无庸缕陈。我公过去对于党争，已曾一再声言，须用政治解决。同人等认为此理至当，而其事亦不甚难。设我政府能更开诚布公，集思广益，由政治民主化以促进军队国家化，则一切争端即可迎刃而解，除已另电中共在军事方面停止发展外，甚望我政府对于年来在野各党派所提之各项要求，再予以平静之考虑，举例言之，如释放政治犯，取消特务机构，承认政党之合法地位，以至人民身体言论出版结社集会之自由等项，即战败之日本国民，今亦已全部获得，我国民拥护政府，抗战八年，今获胜利，何能并战败国民而不如。此实为全国国民之热望，我政府似宜慨然接受，彻底实行者一也。联合政府之说，如以英国战时联合政府为例，则工党初为表示与保守党合作而参加，继为表示不合作而退出，是在野各党派之要求，实为意愿合作之表示。再以国内战时政治实况而论，一面惩治贪污，法令綦严，而另一方面派往收复区之官吏，竟又贪污百出，积重难返，其事甚著。全国国民故已深感政治上非注入大量之新血液，绝难望其改善。故联合政府实符合人民之期望，我政府似宜以过渡形式予以接纳者二也。收复区政府问题，如官吏真实选自人民，则不特为建国大纲之所倡，且亦合时代潮流，似宜予以承认。如认选举为不实，则尽可在双方及人民监视之下，重行改选，此宜弹性予以解决者三也。同人等日夜焦思，深恐迁延愈久，纠纷愈大，故本拯溺救火之忱，而有披发缨冠之举。我公为政府主席国家领袖，窃愿早颁明令，停止武装冲突，使和平建国大业，早日顺畅推行，全国幸甚，同人幸甚。

陪都各界反对内战联合会

彭一湖　张东荪　史　良　蒋匀田

廖国镇　冯乃超　刘王立明　郭思明

何公敢　梁漱溟　章伯钧　张申府
周鲸文　陶行知　胡厥文　曹孟君
甘祠森　李公朴　沈钧儒　章乃器
罗隆基　杜国庠　郭沫若　柳亚子
刘清扬　黄墨涵　侯外庐　宋云彬

原载《新华日报》，1945 年 12 月 29 日

【注释】

①标题为编者拟。

哀悼王若飞等死难烈士[①]

——致周恩来并转毛泽东及中共中央

恩来先生并转毛泽东先生暨中共中央委员会诸先生钧鉴：

惊悉王、秦、叶、邓、黄诸先生坠机殉国[②]，本会同仁无任哀恸。诸先生毕生为中国人民事业奋斗不懈，功在国家，示人楷模，激励后进，其精神永垂不朽。值此和平民主之业尚未完成，此不可补偿之损失，只有全国民主党派、社会贤达益加团结奋斗或可补于万一。谨此致唁，并祈代转诸先生家属节哀，专此，敬颂公绥。

中国人民救国会中央执行委员会沈钧儒、沙千里、
陶行知、曹孟君、史良、何惧、李公朴、胡子婴
四月十五日

原载《新华日报》，1946 年 4 月 18 日

【注释】

①标题为编者拟。

②1946 年 4 月 8 日，王若飞、秦邦宪（博古）、邓发、叶挺（希夷）、黄齐生等人乘飞机从重庆返回延安，不幸在山西兴县黑茶山坠机遇难。

呼吁和平[①]

——上海文化界一百六十四人致蒋介石

介石主席钧鉴：

抗战以来，全国人民肝脑涂地者若干，筋骨委于沟壑者若干，残肢毁

体伤痍未愈者若干，流离疾病因而死亡者若干，倾家荡产无以生存者若干，民间无从统计，政府自有稽核。要之牺牲于战役者其数当已不少，主席胞与为怀，对此父兄子弟之伤亡叫号，度已如疾在抱，不胜矜怜，天诱其衷。敌人投降，举国腾欢，希图安乐，而战后百业疲弊，并力谋救，犹惧不给，休息生养，少必廿年，方期还旧。乃胜利乍临，复员之计，定于仓卒，奉行者不达中枢之旨，接收所到，闾里相惊，政府威德，荡焉为丧。即以上海一隅情形而论，读主席酉宥机电，知已洞如观火，悲愤痛恨，溢于词表。则励精图治，实为建国所先，万方翘首，莫不谓然。顾九月以来，一切仍未纳于轨物，建国之要，无若安定民生。而饥饿之象，几遍国中，生产事业，犹多废而少举，币制无根本之改革，物价随日月而上涨，失业者有增，自杀者日见，米石价逾五万，煤斤亦超百元。上海富庶之区，已若朝不保暮，各地人民受战时之苦痛，已深入于骨髓。遭战后之刺激，欲冲风而狂走，是以杀乡保长者有闻，抗官吏者见告。要皆生活之压迫，怨毒之暴露，不加救恤，来日堪虞。至若民族生产，日就痿痹，而外货输入，有如潮涌。人民本已农者弃田，工人失职，经济大本，已见残伤，未有补救之谋。复来朘削之增，虽百需有供，暂纾眉急，而食鸩止渴，实为自杀。审量现象，窃虑丝茶棉米等大宗国产，明岁将付阙如，及此不图，将悔噬脐。综核目前国内大势，经济有崩溃之险，社会有动摇之虑。探其因素，端在战后亟需安定，而日寇既降，兵火犹炽，和平之望，等于泡影。劳于运输者不息，死于枪炮者相踵，搜粟如竭泽而渔，用财若东流之水。未生肉于白骨，转失命于战场，父母惨号，妻儿痛哭，一夫从军，举室偕毁。国本岂宜再摇，人心未可多弃。叙伦等窃观国际属意，既在中国和平，国内人情，莫不深厌战祸。盖中国既为世界政局未来之枢轴，而战焰复燃，足以外召凌侮，内致崩离。公论皆谓抗战已终，一切皆属内政问题，自宜偃息干戈，相从俎豆，即有君子之争，可谓询国之举。主席总持大政，允宜光烛四表，宽容有怀，以百姓为心，事当适可而止。东北之事，苏军已撤，主权无恙，长春复归统驭，威信亦已著闻。愿宏人之抱，降息战之书，使人民保生命于锋镝之余，谋安宁于憔悴之际，饥者得食，寒者得衣，家无哭声，人无怨言，则拥护之忱争致，歌颂之谣立兴。叙伦等心所谓危，安忍不告，谨贡愚诚，并祈照纳。

马叙伦　唐弢　陶行知等164人

1946年6月8日

原载《新华日报》，1946 年 6 月 12 日

【注释】

①标题为编者拟。1946 年上海文化界 164 人为呼吁和平致书蒋介石、马歇尔、中共代表团及各党派与社会贤达。陶行知是其中一员。

呼吁和平[①]

——上海文化界一百六十四人致马歇尔

马歇尔先生：

自从先生来华以后，我们久拟对先生表示一点我们的——可说足以代表全国大多数人民的公意。我们对于先生两度远涉重洋莅临中国，对中国和平团结运动的努力，表示由衷的感谢。不幸的是，由于若干人士的未能将国家同人民利益放在党派利益之上，以致先生的努力未能奏效，来关内外的战争有愈演愈烈之势。我们今天读到先生在美国阵亡将士追悼会上所说的话："我人于此时此地方思作真诚无私的援助，不要求任何代价与要求，我们现在中国，正鼓最大之努力，阻止历史上一副悲惨局面，使其不致扩大，并在停止中国之剧烈内战。"足见先生对于这种现象也表示万分痛惜，并愿作继续的努力。但是我们不能不指出中国内战之所以能够继续，一般中国人民的意见由于抗战时期，政府所得贵国接济而未经消耗的物资，与现在仍由贵国协助军运，应为因素之一，中国全国人民没有一个人愿意内战继续下去，而且中国的经济情形，如内地饥馑遍地，农村破产，工商业崩溃，全国购买力，正在极度衰退中，这一切也实在不容许再担负大规模的内战。如果和平短期不能实现，则中国经济必会发生历史上从来未有的悲惨局面，对于贵国以及全世界都将发生重大的影响。我们相信先生的力量一定可使中国臻于和平之境，我们虔诚地祈求先生作更大的有效的努力，来制止这目前正在继续与扩大的内战，则先生的令名定将与世界及中国的历史永垂不朽。

马叙伦　唐弢　陶行知等 164 人

1946 年 6 月 8 日

原载《新华日报》，1946 年 6 月 12 日

【注释】

①标题为编者拟。

呼吁和平[①]

——上海文化界一百六十四人致民主同盟及社会贤达

表方、衡山、任之、君励、漱溟、东荪、伯钧、弩生、沫若、从恩、柳忱、新之、孟真、云五、政之诸先生台鉴：

诸先生为国努力，深佩贤劳。兹者战祸不已，国事日亟，同人未忍再行坐视，用于即日上蒋主席一书，吁请停止战事，以救危亡，附奉台览，仍祈迅合各方，进商和平，不胜企荷，顺颂公安。

马叙伦　唐弢　陶行知等164人

1946年6月8日

原载《新华日报》，1946年6月12日

【注释】

①标题为编者拟。

呼吁和平[①]

——上海文化界一百六十四人致青年党

慕韩、舜生、幼椿、启天诸先生台鉴：

诸先生为国努力，深佩贤劳。兹者战祸不已，国事日亟，同人未忍再行坐视，用于即日上蒋主席一书，吁请停止战事，以救危亡，附奉台览，仍祈迅合各方，进商和平，不胜企荷，顺颂公安。

马叙伦　唐弢　陶行知等164人

1946年6月8日

原载《新华日报》，1946年6月12日

【注释】

①标题为编者拟。

呼吁和平[①]

——上海文化界一百六十四人致中共代表团

恩来、必武、定一、颖超诸先生台鉴：

日寇已降，人心厌战，创痍满目，饥馑载途，国际之视，注于中国，兴覆之机，决定今日，同人等未忍坐视国危，用于即日上蒋主席一书，吁请停止战事，安民救国，附奉台览，即祈据情转达贵党毛主席润之先生，同宏痌瘝之怀，迅息阋墙之战，俾和平立见，衽席可安，无任企荷，顺颂公安。

马叙伦 唐弢 陶行知等 164 人

1946 年 6 月 8 日

原载《新华日报》，1946 年 6 月 12 日

【注释】

①标题为编者拟。

愿本和平主张进行谈判[①]

——中共代表团复马叙伦、陶行知等

夷初、行知诸先生大鉴：

顷奉惠函。并承示上蒋主席书，雒诵回环，弥觉辞危而情苦，感人深至，曷胜钦仰。窃以中国政事之败，民生之苦，于今已达极点，而国民党统治集团中之好战分子，犹然持美国武器之资助，积极进行全面反共之内战，设使此辈得逞，则域内势成糜烂。是以敝党于国内一切冲突夙主无条件停止，盖惟有停止国内武装冲突，民主团结有途径可循。谈判以来即坚持此旨。以此之故，卒在广大人民之呼吁与马歇尔将军努力之下，获得东北停战十五日之结果。姑不问国民党当局于此诚意若何，敝党决愿本一向和平民主团结统一之职志，进行谈判，并盼能从此长期停战，永息戎争，俾使政协决议整军方案得以顺利实行，斯为国家之福，人民之幸。惟前途困难正多，尚祈诸先生再接再厉，制止内战，挽救国运于阽危，张民主之大纛。时迫事急，临颖不尽，除遵嘱将尊嘱将函转陈毛泽东同志外，专此肃复，顺颂时绥。

周恩来　陆定一
董必武　邓颖超 敬启

六月十一日

原载《新华日报》，1946 年 6 月 18 日

【注释】

①标题为编者拟。此为中共代表团对上海文化界一百六十四人的复信。

本党坚主停止内战[①]

——周恩来、陆定一复陶行知等

陶行知诸先生钧鉴：

奉读来函，并承示《上蒋主席》，言痛词切，感人至深。今日国政如此，民生之痛苦已达极点，而国民党统治集团中之好战分子，仍然用美国援助之物资，积极进行全面反共之内战。本党方面，曾尽一切努力，坚主无条件停止内战。盖唯有停止军事武装冲突，团结才有保障，才可进行谈判。际此中国人民纷纷呼吁与马歇尔将军努力之下，获得东北停战十五天之协定。不管国民党当局于此期间作何决定，本党均将本和平、民主、团结、统一之职志，进行谈判，并希望能做到长期停战，期能对政协决议，整军方案顺利实行，则人民之幸。唯前途困难尚多，但定将停止内战，走上和平大道。

中共代表团

周恩来、陆定一叩

原载《东北日报》第 174 期第 1 版，1946 年 6 月 25 日

【注释】

①标题为编者拟。此为 1946 年 6 月 23 日新华社电讯，是周恩来等对上海文化界一百六十四人的复电。

誓必为先生等后盾[①]

——救国会致马叙伦等

南京中央医院马夷初、阎玉卫、雷洁琼、陈震中诸先生公鉴：

此次先生等代表上海五百万民众，不辞劳瘁，晋京为民请命，呼吁和平，不意方抵都门，即遭暴徒凶殴[2]，钧儒等闻悉之下，不胜悲愤。八年抗战，疮痍满目，经济已临崩溃，饿莩遍及全国，若再继续内战，势必亡国无疑。先生等为和平奔走而竟遭毒手，全国人民同声愤慨。钧儒等一息尚存，誓必为先生等后盾，不达到永久和平不止。特电慰问，并致最高敬意。

沈钧儒、陶行知、沙千里、沈志远、闵刚侯、徐伯昕、孙晓村、吴觉农、史良。

原载《新华日报》，1946 年 6 月 28 日

【注释】

①标题为编者拟。

②指“六二三”惨案，又称“下关事件”，人民代表马叙伦、阎宝航、雷洁琼等十一人抵达南京下关车站后，惨遭由国民党特务冒充的难民殴打。

公朴为国殒身，誓复此仇[1]

——致张曼筠

曼筠[2]先生：

公朴为国殒身，闻讯恸绝。誓复此仇。特电奉唁。敬希节哀审变，与大逵先生共商善后，并盼详函。专此即问夏安。

沈钧儒、陶行知、沙千里等

1946 年 7 月 13 日

出自《沈钧儒年谱》，中国文史出版社 1992 年版

【注释】

①标题为编者拟。

②张曼筠，李公朴夫人。

严究暗算李公朴主使者[1]

——沪上民盟、救国会致潘大逵[2]

大逵先生：

公朴为民主和平努力，竟遭暗算。闻讯惨痛曷极，务请代表同人向省

政府坚决交涉，迅缉凶手归案，严究主使。并盼详函上海愚园路愚园新邨11号。专此叩问

近祺

钧儒、行知、千里、子婴、造时、孟君、刚侯、
仲华、志远同启
7月13日
出自《陶行知佚文集》，四川教育出版社1989年版

【注释】

①标题为编者拟。

②潘大逵，当时为民盟云南省支部负责人。

反动野蛮暴行加剧①

——致哥伦比亚大学历史学院

李、闻二氏之被刺，证明中国反动派野蛮暴行的加剧……中国文化界许多代表们的生命，正处在危险的情况下，因为反动派图谋坚持他们的独裁统治。

郭沫若、陶行知、马叙伦、茅盾、田汉、郑振铎等卅余人
原载《解放日报》，1946年7月24日

【注释】

①标题为编者拟。此信是新华社延安7月24日电，报道中称“据外国通讯社报道：中国文化界著名代表郭沫若、陶行知、马叙伦、茅盾、田汉、郑振铎等卅余人，顷致电哥伦比亚历史学院，要求他们派遣代表调查中国民主运动著名领袖李公朴、闻一多惨遭国民党特务暗杀的事件”，并在电中列举李、闻在抗日战争时期的功绩。此信为片段，系本次新增。

报告此次暴动经过①

——致沅汉

沅汉仁弟：

顷接手书，慰甚！寄来洋二元，已收到。小兄前听承潘报告，郎等暴

动时，此约朱岳尧先生前往制止，不料朱先生不冒去，这是我引以为最痛心的了。等到朱先生和我正预备去的时候，郎等已经结束，于是我们没有出去。我于十三日由万安到贵池访李校长，报告此次暴动经过。校长说决呈斫开除暴动学生。十三日到省，十四日访主任，未晤。小兄现患肠胃病，正延医诊视。

郎等之行为，不仅非校长此应有之行为，且犯国法。望吾弟写两封信，一封寄给李校长，一封寄给慈主任，报告此次被殴经过，主动共何人，动手等何人，病状为何。

慈主任现寓安庆四照园桐城同编会内，李校长现寓贵池儒林巷，信寄呈校中或现寓所均可。

前托榜联寄上照片一张，谅已寄刊!

即祝康健

小兄 知行

八月十五日

复印件存华中师范大学教育学院

【注释】

①标题为编者拟。此信年份不详，有待进一步考证。